"*El anuncio del reino* conduce al lector en un recorrido panorámico del reino de Dios desde Génesis hasta Apocalipsis. Es una teología de la misión que se interseca la exégesis bíblica con una reflexión misiológica, para producir una comprensión de la misión sólidamente evangélica y relevante, para cristianos que quieren compartir las buenas nuevas en el mundo convulsionado del día de hoy."

**Gary B. McGee**
*Assemblies of God Theological Seminary*

"Hasta ahora ha habido poco análisis a fondo de la Biblia desde una perspectiva misiológica. En este libro, un teólogo de la misión de primer orden ofrece un estudio que hace pensar sobre el corazón de Dios para las naciones, el cual cubre la totalidad de las Escrituras."

**Robert L. Gallagher**
*Wheaton College Graduate School*

"En un tiempo cuando las teologías de la misión pueden ser reduccionistas en enfoque y en preocupación, Glasser expone la revelación bíblica con detalle y diligencia. *El anuncio del reino* analiza el tema del reino desde Génesis hasta Apocalipsis y en el camino se ocupa de otros asuntos de importancia en el debate contemporáneo, tales como la centralidad de la justicia social para una misión integral, la cuestión de la evangelización de los judíos y el destino de los que no creen. Este volumen es el testamento de una carrera significativa y un fundamento rico para una reflexión continuada sobre la misión cristiana."

**M. Daniel Carroll R.**
*Denver Seminary*

"*El anuncio del reino* desafía a los eruditos bíblicos a mirar hacia fuera y a pensar misionalmente, y desafía a los misiólogos a basar la teoría y la experiencia en la exégesis y en la teología bíblica. Mientras que uno puede no estar de acuerdo con todos los detalles de esta reconstrucción teológica, todos aprovecharemos inmensamente la cuidadosa atención dada al texto bíblico, al tratar de comprender el lugar central que tiene la misión en el plan histórico de Dios de establecer el reino de Dios. Esta obra será usada con gran provecho tanto en cursos de teología como de misiología."

**Michael J. Wilkins**
*Decano, Biola University*

"Escrito a partir de toda una vida de enseñanza y de práctica, *El anuncio del reino* de Arthur Glasser aborda tres deficiencias teológicas en la cristiandad: el papel del reino de Dios, la naturaleza misional de las Escrituras y el carácter integrador del libro sagrado desde Génesis hasta Apocalipsis. Transmitido a través de una erudición humilde y honesta, este texto, que es bienvenido, rastrea el desarrollo de la revelación del reino triunfante de Dios, la cual demanda un llamado a la conversión de todos los pueblos."

**Tom A. Steffen**
*Biola University*

"Glasser muestra que el reino de Dios es el tema dominante que liga la tarea de la misión en ambos Testamentos y afirma con fuerza que es el tema sobre el cual es posible construir una teología bíblica comprensiva de la misión."

**Gary Corwin**
*SIM (Serving in Mission)*

# EL ANUNCIO DEL REINO

# EL ANUNCIO DEL REINO

## LA HISTORIA DE LA MISIÓN DE DIOS EN LA BIBLIA

Arthur F. Glasser

con Charles E. Van Engen, Dean S. Gilliland
y Shawn B. Redford

Traducido por Norma Deiros

WIPF & STOCK · Eugene, Oregon

EL ANUNCIO DEL REINO

La historia de la misión de Dios en la Biblia

Copyright © 2019 Arthur F. Glasser, Carlos Edward Van Engen, Dean S. Gilliland, and Shawn B. Redford. All rights reserved. Except for brief quotations in critical publications or reviews, no part of this book may be reproduced in any manner without prior written permission from the publisher. Write: Permissions, Wipf and Stock Publishers, 199 W. 8th Ave., Suite 3, Eugene, OR 97401.

Wipf & Stock
An Imprint of Wipf and Stock Publishers
199 W. 8th Ave., Suite 3
Eugene, OR 97401

www.wipfandstock.com

PAPERBACK ISBN: 978-1-5326-5933-1
HARDCOVER ISBN: 978-1-5326-5934-8
EBOOK ISBN: 978-1-5326-5935-5

Manufactured in the U.S.A.

# Contenido

Prólogo por Paul Hieberti ix
Prefacio por Charles Van Engen xiii

## Parte I. La misión de Dios en el comienzo
1 Toda la Biblia es un libro misionero 3
2 Dios crea al mundo y la humanidad se rebela 17
3 Dios juzga a la humanidad: el diluvio y Babel 41
4 Dios llama a los patriarcas para ser una bendición a las naciones 55

## Parte II. La misión de Dios a través de Israel
5 Dios gobierna sobre Egipto y hace pacto con el pueblo de Dios 75
6 Dios forma una nación de personas que pertenecen a Dios 101
7 El gobierno de Dios es desafiado por los reyes de Israel 121

## Parte III. La misión de Dios entre las naciones
8 Dios envía a Israel al exilio entre las naciones 151
9 Dios prepara el escenario para la venida del Mesías 169
10 Dios obra a través de la diáspora judía 201

## Parte IV. La misión de Dios a través de Jesucristo
11 Jesús inaugura el reino 227
12 El ministerio de Jesús demuestra el reino 251
13 Jesús anuncia el reino entre las naciones 271
14 Jesús proclama la misión del reino de Dios 291
15 Jesús anticipa la venida del reino de Dios 309

## Parte V. La misión de Dios por parte de la iglesia, a través del Espíritu Santo
16 El Espíritu Santo inaugura la iglesia misionera 331
17 La iglesia de Jerusalén proclama el reino de Dios 345
18 Pablo predica el evangelio del reino en Jesucristo 367
19 La iglesia apostólica encarna la misión de Cristo 387
20 Dios gobierna ahora: ya pero no todavía 405

**Parte VI. La misión de Dios se extiende hasta el fin de los tiempos**
21  El reino de Dios se extiende por sobre los poderes    427
22  Hay salvación en un solo nombre: Jesucristo el Señor    449
23  La Biblia entera anuncia el gobierno de Dios    469

Obras citadas    491

## Prólogo

Uno de los sellos de la modernidad es la fragmentación de la vida en diferentes esferas: pública y privada; económica, social, política y religiosa; rica y pobre. Esta fragmentación se refleja en la universidad, con todas sus disciplinas y sus especializaciones acotadas. Junto con esta fragmentación ha llegado la pérdida de cualquier sentido de la historia dramática que subyace a toda la historia.

Hay intentos de recuperar esta historia. Si les preguntamos a los marxistas qué está pasando, la mayoría despliega un relato de opresión por parte de la burguesía y una revolución que va a restaurar la justicia para todos sobre la tierra. Muchos científicos bosquejan una historia de la evolución y el triunfo de la razón. Pero estos intentos están perdiendo rápidamente credibilidad y la mayoría de nosotros nos quedamos viviendo en un mundo de conocimiento altamente especializado y sin ninguna historia cósmica integradora.

Lo mismo es cierto para muchos cristianos. Reginald Bibby documenta lo que muchos de nosotros conocemos por experiencia. La mayor parte de los cristianos tiene una teología de ingredientes diversos, basada en el estudio de pasajes bíblicos específicos en sermones, en clases de Escuela Dominical y en estudios bíblicos. Esto responde a ciertas preguntas y se enfoca sobre los individuos y sus necesidades. La mayoría de los cristianos habla acerca de la salvación personal y de lo que Dios ha hecho por ellos en sus vidas. Tienen una teología de la adoración y la comunión, de la salud y la prosperidad, y de la preocupación por los necesitados. Pero tienen poco en su pensamiento con respecto a un mundo lleno de pueblos diversos, sobre una tierra atrapada en la maldad del pecado, sobre una historia desde antes de la creación hasta la eternidad, o sobre la razón de su existencia en un mundo tal.

También en los seminarios, esta fragmentación y especialización se ha cobrado sus víctimas. Se le da mucho cuidado al estudio detallado de uno u otro pasaje bíblico, de un héroe bíblico u otro y a lo que significa el evangelio para nosotros en nuestras vidas hoy. Tenemos una doctrina de Dios, del pecado y de la salvación personal, y de la sanidad y la provisión divinas. Tenemos una historia fragmentada de Jesús, de Rut, de David, de María y de Pedro. Ya no nos vemos como parte de un movimiento mucho más grande que nosotros mismos, y que la historia universal que le da significado a nuestras vidas porque nos muestra nuestro lugar en una historia cósmica.

En esta obra maestra de la reflexión, basada en muchos años de ministerio global, de enseñanza y de reflexión, Arthur Glasser une los muchos cabos de las Escrituras y nos da otra vez una gran visión de la unidad de toda la historia. Examina los temas del Rey y del reino en tanto aparecen a lo largo de la Biblia. Nos muestra que toda la Escritura apunta al hecho que Dios es un Dios misionero, que la iglesia debe ser una comunidad misionera y que el pueblo de Dios tiene que ser un pueblo misionero. Nos muestra que la misión está en el centro del gran plan de Dios, no sólo de redención sino también de creación. Nos recuerda que esta misión es la misión de Dios, la cual es mucho más grande que los pequeños mundos en los que ministramos y que incluye no sólo la salvación de individuos y la redención de la iglesia, sino también el restablecimiento del reino de Dios de rectitud, de paz y de justicia, en un cielo nuevo y en una tierra nueva. Si nosotros, como pueblo de Dios, verdaderamente nos encontramos con Dios, no podemos no ser un pueblo misionero y la iglesia no puede existir separada de la misión. Nuestros ministerios cobran significado no porque son hechos de testimonio y de servicio, con toda la importancia que esto tenga, sino porque son parte de la gran misión de Dios.

Glasser provee un punto de vista coherente del reino, que se despliega a través de toda la Escritura. Al hacerlo, reúne el Antiguo Testamento y el Nuevo Testamento, judíos y gentiles, teología y misión. Muestra la manera como el pueblo de Dios, Israel, es importante en el plan de la misión de Dios, pero que el reino de Dios incluye a todas las personas.

Para aquellos de nosotros que tuvimos el privilegio de estudiar con Arthur Glasser y de trabajar con él, este volumen es muy bienvenido. Las enseñanzas de Glasser y sus escritos han transformado las vidas de muchos de nosotros. Para la iglesia en términos más amplios y para las misiones, este libro es muy oportuno. En las misiones y en la iglesia más grande, vivimos en un tiempo de fragmentación, de sustituir la misión teológicamente fundada por un activismo sin propósito. Necesitamos hacer una pausa y evaluar hacia dónde estamos yendo. Necesitamos recuperar la visión de la misión que corre por toda la Escritura y usar eso como la base para la motivación y los métodos que usamos en nuestro alcance misionero.

Si la iglesia recupera una visión de la misión como la que se ve en la Biblia, se reavivará. Si en las misiones cristianas recuperamos esa visión, nos liberaremos de la tiranía del activismo y de estar concentrados en cuestiones humanas y recobraremos la perspectiva de largo alcance y de coherencia que ahora nos falta. Participaremos gozosamente de la misión de Dios, porque nos hemos encontrado con un Dios misionero y porque él nos ha enviado al mundo a proclamar salvación, rectitud, justicia y paz.

    El peligro es que hagamos con este trabajo lo que mejor hacemos como modernos, es decir que lo clasifiquemos, lo caratulemos y lo enviemos al departamento apropiado en la iglesia o en el seminario, para ponerlo en acción. Tendremos la satisfacción del trabajo cumplido, si es que se le asigna a la gente correcta. Y luego podremos continuar con las cosas importantes de nuestra vida cotidiana. Pero la historia de la iglesia es una advertencia. Cuando una iglesia pierde su visión misionera, Dios levanta una nueva iglesia para llevar a cabo la tarea. Jerusalén, Antioquía, Éfeso, Constantinopla, Roma, Escocia, Alemania, Inglaterra y Norteamérica han sido centros de extensión misionera. Pero cuando perdieron esa visión, se transformaron en periféricos a la gran misión de Dios. Hoy, Dios está levantando iglesias jóvenes alrededor del mundo, las cuales ven a la misión como su razón de ser central sobre la tierra, dado que en la adoración se han encontrado con un Dios misionero y han oído su llamado a proclamar su reino a un mundo perdido y necesitado. La pregunta es si las iglesias de Occidente serán parte de ese movimiento, o si será otra rama lateral del reino. Pero el llamado de Glasser va más profundamente a cada uno de nosotros como señal y testimonio de ese reino. En ese sentido, este es un libro peligroso, porque cuando sabemos la verdad y oímos el llamado de Dios, debemos responder, ya sea con obediencia o con indiferencia.

Paul G. Hiebert

## Prefacio

*El anuncio del reino: la historia de la misión de Dios en la Biblia* representa toda una vida de pensamiento, de estudio de la Biblia, de experiencia misionera y de enseñanza misiológica, de parte de uno de los principales misiólogos de la segunda mitad del siglo XX. Durante los últimos cincuenta años, ha habido pocas obras que hayan tratado en profundidad una lectura misiológica de la Biblia. No obstante, en las que sí existen, en muchos casos el análisis bíblico ha sido hecho por eruditos bíblicos que tienen poco trasfondo en la práctica o en el pensamiento misiológicos. En otros casos, misiólogos con poco trasfondo en estudios bíblicos han tratado de derivar fundamentos bíblicos para sus perspectivas misioneras. En este volumen, Arthur Glasser, de manera única conjuga un acercamiento cuidadoso y en profundidad a la Biblia con una comprensión amplia de la reflexión misiológica y del accionar misionero.

El propósito de este libro es ofrecerle al lector un estudio bíblico del reino de Dios y de la misión global del pueblo de Dios. Uno de los aspectos más básicos de la teología de la misión tiene que ver con la relación de la Biblia con la teoría y la práctica de la misión. Inicialmente, uno pensaría que esto sería obvio. Pero no es así. En cada generación hay una necesidad de volver a reflexionar sobre la manera en que la iglesia abraza o saca provecho de la comprensión escrituraria de la misión.

En las palabras de Glasser:

> Sólo si la iglesia entiende la revelación bíblica plena por parte de Dios concerniente a la misión de Dios, estimulada al confrontar las Escrituras con cuestiones del día de hoy, podrá ella ser desafiada de manera responsable a ofrecer a Dios la devoción de corazón, fuerza, tiempo y recursos esenciales para completar esa misión. Esto significa escuchar el testimonio tanto del Antiguo Testamento como del Nuevo Testamento. . . . Toda la Escritura contribuye de una manera o de otra a nuestra comprensión de la misión. Esta es nuestra tesis. En nuestros días, los evangélicos están descubriendo que la base bíblica para la misión es mucho más amplia y más compleja que lo que aparentemente ha imaginado cualquier generación anterior de misiólogos. . . . Se ha tornado cada vez más difícil defender el movimiento misionero moderno, suplementando esta preocupación con referencias a la Gran

Comisión (Mat. 28:18-20), en la tradición de William Carey y de Hudson Taylor. Tampoco se puede ganar una gran credibilidad mediante la ampliación de la base apelando a textos de prueba cuidadosamente seleccionados, para respaldar temas relacionados, tales como el carácter de Dios como el que envía, la compulsión compasiva del Espíritu, el ejemplo de la iglesia apostólica, y la relación entre la obediencia misionera y la segunda venida de Cristo. . . . Se debe intentar un abordaje general de las Escrituras, que permita que cada parte haga su contribución, de modo que se pueda entender la preocupación total por las naciones de parte de Dios. Desarrollar tal abordaje es nuestro propósito en este libro. (Glasser 1992: 26-27)

En este estudio, nuestro objetivo es explorar el surgimiento y el desarrollo del tema del reino de Dios, tanto en el Antiguo como en el Nuevo Testamento tomados como un todo, a los efectos de entender más profundamente la misión de Dios a través del pueblo de Dios en el mundo de Dios. Esto, a su vez, nos dará una nueva sabiduría y una nueva percepción con referencia a lo que debería ser la misión de la iglesia en un nuevo milenio.

Nuestra misión no es ninguna otra, ni más ni menos, que la participación en la misión de Jesús. Para decirlo negativamente, cuando no se trata de la misión de Cristo, puede ser expansión colonial, extensión de la iglesia, proselitismo o servicios sociales, pero no es misión. Nuestra misión es misión bíblica sólo cuando está centrada en Jesucristo. Como lo ha expresado Art Glasser: "El evangelio tiene en su corazón la afirmación de que sólo Jesucristo es el Señor y que él se ofrece a entrar en las vidas de todos los que vengan a él arrepentidos y en fe" (Glasser 1984: 726).[1]

Los autores de este libro han usado una copia anterior de este volumen con gran beneficio por varios años, en cursos sobre fundamentos bíblicos de la misión, en la Escuela de Misión del Seminario Fuller. Casi doscientos estudiantes han leído el libro cada

---

[1] En otro lugar, Glasser dice: "En años recientes, los evangélicos han llegado a estar cada vez más preocupados por llegar a ser más abarcativamente bíblicos en su comprensión y realización de la misión cristiana. ... Como nunca antes, están determinados a mantener su obra redentora [la de Cristo] como centro, porque por su muerte sustitutiva y por su resurrección en el cuerpo, sólo él le provee acceso a los seres humanos pecadores a la presencia de Dios y al compañerismo con Él" (Glasser 1985: 9).

año lectivo y lo han aclamado de manera consistente como el libro más profundo, útil y provocativo referido a la Biblia y la misión que jamás hayan leído.

Una perspectiva del reino de Dios ha sido una de las mayores contribuciones de Arthur Glasser a la misiología. Tomando información de obras de George Ladd, de Herman Ridderbos, de Oscar Cullmann y de otros, el paradigma del reino de Dios de Glasser ha hecho por lo menos cuatro cosas por la misiología.

Primero, el concepto del reino de Dios amplía la reflexión misiológica para ir más allá de una comprensión de la salvación predominantemente individualizada y vertical hacia una visión integral de la interacción de la iglesia y el mundo.

Segundo, la misiología del reino de Glasser quiebra el *impasse* entre la evangelización y la acción social que ha plagado a los evangélicos.

Tercero, la misiología del reino de Dios crea la posibilidad de una nueva conversación entre evangélicos, representantes del movimiento conciliar, católicos romanos, ortodoxos, pentecostales y carismáticos.

Cuarto, el propio peregrinaje personal de Glasser lo hizo profundamente consciente de las implicaciones sociales y políticas del reino de Dios que desafían a todos los gobiernos, a toda forma de racismo, a todas las estructuras sociales que procuran deificarse.

Nacido en 1914, el año en que comenzó la Primera Guerra Mundial, Arthur y su esposa Alice vieron cambios tremendos que tuvieron lugar en la manera en que se hacen las misiones cristianas. Aun así, a lo largo de todos esos cambios, la visión que ellos tenían sobre la motivación y sobre la meta esenciales de la misión cristiana permaneció en foco. Como Art Glasser escribió una vez: "Hay solamente una prueba ácida que se debiera aplicarse a todas las actividades que pretenden representar obediencia en la misión. ¿Producen o no producen discípulos de Jesucristo?" (1974: 8). Aquí Glasser estaba repitiendo la convicción de Donald McGavran, sobre la cual se fundó la Escuela de Misión de Fuller (SWM). McGavran entendía la misión "como una empresa dedicada a proclamar las buenas nuevas de Jesucristo y a persuadir a hombres y mujeres para llegar a ser sus discípulos y miembros responsables de su iglesia" (1990: 23-24). McGavran creía que esta era la base principal sobre la que debía evaluarse la formación ministerial (1989: 22-26).

Al graduarse de Cornell University como ingeniero civil en 1936, Art sintió que Dios lo estaba llamando a un servicio de tiempo completo para ser un misionero transcultural. Después de graduarse de Faith Theological Seminary en 1942, Glasser se unió a la Marina como capellán en la First Marine Division, la cual fue testigo de una lucha feroz en el Pacífico Sur en 1943 y en 1944. Después de la guerra, Art y Alice Glasser se unieron a la China Inland Mission (CIM) y fueron parte del primer grupo de candidatos aceptados por la CIM después de la Segunda Guerra. En 1946, fueron enviados a la China. En su primer carta de oración misionera, fechada el 28 de diciembre de 1946, los Glasser escribieron: "Hay dos razones básicas por las que estamos de camino a la China. Primero, como cristianos, le debemos al que murió por nosotros la obediencia que él demanda de parte de sus discípulos, dado que ha puesto sobre nosotros la obligación solemne que dice: 'Vayan por todo el mundo y prediquen las buenas nuevas a toda criatura.' Y en segundo lugar, vamos a la China debido a la pasmosa necesidad de esa tierra trágica, que tiene un cuarto de la población mundial."

Después que los comunistas tomaron China en 1949, Art enseñó por varios años en Columbia Bible College, en Columbia, Carolina del Sur. En 1955, Glasser fue nombrado director asistente del CIM, que para ese entonces se llamaba Overseas Missionary Fellowship (OMF). Él y Alice vivieron por varios años en Singapur. En 1960, llegó a ser el director de OMF. Durante esos años, Glasser fue el editor de *China's Millions* (Los millones de China), que luego se llamó *East Asia's Millions* (Los millones de Asia del este). En 1969, Glasser renunció a su puesto en OMF para estudiar por un año en Columbia University en Nueva York. Desde los años de 1940 hasta fines de los años de 1960, Glasser también estuvo comprometido con Erik Fife y con otros en la Urbana Missionary Conferences de la Foreign Missionary Fellowship de InterVarsity. En 1970, Art fue invitado por David Allan Hubbard, para ser el segundo decano de la Escuela de Misión Mundial (Seminario Fuller), sucediendo a Donald McGavran. Sirvió como decano desde 1971 hasta 1980. Basado en su pasión de toda la vida por la evangelización de los judíos, Glasser fundó el Judaic Studies Program (Programa de estudios judaicos) en la Escuela de Misión Mundial. Durante más de sesenta años, Dios usó ampliamente a Art con sus variados dones tales como teólogo misionero, estadista de la misión, educador teológico, ejecutivo de la misión, movilizador de la misión, evangelista, escritor, editor y orador. Luego, Art y Alice establecieron su hogar en Seattle, Washington.

Los otros nombres que aparecen en la tapa de este libro son los de tres "generaciones" de discípulos que han sido transformados por la misiología de Arthur Glasser. Dean Gilliland sirvió como misionero, enseñando y entrenando a líderes de la iglesia en Nigeria por muchos años. En 1977 fue invitado por Art Glasser para unirse al cuerpo docente de la Escuela de Misión Mundial en Fuller, donde luego enseñó contextualización y teología paulina de la misión. Charles Van Engen estudió teología de la misión y crecimiento de la iglesia con Art en 1972 y 1973, antes de irse como misionero a México. Ante la insistencia de Art Glasser, Chuck se unió a la Escuela de Misión Mundial en 1988 y en ese momento Art rápidamente le entregó un curso llamado "Biblical Foundations of Mission" (Fundamentos bíblicos de la misión), cuyo principal libro de texto fue una copia anterior de este libro. A mediados de los años de 1990, Shawn Redford comenzó sus estudios en Fuller y ha sido un seguidor de la misiología de Glasser desde entonces. Luego Chuck y Shawn formaron un equipo para enseñar "Biblical Foundations of Mission" (Fundamentos bíblicos de la misión), y este libro ha sido el recurso principal para ayudar a los estudiantes a entender la misión de Dios tal como tiene lugar desde Génesis hasta Apocalipsis.

Nuestra oración es que ustedes, nuestros lectores, permitan que esta obra única sirva como una lente de enfoque, a través de la cual ustedes puedan leer la Biblia con una nueva visión misional. Y una vez que miren a través de esta lente, oramos para que puedan regocijarse con nosotros en el asombro y la maravilla que hemos experimentado, al ver el calidoscopio de maneras en que la misión de Dios avanza a través de las Escrituras. Todos estamos en deuda con Arthur Glasser, por darnos nuevos ojos para ver la misión de Dios en la Biblia.

Charles Van Engen

**Parte I**


**LA MISIÓN DE DIOS EN EL COMIENZO**

# Capítulo 1

# Toda la Biblia es un libro misionero

**Introducción**

Toda la Biblia, tanto el Antiguo como el Nuevo Testamento, es un libro misionero, la revelación del propósito y la acción de Dios en misión en la historia humana. El Antiguo Testamento era la Biblia de la iglesia apostólica. Dado que Jesucristo lo aceptaba como la Palabra de Dios, sus discípulos no pudieron menos que seguir su ejemplo. Aunque el Antiguo Testamento es la Palabra de Dios principalmente para Israel, su valor no yace solamente en la manera en que anticipa el anuncio del Nuevo Testamento del Mesías de Israel y el Salvador del mundo. En realidad, es revelación en el mismo sentido que lo es el Nuevo Testamento, ya que revela los hechos poderosos y los propósitos de la gracia de Dios a favor de su pueblo y del mundo creado para ellos. Ambos testamentos están relacionados orgánicamente en una relación dinámica e interactiva. En ambos, Dios actúa a través del Hijo de Dios. En su desarrollo de esta interrelación, George A. F. Knight afirma:

> Podríamos usar la declaración de San Pablo en 2 Cor. 5:19, . . . (alternando dos palabras para mostrar) el contenido esencial del Antiguo Testamento. . . : "Dios estaba en Israel reconciliando consigo al mundo." "En Israel," Dios no tuvo éxito en redimir al mundo. Le quedó actuar "en Cristo" con miras a terminar de atraer a todas (las personas) hacia él. (1959: 8)

Sobre esta base, podemos decir con confianza que "el tema central del Antiguo Testamento es la revelación de la actividad redentora de Dios en y a través del Hijo, Israel" (Knight 1959: 9). Esto significa que todos los aspectos del Antiguo Testamento, particularmente los concernientes a Israel, debieran ser vistos como relacionados al propósito redentor global de Dios.

**Los dos testamentos: continuidad y discontinuidad**

En este estudio, nuestro objetivo es explorar el surgimiento y el desarrollo de la misión de Dios tanto en el Antiguo como en el Nuevo

Testamento. Al perseguir esta meta, procuraremos identificarnos con los escritores del Nuevo Testamento, quienes asumían la continuidad esencial entre el antiguo Israel y la iglesia. Por un lado, ellos veían a la iglesia como el pueblo de Dios llamado a alcanzar a los gentiles tanto como a los judíos. Este llamamiento comenzó cuando se formó por primera vez la comunidad de fe, cuando Dios escogió a Abraham y a Sara. Por otro lado, al apropiarse del don de la gracia de Dios, los escritores judíos del Nuevo Testamento también vieron una discontinuidad significativa entre ellos y la nación de Israel. La expresión del pueblo de Dios del Nuevo Testamento nació en Pentecostés no de la carne (mediante una descendencia física) sino del Espíritu Santo. "Así es como la Iglesia es también considerada como Comunidad de la Resurrección" (Knight 1959: 350).

Siendo esto así, el pueblo de Dios del Nuevo Testamento, necesita el Antiguo Testamento, ¡cada palabra! Los cristianos gentiles no se atreven a asumir que ellos se han apropiado de todas las promesas que Dios le hizo al antiguo Israel, dejando sólo maldiciones sobre el pueblo judío. En contraste, los cristianos deben verse a sí mismos como injertados dentro del tronco de la relación de pacto de Israel con Dios, para participar "de la savia nutritiva de la raíz del olivo" (Rom 11:17), y esto ha sido sólo por la gracia de Dios. De acuerdo a las Escrituras, hay un solo pueblo de Dios, una sola comunidad de fe.

Cuando los cristianos reconocen que tanto el Antiguo como el Nuevo Testamento son Palabra de Dios, se ligan a las Escrituras en el sentido más profundo. Esto demanda una profunda preocupación por la creación de Dios y por el gobierno de Dios, por las primeras cosas y las últimas cosas, por la imagen divina en todas las personas y por la ley de Dios para todos, por la santidad y la santificación, por la civilidad y la humanización, por el *ethos* y la cultura, por la sociedad y el matrimonio, por la historia y el estado (Van Ruler 1971: 8).

Por lo tanto, desafiamos el carácter apropiado de palabras como "antiguo" y "nuevo" para distinguir las dos secciones de la Biblia. Aunque estos dos términos son bíblicos, señalan la necesidad de ser conscientes del sentido preciso en que el "antiguo pacto" es antiguo y el "nuevo pacto" es nuevo. La tragedia es que con demasiada frecuencia se asume que lo "antiguo" ha sido anulado por lo "nuevo" y que uno puede considerar lo "antiguo" como meramente preparatorio o, en el mejor de los casos, como "la ley . . . nuestro guía encargado de conducirnos a Cristo" (Gal 3:24).

La gente judía se siente particularmente ofendida por esta designación de sus Escrituras como "antiguas." Ellos argumentarían que Malaquías estaba del lado de ellos cuando Dios habla a través de él, diciendo: "Yo, el Señor, no cambio. Por eso ustedes, descendientes de Jacob, no han sido exterminados" (Mal 3:6). Los judíos también contenderían justamente que el pacto que Dios ratificó en el Sinaí está establecido en el cielo para siempre. Es eterno y no tiene fin. No es de extrañar, entonces, que a lo largo de los siglos el judaísmo haya repudiado absolutamente cualquier idea de un "nuevo" pacto que considere a la actividad anterior de pacto por parte de Dios como "antigua."

La frase "antiguo pacto" ocurre una sola vez en el Nuevo Testamento (2 Cor 3:14), y "nuevo pacto" ocurre seis veces (excluyendo Mar 14:24). Es más, el término *nuevo pacto* aparece en el Antiguo Testamento (por ejemplo, en Jer 31:31). No se logra ninguna solución real identificando al Antiguo Testamento como "ley" y contrastándolo con "gracia" citando de manera concluyente Juan 1:17 ("la ley fue dada por medio de Moisés, mientras que la gracia y la verdad nos han llegado por medio de Jesucristo"). La revelación en el Sinaí fue verbal en el sentido más pleno, y la Palabra eterna se encarnó plenamente en Jesucristo. Ambas partes de la Biblia son de la misma esencia. En conjunto, constituyen la Palabra de Dios. No obstante, esta Palabra de Dios se caracteriza por el desarrollo progresivo de la revelación divina, porque "a Dios le agradó habitar en [Jesucristo] con toda su plenitud" (Col 1:19).

**Interdependencia del Antiguo y del Nuevo Testamento**

El Nuevo Testamento es incomprensible sin las Escrituras hebreas, dado que está íntimamente relacionado con ellas en citas y temas directos, en terminología y en la manera completa en que describe al Dios de Abraham, de Isaac y de Jacob. La Pascua de resurrección está tanto cronológica como teológicamente relacionada con la Pascua judía como lo están el Pentecostés (Lev 23:16) con la Fiesta de las Primicias (Lev 23:9-21). En realidad, en todo nivel, desde hipótesis hasta formas de pensamiento, expresiones idiomáticas y expectativas, el Nuevo Testamento es imposible de entender aparte de sus raíces en el Antiguo Testamento. De ahí que refrendamos la sugerencia de Knight, siguiendo 2 Corintios 5:19, de que la esencia del Antiguo Testamento es que "Dios estaba reconciliando al mundo consigo mismo." No obstante, en Israel no pudo tener éxito debido a los fracasos del pueblo de Israel. Le quedó actuar "en Cristo" a los efectos de atraer a todos los pueblos hacia sí mismo. (1959: 8).

No obstante, uno no puede permanecer en el Antiguo Testamento sin ponerse inquieto y sentir una necesidad de algo que el Antiguo Testamento por sí mismo no puede proveer. Esta inquietud encuentra su foco en la necesidad de remitirse al Nuevo Testamento y regocijarse en su registro del amanecer de la era mesiánica. En el estudio del Antiguo Testamento hay un anhelo por múltiples certezas de que todo va a estar bien al final. Hay esperanza de que toda la creación será testigo de la vindicación final por parte de Dios, quien será plenamente triunfante en medio de su creación, habiendo expulsado de ella todo lo que era contrario a la voluntad de Dios. Más aún, Dios el Señor estará gloriosamente satisfecho cuando reciba algo ampliamente distinto de la obediencia vacilante de un pequeño remanente de Israel, que se admite sólo como un pequeño segmento de la raza humana. Entonces, Él será amado y servido por un pueblo extraído de todas las naciones, que anhele vivir bajo su dirección y para su gloria.

Debemos tener en cuenta que el Antiguo Testamento les fue dado a los israelitas. Como cristianos, oímos su mensaje a través de Cristo, quien nos lo ha dado a nosotros. En realidad, estamos obligados a referir cada texto del Antiguo Testamento al Nuevo Testamento para un veredicto, ya sea para su ratificación, modificación o juicio. No obstante, una y otra vez encontraremos que muchas perspectivas y características esenciales de nuestra fe bíblica no están explícitamente desarrolladas en el Nuevo Testamento, porque el Espíritu de Dios ya las ha desarrollado adecuadamente en el Antiguo Testamento. Este hecho en sí mismo ayuda a establecer la realidad de la continuidad del pueblo de Dios antes de Cristo y después de Cristo. Por ejemplo, los Salmos nos guían día a día en nuestra adoración y los profetas nos hacen conscientes de nuestras responsabilidades sociales para con nuestra generación (Bright 1967: 204). Pero las sorpresas dentro del Nuevo Testamento son esenciales para nuestra comprensión de cómo Dios cumplirá finalmente y de manera completa las expectativas no realizadas de la fe del Antiguo Testamento. Los cristianos encuentran sus raíces tanto en el Antiguo Testamento como en el Nuevo.

El Antiguo Testamento es el telón de fondo de nuestra herencia de fe, pero antes de Cristo (a.C.). Es el registro del trato de nuestro Dios con el pueblo de Dios y es la revelación de su palabra a él, pero antes de Cristo. Está lleno de material que le habla a cuestiones que confronta la iglesia en el Nuevo Testamento, cuando ésta cruza fronteras de avance misionero, donde la gente vive en gran medida en situaciones como las de a.C. Estas situaciones son un espejo de los predicamentos que caracterizan a la condición humana. Como lo expresa John Bright:

> El Antiguo Testamento correctamente oído, me ubica a mí en mi dilema de a.c., me muestra la ruina de mis esperanzas de a.c. y de allí crea en mí la disposición de oír acerca de una esperanza mejor, que está más allá de toda esperanza de a.c. La conclusión apropiada de la historia de Israel es Jesucristo. (1967: 208-9)

Una hermenéutica que silencie partes del Antiguo Testamento o que sólo nos permita oír sus partes fáciles o que arbitrariamente confine la totalidad de la revelación bíblica, o cualquier tema particular, a pasajes del Nuevo Testamento no logrará su cometido. "Todo texto del Antiguo Testamento, si se lo escucha correctamente, tiene su palabra para nosotros hoy" (Bright 1967: 212).

Dado el carácter histórico de la revelación, encontramos muchas ideas en el Antiguo Testamento que no son directamente aplicables al pueblo de Dios hoy en día. Algunos podrían incluso decir que Jesús también les dio instrucciones a sus discípulos que ya no pueden o no deben ser tomadas literalmente. Están los que sostienen que hay muchas cosas en las Escrituras que pueden ser pasadas por alto sin ninguna pérdida resultante. Esto está lejos de la verdad. Si es que se les permite a todas y a cada una de las secciones de la Escritura hablar por sí mismas, éstas revelarán líneas de verdad tales como ley y gracia, promesa y exhortación. Estos temas son relevantes para el pueblo de Dios del día de hoy en toda cultura y en toda circunstancia de la vida. Hacia el final de su ministerio, el apóstol Pablo pudo afirmar con confianza que "toda la escritura" (cada parte de la colección de los escritos del Antiguo Testamento) es "útil para enseñar, para reprender, para corregir y para instruir en justicia," porque es "inspirada por Dios" (2 Tim 3:16). El apóstol concluyó que debido a eso el siervo de Dios está "enteramente capacitado para toda buena obra" (v. 17).

**El Antiguo Testamento como expectativa del reino**

El derecho de Dios de reinar y gobernar sobre toda creación y sobre todos los pueblos del mundo debe ser entendido de manera inequívoca. Esto une el mensaje de los relatos del Antiguo y del Nuevo Testamento, porque el reino de Dios es uno de los temas centrales y abarcativos de la Biblia. Aunque es un tema explícitamente del Nuevo

Testamento, estamos profundamente persuadidos de que el Antiguo Testamento también puede ser entendido desde esta perspectiva. En el Antiguo Testamento, Dios se revela a sí mismo y revela su actividad hacia afuera de maneras variadas. Como *Creador*, estableció el mundo y lo llenó de sus criaturas. Como *Gobernante*, lo vigila para su buen placer. Como *Redentor*, revela su amor perdonador para con su pueblo. Y como *Revelador*, señala el camino hacia su propósito último para con los suyos, tal como Isaías lo describió vívidamente:

> A cambio de ti entregaré hombres;
> ¡a cambio de tu vida entregaré pueblos!
> Porque te amo y eres ante mis ojos
> precioso y digno de honra.
> No temas, porque yo estoy contigo;
> desde el oriente traeré a tu descendencia,
> desde el occidente te reuniré.
> Al norte le diré: "¡Entrégalos!"
> y al sur: "¡No los retengas!
> Trae a mis hijos desde lejos
> y a mis hijas desde los confines de la tierra.
> Trae a todo el que sea llamado por mi nombre,
> al que yo he creado para mi gloria,
> al que yo hice y formé." (43:4-7)

El Antiguo Testamento está repleto de afirmaciones de este tipo. Hay un futuro para Israel, el pueblo de Dios que descendió de los patriarcas: Abraham, Isaac y Jacob. Pero este futuro no está desconectado del propósito redentor de Dios para las naciones gentiles. A continuación de la obra redentora del Santo de Israel, Isaías también profetizó que vendrá un día, el día del Señor, cuando las naciones serán atraídas hacia Sión:

> Muchos pueblos vendrán y dirán:
> "¡Vengan, subamos al monte del Señor,
> a la casa del Dios de Jacob!,
> para que nos enseñe sus caminos
> y andemos por sus sendas."
> Porque de Sión saldrá la enseñanza,
> de Jesuralén la palabra del Señor.
> Él juzgará entre las naciones
> y será el árbitro de muchos pueblos.
> Convertirán sus espadas en arados y sus lanzas en hoces.
> No levantará espada nación contra nación,

y nunca más se adiestrarán para la guerra. (2:3-4)

El apóstol Pablo siglos más tarde confirmó esto cuando declaró que el propósito de Dios era "reunir en él [en Cristo] todas las cosas, tanto las del cielo como las de la tierra" (Ef 1:10). El Antiguo Testamento afirma una y otra vez que Dios desea destruir todo mal y ponerle fin a todo dolor que plaga el género humano. Sin su contribución a nuestra comprensión del propósito eterno de Dios con respecto a individuos y naciones, la descripción del Nuevo Testamento del "ya," pero "no todavía," y de la "consumación" del reino de Dios parecería incompleta. La revelación del amor de Dios en Cristo no puede ser aprehendida de manera plena, aparte del Antiguo Testamento. Incluso el señorío de Cristo puede ser comprendido mejor, cuando se transmite a través de conceptos del reino provenientes del Antiguo Testamento.

El gobierno de Dios es tanto universal como del pacto. Dado que Dios creó el cielo y la tierra por su palabra y que la primera pareja humana fue hecha a su imagen, fue inevitable que a partir de ese momento Dios ejerciera un cuidado amoroso y providencial sobre su creación. Esto puede describirse como su reino universal. Dios es la fuente de toda autoridad y Él ha decretado que en última instancia ha de triunfar sobre todas las cosas, particularmente sobre las naciones: "Se acordarán del Señor y se volverán a él todos los confines de la tierra; ante él se postrarán todas las familias de las naciones, porque del Señor es el reino; él gobierna sobre las naciones" (Sal 22:27-28). El Nuevo Testamento también enseña el gobierno universal de Dios. Jesucristo es descrito como "el soberano de los reyes de la tierra," quien en el día final será revelado como el Todopoderoso, nuestro Dios Todopoderoso (Apoc 1:5, 8; 19:6).

No obstante, en el Antiguo Testamento también encontramos el gobierno de Dios como rey, identificado con un pueblo en particular, con el cual Él estableció una relación de pacto especial (la simiente de Abraham, de Isaac y de Jacob). Él lo constituyó como su posesión peculiar, después de liberarlo de la esclavitud en Egipto y de asegurar su aceptación voluntaria de su pacto en el Sinaí (Ex 19-20). A partir de ese momento, su gobierno moral sobre ellos abarcó la promesa de guía y de provisión, de instrucción y de bendición. Si ellos obedecían, podían contar con la fidelidad de Dios a su compromiso de pacto. Si se tornaban rebeldes y desobedientes, ellos podían anticipar que iban a ser castigados. A lo largo de los años, Él se les reveló mediante "hechos poderosos" y "palabras habladas." Ellos llegaron a entender que su gobierno era espiritual e irrevocable y que incluía la garantía de una existencia nacional imperecedera, una expectativa mesiánica y una salvación eterna para los que se volvieran a Él. Cuando Dios profetizó a través de Daniel que "los santos del Altísimo recibirán el reino y será suyo para siempre, ¡para siempre jamás!" (7:18), hizo volar las mentes de los israelitas. Aquí había una promesa incondicional de triunfo final bajo el estandarte de "alguien con aspecto humano" (7:13). Él los habilitaría en el día final para ser partícipes de la victoria última de Dios. ¡Es comprensible que el pueblo judío jamás se haya olvidado de esta promesa!

En consecuencia, en el Antiguo Testamento no es poco común que la gente se dirija a Dios como su rey (Sal 10:16). Consideraban a Dios como entronizado en medio de ellos, habitando entre los dos querubines en el lugar más interno del tabernáculo y luego en el templo de Jerusalén (Núm 7:89; Isa 37:16). Su trono era "el propiciatorio" (el trono de la misericordia). La presencia de Dios allí prometía su fidelidad a su pacto. ¡Ellos triunfarían sobre sus enemigos!

Hay tanto una diferenciación como una íntima correlación entre el gobierno universal de Dios y el gobierno de Dios como rey sobre el pueblo de Dios. Como *Creador* y *Redentor*, Dios triunfará de manera final y plena en la historia humana. Como un Dios que es fiel a sus pactos, Dios traerá a su pueblo a su "edad de oro de la salvación." Estas cosas están interrelacionadas y en secuencia. Primero, el Israel de Dios debe ser un pueblo redimido. Segundo, las naciones que durante mucho tiempo han resistido la voluntad de Dios deben ser totalmente despojadas de sus pretensiones, de su autonomía y de su dominio. Tercero, la ruina y la caída de todos los enemigos de Dios son un requisito previo para que Él se establezca como "Rey de reyes y Señor de señores" (Apoc 19:16). Cuarto, solo será en el día final, el tiempo del juicio final de Dios, que "llamarán a Jerusalén: 'Trono del Señor'. Todas las naciones se reunirán en Jerusalén" (Jer 3:17). Y finalmente, a continuación de esta convocatoria escatológica a las naciones para buscar al Señor y dar cuenta de ellas mismas, el pueblo de Dios verá "un cielo nuevo y una tierra nueva" (Isa 65:17). Solo entonces disfrutarán de la paz y de la justicia perdurable que la gente ha buscado y de la seguridad económica que ha eludido la lucha humana (Miq 4:3, 4).

A pesar de esta prospectiva frecuentemente repetida del triunfo final de Dios en la historia humana, el registro del Antiguo Testamento representa un fracaso casi inexorable de parte de Israel. El gobierno de Dios como rey se encontró con poco aprecio e incluso con menos respuesta. Dios prodigó amor sobre su pueblo, pero recibió poco a cambio. No les pareció compatible con sus intereses vivir bajo la dirección de Dios y para su gloria. Constantemente eran tentados y eran vencidos por pretensiones rivales del conocimiento, de la seguridad y del poder, que aparecían envasadas de manera atractiva en culturas antiguas y dominadas por idolatrías esclavizantes. Una y otra vez, atrajeron catástrofes sobre ellos mismos por adorar a los dioses de los pueblos vecinos y de esa manera apartarse del Dios viviente. Sobrevivieron solo por la gracia de Dios. Cada liberación divina sucesiva revelaba la fidelidad de Dios y su poder como *Liberador*, *Sanador* y *Guardián*. A lo largo de los años se les enseñó lo que se demanda de los que confiesan a Dios como su *Rey Soberano*.

No podemos entender el Antiguo Testamento de manera adecuada, a menos que tengamos en cuenta las dimensiones de este registro de fracaso. Debemos examinar en profundidad los detalles sombríos de la apostasía persistente de Israel, y a partir de esta perspectiva revisar las esperanzas y expectativas expresadas tan vívidamente por los profetas: en última instancia Dios cumplirá la meta de pacto para su pueblo. A través de esta esperanza podemos comenzar a apreciar el carácter único de Jesucristo. Él es el "otro Israel." Mediante una vida totalmente obediente, testigo verdadero para su generación, y una entrega expiatoria sustitutiva de su vida en muerte, Jesucristo establece un nuevo e inquebrantable pacto de gracia y de salvación que abarcará a todas las naciones (Jer 31:31-34; Ezeq 39:24-28). Él hace posible el triunfo último de Dios en la historia.

**Axiomas que conectan la misión de Dios en el Antiguo y el Nuevo Testamento**

Siete axiomas principales en el Antiguo Testamento son importantes para el despliegue bíblico de la misión de Dios en la Biblia. Éstos se pueden rastrear dentro del registro de la respuesta de Dios a la problemática historia de Israel como pueblo de Dios. Cada uno es una sugerencia de lo se desarrollará de manera completa en el Nuevo Testamento. Entender estos temas es esencial para una comprensión unificada de la misión de Dios en la Biblia. Estos temas permanecerán delante de nosotros como motivos subyacentes que conectan los dos testamentos.

***Dios es soberano en su reinado***

El gobierno de Dios sobre individuos y naciones es siempre recto y justo. En realidad, cualquier cosa que Él haga es un reflejo de su carácter. El poder y la bondad de Dios, su santidad y justicia, su paciencia y misericordia están siempre dictados por una preocupación amorosa por los mejores intereses de sus criaturas. No es probable que ninguna persona convencida de la realidad de Dios se llegue a preocupar por segundas causas. Es solamente con Dios, que el pueblo de Dios tiene un trato. Él es el *Gobernante* moral del universo y "¡El Señor reina por siempre y para siempre!" (Ex 15:18).

El reinado absoluto de Dios sobre el reino que creó y sobre los seres humanos que se preocupan unos por otros y por el mundo creado describe el ideal y la voluntad divina, tanto como la dolorosa verdad del Antiguo Testamento. Un reino secularizado y rebelde obstruyó el gobierno de Dios. La demanda de un rey terrenal y la conducta del pueblo bajo el gobierno de reyes apegados a la tierra establecieron el escenario para el nuevo pacto, cuando Jesús caminaría entre los seres humanos y declararía un nuevo pacto en su sangre.

En el Nuevo Testamento, Dios restableció su derecho a gobernar. En la nueva era, la soberanía de Dios se enfoca en el señorío de Cristo. Los hijos e hijas del reino proclaman a Jesús como Señor: "No nos predicamos a nosotros mismos sino a Jesucristo como Señor" (2 Cor 4:5). Éste es el corazón de las buenas nuevas del reino (Rom 10:9-10). Jesús es el viceregente del Padre. Mediante la cruz él conquistó a todos sus enemigos y obtuvo la salvación para su pueblo. Ahora trabaja a través de ellos por el poder del Espíritu Santo. Su gobierno presente sobre los redimidos anticipa su gobierno último sobre todo, sobre un cielo nuevo y una tierra nueva. Se concluye entonces que la adoración de todos los otros dioses es aborrecible para él y por lo tanto totalmente fútil. Él es el Señor de todo.

***El gobierno soberano de Dios demanda un compromiso personal***

Los que reconocen a Dios como su Dios deben comprometerse personalmente con Él y con su rectitud. Él no ha decretado ninguna otra alternativa que este compromiso: que los que llevan su imagen lo amen con todo su corazón, su alma, su fuerza y su mente. Más aún, esta relación ha sido sellada con un pacto que Él inició y guarda. No puede haber ningún reino sin súbditos, y el Dios justo demanda justicia de parte de todos los que están en una relación de pacto con Él. Dios declara de manera puntual que rechaza a aquellos cuyas vidas reflejan un desvío ético importante y prácticas religiosas desubicadas. En el juicio de Dios, esto refleja que ellos han quitado de sus mentes todo recuerdo del cuidado de gracia, las intervenciones y liberaciones de Dios en el pasado a favor de ellos y su determinación de permanecer indiferentes al derecho de Dios de gobernar sobre sus vidas al enfrentar el futuro.

En Miqueas 6 encontramos a Dios contendiendo con su pueblo, porque se han olvidado de sus actos de salvación a favor de ellos y de lo que significa caminar humildemente con Dios. Ellos estaban indignados porque Él no se satisfacía con meras actividades religiosas externas y con sacrificios rituales. Pero este profeta les recordó que el Señor requiere de sus redimidos el deber de "practicar la justicia, amar la misericordia y humillarte ante tu Dios" (Miq 6:8).

El Nuevo Testamento enfatiza la necesidad de aceptar el señorío de Cristo por gracia mediante la fe. Llama a un compromiso de pacto con Dios similar al que se encuentra en el Antiguo Testamento. El Nuevo Testamento señala al nuevo nacimiento, al testimonio interior del Espíritu Santo y a su expresión exterior en amor y en servicio al reino. Solamente los que son verdaderamente "nuevas criaturas en Cristo" entrarán al reino de Dios. En realidad, cualquiera que no tiene al Espíritu de Cristo no pertenece a él (Rom 8:9). A todos se les ordena estar llenos del Espíritu Santo; desobedecer es salir deliberadamente fuera de la voluntad de Dios (Ef 5:18). Y los que profesan su señorío, pero sus vidas no reflejan sus valores y perspectivas, son desafiados a examinarse a sí mismos y ver si es que son verdaderamente suyos (2 Cor 13:5).

***Los súbditos de Dios deben constituir una comunidad "sierva"***

Dios no está solo preocupado por individuos sino por familias, pueblos y naciones. Él exige obligaciones sociales de parte de su pueblo redimido (la legislación sinaítica). Se deleita en habitar en medio de ellos, de manera que a través de ellos el gobierno de Dios pueda extenderse a todos los aspectos del orden social en el que ellos viven. Más aún, Dios tiene la intención de que ellos sean una "luz para las naciones," y que la salvación que Él da pueda extenderse "hasta los confines de la tierra" (Isa 49:6). Dios se revela a sí mismo como opuesto al racismo, al nacionalismo, al sexismo y a todo otro "ismo" que degrade a las personas. Él está en contra de la guerra agresiva, de la pobreza impuesta, del abuso del poder político y de ignorar "al extranjero que viva entre ustedes." En realidad, el Antiguo Testamento con frecuencia nos sorprende al sugerir abordajes viables para muchos de los problemas contemporáneos que confronta la iglesia hoy en día. Dios está preocupado por la justicia social. Se siente extrañamente conmovido por los gritos de los oprimidos, particularmente cuando el pueblo de Dios de manera colectiva no hace ni esfuerzo ni sacrificio alguno para aliviar la angustia de ellos.

Este espíritu de servicio y de apertura debe ser una de las marcas distintivas de los súbditos de Dios al vivir conforme a su comprensión de la visión de *shalom* de la Biblia, observada por los pueblos de la tierra. La esperanza mesiánica imagina a un nuevo pueblo. El nuevo pueblo está constituido por los que anticipan la venida del que establecerá una nueva comunidad integrada por los que aceptan el rol del Siervo Sufriente. Jesús habló de esta partida radical del pasado hacia el futuro, cuando distribuyó la copa y el pan con sus discípulos como una señal del Nuevo Testamento hecha posible por su sangre.

### *La comunidad del Rey del Antiguo Testamento llega a ser el cuerpo de Cristo del Nuevo Testamento*

El pueblo de Dios, como custodio de las llaves del reino, compartirá una nueva unidad como miembros de la iglesia del Nuevo Testamento. Ellos tienen una vida en común dentro del contexto de la participación individual en Jesucristo. Esto se expresa a través de la adoración corporativa, del compartir unos con otros, de la confesión unida y del servicio hacia fuera. Ellos protegen su integridad corporativa tratando fielmente con el pecado que ocurre en su medio (Hech 5:1-6). Viven por la oración y por la confesión del pecado. Aunque la iglesia como cuerpo de Cristo es de creación divina, solo Cristo puede reunir a los redimidos. La presencia estructurada de la iglesia es una mezcla imperfecta de la gracia de Dios, del carácter caído de la humanidad y de la penetración demoníaca. Su única gloria es la presencia de Cristo en su medio, hecha realidad mediante la fe.

### *El pueblo de Dios está llamado a la misión*

El gobierno soberano de Dios en última instancia sacará a la luz su señorío sobre todos los pueblos. Es en las bendiciones prometidas a las naciones a través de Abraham (Gén 12:3) que comienza el futuro. Allí donde Israel fracasó, a la iglesia se le da el mandato de completar "lo que falta de las aflicciones de Cristo, a favor de su cuerpo, que es la iglesia" (Col 1:24). No hay nada más importante en el orden divino para la iglesia, que la misión en el mundo.

En el Nuevo Testamento, la iglesia es llamada a la misión local y global. Esta misión surge de la victoria redentora de Cristo y de la reunión que él hace de una "comunidad del reino," mediante la proclamación del evangelio en palabra y en obra. Sus detalles explícitos son un respaldo sorprendente y un suplemento del mandato del Antiguo Testamento de "practicar la justicia, amar la misericordia, y humillarte ante tu Dios" (Miq 6:8). Solo después de Pentecostés es que el pueblo de Dios comienza a sentir de manera consciente que ellos poseen una fe universal para todas las naciones. Empiezan a ir más allá de las fronteras de Israel a las naciones gentiles y a proclamar las buenas nuevas del reino por palabra y por obra. Su tarea central e irreemplazable es persuadir a todos los pueblos a llegar a ser discípulos de Cristo y a reflejar en sus vidas, en su hablar y en su servicio todas las dimensiones del reino que Cristo revelará en poder y en gloria en el día final. Los que creen son incorporados a la vida comunitaria de las iglesias locales. Éstas son centros permanentes de comunión, de adoración, de entrenamiento y de alcanzar a otros.

El Nuevo Testamento muestra que la segunda venida de Cristo tiene una relación con la misión, dado que el Señor no quiere que nadie perezca sino que todos puedan llegar al arrepentimiento (2 Ped 3:9). El apóstol Pablo enfatiza que un aspecto clave de la misión implica restringir el avance del Anticristo (2 Tes 2:1-8).

En última instancia Dios va a triunfar. El futuro es suyo. El Nuevo Testamento es explícito en este punto. En palabras de Pablo: "[Dios] ha fijado un día en que juzgará al mundo con justicia, por medio del hombre que ha designado. De ello ha dado pruebas a todos al levantarlo de entre los muertos" (Hech 17:31). Solo cuando esta tarea global haya sido completada para satisfacción de Dios es que vendrá el fin (Mat 24:14).

***El gobierno soberano de Dios será resistido y combatido sin tregua por su pueblo, por las naciones que no lo conocen y por los "poderes" invisibles***

Mientras tanto, en tanto que la iglesia lleva a cabo su misión a las naciones, el conflicto continuará porque la realización de la misión implicará sufrimiento. La misión de la iglesia será resistida y combatida sin tregua por los pueblos y naciones que no reconocen el señorío de Cristo y particularmente por los "poderes y autoridades."

Uno siente la humillación de Dios. El Antiguo Testamento registra que sus dádivas son o despreciadas o derrochadas de manera irresponsable. Su amor es prodigado a un pueblo desagradecido, porque su voluntad fue resistida una y otra vez. Esto descubre el arraigo de la maldad humana. Dios conoce hasta donde llega la ignorancia, la apatía, el egoísmo, la avaricia y la cobardía de los seres humanos. Sorprendentemente, Dios nunca es derrotado por el mal, aunque con frecuencia lleva la vergüenza del fracaso de su pueblo (Jer 34:16; Ezeq 39:7).

Estaba bien profundo en la visión mesiánica el hecho de que el Siervo sufriría por la salvación de su pueblo. Mediante su muerte y su resurrección, Jesucristo conquistó a los poderes. Aunque sabemos el resultado final de la victoria de Cristo sobre todo mal, pecado y muerte, en este tiempo entre la ascensión de Cristo y la oposición, el sufrimiento y el conflicto de su segunda venida, permanece el modelo de discipulado al cual Jesús el Mesías llama a su iglesia. El conflicto es inevitable. Surge de la lucha cósmica que fue inaugurada sobre la cruz, cuando el Cristo mesiánico desarmó "a los poderes y a las potestades" (Col 2:15).

El Nuevo Testamento está repleto del registro del conflicto y sufrimiento que surgen de la guerra espiritual que se precipitó por el advenimiento del reino. Jesús mismo experimentó el rechazo por parte del mundo y la furia del diablo y aprendió obediencia a través de lo que sufrió (Heb 5:8). De manera muy similar, la iglesia, reclamando la victoria de Cristo sobre los poderes (Col 2:15), de todas maneras va a experimentar el zarandeo de Satanás (Luc 22:31) y la prueba del fuego (1 Ped 1:6-8). Y en ese sufrimiento, la iglesia es perfeccionada, para realizar su misión de la mejor manera. Este proceso continuará e incluso se intensificará hacia el fin de los tiempos. De todos modos, no disminuirá la responsabilidad de la iglesia para cumplir su misión a las naciones.

### *La dirección del gobierno soberano de Dios es siempre hacia el futuro*

Dios nunca está enteramente preocupado por el presente. Una y otra vez, sus profetas señalaron el día venidero del Señor, cuando su justicia sería plenamente triunfante, cuando "así como las aguas cubren los mares, así también se llenará la tierra del conocimiento de la gloria del Señor" (Hab 2:14). Él es el Dios de la esperanza, de la victoria y de la salvación personal. Su última meta para la historia humana nunca se pierde de vista. Por esta razón, a pesar de las sombras oscuras que cubren la mayor parte de la historia del Antiguo Testamento, Él siempre tuvo un remanente de su pueblo mirando hacia adelante, buscando "la consolación de Israel" y "la redención de Jerusalén" (Luc 2:25-38). Ellos siempre fueron sostenidos por la convicción de que el propósito redentor de Dios finalmente se cumpliría y que su reino sería entonces establecido plenamente.

Encontraremos que el Antiguo Testamento constantemente espera algo más allá de sí mismo. Esto debería desafiarnos para tomar una nota particular de cada línea de pensamiento específica que anhela "más por venir." Este ejercicio nos confirmará el hecho de que solo el Nuevo Testamento hace que el Antiguo Testamento sea plenamente inteligible.

Una y otra vez, el Nuevo Testamento hará sonar la nota de que el propósito redentor de Dios se cumple en Jesucristo, quien como el Alfa y la Omega inicia y consumará la historia humana. Él tendrá éxito en llamar a un pueblo pleno de entre las naciones. Y "[Dios] ha fijado un día en que juzgará al mundo con justicia, por medio del hombre que ha designado. De ello ha dado pruebas a todos al levantarlo de entre los muertos" (cf. Hech 17:30-31 con Mat 25:31-32). Esta es "la bendita esperanza, es decir, la gloriosa venida de nuestro gran Dios y Salvador Jesucristo" (Tito 2:13). Cuando Cristo regrese, la iglesia ya completa sabrá que su propósito misionero finalmente ha sido hecho realidad. El reino de Dios vendrá entonces en poder y en gloria, y así introducirá "un cielo nuevo y una tierra nueva." El clímax del propósito redentor de Cristo tendrá lugar "cuando [todas las cosas le sean sometidas a Dios], entonces el Hijo mismo se someterá a aquel que le sometió todo, para que Dios sea todo en todos" (1 Cor 15:28).

**Conclusión**

Ahora está preparado el escenario para nuestro examen de toda la Biblia como un libro misionero, revelado por un Dios misionero que crea y llama a un pueblo especial, para participar en la misión de Dios a las naciones (Gén 12:1-3; 1 Ped 2:9-10). Entonces, continuamos en el próximo capítulo, con una mirada más cercana al relato bíblico de la historia prístina.

## Capítulo 2

## Dios crea al mundo y la humanidad se rebela

**Introducción**

Dividimos las Escrituras canónicas en tres secciones. La primera es concerniente a la historia primitiva, comenzando con la creación y concluyendo con el juicio de Babel, el cual esparció a la raza humana por toda la tierra (Gén 1-11). Usamos el término *universal* para caracterizar a esta sección, dado que durante este período, la raza humana es una en la creación, la caída, el juicio y la dispersión. La actividad de Dios es universal. Cuando Adán y Eva pecaron, toda la raza humana pecó. Cuando vino el diluvio, fue un juicio universal. Cuando Dios hizo un pacto con Noé y su familia, el pacto abarcaba a toda la raza humana. Ninguna persona se escapó del juicio de Dios relacionado con las lenguas, que surgió del intento rebelde de oponerse a Dios en Babel.

La segunda sección de la narración bíblica (Gén 12 hasta Hech 1) es designada como una historia particular y tiene que ver casi únicamente con el trato de Dios con Abraham (quien luego se transformó en Abraham) y sus descendientes vía Isaac y Jacob (Gén 12-50). Luego traza los siglos de la experiencia de Israel como nación, comenzando con su liberación de la esclavitud egipcia y continuando con su eventual transformación en una monarquía poderosa. Este período está seguido de la trágica división de Israel en dos reinos en competencia. Debido a la apostasía espiritual, el reino más grande (Israel) experimentó el juicio de Dios y fue destruido por Asiria. Su pueblo fue esparcido entre las naciones para no reunirse nunca más. El reino más pequeño (Judá) se apartó de Dios y al igual que en el caso anterior, experimentó el juicio divino. Los babilonios fueron el instrumento del juicio por parte de Dios. Muchos de los sobrevivientes de Judá fueron llevados cautivos a Babilonia. Setenta años más tarde, les fue permitido regresar a su tierra derruida. Algunos respondieron y el Antiguo Testamento concluye con una breve revisión de su experiencia subsiguiente, particularmente la ministración de Dios para con ellos, a través de los que son conocidos como profetas post-exílicos. Luego continuaron cuatrocientos años de silencio, el período intertestamentario. El Nuevo Testamento comienza con la venida del

Mesías a Israel, tal como está narrada en los cuatro Evangelios. Esta segunda sección concluye con la muerte redentora de Jesús, su sepultura, resurrección y ascensión.

La tercera sección de las Escrituras comienza con la venida del Espíritu Santo el día de Pentecostés (Hech 2). Con este evento, el registro bíblico se orienta a tratar la historia universal, dado que el espectro de la proclamación del evangelio es universal en su intención. Tal como Pedro lo anunció a judíos y prosélitos en el día de Pentecostés: "En efecto, la promesa es para ustedes, para con sus hijos y para todos aquellos a quienes el Señor nuestro Dios quiera llamar" (Hech 2:39). Esta nota de universalidad continúa hasta el final del Nuevo Testamento, con su promesa de "un cielo nuevo y una tierra nueva" (Apoc 21:1). La consumación escatológica de la historia humana encuentra el agua de vida fluyendo del trono de Dios y trayendo sanidad a las naciones. "Sus siervos lo adorarán; lo verán cara a cara, y llevarán su nombre en la frente. Ya no habrá noche; no necesitarán luz de lámpara ni de sol, porque el Señor Dios los alumbrará. Y reinarán por los siglos de los siglos" (Apoc 22:3-5).

**Historia primitiva: un pantallazo**

Génesis comienza con Dios, pero no nos ofrece ninguna descripción de Él. Aunque todo el Antiguo Testamento trata de Dios, no nos dice nada de cómo es Él en sí mismo. En realidad, Dios en sí mismo no se puede conocer. Sólo sabemos cómo es examinando lo que nos ha revelado a través de su creación, de sus palabras y de sus hechos poderosos en la historia humana (Heb 1:1). "Si Dios guardara silencio, el hombre no sabría nada acerca de Él" (Jocz 1961: 28). La convicción más profunda de los escritores bíblicos es que Dios tanto habla como obra.

Como resultado, nosotros no vamos a abordar el Antiguo Testamento con el método de la goma de pegar y las tijeras, fabricando de manera arbitraria un sistema de ideas teológicas a partir de textos tomados al azar. Más bien vamos a "seguir en secuencia histórica el desarrollo de la relación entre el Dios viviente ... y ese pueblo empírico a quien Dios eligió" (Knight 1959: 18). Y dado que sólo los que creen pueden tener la esperanza de entender (Juan 7:17), nosotros "nos vamos a poner al lado del pueblo de Israel de antaño y de esa manera procuraremos adentrarnos en su experiencia de encuentro con Dios" (Knight 1959: 19).

Génesis comienza con los orígenes del mundo y de la raza humana (caps. 1-2) y continúa con cinco relatos separados: la caída (cap. 3), Caín y Abel (cap. 4), los hijos de Dios (6:1-4), el diluvio (6:5-9:28) y la torre de Babel (11:1-9). Estos relatos están intercalados con tres genealogías: las generaciones de Adán (cap. 5), de Noé (cap. 10) y de Sem (11:10-26).

Hay dos progresiones opuestas en operación: "La creación ordenada de Dios con su clímax en (la humanidad) como ser/seres responsable/s y bendito/s, y luego la obra desintegradora del pecado" (Kidner 1967: 13). Von Rad habla sobre el tema del "esparcimiento del pecado, esparcimiento de la gracia" (1972: 152-53). El pecado continuó escalando y esparciéndose, y eventualmente llevó al mundo "al borde de la no creación" (Clines 1976: 133). Comenzó con la caída, la cual llevó a la humanidad a una alienación total de Dios. Su proceso de escalada comenzó con un hombre (Adán), que hizo comentarios disparatados acerca de su esposa, a quien anteriormente había llamado "hueso de mis huesos y carne de mi carne" (2:23), para luego llegar al homicidio (Caín), a matar de manera atolondrada (Lamec), a una lujuria titánica (los hijos de Dios con las hijas de los hombres), a una total corrupción y violencia (antes del diluvio), y finalmente a la fractura y el esparcimiento de la raza humana de manera completa (Babel). En respuesta, Dios castigó con una severidad aun mayor, pero no sin desplegar su misericordia. Él es tanto el Dios de gracia como el de juicio. La respuesta de Dios en Babel incluyó tanto la gracia como el juicio, y condujo a la preservación pero también a la fragmentación de la raza humana. Babel preparó el escenario para el llamamiento de gracia que Dios le hizo a Abraham. Por este llamamiento, Él estableció una relación de pacto con un segmento de la raza humana en particular. Esto marcó el comienzo de sus actos poderosos a favor de su pueblo; estas interacciones de Dios con la creación y con el género humano bosquejan lo que se ha dado comúnmente en llamar "historia de la salvación."

¿Cómo debemos entender este registro de la historia primitiva? No debiera ser considerado como objetivo, como registro de hechos, según el sentido moderno, dado que ningún ser humano fue testigo de la creación, ni tampoco tenemos evidencia de que alguien anterior al diluvio pueda haber registrado y preservado los hechos a lo largo de esta historia increíblemente larga. Tampoco podemos presuponer que alguna persona por su cuenta haya utilizado cualquier tradición oral a su disposición y haya producido este registro. Es altamente improbable que meramente por meditar sobre la naturaleza del mundo, sobre la humanidad, sobre el hecho del pecado y del mal con sus consecuencias de alienación y de separación de Dios, el autor haya sido guiado a conclusiones verdaderas acerca de los comienzos de las cosas y finalmente las haya declarado en el lenguaje de sus días. Más bien, esta historia involucra la autorrevelación de Dios, dado que el hablar es siempre la actividad fundamental de Dios. Naturalmente, con el llamamiento de Abraham y el despliegue de la revelación de Dios a Israel, los autores de todas las Escrituras subsiguientes estuvieron en contacto con el depósito de registros de familia, de ideas y de conceptos que Israel tenía. Aun así, su impulso de escribir no fue de iniciativa humana, sino que más bien ellos "hablaron de parte de Dios, impulsados por el Espíritu Santo" (2 Ped 1:20-21).

**La creación**

La iglesia, en todos los tiempos, debe proclamar con empeño la existencia de Dios, el Autor de todas las cosas visibles e invisibles. Debe celebrar que Él exista y regocijarse porque gobierna sobre todo lo que ha hecho (Sal 47-49). Debe confesar con humildad que nada merece existir. El hecho de que la creación tuvo lugar es una expresión de la libertad de Dios: la soberanía y la gracia, la sabiduría y el poder y la perfección de Dios. La actividad subsiguiente de Dios de preservar la creación y de redimir a su pueblo también refleja el carácter de gracia de Dios.

Es muy increíble postular que no existe ningún Dios (como Creador y como Providencia que supervisa), y que el universo y todo lo que hay en él es temporario, una ilusión sin valor (tal como la *maya* en el hinduismo) o que provino de sí mismo (secularismo). Luego seguiría que toda experiencia de los sentidos no tiene sentido y es irrelevante; que la materia eterna posee una capacidad consciente y deliberada (selección natural); y que la guerra con dientes y uñas que caracteriza a todas las criaturas animadas es el camino excelente por medio del cual la perfección y la bondad deben lograrse (la supervivencia de los más aptos).

*La autorrevelación de Dios en la creación*

La creación tuvo lugar como el evento inicial en la historia espacial y temporal, el comienzo de la autorrevelación de Dios. El autor de Génesis procuró demostrar el poder de Dios a través de equiparar sus palabras a sus obras: "Él habló, y todo fue creado; dio una orden, y todo quedó firme" (Sal 33:9). El universo material es la creación de su palabra; Él es su Dueño y Señor, y es trascendente al mismo. "Por la fe entendemos que el universo fue formado por la palabra de Dios" (Heb 11:3). Sólo a través de Jesucristo, la Palabra hecha carne, podremos comprender el misterio de la actividad creadora de Dios, así como la meta y el significado último de la creación misma (Juan 1:1-18; Col 1:15-20; Heb 1:1-4; de Dietrich 1960: 27). Encontraremos que todo lo que Dios ha hecho le pertenece a Él y sólo a Él. Por lo tanto Dios, el Creador, está en completo control de la historia.

La condición de irresistible y la perfección marcaron la actividad creativa de Dios. Su omnipotencia y su omnisciencia se combinaron para producir un universo que funciona de una manera ordenada y gloriosa, una tierra que es infinitamente compleja y aun así armoniosa. Contemplando tal belleza e interdependencia, Dios mismo se sintió complacido con lo que había logrado. ¡Y un coro celestial estuvo de acuerdo! "Digno eres, Señor y Dios nuestro, de recibir la gloria, la honra y el poder, porque tú creaste todas las cosas; por tu voluntad existen y fueron creadas" (Apoc 4:11). Una y otra vez, en el desarrollo de la secuencia de sus actos creativos, nos encontramos con su sentido de deleite: "Dios consideró que . . . era bueno" (Gén 1:4, 10, 12, 18, 21, 25). Todavía más frecuente en el registro es la frase "según su especie" (aparece 10 veces). Este lenguaje llama la atención sobre el deseo de Dios de que la creación no sólo reflejara orden, sino que también tuviera gran variedad y diversidad. En realidad, la empresa científica está construida sobre esta realidad; lo que Dios ha hecho es capaz de ser comprendido racionalmente y de ahí que pueda ser conocido a fondo conceptualmente.

Pero cuando el registro se enfoca sobre la creación de las personas, no leemos "Dios creó al hombre, según su especie." Aunque existe la apariencia de diversidad en la diferenciación entre la masculinidad y la femineidad, esto no constituye "clases" diferentes. La unidad inexpugnable de la raza humana existe en virtud de haber sido hecha a la imagen de Dios. Sólo después que una decisión divina fue anunciada y lograda en medio de la asamblea celestial (Gén 1:26), para crear este ser único, es que nosotros encontramos esta aprobación final de Dios: "era muy bueno" (Gén 1:31).

A lo largo de los siglos los israelitas se han regocijado en la creación de Dios. Ellos han producido canciones de alabanza, particularmente por la sabiduría que dictó tal exhibición de perfección (Sal 8:1-9; 19:1-6; 29:1-11; 33:6-9; 95:1-5; 96:1-13; 147:8-9; 148:1-14; particularmente Prov 8:22-31). Los israelitas se sintieron movidos a adorar a Dios debido a las maneras en que la creación reflejaba el carácter de Dios. El apóstol Pablo más tarde afirmaría que la naturaleza invisible de Dios, su eterno poder y deidad, se perciben en las cosas que Él ha hecho (Rom 1:19-20).

Para los pueblos de antaño y para muchas sociedades animistas del día de hoy, en la naturaleza habitan toda clase de espíritus, de poderes y de divinidades. Pero el testimonio bíblico refuta esto terminantemente. La naturaleza no está para ser adorada; está completamente vacía de divinidades. Más bien, Dios está totalmente fuera de todo lo que ha hecho y llama la atención sobre las múltiples formas en que cada detalle habla de Él. Los Salmos articulan esto una y otra vez (e.g., Sal 18:11; 29:3-5).

El Salmo 104 está casi completamente dedicado a la naturaleza. Como pueblo agricultor, los israelitas expresaron gratitud por la lluvia, por el pasto, por su ganado, por el vino que trae alegría, y por el aceite de oliva que hacía brillar sus rostros. No sólo son útiles el ganado, las viñas y los campos de grano, sino que extrañamente, Dios también hizo asnos monteses, cigüeñas, cabras monteses, tejones, leones e incluso ballenas. En realidad, los mares pululan de innumerables cosas y todas son objetos del cuidado de Dios. Los leones "rugen . . . exigiendo que Dios les dé su alimento" (v. 21). Él alimenta a los cuervos, hace de la luz su vestido, habla en el trueno, habita en las nubes, hace que los volcanes erupcionen y hace de los vientos sus mensajeros. En realidad, toda la naturaleza refleja en una miríada de formas al Dios viviente y una y otra vez impulsa a los salmistas a cantar su alabanza (Sal 65:9-13; 147:8-9).

Pero hay un aspecto del relato de la creación que nos da un profundo sentido de pausa. En una parte del lenguaje de exaltación luego usado para llamar a todos los seres a alabar a Dios por lo que ha creado, encontramos alusiones a poderes de las tinieblas en oposición, que fueron derrotados hasta cierto grado cuando Él hizo existir *ex nihilo* (de la nada) los cielos y la tierra. El relato de Génesis sólo alude a las tinieblas impenetrables que "cubrían el abismo" y al hecho de que la tierra misma era "un caos total." No obstante esto, ¡el Espíritu Santo iba y venía sobre este caos (Gén 1:2)! Pasajes posteriores en las Escrituras levantan parcialmente el velo y encontramos referencias severas a símbolos extraños y a existencias como el "Leviatán" (Sal 74:12-17; Isa 27:1). ¿Es que poderes hostiles procuraron ser un impedimento para Dios? Si es así, fueron absolutamente impotentes para resistir su sucesión de actos creadores. En algún sentido no claro para nosotros, las expresiones creativas de Dios en palabra y en hecho establecieron el comienzo del orden en el mundo. El caos no fue tanto abolido como domado, incluso domesticado. Este proceso de domesticación comenzó con la creación de la luz y su inevitable separación de la oscuridad. Esto preparó el escenario para la subsiguiente creación de vida sostenible sobre el planeta.

Esto nos confronta con un segundo misterio. Cuando Dios actúa solo, sus actos se caracterizan por un poder irresistible, por la perfección, por la bondad y por la gloria. Como resultado, Él parece haber preparado el escenario para el desarrollo de toda la historia, sin esfuerzo. Y nosotros confiamos en que su sabiduría y su poder no serán disminuidos en la secuencia redentora que viene a continuación. Habiendo creado la raza humana, Dios se acomoda de manera marcada a la libertad que deliberadamente les concede a los seres humanos. Al igual que antes, permanece oculto. Pero para lograr de manera completa su propósito redentor venidero y para continuar por medio de eso el proceso de autorrevelación, es necesaria una condescendencia frecuente de su parte. De esta manera, Dios se revela a sí mismo tal como verdaderamente es. Incluso la cruz sería necesaria como exhibición última de cómo es su amor (Rom 5:8). Dios nunca cesó de recordarle a Israel, y más tarde a la iglesia, que su sabiduría y su poder en el cuidado de su pueblo estaban a disposición de ellos. Aun así, ellos sólo sabrían de su capacidad para intervenir poderosamente a favor de ellos, cuando lo buscaran activamente en fe. Desafortunadamente, tanto Israel como la iglesia han probado ser pueblos descarriados. A lo largo de los siglos, Dios intervino sólo de manera infrecuente, para recordarle a su pueblo que Él es tanto Creador como Redentor. Pasajes tales como el de Esdras reflexionando sobre Dios como Creador y Libertador son pocos y espaciados (Neh 9:6-37). Recién en el último libro de la Biblia se manifiesta de manera gloriosa, todo el potencial de su actividad divina.

El Dios que obró por su Espíritu para transformar la tierra sin forma y no habitable en algo bien balanceado, placentero y potencialmente útil ha revelado por medio de eso un patrón de orden y de paz, a la luz del cual debería ser interpretada la rebelión subsiguiente y la miseria de la raza humana. No hay ninguna validez para el argumento de que el pecado es una ilusión y que la condición presente de los hombres y de las mujeres en todo el mundo refleja alguna otra cosa que su trágica alienación de Dios.

La centralidad de la doctrina de la Creación es un supuesto bíblico. Un caso oportuno: Job nunca tuvo un concepto adecuado de Dios hasta que fue confrontado con las maravillas de la obra creadora de Dios y con su cuidado providencial por todo lo que había hecho (38:1-4; 42:5-6).

> La creación es la premisa de toda soberanía, de toda gracia, de la gracia de la ley, de la gracia del orden, de la gracia de la elección, de la gracia de la justificación, de la santificación y de la vida eterna. "¿Es que no tengo derecho a hacer lo que quiera con mi dinero?" (Mat 20:15). Estas palabras de la parábola son puestas en la boca del dueño de la viña, pero claramente nos instruyen acerca de Dios. (Ingram 1975: 213)

Más aún, el Dios que crea y redime es dinámico y continúa obrando positivamente, de manera poderosa y con propósito entre los pueblos, siempre señalando el camino hacia cambios y adaptaciones necesarias. Este es el significado del testimonio de Jesús: "Mi Padre aun hoy está trabajando, y yo también trabajo" (Juan 5:17). Esto se opone a un punto de vista estático de la existencia humana que tolera el estancamiento y carece de preocupación por el crecimiento y el desarrollo. Más aún, el Dios que crea es supremo y único y constantemente se autorrevela como tal: "fuera de mí no hay otro Dios; Dios justo y Salvador, no hay ningún otro fuera de mí" (Isa 45:21). Como resultado, Él considera el servicio de otros dioses con aversión. Dios específicamente lo prohíbe. Con relación a esto, ningún segmento de la raza humana está exento. Él tiene jurisdicción sobre todo y todos son responsables ante Él.

Es significativo notar el lugar y la función de la creación en la oración y en la predicación evangelizadora de la iglesia primitiva (Hech. 4:24; 14:15; 17:24-27). Hay un sentido en el que el relato de la creación es el primer elemento del evangelio cristiano. Es las "buenas nuevas" para encontrar la identidad personal en el hecho de que uno ha sido creado por Dios. Ferdinand Hahn está en lo correcto cuando señala que la predicación de los apóstoles a los gentiles presupone "no el pacto con las promesas a los padres sino el cuidado del Creador" (1965: 135).

### *La naturaleza de los seres humanos: hombre y mujer*

El relato de la creación no nos provee de una respuesta comprensible al misterio de la naturaleza de los seres humanos: "Los creó hombre y mujer" (Gén 5:1-2). No obstante, su origen dual se establece claramente. Adán fue formado "del polvo de la tierra" (2:7). Eva fue hecha de una costilla del hombre (2:21). Ambos fueron creados a imagen y semejanza de Dios (1:26-27). Por medio de esto, los seres humanos llegaron a ser organismos psicosociales completos, y no meramente almas atrapadas dentro de cuerpos físicos. Aunque constituidos junto con todas las otras criaturas como completamente dependientes de su Creador, los seres humanos reciben el soplo de Dios y son capaces de interacciones inteligentes con Dios, dotados con la libertad de obedecerlo o de desobedecerlo. De esta manera, los seres humanos son descritos como creados especialmente para estar en una relación única con su Creador. Así es que los seres humanos deben amar al Señor su Dios con todo su corazón y con toda su alma y con toda sus fuerzas (Deut 6:5; 11:1, 22; Mat 22:37; Mar 12:29; Juan 10:30).

Se debería acentuar la naturaleza no material de los seres humanos: son *discursivos* (emplean lenguaje y razón), *tecnológicos* (fabrican herramientas y las usan), *sociales* (dictan leyes y establecen asociaciones), *históricos* (se preocupan por la tradición acumulada), *estéticos* (crean decoraciones no utilitarias y disfrutan de ellas), *éticos* (perciben la importancia de los valores morales), y *religiosos* (buscan alcanzar el mundo invisible). Tendríamos que enfatizar la capacidad que tienen para conocer a Dios. La misma esencia de ellos es una religiosidad incurable: un hambre por relacionarse con lo que es trascendente y un anhelo por reflejar de alguna manera la naturaleza y semejanza de Dios (Calvin 1960: 43-47). Se puede esperar que ellos encuentren la mayor de las satisfacciones en la clase de actividad que no sólo estimula la facultad creativa y desarrolla el potencial individual, sino que también particularmente sella esta relación. Esto sucede porque la raza humana fue creada para servir en la presencia de Dios, bajo su gobierno regio y para su gloria, de manera auto-consciente y auto-discriminatoria.

Los seres humanos están diferenciados sexualmente. Es significativo que la única explicación específica de la imagen de Dios sea que ésta existe como "hombre y mujer" (Gén 1:27). "La historia primitiva de la humanidad es la comunión del hombre y la mujer" (Jewett 1975: 36). En otras palabras, la interacción dinámica y la comunión entre hombres y mujeres es un reflejo fundamental de la imagen divina. No podemos llegar a la conclusión de que la mujer era inferior, ya sea por naturaleza o por función. Que haya sido creada para ser "ayuda" (Gén 2:20) no significa que deba estar "sujeta" a él. La palabra *ayuda* en otros lugares es usada con referencia a Dios como "ayuda y escudo" de Israel en tiempos de dificultades (e.g., 1 Sam 7:12 y Sal 33:20). "La palabra describe una relación de interdependencia mutua, más bien que el hecho de que la mujer exista para la conveniencia del hombre o como su subordinada" (Kuhns 1978: 17). El ideal de Dios es que los seres humanos disfruten de una interacción social positiva y de una cooperación continua unos con otros, en obediencia espontánea a la voluntad de Dios. Solo por medio de ello es que pueden verdaderamente incorporar la imagen de Dios. Más aun y mucho más tarde, Pablo señalaría la relación apropiada y saludable del hombre y la mujer dentro del matrimonio como una metáfora para entender la relación de Cristo con su esposa, la iglesia (Ef 5:23-33). La significación de la identidad individual y de la sexualidad de una persona sólo se puede entender cuando uno se da cuenta lo que uno es y significa para la otra persona con la cual uno se complementa sexualmente. El misterio de la masculinidad y de la femineidad y de sus relaciones es tan básico para la existencia social de los seres humanos, que incluso al comienzo de la revelación bíblica uno comienza a anticipar que se harán severas críticas en contra de cualquier forma de perversión sexual.

En su complementariedad y mutualidad, Adán y Eva formaron lo que en el relato de la creación es generalmente conocido como el ser humano (Gén 5:2). Así y todo, a pesar de la intimidad cara a cara de la vida impartida por Dios (2:7) y de la seguridad de un jardín (2:8), ellos necesitaron reconocimiento de parte de otros y el afecto de la familia y los amigos. Declarar esto es confrontar el misterio de la cultura.

Obviamente, la realidad de los fenómenos culturales tiene una significación misiológica. Dado que toda experiencia humana consciente es conceptual, siempre estará vestida de formas culturales dentro de situaciones sociales e históricas específicas. Esto quiere decir que la fe en Dios de una persona siempre estará enmarcada dentro de conceptos que son culturales en su forma. La fe no puede existir como una "realidad pura" vacía de forma cultural. Y ninguna forma cultural es normativa.

Pero hay más que esto con respecto a la cultura. Inherente a cualquier cultura específica está el fenómeno de la institución. Por esto queremos decir un cuerpo de reglas jurídicas orientadas hacia una meta común, que constituye una identidad duradera independiente de la voluntad (humana) y que se impone sobre los seres (humanos). Ninguna investigación ha desarrollado una explicación racional completamente convincente para el origen de tales instituciones como el matrimonio, el estado, la nación (originalmente el clan o la tribu), la propiedad o el comercio.

Cuando nos preguntan: "¿Cuál es la esencia de la humanidad de una persona?" deberíamos responder que es el sentido de responsabilidad hacia los demás y el impulso de buscar una relación con Dios. Todos los seres humanos fueron creados para un compromiso social y para una respuesta libre a Dios. Uno no debiera decir que la imagen de Dios se "perdió" en la caída (Gén 9:6; Sant 3:9). Uno no puede remover la imagen de Dios de la persona y todavía tener lo que la Biblia quiere decir por ser humano. Cuando Dios mira a los seres humanos, ve su propia naturaleza. También ve algo finito e incompleto. Dios ha ordenado que los hombres y las mujeres deben amarlo a Él con libertad y deben ser sus representantes en el mundo. Sólo mediante el evangelio esto puede llevarse a cabo de manera completa. En realidad, sólo a través de Jesucristo, "la imagen del Dios invisible" y "el segundo Adán," será revelado el significado real de la vida humana (Rom 8:29; 1 Cor 15:47-49); 2 Cor 3:18; Col 1:15; de Dietrich 1960: 28). En contraste, los humanistas seculares tienen poca base filosófica para sus palabras de exaltación acerca de la dignidad de la raza humana.

El relato de la creación es de una significación tan universal, que uno se ve presionado a concluir que conocer a Dios es el derecho inalienable de todas las personas que llevan su imagen. Seguramente, Dios desea que los que lo conozcan compartan con los que no lo conocen, la realidad de la existencia y la naturaleza de Dios. La Gran Comisión expresa explícitamente lo que implica el relato de la creación.

### *Amenazas para el ancestro común de todos los pueblos*

Todos los pueblos son vistos en Génesis como habiéndose originado en la creación en Adán y en Eva, descendiendo de un ancestro común y de esa manera perteneciendo a la misma familia extendida. En la Escritura, esta realidad se menciona una y otra vez. De ahí que, la reflexión sobre la naturaleza del género humano debe incluir una referencia a las destructivas dimensiones del nacionalismo, una fuerza profundamente elemental en las cuestiones humanas del día de hoy. Sobre la base del relato de Génesis, ningún pueblo o raza debiera considerarse superior en origen o en esencia. Es muy sorprendente que el Antiguo Testamento considere a los seres humanos como constituyendo una gran familia. La unidad de la raza humana es una realidad inexpugnable.

> "El Antiguo Testamento no sabe nada de razas que sean 'naturalmente inferiores' o indignas de ser designadas como humanas. . . . La pared divisoria entre griegos y bárbaros, o entre razas dominantes y naciones esclavas, la cual nunca fue totalmente derribada en el mundo antiguo, es completamente extraña al mismo. . . . Así como el género humano aparece al comienzo de los registro de Israel como una sola entidad, así también, en la visión de Israel sobre el futuro, el género humano aparece como la comunidad de naciones unida, que recibe el nuevo mundo de Dios y así regresan a su origen" (Eichrodt 1951: 36).

No obstante, con el pasar de los siglos, esta unidad ha sido egoístamente olvidada y brutalmente atacada ya sea debido a un sentido pervertido de libertad individual de toda responsabilidad social, o debido a la indulgencia de lealtades grupales irracionales que generan guerras destructivas. Estas dos amenazas que presionan deben ponerse en evidencia.

Primero, está la amenaza del individualismo. Cuando los individuos se tornan preocupados por ellos mismos, de manera creciente consideran con indiferencia sus obligaciones sociales. Esta actitud de centrarse en sí mismos fue la falla dominante en Caín: "¿Acaso soy yo el que debe cuidar a mi hermano?" (Gén 4:9). Una y otra vez en las Escrituras, Dios llamó a su pueblo a participar voluntariamente en todas las formas naturales de la sociedad: matrimonio, familia, comunidad y estado. El compromiso de ellos en el enriquecimiento y extensión del orden divino de estas ordenanzas de la creación y su conformación a lo que Dios quería que fuera un "pueblo santo" en el mundo, más tarde formaría parte de la esencia del "evangelio del reino." Los integrantes del pueblo de Dios deben amar a sus prójimos como a sí mismos (Lev 19:18).

Segundo, los peligros inherentes al nacionalismo militan en contra de la visión bíblica de un ancestro común de todos los seres humanos. En la superficie, uno podría definir al nacionalismo como la afirmación autoconsciente hecha por un pueblo sobre su propia individualidad en relación a otros pueblos. Los cristianos deben ser sustentadores del anhelo de autoexpresión y autodeterminación de pueblos anteriormente sojuzgados. No obstante, esto puede degenerar en una nueva obsesión por el poder humano. El nacionalismo militante puede fácilmente tornarse en un enredo de mitos y realidades, de verdades y errores, y comenzar a afirmarse a sí mismo de manera agresiva, incluso hasta el punto de precipitar una guerra violenta. Esta forma de exclusivismo nacional y de arrogancia cultural en la superficie parece satisfacer ciertas necesidades fundamentales de las personas: su deseo de un propósito en la vida, de un significado individual y de seguridad personal (todo ganado a través de perderse en una causa mayor que ellas mismas). Pero dentro de cualquier enclave nacional o racial, esto pronto llega a ser una fuerza demoníaca mediante la discriminación contra minorías dentro de sus fronteras y la persecución de ciudadanos cuyas lealtades se extienden más allá de sus fronteras políticas. Esta forma de nacionalismo exagerado eventualmente resulta en la opresión de cualquiera que desafíe sus presuposiciones. El nacionalismo militante es especialmente desafiado por aquellos cuyo sentido de lealtad y de obligación se extiende más allá de la fidelidad racial y política. Los que abrazan a todos los miembros de la familia humana deben cuestionar esto. Estos asuntos constantemente crean tensiones entre la iglesia y el estado.

Un problema importante que los misioneros tienen gran dificultad en resolver es su sentido inconsciente y algunas veces consciente de superioridad racial o cultural. Hay un sentido en el cual los cristianos se inclinan al etnocentrismo y esto se constituye, extrañamente, en el pecado que nunca confiesan. Pueden ser fácilmente seducidos por los halagos de los nacionalistas que los tientan a participar en la discriminación, la explotación, la agresión y la guerra. Un amor por el país en consonancia con la Escritura debe mantener en el centro el respeto por todos los pueblos, porque todos llevan la imagen de Dios. La lealtad que uno tiene hacia su nación nunca debe condicionar la lealtad primaria para con Dios. Sólo basta leer los Salmos con la glorificación del "reinado del Dios del Israel que abraza al mundo" y notar el cuidado con el cual se da lugar "en la adoración a Dios, al pensamiento del reinado universal de Dios (Sal 93; 96; 97; 99)" (Eichrodt 1951: 39).

### *El mandato cultural*

Las primeras obligaciones que Dios puso sobre Adán y Eva hicieron explícitas ciertas actividades ya incluidas dentro de su esencia misma como seres humanos. Estas actividades abarcaban principalmente su existencia social: matrimonio (completar la humanidad y procrear), trabajo (someter, labrar, guardar) y gobierno (dominar). Las palabras claves son: "dominen," "lo cultivara y lo cuidara," y poner "nombre" a las criaturas (Gén 1:26-27; 2:15, 18-25).

Estos mandamientos marcan el comienzo de una corriente de obligaciones (un mandato de familia y comunidad, de ley y orden, de cultura y civilización y de preocupación ecológica que se amplía y profundiza a medida que sigue su curso por las Escrituras). Por medio de ella, Dios llama a todos los que llevan su imagen a cumplir el rol de vicerregentes sobre este mundo, a participar en esta tarea de manera responsable.

No es sorprendente, entonces, que al crear la raza humana a su imagen, Dios les haya impartido a los seres humanos su propio instinto creativo. Se reconoce que este instinto es secundario y derivado, ya que está limitado por la capacidad potencial que uno tiene y por los materiales que uno tiene a disposición con los cuales expresar esta función creativa. Más aun, este instinto debe ser descubierto, entrenado y luego usado en el servicio a otros y no para el engrandecimiento personal. Se deriva que esta posibilidad creativa debe ser proclamada y que se debe hacer un esfuerzo para asistir a todos al ejercitarla a favor de otros. Sólo de esta manera podemos tener la seguridad de la preocupación de Dios por el bienestar de todos (Lev 19:18, 34; Sal 8:5-8).

Este hecho nos confronta con un tema mayor concerniente al reino de Dios: el mandato cultural (Gén 1:28). A medida que la raza humana extendió su control sobre la tierra bajo la dirección de Dios y para su gloria, encontró resistencia. La existencia de una serpiente que luego tentaría a Eva (3:1-5) indica que desde la creación "las potestades" han procurado usurpar el gobierno de Dios sobre la tierra y que el intento de Dios en la creación fue llamar a un pueblo que participaría con Él para reclamarla. En realidad, el que Dios pusiera a Adán "en el jardín del Edén para que lo cultivara y lo cuidara" (2:15) cobra significación cuando nos damos cuenta de que la palabra hebrea para "cuidar" (*samar*) es un término militar. Este mundo necesita ser cuidado para que sus ríos y su aire no se contaminen, para que sus bosques y sus minerales no se agoten, y sus criaturas vivientes no sean cruelmente destruidas. La responsabilidad ecológica viene dentro del mandato cultural.

El Salmo 8 refuerza la relevancia del mandato cultural. Se levanta la pregunta: "¿Qué es el hombre, para que en él pienses? ¿Qué es el ser humano, para que lo tomes en cuenta?" (v. 4). En respuesta, se llama la atención sobre la majestad y la dignidad de todo ser humano: "Pues lo hiciste poco menos que un dios, y lo coronaste de gloria y de honra" (v. 5). A continuación viene una referencia específica a este mandato:

> Lo entronizaste sobe la obra de tus manos,
> ¡todo lo sometiste a su dominio!
> Todas las ovejas, todos los bueyes,
> todos los animales del campo,
> las aves del cielo, los peces del mar,
> y todo lo que surca los senderos del mar. (vv. 6-8)

La totalidad de la existencia humana y del mundo físico entra dentro de la preocupación del mandato cultural. ¡Pero no tanto! Encontraremos que la Biblia, una y otra vez, habla del pecado en términos de injusticia, de opresión y de explotación. De ahí que, es significativo que donde sea que el mandato cultural ordene que las personas sojuzguen y tengan dominio sobre todo lo que hay sobre la tierra, ya sean cosas animadas o inanimadas, los seres humanos estén excluidos.

En realidad, las personas pierden su verdadera humanidad cuando se atribuyen el rol de Dios. El ateísmo marxista no pudo ser más escandaloso que en la declaración de Marx cuando dijo que el hombre es el ser más alto para el hombre. Un dogma tal como este animó a los gobernantes marxistas a creer en su autonomía. Se sintieron libres para funcionar sin el freno que proviene de la sumisión a Dios. Inevitablemente, el sufrimiento que han causado ha sido incalculable.

En resumen, al comienzo de Génesis, encontramos el mandato cultural claramente distinguido del propósito redentor que Dios comenzó a desplegar después de la caída. El primero llama a todos los hombres y las mujeres a participar en la obra de la civilización. El último representa su obra de gracia para reconciliar consigo mismo a la raza humana caída. En términos de obligación, llama al pueblo de Dios a participar con Él para hacer que Cristo sea conocido "en todo el mundo como testimonio a todas las naciones" (Mat 24:14). Cuando Jesús inaugura el reino de Dios, estos dos mandatos se fusionan en una tarea fundamental. El Nuevo Testamento no separa la evangelización de la responsabilidad social. "La rutina de la participación en la civilización humana es el terreno mismo de la obediencia a Dios" (Walhout 1963: 520).

## La caída

El paraíso prístino se caracterizó por la belleza, la utilidad y la prueba moral simbolizada por el "árbol del conocimiento del bien y del mal" (Gén 2:16-17), que les estaba prohibido a Adán y a Eva. El árbol fue colocado delante de ellos como una alternativa del discipulado. ¿Elegirían ellos permanecer en una relación cara a cara con Dios como sus vicerregentes sobre la tierra? ¿O elegirían una existencia separada para lograr todo por esfuerzo propio, arrebatando su conocimiento, su satisfacción y sus valores del mundo creado desafiando al Creador? Adán y Eva eligieron la última alternativa.

### *El tentador*

La Biblia no provee ningún relato ni filosófico ni especulativo del origen último del mal. También guarda silencio con respecto a la creación de seres dentro del mundo espiritual. Estamos obligados a asumir que debe haber habido una rebelión dentro de ese segmento del orden creado por Dios antes de la caída de la raza humana. Esto nos lleva a concluir que cuando Satanás procuró engañar a Eva, el universo más grande debe haber estado lleno de oscuridad y acribillado por un espíritu de rebelión en contra de Dios. Aun así, el mal no fue creado por Dios ni le fue permitido existir fuera de su control. No obstante, se trata de un poder demoníaco activo, poseído de un odio incomprensible hacia Dios (Childs 1970: 49).

Así y todo, el dominio que Dios le concedió a los seres humanos no se extendió hasta el mundo de los espíritus (el bien y el mal). Esto es todavía más interesante cuando uno considera, primero, que fue un espíritu maligno el que ocasionó la caída y segundo, que el mundo espiritual tiene una prominencia considerable en el Nuevo Testamento, tanto como beneficioso para el pueblo de Dios (ángeles, Heb 1:14) como antagónico para con él (demonios, Ef 6:12).

### *La tentación*

Es bastante significativo que se nos diga que Satanás, disfrazado de serpiente, lo primero que buscó fue romper la relación entre Eva y Dios. Un antiguo *midrash* judío declara que él anhelaba esa ruptura de manera personal. Él pensó: "Seré el rey de la tierra. Me pavonearé y seré honrado. Comeré las mejores comidas del mundo. Me casaré con Eva. Luego, destruiré a Adán." De ahí que, el principal objetivo de Satanás fue hacer que Eva cuestionara la seriedad de la indicación específica de Dios (permiso vs. prohibición) con respecto al fruto de dos árboles en el centro del jardín (Gén 2:16, 17). De esa manera, desacreditaba a Dios ante los ojos de ella.

Una vez logrado esto, el resto sería fácil. La Palabra de Dios debía ser reconceptualizada de manera tan sutil que Eva comenzaría a cuestionar si es que Dios realmente tenía en su corazón los mejores intereses para ella (Gén 3:1-5). Pronto ella "vio que el fruto del árbol era bueno para comer, y que tenía buen aspecto y era deseable para adquirir sabiduría, así que tomó de su fruto y comió" (3:6). Adán abruptamente siguió el ejemplo de ella: su pecado fue más deliberado. En conjunto, ellos usurparon la prerrogativa de Dios y se constituyeron a sí mismos como dueños del bien y del mal. Se establecieron como deidades autónomas "sabiendo" (es decir, decidiendo por ellos mismos) qué era "bueno y malo" (Jocz 1961: 44). Por medio de esto, ellos abdicaron a su rol como vicerregentes de Dios en este mundo, rechazaron toda responsabilidad por cuidar y por controlar a las criaturas de Dios, y se negaron a llevar a cabo el mandato cultural bajo la dirección de Dios y para su gloria. Arrojaron a Dios del centro de su existencia, se entronizaron ellos mismos, y comenzaron a usar este mundo para lograr sus propios fines.

### *El proceso de muerte resultante*

Dios había sido muy explícito al declarar cuál sería el resultado de cualquier violación de su mandato en relación con el fruto prohibido del árbol del conocimiento del bien y del mal: "El día que de él comas, ciertamente morirás" (Gén 2:17, literalmente: "muriendo morirás"). Como resultado, comenzó un proceso de muerte en Adán y en Eva, una enfermedad que terminaría en su muerte física ("al polvo volverás," 3:19). Esta tendencia corrompería y destruiría sus relaciones con Dios (3:10), entre el hombre y la mujer (3:12), entre Caín y Abel (4:8) y con el medio ambiente (3:17-19). Su relación matrimonial se haría vulnerable a la presión de instintos más bajos ("deseo" y "dominación"). La vida en un mundo maldito adquiriría una amargura permanente. Ponerse hojas de higuera para esconder la vergüenza de su desnudez (3:7) fue un uso de la ingenuidad humana muy diferente del propuesto o esperado al principio.

### *El impacto de la caída sobre las mujeres*

La caída trajo aparejada la declinación gradual del lugar de la mujer en la sociedad. En la inocencia primigenia, nada separaba a Adán y a Eva: "En ese tiempo, el hombre y la mujer estaban desnudos, pero ninguno de los dos sentía vergüenza" (Gén 2:25). No había "ninguna barrera, ningún secreto, ningún remordimiento, ninguna fachada, ninguna intimidación, ninguna distinción de nivel, ninguna sospecha" (Eller 1973: 21). No obstante, después de haber pecado, tomaron consciencia de su separación de Dios y "corrieron a esconderse entre los árboles, para que Dios no los viera" (Gén 3:8). También comenzaron a sentir la separación entre ellos y se avergonzaron de su desnudez (3:7). Los roles sexuales se tornaron cada vez más rígidos. La respuesta de Dios a sus excusas y a su desobediencia incluyó una serie detallada de predicciones de lo que inevitablemente resultaría de las divisiones que los alcanzarían (3:16-19). Las mujeres estarían cada vez más cargadas y serían cada vez más pasivas, como resultado de sus prioridades de crianza y alimentación de sus hijos. Los hombres se tornarían agresivos al procurar hacer que la tierra "maldita" produjera. Inevitablemente, cuanto más se apartaban, menos se entendían el uno con el otro. Concerniente a esto, Lois Clemens hace este resumen:

> En la mayor parte de las culturas, la mujer es considerada un ser humano inferior al hombre, menos sabia, menos inteligente que él y con falta de muchas de sus capacidades y habilidades. Es evidente que cuando la mujer debe ser "el grillo en el hogar" [título de una novela de Carlos Dickens] cuidando de los niños, mientras el hombre es el águila en vuelo ampliando sus experiencias y aumentando sus observaciones, las experiencias limitadas que ella tiene hacen que parezca menos dotada que el hombre (1971: 21).

### *La caída de Satanás*

Cuando Eva confesó que la serpiente la había engañado y que en su confusión ella, deliberadamente, había quebrado el mandamiento de Dios acerca del fruto prohibido, Dios se volvió a la serpiente y la reprendió con una maldición generalizada. De ahí en adelante, el rol de la serpiente estaría por debajo de todo el ganado y de los animales salvajes. No sería el rey de nadie. Se arrastraría sobre su vientre en lugar de pararse, comería polvo en lugar de comidas de la mejor calidad, y existiría una enemistad para siempre entre ella y la mujer, entre la simiente de ambas (Gén 3:14, 15a). Las dos simientes llegarían a un encuentro final en el que "la simiente de la mujer" sufriría, pero "la simiente de la serpiente" sería totalmente destruida (v. 15b).

Esta sugerencia de conflicto y de triunfo con su foco en "la simiente de la mujer" captó la reflexión de eruditos cristianos por mucho tiempo en la iglesia primitiva. Algunos sostenían sobre la base de la teología del Nuevo Testamento, que uno debe predicar un "sentido más completo" (*sensus plenior*), que no era aparente inicialmente pero que existía en la mente de Dios cuando fue pronunciado por primera vez este juicio sobre Satanás. Es significativo que los traductores judíos de la Septuaginta en el siglo tercero o segundo a.C. tradujeron "la simiente" como un pronombre singular masculino: "Él te aplastará la cabeza" (Gén 3:15). Por esta decisión, ellos de manera no intencional dieron evidencia de la intensificación de las expectativas mesiánicas entre los judíos, en los siglos inmediatamente anteriores al nacimiento de Jesús. Esta expectativa fue reiterada por Ireneo (150-200 d.C.). Ireneo subrayó que dado que Cristo había nacido de la Virgen María, había podido vencer a Satanás en la cruz. Él citó Gálatas 4:4 para comprobar esto. Pero la única declaración en el Nuevo Testamento acerca de Satanás siendo aplastado representa a Dios como teniendo todavía que lograrlo (Rom 16:20).

Aunque el judaísmo rabínico enseña que Adán, por medio de la caída perdió la imagen de Dios (Wilson 1989: 126), tiende a restarle importancia a cualquier cosa tan severa como "el pecado original." Mientras que los teólogos protestantes no están totalmente de acuerdo en cuanto a qué significa "la simiente de la mujer," Lutero la identificó puntualmente con el Cristo nacido de la virgen. Calvino, en cambio, vio sólo la promesa de la victoria de Dios sobre el mal, ya sea satánico o humano. Debemos dar un paso hacia atrás de este argumento y afirmar las verdaderas "buenas nuevas" de que el espíritu maligno que controlaba a la serpiente no tendrá la última palabra en la historia humana. El Nuevo Testamento es enfático al declarar que esta promesa de la victoria final será lograda por Cristo, aun cuando no se puede hacer que el texto hebreo prediga que "la simiente de la mujer" se aplica sólo a él.

Cuando Cristo vino para salvar "a su pueblo de sus pecados" (Mat 1:21), la expectativa natural fue que él trataría con el mal en su totalidad. Esto verdaderamente ocurrió. Él llevó sobre sí mismo la totalidad del pecado humano y recibió en sí mismo la plenitud del juicio recto de Dios sobre ese pecado (Rom 5.16). Además, en la cruz él también conquistó a todos "los poderes y las potestades" del mal (Col 2:15), incluyendo a la intrusa, "a aquella serpiente antigua, que es el diablo" (Apoc 20:2), la que arruinó y manchó un mundo que inicialmente fue "muy bueno" (Gén 1:31). Jesús el Cristo demostró la realidad de la conquista de todo mal, por medio de su resurrección en cuerpo de entre los muertos al tercer día. La primera Pascua fue el evento más grande en toda la historia de la salvación. Como resultado, podemos aferrarnos firmemente a dos certezas: (1) aunque la enemistad caracterice la relación entre "la simiente" y el mundo espiritual caído, el reino de Dios se establecerá finalmente y de manera completa en el último día; y (2) la resurrección de Jesús de entre los muertos habilita al pueblo de Dios en el día de hoy a confesar que del otro lado de la muerte física, ellos estarán "con el Señor para siempre" (1 Tes 4:17), poseyendo "vida eterna" (Juan 3:16; 6:47).

El juicio final de Dios fue arrojar a Adán y a Eva fuera del paraíso. Este fue un acto de misericordia, porque su universo no podía tolerar una "vida eterna en pecado," ni tampoco podía soportarse su miseria. Ellos no podían regresar al jardín, incluso si ellos lo hubieran querido. De ahí que, el que ellos o sus descendientes disfrutarían alguna vez de una comunión feliz con Dios, dependía enteramente de Dios. A partir de ese momento, toda labor humana adquirió una dimensión amarga en la disciplina divina (Gén 3:17-19). El juicio de Dios incluye el sudor en relación con la humanidad, que arranca el alimento de una tierra mal dispuesta. El resto de la Biblia despliega la manera en que Dios, mientras que no condona el orgullo rebelde de hombres y mujeres, ni deja su pecado sin castigo, perseguirá el objetivo que Dios tuvo en vista para ellos desde el principio.

**Indicios de gracia**

A pesar de la oscuridad de este registro de la entrada del pecado y de la rebelión en los comienzos de la familia humana, encontramos indicios de la gracia de Dios que nos animan. La primera evidencia de la preocupación constante de Dios por los seres humanos se encuentra en lo que Dios hizo poco después de que tuvo lugar la rebelión de la humanidad. Dándose cuenta del sentido de vergüenza que sobrecogió a Adán y a Eva, y considerando los esfuerzos de ellos para cubrir su desnudez con delantales de hojas, Dios vino a su recate con prendas de pieles que Él hizo para ellos. Luego, Dios procedió a vestirlos (Gén 3:21). Podemos fácilmente imaginarnos la admiración reverencial que los sobrecogió, y su gratitud por la bondad inmerecida hacia ellos.

Pero, ¿qué habrían aprendido a partir de esa bondad? ¿Sería rebuscado inferir que al ser sacados del Edén hacia un mundo desconocido más allá, esta provisión de ropa adecuada de alguna manera removió en ellos alguna medida de esperanza con respecto a lo que tenían por delante? Si Dios era consciente de la necesidad de cubrir su desnudez, ¿no sería posible que hiciera otras cosas para asegurarles su constante preocupación por ellos? ¿Es que Dios legitimó a partir de allí la matanza de animales y la posibilidad de usar su carne para alimento y su piel y su pellejo tanto para artículos de cuero como de vestido? Aunque el texto estimula preguntas como estas, no se pueden responder a partir de la información que nos brinda el relato de Génesis.

Cornelius Van Til desarrolla su reflexión sobre la caída, subrayando las realidades del pecado universal y la muerte inevitable, pero continúa sugiriendo que, por medio de la gracia común que Dios prodiga sobre todos los pueblo, Dios

> frena el proceso destructivo del pecado dentro del género humano en general y les permite a las personas, aunque no sean "nacidas de nuevo" (a través de la gracia especial de Dios, Tito 2:11-14), desarrollar las fuerzas latentes del universo y de esa manera hacer contribuciones positivas al mandato cultural dado a través de Adán, el primer hombre, en el paraíso. (1962: 374)

Si la "gracia común" de Dios no hubiera estado ampliamente en operación a partir de la caída, la raza humana se habría destruido a sí misma hace mucho.

Debiéramos darle gracias a Dios por las muchas personas buenas, con una consciencia pública en todas las sociedades humanas. Nos regocijamos en que Dios les ha permitido usar medios económicos, políticos, educacionales, estéticos y otros para abatir las fuerzas destructivas del mal. Al mismo tiempo, nunca debiéramos menospreciar la profunda seriedad del pecado o sus tendencias destructivas en todas las sociedades y entre todos los pueblos. Los ciudadanos del reino deberían tomar la delantera en respaldar todas las formas de servicio social efectivo orando en todo tiempo: "venga tu reino, hágase tu voluntad en la tierra como en el cielo" (Mat 6:10).

**Caín y Abel**

Este relato sombrío refleja el carácter caído del corazón humano (la carne) y los aspectos seductores de la civilización humana (el mundo). Caín adoraba en arrogancia y Abel en fe. Los celos brotaron como homicidio premeditado. Caín juzgaba que él tenía derecho a dominar a su hermano y lo mató. A continuación desconoció toda responsabilidad por él: "¿Acaso soy yo el que debe cuidar a mi hermano?" (Gén 4:9). Su condición de caído fue entonces confirmada por su conducta. En respuesta, Dios se mostró preocupado tanto por la víctima inocente como por el pecador impenitente. Él es tanto el Dios de justicia como el Dios de misericordia. A partir de ese momento, Caín el fugitivo llevaría una marca protectora (4:12, 14).

El canto burlón de Lamec (Gén 4:23-24) revela tanto la escalada como el progreso del pecado. Caín había cometido un solo asesinato, Lamec se gloriaba en una matanza alocada. En este punto, el relato se aparta abruptamente de cualquier otra referencia a la línea de Caín. ¿Deberíamos ver en esto los comienzos del fenómeno de los individuos con un corazón tan endurecido, que se ponen más allá del límite del alcance redentor de Dios?

Por otra parte, deberíamos considerar seriamente el hecho de que, a pesar de su alienación de Dios, los cainitas en su desarrollo cultural abarcaron desde la agricultura al pastoreo, la ciencia y el arte, la música y la metalurgia (Gén 4:17-22). Aunque uno pudiera sentir que Dios no debiera haber tenido nada que ver con esta gente violenta y guerrera, es significativo que en años posteriores Dios hizo gran uso de las técnicas cainitas a favor de su pueblo. Su respaldo se extendió desde su existencia semi-nómada hasta su asentamiento en ciudades y su desarrollo de artes y habilidades. La frase tan repetida "de tal palo tal astilla," reconoce un deuda cultural genuina y nos prepara para aceptar para nosotros "una deuda similar para con la empresa secular; porque la Biblia en ninguna parte enseña que los piadosos deberían tener todos los dones" (Kidner 1973: 78).

**Conclusión**

Fluyendo directamente del relato de Caín y Abel, la sección final de esta parte de Génesis se concentra brevemente en relatar la historia de sus descendientes y familias, junto con comentarios generales acerca de su carácter moral y de su desarrollo cultural y social (4:17-22). Luego, de manera bastante abrupta, el relato vuelve a referirse a Adán y a Eva. Cuando esta pareja tenía ciento treinta años de edad, Dios les dio un hijo varón, a quien llamaron Set (literalmente, "concedido"). La atención se enfoca particularmente en el comentario de Eva en esta ocasión. "Dios me ha concedido otro hijo en lugar de Abel, al que mató Caín" (v. 25). ¿Será que esta declaración surgió de su prolongada reflexión sobre lo que Dios había dicho antes acerca de la conquista del mal a través del anhelo de la mujer (3:15)? ¿Algo nuevo reemplazaría la línea de Caín? No podemos presumir saber lo que estaba en la mente de ella. Pero debemos notar que en los comienzos de la línea de Set, encontramos un comentario sorprendente: "Desde entonces se comenzó a invocar el nombre del Señor" (4:26).

A pesar de este pensamiento cautivador, la próxima sección de Génesis se enfoca mayormente sobre la continuación del progresivo deterioro de la humanidad en su ininterrumpida dependencia del pecado y del mal. En el capítulo siguiente, nos tornamos cada vez más conscientes del carácter universal de la pecaminosidad humana.

El descenso de la humanidad hacia el mal se desarrolló a tal grado, que Dios llegó al punto de arrepentirse de alguna vez haber creado a la raza humana (Gén 6:6). Pero no fue tan así, porque en medio de dos severos juicios encontramos que se estaba poniendo el fundamento para el plan redentor de Dios para todas las naciones.

## Capítulo 3

## Dios juzga a la humanidad:
## el diluvio y Babel

**Introducción**

Con este capítulo, el conflicto cósmico entre el propósito sublime de Dios para la humanidad y el "dominio de las tinieblas" de Satanás toma nuevas dimensiones. Primero, somos confrontados con la larga genealogía de Set, la cual culmina con personajes notables tales como Enoc, quien "anduvo fielmente con Dios"; Matusalén, quien vivió "novecientos sesenta y nueve años"; y, Noé, "hombre justo y honrado entre su gente," y el padre de Sem, de Cam y de Jafet. El padre de Noé le dio este nombre ("descanso") en la esperanza de que él diera "descanso en nuestra tarea y penosos trabajos" (Gén 5:29). Poco anticipó él la manera radical en que Noé serviría a Dios y favorecería el propósito divino para la raza humana.

El refrán trágico de esta larga genealogía es la expresión repetida: "murió." No obstante su longevidad, estos antediluvianos (es decir, los que vivieron antes del diluvio) todos eventualmente murieron. Pero hay una excepción que fue Enoc: "y como anduvo fielmente con Dios, un día desapareció porque Dios se lo llevó" (Gén 5:24). Por medio de este quiebre en la evidencia deprimente de la mortalidad humana, no sólo encontramos la posibilidad de una relación personal con Dios (ver también Noé en Gén 6:9), sino también, por implicación, la existencia después de la muerte. Derek Kidner afirma que la frase "Dios se lo llevó" dejó su marca en el Antiguo Testamento. Él encuentra paralelos en Salmos 49:15 y 73:24 y agrega: "Así como Enoc y Elías fueron raros, esta esperanza no se hizo general con facilidad, pero por lo menos en dos ocasiones las puertas del Seol no prevalecieron" (1967: 81). Encontraremos que la palabra *salvación* y su uso posterior, se refiere principalmente a todo lo que experimentó el pueblo de Dios creyente. Ellos conocen "la bondad del Señor en esta tierra de los vivientes" (Sal 27:13). Aun así, este registro de la traslación de Enoc debe haber convencido a muchos de que la muerte no puede negar el cuidado continuo de Dios por todos los pueblos. Recordamos la confesión: "¿A quién tengo en el cielo sino a ti? Si estoy contigo, ya nada quiero en la tierra. Podrán desfallecer mi cuerpo y mi espíritu, pero Dios fortalece mi corazón; él es mi herencia eterna" (Sal 73:25-26). El israelita creyente podía extraer de este registro antiguo indicios e incluso anticipaciones de la vida después de la muerte como una existencia continuada y consciente con Yahvé, el Señor (Aldwinckle 1982: 19-31). Pero Karl Hartenstein también nos hace entender que estas mismas historias antiguas de rebelión pecaminosa en contra del Creador subrayan

> el hecho fundamental sobre el que se ha construido todo el mundo de la religión humana. La religión . . . significa la deificación del hombre y por lo tanto la humanización de Dios. El *ego* de la criatura se ha afirmado en contra de la voluntad santa de Dios y se ha liberado de las cadenas de la libertad para las cuales ha sido creado. El efecto de este hecho básico ha terminado en la esclavitud de los [seres humanos] a los espíritus y a los demonios, al pecado y a la muerte. Esa es la visión comprehensiva de la Biblia con respecto a la humanidad, que detrás de todo pensamiento y decisión del ser humano yace la decisión inicial en contra del Señor, la revolución religiosa en contra del Dios Santo. (1939: 124)

Más tarde, el apóstol Pablo desarrolló este tema teológicamente en su epístola a los Romanos (1:21-32). ¿Qué diremos de este pasaje críptico (Gén 6:1-4) con su registro del mal: el mundo espiritual penetrando el mundo de los seres humanos caídos y mezclándose sexualmente con ellos? Una identificación final de "los hijos de Dios" es imposible. Pueden representar a los descendientes pecadores de Set, pero esto parece improbable. Junto con Hartenstein, tendemos a pensar en ellos como ángeles caídos que "no mantuvieron su posición de autoridad, sino que abandonaron su propia morada" (Judas 6). El relato respira la atmósfera de la mitología antigua con su poligamia sin freno, recordándonos, tal como en la mitología griega, las aventuras de amor de Apolo o las leyendas de Hércules. ¿Deberíamos ver en esto la obra de Satanás, intentando a través de la contaminación de las mujeres nada menos que degradar a la raza entera, de modo que la simiente prometida de la mujer (Gén 3:15) no fuera otra cosa que la simiente de aquello que está poseído por un demonio? Si así fuera, deberíamos percibir la misión de Dios a través de su pueblo como la de estar firmes y proclamar en alta voz en contra de cualquier deshumanización como esa de las mujeres, los pobres y los marginados.

De una cosa podemos estar seguros. Esta descripción del pecado voluntario demuestra que Dios les da a sus criaturas la libertad de oponerse a su voluntad. Es así como Él valora la libertad (Knight 1959: 197). La tragedia es que esta libertad, con frecuencia conduce al pecado flagrante, el tipo de pecado que el sistema sacrificial sinaítico no cubre (Núm 15:30; Sal 19:13).

## La ira de Dios

En el registro bíblico de la manera en que el Dios viviente se dio a conocer a su pueblo, la frase "ira de Dios" ocurre una y otra vez. El hebreo posee más palabras (nueve en total) que el español para representar esta realidad. Es significativo que la Biblia no usa la dicotomía de decir que su ira fue dirigida en contra del pecado humano, mientras que su amor por los pecadores permaneció sin cambios. Hay un sentido en el que Él odia "a los malhechores" (Sal 5:5) y aun así, al mismo tiempo, "quiere que todos sean salvos y lleguen a conocer la verdad" (1 Tim 2:4).

El Antiguo Testamento es un libro de juicio. Dado que Dios es tanto santo como justo, debe juzgar a los que violan sus leyes. Sólo por medio de eso puede sostener su integridad. No tiene favoritos: su pueblo no se escapa. Tanto Israel como Judá fueron removidos de la tierra que Dios les había dado, en el tiempo de las invasiones asirias y babilónicas. Estas catástrofes ocuparon el segundo lugar después del Diluvio en cuanto a severidad y extensión. Esto debería hacernos conscientes del peligro que enfrentan las naciones que no reconocen a Dios (Jer 25:15-33). La ira de Dios cayó sobre Israel por haber quebrantado el pacto (Lev 10:1-2; Núm 16:33, 46-50) y por el mal trato que le dieron a los pueblos minoritarios en medio de ellos (Jer 7:6-7; 22:3-5; Ezeq 22:7-16; Zac 7:9-14). Y el juicio cayó sobre los no israelitas por oprimir al pueblo escogido (Ezeq 36:5). El juicio caerá sobre los que rechazan a Jesucristo (Juan 16:8) y sobre las naciones gentiles en el gran día del juicio: el día del Señor (Isa 2:10-22; Jer 30:7-8; Joel 3:12ss.; Abd. 3ss.; Sof. 3:8ss.; Schoonhoven 1966: 33).

## El diluvio

El diluvio es un cuadro significativo y vívido de esta ira. La raza antediluviana se hundió en una absoluta depravación y violencia (Gén 6:5, 11). Eventualmente, incluso los descendientes de Set, quienes habían comenzado a "invocar el nombre del Señor" (4:26), también se tornaron corruptos. Después de un largo período de advertencia, vino el Diluvio sobre este pueblo decadente y el mundo del Génesis llegó a su fin abruptamente. Debiéramos notar que

> el registro no afirma ni niega que el hombre existiera más allá del valle de la Mesopotamia. Noé ciertamente no era un predicador de la rectitud a los pueblos de África, India, China o América, lugares donde hay evidencia de la existencia de [seres humanos] muchos miles de años antes del diluvio. El énfasis está sobre ese grupo de culturas del cual eventualmente provino Abraham. (Ramm 1954: 239-40)

Este primer juicio tiene implicaciones profundas para una comprensión bíblica de la misión de la iglesia. Primero, el mundo entero está bajo la maldición del pecado del género humano, lo cual anima a la gente a imaginar que pueden vivir independientemente de su Creador.

Segundo, la ira de Dios es introducida en la Escritura como la expresión permanente e inmutable de su profundamente sentida reacción a todo lo que es contrario a su amor santo. Sólo el espíritu del Anticristo podría estar detrás del impulso de remover de la predicación del evangelio la obligación de proclamar: "Dios . . . manda a todos, en todas partes que se arrepientan" (Hech 17:30). Pero, ¿cómo llevar a la gente al arrepentimiento? Los cristianos lo han declarado invariable y verdaderamente: por la oración y por la proclamación de la ley que hace que la gente tome consciencia de su pecado (Rom 3:20) y especialmente señalándoles la "bondad de Dios," desplegada sobre la cruz de Cristo, la cual lleva "al arrepentimiento" (Rom 2:4).

Tercero, mientras que Dios puede dejar de batallar con cualquier generación particular de pecadores cuando van "demasiado lejos" en resistirlo, esto no significa que Él desee la destrucción total de la raza humana. Un nuevo mundo fue anticipado con la introducción de Noé y de su familia. Y finalmente, aunque sólo Noé es descrito como "recto delante de Dios," deberíamos ver algo significativo en la gracia de Dios que trajo liberación a su casa (Hech 16:31; 1 Ped 3:20). Se nos recuerdan esas ocasiones en Hechos, cuando familias enteras creyeron y fueron bautizadas (Boer 1961: 161-85).

## El pacto universal de Noé

Puesto que el concepto de pacto domina la Escritura, esperaríamos que fuera introducido temprano en el trato de Dios con las personas. Dios no sólo le dio a Noé su confianza cuando decretó el juicio de una sociedad que se estaba destruyendo a sí misma (Gén 6:13), sino que también le prometió establecer un pacto (6:18) que prometía liberar a Noé y a su familia, y que comprometería su participación en una nueva vida más allá del diluvio. Noé aceptó esto por fe de manera voluntaria (Heb 11:7). Dios continuó con instrucciones con respecto al arca, a los animales y el tiempo en que debían buscar refugio. Notamos la impresionante obediencia de Noé (Gén 7:5, 9, 16). Cuando todo se hubo completado, fue con preocupación paternal que "el Señor cerró la puerta del arca" (7:16).

Después que este juicio terminó, Dios "se acordó" de Noé, hizo que el agua bajara, y trajo el arca con seguridad al Ararat. Noé expresó su gratitud por esta liberación ofreciendo a Dios sacrificio y adoración. Dios respondió en gracia con lo que se conoce como el pacto de Noé, con su promesa incondicional de que no habría ninguna otra catástrofe mundial hasta el día final (Gén 8:21-22; 9:11; 2 Ped 3:7). El arco iris fue puesto como señal visible y que da seguridad, para recordarle a todos esta promesa (Gén 9:12-17). Aunque en el relato se nos hace conscientes de la distancia que separaba a Noé de Dios, discernimos en este pacto los comienzos de una nueva secuencia en el trato de Dios con el género humano. En última instancia todo terminará en "un cielo nuevo y una tierra nueva" (Apoc 21:1), en la cual un pueblo redimido disfrutará para siempre de su presencia, de su amistad y de su servicio.

El pacto de Noé tiene implicaciones de primera magnitud para la misión. Primero, notamos la manera soberana en que Dios se extiende para alcanzar a los seres humanos, en la misteriosa selección de Noé para salvación y servicio. Noé era de la familia de Set. Poseía una cantidad de herencia divina y le respondió a Dios de manera suficiente como para ser considerado recto delante de Él. Y aun así era un hombre con un carácter imperfecto (Gén 9:20-21). La teología bíblica postula la realidad de la elección incondicional y del llamado soberano por parte de Dios. No hay otra dimensión de su actividad que humille tanto al pueblo de Dios. Más aún, provoca gran tensión entre ellos y el mundo. Jesús se refirió a esto cuando declaró: "si fueran del mundo, el mundo los querría como a los suyos. Pero ustedes no son del mundo, sino que yo los he escogido de entre el mundo. Por eso el mundo los aborrece" (Juan 15:19). Esta realidad, la elección divina, está profundamente entretejida en la trama de la historia de la salvación y debe ser proclamada como "buenas nuevas." Pero esto es sólo posible si es que uno rechaza la noción no bíblica de que mucho antes de la creación del mundo, Dios quiso que algunos se salvaran y que otros fueran malditos. La esencia del evangelio es que Jesucristo es el elegido de Dios (Ef 3:11). La elección no debe ser interpretada como selectividad mediante la cual algunos son predestinados para vida eterna y "los réprobos" son predestinados para maldición eterna. El evangelio debe ser predicado libremente como buenas nuevas para todos los pueblos en todas partes, ¡o no es buenas nuevas para nada (Daane 1973: 177-205)!

Segundo, la esencia del concepto bíblico de pacto es: "Obedézcanme. Así yo seré su Dios, y ustedes serán mi pueblo. Condúzcanse conforme a todo lo que yo les ordene, a fin de que les vaya bien" (Jer 7:23). La participación de Dios en un pacto está basada sobre su fidelidad. Durante y a través del diluvio, el cual fue un retrato dramático de su ira contra el pecado, Él permaneció fiel a su creación y a su elegido.

Tercero, a diferencia de pactos posteriores, la promesa de Dios a Noé incluyó a todos los pueblos e implicó su provisión de "gracia común" para que ellos pudieran continuar cumpliendo con el mandato cultural (Gén 9:1-7). Dios procuró ponerle freno a la violencia que había corrompido a la tierra (6:11) a través de una prohibición en contra del homicidio (9:5-6). Por medio de esto, Él ligó los comienzos de una revelación específica de la "ley divina," de su validez y penalidad, con el carácter sagrado de la vida humana. Con esto incluyó su gran preocupación por la justicia en la sociedad (9:6). Toda vida proviene de Dios y permanece suya. Esto incluye un tabú en contra de la sangre, el cual cobraría gran significado en el código levítico de la santidad (Lev 17-26) y llegaría a ser un principio redentor básico (Heb 9:11—10:18). Su carácter normativo se encuentra inherente en la predicación apostólica (Hech 15:20; 21:25; etc.).

Finalmente, el oráculo de Noé (Gén. 9:25-27) concerniente a sus hijos usa el nombre convencional (Yahvé: Señor) en relación con Sem (9:26) y da indicios de que la historia de la salvación sería llevada a cabo a través de esta rama de los descendientes de Noé. En esto nos confrontamos una vez más con el principio de la selectividad soberana de Dios. El oráculo concerniente a Jafet (9:27) es oscuro pero estimulante. Mientras que el Antiguo Testamento guarda silencio con respecto a los de Jafet, que efectivamente vivían en las tiendas de Sem, el Nuevo Testamento predice repetidamente una vasta reunión de gentiles a través del evangelio que inicialmente fue ofrecido al pueblo judío (Mat 8:11; Rom 1:16; Ef 3:6; Apoc 5:9-10).

El judaísmo rabínico por mucho tiempo ha sostenido que la pretensión judía de una elección divina no significaba que Dios hubiera rechazado a las naciones. En realidad, las naciones son llamadas "descendientes de Noé" (es decir, como Noé), queriendo decir que son consideradas "igualmente rectas delante del Señor, en tanto y en cuanto guarden los mandamientos del pacto de Noé, los cuales representan los principios básicos de moralidad y de responsabilidad social" (Talmage 1975: 6). Estos mandamientos fueron subsiguientemente ampliados por los rabinos, a los efectos de abarcar una "Torá para los gentiles" colocando un acento particular sobre abstenerse de (1) la idolatría; (2) el incesto y el adulterio; (3) el derramamiento de sangre; (4) la blasfemia; (5) la injusticia y la falta de ley; (6) el robo; (7) la conducta inhumana, tal como la de comer la carne de un animal vivo (Rosenberg 1968: 87 y Wilson 1989: 49). Tristemente, la confianza con la que los rabinos afirman la aplicación del pacto de Noé a todos los pueblos no ha sido equiparada por ninguna actividad misionera de parte del pueblo judío hacia las naciones gentiles.

Hoy en día, cuando los judíos rabínicamente informados discuten con gentiles problemas sociales y políticos de preocupación nacional e internacional, ellos tienden a usar la tradición de Noé de una ética mundo humana universal, como su marco de referencia. Es significativo que consideren el pacto sinaítico que Dios hizo con los israelitas, como un complemento distinto de las leyes del pacto de Noé. No obstante, mediante la obediencia a sus leyes, el pueblo judío gana una identidad separada, que los aparta de las naciones del mundo (Breslaner 1984: 199). En realidad, la sugerencia de una "Torá para los gentiles," basada sobre los agregados rabínicos al pacto de Noé, tiene poco significado para esos judíos o gentiles que confiesan que Jesucristo es el Señor de la creación y el Salvador del mundo. Para los rabinos, tal confesión no es otra cosa que "idolatría" (llamar "Dios" a un hombre) e involucra un quebrantamiento irrevocable del primer mandamiento del pacto de Noé.

**El cuadro de las naciones**

El pacto de Noé estipuló que toda la tierra se volviera a poblar con los descendientes de Noé. Esto implicaría separación y dispersión, la formación de clanes, tribus y naciones, y la división del mundo para recibir todo eso. Antes de registrar el juicio (Gen 11), por el cual el propósito divino se puso en vigencia, Génesis nos da una genealogía parcial de los diferentes pueblos que provinieron de los tres hijos de Noé. En este cuadro de naciones (Gén 10:1-23), encontramos evidencia de la providencia vigilante de Dios: "En épocas pasadas él permitió que todas las naciones siguieran su propio camino" (Hech 14:16). Luego Pablo expresó en el Campo de Marte: "De un solo hombre Dios hizo todas las naciones para que habitaran toda la tierra; y determinó los períodos de su historia y las fronteras de sus territorios" (Hech 17:26). Aquí hay una ruptura radical con cualquier cosa mítica referente a las naciones que habitan la tierra. En verdad, no toda nación mencionada posteriormente en el Antiguo Testamento se encuentra aquí, pero podemos concluir correctamente que se subraya la unidad de la raza humana. Es significativo que las familias de Jafet (Gén 10:2-5) y la de Cam (10:6-20) se mencionan primero. Dado que el foco subsiguiente del Antiguo Testamento está sobre la familia de pueblos con raíz en Sem, el registro concluye con su diversidad (10:21-30).

Llama la atención que Israel no está mencionado directamente y sólo está "representado . . . por un nombre que es completamente neutral para su fe y para su historia sagrada, ¡Arfaxad!" (Von Rad 1961: 141). Los israelitas nunca deberían pretender que son diferentes a otros pueblos. En realidad, sus profetas les recordarían una y otra vez que no son fundamentalmente superiores ni por nacimiento ni por historia (e.g., "tú eres cananea de origen y de nacimiento; tu padre era amorreo y tu madre hitita," Ezeq 16:3). De ahí que nosotros deberíamos concluir, a partir de este cuadro de naciones, que la preocupación universal de Dios es siempre dominante en su pensamiento. Von Rad comenta algo más:

> Israel se miró a sí misma en medio del mundo internacional, sin ilusión y de manera muy poco mítica. Lo que Israel aprende y experimenta de Yahvé ocurre exclusivamente dentro del reino de la historia. Para la teología bíblica, la inclusión del cuadro de naciones significa una ruptura radical con el mito. (1961: 141)

## La torre de Babel

El registro del primer intento humano de crear un reino universal (Gén 11:1-9) está lleno de *pathos* y de tragedia. La humanidad caída reveló su inseguridad, su vanidad y su egoísmo desobedeciendo el mandato de Dios de esparcirse y poblar la tierra. Los descendientes de Noé tuvieron la determinación de mantener su unidad primitiva, basada en una lengua, un espacio vital central y una meta (B. Anderson 1977: 63). Su determinación de construir una torre señala tanto a la arrogancia como a la futilidad: algo parecido a luchar por lo imposible ("una torre que llegue hasta el cielo," 11:4). Si se hubieran dispersado como Dios quería, podrían haberse dividido gradualmente y pacíficamente en diversos agrupamientos lingüísticos y culturales. Esto habría sido inevitablemente el resultado, ya que cada situación geográfica separada habría impulsado la creación de su propio vocabulario distintivo. Uno no debe olvidarse que todas las lenguas vivas pasan por un cambio continuo y "este cambio tiene lugar tanto en sus estructuras fonológicas como gramaticales" (Beals 1977: 524).

Pero Dios deliberadamente frustró a los constructores. Aceleró de tal manera el proceso inevitable del cambio lingüístico, que la discordia y la tensión llenaron sus filas y las familias separadas huyeron unas de las otras. La torre nunca se terminó y el mundo, eventualmente llegó a ser un balbuceo de muchas lenguas (¡por lo menos seis mil!). A partir de este momento, el reino de Babel (Gén 10:8-9) reflejaría cada vez más el espíritu que se rebela en contra de Dios.

Cuando uno lee el relato de Babel en su contexto literario a lo largo del capítulo diez de Génesis, con su registro de la diversificación de la humanidad, uno no encuentra ninguna base para la visión simplista de que el pluralismo étnico es meramente el juicio de Dios sobre la pecaminosidad humana. La diversificación lingüística en Babel es presentada como la manera misericordiosa de Dios de evitar la destrucción de toda la raza humana determinada a rebelarse en contra de Él. En el pacto de Noé, Dios había prometido no hacer eso nunca más. La diversidad no está desprovista de sus dimensiones positivas. Las descripciones escatológicas de la consumación del propósito redentor de Dios se enfocan en la unidad humana dentro de la diversidad, más que en una unidad homogeneizada de pueblos diferentes (B. Anderson 1977: 64, 68). Esto se hizo inicialmente evidente en el día de Pentecostés (Hech 2:1-13). Mediante el derramamiento del Espíritu Santo, Dios inició la transición de la particularidad (Israel) a la universalidad (tanto gentiles como judíos). Esto marcó los comienzos de un verdadero reino universal, "el primer indicio de lo cual fue el don de lenguas, que señaló hacia adelante a la reunión de las naciones, cuando se cumplirá la promesa de que todos serán reunidos en las tiendas de Sem" (Edersheim 1949: 64, con referencia a Gén 9:27). Es significativo que la iglesia que emergía se tornó cada vez más en una entidad enriquecida mediante la diversidad dentro de su unidad.

En la historia de la torre de Babel descubrimos temas, antiguos y nuevos, que informan a nuestra teología de la misión. Primero, está el recordatorio de que hay un límite para la gracia de Dios. En nuestros días, cuando mucha discusión teológica se enfoca sobre el bienestar de la gente, dejando de lado una reflexión seria sobre la santidad de Dios, pareciera que Dios es virtualmente indiferente al pecado. La tesis popular es que, a pesar de toda conducta mala e indiferente hacia Él, se puede contar con que Dios responderá con más gracia y más bondad. No es así. Al igual que con el Diluvio, también aquí Dios se revela a sí mismo como un Dios de juicio. Esto debiera levantar nuestro sentido de convicción y de urgencia: "todo el propósito de Dios" debe ser proclamado (Hech 20:27). Hoy es "el día de salvación" (2 Cor 6:2). Mañana, "cada uno de nosotros tendrá que dar cuentas de sí a Dios" (Rom 14:12).

Segundo, una teología de la misión cuyo foco es "congregar en uno a los hijos de Dios que estaban dispersos" (Juan 11:52, RVR) debe ponerse de acuerdo con este juicio. Se deben reconocer las dificultades de la evangelización transcultural y la complejidad para apreciar la diversidad cultural y lingüística. Igualmente importante es la obligación de expresar la unidad esencial de la iglesia en Cristo. En Babel, Dios estaba profundamente ocupado en fracturar la raza humana, en hacer añicos su unidad y en esparcir la gente por la superficie de la tierra, aun cuando esto era también un acto de gracia para preservar las vidas de los presentes en Babel. La misión de Dios a través de la iglesia procuraría revertir la fragmentación acaecida en Babel. Él crearía una unidad a partir de la diversidad humana, la cual sería no tanto una unidad homogénea, como una unidad que preserva la diversidad. En Cristo, sería creada una nueva humanidad y el antiguo muro divisorio de hostilidad sería derribado (Ef 2:14-22). En el último libro del canon, leemos que en el cielo nuevo y en la tierra nueva, el apóstol Juan habla de Dios morando con "su pueblo" (Apoc 21:3).

Tercero, hacerse "famosos" (Gén 11:4) es un deseo humano fundamental. Esta tendencia existe hoy en día en las aspiraciones nacionalistas de los pueblos. Con mucha frecuencia hemos visto naciones que se entregan a la exaltación idólatra de sí mismas y luego se hacen hostiles para con otros pueblos. El pueblo de Dios debe poner en evidencia la idolatría latente en el nacionalismo. La iglesia que tolera tendencias nacionalistas será defectuosa en su testimonio profético, o en el mejor de los casos será paternalísticamente destructiva en su intención misionera de alcanzar a otros.

Cuarto, los descendientes de Noé no sacaron provecho, de la advertencia del diluvio de que un Dios santo se preocupa por la conducta de sus criaturas y debe castigar toda desobediencia a su voluntad. La gente parece aprender poco de la historia. La Escritura desanima toda minimización de la terrible realidad del pecado y de la alienación de un Dios Santo que ésta le ha traído a la raza humana.

## Conclusión

A partir de este registro de la historia primitiva, obtenemos una percepción del Dios que es, que crea, que habla y que gobierna. Él comienza su revelación de sí mismo como el Creador soberano. Un Dios de gracia, ordenado y progresivo en su actividad (primero, al crear el universo y finalmente al crear a los seres humanos como "varón y mujer"). El primer mandato que pone sobre la raza humana es aceptar la responsabilidad por este mundo. No se usa ningún mecanismo transicional ni tampoco la apología para ligar este registro de historia primitiva a los padres de Israel, los patriarcas (Gén 11:27-32).

El tema de Génesis 1-11 es que la raza humana en su condición de caída tiende a destruir la buena creación de Dios. Y aun así Dios demuestra que Él es el Dios de gracia tanto como el Dios de juicio. No importa cuán pecadora se torne la gente y cuán severo sea el juicio de Dios, su gracia nunca falla en proveer un nuevo comienzo. Dios está irrevocablemente comprometido con su creación. Cuando uno reflexiona sobre lo que la raza humana hizo en Babel dando lugar a un impulso digno de Prometeo de asaltar los cielos y de resistir de manera total el propósito de Dios de que los hombres y las mujeres se multiplicaran, llenaran la tierra y la sometieran bajo su dirección y para su gloria, no podemos más que maravillarnos de la mitigación de la indignación a la que tenía derecho. Estamos agradecidos de que no abandonó totalmente a la raza humana.

Hay una tendencia entre los eruditos bíblicos a forjar un eslabón demasiado cercano entre el concepto del reino de Dios como fue articulado por Jesús y el reinado davídico (e.g., Bright 1953: 19). Como resultado, porciones anteriores de la Escritura son pasadas por alto como teniendo poca relevancia para la comprensión del reino. En realidad, estos primeros capítulos de Génesis nos confrontan con la esencia del gobierno absoluto y dinámico de Dios sobre su creación, particularmente sobre la raza humana, los vicerregentes que Él nombró para este mundo. Dios ejercita su autoridad soberana y creativa hablando. Él habla y las cosas ocurren. Más aun, Él también habla a través de los eventos. Estos eventos no están aislados de las realidades espacio-temporales, para reflejar verdades eternas sin limitación de tiempo. Más bien, son parte del movimiento de la historia humana. Por esta razón, nos negamos a considerar las subsecciones *tôlĕdōt* ("generaciones de") en Génesis 1-11 como diferentes de otras secciones que identifican por nombre los varios registros de familias que constituyen este primer libro del canon hebreo (5:1; 10:1; 11:10, 27; 25:12, 19; 36:1, 9; 37:2). Esto significa que no encontramos justificación para considerar que los detalles de Génesis 1-11 son de un orden diferente que el resto de Génesis. Como resultado, no hemos querido interpretar esta porción de manera mitológica o existencial, esto es, que refleja verdades proposicionales que no están relacionadas con eventos históricos reales. La autorrevelación de Dios comienza con la creación. La caída realmente tuvo lugar. Caín fue un asesino. Hubo un diluvio y un hombre recto llamado Noé. Y en el mundo antiguo uno puede visitar las ruinas de una torre masiva sin terminar.

De este relato de la creación y la caída, debemos extraer ciertas presuposiciones sin las cuales toda reflexión subsiguiente sobre la misión no será válida. Primero, el Dios que creó a los seres humanos debería ser el objeto de su adoración y de su acción de gracias. Que la gran mayoría parezca ser desagradecida por la vida, la salud y la comida es algo que pone en evidencia su alienación de Él. Segundo, dado que la raza humana vive en ignorancia o en desafío a Dios y a su ley, y debido a que Dios es un Dios que busca (Gén 3:8-9), esperaríamos que Él supervisara la historia de este tiempo en adelante, no para el contentamiento humano, sino para restaurar el orden que originalmente intentó para todos lo que llevan su imagen. Tercero, la meta de la misión no debería ser concebida con tanta estrechez que sólo se enfoque en la humanización de la sociedad y que tienda a pasar por alto o a minimizar el llamado de Dios a todas las personas en todas partes para que se arrepientan (Hech 17:30).

Cuarto, a lo largo y a lo ancho de la historia, los eruditos de mundo han rastreado los esfuerzos nobles de millones que han procurado corregir o mejorar los bordes ásperos de sus culturas. Anteriormente hemos llamado la atención sobre la presencia de una "gracia común" en todas las sociedades, tanto como sobre la presencia de mal. Esto debería darnos esperanza: Dios no ha abandonado totalmente a la raza humana. Su propósito redentor en última instancia no será frustrado por el mal en el mundo.

Quinto, algunos eruditos consideran que el despliegue de la historia de Israel es evidencia de una evolución religiosa dinámica y positiva. Pero a pesar de todo lo que Dios hizo subsiguientemente para sostener delante de este pueblo la verdad concerniente a sí mismo y a su instrucción (Torá) para sus vidas, su pecaminosidad culminó en el judaísmo que destruyó a Jesús, para su propia pérdida y costo.

Y finalmente, los cristianos no deberían mirar de soslayo la civilización humana, con sus patrones sociales y sus instituciones políticas, como si fueran el dominio indiscutido del demonio. Deben contender contra todo lo que procure deshumanizar a la gente. Sólo a través de eso reflejarán en palabra y en hechos la plenitud de las buenas nuevas del reino.

En esta línea, la dimensión del compromiso político se torna ineludible, cuando uno deliberadamente entra en la siguiente secuencia de pensamiento. Cuando una persona peca, inevitablemente algún otro se ve dañado. El pecado siempre tiene consecuencias sociales, ya sean grandes o pequeñas, dependiendo de la persona que peca. Uno no puede pecar tan secretamente sin influir la calidad de las relaciones con otros, particularmente las que están dentro de su círculo más cercano. Cuando el líder de una nación peca, puede venir una catástrofe sobre los ciudadanos. Sobre esta base, deberíamos concluir que amar a nuestro prójimo como a nosotros mismos (Lev 19:18; Mat 22:39) reclama de un compromiso en la actividad que procure frenar el poder de los líderes políticos mediante controles y balances apropiados. Ser apolíticos difícilmente esté en consonancia con la voluntad de Dios.

Al movernos hacia la historia de Abraham, veremos el desarrollo de muchos de los temas importantes descritos de manera embrionaria en Génesis 1-11. La misión de Dios da un giro radical desde tratar directamente con toda la raza humana hasta tratar instrumentalmente, a través de una familia extendida, a favor de todas las familias de la tierra.

## Capítulo 4

## Dios llama a los patriarcas para ser una bendición a las naciones

**Introducción**

La historia primitiva llegó a su fin cuando Dios frustró de manera absoluta el primer intento humano de establecer un imperio mundial centralizado. En Babel, su juicio fue la confusión lingüística. Mediante la dispersión de pueblos resultante, Él estableció el escenario para dos movimientos radicalmente diferentes. Uno emergió rápidamente en forma de entidades culturales y políticas en competencia. En los siglos siguientes, la historia humana estaría llena de restos de la ruina de una sucesión deprimente de esfuerzos fútiles pero costosos, para crear imperios mundiales para desafiar a Dios.

El otro movimiento representó la necesidad de Dios de un pueblo siervo a quien revelarle su propósito redentor para las naciones y a quien pudiera reclutar como medio para lograr su fin. Cuando hizo la elección y luego llamó a Abraham para que saliera de Ur de los caldeos, nos confrontamos con el comienzo de la historia de la salvación. Al principio, Dios decretó que todo los del pueblo de Israel serían los recipientes de las promesas dadas a Abraham (Gén 15:4; 35:10-11; Heb 7:5). Al hacer eso, Dios, de manera deliberada, se alejó de la humanidad en un sentido colectivo. A través de esta única persona y de una línea particular de su simiente, Isaac, Dios dio los pasos para lograr un propósito redentor y regio, el cual cobraría impulso y crecería dentro de la historia del mundo, aunque de alguna manera estaría separado de él.

Génesis 12-50 contiene la historia germinal. Estos capítulos registran eventos significativos en las primeras cuatro generaciones de patriarcas en dos culturas distintas (cananea y egipcia). No vamos a explorar los detalles de los peregrinajes espirituales de Abraham, de Isaac, de Jacob y de José, aun cuando el registro contiene muchas percepciones e instrucciones con respecto a la idea de misión. Estos relatos tratan sobre la actividad de Dios al procurar derrotar la falta de fe de ellos, profundizar su compromiso, frustrar a sus adversarios, impartir visión espiritual e intervenir a favor de ellos. Nuestra preocupación será notar los pasos sucesivos por los cuales la narración se mueve desde un individuo hacia una familia, una tribu, y luego hacia un grupo de tribus. Esto establece el escenario para el éxodo desde Egipto, cuando los hijos de Israel llegaron a ser el pueblo liberado de Dios, unidos en adoración y con la consciencia de que le pertenecían únicamente a Él. Sólo entonces es que ellos tuvieron la libertad de moverse hacia su destino en la Tierra Prometida. Es al repasar la historia particular de ellos, que descubrimos temas relevantes de la misión de Dios a través del pueblo de Dios. A su vez, estos énfasis informarán nuestra comprensión del reino.

Así que, la elección de Abraham y el pacto de Dios con él representan la primera expresión de la preocupación redentora de Dios por todas las naciones. Como resultado, Abraham debería ser considerado como "el pionero de la misión," el antecesor espiritual de todo el pueblo de Dios esparcido por todas las razas de la humanidad. En esta discusión del llamamiento de Abraham, Bengt Sundkler afirmó que es "tarea de la misión el romper la maldición y reemplazarla por comprensión y unidad." Luego agrega: "Cuando Abraham dejó su hogar en fe, no sabiendo nada sobre el futuro, dio el primer paso decisivo en este sentido" (1965: 12).

**El llamamiento de Abraham**

> El Señor le dijo a Abraham: "Deja tu tierra, tus parientes y la casa de tu padre, y vete a la tierra que te mostraré. Haré de ti una nación grande, y te bendeciré; haré famoso tu nombre, y serás una bendición. Bendeciré a los que te bendigan y maldeciré a lo que te maldigan; ¡por medio de ti serán bendecidas todas las familias de la tierra!" (Gén 12:1-3)

Fue elección de Dios escoger a Abraham con una visión de, eventualmente, hacer un pacto con él (Abraham) para que llegara a ser "padre de una multitud de naciones" (Gén 17:5). Este acto dual, elección y pacto, sólo puede entenderse en términos de su 'ahăbâ (su amor de elección) y su *hesed* (su amor de pacto). Norma H. Snaith ha establecido la diferencia en estos términos. El 'ahăbâ de Dios (amor de elección) por Israel es un "amor soberano no condicionado" (1944: 134). Dios escogió a Israel porque quiso hacerlo (Deut 7:6-8). Pero el *hesed* ("amor de pacto condicional") que Dios le prometió a Israel a través de Abraham incluye los postulados siguientes: Dios existió antes que Israel y esto quiere decir que si una vez Él existió sin ellos, podría volverlo a hacer. Y si Él los eligió, también podía rechazarlos. El Dios de Abraham era diferente de todos los otros dioses en las demandas que le hacía a su pueblo como parte del pacto (1944: 108). La palabra *hesed* tiene como equivalente en español "misericordia" / "bondad amorosa," y al ser usada con referencia a la actividad humana, tiene como significado la clase de amor y de deber hacia Dios, por medio del cual el pueblo de Dios vive de acuerdo a su voluntad.

Pero *hesed* tiene un significado marcadamente diferente cuando se usa con referencia a la actividad divina. A pesar de todos los variados matices de significado ("firmeza y constancia," "bondad amorosa y misericordia," "anhelo, ardor y devoción intensa"), siempre se ubica dentro del marco de un pacto. La existencia anterior de un pacto provee el escenario sobre el cual se le puede dar a la palabra *hesed* una realidad concreta. La fidelidad de Dios como tal es incondicional (Rom 3:3). Aun así, siempre Dios le da una expresión concreta en el contexto de un pacto. El amor incondicional de Dios por Israel lo impulsó a hacer un pacto con Abraham. Pero sería su *hesed* lo que haría posible la continuación de este pacto. Las Escrituras enfatizan que "él se encariñó con tus antepasados [los patriarcas] y los amó; y a ti, que eres su descendencia, te eligió de entre todos los pueblos, como lo vemos hoy" (Deut 10:15). Ningún mérito ni ninguna cualidad estimularon la decisión (7:7-8).

Génesis 12 comienza con el Dios viviente, más tarde conocido como "el Dios de Abraham, de Isaac y de Jacob," actuando en libertad soberana y llamando a Abraham y a Sara, su esposa, para que se fueran de Ur de los caldeos (Hech. 7:2-4). Lo llamo en gracia y le prometió su bendición. Esto constituyó el primer paso en la secuencia que eventualmente conduciría a la revelación completa de lo que se trata la salvación de Dios. Dado que Dios hizo demandas absolutas, Abraham y su esposa, Sara, tuvieron que dejar a su familia, a sus parientes y a sus dioses y vivir por fe de acuerdo a ciertas promesas específicas que implicaban la fidelidad y la liberación por parte de Dios (cf. 12:1-3 con Heb 11:8-16). Esto significó que ellos debían vivir conscientemente bajo el juicio de Dios tanto como bajo su bendición.

Con frecuencia se hace notar que la elección de Abraham y de los otros patriarcas estuvo principalmente relacionada con la función. Ellos debían cumplir el rol de estar dentro de la línea sucesoria, que conducía a Cristo, "la simiente de Abraham" (Gén 3:15 y Gál 3:16). No obstante, aunque la historia no dice que ellos fueron explícitamente elegidos sólo para la redención eterna como tal, tampoco enfatiza que ellos fueron llevados a una relación dinámica con Dios y que ellos llegaron a conocer a Dios de tal manera que su redención se da por sentada (cf. Gén 22:15-18 con Heb 11:19).

Derek Kidner observa con corrección: "Sobre el aspecto final de la salvación, la liberación de la muerte, el enemigo último, Génesis sólo tiene [indicios] pálidos" (1973: 41). La esperanza central provista por la gracia de Dios se remonta a su selección de un pueblo escogido y a su promesa de que poseerían una tierra elegida por Él y de que traerían bendición a las naciones. El que este pueblo llegara a ser tanto recipiente como canal de la bendición divina parecería indicar que "la simiente de Abraham" es más que el vehículo para una redención posterior. No obstante, en este punto, la elección de Dios debería ser entendida principalmente como "separación para el servicio." Luego, la simiente sería descrita como "santa" (Isa 6:13), y esto lleva la implicación de que la bendición abarca ser "destinados a la vida eterna" (Hech 13:48).

Leemos que Dios le habló a Abraham (Gén 12:4). No sabemos la forma real en que lo hizo. Luego notamos que el Señor "se le apareció" (lit. "permitió que Abraham lo viera," 12:7). ¿Significa esto algo más que hablar? Esta palabra se repite en Génesis 17:1; y en 17:22 afirma que cuando Dios "terminó de hablar con Abraham, se retiró de su presencia," y el nombre de Abraham fue cambiado por Abraham en el proceso (17:5). ¿Fueron éstos eventos de "teofanía"? No lo sabemos. Baste decir que disminuyen en el registro de Isaac (26:2, 24), son menos frecuentes en la vida de Jacob (28:13; 35:9), y están totalmente ausentes en el relato de José. Con más frecuencia, es por medio del "ángel de Yahvé" (o de Dios) que les llega a los patriarcas el material de la revelación (16:7; 22:11, 15; 24:7, 40; 31:11; 48:16). Pero de una cosa podemos estar seguros. La Palabra de Dios fue oída y Abraham obedeció.

El discipulado de Abraham fue construido sobre la premisa de que cuando Dios habla, su palabra es obedecida. Esto es normativo para el cristianismo bíblico histórico. Algunos eruditos tienen una negación filosófica a creer que Dios habla tanto como actúa. La defensa clásica de esta perspectiva es *God Who Acts* (El Dios que actúa) por G. Ernest Wright (1952), con su tesis rebuscada de que la verdad debe "inferirse" a partir de los que son considerados como "actos poderosos" en la "historia santa." Eso reduce la Biblia a algo con mucho menos autoridad de lo que pretende ser: "la Palabra de Dios." Los cristianos evangélicos siempre han estado en desacuerdo con los eruditos que se entusiasman demasiado con la actividad de Dios en la historia. Los cristianos evangélicos sostendrían la tesis de que Dios actúa, pero generalmente llegan a la conclusión de que el conocimiento acerca de Dios es posible sólo por escuchar la revelación de Dios tal como Dios ha hablado y cuando lo ha hecho.

## El pacto de Abraham

> Haré de ti una nación grande, y te bendeciré; haré famoso tu nombre, y serás una bendición. Bendeciré a los que te bendigan; ¡por medio de ti serán bendecidas todas las familias de la tierra! (Gén 12:2-3)

Éstas son las palabras que Dios le dijo a Abraham mientras él estaba en Ur. A lo largo de los años, Dios le amplió ciertos detalles, pero sin ninguna alteración básica. Estas otras revelaciones vinieron después de que Abraham se separó de Lot (Gén 13:14-18), de que se rehusó a una identificación pública con el rey de Sodoma (14:21-24; 15:4-5, 18-21), y de su aceptación de la decisión de Dios de que Ismael no estaría en la línea de la promesa (17:4-8, 16, 19). Debemos prestar atención a los temas dominantes.

### *Bendición espiritual para las naciones*

La salvación de las naciones era la motivación última de Dios al hacer grande el nombre de Abraham y al ser el Dios de la innumerable progenie de Abraham. Este propósito universal domina el pacto totalmente. Incluso más allá de los pasajes mencionados en la sección anterior, Dios acentúa de varias maneras su promesa de esperanza para las naciones del mundo (Gén 18:17, 18; 22:18; 26:4; 28:14). Siglos más tarde, el apóstol Pablo llama a esta promesa nada menos que evangelio: "En efecto, la Escritura, habiendo previsto que Dios justificaría por la fe a las naciones, anunció de antemano el evangelio a Abraham: 'Por medio de ti serán bendecidas todas las naciones'" (Gál 3:8). La salvación del género humano por la fe en Jesús el Mesías estaba en el corazón del propósito redentor de Dios desde antes de la fundación del mundo (Ef 1:3-10). Dios tiene un solo evangelio para la raza humana. Está a disposición sólo en y a través de Jesucristo. Ya sean judíos o gentiles, los que busquen a Dios por medio de la fe en Cristo Jesús encontrarán a Dios y llegarán a ser "hijos de Dios" y "descendencia de Abraham y herederos según la promesa" (Gál 3:26-29).

### *Tierra específica para Israel*

En el pueblo judío no hay nada que exceda a su amor apasionado por la tierra de Israel. Incuestionablemente, ésta es una de sus preocupaciones más antiguas y persistentes. Para los patriarcas, Dios les dio lo que podría ser descrito como "espacio sagrado," un lugar de orden y bendición. Más allá de las fronteras está el mundo del caos, el reino de los espíritus extraños. A medida que se despliega el registro del Antiguo Testamento, encontramos a Israel descrito como estando en el centro mismo de la tierra (Ezeq 38:12), a Jerusalén como el centro de Israel y al monte Sión como el centro de Jerusalén con el templo en su cúspide (Davies 1974: 8).

Sólo en la tierra Yahvé le daría a su pueblo una variedad de regalos materiales de manera abundante. Le prometería cuidar de él directamente proveyendo lluvia a su tiempo. El suelo de Israel sólo sería refrescado con agua por decreto divino, un punto que Deuteronomio 11:10-12 deja ampliamente en claro. La tierra nunca sería definida con precisión geográfica, tal como lo indica fácilmente cualquier lectura comparativa de todos los pasajes pertinentes. De ahí que, uno podría argumentar que Israel es tanto una idea como un territorio. Pero lo que es significativo es que detrás de la existencia de Israel y de su posesión de la tierra estaba el propósito divino para las naciones.

En el Sinaí y más tarde en las planicies de Moab (registrado en Deuteronomio) Dios le daría a su pueblo no sólo mandamientos regulatorios para su ocupación de la tierra, sino también promesas condicionales concernientes a su retención. De todas las promesas hechas a los patriarcas, ninguna es tan prominente o decisiva como la promesa de que todas las naciones serían benditas a través de la simiente de Abraham. Este tema permaneció prominente a lo largo del Antiguo Testamento, pero sería notablemente transformado y universalizado en el Nuevo Testamento.

### *El trato de las naciones para con Israel*

Dios ama a su pueblo. Los que los maltratan le tocan "la niña de los ojos" (Zac 2:8) y no pueden escaparse de la retribución divina. Como resultado, se asoció una nota de finalidad con la conducta de cualquier persona o pueblo para con la simiente de Abraham: "Bendeciré a los que te bendigan y maldeciré a los que te maldigan;

¡por medio de ti serán bendecidas todas las familias de la tierra!" (Gén 12:3).

A primera vista, la bendición y la maldición se entienden en términos materiales, pero la promesa también tiene sugerencias redentoras. En la parábola de Jesús sobre el juicio final (Mat 25:31-46), él se identificó a sí mismo con su pueblo y pronunció bendición o juicio sobre "todas las naciones" (25:32) conforme a la manera en que estas naciones habían hecho con "uno de mis hermanos, aun por el más pequeño" (25:40). Aquí tenemos más indicios sobre la centralidad de Israel en la determinación de Dios de bendecir a las naciones. Israel nunca es marginal al cuidado providencial de Dios por las naciones. La historia está repleta de evidencias de que el surgimiento o la caída de las naciones con frecuencia han sido contingentes a la manera en que trataron al pueblo judío.

### *La presencia y el poder de Dios*

Cuando Dios le ordenó a Abraham que dejara Ur, también le prometió involucrarse en su viaje. La primera persona singular del tiempo futuro aparece numerosas veces en las promesas de Dios a Abraham. La implicación es que la presencia y el poder de Dios estarían plenamente en operación en los siglos siguientes, y que la fidelidad de Dios al pacto se haría cada vez más evidente. También significa que si una persona va a servir a Dios, debe ocurrir en su vida una reorientación radical, a los efectos de estar verdaderamente relacionada con la voluntad y el poder de Dios. Casi inmediatamente, Dios enroló a Abraham en una escuela de discipulado y comenzó su proceso de transformación. Todos los que más tarde procuraron comprometerse con el reino de Dios en el Nuevo Testamento descubrirían que ellos también debían recibir el mismo entrenamiento.

Encontraremos que todos los eventos significativos en la vida de Abraham tuvieron lugar a través de la actividad milagrosa de Dios logrando lo que Dios había prometido. El foco no está sobre lo que Abraham haría por Dios, sino en lo que Dios haría a través de Abraham. En relación a esto, leemos el nombre característico de Dios: *El Shaddai* (Gén 17:1; 28:3; 35:11; 43:14; 48:3, y posiblemente 49:25). Su significado ha sido interpretado de manera variada como "el Omnipotente" o "el Todopoderoso." A lo largo de los años, Abraham creció en su comprensión de Dios y permitió cada vez más que Dios obrara todas las cosas en su favor, de acuerdo a la voluntad de Dios. De esta manera, Abraham ganó la seguridad de que su Dios vencería toda oposición al propósito de Dios. En este punto, la relación de Abraham con Dios se solidificó a tal extremo que su nombre fue cambiado por Abraham (17:5).

### La señal del pacto

La única respuesta posible que Abraham pudo dar a la sorprendente relación de pacto con Dios fue someterse a Dios incondicionalmente, aceptando los términos de Dios con humildad. Hizo esto cuando tenía noventa y nueve años de edad (Gén 17:1-3). Fue entonces que Dios demandó que Abraham y su pueblo llevaran una señal visible de la obligación de pacto de obedecerlo. Esta señal fue la circuncisión. Rechazar esta señal era equivalente a quebrar el pacto (17:14) y a rechazar deliberadamente el hecho de que Dios lo había comprometido a él y a su simiente en una relación especial. La circuncisión debía ser un recordatorio permanente para Abraham y sus descendientes, de que debían ser una nación "santa" (apartada). Esta señal externa demostraba aceptación del pacto e incorporación dentro de la comunidad de creyentes que estaba comprometida con el mismo. Inevitablemente, esto incluyó a la familia de Abraham, tanto como a "los criados nacidos en su casa, a los que había comprado con su dinero y a todos los otros varones que había en su casa" (17:23). De esta manera, por su fe y su obediencia, Abraham comenzó a ser una bendición para los demás, tal como Dios lo había prometido. Proféticamente, la circuncisión de Abraham y de los varones de su casa señalaron más allá de la simiente física de Abraham, a lo que el apóstol Pablo quiso decir cuando afirmó que todos los que pertenecen a Cristo son "descendencia de Abraham" (Gál 3:29).

## El discipulado de Abraham

Dios llamó a Abraham porque Dios lo amaba (Deut 4:37; 7:6-8). Éste era un amor celoso. Dios quería un pueblo particular para que fuera de su propia posesión. Éste era su derecho indiscutible. Dios selló su decisión con un pacto formal que tenía validez legal y que sería eternamente operativo. Aunque los pactos eran ampliamente conocidos por todo el mundo antiguo, la idea de que una deidad singular iniciara un pacto con una persona particular y con su familia era desconocida entre las religiones y las culturas de los días de Abraham.

A continuación, Dios dirigiría la vida de Abraham de una manera tal que su fe se desarrollaría a medida que se desplegara el relato. Dios no violaría la libertad conferida a Abraham reduciéndolo a una marioneta colgando de hilos. Abraham debía llegar a entender su condición de caído y su desvío, si es que iba a descubrir por sí mismo la gracia y el perdón de Dios. Debía pasar por muchas pruebas prolongadas y aprender obediencia a través de sufrir las consecuencias de su desobediencia.

**Abraham y la misión**

A principio, Abraham era visto como un morador tranquilo, un hombre de paz, un peregrino oscuro y desconocido. Su estilo de vida era el de un beduino religioso y rico con un considerable séquito de seguidores. Cuando surgió la lucha entre sus pastores y los de su sobrino Lot, fue magnánimo y generoso, y la tierra bajo su dirección fue dividida pacíficamente entre ellos (Gén 13:1-13). Esto fue agradable a Dios, porque luego Él le dio una comprensión mayor de la extensión de la Tierra Prometida y del tamaño de su progenie (13:14-18). En la narración podemos ver cinco principios que apuntalan toda actividad misionera en relación con Abraham.

*La misión y el compromiso secular*

Se nos dice en Génesis 14, que toda la región fue atrapada dentro de algo que suena familiar. Una coalición de poderes vecinos estaba en guerra en contra de otra coalición de naciones (Von Rad 1961: 170). Aquí está el primer choque de la historia de la salvación dentro del contexto histórico más grande. En el conflicto resultante, Lot y su familia fueron tomados como rehenes. Mientras que al principio Abraham había evitado involucrarse en la contienda, esta catástrofe lo impulsó a la acción. Con gran energía, rápidamente levantó una fuerza notable (sus "hombres adiestrados"), condujo un ataque arriesgado, desplegó una valentía marcial en la batalla y logró una victoria aplastante (Gén 14:15-16). Luego procuró volver a su camino de peregrino, pero todo había cambiado. Ahora se encontró de frente a asuntos inesperados y a terribles tentaciones, como resultado de este nuevo paradigma de misión: misión a través de la conquista. Esta forma de misión llegaría a ser muy familiar más tarde en la historia de la iglesia cristiana.

En esta ocasión, Abraham, como heredero y señor de la tierra se opuso al mal del paganismo. Encontramos en este relato indicios de verdades que todavía no habían sido reveladas. Especialmente punzante es que un extraño llamado Melquisedec le señaló a Abraham que había sido el "Dios altísimo" más bien que la habilidad militar de Abraham lo que había ganado la victoria para él (Gén 14:20). La Escritura enfatizaría cada vez más el principio de que la ira humana "no produce la vida justa que Dios quiere" (Sant 1:19). La espada no hace avanzar al reino de Dios.

### *La misión y "la gente como Melquisedec"*

Poco después que Abraham se involucró en la guerra para rescatar a Lot, tuvo un encuentro de lo más inesperado con un rey-sacerdote cananeo llamado Melquisedec de Salén. Su nombre y su título señalaban a un reinado en la esfera de la rectitud y de la justicia, y a un sacerdocio en la esfera del acceso a Dios y a la adoración. Fue el primero en bendecir a Abraham, cosa que Dios había prometido (Gén 12:2), y le ofreció pan y vino. De un modo memorable, él bendijo al Dios que había hecho posible la victoria (14:9-20). Cuando Abraham sintió que la autoridad de este rey-sacerdote venía directamente de Dios, espontáneamente colocó a sus pies la décima parte de todo el tesoro ganado en la batalla (14:20). Con igual discernimiento, dejó de lado la oferta del botín del rey de Sodoma y se rehusó a caer en la trampa de la riqueza (14:21-24).

Deberíamos subrayar la importancia de la respuesta positiva de Abraham a la bendición de Melquisedec, porque eso revela que Abraham era cada vez más receptivo a abrir su corazón y su mente a la aceptación incondicional de la voluntad de Dios para su vida. No nos sorprende descubrir poco después que el Señor vino a él en una visión y habló palabras de encomio y de alivio: "No temas, Abraham. Yo soy tu escudo, y muy grande será tu recompensa" (15:1).

Cuando los hijos de Dios están en misión, necesitan estar alertas a la posibilidad de encontrar "gente como Melquisedec" en el curso de su servicio misionero. El conde Von Zinzendorf (1700-1760), quien introdujo la obediencia misionera al movimiento moravo, los llamaba "almas como la de Cornelio" (Hech 10). La gente como Melquisedec puede adorar al mismo Dios de Abraham, de Isaac y de Jacob, aunque tal vez nunca haya oído el nombre de Jesucristo. No deberíamos negar la posibilidad de las sorpresas de Dios, porque él está deseoso de atraer gente hacia sí mismo (Schattschneider 1975: 75-78).

## *La misión y la oración*

Cuando Dios anunció el juicio sobre Sodoma, procuró involucrar a Abraham en un rol distintivamente profético en relación con la misión de Dios. Esto nos provee de una percepción de un aspecto inesperado de la naturaleza de Dios (Gén 18:17-19). Él comenzó acercándose a Abraham (18:23), a través de quien había elegido bendecir a todo el mundo (12:3). Esto se precipitó por la profundización de la comunión de Abraham con Dios en oración. La relación de ellos era tal que Dios había puesto a Abraham dentro del círculo de su confianza. Dios había "conocido" a Abraham y había puesto sobre él sus afectos. Dios esperaba algún tipo de respuesta. Lo que vino a continuación fue un notable despliegue de lo que el apóstol Pablo luego desafió a Timoteo para que hiciera, esto es, interceder de manera que el propósito misionero de Dios pudiera llevarse a cabo (1 Tim 2:1-6).

En respuesta, Abraham aceptó la corrección y el espectro de la justicia de Dios y percibió el rol sacerdotal que entonces debía asumir. Abraham dio por sentada la gracia y la misericordia de Dios y asumió la difícil tarea de rogar por Sodoma. En este retrato de una persona solitaria parada entre Dios y un pueblo malvado, vemos la anticipación de la postura ideal del misionero y de la iglesia con una mentalidad misionera. Las iglesias misioneras que siguen el modelo de la oración intercesora de Abraham, encontrarán confirmación en Joel 2:17: "Lloren sacerdotes, ministro del Señor, entre el pórtico y el altar; y digan: 'Compadécete, Señor, de tu pueblo. No entregues tu propiedad al oprobio, para que las naciones no se burlen de ella.'"

## *La misión demanda atracción*

Los misiólogos usan los términos *centrípeta* y *centrífuga* para describir metodologías complementarias de misión. Ellos contrastan la presencia cristiana que gana personas por atracción (centrípeta) con los esfuerzos deliberados para ganar a la gente a través de la proclamación y de la persuasión (centrífuga). En conexión con esto, debiéramos notar que la promesa a los patriarcas fue: "todas las naciones de mundo serán bendecidas [se bendecirán a sí mismas] por medio de tu descendencia." Sobre la base de la variación en la forma hebrea (Gén 22:18 y 26:4 usan la forma reflexiva, y 12:3, 18:18 y 28:14 usan la forma pasiva), Bengt Sundkler comenta:

> Lo centrípeto [universalidad] es llevado a cabo por un mensajero que cruza fronteras y pasa sus noticias a los que están alejados. Lo centrípeto [como si estuviera atraído] es llevado a cabo por una fuerza magnética, atrayendo a pueblos distantes hacia el lugar de la persona que está en el centro. (1965: 14, 15)

El énfasis dominante en el Antiguo Testamento es centrípeto. Sólo ocasionalmente encontramos sugerencias centrífugas. Esto quiere decir que en el Antiguo Testamento casi no encontramos evidencias de israelitas que hacen el esfuerzo de compartir su conocimiento de Dios con las naciones vecinas.

A lo largo de toda la historia de Israel, hubo tiempos cuando los de afuera se sentían atraídos por el ejemplo de judíos piadosos y de manera deliberada dieron los pasos para entrar dentro del círculo de la bendición de Yahvé (e.g., Rut 1:16-17; 1 Rey 10:1-13; 2 Rey 5:1-19; de ahí la oración de Sal 67:1-2). Varios pasaje escatológicos de los profetas declaran cientos de años más tarde, que en el día final las naciones se animarán unas a otras a buscar al Dios de Israel (e.g., Zac 8:22-23).

### *La misión y la pasividad*

Se puede abusar de este énfasis centrípeto y olvidar a las naciones. A medida que nos adentramos más profundamente en el Antiguo Testamento, veremos que la visión de una bendición espiritual mundial a través de la simiente de Abraham no se hizo cada vez más vívida en la consciencia del pueblo de Dios. Virtualmente desapareció en el largo intervalo entre los patriarcas y la monarquía, aparte de Éxodo 19:5-6, cuando los israelitas fueron llamados a ser un "reino de sacerdotes" de pie delante de Dios a favor de las naciones. No obstante, reapareció con una frecuencia en aumento en los Salmos y en los profetas. Aun así, "en su momento más débil siempre le impartió a Israel algún sentido de misión, pero nunca llegó a ser un programa de acción concertada hasta después de la Ascensión y de la venida del Espíritu Santo en el día de Pentecostés" (Kidner 1973: 114).

Mientras que es verdad que "Israel nunca sintió la necesidad de incluir la salvación de los no elegidos dentro de una síntesis teológica de sus doctrinas principales" (Senior y Stuhlmueller 1983: 9), esta es la tragedia de Israel mismo, y no el hecho de que Dios no estuviera preocupado o que el Antiguo Testamento guarde total silencio en esta materia. Tanto la separación de Israel de las naciones, como la responsabilidad centrífuga última hacia ello de parte de la simiente de Abraham son vistas como necesarias, al movernos hacia el mundo complejo pero no discordante de la revelación del Antiguo Testamento.

## Los descendientes de Abraham como instrumentos de la misión de Dios

Aunque el foco de Génesis 12-50 está principalmente sobre Abraham y sólo de manera secundaria sobre sus descendientes, el registro de los otros patriarcas está de la misma manera repleto de significación misiológica. En verdad, son retratados de manera rigurosa como defectuosos tanto en carácter como en obediencia. Ellos frecuentemente fracasaron y con asiduidad estuvieron plagados de duda interior. Tanto es así, que a menudo vacilaron entre la obediencia a Dios y el servicio a ellos mismos. Pero experimentaron la gracia de Dios una y otra vez, dado que el trato de Dios con ellos siempre reflejó su preocupación por guardar la fe en el pacto. En la historia de los patriarcas, leemos indicios de la progresión de la tarea misionera y de las virtudes requeridas para cumplir la misión de Dios.

### *Isaac y la condición de siervo*

Isaac con frecuencia es desechado como descolorido e insignificante, falto de grandeza, e incluso es reprendido por gustar de la comida sabrosa (Gén 25:28). Pero no deberíamos pasar por alto las dos características dominantes de su vida: su nacimiento y su matrimonio. Primero, con respecto al nacimiento de Isaac, Abraham había sido probado severamente porque la promesa de que nacería un hijo de Sara fue esencial. Isaac nació cuando Abraham tenía cien años. Uno apenas puede imaginar las limitaciones de una edad tal como esa. El nacimiento de Isaac fue posible sólo a través de la intervención milagrosa de Dios. Cuando Isaac fue destetado, su hermano Ismael se burlaba e hizo de él un objeto de risa no santa (21:9). Así, de manera no consciente, demostró que estos dos hermanos representaban dos mundos distintos. El Antiguo Testamento, de manera general ha representado a Ismael como estando fuera de la corriente de la historia redentora de Israel (16:12; 21:20-21). "La existencia inquieta [de Ismael] no es ningún peregrinaje, sino un fin en sí misma, su no conformismo es un hábito de la mente y no una luz a las naciones" (Schattschneider 1975: 127).

La segunda característica significativa de la vida de Isaac es su matrimonio. Su nacimiento fue un milagro, y mientras todavía era jovencito, pareció que debía morir. Pero Dios preservó su vida y a través de él continuó la línea prometida. El rol de Isaac en la misión de Dios le dio importancia a su matrimonio. Otra vez, encontramos evidencia de la intervención milagrosa de Dios en la elección de Rebeca y en el amor que vino a continuación de la manera considerada y cortés con que la trató (Gén 24). El hecho de que por veinte años ella permaneciera estéril le causó a Isaac una preocupación que lo llevó a orar, y una vez más la intervención milagrosa de Dios fue esencial para la continuación de la línea prometida, aunque sus mellizos (Jacob y Esaú) se desarrollaron en pueblos mutuamente hostiles.

Isaac es retratado como la encarnación del rol del siervo. Lo vemos como la víctima que no protesta y lleva la leña sobe la cual lo iban a matar (Gén 22:6), como hijo paciente de su padre que no se casa hasta muy tarde en la vida ("cuarenta años," 25:20), como el ferviente intercesor que quería que la línea elegida continuara (25:21), y como la persona pacífica y razonable que se encuentra atrapada entre pueblos hostiles en sus oasis y en sus ciudades, y en el campo sin agua donde no puede encontrar pasturas para sus rebaños. Todos estos factores nos presentan un modelo del rol del siervo que Dios haría que su pueblo adoptara en nuestros días. Y así y todo no debemos olvidar que Isaac fue débil de carácter, siendo tanto engañoso como temeroso (26:1-11). ¡Sólo Cristo es el Siervo perfecto!

### *Jacob y las prioridades*

No deberíamos sorprendernos de que casi un cuarto del libro de Génesis está dedicado a Jacob. Fue él y no Abraham quien llegó a ser el padre del pueblo elegido. Sus descendientes se llamaron según su nombre, Israel (Jacob frecuentemente aparece en forma similar en la poesía hebrea). Nació agarrado del talón de su hermano mellizo, mayor que él, Esaú (Gén 25:26), y recibió un nombre que significa: "él agarra el talón." No obstante, este nombre recibió el matiz de "él suplanta o engaña" debido a que se apropió de los derechos del primogénito. Tentó a Esaú para que le vendiera su primogenitura por el precio de una comida (25:29-34), obtuvo la bendición de su padre Isaac de manera engañosa (27:18-29), y tuvo que huir cuando Esaú descubrió esto (27:34-37). Esta huida conduce a la visión que le fue conferida en Betel, en la cual la promesa que se le dio a Abraham le fue confirmada, junto con la promesa de protección divina (28:10-17). Consideremos los conflictos de Jacob con Labán, la confusión de su matrimonio polígamo, el nacimiento de sus once hijos y de una hija, y la prolongada infertilidad de su esposa Raquel. Jacob conoció y también causó mucho dolor personal.

Es comprensible que cuando Dios le ordenó que regresara a la tierra (Gén 31:3), él obedeciera sin vacilación. En el camino de regreso a su casa, el temor de Esaú hizo desesperar a Jacob. Dios, en su gracia, se encontró con él en Jaboc e intentó prevalecer por sobre su testarudez. En el encuentro, a Jacob se le dislocó la cadera, un recordatorio para él durante el resto de su vida de su lucha con Dios. Esto abrió los ojos de Jacob a las realidades divinas, haciendo que se volviera hacia Dios y recibiera la bendición divina, que ahora él quería por sobre toda otra cosa. Este evento fue considerado como el rescate de Jacob "de todo mal" (48:16).

A pesar de esta victoria extraña y retrasada, Jacob fue el más complicado de los patriarcas, siendo al mismo tiempo un prodigio, un impostor, un empresario y un mentiroso. A pesar de sus terribles defectos, Jacob tuvo un sentido de prioridad que es digno de ser imitado. Se puso en evidencia en Jaboc. Aunque no podemos aceptar la manera en que Jacob procuró recibir las dimensiones espirituales del pacto, admiramos la persistencia obstinada con la que luchó. Se aferró a la presencia y a la promesa de Dios, a pesar de una dolorosa consciencia de sus propias deficiencias. Procuró alcanzar a Dios, recordándole las promesas que Él antes había hecho: "Señor . . . que me dijiste" (Gén 32:9, 12). No dejó ir al extraño en Jaboc hasta que lo bendijo (32:26). Solamente por esta tenacidad él es alabado con el nombre de "Israel" (Os 12:4). Este nombre enfatiza la realidad de que ha "luchado con Dios y con los hombres y [ha] vencido" (Gén 32:28). Es una alabanza sorprendente: los descendientes de Jacoc, los israelitas, han sido privilegiados a partir de entonces. Ellos también pueden "luchar con Dios."

### *José, siervo de Dios y del faraón*

Los capítulos 37 al 50 de Génesis, con excepción del capítulo 38, están dedicados a la historia de José. Se han hecho varias sugerencias para explicar por qué el autor dedicó tanto espacio para detallar una cadena de eventos que resultarían en "la descendencia de Jacob," setenta personas en total, que dejaron la tierra prometida y vivieron en Egipto (Gén 46:27; Ex 1:5). Es razonable concluir que temprano en la revelación que Dios hizo de sí mismo a su pueblo como

Dios de providencia, ellos necesitaban recibir una presentación casi clásica de la manera en que Dios procuraría dominar en las vidas de sus familias. Ellos entendieron las rivalidades entre los propios hijos de Jacob y los problemas a los que éstas condujeron. Ellos también se asombraron de la manera acertada en que Dios puso a la familia extendida de Jacob bajo la dominación egipcia, a los efectos de establecer el escenario para el último evento en ese período de su historia: el éxodo. Este registro detallado les debe haber confirmado de maneras significativas las implicaciones de su elección divina y la fidelidad eterna de Dios a su promesa de pacto para con ellos.

En general, los patriarcas no esgrimían autoridad sobre los demás; ellos solamente ejercían influencia. Fueron llamados a una vida de peregrinos y no sintieron ningún llamado a ser críticos sociales o a ocupar puestos (contrastar con Lot en Sodoma; Gén 19:1, 9). Ellos obedecían las leyes locales y cumplían con las costumbres locales (21:30; 26:15-22; 14:13; 23:4ss.; 33:19). Pero desaprobaban casarse con familias cananeas (24:3; 26:34) y se disociaron de la inmoralidad flagrante (14:23; 24:3).

La excepción es José. El registro guarda completo silencio con respecto a cualquier defecto en su carácter o en su obediencia a Dios. Tal vez debido a que era el hijo favorito de su padre, sus hermanos lo envidiaban y lo vendieron como esclavo. Pero no hallamos ningún rastro de amargura. Él se niega a cometer adulterio con la esposa de Potifar en razón de su deseo de ser obediente a Dios y es encerrado en prisión injustamente por siete años. Su promoción al servicio civil de Egipto no fue buscada, aunque él no demostró vacilación alguna en aceptar la responsabilidad política, cuando inesperadamente se la ofrecieron. Dedicó sus energías y su sabiduría a promover los intereses de Egipto, tanto como los del pueblo de Dios. Demostró la posibilidad de ser siervo tanto del faraón como de Dios. En realidad, podríamos resumir la responsabilidad social de todos los patriarcas de la manera siguiente: las reglas humanas fueron levantadas como ordenanzas divinas; los líderes políticos fueron considerados como siervos de Dios, y el pueblo de Dios fue considerado como "extranjeros y peregrinos" (1 Ped 2:11), tanto como "ciudadanos cooperantes" que "hacen el bien" (1 Ped 2:15), silenciando así la crítica.

Cuando pensamos en José, el descendiente de Abraham que trajo liberación del hambre y de la aflicción social a la nación más grande del mundo antiguo, vemos un cumplimiento anticipado de la promesa de la simiente de Abraham bendiciendo a las naciones (Gén 12:3). Esto parece estar simbolizado por el relato de José que lleva a su padre, Jacob, a la corte del faraón, para que Jacob pueda bendecirlo dos veces (47:7, 10). Mientras que José reconoció que Dios lo había enviado a Egipto "para salvar vidas" allí (45:5), les dijo a sus hermanos que el propósito principal de Dios era "salvarles la vida de manera extraordinaria y de ese modo asegurarles descendencia sobre la tierra" (v. 7). En realidad, el pueblo israelita se mantuvo con vida, porque el propósito redentor de Dios para todo el mundo a través de ellos, todavía tenía que cumplirse a favor de Egipto y de todos los otros pueblos (Gál 3:8).

**Conclusión**

Al revisar las vidas de los patriarcas, deberíamos guiarnos por el autor de Hebreos. Hebreos nos encomienda a la fe de los patriarcas (Heb 11:8-22). Todos los patriarcas fueron positivos y abiertos en su respuesta personal a la revelación de Dios. Todos guardaron su relación de pacto con Dios y la transmitieron a sus hijos. Todos se rehusaron a adorar en los templos cananeos y sirvieron solamente a Dios (contra Senior y Stuhlmueller 1983: 17-18). Todos poseían la convicción de que el Dios de la historia les había dado un propósito y un destino. Todos, de manera deliberada, procuraron permanecer separados de todos los otros pueblos, de manera que se cumpliera el propósito de Dios para ellos y a través de ellos.

La expresión final de la fe patriarcal fue la manera dramática en que José se negó a ser enterrado en Egipto. Él estipuló que su ataúd sellado, pero no enterrado, fuera conservado en medio de la comunidad israelita en Egipto, como un recordatorio físico para los hijos de Israel de que su destino estaba en su propia tierra, la tierra de la promesa. "José . . . se refirió a la salida de los israelitas de Egipto y dio instrucciones acerca de sus restos mortales" (Heb 11:22). Cuando los israelitas se fueron de Egipto, siglos más tarde, llevaron el ataúd con ellos y lo enterraron en Siquén (Ex 13:19; Jos 24:32).

Solamente los "hijos de Abraham" entrarán al reino. Jesús declaró esto de la forma más vívida: "Les digo que muchos vendrán del oriente y del occidente, y participarán en el banquete con Abraham, Isaac y Jacob en el reino de los cielos. Pero a los súbditos del reino se les echará afuera, a la oscuridad" (Mat 8:11-12). ¿A quién se estaba refiriendo Jesús en términos tan oscuros cuando usó la frase "los súbditos del reino"? Creemos que se estaba refiriendo específicamente a muchos judíos circuncisos del antiguo pacto así como también a judíos y gentiles bautizados bajo el nuevo pacto. Los israelitas nominales y los cristianos meramente profesantes por igual debían encontrar su identidad con el pueblo de Dios, no "según la naturaleza pecaminosa" sino "según el Espíritu" (Rom 8:4). Los verdaderos "hijos de Abraham" demuestran su espiritualidad obedeciendo a Cristo (Juan 14:21). Entre otras cosas, los verdaderos "hijos de Abraham" llevan el evangelio a las naciones: al norte, al sur, al este y al oeste. Por fe, ellos esperan el banquete celestial con Abraham, el padre de los verdaderos discípulos del Crucificado. Esto nos lleva al próximo nivel importante en la misión del reino de Dios: la acción directa de Dios para sacar a Israel de Egipto en ocasión del éxodo.

**Parte II**

# LA MISIÓN DE DIOS A TRAVÉS DE ISRAEL

## Capítulo 5

## Dios gobierna sobre Egipto y hace pacto con el pueblo de Dios

**Introducción**

Génesis termina con un grupo relativamente pequeño de hebreos en Egipto, viviendo en relativa seguridad y poseyendo dos recordatorios tangibles de que su destino yace en otro país. Primero, está la promesa de Dios de la liberación que venía (Gén 15:13, 14; 46:3-4), que tuvo como señal el entierro de los restos de José (50:26). Segundo, debido a que en Egipto aborrecían a los pastores, ellos se vieron forzados a vivir apartados en Gosén, sobre la frontera entre Egipto y Canaán. Allí les fue posible mantener su identidad étnica y su vida en comunidad (Ex 8:22; 9:26; Hech 7:6). El hecho de ser ubicados en un área restringida para un "desarrollo separado" (e.g., *apartheid*) fue potencialmente dañino. Cualquier segregación deliberada de personas, incluso si se hace por razones que inicialmente parecen beneficiarlas, inevitablemente prueban ser dañinas, dado que esto limita la libertad personal y la exposición a otros pueblos. Así fue con los israelitas en Gosén.

A medida que pasaron los años, las circunstancias cambiaron. Cuando los hebreos crecieron en número, los egipcios comenzaron a considerarlos como un riesgo para su seguridad. Se les quitaron sus privilegios. Grandes grupos de israelitas fueron desarraigados, esparcidos por toda la tierra y forzados a trabajar los campos. Los egipcios incluso intentaron el genocidio buscando destruir a todos los varones hebreos pequeños. La vida se tornó cada vez más amarga. Los hebreos comenzaron a clamar a Dios por liberación. Por gracia, Dios levantó a Moisés para ser su libertador, y después de un período de confrontación en aumento con el faraón, Dios los liberó de la esclavitud en Egipto. Nosotros tomamos el registro de esta secuencia histórica a valor nominal. Mientras que nadie tiene la certeza del número de hebreos involucrados o el dato preciso del éxodo, seguimos a Alan Cole, quien afirma con sabiduría:

> Es suficiente que con el Israel tardío sabemos y creemos que tal evento ocurrió, y que lo interpretamos como un acto salvífico de Dios. En realidad, para Israel, fue el acto salvífico de Dios que ensombreció a todos los demás, dado

> que, en un sentido, fue el acto de la creación de Israel. Todos los otros actos salvíficos de Dios que vinieron a continuación fueron medidos por medio de éste, el corazón del credo de Israel. Lo que la cruz de Cristo es para los cristianos, fue el Éxodo para los israelitas. Aun así, no sabemos ni la fecha exacta ni el lugar exacto de la crucifixión, al igual que los israelitas tampoco saben la fecha o el lugar exacto del Sinaí. (1973: 16)

El relato bíblico del éxodo es vívido. Da la impresión de que un número sobrecogedor de hebreos dejó Egipto en ese tiempo (Ex 1.12; Núm 1:46; 26:41; Deut 10:22; 26:5), aun cuando algunos eruditos parecen deleitarse en sostener que solamente un grupo relativamente pequeño estuvo en realidad involucrado (basados en Deut 4:38; 7:7, 17-18; 11:23; 20:1). Lo que es importante es que los hebreos eran un pueblo esclavizado y explotado, una presencia minoritaria significativa en Egipto, la nación más poderosa de ese tiempo. No pudieron hacer nada para lograr su propia liberación, excepto clamar a Dios por ella.

> Los israelitas, en su esclavitud gimieron y clamaron, y su clamor por ayuda debido a la esclavitud subió hasta Dios. Dios escuchó sus gemidos y recordó su pacto con Abraham, con Isaac y con Jacob. De modo que Dios consideró a los israelitas y se preocupó por ellos. (Ex 2:23-25)

Como resultado, Dios descendió "para librarlos" (Ex 3:8) y lo hizo de una forma tan tremenda que todos los dioses de Egipto, junto con el faraón, sus consejeros y su ejército, quedaron absolutamente desacreditados y finalmente fueron derrotados. La victoria se rememora y se celebra hasta el día de hoy. Es significativo que los hebreos mismos y sus líderes no hicieron nada para lograr esto. Nadie pudo jactarse de su contribución. Solamente Dios fue el victorioso. Cuando los hebreos vieron muertos a los egipcios sobre la playa y comenzaron a comprender la magnitud de su liberación, sólo "temieron al Señor y creyeron en él y en su siervo Moisés" (14:30-31). Fue entonces que "entonaron un cántico en honor del Señor" (15:1-18) y comenzaron a confesar que Él era un "guerrero." Y por supuesto que concluyeron diciendo que "reina por siempre y para siempre" (vv. 3, 18).

Pero ¿quién era este Dios? Los hebreos habían sido testigos de su justicia (liberándolos de sus opresores) y de su poder (venciendo a los egipcios y abriendo el mar). Pero necesitaban una revelación más comprehensiva. De ahí que Moisés los condujo al Sinaí, "el monte de

Dios." Fue allí que el Señor reveló su gloria "descendiendo" y manifestándose a ellos. Los hebreos tuvieron que percibir el amor que hizo que Dios deseara estar cerca de ellos, tanto como su santidad que demandaba separación y distancia de ellos.

Bajo la mediación de Moisés, ellos aceptaron por aclamación el gobierno de Dios sobre sus vidas y prometieron guardar su pacto (Ex 19:5-8). En respuesta, Dios amplió sus promesas de pacto para ellos y con eso definió en detalle la significación de que Él hubiera tomado posesión de ellos. Dios también les dio su ley (Torá) para su santidad y su unidad, y para promover su bienestar. Ésta estipulaba en gran detalle la preocupación de Dios por todos los aspectos de sus vidas individuales, de sus familias y de su unidad nacional. Esta Torá debía servir como custodia de ellos para hacerlos tener hambre de una relación personal con Dios (Gál 3:24). Muy importante era la necesidad que ellos tenían de algunos medios por los cuales sus pecados pudieran ser confesados y expiados, y su adoración pudiera conducirse de manera que fuera plenamente aceptable a los ojos de Dios. De modo que, entonces, este capítulo se enfocará en la liberación del éxodo, en Israel llegando a tener existencia nacional como el pueblo de Dios en el Sinaí y en la revelación de su voluntad para la nación, para sus miembros individuales y para la adoración de ellos.

## El éxodo

No podemos asumir que comprendemos la relación entre las oraciones del pueblo de Dios y la decisión soberana de Dios de descender "para librarlos del poder de los egipcios y sacarlos de ese país, para llevarlos a una tierra buena y espaciosa" (Ex 3:8). En el Nuevo Testamento, esta conexión está firmemente establecida: Dios obra en respuesta a la oración. Pero los escalones que conducen a la victoria final de Dios son con frecuencia sorprendentes e inesperados. Así fue con las realidades que prepararon el escenario para el éxodo. Miraremos a los milagros del éxodo en cinco dimensiones, cada una de las cuales tiene un significado profético para la misión.

### *La conducta de Moisés antes de encontrarse con Dios*

El Nuevo Testamento es muy explícito en su descripción de la decisión que tomó Moisés para identificarse con el propósito continuo de Dios.

> Por la fe Moisés, ya adulto, renunció a ser llamado hijo de la hija del faraón. Prefirió ser maltratado con el pueblo de Dios a disfrutar de los efímeros placeres del pecado. Consideró que el oprobio por causa del Mesías era una mayor riqueza que los tesoros de Egipto, porque tenía la mirada puesta en la recompensa. (Heb 11:24-26)

En realidad, antes que Moisés se encontrara con Dios personalmente, un grado de ambivalencia caracterizaba sus intentos de servir a su pueblo. Cuando por primera vez se identificó con los hebreos en su miseria, mató a uno de sus opresores egipcios sin primero intentar razonar con él. Al día siguiente, encontró a un hebreo oprimiendo a otro y procuró no intervenir. Con eso puso en evidencia una naturaleza compasiva y una preocupación incondicional por la justicia. Pero su intervención fue rechazada por su propio pueblo. Como resultado, se hizo vulnerable a la traición y tuvo que huir por su vida (Ex 2:15). Más tarde, siendo un apátrida, otra vez demostró su preocupación por la justicia y liberó a un grupo de extranjeros de mano de sus opresores. Esto resultó en que los extranjeros se hicieron amigos de él (2:16-22). Estas son las primeras referencias en la Biblia al uso de la violencia para asegurar la justicia social. ¿Cómo debemos interpretar estos incidentes?

El registro no moraliza sobre los actos de violencia de Moisés; ni los alaba ni los condena. Por este medio, Moisés no trajo aparejada la liberación de su pueblo oprimido. Su acto de violencia al matar al egipcio hizo incongruente para él argumentar a favor de una genuina reconciliación de sus hermanas y hermanos hebreos (Ex 2:14), porque se había comprometido. Tuvo que ser removido de la escena para no ser destruido. Luego, Dios lo envió de regreso a Egipto con una autoridad diferente y con una metodología diferente. En relación con esto, necesitamos recordar que Israel no fue liberado de la esclavitud egipcia como resultado del compromiso de Moisés con una operación divina-humana. Dios y solamente Dios operó la liberación. Lo usó a Moisés, pero no lo necesitó a Moisés para lograr su victoria.

Esta evaluación enfatiza la urgente necesidad de los cristianos de pensar acerca de su propensión a justificar las soluciones revolucionarias. Con respecto a esto Brevard Childs agrega: "Al poner al descubierto las ambigüedades en los actos de violencia de Moisés, estamos forzados a confrontar más que a evadir esos factores básicos que constituyeron la decisión moral" (1970: 183). A lo largo de la historia de la iglesia, ha habido instancias en las que los cristianos buscaron justificar el recurrir a la violencia para defender a los pobres. Pero esta clase de razonamiento, invariablemente ha excluido todos los otros principios cristianos. Esto terminó en el abandono total de la fe, en la indiferencia hacia la revelación bíblica, y "el ateísmo que parece ser una postura revolucionaria normal" (Ellul 1969: 22). Jacques Ellul es muy directo cuando afirma: "Los teólogos de la violencia son fariseos, terribles distorsionadores de la verdad cristiana" (1969: 140).

Baste decir que la decisión de Moisés para identificarse con su pueblo, la simiente prometida, lo involucró en riesgo personal, en conflicto espiritual y en sufrimiento en los años que siguieron. En un sentido muy real, él ejemplifica para todo el pueblo de Dios lo que inevitablemente implica el servicio espiritual efectivo. A los osados de todos los tiempos, la Escritura les enseña claramente que si ellos van a ser de algún valor para Dios, deben hacer una "decisión de fe" similar.

En verdad, habría una "zarza ardiente" de encuentro divino, que asegurara la fidelidad de Dios y su promesa de guía cuando fuera necesaria (Ex 3:1-6). ¡Pero también estaría la cruz! Uno piensa en Gedeón, en David, en Elías, en Daniel y en muchos otros. Aparentemente, si uno va a servir a su generación en la voluntad de Dios, no hay otra alternativa que correr el riesgo de una identificación personal y pública con Dios, con el pueblo de Dios y con la misión de Dios (*missio dei*) entre las naciones. Sólo entonces habrá un encuentro personal con Dios de maneras significativas. Incluso en el Antiguo Testamento uno es confrontado con el desafío de perder la vida en el servicio de Dios y ¡sólo entonces encontrarlo!

### *La centralidad de Dios en la liberación del éxodo*

El llamamiento de Moisés tuvo lugar en el contexto del encuentro con Dios en la zarza ardiente. Fue allí que Moisés sintió la realidad de Dios y se encontró de primera mano con el Dios que hizo el pacto con Israel. Este Dios, quien "hace que las cosas ocurran," es eternamente inmutable en su gloria, su sabiduría, su poder y su propósito redentor. Al descubrir su nombre frente a Moisés, Dios dijo en efecto: "Yo soy el mismo Dios que tus padres adoraron, pero te voy a dar un nuevo conocimiento de lo que estoy haciendo y también de lo que soy." No se hace ningún intento de poner en evidencia lo que significa Yahvé. Moisés sólo necesitaba saber que "Dios está allí" y no lo que Dios es. Su existencia y presencia debían ser garantía suficiente de que Él guardaría su promesa y liberaría a su pueblo de Egipto (Ex

3:7-12). Aunque Dios prometió no estar ni ausente ni alejado, no estaría a su disposición según la conveniencia de ellos (vv. 13-22).

Consideremos la controversia con el faraón y los dioses de Egipto (las plagas desafiaron su soberanía): la crisis en aumento, la confesión final del pueblo de Dios delante de los egipcios con la sangre del cordero de la Pascua manchando sus postes y dinteles, el juicio sobre los primogénitos en la "noche para ser recordada," el "despojamiento" de los egipcios, la persecución de faraón y la liberación de Israel en el mar Rojo. Todos estos eventos tienen una profunda significación. La tradición israelita es unánime al afirmar que Yahvé es el Dios de Israel. Este nombre se hizo prominente cuando la comunidad nacional-religiosa reclamó que Israel se constituyera, esto es, comenzando con el éxodo desde Egipto (Jacob 1958: 53). Recién después de la historia del éxodo es que encontramos que los israelitas son llamados "el pueblo de Yahvé" (Ex 3:7, 10; 6:6-7; etc.).

Fue por este acto de liberación que Yahvé se reveló a sí mismo como "el que emprende la causa de los afligidos y los oprimidos, una revelación que tendría su mayor influencia en la manera como Israel pensaba a cerca de Dios" (Deist 1977: 60). Esto le dio forma de manera significativa a su cosmovisión y a su comprensión de sí mismos. Si Dios se hubiera revelado como el que estaba principalmente preocupado por "la ley y el orden" en Egipto y hubiera respaldado a los amos de los esclavos egipcios, es muy evidente que "una clase diferente de Dios se habría revelado" (Deist 1977: 61).

Entonces, es inevitable que en el Antiguo Testamento, el éxodo es más prominente que la creación, porque la historia de Israel tuvo su real comienzo en esta experiencia crucial. Los esclavos hebreos fueron liberados y transformados en un pueblo distinto con consciencia propia. Este evento histórico decisivo hace de Moisés el eslabón esencial entre Abraham y David. Las promesas le fueron hechas a Abraham, pero no se cumplieron durante su vida. Y no podemos decir que se cumplieron hasta que Israel estuvo seguro en la tierra bajo David. Porque fue David quien consiguió un lugar (Jerusalén), el cual Yahvé "elegiría como morada para su Nombre" (Deut 12:11; ver 2 Sam 5:6-12; y 1 Rey 8:63).

Luego, cuando los salmistas cantan de Dios como Redentor, ellos hacen del éxodo su tema. Y cuando los profetas hablan de un nuevo pacto más allá del pacto del Sinaí, esperan que Dios actúe de una manera aun más grandiosa para la redención de la humanidad y aun así que sea consistente con sus acciones en el éxodo (Jer 31:31-34). Es por esta razón que la liberación por parte de Dios en el éxodo, el vagar de

Israel por el desierto y la conquista de la Tierra Prometida son significativos tanto para el Nuevo Testamento como para el Antiguo. Es en el Nuevo Testamento que "uno más grande que Moisés" hace posible un éxodo liberador y redentor, uno que conduce a una herencia más perdurable (Deut 18:15-19).

Abraham fue llamado de modo que a través de él fueran "bendecidas todas la familias de la tierra" (Gén 12:3). La misión implica el encuentro entre el pueblo de Dios y las naciones, mientras la misión de Dios se despliega a lo largo de la historia humana. El éxodo es un ejemplo escogido de la misión de Dios operando a través de Israel entre las naciones. En el caso de Egipto, Dios está obrando en medio del principal poder político de la región. En repetidas ocasiones, Dios, hablando a través de Moisés, explica la intención de Dios: que el faraón (y Egipto y las naciones circundantes) sepan "que yo soy el Señor." Ver Éxodo 6:7; 7:5; 7:17; 8:10; 9:14; 9:16; 10:2; 12:12; 14:4, 14:18.

### *La Pascua de Yahvé*

Dios le dio a los hebreos una indicación bien específica con respecto a la manera en la que debían prepararse para la noche en la cual el juicio caería sobre los primogénitos en Egipto. Cada familia debía escoger un cordero macho de un año de edad, debían tenerlo bajo observación durante cuatro días y luego matarlo. Su sangre debía ser rociada sobre los postes de las puertas y sobre los dinteles de todos los hogares hebreos, para proteger a los primogénitos del ángel exterminador de Yahvé. Cada familia hebrea debía permanecer dentro de su hogar, plenamente confiada de que Yahvé pasaría "de largo por esa casa" y no permitiría que el destructor entrara y matara a sus primogénitos (Ex 12:23).

Dentro de sus hogares, ellos debían comer el cordero (asado pero sin huesos quebrados) junto con pan sin levadura y también hierbas amargas. A continuación de la observancia de esa primera Pascua, por la mañana todo Egipto fue tan golpeado que "no había una sola casa donde no hubiera algún muerto" (12:30). Y faraón echó a los hebreos apresuradamente (vv. 33-34, 39).

Los hebreos ahora tenían la libertad de adorar a su Dios de un modo espontáneo, gozoso y con solicitud, debido a su increíble sentido de haber sido redimidos por Él de las manos de los egipcios. Ahora le pertenecían únicamente a Dios y sólo a Dios. Y la fiesta de la Pascua les proveyó una manera divinamente autenticada, para celebrar el comienzo de su existencia nacional en los años que siguieron. También se le dio una nueva significación al séptimo día, junto con esta recordación anual de la Pascua. Esto quiso decir que los *Sábados* ahora tenían algo más que la referencia al descanso de Dios después de la creación (12:14-17). De ahí en adelante, ellos consideraron a Dios como el autor de la libertad y de la justicia social, y esto les dio un sentido de responsabilidad social que la comunidad judía expresa hasta hoy.

Más aún, el conocimiento del nombre del Dios que guardaba el pacto, Yahvé (Ex 3:14-15), cobró un significado cada vez más vibrante. Él había estado con ellos en la angustia de la esclavitud y en la opresión amarga en Egipto y "los sacó" de allí (esta frase ocurre cuarenta y siete veces en el Pentateuco). Su Yahvé era "más grande que todos los dioses" (18:10-11). ¿Cómo podían no magnificar su nombre? Yahvé es "nuestro Dios desde Egipto" (C. Barth 1991: 72). Otros títulos bíblicos para Dios, tal como Padre, Rey, Redentor, Salvador y Pastor son significativos, pero Yahvé encarna al que era, es y permanece fiel a su pacto con Abraham y con su pueblo.

Los egipcios fueron crueles con los israelitas. En la Escritura, su nación es "el prototipo y la más representativa de las naciones extranjeras (*gôyim*), de las que no eran el pueblo de Dios" (C. Barth 1991: 74). En este sentido, cuando Dios derrotó a Egipto y liberó completamente a su pueblo de su poder, Dios estaba dando aviso de que ningún poder sobre la tierra podía impedir el progreso del propósito que Dios había querido para ellos. Si Egipto pudo ser absolutamente humillada, si su poder militar fue completamente destruido y su dioses fueron totalmente desacreditados como indignos de la adoración humana, entonces todo Egipto y todas las naciones circundantes sabrían que el Dios de Abraham, de Isaac y de Jacob era en realidad el verdadero Dios.

Podríamos esperar que el Antiguo Testamento incluyera numerosas referencias a la celebración anual de la Pascua. En realidad, hay pocas y esporádicas. Mientras Israel vagó por el desierto, se menciona solamente una celebración (Núm 9:1-14). Poco después de entrar a la Tierra Prometida, los israelitas guardaron la fiesta (Jos 5:19). Los avivamientos bajo Ezequías (726 a.C.) y bajo Josías (621 a.C.) produjeron celebraciones de la Pascua dignas de ser mencionadas (2 Crón 30 y 35), y Esdras registra una celebración realizada "con gozo" por los exiliados que regresaron de la cautividad babilónica y reconstruyeron el Templo (6:19-22). Es probable que durante los días de Samuel, de David y de Salomón, esta celebración anual no se haya observado. Vale la pena notar que en los Evangelios, la Pascua se observaba anualmente, tal como lo hace la comunidad judía en el día de hoy.

### *Yahvé es el hombre de guerra: Él reinará para siempre*

La absoluta ruina de los egipcios llevó a los hebreos a la sorpresa y a la adoración, más que al alborozo por sus opresores caídos (Ex 12:29; 14:26-31). En realidad, el éxodo fue totalmente la acción de Dios. La liberación vino porque Yahvé peleó por su pueblo. El faraón, el viento y el mar estaban en el camino. Pero todo fue derrotado, no por actividad humana, sino por el poder de Dios. No hay otra explicación. Dios liberó a un grupo de esclavos oprimidos, quienes a través de la fe en la palabra profética de Moisés siguieron sus indicaciones y confiaron en la victoria prometida por Yahvé. Ellos lo vieron mover las fuerzas de la naturaleza para destruir a los egipcios y lograr la propia liberación de Israel. Él juzgó violentamente a los enemigos del pueblo y por gracia liberó a los suyos.

Ya hemos mencionado la ambigüedad del uso de la violencia por parte de Moisés para lograr justicia social. También debemos tomar en cuenta el hecho de que Yahvé es un "guerrero" y que como tal, Dios reinará "por siempre y para siempre" (Ex 15:3, 18). Esto debe verse en comparación con las palabras de Jesucristo en contra de cualquier forma de represalia (Mat 5:42-48; 26:52, reforzados por Sant 1:19-21). Uno sólo puede resolver la aparente contradicción entre el Antiguo y el Nuevo Testamento mediante una lectura sincera de la Biblia tal como está. Uno tiene que conceder que Yahvé no se revela ni como un pacifista ni como un abogado de cualquier forma de una clásica guerra justa. Él nunca ha respaldado la clase de pragmatismo patriótico que ha atraído a los cristianos a marchar cada vez que los tambores de su país comienzan a llamar a su pueblo a las armas. El Dios de la Biblia es muy diferente. El relato del éxodo muestra a Dios como el Liberador y el Protector de su pueblo. Él está dispuesto a usar la violencia para llevar a cabo su propósito redentor para con ellos. En el mar Rojo[2] se

---

[2] El lugar donde los hebreos cruzaron (y donde las aguas destruyeron al ejército de faraón) es llamado en hebreo *yām-sûp*, o "mar de los juncos." Los eruditos difieren sobre la ubicación exacta. El mar más grande que yace entre Egipto y la península arábiga (y paralelo al cual fluye el Nilo) es conocido como el mar Rojo. El lector puede consultar un atlas bíblico o un mapa en una buena Biblia de estudio. En este trabajo, usaremos el nombre más

encontró con los carros y los jinetes egipcios como un "guerrero" (15:3) y le prohibió a su pueblo que se involucrara. Moisés transmitió su palabra: "Ustedes quédense quietos, que el Señor presentará batalla por ustedes" (14:14). Él realizó un milagro de la naturaleza y los egipcios fueron aplastados. Y solamente Él recibió la gloria por la victoria. Aquí estamos sólo introduciendo un tema que será ampliado a medida que nos adentramos más profundamente en el registro bíblico.

### *El tema del éxodo y la liberación política*

Durante las décadas de los 1970s y 1980s en América Latina, el tema del éxodo fue ampliamente utilizado como evidencia de que Dios desea que todos los pueblos disfruten de libertad económica y política, y de que su lucha por la justicia social es desde todos los ángulos no sólo agradable a la vista de Dios, sino que también es el motivo teológico principal para las misiones. Nadie discute el mandato de justicia. Pero si elevamos este tema por sobre todos los otros "torcemos la palabra de Dios" (2 Cor 4:2). Aquellos hebreos a quienes Yahvé "sacó" de Egipto eran una minoría sometida y esclavizada, la cual no podía salvarse a sí misma. Lo único que podían hacer era clamar al Dios de sus padres. Solamente Yahvé pudo liberarlos "mediante pruebas, señales, milagros, guerras, actos portentosos y gran despliegue de fuerza y de poder" (Deut 4:34). Los hebreos no lograron nada por sí mismos. No hubo ninguna intervención militar, ninguna revolución. En realidad, Yahvé se ocupó de que nadie pudiera atribuirse ningún crédito por su liberación, excepto Dios.

En esa coyuntura de su historia, los israelitas no eran una entidad política; eran principalmente una comunidad religiosa. Esto se hace evidente cuando nos damos cuenta de que su liberación fue en primer lugar para glorificar el nombre de Yahvé y sólo en segundo lugar para terminar con su esclavitud (Deist 1977: 61).

Esta prioridad sigue porque la redención es la actividad central de Dios. El relato del éxodo enfatiza las señales, las plagas y la victoria en el mar Rojo, como una demostración para los egipcios del poder de Yahvé. La frase "sabrán los egipcios [y el faraón] que yo soy el Señor" y sus equivalentes (Ex 7.5; 8:10, 12; 14:17) ocurren más frecuentemente que "para que Israel sepa." Más tarde, en una ocasión,

---

convencional de mar Rojo cuando nos referimos al lugar donde los hebreos cruzaron y fueron liberados del poder de faraón.

Moisés le ruega a Dios que no destruya a los israelitas debido al efecto negativo que eso tendría sobre los egipcios (Núm 14:13-16).

Los teólogos de la liberación han tendido a politizar el motivo del éxodo y a remover de él toda referencia a su dimensión confesional. Ellos lo reconceptualizan principalmente como un evento humano. Algunos consideran a Moisés, el hombre, como el único responsable: "Toda revolución necesita de un líder." Por supuesto que concedemos que los hebreos oprimidos no habrían reconocido a Yahvé como el nombre de su Creador, de no haber sido que Moisés se los revelara y luego les dijera que Yahvé lo había enviado para ser su libertador (Ex 6:2-3). En un sentido muy real, Moisés debería ser considerado como uno de los primeros misioneros transculturales de Dios (después de José) ya que fue llamado por Dios para ir a Egipto a sacar a los israelitas, de modo que pudieran adorar a Dios. Pero ningún misionero debiera alguna vez pretender ser capaz de redimir a un pueblo. Sólo Dios puede hacerlo. Y Dios solo recibe toda la gloria.

> Allí estuvo la personalidad profética de un hombre que apareció en el nombre de Dios, para prometer una liberación que él y los israelitas eran incapaces de efectuar; y allí estuvo el evento histórico de la liberación, el cual respondió a su promesa anterior. . . . Descontemos el llamamiento de Moisés, y no nos queda ninguna explicación razonable de su extraño encargo, ni ninguna base para su confianza de éxito que ningún poder material, en ningún momento fue invocado para lograr. (Rowley 1956: 42-43)

Aunque de manera repetida en las Escrituras aparece el tema de liberación al estilo del éxodo, en este punto haremos bien en ponderar la evaluación hecha por Ferdinand Deist:

> Dios es un Dios que interviene a favor de los pobres y de los necesitados, si es que ellos aceptan su propia incapacidad y claman a Él en la creencia firme de que solamente Él es poderoso para liberarlos. Por lo tanto, ellos no deben buscar un poder de afuera para que venga en su ayuda, porque Dios mismo enviará a su siervo para actuar en su lugar. (1977: 69)

## Sinaí: pacto, Torá e invitación a la adoración

A continuación de la victoria de Yahvé sobre los egipcios, Moisés condujo a los israelitas a "Horeb, la montaña de Dios" (Ex 3:2, 12; llamada Sinaí, 19:1-2). Este viaje fue muy difícil y Moisés encontró a su pueblo abiertamente crítico de su liderazgo, debido a la escasez de agua y de comida (15:22-18:8). Más aún, el progreso de ellos fue obstaculizado por los amalecitas, durante un tiempo (17:8-16). Los israelitas todavía tenían que aprender que el servicio a Dios no sería fácil. Finalmente, después de tres meses llegaron y acamparon en la base de la montaña de Dios, donde Moisés "subió para encontrarse con Dios" y recibió instrucción con respecto a la revelación del Sinaí. Después que descendió, su primera tarea fue averiguar la disposición del pueblo hacia Yahvé. Moisés le transmitió la voluntad de Él a la gente.

> Ustedes son testigos de lo que hice con Egipto, y de que los he traído hacia mí como sobre alas de águila. Si ahora ustedes me son del todo obedientes, y cumplen mi pacto, serán mi propiedad exclusiva entre todas las naciones. Aunque toda la tierra me pertenece, ustedes serán para mí un reino de sacerdotes y una nación santa. (Ex. 19:4-6)

Hay siete aspectos de una nueva relación centrada en el Sinaí, que tienen peso sobre los propósitos de Dios para su pueblo, a medida que ellos se desarrollan en una comunidad de fe.

### *La renovación del pacto*

La respuesta del pueblo fue incondicional: "Cumpliremos con todo lo que el Señor nos ha ordenado" (Ex 19:8). La suerte estaba echada. A Moisés no le quedó otra cosa que consagrarlos por dos días, en anticipación de la promesa de Yahvé, de que en la mañana del tercer día descendería "sobre el monte Sinaí, a la vista de todo el pueblo" (v. 11).

En la mañana del tercer día, Moisés condujo al pueblo al pie de la montaña. La escena delante de ellos fue de lo más sobrecogedora: una nube densa se posó sobre el monte, y ocurrió la gran teofanía del Antiguo Testamento (Ex 19:16-19). Yahvé "descendió" sobre el Sinaí y les habló desde el cielo (Neh 9:13). Sus palabras constituyeron el mensaje central del Antiguo testamento. Dios le dio a su pueblo "juicios rectos y leyes verdaderas, estatutos y mandamientos buenos. . . . [su] sábado . . . y por medio de . . . Moisés . . . mandamientos, estatutos y leyes" (Neh 9:13-14). En el Sinaí, los israelitas entraron en un compromiso solemne con el Dios que los había liberado. La elección demanda respuesta: la respuesta de la adoración y el servicio. Israel fue llamado al privilegio de la responsabilidad, a aceptar el llamamiento de Yahvé de ser su pueblo y de aceptar el pacto de Dios. De ahí que, en el Sinaí, Israel como nación llegó a ser el pueblo de Dios mediante una extensión del pacto hecho con Abraham y con los patriarcas. Aun más tarde, después de la conquista de Canaán por parte de Israel, el pacto sería reiterado por una declaración de aceptación (Jos 24:1-28).

En un sentido muy real, este patrón de renovación del pacto fue una obligación puesta delante de cada generación subsiguiente. Uno podría preguntarse por qué un "pacto eterno" necesita una renovación constante. En el Sinaí, Dios creó a Israel e hizo de los israelitas su pueblo, un evento de nacimiento de una vez y para siempre. Pero el testimonio de la Escritura es que "Josué renovó el pacto con el pueblo de Israel" en Siquén en ocasión de su retiro (Jos 24:25), y Yahvé confirmó su reafirmación de toda la revelación dada en el Sinaí. Las ocasiones de renovación del pacto son importantes y deben celebrarse para subrayar la continuidad del pueblo de Dios bajo su gobierno. De este modo, se les recordó a los nuevos líderes la necesidad de Israel de prometer una lealtad incondicional a Yahvé, de reafirmar la obligación de "cumplir con un rol sacerdotal como un pueblo en medio de los pueblos," y así "representar a Yahvé en el mundo de las naciones." Como Johannes Blauw afirma: "Lo que son los sacerdotes para el pueblo, es Israel como pueblo en el mundo" (1962: 24). Por la renovación del pacto, se le recordó a Israel su carácter dual. Es una comunidad religiosa (una iglesia bajo el pacto abrahámico-sinaítico) y una nación en medio de otras naciones.

En conexión con esto, el nombre Yahvé es importante, no como algo para ser verbalizado indefinidamente en un ritual repetitivo, sino como indicador de Dios mismo. Dios liberó a su pueblo de modo que ellos pudieran voluntariamente elegir ser una comunidad de adoradores en medio de las naciones. Esta es la significación de la palabra de Yahvé vía Moisés: "Deja a mi pueblo ir para que celebre en el desierto una fiesta en mi honor" (Ex 5:1). Israel fue llamado a adorar a Dios. Esto quiere decir que el foco de todas las actividades de la nación debía ser Dios mismo y que no debían realizar ninguna actividad que no estuviera, de alguna manera, relacionada con el llamado divino de la nación. Los israelitas fueron liberados de la esclavitud para que pudieran llegar a ser el pueblo devoto de Yahvé. La ley de Dios (Torá) les fue dada en el Sinaí, para que la devoción de ellos pudiera orientarse de maneras que le resultaran agradables a Él y que su adoración de algún modo estuviera de acuerdo con un pueblo redimido.

### *La Torá: su contenido y propósito*

Una vez que el pacto había sido ofrecido y aceptado, la gente estaba lista para recibir la ley de Dios (Torá). La Torá incluye casi la mitad del contenido del Pentateuco. Consiste en la "ley del pacto" (Ex 20:2-23:19), más tarde llamada "libro del pacto" (Ex 24:7). Luego viene la ley de santidad, código de santidad (Lev 17-26). Sobre las planicies de Moab fue dada la "ley deuteronómica" a través de Moisés (Deut 12-26). No fue una "segunda ley" como el nombre erróneamente lo implica, sino una nueva declaración contextualizada de la ley básica para los israelitas, al enfrentar la conquista de Canaán bajo Josué. El ritual de renovación del pacto se detalla en Deuteronomio 27:15-26. Más allá de estas unidades mayores, encontramos una instrucción detallada sobre la regulación de todos los ministerios sacerdotales, el ciclo de fiestas anuales de Israel, la adoración aceptable, prohibiciones sexuales, mayordomía (diezmos y ofrendas), la venta de tierra patrimonial, el *Sábado* y el año del jubileo, las leyes de la herencia y demás. Los eruditos bíblicos generalmente concuerdan en esto:

> No podemos hacer distinciones exactas o clasificar las leyes de acuerdo a diferentes grados de autoridad o importancia. . . . . Las leyes morales y las reglas litúrgicas aparentemente pueden diferir en calidad, pero en el Antiguo Testamento todas ellas son igualmente Palabra de Dios. (C. Barth 1991: 133)

Recordamos que en su condenación de los escribas y fariseos en ocasión de su última visita al Tempo, Jesús afirmó que había niveles de relevancia dentro de la Torá.

> ¡Ay de ustedes, maestros de la ley y fariseos, hipócritas! Dan la décima parte de sus especias: la menta, el anís y el comino. Pero han descuidado los asuntos más importantes de

la ley, tales como la justicia, la misericordia y la fidelidad. Debían haber practicado esto sin descuidar aquello. (Mat 23:23)

Luego, otra vez, recordamos cómo Jesús ensalzó al abogado quien, cuando se le preguntó qué estaba escrito en la ley, replicó llamando la atención a la obligación doble de amar a Dios y al prójimo (cf. Luc 10:26-28 con Deut 6:5 y Lev 19:18). En otra ocasión, un escriba le pidió a Jesús que identificara "el mandamiento más importante de la ley". En respuesta, él citó la *shemá* de Deuteronomio 6:4 y le dio el primer lugar a la obligación de amar a Dios (Mar 12:28-31), incluso por encima del amor al prójimo.

La Torá constituye una revelación eterna de Dios, que le fue entregada a Israel para darle unidad, santificación, preservación dentro de la relación de pacto y bienestar. Los detalles constituyen una totalidad completa, en el sentido que nunca se le hicieron agregados posteriores. Dios habló una vez y para siempre a través de su siervo Moisés. La Torá tiene una autoridad permanente, aunque "cada generación tiene que oírla nuevamente y ver su aplicación a las circunstancias cambiantes" (C. Barth 1991: 135).

La prohibición de que Israel no debía adorar a ningún otro dios que no fuera Yahvé (Ex 20:3; Deut 5:79) no es una negación explícita de la realidad de otros dioses tanto como una demanda de que Israel no los adore, porque "el Señor es muy celoso. Su nombre es el Dios celoso" (Ex 20:5; 34:14). Deducimos de esto la absoluta falta de razonabilidad de Dios, haciendo "demandas totalitarias" a su pueblo del pacto. Tiene el derecho de penetrar dentro de todas la facetas de su vida individual y corporativa (Deut 18:13). El "anhelo" del Señor fue su amor "celoso" por Israel (ambas palabras son iguales en hebreo; ver Jos 24:19). De allí en adelante, los israelitas debían ser un pueblo "santo." Su relación con Dios los separó para un servicio especial. Mediante la obediencia a la ley, su carácter "santo" también iba a adquirir una cualidad ética, dado que sus preocupaciones principales son éticas. Por lo tanto, no deberíamos sorprendernos de que se hacen severas críticas en contra de invocar a otros dioses (Ex 23:13). Yahvé tenía un deseo apasionado de considerar a Israel como propio. Se negó a compartir a Israel con cualquier otra deidad. "Habiéndose ligado a Israel incondicionalmente y sin restricciones, pidió no menos dedicación de parte de Israel" (C. Barth 1991: 141). De entre todas las naciones Dios elige a Israel ("naciones" en el Antiguo Testamento tiene un significado religioso, no político; Deut 10:15). Que Israel fuera elegido por Dios no significa que otras naciones hayan sido rechazadas por Dios. El Antiguo Testamento nunca declara ni siquiera implica que los individuos o las naciones fueron alguna vez elegidas para maldición.

La relación concreta de las naciones con Israel es el marco de referencia primario por el cual Dios las considera. Estas naciones son libres de entrar en una relación abierta con Israel y compartir tanto su bendición como su salvación (Ex 12:47-49). Dado que la presencia activa de Dios es el problema central y la realidad dominante en la historia de todas las naciones, Dios puede usar a las naciones como sus instrumentos para juicio tanto como para bendición (Isa 10:5-13, 24-27). Y aun así, más allá de esto, Israel representa el gobierno de Dios, su primer fruto entre las naciones (Deut 28:10). De ahí que las naciones sean llamadas a reconocer a Dios como el Dios de toda la tierra. Cuando ellas son testigos de los actos de Dios en Israel, son convocadas de ese modo a reconocerlo (Sal 67:7; Blauw 1962: 25-27). Anteriormente afirmamos que Moisés fue un misionero para los israelitas. Ahora agregamos que él también fue un misionero para los egipcios. Él les demostró la debilidad de sus dioses, con el resultado de que algunos lo siguieron y se unieron a los israelitas (Ex 12:38).

Los dioses de las naciones no son importantes y no tienen poder al compararlos con Yahvé. Tendemos a sentirnos confundidos por la inclinación de los israelitas a la idolatría. Ellos construyeron y adoraron a un becerro de oro, casi inmediatamente después del éxodo y persistieron en la adoración de ídolos hasta el cautiverio babilónico. Justo antes de esa catástrofe final, ellos introdujeron las imágenes más escandalosas dentro de los precintos interiores del Templo (Ezeq 8:7-18). En su defensa delante del Sanedrín siglos más tarde, Esteban les recordó a los líderes judíos de ese tribunal y a los del exilio, el juicio de Dios provocado por la adoración de otros dioses por parte de Israel (cf. Hech 7:40-43 con Amós 5:25-27).

### *El Sábado*

En el Sinaí, Dios instruyó a los israelitas que asociaran en sus mentes las implicaciones de la historia de la creación con su propia liberación de manos de los egipcios. Como resultado, ellos comenzaron a dividir el tiempo en unidades semanales. Los seis días de la obra creadora de Dios fueron seguidos por el descanso del Sábado del Señor, cuando Dios contempló con alegría lo que había logrado. Este recordatorio fue equiparado en el Sinaí con la estipulación de que, debido a que ellos habían sido sacados de Egipto "con gran despliegue de fuerza y de poder" (cf. Ex 20:8-11 con Deut 5:15), ellos debían "observar el día sábado". Al igual que su Dios, ellos debían vivir conforme a un ritmo sabático de tiempo: seis días de trabajo, seguidos de un día de descanso. Esto le traería renovación física y les daría la oportunidad de disfrutar del fruto de sus labores. No solamente proveería alivio de la pesada rutina del trabajo, sino que también les daría la posibilidad de una renovación psicológica y espiritual.

Dado que el Sábado le fue dado a un pueblo redimido, que había elegido vivir bajo el gobierno de Dios y para su gloria, también era una conmemoración y una señal de sus actos redentores a favor de ellos. De ahí que el Sábado debía ser "el día santo del Señor," honrado al deleitarse en él durante las horas de descanso. El Sábado no debía ser considerado como un día para hacer lo que los israelitas querían (Isa 58:13). Les daba el privilegio de adorar y la oportunidad de ofrecer a Dios sacrificios especiales (Isa 58:14; Núm 28:9-10). En este sentido, era una señal entre Yahvé e Israel de que ellos habían sido apartados como su pueblo propio (Ezeq 20:12, 20). El Sábado le pertenecía al Señor y al pueblo de Dios, su posesión escogida. Mediante la observancia fiel del Sábado, Dios tendría la seguridad de la gratitud de ellos. Más aún, guardando el Sábado ellos proclamaban a los pueblos de alrededor los "poderosos actos" de Dios de creación y de redención.

Más tarde, los profetas denunciarían a Israel por profanar el Sábado (Isa 56:2, 6; 58:13; Jer 17:19-27; Ezeq 20:12-13, 24; 22:8, 26; 23:38), estropeando de esa manera el testimonio de Israel a las naciones. En la iglesia primitiva, los creyentes judíos guardaban el Sábado y también se reunían para adorar a Cristo el primer día de cada semana, en conmemoración gozosa de su resurrección. El apóstol Pablo guardaba el Sábado y aun así advertía en contra del legalismo acerca de la observancia del Sábado (Col 2:16, 23). Los cristianos debían recordar que "El sábado se hizo para el hombre y no el hombre para el sábado" y que "el Hijo del hombre es Señor incluso del sábado" (Mar 2:27-28). Aun así, la iglesia en obediencia misionera necesita evitar subestimar el potencial que hay en la observancia del sábado para el testimonio cristiano. No sólo que con esta celebración se confiesa al Dios de la creación, sino que también expresa confianza en la actividad redentora de Cristo. Los cristianos también dan testimonio del Cristo triunfante de la resurrección, dejando de lado las preocupaciones cotidianas y reuniéndose para adorar con el pueblo de Dios. Esperan con gozo no solamente la semana que tienen por delante, sino también la esperanza eterna y el descanso final en Dios (Heb 4:7, 9).

### *La adoración de los redimidos*

Fue un pueblo redimido el que comenzó a cantarle al Señor en las costas del mar Rojo, después de la destrucción del ejército de faraón (Ex 15:1-18). Al final del Nuevo Testamento, cuando se logra el triunfo escatológico definitivo de Dios, los redimidos cantan la canción de Moisés, el siervo de Dios y el himno del Cordero, porque al cordero pascual se le da un significado cristológico (cf. Apoc 15:3 y 1 Cor 5:7). Pero en la narración del éxodo, la comprensión israelita de la redención es descrita como mayormente confinada a una consciencia de la liberación de sus primogénitos por la sangre protectora del cordero pascual, y a la vara de Moisés que convocó a Yahvé al rescate de su pueblo y les permitió escapar de los egipcios que los perseguían (Ex 14:16, 21, 26). Fue recién cuando Yahvé los confrontó en el Sinaí y proclamó la esencia de la relación de pacto de ellos con Dios, que comenzaron a sentirse como un pueblo redimido, elegido por Él para ser su posesión permanente.

El libro del pacto (Ex 20—23) definió los límites de la existencia de ellos como pueblo de Yahvé. Los Diez Mandamientos (20:2-17) constituyeron la base de todas las leyes civiles y cúlticas que vinieron después. Mediante esta asociación íntima, Dios decretó la ausencia completa de cualquier dicotomía falsa entre lo sagrado y lo secular. El pueblo de Israel aceptó de corazón este pacto y prometió ser un pueblo obediente (24:3-11).

Se preparó el escenario para que Yahvé comenzara la larga revelación de su voluntad concerniente al tipo de adoración que le resultaría aceptable. Es significativo que Dios no comenzó con ninguna referencia al sacrificio ni a la necesidad de expiación ni de perdón ni de reconciliación. Primero hubo un llamado a una ofrenda voluntaria de oro, de plata, de piedras preciosas y de otras cosas (Ex 25:1-7). Yahvé haría que su pueblo usara estos materiales para construir un santuario portátil para Dios, en el cual moraría en medio de ellos. Debían comenzar con su trono (representado por un arca y un propiciatorio), y luego construir las estructuras de alrededor, el mobiliario y los accesorios tal como se les indicó. Éstos eran todos símbolos del intento de Yahvé de morar en medio del pueblo de Dios y de recibir la adoración de ellos. Cuando todos los componentes de esta "tienda de reunión" portátil estuvieron en su lugar, la gloria de Dios inundó el santuario interior, el lugar santísimo y la adoración aceptable se hizo posible.

A los israelitas también se les enseñó que no se podían encontrar directamente con Dios, sino solamente a través de la mediación de los sacerdotes, a quienes Él había elegido personalmente. De ahí que la Torá dedica un espacio considerable a los pactos especiales que Yahvé hizo con los sacerdotes aarónicos y sus ayudantes subsidiarios, los levitas (Núm 25:12-13). Se dio una instrucción detallada para su instalación y consagración (Ex 28-29, 40; Lev 8). De central importancia para las obligaciones sacerdotales era el "Día del Perdón" celebrado anualmente, el único día de ayuno obligatorio para todo Israel en la legislación mosaica. En este día, el sumo sacerdote ejercía el oficio de mediación más solemne y significativo. Su propósito era desviar la santa ira de Dios sobre la nación debido a su pecado. Se requería una limpieza total para remover toda contaminación de los sacerdotes y del pueblo, del santuario, de la tierra y de la nación. Su objetivo era asegurar que Dios siguiera morando en medio de su pueblo. Este día nacional de expiación, prefiguraba el futuro, cuando todas las causas de disgusto de Dios para con su pueblo serían absoluta y finalmente removidas.

Desde la perspectiva del Nuevo Testamento, vemos que el sistema sacrificial del Antiguo Testamento le permitió al remanente manifestar su fe personal, de modo que sus pecados fueron "cubiertos," esperando el único sacrificio verdaderamente eficaz de Jesús el Cristo. El antiguo sistema, que demandaba "la sangre de los toros y de los machos cabríos," nunca pudo "quitar los pecados" (Heb 10:4, 11). Pero estos sacrificios anticiparon el sacrificio final de una vez y para siempre del "Cordero de Dios, que quita el pecado del mundo" (Juan 1:29). El sacrificio perfecto y final de Cristo marcó el fin del antiguo sistema sacrificial de inmolación de animales (Heb 9:12-28).

### *El desafío del judaísmo rabínico*

Deberíamos tomar nota de que el judaísmo contemporáneo habla claramente en contra de la tesis del Nuevo Testamento de que "sin derramamiento de sangre no hay perdón" (Heb 9:22). Los rabinos argumentan que si un judío peca, la ley judía le permite volverse a Dios y corregir la acción a través del arrepentimiento (en hebreo, *těšûbâ*, de la palabra "volver").

No deberíamos subestimar la seria naturaleza de este desafío. Cuando el Templo fue destruido por Nabucodonosor, se racionalizó que Dios sancionó el perdón y la redención aparte de cualquier referencia a la expiación por sangre. No obstante, cuando Él hizo "un estatuto perpetuo", estableció que "se deberá hacer propiciación por todos los israelitas a causa de todos sus pecados" (Lev 16:34). Así, llamó particularmente la atención al sacrificio de sangre ofrecido en esta ocasión solemne. "Yo mismo se la he dado a ustedes sobre el altar, para que hagan propiciación por ustedes mismos, ya que la propiciación es por medio de la sangre" (Lev 17:11).

Israel se abusó del sistema sacrificial antes de la cautividad babilónica. Pero esto no hizo que Dios rechazara lo que había instituido (Amós 5:21-22). Los profetas velaron por esto. Ellos enfatizaron que si un penitente primero ofrecía el sacrificio de "un espíritu quebrantado . . . [un] corazón quebrantado y arrepentido," entonces Dios se deleitaría en "los sacrificios de justicia" y en "los holocaustos del todo quemados" (Sal 51:16-19). Argumentar que Dios cambió su opinión con respecto a su institución del sistema sacrificial como normativo para la adoración de los israelitas está en contra de la Escritura. Uno puede buscar en vano cualquier convocatoria comparable al Sinaí, en el Antiguo Testamento y en la historia subsiguiente de Israel, en la cual por mandato divino este sistema sacrificial inmensamente importante haya sido explícitamente terminado. Sólo podemos concluir que la adoración judía del día de hoy ya no se conforma a la ley.

Por el contrario, el tabernáculo y más tarde el Templo, con su elaborado ritual, le permitió a los fieles experimentar la clase de interacción dinámica con Yahvé, que trajo la seguridad del perdón y de la aceptación. La indicación de Dios en la Torá sobre el sacrificio y la expiación, le dio a los devotos una conciencia cada vez más profunda de su necesidad de pureza de corazón y de absoluta sinceridad de motivación si es que sus sacrificios iban a ser aceptables (Isa 1:10-15; Jer 7:21-26; Amós 4:4, 5; 5:21-24). Este sentido de necesidad los preparó para la promesa subsiguiente de Yahvé de que uno de ellos proveería, de manera efectiva en sí mismo, el sacrificio perfecto y la adoración aceptable, llegando a ser el mediador. Sólo el Mesías, el Santo de Israel, pudo validar los grandes principios del sistema sacrificial sinaítico y pudo llegar a ser (1) el instrumento sacerdotal mediante el cual los israelitas podrían acercarse al Dios viviente de fuego sin quemarse; (2) el medio de la comunión continua entre Dios y el penitente; y (3) la ofrenda de acción de gracias todo suficiente, ofrecida a Dios por los redimidos. El Mesías, de ese modo, mediaría un perdón total de los pecadores, a la vez que ofrecería una garantía de que los redimidos continuarían estando en la presencia divina.

*La tierra*

De todas las promesas hechas a los patriarcas, la que tenía que ver con la tierra es tan prominente y decisiva como la promesa de que todas las naciones serían benditas por medio de la simiente de ellos. La tierra ha sido una promesa incondicional para ellos, aunque el hecho de retenerla dependía de su obediencia. Si los mandamientos de Yahvé eran desobedecidos, serían expulsados (Lev 26:32-33; Deut 28:63-68; 29:28). Su vida nacional y cúltica terminaría. No obstante, cuando se arrepintieran serían restaurados (Lev 26:40-45; Deut 30:1-10). Aun cuando pudieran ser esparcidos entre las naciones, Yahvé les prometió que su gracia los seguiría para traerlos a arrepentimiento.

La promesa de la tierra fue tan significativa que hizo que el surgimiento de Israel como un pueblo pareciera casi incidental, segundo en importancia a la conquista de la tierra de Canaán. La tierra era lo más importante. La tierra había sido un regalo. Debido a la maldad de los cananeos, Dios quiso que fueran expulsados de la tierra que él les había prometido a los patriarcas (Deut 9:4-5). Solamente Yahvé, y no los ejércitos israelitas, les darían la tierra (Sal 44:3). Su propósito redentor está en la base de esta transacción: "Les entregó las tierras que poseían las naciones; heredaron el fruto del trabajo de otros pueblos para que ellos observaran sus preceptos y pusieran en práctica sus leyes" (Sal 105:44-45).

La tierra fue subsiguientemente dividida en parcelas para su cultivo (Núm 26:55), ya sea por parte de familias o por tribus. El sorteo implicaba un proceso por el cual Dios decidía acerca de la división. La tierra debía ser repartida por Dios, y el producto de la tierra también al pertenecía. Como resultado, él era celoso de su tierra y decretó que debía ser respetada. Los israelitas tenían la obligación de guardar los sábados de manera regular, a los efectos de preservar y de renovar su tierra (Lev 25:2, 4). Los israelitas debían ofrecer sus diezmos que los representaban a ellos mismos y a todo el fruto de la tierra (Deut 14:22; 26:9-15). La tierra era una buena tierra, donde abundaba "la leche y la miel," y Dios quería que su pueblo la mejorara y no que la estropeara.

Una estipulación sobresale por sobre todas las demás: la obligación de pacto de que el pueblo de Yahvé practicara la justicia y mostrara misericordia para con el pobre y para con los grupos minoritarios dentro de la tierra (Deut 10:17-19; 16:18-20). La opresión de los israelitas en manos de los egipcios debía servir como un recordatorio constante de que no debían ser explotadores y así deshumanizar a las personas de la manera en que la gente de faraón había hecho con ellos. La libertad y la justicia para todos debían ser las marcas de la tierra de Dios. La obediencia al pacto les garantizaba "lluvia oportuna sobre su tierra" y cosechas abundantes, pero la desobediencia haría que Dios retuviera la lluvia e incluso hiciera que los israelitas perdieran su tierra (Deut 11:13-17; 28:63-68).

### *El estilo de vida del pueblo de Dios*

En el Sinaí, Yahvé les dio a los israelitas una indicación explícita con respecto al estilo de vida adecuado a un pueblo redimido. Al hacerlo, Él amplió el mandato cultural y enfatizó conceptos claves inherentes a su carácter y que reflejaban el motivo del éxodo. La misión, tal como se desarrolla en el Nuevo Testamento, abarca los principios holísticos que se establecen con claridad a continuación.

*Tierra: tenencia y no propiedad.* La tierra prometida a Abraham y a su posteridad a través de Isaac pertenece a Yahvé y no a Israel ni a los israelitas individualmente ("la tierra es mía," Lev 25:23). Debía dividirse en partes iguales entre todas las familias. Para tenerla, ellos debían pagarle a Yahvé un diezmo (diez por ciento) como renta. ¡La renta no se le debía pagar a un terrateniente rico que vivía holgadamente en un castillo cercano! El diezmo debía ser entregado a los levitas, a quienes les estaba prohibido poseer tierra. Cada séptimo año la tierra debía descansar. Para el sexto año, Dios prometió una cosecha más grande, siguiendo el modelo de la provisión del maná en el desierto (Éx 23:10-11; Lev 25:2-7).

*Tierra: redistribución y no acumulación.* Cada cincuenta años la tierra debía permanecer sin cultivar. Además, todos los campesinos que habían perdido su libertad debido a su insolvencia, debían ser liberados y todas las tierras que habían sido vendidas debían volver a sus dueños originales o a sus familias (Lev 25:8-17). De ese modo Dios mostró su hostilidad hacia el surgimiento de una aristocracia terrateniente, dado que esto inevitablemente conduce a la opresión de los que no tienen tierra (Isa 5:8). La ayuda mutua debía caracterizar al pueblo de Dios. Los peligros tanto de la afluencia como de la pobreza debían ser preocupación de todos (Lev 25:18-55).

*Esclavitud: justicia y no explotación.* Un esclavo era la propiedad de su amo o ama. El esclavo podía ser adquirido por una compra (Gén 17:12; 37:28), por captura en una guerra (Núm 31:9; 2 Rey 5:2), por nacimiento a esclavos de posesión propia (Éx 21:4), por pago de una deuda de la persona esclavizada (Lev 25:39), o como regalo (Gén 29:24). Aun así, no debiéramos confundir la suerte de un esclavo en Israel con la de los esclavos en las sociedades politeístas alrededor de Israel. En Israel, la relación entre esclavos y amos era esencialmente la misma que entre los miembros de la familia y el amo. Los esclavos no eran considerados inferiores. Aunque no tenían derechos civiles, eran considerados como "de la familia." En el trato de los esclavos, los amos hebreos estaban obligados por las regulaciones de la ley mosaica (Deut 15:15). Los esclavos debían ser protegidos y no explotados (Éx 21:2-27; Lev 25:25-55). La desconsideración subsiguiente de estas regulaciones llevó a una cantidad de abusos (Jer 34:3-22).

*Pueblos minoritarios: protección y no denigración.* Los no israelitas que se ponían bajo la protección de Israel (diferentes de los extranjeros cuya estadía era temporaria) tenían ciertos derechos, ciertos privilegios y ciertas responsabilidades y eran clasificados junto con las viudas, los huérfanos y los necesitados (Deut 10:19). Una de las razones dadas para la observancia del sábado es que los "extranjeros" pudieran descansar y renovarse (Éx 23:12). Los racimos de uvas y las espigas que quedaban caídos en las viñas y los campos cosechados eran para ellos (Lev 19:10; 23:22; Deut 24:19-21). Estaban incluidos en la provisión que se hacía con respecto a las ciudades de refugio (Núm 35:15). Debido a que eran indefensos, Dios prometió ser su defensa y el juez de los que los oprimían (Jer 7:6; 22:3). El morador o residente extranjero, estaba en el mismo nivel que el israelita (Lev 24:22), y en la visión de Ezequiel de la era mesiánica, ellos deben compartir la herencia de Israel (Ezeq 47:22-23; Carson 1962: 121). El gran énfasis que se hace en el Antiguo Testamento sobre "los extranjeros que habitan entre ustedes" significa que la iglesia en misión del día de hoy debe darle prioridad a las necesidades de todas las minorías y pueblos inmigrantes, un tema particularmente importante hoy día, con relación a los millones de personas desarraigadas y refugiadas que encontramos por todo el globo. Hay una buena razón por la que Jesús incluyó a Samaria en su referencia final a la tarea misionera (Hech 1:8). Los samaritanos eran una minoría despreciada entre los judíos en los tiempos de Jesús. Habría sido una tentación para aquellos primeros judíos creyentes, no presentarles el evangelio. Pero hicieron todo lo contrario (Hech 8:4-25).

*Viudas.* Las viudas eran consideradas personas desvalidas, necesitadas, incapaces de protegerse o de proveer para ellas mismas. Se les debía dar una consideración especial y debían ser tratadas con justicia (Ex 22:22-24; Deut 10:18; 24:17-21; Mal 3:5). Dado que sus derechos eran con frecuencia pasados por alto o negados, Dios hizo de ellas su preocupación particular (Sal 68:5-6; 146:9; Prov 15:25). En un sentido, las viudas representan a todas las personas privadas de derechos en la sociedad, las que no tienen una subsistencia razonable y necesitan cuidado de parte de otros.

Esta visión de una sociedad igualitaria exaltaba el trabajo, denunciaba la holgazanería, esperaba que los padres entrenaran a los hijos para adquirir habilidades con sus manos, promovía la reciprocidad y la justicia humana y demostraba una preocupación activa por el prójimo. Respetaba la dignidad tanto de hombres como de mujeres, los portadores de la imagen divina. En Deuteronomio, a los israelitas se les recuerda constantemente su liberación de la esclavitud egipcia de parte de Dios. El Dios de gracia, quien los había liberado quería que ellos nunca se olvidaran de que habían sido una minoría abusada y explotada, totalmente incapaces de aliviar su miseria. De ahí que se los urgiera una y otra vez a ser cuidadosos con los pobres, con los necesitados y con los políticamente despojados en medio de ellos (Deut 8:11-18; 10:17-19; 15:7-15; 16:11-14; 24:17-22; 26:5-12; Deist 1977: 61).

Encontraremos que muchos años más tarde, cuando los israelitas establecieron la monarquía en Israel llegó a ser una entidad política con derecho propio, este patrón original de igualdad social fue reemplazado por una estratificación insana de ricos y pobres, de poderosos y desvalidos, de privilegiados y explotados. Dios replicó enviando a sus profetas. Como protesta, los profetas recordaron la esclavitud en Egipto, la liberación inmerecida de los hebreos, las leyes sinaíticas y las alternativas de bendición o juicio divino.

**La relación del Sinaí con el evangelio**

En nuestros días, oímos cada vez más que el pueblo judío en virtud del pacto sinaítico está redentoramente relacionado con Dios y por lo tanto es plenamente aceptado por Él. La implicación es que esta relación con Dios es tal, que los cristianos no tienen ninguna obligación evangelizadora para con ellos. Se deriva que para un cristiano, imponerles a Jesucristo es una afrenta a su piedad expresada en el Sinaí: "cumpliremos con todo los que el Señor nos ha ordenado" (Ex 19:8). Más aún, tal esfuerzo evangelizador no tiene garantías dado que, según se presume, ellos ya tienen acceso a Dios.

Los argumentos del apóstol Pablo en Romanos y en Gálatas nos presionan para que no entendamos mal el testimonio del Antiguo Testamento. Su tema crucial es la relación de la ley con el evangelio. El error trágico es asumir que lo que fue revelado en el Sinaí, de alguna manera sobrepasa al pacto abrahámico. Uno encuentra esta confusión en el judaísmo contemporáneo. Todos los judíos consideran a Abraham como su padre y se apropian tenazmente de la promesa de "la tierra" como así también guardan el rito de la circuncisión como señal del pacto que Dios hizo con Abraham. No obstante, cuando se trata de la obediencia a una relación personal con Dios, la ley sinaítica está hecha para ser determinante.

Podríamos preguntar: "¿Por qué el Sinaí, si es que éste debía estar subordinado al pacto abrahámico?" Pablo dice que la ley del Sinaí "fue añadida por causa de las transgresiones" (Gál 3:19). "La ley . . . intervino para que aumentara la transgresión" (Rom 5:20), como una especie de idea posterior (*pareisēlthem*) para servir a los intereses de la promesa abrahámica, haciendo a la gente consciente de su condición de caída y de su pecado. Sólo de ese modo, la consciencia de su necesidad espiritual los presionaría para buscar la misma gracia que Abraham recibió porque creyó (Gén 15:6). Uno sólo tiene que examinar la promesa del nuevo pacto (Jer 31:31-37) para darse cuenta de que la forma de pacto sinaítica debía ser reemplazada por la revelación completa y final de Jesucristo y su cruz redentora. Cuando el autor de Hebreos habla de que el antiguo pacto se torna "obsoleto," su referencia no es al pacto abrahámico sino a la administración sinaítica del mismo (8:8-13, especialmente v. 13). Cuando Jesús inauguró la eucaristía, él explicó que el vino representaba su "sangre del pacto" (Mat 26:28), y de esa manera señaló el camino hacia un nuevo tiempo, en el cual la administración del pacto de gracia sería del Espíritu y hacia adentro y estaría escrita "no en tablas de piedra sino en tablas de carne, en los corazones." Este tema será discutido más cuando procuremos rastrear la comprensión que el apóstol Pablo tenía de la dimensión misionera del reino de Dios.

## Conclusión

En este capítulo hemos encontrado anticipaciones de muchos componentes del tema del reino, los cuales serán desarrollados más plenamente en el Nuevo Testamento. Primero, la actividad soberana de Dios: Él es el Dios que libera, pero particularmente que redime y le da existencia a un pueblo definido por el pacto. Segundo, lo esencial del compromiso personal con Dios: "Quienquiera puede venir" es una invitación escrita en letra grande sobre todo el sistema sacrificial. Dios busca la adoración de su pueblo y es solamente cuando ellos se vuelven a Él personalmente, en arrepentimiento y fe, que se establece una relación con Él. Tercero, está el carácter comunal y las responsabilidades societarias de su pueblo. Hay dos mandamientos esenciales: amar a Dios y amar al prójimo (Lev 19:18; Deut 6:5). Con respecto a estos mandamientos Jesús dijo: "Haz eso y vivirás" (Luc 10:25-28). La fe que responde en compromiso personal condiciona el corazón para servir a Dios y al prójimo. Cuarto, es una realidad que el mal organizado se opone a la voluntad de Dios. Cuando Dios actúa en asuntos humanos, interfiriendo con la secuencia natural de los eventos,

> Las fuerzas que operan en su contra entran en coalición, porque el mundo se rebela en contra de la pretensión divina sobre él. En este caso, faraón encarnó todas las fuerzas demoníacas de la resistencia. El mal tenía que desplegar todo su poder, de modo que el juicio sobre él pudiera ser más significativo y la gloria de Dios brillara para mayor efecto. (de Dietrich 1960: 66)

Finalmente, el evento del éxodo anticipa el juicio final. Dios no será burlado. Los que se rebelan en su contra perecerán, esto es, serán excluidos "de la presencia del Señor y de la majestad de su poder" (2 Tes 1:9). Él va a triunfar en la historia humana como Salvador y también como Juez. Esto significa la certeza de un futuro para el pueblo de Dios en la venida del gobierno del reino de Dios, el cual ya es una realidad presente, pero todavía no está plenamente realizado.

## Capítulo 6

## Dios forma una nación de personas que pertenece a Dios

**Introducción**

El período desde el Sinaí hasta Samuel comenzó con Israel vagando por el desierto, y con la marcha final a las fronteras de Canaán. Los discursos finales de Moisés en la víspera de la entrada a la Tierra Prometida, preparó el escenario para la conquista de Canaán bajo Josué. Luego siguieron más de doscientos años de historia problemática, marcada por una obediencia a Dios irregular, por invasiones extranjeras y por ocasiones de liberación limitada, lograda por líderes carismáticos llamados jueces. El relato de Samuel, el último de los jueces, acoplado con el intento imperfecto de Saúl, de forjar una unidad política del pueblo, provee una transición hacia el comienzo de la monarquía israelita.

Israel debía ser una "bendición a las naciones." Aun así, el encuentro con otras naciones implicó mayormente conflicto y conquista, en lugar exhibir ante estas naciones la relación de pacto con Dios reflejada en Deuteronomio. No obstante, a lo largo de la historia de Israel hay un concepto central: el Dios de Abraham, de Isaac y de Jacob gobierna sobre Israel y sobre todas las naciones. Durante este período difícil, Israel fue expuesto a lecciones divinas a las que haríamos bien en prestarles atención. Primero, vagar por el desierto consumió a la generación que había experimentado la liberación de la esclavitud en Egipto. A comienzo, todo pareció apuntar hacia lo que sería una marcha rápida de diez días, desde Sinaí hasta Canaán vía Cades. Pero en Cades, el pueblo rechazó la voluntad de Dios intencionalmente, y pasaron casi cuarenta años antes de que llegaran a las planicies de Moab, en la frontera oriental de Canaán. Durante este período, una nueva generación de israelitas reemplazó a los que habían experimentado la opresión egipcia como adultos. Fueron probados de varias maneras, particularmente por amorreos, moabitas y madianitas hostiles (Núm 21, 25, 31). Cuando finalmente llegaron a Moab, Moisés ordenó el último campamento bajo su liderazgo. Luego, él les dio instrucciones detalladas sobre la ley sinaítica, particularmente a la luz de la nueva situación que confrontaría la generación más joven en la Tierra Prometida. Es significativo que él no intentó alterar de manera alguna la instrucción que los sacerdotes aarónicos y los levitas habían recibido mientras estaban en el Sinaí. Esta instrucción más temprana fue muy extensa (Ex 28, 29, 39, 40; Lev 1-8, 11-17, 21, 22, 27; Núm 15, 29). La preocupación de Moisés era que la voluntad de Dios fuera comprendida de manera plena. Particularmente, enfatizó la tesis de que la obediencia a Yahvé trae bendición, pero la desobediencia puede conducir al desastre. Luego, él lo nombró a Josué para ser su sucesor. Cuando hubo terminado esta tarea final, Moisés ascendió al monte Pisga, le fue dada una visión de la tierra desde lejos y murió en soledad. Dios lo sepultó.

Con Josué, comenzó una segunda y nueva era. El río Jordán fue cruzado y bajo su liderazgo se hicieron tres ataques para entrar en Canaán: primero, en el centro, luego en el sur y finalmente en el norte. A pesar de que este fue un esfuerzo incompleto, la tierra fue poco después dividida entre las tribus de Israel. Es el libro de Josué el que nos introduce al fenómeno de la guerra de Yahvé.

En el Antiguo Testamento, Dios intervino en los asuntos humanos mediante la elección de Israel y escogiendo a su pueblo para constituir una teocracia. Esto significó que ellos vivirán bajo su gobierno directo y así anticipó la llegada del reino de Dios. En el Sinaí, Dios hizo de Israel su pueblo. Con la conquista, Israel llegó a ser una nación entre las naciones del mundo antiguo. Dios no dotó a los israelitas de facultades sobrehumanas, pero debido a su presencia teocrática en medio de ellos, fue posible para ellos funcionar como un reino de Dios incipiente, en medio de los reinos de los otros pueblos. Aunque esta teocracia única fracasó, el fracaso refleja menos la debilidad del antiguo Israel que la condición de caídos de todos los seres humanos.

De modo que entonces, Israel en la tierra comenzó a tomar el aspecto de una adquisición permanente y de un espacio geográfico, aunque sus fronteras no tenían una definición precisa. La espada debía ser dada a sus líderes. Por este acto, Dios le dio legitimidad a la defensa del estado en contra de estados vecinos hostiles. Israel era una institución totalmente humana y no algo milagroso. Su carácter único era que Yahvé participaba en las actividades de sus miembros y de sus instituciones sociales. Fue solamente por la presencia de Dios en Israel, que podemos considerar que la nación constituyó una vista previa o una expresión incipiente del gobierno del Rey, del reino de Dios. Aunque otras naciones en el Cercano Oriente antiguo también se consideraban a sí mismas como teocracias, cada una con su dios o sus dioses particulares, el Dios de Israel era único. Sólo Yahvé se atribuía ser el creador del universo entero, prohibía todo esfuerzo de representarlo en una imagen y consideraba a todos los otros dioses como ficticios, vacíos de toda función y poder. Más aún, Él era el gobernante moral que reinaba sobre el universo en rectitud y justicia (Isa 32:1).

Reconocemos que la nación política de Israel fue un fracaso, ya que, como veremos, no culminó directamente en la redención de la raza humana. Pero su mismo fracaso fue una demostración necesaria de que ningún logro humano podía producir un mundo de paz y de justicia. Este fracaso señaló a la necesidad de una solución fuera de la esfera humana. Se necesita la intervención directa de Dios es para transformar la historia humana.

Esto quiere decir que los ejemplos de la guerra de Yahvé en el Antiguo Testamento, los cuales estamos por repasar, no son idénticos a la actividad del reino en el Nuevo Testamento. En realidad, este fenómeno tomaría un significado diferente cuando Jesús inaugurara el reino de Dios, no como una nación-estado, sino como un reino dentro de los corazones del pueblo de Dios entre las naciones. Entonces, el reino de Dios no tiene límites geográficos ni raciales, sino que se encuentra dondequiera que el Rey sea reconocido en fe personal y en obediencia. La guerra entonces dio lugar a algo enteramente diferente, porque Jesús le negó a su pueblo el uso de la espada para llevar a cabo su misión (Mat 26:52; Juan 18:36). Más aún, por medio de la cruz, Jesús deshizo completamente "las obras del diablo" (1 Juan 3:8) e hizo fútil cualquier necesidad de usar la violencia para fomentar la justicia de Dios (Sant 1:20). Mediante la dádiva del Espíritu Santo en Pentecostés, la realidad clave del nuevo pacto, es posible para el pueblo Dios entrar en una nueva clase de guerra: la lucha contra principado y poderes y la predicación de las buenas nuevas del reino. Discutiremos todo esto a su debido tiempo.

**Enfrentando el desierto**

Ya nos hemos referido al viaje de tres meses de los hebreos desde el mar Rojo hasta el Sinaí (Ex 15:22--18:27). Ésta fue su primera experiencia con el desierto y provocó mucha protesta en contra de Moisés. ¿Dónde había agua para beber y comida para comer? En respuesta, Dios comenzó con la pauta de proveer para estas necesidades, de maneras que reflejaban su fidelidad. Aun cuando fueron amenazados por los hostiles amalecitas, Dios le permitió a Josué sacarlos del medio. Finalmente, llegaron al Sinaí, y en los meses siguientes, las memorias de esta travesía dificultosa desaparecieron. No obstante, a partir de esta experiencia del desierto, antes y después del campamento en el Sinaí, notamos tres lecciones relacionadas con la misión: la provisión de Dios, la rebelión de Israel y la conversión de Jetro.

Primero, consideremos la provisión de Dios. En el segundo mes de su segundo año en el Sinaí, los israelitas comenzaron su segunda experiencia en el desierto. Al principio, nadie se atrevió a creer que duraría casi cuarenta años. La historia completa se encuentra en Números 9:15--17:13; 20:1--26:65. Las etapas en la travesía se analizan en Números 33:16-49. La generación que soportó estos largos años en "ese desierto" (Núm 20:5) plantó en la consciencia de Israel de manera indeleble, el hecho de que fue Dios quien los sostuvo milagrosamente, de manera tal que la provisión de Dios en el desierto llegó a ser un elemento fundacional en la fe de Israel (C. Barth 1991: 86 y Sal 78, 105, 106, 136). Durante este período, Dios demostró de muchas maneras su fidelidad a su pueblo del pacto, a pesar de que una y otra vez ellos demostraron ser obcecados, rebeldes, impacientes, incrédulos e incluso arrogantes.

Por extraño que pueda parecer, muchas referencias subsiguientes del Antiguo Testamento a este período de transición, entre la esclavitud en Egipto y el asentamiento en Canaán, dan la impresión de que el cuidado de Dios por su elegidos fue incluso más vívidamente demostrado en el desierto, que en el éxodo o a durante la conquista de Canaán por parte de Josué (Deut 32:9-12; Jer 2:2, 3; 31:2, 3; Os 13:4-6; Amós 3:2; etc.). A pesar de todas las cosas negativas que la Escritura dice acerca de la conducta de Israel en el desierto, Dios se las arregló para despertar en su pueblo una voluntad de pertenecerle.

Afirmar esto no es pasar por alto la constante protesta del pueblo. Cuando clamaron en dolor y buscaron alivio, Dios los oyó y respondió. Pero cuando se quejaron, haciendo cargo a Dios de haber pasado por alto sus derechos inherentes, Él los consideró como un pueblo "rebelde" (Nùm 17:10) que lo la "pusieron s prueba" y lo "entristecieron" en su cara (14:22; Sal 78:40-41).

Un segundo tema, que sigue su curso a lo largo del relato, tiene que ver con la rebelión de Israel. Las instancias de la rebelión de Israel en contra de Dios, quien los guió "como lo hace un padre con su hijo," aumentaron en frecuencia (cf. Deut 1:31 con Núm 11:11-18 e Isa 63:9). Incluso Aarón y Miriam se sublevaron (Núm 12:1-15). Pero la rebelión alcanzó su clímax en ocasión del informe de los doce hombres que Moisés envió para reconocer la tierra de Canaán y evaluar sus pueblos, sus ciudades y sus fortalezas, la tierra y su producto. Cuando ellos regresaron después de cuarenta días, todos estuvieron de acuerdo en que la tierra tenía un potencial tremendo. Pero diez hombres argumentaron que sus habitantes eran tan numerosos y fuertes que era temerario, e incluso desastroso el que ellos intentaran ocuparla. Estos "falsos rumores" (Núm 13:32), y rebelión general en contra de Dios que ellos precipitaron, provocaron la ira de Dios contra su pueblo. Dios decretó que el primer Israel ("los censados mayores de veinte años," 14:29) morirían en el desierto (vv. 31-35). Sólo después que esta primera generación de israelitas hubiera expirado completamente, sus hijos, el segundo Israel, podrían entrar a la tierra. Caleb y Josué se salvarían porque sólo ellos entre los doce habían desafiado valientemente el informe de la mayoría (13:30; 14:6-10, 24, 30, 36-38). Con un descreimiento arrogante, los israelitas luego procuraron entrar a la tierra y fueron derrotados de manera considerable (vv. 39-45).

Esto precipitó una rebelión contra Moisés bajo el liderazgo de Coré (Núm 16:1-11). Uno se sorprende del número de los que se alinearon en contra de Dios en este tiempo. Uno también se asombra de la ira de Dios. Los líderes rebeldes fueron castigados (v. 26), y miles de ellos murieron en la plaga que vino a continuación (vv. 41-50). Aun así, la ira de Dios se refrenó: "Sin embargo, les tuve compasión, y en el desierto no los destruí ni los exterminé" (Ezeq 20:17).

Con el paso del tiempo, el peregrinaje de esa primera generación llegó al mismo final amargo: la muerte en el desierto (Núm 26:63-65). Una nueva generación surgió y se desarrolló bajo la disciplina del desierto. Emergió como un nuevo Israel, al lado del Israel desobediente. En un sentido, podríamos decir que fue una Israel renovado. Para el momento que sus miembros alcanzaron la madurez, todos se habían dado cuenta de que la generación de los mayores ya había fallecido. El liderazgo fue entonces transferido de Moisés a Josué.

Esta transferencia de liderazgo nos recuerda el juicio pesado que cayó sobre Moisés. Él no se escapó de la ira de Dios (Núm 20:2-13), sino que permaneció como parte de esa generación de peregrinos que nunca entró a la Tierra Prometida. Su hermano Aarón murió poco después que este juicio fue anunciado. Moisés luego sintió que su propia muerte también estaba cerca (vv. 22-29). En las planicies de Moab, él dio sus instrucciones finales a Israel, mayormente una revisión contextualizada de la legislación del Sinaí. Luego, públicamente designó a Josué como el líder del nuevo Israel. El trabajo de su vida terminó y Moisés se apartó para morir en soledad y ser sepultado por Dios "en Moab" (Deut 34:6).

Un tercer elemento significativo del relato del desierto concierne a la conversión de Jetro, el suegro de Moisés. Éxodo 18 narra la historia. Uno puede muy bien creer que Jetro pasó por una sucesión de experiencias antes de responder positivamente, mediante un compromiso, a una relación de pacto con el Dios de Abraham, de Isaac y de Jacob. Jetro tuvo una crianza religiosa y era "sacerdote de Madián" (v. 1). Cuando Moisés, el refugiado de Egipto, entró a su familia y luego se casó con su hija Séfora, sus horizontes religiosos deben haberse expandido, al escuchar a Moisés compartir las historias de los patriarcas y describir el pacto de Dios con ellos. También podemos estar seguros de que se debe haber preocupado cuando Moisés, mientras se estaba preparando para volver a Egipto bajo la dirección de Dios, despreció a Séfora. Fue un acto arriesgado y poco apropiado para una mujer circuncidar a su primogénito y luego reprenderlo a Moisés por su descuido al evitar llevar a cabo este rito del pacto (Ex 4:24-26).

El relato luego cambia de tono. Casi inmediatamente, Moisés comenzó a relatarle a Jetro, "todo lo que el Señor les había hecho al faraón y a los egipcios a favor de Israel, todas las dificultades con que se habían encontrado en el camino, y cómo el Señor los había salvado" (Ex 18:8). Es significativo que Moisés no se mencionó a sí mismo; él meramente relató lo que el Señor había hecho. Como resultado, Jetro se regocijó (v. 9) y luego, de manera maravillosa, se identificó con Moisés, con los israelitas y con el propósito redentor de Dios en curso.

La confesión pública de Jetro es de lo más sorprendente: "Alabado sea el Señor" (v. 10). ¡Ahora él conocía a Yahvé como el Dios de las liberaciones (Rom 10:9-10)! Los eruditos argumentan que el nombre Yahvé era probablemente conocido por Jetro antes del éxodo (ver Bright 1953: 25 y Albright 1946: 197-198). Pero el texto claramente declara que fue recién después que él hubo oído lo que Yahvé había hecho que se identificó con la comprensión que Moisés tenía de ese nombre (Ex 18:12). La historia termina con Moisés recibiendo una mayor comprensión personal sobre su propio servicio, a través de las sugerencias radicales que Jetro comparte a partir de esta experiencia.

**Preparaciones para la conquista de Canaán**

Anteriormente notamos que al liberar a Israel de manos de los egipcios, Dios y sólo Dios, recibió la gloria. Él fue el victorioso y no Moisés o Israel. Dios triunfó sobre las fuerzas de Egipto y sobre las fuerzas de la naturaleza. Yahvé es "el Señor de los ejércitos" (RVR). Este título "Señor de los ejércitos," incluye tanto al pueblo de Yahvé sobre la tierra como a sus criaturas angélicas en el cielo. Esto quiere decir que Él es Señor en el cielo y en la tierra.

Dios redimió a su pueblo elegido de manos de Egipto, de modo que ellos pudieran ser sus agentes de liberación para las naciones. Así como peleó Yahvé, así también pelearía luego Israel. Pero lo haría de una manera tan extraña, que la única designación apropiada es "guerra de Yahvé." El éxodo, al igual que la cruz, no tiene ningún valor religioso aparte de la manera en que es interpretado en la Escritura. Fue un acto de Dios. Cuando el apóstol Pablo luego procuró entender el significado de la cruz de Jesucristo, retrocedió a este importante triunfo de Yahvé. En realidad, Pablo hizo casi cuarenta referencias al éxodo en sus epístolas.

Esta secuencia de pensamiento es importante para que nosotros entendamos cómo la Biblia mira a la historia, en contraste con la manera en que otras religiones politeístas del mundo antiguo consideraban la existencia humana. Estas religiones no parecen haber estado interesadas en develar el significado de la historia. Estaban dominadas por el ritmo del ciclo de la naturaleza, con sus cambios de estaciones y procuraron integrarse ellos mismos y sus sociedades a esta realidad cíclica, a través de actividades cúlticas individuales y corporativas. Pero para Israel, el éxodo marcó una ruptura radical con una actividad tal. Los israelitas se vieron a sí mismos como un pueblo con un destino moldeado por Dios. Su interés en la naturaleza se confinó al control de la lluvia, del viento y del mar por parte de Él. Dios estaba trabajando en el espacio y en el tiempo para revelarse a ellos, el pueblo que Él había redimido. El Dios viviente no estaba controlado por los caprichos de la naturaleza, sino que estaba motivado por la determinación de llevar a cabo su propósito para su pueblo y para las naciones.

Las grandes confesiones de fe incrustadas en los himnos y en las palabras proféticas de la Escritura, están repletas de recitados de los actos poderosos de Dios y de las respuestas del pueblo de Dios. La creación marca el comienzo del tiempo. Y el último día marcará el logro, por parte de Dios, de la meta que ha sido suya desde el principio. Para el escritor bíblico, la historia está en movimiento hacia una meta y Dios ha creado tanto el movimiento como la meta.

Así es que la Biblia afirma que Dios no lucha como lo hacen los seres humanos. Cuando Él tiende su mano para extender su gobierno sobre el mundo que ha sido usurpado por el enemigo, invariablemente usa a su pueblo para lograr sus victorias. Pero el pueblo de Dios no debe olvidar que ellos deben luchar como Dios lucha. Esto significa que deben replegarse y ver a su Dios tratar con cualquiera que sea la oposición que está estorbando su propósito.

La tragedia es que la raza humana es una raza caída, y sólo sabe de "guerras y de rumores de guerra," debido al constante deseo de los fuertes de dominar y de esclavizar a los débiles. Cuando el pueblo hace la guerra, es en contra de otros seres humanos. Pero el propósito de Dios va en contra de todos los sueños llenos de odio que tienen los seres humanos y de sus esfuerzos violentos por dominarse y explotarse unos a otros.

El peregrinaje de Israel por el desierto terminó con el pueblo acampando "en el país de Moab, al este del Jordán" (Deut 1:5). Como fue insinuado anteriormente, fue allí que Moisés se ocupó de explicar de manera abreviada la ley sinaítica a la nueva generación de israelitas preparada para entrar a la tierra de Canaán. Él no repitió meramente la ley, sino que más bien la interpretó para los que habían nacido en el desierto y habían recibido la disciplina del desierto, quienes llevarían a cabo un acto de guerra al cruzar el río Jordán. Bajo Josué, ellos entonces comenzarían la conquista.

Fue necesario que a los israelitas se les recordaran las razones para esa guerra terrible que estaban a punto de desatar sobre las varias naciones en Canaán. Con respecto a esto, Moisés fue explícito:

> Cuando el Señor tu Dios te las haya entregado y tú las hayas derrotado, deberás destruirlas por completo. No harán ningún pacto con ellas, ni les tendrás compasión. (Deut 7:2)

Más aún, Moisés fue igualmente preciso con respecto a la razón divina para exterminar a estos pueblos sin misericordia:

> De modo que no es por tu justicia ni por tu rectitud por lo que vas a tomar posesión de su tierra. ¡No! La propia maldad de esas naciones hará que el Señor tu Dios las arroje lejos de ti. (Deut 9:5)

Esta instrucción les causa problemas a muchos de los que quieren creer que el amor y la misericordia de Dios son tales que Él nunca habría ordenado la aniquilación de todo un cúmulo de pueblos distintos. Pero Dios debe ser coherente consigo mismo. El amor de Dios por su orden moral y por sus principios de justicia y de retribución demanda que odie el mal y que no proteja la perversidad.

Otras razones impulsaban la destrucción de los cananeos y de sus símbolos religiosos. Dios sabía que si sus juicios no eran llevados a cabo, estos paganos les enseñarían a los israelitas "a hacer todas las cosas abominables que hacen para adorar a sus dioses, y pecarás contra el Señor" (Deut 20:18; también 18:9-13; etc.). También debiéramos recordar que estos pueblos habían descendido de una línea divina a través de los hijos de Noé. Ellos también habían tenido el testimonio de personas justas como Melquisedec (Gén 14) y los patriarcas que habían vivido entre ellos. Y habían sido advertidos por la destrucción de Sodoma y de Gomorra (Gén 19:23-25). Además, ellos sabían de la liberación de Israel de manos de Egipto y no ignoraban las vicisitudes de los israelitas en su peregrinaje de casi cuarenta años, por un desierto cercano. Cualquier derecho que los cananeos puedan haber tenido sobre la tierra, por haber vivido en ella por siglos, lo perdieron por su maldad (Lev 18:21-25; Deut 12:30-32).

Más tarde, a los israelitas se les advirtió que si ellos, de la misma manera, pecaban y abandonaban su pacto con Yahvé, sufrirían el mismo castigo. Dios no tiene favoritos a quienes salva. Él juzga a su pueblo cuando ellos pecan y resisten deliberadamente su voluntad. Cuando Yahvé, a través de Moisés, afirmó que Él arrojaría a los pueblos de Canaán lejos de ellos (Deut 9:4-5), estaba abiertamente involucrando a los israelitas en la conquista. Ellos serían los instrumentos activos por los cuales Dios arrojaría afuera a los cananeos. Esto incluía destruir altares cananeos, hacer añicos sus piedras sagradas, derribar las imágenes de Asera y prender fuego a sus ídolos (Deut 7:5).

En nuestros días de pluralismo religioso y de un amplio énfasis en la tolerancia, este lenguaje parece absolutamente irracional. Pero Dios consideraba de capital importancia los poderes satánicos y la presencia demoníaca detrás de los ritos religiosos de Canaán. Moisés aludió a eso en su denuncia de ciertos israelitas que ofrecían "sacrificios a los demonios, que no son Dios" (Deut 32:17). También el apóstol Pablo, siglos más tarde, confirmaría esta realidad: "cuando ellos [los paganos] ofrecen sacrificios, lo hacen para los demonios, no para Dios" (1 Cor 10:20). Los ídolos pueden en sí mismos ser objetos inanimados, pero la reverencia con la cual son frecuentemente considerados surge del hecho que son la encarnación o la morada de espíritus potentes, que demandan la adoración expresada delante de ellos.

Con la muerte de Moisés, Yahvé le dio a Josué una indicación explícita concerniente a su liderazgo de los israelitas (Jos 1:1-9). Él debía ser "fuerte y valiente" (v. 6). Debía creer que toda tierra que pisara le había sido dada por decreto divino (v. 3). Debía creer que sus adversarios no tendrían poder para impedir que él ocupara la tierra (v. 5). Pero había una condición:

> Recita siempre el libro de la ley y medita en él de día y de noche; cumple con cuidado todo lo que en él está escrito. Así prosperarás y tendrás éxito. (v. 8)

Josué fue llamado a darle al libro de la ley una obediencia fiel. No podría apartarse de él. No podía agregarle ni quitarle nada (v. 7). Luego vino la promesa resonante: "el Señor tu Dios te acompañará dondequiera que vayas" (v. 9). Josué debía estudiar la Palabra para entenderla. Debía reconocer plenamente su autoridad y procurar por medio de ella conocer la voluntad de Dios. Sobre esa base, Josué envió a dos espías para que cruzaran el Jordán e hicieran un reconocimiento de su primer objetivo: la ciudad fortificada de Jericó (cap. 2). Cuando ellos regresaron, informaron que el temor de Dios ya estaba sobre el pueblo de Canaán (2:9-11, 24). Esta noticia animó a Josué en gran manera. Dios ya estaba trabajando a su favor. Los que había comenzado lo iba a terminar. ¡Canaán sería conquistada!

Sin más demora, se les indicó a los israelitas que cruzaran el Jordán (cap. 3). Cuando ellos confrontaron este torrente, recordaron cómo habían podido cruzar el mar Rojo en seco mediante la intervención de Yahvé. ¿Ejercería Yahvé una vez más su poder a favor de ellos? Esta fue una primera prueba crítica del liderazgo de Josué. Él dio instrucciones explícitas para la orden de marcha de Israel en el cruce del Jordán: los sacerdotes levíticos debían ir solos adelante llevando el arca del pacto y no debían estar protegidos por ninguna fuerza de apoyo. Luego debía venir un espacio de casi ochocientos metros y a continuación la varias tribus (Jos 3:1-6). Cuando esta procesión se sumergió en el río y llegaron a la mitad, el agua comenzó a retroceder, porque fue bloqueada río arriba por acción divina (vv. 14-17), tal como Dios lo había prometido (vv. 7-13). Josué ahora sabía que Canaán podía conquistada. Más aún, este milagro lo confirmó a Josué ante los ojos del pueblo: "El pueblo admiró a Josué todos los días de su vida, como lo habían hecho con Moisés" (4:14). Y fueron erigidas las piedras que fueron tomadas del cauce del río para conmemorar este cruce (4:1-10, 19-24).

## El problema de la guerra de Yahvé

¿Qué deben hacer los cristianos con el relato de la liquidación de Jericó, en la cual los israelitas: "Mataron a filo de espada a todo hombre y mujer, joven y anciano. Lo mismo hicieron con las vacas, las ovejas y los burros" (Jos 6:21)? Pero hay más. ¿Qué problemas éticos presenta esto cuando el texto afirma: "El Señor estuvo con Josué" (v. 27), no sólo respaldando esta acción drástica, sino participando plenamente en ella? Mientras que en el evento del éxodo los israelitas no hicieron nada para lograr su liberación de manos de los egipcios (fue Dios solo quien ganó la victoria), aquí encontramos que Dios estuvo con ellos, ayudándolos e instigando la destrucción total del pueblo de Jericó. Una conducta similar en el día de hoy, resultaría con razón en una denuncia pública global y posiblemente incluso en un juicio por crímenes de guerra. ¿Hay alguna posibilidad de reconciliar las demandas cristianas de amor y de paz con este relato de odio y de guerra?

Tristemente, a lo largo de la historia ha habido una identificación demasiado grande de la cristiandad con la guerra, frecuentemente basada sobre una aplicación incorrecta de Romanos 13:1-7. Este pasaje les ordena a los ciudadanos a "someterse a las autoridades públicas" pero no condona la participación en conductas injustas. En los juicios de Nuremberg (1945-46) que se les hicieron a los criminales de guerra nazis, después de la Segunda Guerra Mundial, el viejo argumento *"Ein Befehl ist ein Befehl"* (una orden es una orden) no proveyó defensa alguna para un soldado que cometió actos injustos. Durante los siglos de la expansión colonial de Occidente, el motivo de "la guerra de Yahvé" fue ocasionalmente usado para justificar la explotación o la exterminación de pueblos indígenas.

Ha sido muy fácil para la iglesia justificar los actos de violencia más atroces, pretendiendo que esa conducta era la voluntad de Dios. ¿Quién no llora al recordar que el versículo bíblico favorito con el cual Bernardo de Clairvaux (siglo XII) reclutó a los hombres para la Segunda Cruzada fue: "¡Maldito el que de la sangre retraiga su espada!" (Jer 48:10)? Los versículos por separado, arrancados de su contexto y luego mal aplicados han causado daños irreparables. Aunque deseamos ser vigorosos en nuestra defensa de Yahvé como guerrero (Jer 20:11), debemos condenar a los que usan los relatos de guerra en el libro de Josué, para justificar la guerra hoy en día. En relación con esto, G. Ernest Wright comenta.

> La guerra santa de Israel, algo que a nosotros hoy nos parece fanatismo, puede ser concebida como una agencia de la cual Dios hizo uso en un momento para sus propios propósitos y sin santificar a sus participantes de manera alguna. ... Cada momento es único. Un modelo de respuesta en el pasado, de parte de un agente, puede ser usado como guía en el presente sólo con gran cautela. Las guerras de conquista de Israel no fueron mandatos de guerra para el pueblo de Dios en el día de hoy. (1969: 130)

En realidad, es bastante sorprendente que el libro de Josué contenga relativamente pocos detalles de la guerra agresiva por la cual la tierra fue reducida al control israelita. Un capítulo está dedicado a la caída de Jericó (cap. 6), dos a la complejidad para reducir a la ciudad de Hai (caps. 7, 8), y uno al tratado conciliatorio con los gabaonitas (cap. 9). El capítulo 10 registra brevemente la campaña del sur: la reducción de seis ciudades en lo que luego sería la región ocupada por Judá (vv. 1-39). El capítulo 11 registra la campaña del norte (vv. 1-15). Dado que la decisión de entrar en guerra fue de Yahvé, los israelitas sacaron la conclusión de que la guerra era un instrumento sagrado de Dios. Él determinaba quién ganaba y en ocasiones lo hacía por medio de un milagro.

Ya que fue sólo por la mano de Dios que los israelitas poseyeron la tierra, la conquista está incluida en el recitado de los actos poderosos de Dios a favor de su pueblo (Jos 24:2-13). En realidad, a partir de este momento, tres énfasis principales dominaron las "confesiones" del pueblo de Dios: su elección por vía del llamamiento de Abraham, su liberación de Egipto instrumentada por Moisés; y el regalo de la tierra (Deut 26:5-11). Estos elementos obviamente se equiparan, en el evangelio del Nuevo Testamento, con su tríada espiritual: la elección de un pueblo para que pertenezca a Dios; su liberación de la culpa y de la consecuencia del pecado a través de la cruz; y, el don divino del Espíritu Santo, quien provee una ligadura eterna con Jesucristo el Señor. El apóstol Pablo apeló a estos mismos actos redentores en su predicación a los judíos. Él identificó al Dios de Israel con el Dios y Padre de nuestro Señor Jesucristo (Hech 13:16-41).

Cuando las batallas principales terminaron, la tierra fue formalmente dividida entre las tribus y los miembros de sus familias (Jos 13-21). Este proceso tomó un tiempo considerable, dado que demandó que todas las operaciones de limpieza del territorio fueran llevadas a cabo de antemano. Entonces fue posible implementar un patrón de asambleas por el cual todos los israelitas pudieran reunirse en intervalos razonables, para afirmar su condición de ser un solo pueblo en devoción a Yahvé (Jos 24:1; Jue 20:1; 1 Sam 10:19; etc.).

Hacia el final de su servicio como "líder de la guerra," Josué convocó una asamblea nacional en Siquén y dio un oráculo que podría ser considerado como aproximadamente profético (Jos 24:1-28). La primera sección de este discurso inspirado fue un repaso de la historia de la salvación (vv. 2-13). Comenzó con una referencia a los antepasados amorreos de Abraham y al servicio a otros dioses que ellos hacían. Luego continuó la elección y el llamamiento de Abraham, su mudanza a Canaán y el descenso de Jacob y de sus hijos a Egipto, para multiplicarse allí por siglos. Se enfatizó la liberación del éxodo, particularmente los roles sacerdotales de Moisés y de Aarón. Es de extrañar que Josué no mención el Sinaí. Se concentró en la liberación de Israel de manos de los amorreos, de los moabitas y de los pueblos de Canaán. Una línea significativa es: "No fueron ustedes quienes, con sus espadas y arcos, derrotaron a los dos reyes amorreos; fui yo quien por causa de ustedes envié tábanos, para que expulsaran de la tierra a sus enemigos" (v. 12). Josué no hace ninguna referencia al uso de armas humanas ni le tribuye ninguna significación a la participación humana en la conquista. La tierra fue un regalo de Yahvé para su pueblo.

> A ustedes les entregué una tierra que no trabajaron y ciudades que no construyeron. Vivieron en ellas y se alimentaron de viñedos y olivares que no plantaron. (v. 13)

Luego, Josué cambia de terreno y entra en diálogo con el pueblo (vv. 14-27). El asunto es la obligación de pacto que tenían con Yahvé, su necesidad de prometer que servirían al Señor fielmente, dejando de lado a otros dioses (v. 14). Esta afirmación pública fue registrada en "el libro de la ley de Dios" (v. 26) y conmemorada por una gran roca adyacente a un antiguo roble donde estaba ubicado el tabernáculo. A medida que la gente volvió a sus variadas herencias desparramadas por la tierra, sus pensamientos estuvieron concentrados en el desafío de Josué:

> elijan ustedes mismos a quiénes van a servir; a los dioses que sirvieron sus antepasados al otro lado del río Éufrates, o a los dioses de los amorreos, en cuya tierra ustedes ahora habitan. Por mi parte, mi familia y yo serviremos al Señor. (v. 15)

## El período de los jueces

Las generaciones de israelitas que vinieron después de Josué, registradas en el libro de Jueces, probaron grandemente la fidelidad de Yahvé. A pesar de su ayuda, ellos no pudieron ni poseer la totalidad de la tierra de Canaán ni liberarla de lo cananeos. Una y otra vez, ellos resistieron la voluntad de Dios. Aun así, en esta sucesión deprimente de infidelidades de parte de Israel y de invasiones foráneas, seguida de tiempos de arrepentimiento y de intervención divina a través de libertadores inusitados, la realidad de su condición de nación corporativa comenzó a cristalizarse en la consciencia del pueblo.

En el momento de la conquista de Canaán, Israel era meramente un liga tribal informal, bajo el liderazgo de Josué. Aun así, esta confederación sin amarras era consciente de su unidad esencial a través de la adoración de Yahvé, pero no era un estado ni tenía un gobierno central. Yahvé no decretó que Josué nombrara a un líder de guerra para sucederlo. De ahí que, en los años siguientes, Israel sólo fue un pueblo con un centro religioso. Esta existencia teocrática fue única en el mundo antiguo. Con la llegada de Samuel, quien combinó las junciones de juez, de profeta y de sacerdote, comenzó a tomar forma una nueva era. Las tribus comenzaron a reunirse y la monarquía emergió lentamente y de manera titubeante.

No obstante, por un largo período, los israelitas deliberadamente rechazaron la idea de una monarquía y se rehusaron a imitar el modelo de ciudad-estado de la antigua Canaán. Ellos querían permanecer como una teocracia tribal. Gedeón resumió esto mejor cuando rechazó de plano cualquier idea de reinado: "Yo no los gobernaré, ni tampoco mi hijo. Sólo el Señor los gobernará" (Jue 8:23).

El punto focal de la vida religiosa entre las tribus siguió siendo el lugar sagrado del arca (1 Sam 4:4). Fue delante de este símbolo físico, que el pacto era reafirmado cada vez que los israelitas se reunían en días de fiesta para confesar su alianza con Yahvé. En el período de los jueces, la realidad central que dominaba la consciencia pública era que Yahvé el guerrero continuaría estando entre el pueblo y los poderes hostiles de este mundo. Dios también castigaría a los que dentro de su pueblo se oponían a su voluntad y estaría involucrado en las luchas para poseer y desarrollar la tierra.

Todos los incidentes y todas las expresiones de la voluntad de Dios en el libro de Jueces contienen lecciones que nos ayudan a entender el conflicto cósmico entre Dios y Satanás. Estas lecciones son acrecentadas y ampliadas cuando llegamos al reino escatológico inaugurado por Jesucristo. Lo más solemne es el hecho que mientras Dios, de manera voluntaria, hizo guerra en contra de los enemigos de su pueblo, hubo momentos en los que intensamente le dijo a su pueblo que Él pelearía en contra del pueblo de Dios, debido a su desobediencia: "Yo mismo pelearé contra ustedes. Con gran despliegue de poder, y con ira, furor y gran indignación" (Jer 21:5). De modo que entonces, el Libro de Jueces revela la tolerancia paciente de parte de Dios. Aunque se revela que su pueblo es "terco" (Ex 32:9), lo soportó, castigándolo, reprendiéndolo y luego liberándolo. Dios hizo esto una y otra vez, porque su voluntad no abandonaría a su pueblo. Todo esto contrasta de manera aguda con los "separatistas" impacientes, que rápidamente decretan que una iglesia es apóstata y procuran formar una nueva, y de esa manera incentivan la fragmentación del pueblo de Dios. Bajo el antiguo pacto, Dios nunca ordenó un "segundo" Israel.

**Samuel, el último de los jueces de Israel**

La era de los jueces fue un tiempo de conflicto aparentemente interminable entre el pueblo de Israel y los filisteos. Los filisteos no aparecieron repentinamente en la escena como un pueblo vecino de Israel, masivo, bien organizado y depredador. Durante varios siglos antes de la ocupación filistea, esa área de Canaán había sido gobernada por lo egipcios. Con la declinación del poder egipcio, agresivos pueblos del mar de origen egeo comenzaron a invadir el imperio hitita y la costa siria, e incluso se dirigieron hacia el sur para atacar a Egipto. Un segmento de esos pueblos agresivos atacó a Egipto desde el oeste, desde la actual Libia. Pero fueron vencidos por Ramsés III en 1188 a.C. La fuerza del norte luego procedió a consolidar todo lo que habían ganado anteriormente y se establecieron en la larga planicie costera de Palestina (Bright 1953: 33). De ahí, llegaron a ser conocidos como filisteos. Su presencia creciente al lado de Israel provocó años de luchas de frontera, las cuales se relatan en parte, en la historia de Sansón (Jue 14-16).

Los primeros capítulos de 1 Samuel introducen a Elí, quien estaba al servicio del arca en Siló. Él era juez y también se desempeñaba como sumo sacerdote. A pesar de ser un hombre de integridad personal, se rehusó a poner límite a la conducta inmoral de sus hijos Ofni y Finés. Uno puede inferir que durante su vida, tuvo lugar una gran declinación de la adoración a Yahvé. Esto condujo a la consiguiente desintegración de Israel. Elí fue advertido del juicio inminente, a través de un profeta anónimo (1 Sam 2:27-36) y por medio del niño Samuel, quien en ese tiempo estaba siendo criado en el tabernáculo (3:10-18). Todo esto no sirvió para nada, y en 1050 a.c., los filisteos derrotaron a Israel de manera aplastante. Siló y el tabernáculo fueron arrasados, el arca fue capturada, a Ofni y Finés los mataron, y Elí murió cuando oyó las noticias (4:1-22). Esta humillación militar y espiritual redujo a Israel a un pueblo desarmado, servil y absolutamente vacío de esperanza.

Debemos evaluar este desastre de manera plena. El Salmo 78 revisa los detalles:

> Dios . . . rechazó completamente a Israel.
> Abandonó el tabernáculo de Siló,
> que era su santuario aquí en la tierra,
> y dejó que el símbolo de su poder y gloria
> cayera cautivo en manos enemigas. (vv. 59-61)

El tabernáculo de Siló nunca fue reconstruido, y sus ruinas permanecieron como una advertencia constante para las generaciones subsiguientes, de la insensatez de la apostasía. Cuan siglos más tarde, una crisis similar confrontó a Judá (en manos del poder armado de Babilonia), y Jeremías llamó la atención sobre este precedente histórico.

> Vayan ahora a mi santuario en Siló, donde al principio hice habitar mi nombre y vean lo que hice con él por culpa de la maldad de mi pueblo Israel ... lo mismo que hice con Siló haré con esta casa que lleva mi nombre [el Templo de Jerusalén]. (7:12-14, ver también 26:6, 9)

**Conclusión**

Mientras Samuel fue juez de Israel, y con anterioridad al comienzo de la monarquía, Israel operó principalmente sobre la base de mantener, de manera deliberada, una posición de debilidad militar. Su confianza estaba puesta sobre su adoración unida y su sumisión obediente al gobierno de Yahvé (y por lo tanto, en la provisión y el cuidado de Yahvé para con ellos), más que en sus propios esfuerzos para lograr una superioridad militar sobre todos los poderes vecinos. A lo largo de los años, ellos se dieron cuenta de que Yahvé fue fiel al pueblo de Dios y a su compromiso de pacto con ellos. Dios era su rey y su gobernante moral, quien castigaba a su pueblo cuando pecaba, así como también los bendecía cuando obedecían su ley.

Pero la idea de un reinado humano había estado por largo tiempo en el pensamiento de este pueblo (Gén 36:31; Ex 19:6; Deut 17:14-20). Aun así, en la providencia de Dios, esto se mantuvo en suspenso por varios cientos de años difíciles. ¿Estaba Dios procurando darles una experiencia dilatada de la habilidad de Él para obrar poderosamente a favor de ellos, aun cuando estaban desparramados ampliamente por toda "la tierra" y sólo ligados por una fe en común? ¿Quería también Dios que ellos experimentaran de manera plena la falibilidad de su fe y la superficialidad de su obediencia a Él? Tal vez este largo período fue necesario para inculcarles el deseo de un hombre de Dios ideal, de un Mesías victorioso, que sería su rey.

El advenimiento de invasiones recurrentes por parte de los filisteos les refrescó las ideas. Los esfuerzos de Samuel por traer a las tribus dispersas al punto de un arrepentimiento unido y común delante de Jehová, y el liderazgo administrativo que él proveía, hicieron que el pueblo estuviera hambriento por un cambio. A pesar de la fidelidad de Yahvé, ellos persistieron en procurar una solución humana para su vida corporativa: un rey a quien ellos pudieran elegir "mientras durara" la amenaza filistea.

Cuando sus líderes vinieron a Samuel y pidieron un rey, él sintió mucho desagrado. Aquí se necesita una palabra de advertencia. No deberíamos asumir que el período premonárquico, con sus jueces carismáticos fue teocrático y que en contraste, el tiempo de los reyes automáticamente representó algo no teocrático. Ya sea que hubiera jueces o reyes, la realidad teocrática permanecería en operación, tal como lo veremos. Yahvé era tanto Juez como Rey. Aun así, las intervenciones dramáticas por parte de Dios en la vida nacional de Israel serían mucho menos frecuentes.

Lo que afligió a Samuel fue el espíritu no teocrático con se hizo el pedido de los israelitas. Él oró a Dios por consejo y recibió lo siguiente:

> pero el Señor le dijo: "Considera seriamente todo lo que el pueblo diga. En realidad, no te han rechazado a ti, sino a mí, pues no quieren que yo reine sobre ellos. Te están tratando del mismo modo que me han tratado a mí desde el día en que los saqué de Egipto hasta hoy. Me han abandonado para servir a otros dioses. Así que hazles caso, pero adviérteles

claramente del poder que el rey va a ejercer sobre ellos." (1 Sam 8:7-9)

Samuel luego describió cuál sería el resultado si ellos procuraban un rey "como lo tienen todas las naciones" (8:5). Este rey los cargaría con el mantenimiento de su ejército, junto con una burocracia explotadora. Además, los impuestos serían altos (8:10-18). Samuel también sabía que cuando Israel como nación se uniera a un establecimiento político de pueblos paganos, su comprensión de la guerra como un instrumento sagrado de Yahvé desaparecería. Sería imposible mantener vivo el hecho de que la guerra no debía estar bajo el control humano. En otras palabras, el establecimiento de un estado con un rey humano secularizaría el orden político de Israel y también secularizaría la guerra. La tragedia es que esto es lo que el pueblo quería:

> Así seremos como las otras naciones, con un rey que nos gobierne y que marche al frente de nosotros cuando vayamos a la guerra (1 Sam. 8:20)

La gente rechazó el consejo de Samuel, y Dios les concedió la libertad de conseguir lo que querían. Dado que Dios actuó con gracia hacia ellos, les proveyó a Saúl como su primer rey, una provisión que le dio mucho gozo al pueblo, debido a su éxito inicial en rechazar una incursión de los amonitas (1 Sam 9-10; 11:1-15).

Con la entronización de Saúl, el período de los jueces llegó a su fin. Esto fue marcado con un discurso memorable de despedida por parte de Samuel. Aprovechó la ocasión para recordarles que a pesar de su deseo de tener una monarquía institucionalizada, los israelitas todavía eran el pueblo del pacto de Dios. De ahí que tanto el rey como el pueblo todavía debían servir a Yahvé. Más aún, su cuidado providencial por su pueblo no disminuiría.

> Si ustedes y el rey que los gobierne temen al Señor su Dios, y le sirven y le obedecen, acatando sus mandatos y manteniéndose fieles a él, ¡magnífico! En cambio, si lo desobedecen y no acatan sus mandatos, él descargará su mano sobre ustedes como la descargó contra sus antepasados (1 Sam 12:14-15)

Eventualmente, Saúl probó ser un fracaso total. De manera ominosa, su reinado comenzó con el establecimiento de un ejército (1

Sam 13:2-4). No obstante, Dios desechó esta acción independiente, muy posiblemente para que a través del abuso trágico de la función real por parte de Saúl, los israelitas pudieran volverse a Yahvé y buscar a un rey conforme a su corazón. Lo que Él también indudablemente se propuso fue que, por medio de la reflexión sobre "la ley del rey", que les había sido dada por Moisés (Deut 17:14-20), ellos sostuvieran esta pauta más alta de reinado frente a cualquier otro rey que pretendiera gobernar al pueblo del pacto de Yahvé.

Debido al fracaso de Saúl de vivir conforme a esta pauta, los filisteos eventualmente dominaron la tierra, después de su abrumadora derrota sobre las laderas del monte Gilboa (1 Sam 31:1-7). Esto preparó el escenario para que Yahvé eventualmente instituyera la dinastía davídica, comenzando con David, la persona notable que Él sacó "del redil para que, en vez de cuidar ovejas [gobernara] a [su] pueblo Israel" (2 Sam 7:8).

Hemos sido muy selectivos con el material para este capítulo, debido a nuestro deseo principal de despertar una conciencia del fenómeno de la guerra de Yahvé. Durante la conquista, Yahvé usó a su pueblo del pacto para hacer la guerra en contra de los pueblos cananeos. Este patrón se dio vuelta totalmente durante el período de los jueces y continuó haciéndolo durante la monarquía. De manera creciente, durante la monarquía, los profetas anticiparían que pueblos extranjeros serían usados por Yahvé para castigar a su pueblo cuando lo desobedecieran.

El corazón teológico de la guerra premonárquica de Yahvé encuentra una expresión clásica en la boca de dos testigos. Jonatán dijo: "Espero que el Señor nos ayude, pues para él no es difícil salvarnos, ya sea con muchos o con pocos" (1 Sam 14:6). Más todavía, cuando David confrontó a Goliat, leemos que Goliat "[maldijo] a David en nombre de sus dioses" (1 Sam 17:43). En respuesta David afirmó:

> yo vengo a ti en el nombre del Señor Todopoderoso, el Dios de los ejércitos de Israel, a los que has desafiado. Hoy mismo el Señor te entregará en mis manos. . . . Todos los que están aquí reconocerán que el Señor salva sin necesidad de espada ni de lanza. La batalla es del Señor, y él los entregará a ustedes en nuestras manos. (vv. 45-47)

Estas dos declaraciones son significativas. A medida que nos adentramos más profundamente en el registro bíblico, encontraremos que sus principios subyacentes se confirman una y otra vez. Ningún arma forjada por los enemigos de Dios puede en última instancia tener éxito en impedir el propósito en marcha de Yahvé, quien reinará "por siempre y para siempre" (Ex 15:18). De modo que entonces, entremos dentro de la experiencia de Israel como una monarquía.

## Capítulo 7

## El gobierno de Dios es desafiado por los reyes de Israel

**Introducción**

En este punto de la historia es importante recordar el tema general de nuestro estudio: la misión de Dios de anunciar el reino de Dios entre las naciones. La era davídica fue la edad de oro de Israel como entidad política. Y durante ese tiempo, todavía había una comprensión de que Israel debía ser un ejemplo del gobierno de Dios a las naciones a través de David. Muchos Salmos enfatizan este tema. No obstante, la era de los reyes nos enseña más acerca de lo que el reino de Dios no es más que de lo que sí es. La razón es que la realidad dominante fue la desobediencia de los reyes hacia el Dios de Abraham, de Isaac y de Jacob, y en consecuencia también su fracaso en proclamar el gobierno de Dios entre las naciones circundantes.

David se hizo prominente en un tiempo cuando las naciones circundantes del mundo antiguo estaban en declinación política. Al principio, la situación en la tierra era bastante confusa. Saúl, el primer rey, dominó todo Israel con excepción de Judá. Durante el tiempo de Saúl, Israel estuvo constantemente bajo el hostigamiento de las incursiones filisteas. Más todavía, Saúl se dejó llevar por un temor irracional en relación con David, lo cual agravó su hostilidad hacia Judá. Su vida atribulada terminó trágicamente en suicidio después de la derrota total de su ejército en manos de los filisteos (1 Sam 31).

En los años que siguieron, David consolidó su gobierno sobre Judá y prevaleció más y más sobre un Israel en constante debilitamiento. Después de siete años y medio de lucha sin propósito, se declaró la paz y la monarquía davídica se extendió para incluir todas las tribus de Israel (2 Sam 5:1-6). De acuerdo con el registro, poco después de la consolidación del reino, David y sus hombres hicieron algo que impresionó grandemente a todo Israel. Casi con una sola mano capturaron la fortaleza jebusea de Jerusalén, un puesto de avanzada del poder cananeo, que hasta ese tiempo había sido considerado como inexpugnable. El que David lograra esta victoria sin la asistencia de las "doce tribus" significó que Jerusalén no podía ser considerada como perteneciente a ninguna tribu en particular. Esto hizo de ella una capital ideal para el reino.

Esta jugada fue aceptada por los israelitas, pero fue desafiada por los filisteos. Cuando ellos vieron que David comenzó a reforzar y a ampliar las defensas de Jerusalén "y se fortaleció más y más," resolvieron destruirlo (2 Sam 5:9-10). Montaron dos ataques masivos, que serían repelidos con grandes pérdidas, porque Yahvé peleó por Israel (vv. 17-25). Esto le confirmó a David lo que antes había percibido: "el Señor, por amor a su pueblo, lo había establecido a él como rey sobre Israel y había engrandecido su reino" (v. 12).

Casi inmediatamente después de esto, David dio pasos para erigir una tienda en Jerusalén, en la cual el arca del pacto pudiera ser albergada temporalmente (2 Sam 6:17). La centralización del poder político por parte de él lo impulsó a comenzar a dar pasos para traer a Jerusalén la adoración pública a Yahvé. Si este paso inicial fue dado a la luz del deseo de Yahvé de tener un lugar en la tierra donde su nombre pudiera morar, es algo que no podemos decir (Deut 12:5-14). De todos modos, este paso marcó el comienzo de cambios radicales en la vida religiosa de Israel.

Durante la conquista, el arca había estado ubicada temporalmente en el tabernáculo en Gilgal, cerca de Jericó. Cuando cesó la pelea y la tierra fue dividida entre las tribus, el arca y el tabernáculo fueron llevados a Siló (Jos 18:1), lo cual proveyó una ubicación céntrica y más accesible para todas las tribus. En realidad, el registro es un poco oscuro, porque antes de David había santuarios separados en Siquén, Betel y Hebrón. ¿Significa esto que el tabernáculo portátil era llevado por turno a distintos lugares, sobre la base de un circuito? No podemos decirlo. Pero para los días de Samuel, la ubicación del tabernáculo en Siquén ganó un aspecto de permanencia e incluso se hablaba del "santuario del Señor" (1 Sam 1:9; 3:3).

Después del episodio durante el cual Israel perdió el arca en una batalla contra los filisteos (1 Sam 5-6), el arca fue conservada por veinte años en Quiriat Yearín (6:19-7:2). Luego, el arca fue llevada a Nob (21:1-6) y más tarde a Gabaón (1 Crón 16:39). Aparentemente, el arca y el tabernáculo no estuvieron juntos durante este período. Temprano en el período cuando David estaba conquistando las ciudades cananeas fortificadas que todavía quedaban y subordinando a Transjordania, el arca fue mudada a Jerusalén. Esto hizo de Jerusalén la residencia oficial de Yahvé y su misma presencia allí tendió a confirmar a David como el ungido de Dios. Cuando David extendió su poder a Siria y comenzó a conformar un imperio israelita de estados vasallos y del pacto, se le debe haber confirmado aun más al pueblo que Dios estaba de su lado. La edad de oro había amanecido y el tesoro comenzó a llenarse con botines tomados de las naciones. ¿Fue ésta una señal de que la promesa hecha a Abraham concerniente a la bendición de las naciones a través de su simiente se estaba cumpliendo? Aunque el pueblo puede haber pensado otra cosa, este modelo de misión de conquista estuvo bastante lejos de la intención que Dios tuvo cuando llamó a Abraham.

David, impulsivamente, decidió que había llegado el tiempo de institucionalizar la teocracia en concordancia con la revelación de Yahvé a través de Moisés (Deut 12). Seis veces en este capítulo se hace referencia al "lugar" que Yahvé elegiría para su morada (vv. 5, 11, 14, 18, 21, y 26), después que Dios le diera descanso a su pueblo de todos sus enemigos (12:10). De esta manera, David se sintió obligado a dar pasos para construir una casa para Yahvé en Jerusalén. Cuando David le mencionó a Natán su deseo de lograr esto, recibió un comentario franco: "Haga Su Majestad lo que su corazón le dicte, pues el Señor está con usted" (2 Sam 7:3). No obstante, ésta no era la voluntad de Dios. Fue un Natán castigado el que tuvo que comunicarle a David que le estaba prohibido por Dios construir el Templo. Pero el "oráculo de prohibición" de Natán (2 Sam 7:5-16) se tornó en un oráculo de esperanza. Lejos de que David le construyera una casa a Yahvé, Yahvé construiría la casa de David. Aunque Natán sólo habló de una sucesión continua de reyes davídicos, en los años siguientes los profetas de Yahvé ampliaron esta promesa para abrazar la "esperanza mesiánica," que tenía las proporciones de un pacto. Discutiremos esto en detalle más adelante.

Cuando Salomón erigió el Templo y lo hizo sede de un culto real oficial, todavía ocurrieron más cambios. El carisma en el liderazgo le dio lugar a la dinastía. El poder y la riqueza se incrementaron, la cultura floreció, el pueblo de Yahvé llegó a ser el reino de Israel, y el estado sostenía la vida religiosa. Tuvo lugar una sacralización inevitable. El estado se transformó en "el reino de Dios" compuesto por "el pueblo escogido de Dios" gobernado por "el hijo ungido de Dios." El propósito de Dios en la historia llegó a equipararse con mantener el orden existente. Pero existir meramente como *status quo* difícilmente podía equivaler a ser una bendición a las naciones.

La exaltación de la dinastía davídica dominó la vida cúltica de manera creciente. Algunos eruditos sostienen que los rituales festivos más antiguas se transformaron y se mezclaron con un festival de entronización que iniciaba y dominaba el año religioso. Los Salmos nos proveen de una percepción de las formas litúrgicas de esta celebración central. Primero, encontramos eventos de preparación cuando todo

Israel hacía una peregrinación a Jerusalén y cuando se proclamaba que Sión era el lugar escogido para morada de Yahvé, el Creador del cielo y de la tierra. Segundo, están las afirmaciones cuando Yahvé era reconocido como Rey gobernando desde Sión, sobre el cielo y sobre la tierra, y cuando su venida escatológica para juzgar a las naciones era anunciada. Finalmente, vemos las bendiciones que detallan la manera en que Yahvé concedía justicia y bondad amorosa sobre el rey davídico, sobre Sión y sobre Israel. Cuando uno reflexiona sobre esta secuencia (el esplendor imaginado con el cual tenía lugar esta fiesta anual y las vicisitudes de la historia subsiguiente de Israel), uno comienza a darse cuenta de lo inevitable que fueron las distorsiones que se apoderaron de las mentes israelitas, condicionando su resistencia a la clase de reino que Jesús proclamó más tarde.

Carroll Stuhlmueller sugiere que cuando los pueblos extranjeros marchaban a Jerusalén para pagar tributo, posiblemente se inclinaban ante Yahvé en el Templo. Él argumenta que "parece registrarse una ceremonia tal en el Salmo 87," y cita partes pertinentes del texto:

> Los cimientos de la ciudad de Dios están en el santo monte.
> El Señor ama las entradas de Sión [el Templo]
> más que a todas las moradas de Jacob. (vv. 1-2)
>
> Entre los que me reconocen puedo contar a Rahab y a Babilonia,
> a Filistea y a Tiro, lo mismo que a Cus.
> Se dice: 'Este nació en Sión'."(v. 4)
>
> De Sión se dirá, en efecto: "Éste y aquél nacieron en ella.
> El Altísimo mismo la ha establecido" (v. 5)
>
> El señor anotará en el registro de los pueblos:
> "Éste nació en Sión" (v. 6)
>
> Y mientras cantan y bailan, dicen: "En ti se hallan todos mis orígenes" (v. 7).
> (Senior y Stuhlmueller 1983: 90, citando el salmo 87)

Las actividades de Salomón generaron la visión política de Israel, alcanzando a las naciones para incorporarlas a un reino dinámico y conquistador. El populacho entusiasmado sacralizó todo esto jactándose de que Yahvé gobernaría a las naciones a través de Israel y de su Hijo davídico. En la superficie, ¡esto fue en verdad la edad de oro (1 Rey 4:20-21; 5:13)!

No obstante, la monarquía davídica eventualmente colapsó debido a que dejó de lado a Dios y debido al fracaso ético de sus gobernantes, de sus sacerdotes y del pueblo. Incluso los días de Salomón se caracterizaron por una tensión social aguda, que surgía del nepotismo y del favoritismo en la corte real, de impuestos pesados, de la conscripción y del compromiso religioso. Con el tiempo, la mayoría de los israelitas rechazaron el estado salomónico como el cumplimiento del destino de Israel. La revolución estalló en el año 930 a.C. bajo el liderazgo de Jeroboán, un patrón abusador del odiado sistema *corveé* (trabajo forzado). Israel se separó de Judá y ninguna de las dos naciones se recuperó de este desastre.

Con la fractura también vino la apostasía. El reino del Norte muy pronto estableció su propio culto estatal, el cual a su tiempo unió a la adoración de Yahvé con la adoración de Baal. El juicio de Dios finalmente cayó sobre Israel con la conquista por parte de los asirios en el 722 a.C. y destruyó tanto a la nación como al pueblo. Esto demostró que sus ciudadanos ni eran el pueblo de Dios ni constituían de manera colectiva su reino (Bright 1953: 75).

Sólo Judá permaneció. Durante sus años finales, tanto la apostasía espiritual como el decaimiento moral caracterizaron su vida de igual manera, a pesar de algunos reyes piadosos, de reformas nacionales, de liberaciones sorprendentes (e.g., de manos de Senaquerib, Isa 37:33, 35), de advertencias proféticas y de la preocupación amorosa de Yahvé por Jerusalén y por el Templo. En realidad, Judá nunca se hundió hasta la profundidad que lo hizo Israel al apartarse de su relación de pacto con Dios. Siempre hubo un remanente del pueblo de Dios en su medio, cuya presencia, testimonio y preocupación social sirvieron para impedir que Judá llegara a un eclipse espiritual total. A pesar de esto, debido a la relación tributaria que Judá tuvo con Asiria por cien años, la adoración de las deidades asirias se practicaba en Jerusalén, junto con la adivinación y la magia, la prostitución sagrada y los sacrificios humanos. Cuando Asiria repentinamente colapsó, Judá pudo tener alivio de la opresión extranjera, pero sólo por un período breve.

La renovación espiritual vino a través de Josías (2 Rey 22-23), aunque con su trágica muerte comenzó el período final de la declinación espiritual. Jeremías proclamó el rechazo de Judá por parte de Dios como vehículo de su reino. En realidad, el total pesimismo de Jeremías con respecto a la condición moral de Judá lo condujo a una virtual traición (caps. 2, 27, 38, 39). Al final, el poder babilónico bajo el liderazgo de Nabucodonosor fue el instrumento de castigo por parte de Dios. Para el año 587 a.C., prácticamente todas las ciudades fortificadas, incluida Jerusalén y el Templo, habían sido reducidas a escombros. Cientos de miles perecieron. Sólo un número relativamente pequeño fue a la cautividad. Fue el final de Israel como una entidad política y religiosa. Por varios siglos, la línea davídica virtualmente desapareció del conocimiento público. Percibimos algo de la intensidad de esto en el lamento del salmista:

> Dijiste: "He hecho un pacto con mi escogido;
> le he jurado a David mi siervo:
> 'Estableceré tu dinastía para siempre,
> y afirmaré tu trono por todas las generaciones'." (Sal. 89:3-4)

> Pero tú has desechado, has rechazado a tu ungido;
> te has enfurecido contra él en gran manera.
> Has revocado el pacto con tu siervo;
> has arrastrado por los suelos su corona. (vv. 38-39)

> ¿Hasta cuándo, Señor, te seguirás escondiendo?
> ¿Va a arder tu ira para siempre, como el fuego? (v. 46)

> ¿Dónde está, Señor, tu amor de antaño,
> que en tu fidelidad juraste a David? (v. 49)

**Los profetas como guardianes del reino**

El despliegue histórico del reino entronizó a Yahvé en medio de su pueblo y reemplazó a una sucesión de líderes carismáticos no relacionados por un reinado formal. Este proceso también demandó de profecía, un fenómeno de enorme importancia. En realidad, había habido un rol profético anterior. Uno puede detectar por lo menos cinco etapas en el oficio profético en el Antiguo Testamento. Primero, estuvo Moisés el profeta, cuyo rol comprehensivo abarcó funciones tan variadas como la autoridad real, la intercesión sacerdotal, la revelación profética y el consejo de los sabios. De ahí que él pudo hablar del profeta mesiánico, quien encarnaría de manera plena todo lo que él era y mucho más (Deut 18:15-18). Luego siguieron los profetas del tiempo de los jueces hasta llegar a Salomón, tanto nombrados como anónimos, cuyos mensajes no están registrados en el canon. La tercera fase involucró el ministerio de Elías y de Eliseo, junto con sus discípulos.

Nuevamente, ellos no nos dejaron registros escritos de significado eterno. Luego vino la gran sucesión de profetas anteriores al exilio, inaugurada por Amós. Sus mensajes fueron registrados y tienen una relevancia duradera para todas las generaciones del pueblo de Dios. Finalmente, estuvieron los profetas nombrados y anónimos de la época posterior al exilio, cuyos escritos proveen una transición maravillosa hacia la venida del Mesías y hacia la era mesiánica.

Los profetas, tanto verdaderos como falsos, fueron comunes a lo largo y a lo ancho del mundo antiguo. Balán era moabita (Núm 22:7) y los profetas de Baal eran cananeos (1 Rey 18:19). No obstante, en agudo contraste, los profetas de Israel se consideraron como el don de Dios para el pueblo de Dios (Amós 2:11). Como tales, no tuvieron un paralelo real en ninguna de las naciones vecinas. Su verdadera función puede ser entendida mejor a través de la reflexión sobre la analogía expresada en Éxodo 7:1. Allí Yahvé le dice a Moisés: "Toma en cuenta—le dijo el Señor a Moisés–que te pongo por Dios ante faraón. Tu hermano Aarón será tu profeta" (ver también Ex 4:15-16). Para decirlo de forma simple, el profeta era el vocero de Dios, hablándole principalmente a su propia generación. Lo que decía surgía de las circunstancias inmediatas en las que vivía. Mientras que el conocimiento del trasfondo particular de un profeta (su ubicación histórica y sus realidades sociales) nos ayudan a entender su mensaje, debemos tener en mente que este mensaje era sobrenatural y no natural. Él no era meramente un crítico social o un reformador religioso. Lo que proclamaba venía de una comunicación directa con Dios, a través de sueños y de visiones (Ex 33:11; Núm 12:6; Jer 23:18-22; Amós 3:7). Lo que el profeta revela concerniente a Dios tiene una profundidad, que va mucho más allá de su propia comprensión de lo que realmente está proclamando (1 Ped 1:10-12).

Hablando en términos generales, los profetas anticipaban lo que venía, aunque ocasionalmente vaticinaron el futuro a los efectos de descubrir la verdadera naturaleza de Dios y su propósito para las naciones. Invariablemente, las predicciones de los verdaderos profetas ocurrieron (Deut 18:21-22) y de esa manera se autenticaron sus credenciales técnicas (13:1-3). Aun así, fue la calidad ética y espiritual de sus mensajes la que fue decisiva para demostrar si es que eran profetas verdaderos o falsos (13:2-3).

El pueblo de Dios puede ser grandemente fortalecido por las revelaciones proféticas de lo que Dios hará en el futuro. Por esta razón, en ocasiones, un profeta podría predecir un evento improbable y declarar que se iba a cumplir en un futuro inmediato. Cuando lo profetizado ocurría, el hecho autenticaba la consistencia ética y espiritual profeta (e.g., Zac 4:9). Más todavía, el pueblo celebraba al darse cuenta de que sus predicciones de eventos más remotos debían ser tomadas con seriedad.

Isaías describió la secuencia por la que él pasó al recibir una palabra específica de parte de Yahvé para el pueblo (cap. 6). Muy posiblemente comenzó con la urgencia de ir al Templo a adorar al Señor, quien residía allí.[3] De repente, una visión de santidad divina descendió y lo sobrecogió (vv. 1-4). Una compunción de culpa y de autocondenación fluyó en su corazón y en su mente. A continuación vino una confesión y una completa abnegación personal (v. 5). Esto trajo aparejada la gracia limpiadora de Yahvé (vv. 6-7) y una creciente consciencia de que un nuevo mensaje debía ser revelado. En gratitud por este privilegio, Isaías se comprometió de nuevo con este llamado profético y fue comisionado otra vez por Yahvé (v. 8). Recién entonces es que él comenzó a recibir el mensaje que debía transmitir (vv. 9-13).

Los profetas acentuaron la relevancia de la revelación sinaítica y deuteronómica. Israel sólo podía tener la seguridad de la permanencia de su elección divina, enseñándole al pueblo que la ley debía ser obedecida a toda costa (Deut 4:5-6, 32, 36; 28:63; 30:9, 11-14). Ellos exhortaron a los líderes a ir en pos de la rectitud no tanto como una cualidad o estado, sino como un medio de acentuar el carácter esencial de la justicia en la sociedad. Al enfocarse en la *hesed* (la fuerte fidelidad de Dios hacia sí mismo), ellos subrayaron la imitación de Dios como la fuente principal de todo lo que relacionaba a la gente con Él y con la vida ética (Miq 6:8). Ellos llamaron a la gente a entrar en comunión con Dios. Esto implicaba una participación por fe en su plan para la historia humana, es decir, compartiendo la perspectiva de Dios con confianza. Cuanto más grande es el conocimiento que uno tiene de su revelación, más profunda es la confianza en él y uno obedece su voluntad de manera más activa. Aparentemente, el ideal profético era que el pueblo de Dios fuera enérgico en su cooperación con él, más que "disfrutadores de Dios beatificados" (Jacob 1958: 176).

---

[3] Se debe ejercer cuidado al referirse al Templo como el lugar de la morada de Yahvé. Este concepto debe espiritualizarse. Mientras que los profetas están de acuerdo en que Yahvé y el Templo están ligados permanentemente ("Ruge el Señor . . . desde Jerusalén," Amós 1:2), ellos imaginan al Templo menos como un lugar de morada que como el lugar donde Yahvé se encuentra con su pueblo (Jacob 1958: 260). En realidad, el Templo es su posesión particular en la tierra.

De modo que, debemos acentuar que todo lo que los profetas proclamaron estaba relacionado con el gobierno santo de Yahvé sobre Israel y sobre toda la creación. Los profetas expusieron y condenaron el pecado con fidelidad y sin vergüenza hablaron una y otra vez de la ira de Dios en contra de los que lo cometían. Felizmente, sus mensajes también estaban llenos de seguridad en que los propósitos de Yahvé culminarían en liberación y en salvación para el pueblo de Dios.

Cuando pensamos en David como profeta (Hech 2:30) y en los muchos Salmos del salterio que se le atribuyen a él, creemos que entre las muchas referencias a las naciones (76) está su recordatorio profético de las dimensiones universales de la misión de Dios. George Peters encontró en los Salmos más de 175 referencias al mundo, a las naciones, a los pueblos y a toda la tierra. Algunas están en el contexto de los israelitas trayéndoles la esperanza de salvación (1972: 166).

Ya sea que el Salmo 67 sea o no davídico, sus líneas de apertura expresan el rol de Israel en el propósito mundial de Dios.

> Dios nos tenga compasión y nos bendiga,
> Dios haga resplandecer su rostro sobre nosotros,
> para que se conozcan en la tierra sus caminos,
> y entre todas las naciones su salvación. (vv. 1-2)

Walter C. Kaiser comenta sobre este Salmo de la manera siguiente:

> El salmista anhelaba y deseaba profundamente que Dios, el Rey de Israel, pudiera ser reconocido como Señor y Salvador de todas las familias de la tierra. [Luego agregó que] el desafío de Dios para Israel . . . [fue] tener un rol de mediador en proclamar su nombre entre las naciones. (1981: 33)

Johannes Verkuyl enfatizó esta visión de Israel como un pueblo elegido para el servicio en la misión de Dios. Él declaró que "los profetas nunca se cansan de recordarle a la nación de Israel que su elección no es un privilegio que ella pueda conservar para sí misma de manera egoísta; la elección es un llamado al servicio" (1978: 46). El que este servicio deba ser expresado en un estilo de envío misionero, tal como lo encontramos explícitamente desarrollado en el Nuevo Testamento, es una cuestión a la que volveremos más tarde. Isaías hizo sonar la nota más alta al expresar la preocupación profética por las naciones en sus Cánticos del Siervo (caps. 40--55) (H. H. Rowley 1944: 64).

Los verdaderos profetas también estuvieron constantemente atacados por falsos profetas. El mensaje invariable de los verdaderamente llamados por Dios era que los líderes y el pueblo debían prestar atención al llamado de Dios al arrepentimiento, antes de esperar escuchar el ¡sí! de Dios y de saber que ellos mismos estaban continuando la secuencia de la "historia de la salvación." En contraste, los falsos profetas ignoraban esta secuencia. Hablaban de paz y de las bendiciones de Dios. Pero interpretaban erróneamente el pacto de Yahvé con David, pensando que éste garantizaba incondicionalmente la seguridad perpetua de Jerusalén. Hablaban de realismo político, de alianzas con vecinos paganos poderosos y del derecho legítimo del pueblo a resistir al enemigo que Yahvé había enviado en su contra (los ejércitos de Nabucodonosor, 2 Crón 36:15-18). Pero estaban equivocados. La nación estaba condenada y la monarquía estaba llegando a su fin, tal como los verdaderos profetas lo habían predicho.

Cuando se hizo cada vez más evidente que los israelitas habían fracasado de manera repetida en sostener el reino caracterizado por la rectitud y la justicia o en ejercer una influencia espiritual vital entre las naciones, los profetas comenzaron a hablar de un reino no de hombres sino de Dios. A este reino se le comenzaron a acoplar las expectativas mesiánicas. Con la derrota de Judá por parte de Babilonia, estas expectativas señalaron cada vez más en la dirección de un pueblo de Dios que ya no fuera una mera entidad política, sino más bien una comunidad religiosa con el potencial de alcanzar al mundo y de ser una bendición espiritual. Y a su tiempo, habría un nuevo pacto y una nueva expresión del reino de Dios, que no fracasarían (Jer 31:31-34); 32:38-40; Ezeq 36:26-27). Un nuevo Israel por medio de la fe sería el medio principal de Dios para proclamar redención entre las naciones.

**La teocracia institucionalizada y la renovación espiritual**

En la legislación sinaítica encontramos que Dios anticipó la necesidad frecuente de su pueblo de renovación espiritual y proveyó mecanismos variados para facilitar esto. Él sabía que, a pesar de la aceptación espontánea por parte de ellos de la relación de pacto que les ofreció en el Sinaí (Ex 19:4-8), los israelitas tenían dentro de ellos la posibilidad de que se erosionara el compromiso e incluso de una apostasía total. Uno de las últimas comunicaciones que Moisés recibió de Yahvé contenía la oscura predicción:

Tú irás a descansar con tus antepasados, y muy pronto esta gente me será infiel con los dioses extraños del territorio al que va a entrar. Me rechazarán y quebrantarán el pacto que hice con ellos. (Deut 31:16)

No deberíamos presumir de considerarnos a nosotros mismos como superiores a los israelitas. Ellos reflejan la perversidad moral y ética que caracteriza a todos los seres humanos. Los más piadosos entre los redimidos confesarán cándidamente haber descubierto que vivir en comunión con Yahvé pende del más delgado de los hilos. Debido a que todas las personas conocen "los malos deseos del cuerpo, la codicia de los ojos y la arrogancia de la vida" (1 Juan 2:16), todas las personas saben que están caminando sobre el borde del abismo. La tentación de incitar al desastre religioso está siempre presente. De ahí que, la Torá contiene dos mecanismos básicos para evitar el nominalismo en la relación de un israelita con Yahvé: el *Sábado* semanal y la asistencia requerida de todos los hombres a las tres convocatorias religiosas anuales de Israel.

Primero, examinemos el *Sábado*. Después de sus tres actos de creación, Dios proveyó una oportunidad de ofrecer sacrificios especiales para adorar a Dios (Núm 28:9-10). Esto hizo posible la asistencia a "asambleas sagradas" locales (Lev 23:3) donde la Torá era leída y estudiada. El *Sábado* también era reconocido como una ocasión para visitar a líderes espirituales en busca de consejo especial (2 Rey 4:22-23). La recurrencia del *Sábado* les proveía a los israelitas de un tiempo de oración privada, de una reflexión deliberada sobre el cuerpo creciente de las Escrituras y de un autoexamen de la clase que les permitiría llegar a ser más fieles en su adoración y en su caminar con Dios. Los israelitas comprometidos (y luego los cristianos) desarrollaron una variedad de patrones para intensificar y, así lo esperaban, para hacer más vital este "medio de gracia" provisto por Dios al autorizar que un día entre los siete fuera particularmente dedicado a su servicio. No obstante, tal intensificación de actividades por sí misma de rara vez resultó en la renovación de la comunidad, aunque en ocasiones haya preparado el escenario para tales movimientos.

El segundo mecanismo para la renovación espiritual involucraba el calendario religioso anual, lleno de ocasiones especiales cuando todos eran confrontados con la necesidad de una transformación personal y de una reafirmación del pacto. En consecuencia, Dios decretó que tres veces cada año se convocaran fiestas especiales en Jerusalén (Deut 16:16), y que todos los varones judíos concurrieran a ellas: la Pascua y los panes sin levadura, la fiesta de las Semanas o Pentecostés, y la fiesta de las Enramadas (Lev 23; Deut 16). Este calendario demandaba que se interrumpiera la rutina de vida y de adoración de la nación, que sus redes de liderazgo y de seguimiento que se habían desarrollado en todas las comunidades se suspendieran y que todos viajaran juntos a Jerusalén. En el camino se perdían todas las distinciones sociales, y en Jerusalén se sometían como iguales a la instrucción levítica y dedicaban su tiempo y su pensamiento a reflexionar sobre cuestiones religiosas.

En la Pascua se les recordaba su opresión en Egipto y el apuro con el que se les ordenó irse cuando Dios lo hizo posible (sin darles tiempo para que se leudaran sus panes). En la fiesta de las Primicias (o de las Semanas, Lev 23:15-17; Núm 28:26), la promesa de la cosecha inminente y los beneficios permanentes de la liberación de manos de Egipto (e.g., el pacto y la ley) eran el objeto de una alabanza agradecida. En la fiesta de las Enramadas recordaban el peregrinaje de Israel por el desierto y la bendición de la mayor cosecha del año (Lev 23:37, 43). Cada siete años, en esta tercera fiesta, se leía la ley en público (Deut 31:12).

Es significativo que hoy, dentro del judaísmo rabínico y en la mayoría de las tradiciones cristianas, el patrón de convocar a ocasiones especiales para la profundización de la práctica religiosa y para la renovación espiritual es un lugar común. Experiencias de campamentos para niños y jóvenes, conferencias misioneras estudiantiles, retiros de fin de semana y una cantidad de otras actividades no relacionadas ni con el *Sábado* ni con las rutinas del Día del Señor han sido significativas en llevar a los participantes a variadas decisiones.

Pero lo que uno debe tener en mente es que la renovación espiritual genuina no se puede programar. Es el don de Dios para su pueblo. A pesar de que nunca deberíamos subestimar la posibilidad de una preocupación por una renovación concebida en la mente y el corazón de un líder respetado de una comunidad de creyentes, siempre debemos estar abiertos a sorpresas de parte de Dios. La persona clave de Dios puede ser una persona carismática que esté al margen de la estructura de poder de la comunidad. Así y todo, siempre es estratégico orar: "Restáuranos una vez más, Dios y Salvador nuestro. . . . ¿No volverás a darnos nueva vida, para que tu pueblo se alegre en ti?" (Sal 85:4-6).

## Enfrentamiento profético: Yahvé versus Baal

El enfrentamiento profético religioso masivo de la historia de Israel fue con la adoración de Baal, la religión de los cananeos. Por muchos años, la adoración patriarcal de Yahvé estuvo firmemente minada por este rival decidido. Durante el reinado de Acab (874-852 a.C.) ganó sanción oficial (1 Rey 16:30-33), y Elías fue el primer profeta en desafiar su presencia e influencia en Israel. Cien años más tarde, el baalismo resurgió y otra vez virtualmente eclipsó la adoración de Yahvé. La segunda confrontación vigorosa fue montada por Oseas en el reino del Norte (c. 743 a.C.) y por Amós en Judá (c. 760 a.C.).

Antes de explorar los elementos salientes de este encuentro, debemos reflexionar sobre la cuestión y el peligro del sincretismo. Es necesario distinguirlo de la contextualización. La contextualización representa el uso cuidadoso y refinado de las formas culturales de un pueblo, para que la verdad del evangelio pueda ser expresada correctamente en su lenguaje, a través de un uso sensato de sus propias formas de pensamiento. El sincretismo, por otro lado, implica mezclar elementos de otros pensamientos y prácticas religiosas con el pensamiento y la práctica del pacto revelados por Dios al pueblo de Dios.

La distinción entre contextualización y sincretismo se puede ilustrar en el ministerio de Moisés. Moisés como profeta fue el vehículo de Dios a través del cual los israelitas aprendieron que el nombre del Dios, a quien sus antepasados habían adorado, era Yahvé (Ex 3:15). Previamente había sido conocido como *El*, *Elohim*, *El Elyon* (Dios Altísimo) y *El Shadday* (Dios Todopoderoso). La introducción de un nuevo nombre por parte de Moisés fue cuidadosamente protegida contra cualquier endoso de sincretismo. De ahí que él, de manera deliberada, subrayó el hecho de que sólo Yahvé era el Dios soberano de la creación, de la elección, del pacto, de la *hesed* (fidelidad), de la justicia, de la compasión, de la misericordia y del amor. Sólo Él debe ser amado y servido, porque sólo Él es el Señor del *kosmos*. No hay otro Dios aparte de Yahvé.

Pero cuando Israel vino a Canaán y se transformó en una sociedad agrícola, apoderándose de los campos y de las huertas que previamente habían sido trabajadas por los cananeos, Israel fue rodeada por mucha evidencia de la orientación religiosa de sus predecesores. Los santuarios locales, junto con los patrones residuales de la siembra de la semilla, de los métodos de cultivo y de la cosecha deben haber fascinado a personas cuyas habilidades habían estado confinadas a la crianza de animales. Su tentación fue la de reproducir las técnicas agrarias aparentemente exitosas de los cananeos, incluyendo el desarrollo de viñedos y de huertas. Lo que fracasaron en hacer fue disociarse totalmente del sistema religioso sobre el cual estaba basada la agricultura cananea. Esto provocó un sincretismo gradual en el que la adoración de Yahvé se degradó cada vez más hasta llegar al nivel de la religión cananea.

Fundamentalmente, los sistemas religiosos del mundo antiguo eran de la misma manera politeísmos complicados. Estaban diseñados para poner a la gente y a la sociedad en armonía con el ciclo rítmico anual de la naturaleza, en el cual la vida se recrea cada primavera y la secuencia de la fertilización, del crecimiento, de la cosecha y de la muerte es recomendada. La gente se veía a sí misma como "ligada en el envoltorio de la vida" con la naturaleza, donde toda clase de dioses y de diosas interactuaban unos con otros (¡armoniosamente!) y de esa forma preservaban el orden contra los poderes demoníacos que procuraban destruir el beneficioso *status quo*.

Los tres grandes festivales cúlticos de la religión cananea eran: (1) el festival de año nuevo, en el cual el mito de la creación se volvía a pelear y se volvía a ganar (como resultado de una lucha entre el Marduk, el dios del orden y Tiamat, el demonio del caos), asegurando de esa manera la repetición del ciclo de la naturaleza para el nuevo año; (2) el rito del matrimonio de la primavera, cuando el dios de la lluvia y la vegetación copulaba con la diosa de la fertilidad asegurando la germinación de granos, de vegetales y de frutas (haciendo así posible la estación del crecimiento); y, (3) el rito de la resurrección, cuando el dios de la lluvia y de la vegetación se renovaba después de su muerte en el calor de la sequía del verano.

Esto nos trae a la cuestión de Baal. Esta palabra hebrea etimológicamente conlleva la mezcla de dos nociones correlativas: propiedad y señorío. Una esposa llamaba a su esposo su "baal." Él era tanto su dueño como su señor. El líder de una villa recibía una designación semejante. La religión cananea hablaba de la existencia de un Baal supremo (Baal de los cielos). Era el dios de la tormenta, quien tenía poder sobre la lluvia, el viento, las nubes y el fuego. Su autoridad se consideraba comparable a la de *El Elyon* (Dios altísimo, Gén 14:18). Tanto era así, que los israelitas en el santuario de Siquén se referían a Dios como *El Berith* tanto como *Baal Berith* (*bĕrît* significa pacto, Jue 8:33; 9:4, 46). Se necesita poca imaginación para ver cómo se desarrolló un patrón sincretista entre la religión de Yahvé y la del baalismo. La primera se enfocaba en el pensamiento popular sobre cuestiones nacionales y celestiales. En contraste, Baal, la gran deidad semita, asistido por baales y diosas inferiores, podía garantizar la fertilidad del pueblo y de la tierra.

Con el tiempo, hubo una tendencia a rebajar la prioridad de Yahvé, a quien los israelitas asociaban con el desierto, y darle superioridad a las deidades que dominaban la civilización agraria. Inevitablemente, el culto de Baal creció en el rango de impacto sobre sus vidas (McCarthy 1968).

Al principio, los israelitas se acercaron al baalismo de manera casual. Los baales eran considerados meramente como los dioses locales de la fertilidad de Canaán, adorados en el santuario de cada villa. Ellos eran supuestamente las manifestaciones de Baal, el gran dios del cielo de los cananeos. Pero esto condujo a hacer preguntas concernientes a los mitos detrás del simbolismo de estos lugares sagrados. Ellos pronto aprendieron que los "lugares altos" eran como pezones en los pechos de la madre tierra, que se levantaban para encontrarse con su "baal" (esposo y señor), quien venía como dios de la lluvia para fertilizar la tierra.

Con la prosperidad creciente de la nación bajo la monarquía, especialmente después de su división en Israel y Judá, el pueblo reaccionó cada vez más contra las demandas éticas y de igualdad de la adoración de Yahvé, tal como están definidas en el pacto sinaítico. Aparentemente, sus propias fiestas religiosas los dejaban anhelando "algo más." La adoración de Baal pareció suplir esto.

Cuando Acab llegó al trono, él ya había capitulado ante la adoración de Baal, bajo la influencia de Jezabel, su esposa de origen no israelita (1 Rey 16:29-33). En casi nada de tiempo, el orden establecido tanto de Tiro como de Siria llegó a ser tan admirado, que las alianzas políticas y la interpenetración religiosa se hicieron mandatorias. Esto trajo aparejada la transformación de Israel: la nación también llegó a ser una expresión de la obra de innumerables baales. Por medio de su poder y aprobación, los gobernantes mantenían sus puestos, los ricos vivían en el lujo y la explotación, los esclavos trabajaban los campos y los varones dominaban los hogares. La cultura israelita fue cada vez más modelada por una aristocracia terrateniente, una autocracia opresiva en la cual la adoración de Baal reforzaba el *status quo*.

Elías fue el primer profeta en desafiar la presencia e influencia del baalismo en Israel. Mediante el poder de Yahvé, Elías deliberadamente hizo cesar la lluvia, interrumpió el ciclo de la naturaleza y provocó una confrontación decisiva con los profetas de Baal (1 Rey 17-18). Mediante esta victoria dramática, Dios respaldó el ministerio profético, que desafió no solamente la adoración de "los baales" sino de toda la estructura social que ellos representaban (1 Rey 18:18-40). Los adoradores de Yahvé no estaban para apuntalar el *status quo*, sino para hacer la voluntad de Dios, para "hacer justicia y para amar la misericordia," y para esperar la venida del reino de Dios.

El Antiguo Testamento tiene una función importante para la iglesia, al actuar como una advertencia contra la idolatría y contra la experimentación espiritual. Libera a los cristianos de llegar a preocuparse por lo subjetivo y lo místico. Liga la atención de ellos a los "hechos poderosos" de Dios en la historia. Cuando éstos se confiesan públicamente y se confrontan sus implicaciones con seriedad, los cristianos inevitablemente miran hacia adelante con esperanza, hacia la venida del día de Yahvé y hacia su triunfo último en la historia humana.

> Yahvé es un Dios celoso porque es un Dios viviente y amoroso. Él es un Dios de una moral y de valores éticos absolutos. Es un Dios santo cuyo reino gobierna sobre toda la creación y que tiene un propósito salvífico y transformacional entre su pueblo. En contraste, el baalismo no tenía ni ley moral ni un propósito histórico. Baal era un dios falso y sin poder, tal como Elías lo demostró. En el mundo de hoy, sólo el Dios y Padre de nuestro Señor Jesucristo debe ser adorado.
>
> A diferencia de Baal, Yahvé no tiene ninguna consorte a su lado. Él no es sexual en su naturaleza, ni debe ser adorado mediante ritos sexuales. Aunque Yahvé es el Señor de la fertilidad, Él no es un dios de la fertilidad sujeto a la muerte y a la resurrección del mundo natural. Él es el Dios viviente, quien se revela a sí mismo en la arena de la historia de los seres humanos. Allí es donde la vida humana toca la vida, donde las injusticias oprimen y donde se sienten esperanzas de liberación, donde las personas son llamadas a tomar decisiones que alteran el curso del futuro. Mientras que la religión de Baal les enseñaba a los personas a controlar a los dioses, la fe Israel acentuaba el servicio a Dios en gratitud por su benevolencia y en respuesta a la tarea que él pone sobre su pueblo. Yahvé no podía ser obligado mediante la magia. Sólo era posible confiar en Él o traicionarlo, obedecerlo o desobedecerlo. Pero en todas las cosas, su voluntad era soberana. (B. Anderson 1957: 102)

## La estructura social de Israel

A esta altura debemos evaluar la sociedad "tribal" israelita, tal como Yahvé había querido que fuera y su deterioro subsiguiente durante la monarquía, debido al fracaso de sus líderes y a la desobediencia del pueblo de Dios. Estamos particularmente preocupados por subrayar la reacción de los profetas a los abusos creados por este fracaso y desobediencia, dado que esto es de importancia duradera para el ministerio profético de la iglesia en nuestros días.

La sociedad israelita fue originalmente concebida como un confederación sin amarras de doce tribus separadas, que conscientemente constituían la entidad "Israel." Cada tribu era autónoma. Mediante su compromiso unido para con Yahvé, fortalecido por la observancia de la Torá y por su adoración unida delante del arca tres veces en el año, todos los israelitas ganaron un sentido de obligación mutua de ayudarse unos a otros en tiempos de crisis.

La sociedad israelita era socialmente descentralizada y no jerárquica. Protegía la salud social y la viabilidad económica de las unidades inferiores y no la riqueza, el privilegio o el poder de cualquier estructura jerárquica. Su propósito era preservar la autosuficiencia igualitaria de base amplia que tenía cada familia y proteger a los más débiles, a los más pobres y a las personas más amenazadas en la nación. Israel no era una sociedad estructurada para promover los intereses de cualquier élite minoritaria terrateniente y rica en su medio (C. Wright 1984: 13). La actividad política era igualmente difusa y descentralizada de manera deliberada. Los ancianos (el varón de mayor edad de cada familia extendida) estaban en el corazón de toda toma de decisión sociopolítica. Norman K. Gottwald resume este sistema anterior a la monarquía como una "igualdad sociopolítica" diciendo lo siguiente:

> Una asociación autogobernada de granjeros libres y de ganaderos económicamente autosuficientes constituía una clase única de pueblos con la propiedad en común de los medios de producción adjudicaidos a las familias grandes. ... [Esto implicaba] una combinación paradójica de descentralización política, por un lado, y una cohesión sociocultural, por el otro. (1979: 613-14)

Cuando Josué introdujo el sistema de tenencia de la tierra al final de la conquista de la Tierra Prometida, él se ocupó de que el sistema de parentesco fuera el dominante, en lo relativo a la posesión y el uso de la tierra. Él procuró prevenir el surgimiento de cualquier sistema de propietario ausente, en el cual un terrateniente rico podía reclamar una porción de cada cosecha de parte de los que trabajaban su tierra. Esto significó que, usualmente, la viabilidad económica general de todos lo israelitas estaba garantizada. A la luz de la estructura social de Israel, Yahvé pudo prometer el ideal: "Entre ustedes no deberá haber pobres" (Deut 15:4). Por supuesto que había una condición: "Y así será, siempre y cuando obedezcas al Señor tu Dios y cumplas fielmente todos estos mandamientos que hoy te ordeno" (vv. 5-6 y 1-3). No obstante, conociendo la debilidad de su pueblo, Él también advirtió: "Gente pobre en esta tierra, siempre la habrá" (v. 11). De ahí que, no es sin razón que ordenó: "por eso te ordeno que seas generoso con tus hermanos hebreos y con los pobres y necesitados de tu tierra" (Deut 15:11).

**El mensaje de los profetas con respecto a los pobres**

¿Qué es lo que hizo que los profetas se preocuparan tanto por los pobres? Sus escritos están repletos de este tema. El deterioro de la sociedad israelita comenzó cuando el pueblo persistió en demandar una monarquía. Samuel habló proféticamente cuando anunció que el anhelo de ellos por una monarquía siguiendo el modelo de las naciones vecinas resultaría en una explotación económica (1 Sam 8:10-17). Él advirtió que la única monarquía que agradaba a Dios debía reflejar la revelación sinaítica entregada anteriormente a Moisés. Ésta contenía el requerimiento dominante de que una monarquía debía reflejar la realidad igualitaria de la liberación de los israelitas en el éxodo por parte de Dios. No debe haber ninguna clase de explotación en la tierra de Dios. En realidad "la ley del rey" de parte de Yahvé (Deut 17:14-20) es explícita en este respecto.

Mientras que el libro de Proverbios declara que el pueblo se empobrece por su haraganería, por involucrarse en empresas sin propósito, por perder el tiempo en conversaciones ociosas y por preocuparse en buscar el placer (Prov 6:6-10; 28:19; 14:23; 23:19-21), Moisés reiteró de modo constante el hecho solemne de que hay tres ocasiones en las que Dios castiga con pobreza a los que transgreden sus leyes (e.g., Deut 28:15-46). No obstante, cuando los profetas hablan de pobreza casi invariablemente la relacionan con las maneras en que la gente rica contribuye a agudizar este problema social. Los dos aspectos de la sociedad no son fenómenos independientes. Están íntimamente relacionados. Durante el período de la monarquía, los profetas constantemente ligaron la riqueza a la injusticia; los opresores de los pobres eran los ricos. Más aún, la pobreza era raramente descrita como un accidente. En la mayoría de los casos, está determinada por la estructura de la sociedad. La pobreza le trae a la gente una miseria innecesaria, miseria que se aumenta, cuando uno se da cuenta de que los pobres son víctimas de la injusticia de otros (e.g., Isa 10:1-2; Jer 5:28; Ezeq 16:49; 18:12-13; Amós 2:6-7).

Los profetas denunciaron la acumulación codiciosa de bienes como un desafío al señorío de Dios, tanto como una evidencia de la falta de fe en Él (Isa 5:8). Ellos llamaron a ir en busca del conocimiento de Dios, que impide que uno deje de lado o explote a los pobres (e.g., Jer 22:13-16). Más todavía, ellos sostuvieron que una devoción religiosa auténtica que agrada a Dios, invariablemente se va a expresar a través de un compromiso con la lucha por la justicia social tanto como por un ministerio directo para con los pobres (e.g., Isa 58:2-7).

Jesús y los apóstoles más tarde confirmaron y ampliaron de varias maneras esta línea de verdad inexpugnable. Ser un custodio fiel de las buenas nuevas del reino de Dios significa que uno procura ser la clase de persona que está dominada por una gran preocupación por la justicia social y por los pobres. Y, de manera inesperada, cuando más tarde revisemos estas perspectivas en el contexto del Nuevo Testamento, encontraremos que ciertos elementos claves en la estructura social de Israel también se encuentran en la estructura y el *ethos* de la comprensión neotestamentaria de la iglesia local. En realidad, una de las actividades notables del Espíritu Santo en el día de Pentecostés fue recordarles a los creyentes en Jesús el Mesías, que tenían dinero, su obligación para con los necesitados en medio de ellos (Hech 2:44-45; 4:36-37).

**Los profetas como evangelistas**

Cuando los israelitas se fueron de Egipto bajo el liderazgo de Moisés, el registro declara que "con ellos salió gente de toda laya" (Ex 12:38). Esta multitud mezclada consistía en los que buscaban la oportunidad de irse de Egipto uniéndose a los israelitas, pero sin estar enraizados en las tradiciones religiosas de la comunidad más grande. Tampoco compartían ningún compromiso real con el Dios que hizo posible el Éxodo. Subsiguientemente, ellos llegaron a ser la ocasión de disensión y de pecado dentro de Israel (e.g., Núm 11:4).

Dios proveyó medios especiales por medio de los cuales el pueblo de Israel pudo recibir ayuda para resistir a la tentación del nominalismo y de la violación del pacto. Comenzando con Moisés (Deut 34:10), Dios hizo surgir un orden de profetas para dirigirse a la nación mientras el canon hebreo estaba en proceso de desarrollo. Los profetas fueron hombres y mujeres a quienes Dios llamó y equipó para hacer conocer su verdadera naturaleza y carácter, y para ejercer un ministerio de renovación espiritual en medio del pueblo. En un sentido muy real, ellos fueron los evangelistas/avivamientistas de Israel. Ellos pusieron en evidencia el pecado del nominalismo y las violaciones del pacto.

Por años, en algunos círculos se argumentó que los profetas del Antiguo Testamento, cuyos escritos constituyen más de un tercio del Antiguo Testamento, fueron "irregulares" que estuvieron en un noble aislamiento del sacerdocio, del sacrificio y del Templo. Los profetas estaban supuestamente en contra de todas las expresiones institucionalizadas de la religión del antiguo Israel. Ellos bregaban por un nivel más alto de religiosidad ética e hicieron de la preocupación por la justicia social su única prioridad. Como resultado, estaban supuestamente casi en constante tensión con el sacerdocio levítico. En términos contemporáneos, los profetas sostenían que su misión era liberar al pueblo de las prácticas religiosas tradicionales, definidas por el Templo y concentrar toda la energía "religiosa" en la humanización de la sociedad.

No obstante, hoy esta descripción del profetismo del Antiguo Testamento es considerada inválida. Los profetas castigaron las prácticas religiosas del pueblo porque éstas reflejaban un abuso agudo y un mal uso de los rituales del Templo. Los profetas constantemente enfatizaron que la relación de un israelita con Dios debe ser personal y que el pecado es la evidencia ya sea de una relación equivocada o de una comunicación defectuosa con Dios. Si tanto la vida personal como nacional iban a ser renovadas, la única solución se encontraba en volverse a Yahvé, quien en su gracia les promete a los penitentes: "Les daré un nuevo corazón, y les infundiré un espíritu nuevo" (Ezeq 36:26; 11:19; etc.). Dios lanzó una fuerte apelación evangelizadora a través de los profetas: "He disipado tus transgresiones como el rocío, y tus pecados como la bruma de la mañana. Vuelve a mí, que te he redimido" (Isa 44:22).

Esta fase "vuelve a mí" o su equivalente estaba frecuentemente en labios de los profetas. El verbo *šûb* (regresar, volver) ocurre más de cien veces e invariablemente se refiere al cambio de relación de una persona con Dios.[4]

Los profetas nunca afirmaron que meramente debido al pacto sinaítico, todos los israelitas estaban correctamente relacionados con Dios. Más bien, dentro del contexto del pacto, ellos desafiaron a los israelitas a volverse a Yahvé y a través de eso afirmar el pacto para ellos mismos. Sólo de esa manera podían ellos estar seguros de su relación personal con Él. El relato de Josué llamando a esta forma de compromiso es una ilustración vívida de la razón por la luchaban todos los profesas (24:14-28).

En realidad, esta enseñanza de la necesidad de "volverse" está ampliamente difundida a lo largo del período histórico cubierto por la Biblia hebrea. Dios llamó repetidamente a su pueblo a "rendir sus corazones," a "volverse," a "convertirse." Las personas judías del día de hoy que están familiarizadas con la Biblia no deben ofenderse por un lenguaje tal, en tanto y en cuanto la palabra *convertirse* no implique el rechazo total de la herencia cultural que uno tiene para abrazar una alianza religiosa enteramente nueva.[5]

**Incorporación de los prosélitos**

Hay otro factor de la misión de Israel que debe ser tomado en consideración: la incorporación de gente de afuera a la comunidad de Israel. Recuerden que durante los siglos desde Moisés hasta la destrucción del primer Templo, los israelitas no ocuparon la tierra solos. El Antiguo Testamento menciona tres tipos distintos de no israelitas: nativos (*'ezrāhîm*), extranjeros (*nokrîm*), y residentes (*gerîm*). Los más comunes eran los *gerîm*, gente sin nacionalidad, que

---

[4] Para un estudio detallado del uso que el pacto hace de *šûb*, consultar *The Root sûbh in the Old Testament* por William L. Holladay (Leiden: Brill, 1958). Su significado clave es "un cambio de lealtad de parte de Israel o de Dios, cada uno por el otro" (2). También puede significar "haberse movido en una dirección particular, para moverse de allí en la dirección opuesta, implicando que (a menos que haya evidencia de lo contrario), uno va a volver otra vez al punto inicial de partida" (53).

[5] Cuando una persona judía en el día de hoy acepta a Jesús como su Mesías y Señor, no hay implicado ningún rechazo de las raíces judías de la ley, de los profetas ni de los escritos. Más bien, la decisión de someterse a la autoridad del Yahvé, el Dios de Abraham, de Isaac y de Jacob completa el judaísmo esencial de la persona de manera plena.

se colocaba bajo la protección legal de los israelitas. No tenían pleno derecho a llegar a ser parte de la "congregación" o "asamblea" de Israel, pero se les permitía involucrarse en la mayor parte de la vida religiosa del pueblo (Deut 5:14; 16:11, 14; etc.). En Deuteronomio 3:12, se declara explícitamente que los *gērîm* deben estar presentes para la lectura solemne de la ley. En otras palabras, estaban expuestos a sus demandas y eran responsables por su respuesta.[6]

Debido a esto, concluimos que en tanto y en cuanto los israelitas permanecieran en la tierra, su apertura a los no israelitas era genuina. El problema de los hijos de matrimonios mixtos se resolvía apelando al patrón invariable de las genealogías bíblicas: sólo se incluían los nombres de los varones, excepto en los casos en los que la madre fuera notable en la historia judía. David fue definitivamente judío, aunque entre sus antecesores había dos mujeres gentiles (Rajab y Rut). Este acento sobre la paternidad se refuerza apelando al caso en Levítico 24:10-12, en el cual un "hijo de madre israelita y de padre egipcio" no es identificado como israelita.[7]

Más tarde, Pablo trata el rol permanente de Israel en el propósito redentor de Dios para el mismo pueblo de Israel y para las naciones gentiles (Rom. 11). Todo su argumento gira alrededor de la distinción que él hizo antes entre los israelitas nominales y la comunidad de creyentes de los verdaderos descendientes de Abraham en la nación:

> Lo exterior no hace a nadie judío, no consiste la circuncisión en una señal en el cuerpo. El verdadero judío lo es interiormente; y la circuncisión es la del corazón, la que realiza el Espíritu, no el mandamiento escrito. Al que es judío así, lo alaba Dios y no la gente. (Rom 2:28-29)

**Tensión profética: los pactos y la tierra**

Cuando Dios llamó a Abraham para que saliera de Ur de los caldeos, Él le prometió una tierra, una posteridad, una bendición personal y un impacto bendito sobre todos los pueblos de la tierra (Gén

---

[6] Ver el artículo por D. Kellerman sobre los *gēr*, en el *Theological Dictionary of the Old Testament*, vol 2 (Grand Rapids: Eerdmans, 1975), 439-49.

[7] ¿Por qué entonces el judaísmo rabínico enseña exactamente lo opuesto: que la condición de judío está determinada por la madre? Si la madre es judía, entonces los hijos son judíos. Hay razones válidas para esto, tal como veremos.

12:1-3). Estas promesas fueron repetidas (18:17-19) y acompañadas por un juramento solemne de hacer de ellas un pacto de compromiso (22:15-18). Significativamente, no se hicieron con dependencia de ninguna condición que Abraham tuviera que cumplir. Todo lo que tenía que hacer era confiar en la fidelidad de Dios. Los elementos de una Tierra Prometida y de una progenie innumerable constituyeron el corazón de la religión patriarcal de manera particular. No es difícil percibir el creciente optimismo de Israel con respecto a su futuro a continuación del éxodo, de la conquista y del desarrollo de la tierra por parte de ellos. Este optimismo fue reforzado por las promesas seguras de Yahvé, por la posesión de la tierra por largo tiempo y por el desarrollo de la monarquía. El futuro de ellos estaba seguro. Las promesas incondicionales de Yahvé a Abraham, a Isaac y a Jacob le pusieron combustible a su optimismo.

Pero los israelitas tendieron a pasar por alto algo de tremenda significación en el pacto sinaítico, que había constituido a Israel como nación. Antes de que este pacto fuera revelado, Dios había colocado a su pueblo bajo la obligación de hacer su voluntad (Ex 19:4-6). Las promesas que Dios hizo en el pacto con Israel en el Sinaí estaban condicionadas a la obediencia por parte de ellos. El pacto sinaítico no ofrecía ninguna promesa sin condiciones. Tal como John Bright lo declara:

> El futuro no está asegurado por las promesas, puede ser una bendición o puede ser una maldición. Todo depende de la fidelidad al pacto por parte de Israel. Uno podría decir que el futuro y las promesas yacen sobre la pequeña palabra "si." (1976: 44)

Pero este hecho fue fácilmente olvidado. Debemos tener en mente que la experiencia del éxodo imprimió de manera indeleble sobre la conciencia israelita la convicción de que Yahvé reinaría sobre ellos "por siempre y para siempre" (Ex 15:18). Ellos tenían muchas promesas de parte de Dios para respaldar esto (e.g., Núm 23:19-24; 24:5-9; Deut 33).

No obstante, a lo largo de los años, en realidad para el siglo VIII a.C., ocurrió un gran deterioro en el pensamiento religioso de Israel. Se racionalizaba de manera amplia, que si uno observaba el ritual cúltico y ofrecía los sacrificios prescritos, todo estaría bien. Yahvé estaría satisfecho. Jerusalén siempre estaría segura. Luego, Yahvé respondió enviando una sucesión de profetas. Ellos hablaron de las intervenciones venideras por parte de Dios en la historia de Israel. Dios vendría a juzgar al pueblo de Dios. A menos que se arrepintieran, Dios los desarraigaría de la Tierra Prometida. Ellos decían que en un tiempo posterior y más remoto, Dios los liberaría de sus enemigos y les devolvería la tierra. Dios llevaría a su consumación los propósitos gloriosos que Él tenía para ellos.

Desde Oseas y Amós en adelante, los profetas no siguieron ningún patrón particular al hablar de estos temas (Bright 1976: 83). Amós fue el primero que desafió la confianza popular de que debido a que los israelitas eran el pueblo escogido por Dios, Dios no tenía otra alternativa que protegerlos. En contraste, Amós atacó diciendo que dado que ellos habían sido divinamente elegidos serían especialmente juzgados: "Sólo a ustedes los he escogido entre todas las familias de la tierra. Por tanto, les haré pagar todas las perversidades" (3:2). Amós llamó a la nación a hacer lo siguiente: "¡Odien el mal y amen el bien! Hagan que impere la justicia en los tribunales" (5:15). Y luego vino su conclusión bastante dubitativa y tentativa: "tal vez así el Señor, el Dios Todopoderoso, tenga compasión del remanente de José" (5:15). Aun así, más allá de esta insinuación de esperanza en el futuro distante, él sólo pudo predecir que Yahvé restauraría el reino davídico, pero de maneras no imaginadas previamente (9:11-15).

Oseas fue más explícito. Israel estaba mortalmente enferma, debido a la apostasía del pueblo. El pueblo expresó esto de manera abierta al moverse a modo de rebaño hacia los ritos orgiásticos de la adoración de Baal (4:11-14). Oseas juzgó a Israel sobre la base del Decálogo y luego proclamó la conclusión de Yahvé: el pacto ha sido roto. Israel no tenía futuro como nación; sería desarraigada de la tierra, enviada al exilio y regresaría al peregrinaje por el desierto. El Señor dijo: "ni ustedes son mi pueblo, ni yo soy su Dios" (1:9; ver también 7:12, 16; 9:11-12; 12:9). Y agregó: "¡y tendrán que regresar a Egipto!" (8:13; 9:3; 11:5). Aun así, en el futuro distante, Yahvé restauraría a Israel sobre la base de un nuevo pacto que traería bendición a todo el mundo (2:14-23; 5:15--6:3, 14:4-7).

Isaías habla de manera similar. Las dos tradiciones, la sinaítica y la davídica, ambas son sostenidas, pero en tensión. La dinastía davídica colapsaría, pero el propósito eterno de Yahvé no se vería impedido por ello. Vendría "una vara del tronco de Isaí" (11:1, RVR), que sería "estandarte de los pueblos." Pero la nación de Israel sería terriblemente castigada por los asirios. Aun así, en el futuro lejano, la tierra será llena del conocimiento de Yahvé "como rebosa el mar con las aguas" (11:9-16).

En el siglo VII a.C., la apostasía creciente de Judá, todo lo que quedaba de Israel, fue frenada de tanto en tanto por la gracia de Dios. Él logró esto trayendo renovación espiritual usando como instrumentos a varios reyes piadosos. Durante el reinado de Josías, el pueblo tuvo un despertar espiritual mediante el descubrimiento del pacto sinaítico. Luego, tomaron consciencia de que el hecho de retener la tierra dependía de su obediencia a la ley de Yahvé. Desafortunadamente, este período de reforma relativamente breve tendió a crear un falso sentido de seguridad. Ahora el pueblo podía reclamar de nuevo la promesa incondicional hecha por Dios a David y relajarse. Dado que otra vez se estaban haciendo religiosos, Yahvé ciertamente no abandonaría a su rey, a su ciudad y a su Sión.

Hacia el final del reinado de Josías, Jeremías surgió como el profeta de la catástrofe. Aunque sabemos que admiraba a Josías y que indudablemente respaldó sus esfuerzos de reforma (11:1-17; 22:11-16), Jeremías tuvo la premonición de que la creciente fuerza de los ejércitos babilónicos de Nabucodonosor anunciaban lo malo para Judá (4:5-8, 11-17; 5:15-17; 6:22-26). Más aún, él sabía que ninguna reforma ordenada por el estado podía proveer a la nación del cambio radical en actitud y en aspecto moral que Yahvé estaba buscando. Sólo había producido "una gran nube de humo de incienso y multitudes de personas en el Templo, pero ningún retorno a una vida de rectitud en obediencia a los mandamientos de Dios" (Bright 1976: 152). La devoción esclava hacia cuestiones religiosas externas no pudo salvar a Judá (6:19-21).

Inevitablemente, Jeremías chocaría con esos profetas que sólo podían referirse a la promesa incondicional de Yahvé hecha a David, de que la dinastía davídica, la ciudad real de Jerusalén y el santuario sobre el monte de Sión estarían seguros eternamente (7:1-15; 8:8-9; 23:1-40). Podemos imaginarnos inmediatamente la burla con la que Jeremías fue considerado cuando declaró que la entonces línea davídica de gobierno sería removida para siempre del propósito permanente de Yahvé (22:28-30; 36:29-31). Aun así, Jeremías sugirió la certeza de un rey davídico que aparecería en un futuro distante (23:5-6).

Pero nunca deberíamos olvidar la angustia personal que soportó Jeremías. Fue odiado y desterrado por los líderes de la nación. Se hicieron complots para matarlo y él mismo llegó a una completa desesperación, despreciando su rol de profeta, maldiciendo a sus enemigos e incluso acusando a Yahvé de haberlo abandonado (9:2; 11:20; 18:19-23; 20:7-9, 14-18). Pero Jeremías fue persistente. El mensaje que Yahvé le había dado debía ser proclamado y él estaba determinado a hacerlo (20:8-9).

Al final, Jeremías tenía razón. Nabucodonosor capturó y luego destruyó a Jerusalén. El Templo fue reducido a ruinas y la dinastía davídica terminó. Aun así, Jeremías no se desesperó. Él señaló hacia un futuro lejano e incluyó algunos detalles del mismo en una carta a los exilados en Babilonia (29:1-10). En verdad, era un futuro oscuro, pero también brillante, debido a la fidelidad segura de Dios hacia su pueblo y hacia el pacto. La misión de Dios continuaría en un futuro nuevo y Dios obraría de nuevas maneras para bendecir a las naciones de la tierra.

> "Porque yo sé muy bien los planes que tengo para ustedes– afirma el Señor—, planes de bienestar y no de calamidad, a fin de darles un futuro y una esperanza. Entonces ustedes me invocarán, y vendrán a suplicarme, y yo los escucharé. Me buscarán y me encontrarán, cuando me busquen de todo corazón. Me dejaré encontrar–afirma el Señor—, y los haré volver del cautiverio. Yo los reuniré de todas las naciones y de todos los lugares adonde los haya dispersado, y los haré volver al lugar del cual los deporté." (Jer 29:11-14)

**Conclusión**

La historia de Israel en la Tierra Prometida, durante el período de la monarquía tiene mucho para enseñarnos acerca del reino de Dios. El pueblo escogido entra a ella y permanece en ella, pero sólo por la gracia de Dios. Su lucha sin fin encuentra eco en la lucha de los cristianos por ser fieles al Señor, cuyo gobierno del reino ya está establecido, pero todavía no está cumplido. La tierra es una representación sombría de un tiempo futuro cuando la justicia verdaderamente reinará. A lo largo de los años, el foco de la fe y de la esperanza de los israelitas creyentes estuvo en Jerusalén, la sede del trono de David, y en el Templo, donde Dios moraba en medio de su pueblo. Ellos podían cantar: "El Señor ama las entradas de Sión más que a todas las moradas de Jacob. . . . El Señor anotará en el registro de los pueblos: 'Éste nació allá'" (Sal 87:2-6). En realidad, tener la ciudadanía de la ciudad santa era el honor más grande que se les había dado. Pero ellos también eran conscientes del elemento de misterio en el trato anterior de Dios para con el reino del Norte. Ellos reflexionaban sobre el registro de la agonía de Yahvé según Oseas:

> "¿Cómo podría yo entregarte, Efraín? ...
> Dentro de mí, el corazón me da vuelcos,
> y se me conmueven las entrañas.
> Pero no daré rienda suelta a mi ira,
> ni volveré a destruir a Efraín.
> Porque en medio de ti no está un hombre,
> sino estoy yo, el Dios santo,
> y no atacaré la ciudad." (Os. 11:8-9)

Aunque ellos sabían que Dios nunca abandona a su pueblo, su sentido de misterio creció al darse cuenta de que Dios en realidad sí abandonó al reino del Norte. Su gente fue llevada a la cautividad después de la destrucción de Samaria en 721 a.C., para nunca volver a reconstruirse como nación bajo Dios. Un sentido de incomodidad se apoderó de ellos cuando revisaron las promesas de Yahvé a David y a sus sucesores:

> Mi amor por él será siempre constante,
> y mi pacto con él se mantendrá fiel.
> Afirmaré su dinastía y su trono
> para siempre, mientras el cielo exista. . . .
> Su descendencia vivirá por siempre. (Sal 89:28-29, 36)

Aun así, la línea davídica fue destruida. Entonces, podemos imaginarnos, la desesperación que vino a continuación de la destrucción del primer Templo, la nota con la que terminó este período de la monarquía. Hay más detalles de esta angustia expresados en este Salmo:

> Pero tú has desechado, has rechazado a tu ungido;
> te has enfurecido contra él en gran manera.
> Has revocado el pacto con tu siervo;
> has arrastrado por los suelos su corona. . . .
> ¿Hasta cuándo, Señor, te seguirás escondiendo? . . .
> ¿Dónde está, Señor, tu amor de antaño,
> que en tu fidelidad juraste a David? (Sal 89:38-39, 46, 49)

Afortunadamente, en su desesperación, algunos israelitas se volvieron hacia Dios y volvieron a leer los mensajes de sus profetas anteriores al exilio. Y allí comenzó a crecer en las mentes de los devotos no la esperanza de la reconstrucción física de Judá y de Jerusalén, sino la esperanza de la venida del Mesías, la esperanza del advenimiento mesiánico y del reino de Dios acerca de lo cual también habían hablado los profetas. Esto nos conduce a considerar la historia de la misión de Dios durante el exilio de Israel entre las naciones.

**Parte III**

**LA MISIÓN DE DIOS ENTRE LAS NACIONES**

## Capítulo 8

## Dios envía a Israel al exilio entre las naciones

**Introducción**

Hemos notado que el período anterior a las cautividades asiria y babilónica se caracterizó por el creciente atractivo y poder de la adoración de Baal y por la firme reducción de la adoración de Yahvé a un mero formalismo. Esto aumentó la preocupación de los profetas por denunciar toda adoración externa y por llamar al pueblo a volver a la rectitud demandada por el pacto sinaítico. Un cronista desconocido resumió el resultado:

> El Señor, Dios de sus antepasados, con frecuencia les enviaba advertencias por medio de sus mensajeros, por amor a su pueblo y al lugar donde Él moraba. Pero ellos se burlaban de los mensajeros de Dios, tenían en poco sus palabras, y se mofaban de sus profetas, hasta que la ira del Señor se desató contra el pueblo, y ya no hubo remedio. (2 Crón 36:15-16)

Al final, los profetas anunciaron que Yahvé estaba en contra del estado y de su profanación de la adoración a Él. Debido a que su ley era desobedecida y no se practicaba la rectitud ni la justicia, Él decretó que la nación política de Israel (el reino del Norte) ya no sería identificada como el pueblo de Dios. "Borraré de la faz de la tierra a los descendientes de Jacob. . . . Daré la orden de zarandear al pueblo de Israel entre todas las naciones" (Amós 9:8-9).

A mediados del siglo VIII a.C., una serie de desastres comenzaron a apoderarse de ambos reinos. Anteriormente ellos habían estado casi constantemente en conflicto con los pueblos semíticos de la gran Palestina. Pero a partir de este tiempo en adelante, sus territorios llegaron a ser el centro de luchas titánicas entre grandes poderes más allá de sus fronteras. En realidad, el reino del Norte alcanzó el zenit de su gloria durante este período, bajo el liderazgo de Jeroboán II (786-746 a.C.). Pero la nación estaba podrida hasta la médula y Dios estaba determinado a rechazarla totalmente. Su juicio cayó cuando Samaria fue capturada (721 a.C.) por Salmanasar, el monarca asirio (Bright 1953: 75). Poco después, la mayoría de los sobrevivientes fueron deportados a la Alta Mesopotamia (2 Rey 17:6), y por asimilación, perdieron para siempre su identidad como israelitas. Los que habían quedado en la tierra se entremezclaron con inmigrantes de Babilonia y de otros lugares (17:24), y con el tiempo emergieron como la raza mixta de los samaritanos.

Sólo Judá permaneció, aunque fue forzada a transformarse en un estado títere de los asirios. Judá experimentó períodos breves de relativa independencia y de renovación espiritual, pero sus años finales también se caracterizaron por alejajarse de Yahvé. De tanto en tanto era gobernada por reyes piadosos (e.g., Ezequías, 2 Crón 29-31, y Josías, 2 Rey 22-23), pero ellos no pudieron revertir el camino cuesta debajo de la nación. Aunque Dios amaba a Jerusalén y al Templo, los pecados de su pueblo demandaban juicio. El colapso final vino con la invasión babilónica (en dos olas sucesivas: 598 a.C. y 586 a.C.). Muchos perdieron sus vidas en una lucha sin esperanza, pero un número considerable fue llevado a Babilonia (2 Crón 36:5-10, 17-21).

**La necesidad de un juicio**

¿Por qué es que Dios permitió que tales catástrofes masivas se apoderaran del pueblo de Dios, dejándolo en las manos de pueblos crueles que no honraban el nombre de Dios? Las razones son muchas. Ellos no fueron agradecidos por el amor divino que estaba detrás de todas las misericordias prodigadas sobre ellos (1 Rey 16:29--18:46; Os 2:1-13; Rom 1:21). Fueron infieles a los votos de matrimonio que habían sellado el pacto que Dios hizo con ellos en el Sinaí (Ex 32:1; Amós 5:25-27; Hech 7:39-43). Esto hizo que ellos deliberadamente rechazaran los parámetros del Sinaí, a los efectos de entregarse a la comodidad y al lujo (Isa 5:8-24; Amós 2:6-8; 5:10-15; 6:1-7; 8:4-6; Miq 2:1, 2). Finalmente, fueron injustos en el trato unos con otros, especialmente con lo pueblos minoritarios y con los pobres en medio de ellos. A pesar de eso, ellos dieron por sentado que Dios de alguna manera estaría complacido con su adoración formal y con su piedad exterior (Amós 5:4-7, 21-27; Miq 6:6-8).

Aunque los profetas identificaron a Asiria (Isa 10:5-11) y a Babilonia (Jer 25:8-11) como instrumentos que Dios usaría para castigar a Israel y a Judá, e indicaron que su castigo en manos de esas naciones extranjeras sería por causa de los pobres abusados, estos poderes gentiles no deberían ser vistos ni como "liberadores" ni como "luchadores en pro de la libertad" (Deist 1977: 63). Ellos representaron la vara de la ira de Dios. Yahvé peleó a través de ellos en contra de

Israel y de Judá. Como resultado, todos los esfuerzos de defensa, las oraciones intercesoras y las expectativas de una intervención milagrosa (e.g., Jer 21:2) no sirvieron para nada. El Dios omnipotente había decretado juicio. Subsiguientemente, el juicio cayó sobre las naciones rapaces. Mientras que sirvieron como instrumentos del castigo de Dios para su pueblo, ellas también fueron juzgadas, particularmente por la arrogancia con la que atormentaron al pueblo de Dios (Isa 10:12-19; Jer 25:11-14).

Estos juicios de Dios (llevar a su pueblo a la cautividad después de destruir su vida nacional y religiosa) fueron diseñados para despojarlos de todo lo que previamente les había permitido vivir alejados de Él, en indiferencia hacia su voluntad. Ellos tuvieron que

> perder sus riquezas, su gloria como pueblo libre e independiente, su tierra, su rey, todo, incluso hasta su Ciudad Santa, la cual ellos creían que no podía ser destruida, y también el Templo, la señal visible de la presencia de Dios. Israel tuvo que volver al desierto, a una soledad temible, en la cual, no teniendo ya nada propio, pudiera aprender a mirar sólo a Dios para todo. (de Dietrich 1960: 109)

Dios estaba, está, y siempre estará en control de la historia. Los propósitos de Dios se mueven hacia delante, a pesar del fracaso de su pueblo. La experiencia de fracaso y de esperanzas no cumplidas que tuvo Israel no pudo menos que motivar a hombres devotos a buscar con anhelo el nuevo pacto del que Jeremías habló (31:31-34; Bright 1953: 126).

Haríamos bien en reflexionar sobre los efectos espirituales que la experiencia babilónica tuvo sobre el pueblo judío. Jeremías había sido tan completo al describir la finalidad de este juicio, que usó la palabra divorcio para explicar lo que había tenido lugar en la relación con Yahvé. Como resultado, entre algunos creció cada vez más la convicción de que Israel nunca podría regresar a su situación anterior delante de Dios (Jer 3:8). Un divorcio es una terminación, de una vez para siempre. Otros pueden haber protestado y señalado que Isaías pareció implicar que el divorcio era sólo temporal (Isa 54:4-10).

Es probable que muchos hayan creído que la destrucción del Templo y el exilio a Babilonia demostraron que Yahvé había sido derrotado por los dioses de Babilonia. En su desesperación, no teniendo ya más posibilidad de adoración sacrificial, sólo pudieron hacerse eco del lamento de Ezequiel: "Nuestras rebeliones y nuestros pecados pesan sobre nosotros, y nos estamos consumiendo en vida. ¿Cómo podremos vivir?" (33:10). Todo lo que podían esperar era que Yahvé en su gracia, de alguna manera los ayudara a soportar el presente y les diera la fe para creer que Él les restauraría todos los patrones del pasado. Pero esto estaba escasamente dentro de las intenciones de Dios. Encontramos una pista en la manera en la cual Isaías liga el final de la cautividad babilónica con el Éxodo (caps. 40-55) y declara que Yahvé llevaría a cabo "algo nuevo" en el proceso (43:16-21). Esto sería más glorioso que cualquier cosa que hubiera ocurrido antes y demostraría el poder de Dios de maneras que están más allá de la imaginación.

No podemos olvidarnos del propósito mayor que Isaías tenía en mente. Al principio, Babilonia estuvo en primer plano junto con Ciro como sierva de Yahvé. Así como el Éxodo marcó un nuevo comienzo significativo para Israel (su liberación y su condición de nación), el regreso de los exilados a la Tierra Prometida esgrimía una promesa de algo nuevo para Israel. Lo que sería este "algo nuevo" no se hizo evidente de inmediato. Los profetas habían hablado de una nuevo éxodo (Jer 31:2-6, 15-22; Ezeq 20:33-38; Os 2:14-20). Pero Isaías vertió dentro de este concepto algo que iba mucho más allá de cualquier restauración de la vieja monarquía. El éxodo mayor involucraría una liberación de una cautividad mayor (y sólo Isaías entre los profetas revelaría los detalles emocionantes).

**La misión de los exilados**

Mientras estaban en el exilio en Babilonia, a los judíos se les dieron dos tareas colaterales para llevar a cabo, además de preocuparse por la justicia, por el amor inconmovible y por andar en humildad con su Dios (Miq 6:8). Ellos debían sobrevivir como pueblo. Esto implicaba construir casas, plantar huertas, casarse y tener hijos: "Multiplíquense allá y no disminuyan" (Jer 29:5-6). Más aún, debían servir a sus captores (Jer 29:7). Si eran fieles, Dios había prometido que se les permitiría regresar a su tierra, cuando terminara el año setenta de su cautividad (Jer 25:11-12; 29:8-14).

Se debería llamar la atención, particularmente sobre la segunda de estas tareas. Los exilados tenían el mandato siguiente: "y procurad la paz (*šālôm*) de la ciudad" donde estaban exilados "y rogad por ella [la ciudad] a Jehová" (Jer 29:7, RVR). Este mandato ha generado mucha discusión en nuestros días. La palabra *šālôm* se usa más de 350 veces en el Antiguo Testamento. Cubre un amplio rango de significados:

integridad, sin daño, indiviso, bienestar, una condición satisfactoria, salud corporal, y todo lo que significa la salvación en su uso en el Antiguo Testamento. Si una persona o una nación tienen *šālôm*, no tienen falta de nada en ninguna dirección, ya sea personal o nacional. El concepto es positivo y proactivo: *šālôm* nunca significa "ausencia de guerra" sino que significa "victoria en la guerra." Tiene que ver con la comunidad (Sal 29:11) y significa total armonía dentro de ella. Está "fundada sobre el orden e impregnada de la bendición de Dios, y por eso hace posible que las personas se desarrollen y aumenten, en libertad y sin impedimentos de ninguna parte" (Gross 1970: 648). *Šālôm* es el don de Yahvé y más tarde encontraremos que se torna en la característica dominante de la era mesiánica prometida (Isa 9:7). Aunque en el Antiguo Testamento no está equiparada de manera explícita con la paz espiritual con Dios, este concepto de salvación escatológica está sugerido (Blauw 1962: 53). En el Nuevo Testamento, la palabra equivalente es *eirēnē*, o "paz," y se identifica particularmente con la obra redentora de Cristo, quien trae al individuo arrepentido a una nueva relación con Dios y con sus prójimos, dando esperanza de una salvación escatológica, que abrazará a toda la persona y a todo el *kosmos* (Rom 5:1, 10; Ef 2:14-17; Rom 8:19-23; Heb 13:20).

Cuando Dios les dijo a los cautivos que procuraran la *šālôm* de Babilonia, lo que en efecto les estaba diciendo era que llevaran a cabo todas obligaciones del mandato cultural. En obediencia, Daniel y sus tres amigos tuvieron la disposición de ser entrenados para el servicio civil de Babilonia (Dan 1:3-20), y Mardoqueo estuvo dispuesto a servir a Asuero, el rey de Persia, como "segundo en jerarquía" (Est 10:3).

**La mano derecha de Dios**

Una de las sorpresas de la historia antigua es la relativa facilidad con la cual los persas bajo Ciro derrotaron a Babilonia. Lo hicieron casi sin lucha (539 a.C.). Otra anomalía fue el decreto de Ciro, concediendo el derecho de que judíos, quienes no tenían importancia política, pudieran restaurar su vida cultural y religiosa en Palestina (Esd 1:1-4; 6:1-5). Es notable que cuando Isaías se refiere a Ciro (e.g., 45:5-7), usa conceptos que congenian con el zoroastrismo, una religión construida alrededor de un dualismo minucioso que fomentaba la tolerancia religiosa. En la sabiduría de Dios, esto proveyó un clima político tal en la tierra, que las reformas de Esdras pudieron ser llevadas a cabo de manera efectiva (Ellison 1976: 6).

La devoción personal de Ciro al zoroastrismo hizo de él uno de los gobernantes más brillantes del mundo antiguo. Él realmente creía que su imperio estaría más tranquilo y sería más estable, si todos los pueblos sometidos dentro de sus fronteras tenían la libertad de desarrollar sus distintos valores culturales, y de disfrutar de una independencia política dentro del Imperio Persa. Detrás de esto vemos la mano de Yahvé. Todo esto fue obra de Yahvé, aun cuando Ciro no lo conocía (Isa 45:1-4).

A pesar de que para este tiempo, la gran mayoría de los judíos estaban bien establecidos en Babilonia, un número sorprendente parecía tener deseos de dejar esa vida atrás, y comprometerse deliberadamente con lo que ellos percibían que era el propósito permanente de Dios.[8] Y esto fue a pesar de tener consciencia de lo dificultoso y peligroso que era el viaje de regreso (¡1440 km!), y de la incertidumbre de lo que les esperaba en su tierra en ruinas. Distinguiremos sus acciones como "la mano derecha de Dios," en contraste con las acciones de los que permanecieron en Babilonia o emigraron a otras partes. Estas últimas acciones reflejaron "la mano izquierda" de Dios. Algunos eruditos bíblicos distinguen estas acciones separadas, en términos de la voluntad directiva de Dios y la voluntad permisiva de Dios. Por encima de ambas, está la soberanía de Dios. Él deseaba que su pueblo estuviera en su propia tierra y que preparara el escenario para que su Hijo fuera "nacido de una mujer, nacido bajo la ley" (Gál 4:4). Y sin los judíos en la diáspora por todo el mundo mediterráneo, habría sido imposible para los apóstoles plantar la iglesia de manera tan amplia y tan rápida en el primer siglo. La fortuna de ambos grupos de personas debe ser estudiada simultáneamente, dado que sus distintas experiencias y logros sólo ganan significación cuando se ven en conjunto.

Durante los primeros años posteriores al regreso a la tierra, los exilados se sintieron desilusionados y frustrados. Aparentemente, no encontraron señales significativas del favor de Dios, que los animara a

---

[8] Desde Babilonia regresaron alrededor de 50.000 personas, contando entre ellas a 7.537 esclavos (Esd 2:64-65). El total que da Esdras 2:2-60 es de 29.818, y el que da Nehemías 7:6-62 es de 31.089. Pero ambos están de acuerdo en una suma total de 42.360 (Esd 2:64; Neh 7:66). La diferencia se puede explicar diciendo que el número mayor incluye a las mujeres. El pasaje paralelo en Esdras 5:41 dice, probablemente con corrección, que los 42.360 incluían a personas mayores de doce años de edad. Si también incluimos a los niños, alcanzamos un número alrededor de 50.000 anteriormente sugerido (Ellison 1976: 1).

obedecer lo que ellos consideraban era la voluntad específica de Él. Aunque comenzaron con la restauración del Templo, para poder continuar con su vida cúltica anterior al exilio, la oposición a la obediencia de ellos fue en aumento, y después de un corto tiempo, dejaron de lado su tarea principal y se involucraron en sus preocupaciones personales. Esto significó una gran pérdida espiritual, ya que no había ninguna provisión para que Yahvé morara en medio de ellos, ni ninguna posibilidad de que ellos llevaran a cabo una adoración que le resultara aceptable a Él. Trágicamente, el Templo quedó sin terminar por casi dieciocho años (Esd 4:1-24).

Luego, en su gracia, Dios levantó a Hageo y a Zacarías, "los profetas del trabajo," para estimular a su pueblo a completar la reconstrucción del Templo (Esd 5:1-2). En vista de que el foco principal de la misión cristiana en nuestros días implica trabajar con Jesucristo en la construcción de su iglesia, uno puede establecer una analogía entre la labor física que implicó la construcción del Templo, y el servicio espiritual involucrado en extender la iglesia. De ahí que, los siete mensajes de estos profetas son relevantes para el día de hoy. El significado que estos mensajes tienen para la misión al servicio del reino es relevante para nuestra comprensión de una visión de la participación misionera del día de hoy, basada en el reino.

### *La pérdida de prioridades (Hag 1)*

Hageo encontró que la gente virtualmente culpaba a Dios por su fracaso espiritual (1:2), y no dándose cuenta de que Él retenía las buenas cosechas (1:5-6, 10-11) a modo de juicio, debido a que ellos se preocupaban sólo por sus propias cosas: "¡Porque mi casa está en ruinas, mientras ustedes sólo se ocupan de la suya!" (1:9). Cuando la vida espiritual es aburrida y estéril, con poca evidencia de la bendición de Dios, el problema puede ser la pérdida de prioridades, generalmente porque las personas se preocupan de manera egoísta por cuestiones personales, familiares o materiales, en lugar de preocuparse por "la justicia, la misericordia y la fidelidad" (Mat 23:23; ver también Miq 6:8). La seguridad concerniente a la presencia de Dios en medio de su pueblo puede disfrutarse, cuando las personas hacen del propósito de Dios su preocupación prioritaria (Hag 1:13).

## *La ausencia de fe (Hag 2:1-9)*

Hageo más tarde descubrió que el pueblo, de manera desfavorable, contrastaba su reconstrucción del Templo con la gloria original de la estructura salomónica, y por lo tanto comenzaron a despreciar su propia obra: "¿Qué les parece ahora? ¿No la ven como muy poca cosa?" (2:4). En respuesta, Hageo los animó a perseverar y a reclamar la promesa de pacto de parte de Dios, de hacer "maravillas que ante ninguna nación del mundo han sido realizadas" (Ex 34:10). Cuando el desánimo se apodera de los siervos de Dios, el problema puede ser el resultado del fracaso en ejercitar la clase de fe, que reclama la promesa de su compromiso en la obra de ellos (generalmente por una confianza en sí mismos sin garantías).

Para agregar significado a sus labores, Hageo transmitió una palabra inesperada de parte de Yahvé:

> "Dentro de muy poco haré que se estremezcan los cielos y la tierra, el mar y la tierra firme; ¡haré temblar a todas las naciones! . . . y . . . llenaré de esplendor esta casa. . . . El esplendor de esta segunda casa será mayor que el de la primera. . . . Y en este lugar concederé la paz, afirma el Señor Todopoderoso" (2:6-9).

Esta promesa nos recuerda a Isaías 60 con su repetida predicción que cuando Yahvé finalmente venga a Sión como Redentor (59:20), todas las naciones se reunirán alrededor de su pueblo transformado (60:1-4). Le confesarán a Él la justicia de su pueblo y sabrán que Israel "poseerá la tierra para siempre" (60:17-22). Luego ellos traerán sus tesoros, "las riquezas de las naciones," y los usarán para construir a Jerusalén y adornar su "templo glorioso" (60:5-16).

### *La maldición del profesionalismo (Hag 2:10-19; Zac 1:1-6)*

Hageo se refirió a Levítico 5:2 y mostró que, mientras que la contaminación se transfiere por contacto, la santidad ceremonial no se transfiere así. Involucrarse físicamente en la realización de "tareas santas" no significa que automáticamente uno se hace santo a los ojos de Dios. Cuando los que estaban construyendo el Templo volvieron a tener otra cosecha pobre (2:16-17), debido a que su obra y su adoración estaban "contaminadas" (2:14), Hageo tuvo que llamar la atención sobre su fracaso en responder al mensaje de Zacarías de parte de Dios:

"Vuélvanse a mí y yo me volveré a ustedes" (1:3, con Hag 2:17). Cuando las bendiciones anticipadas invariablemente no llegan, el problema puede que surja por dejar de lado el cultivo directo de la presencia de Dios a través de la confesión, la adoración y la celebración. Esta actitud está ocasionada ya sea por una haraganería espiritual o por un activismo excesivo, lo cual, como resultado, trae contaminación a la obra misma en la que uno está involucrado.

### *La parálisis del miedo (Hag 2:20-23)*

Cuando las personas dejan de lado la adoración y el disfrute de Dios, inevitablemente pierden su sentido de confianza silenciosa en su cuidado providencial. En ese tiempo, los muros de Jerusalén todavía estaban en ruinas y el pueblo no tenía ejército para defenderse. A medida que sus enemigos crecían en número, se multiplicaban los temores. Uno puede imaginarse que comenzaron a pedir una interrupción en la reconstrucción del Templo, de modo que pudieran defenderse.

La tarea de Hageo fue la de asegurarles que Yahvé había prometido hacerlos pasar con seguridad por todas la crisis que tenían por delante. Pero ellos debían perseverar en la obra que Él les había encargado. Él triunfaría en nombre de ellos y juzgaría a todos los reinos que se le opusieran a Israel. El escogido, ejemplificado por Zorobabel, de la línea davídica, entonces sabría que Él no les había fallado. De ahí que, la exhortación era cultivar la relación con Yahvé a tal punto, que ninguna realidad amenazadora pudiera hacerlos temer. Después de todo, en última instancia, Él ganará en la historia humana.

### *La importancia de la visión (Zac 1:7--2:13)*

En estos dos capítulos, tenemos una serie de visiones que hablan del cuidado fiel de Dios para con Jerusalén y para con el Templo, a pesar de apariencias contrarias (1:7-17), de su juicio de las naciones que atacaron a Judá (1:18-21), y de la certeza de su presencia en medio de su pueblo restaurado (2:1-13). El pueblo de Dios necesita ser estimulado mediante recordatorios frecuentes del "cuadro más amplio." Concederles visiones de esta clase es esencial, si es que ellos van a perseverar en el trabajo que tienen por delante. Cuando ellos pierden su impulso del primer momento, puede que se deba a la falta de visión impartida por los líderes locales.

### *Falta de adecuación personal (Zac 3)*

Aunque fue llamado por Dios para dejar Babilonia y poner fin a la posibilidad de mal gastar su vida allí (3:2), Josué, el sumo sacerdote, cayó presa de insinuaciones sutiles por parte de Satanás, de que era indigno, poco espiritual y nada santo. Pero se olvidó de que tenía un abogado delante de Dios, quien lo había equipado para un servicio aceptable, y cuya intercesión delante del trono de Dios podía sostenerlo (3:4-5). Cuando los que están haciendo la obra de Dios se ven tentados a abandonar, puede ser debido a que se rechazan a sí mismos. Esta actitud puede surgir de una introspección morbosa o de un fracaso en distinguir la represión interior por parte del enemigo, de la obra de convicción por parte del Espíritu Santo.

Es significativo que esta breve sección termina con una referencia a "mi siervo . . . Renuevo" (3:8) y a su gran logro: "¡En un solo día borraré el pecado de esta tierra!" (3:9). Esta denominación inusual reúne implicaciones mesiánicas, cuando más tarde nos enteramos de que "el Renuevo" es el que no sólo le permite a los colonos terminar el Templo, trabajando a través de Josué y del resto, sino que también llegaría a ser el Rey-Sacerdote, el triunfador final en la historia humana (cf. 6:9-15 con 3:10).

### *Liderazgo y complejidad (Zac 4)*

Al revelar la diversidad (candelabros, lámparas, tubos y aceite) que está detrás de una sola función (producir la luz que estaba en alto), Zacarías enfatizó la importancia de Zorobabel, el líder elegido por Dios. Cuando los líderes fracasan en conducir y, como resultado, los seguidores pierden tanto su acuerdo como su energía de espíritu, el problema puede deberse a que han dejado de lado al Espíritu Santo o a que han fracasado en apreciar y sostener la diversidad dentro de la unidad del pueblo de Dios. A través de esta visión, Dios afirmó que su propósito para las naciones se logra "no . . . por la fuerza ni por ningún poder, sino por mi Espíritu" (4:6).

### La represión del exclusivismo

A lo largo de los años, Israel había caído en la trampa de creer que su condición de elegido por Dios lo hacía su pueblo favorito.

> Estaban convencidos de que Dios los había elegido porque los necesitaba. Como Rey, necesitaba a Israel como su pueblo; como Esposo, necesitaba a la nación como esposa; como Padre necesitaba al pueblo como hijo; como Señor, lo necesitaba como siervo. Israel nunca habría existido de no haber sido por Yahvé, pero Yahvé era incomprensible sin Israel, por lo menos dentro de la mente popular. (Ellison 1976: 4)

Israel razonaba que nada de lo que pudiera hacer pondría en peligro su posición delante de Dios. Esta convicción surgía de lo que era juzgado como una promesa incondicional que le había sido hecha a David, concerniente a la seguridad de Jerusalén, a la condición inviolable del Templo y a la permanencia de la línea davídica (2 Sam 7:8-16). Como resultado, Israel mayormente se olvidó de que había sido escogido por Dios para el servicio, y de que esto era tanto un privilegio como una obligación. Sólo unos pocos percibieron, junto con Isaías, que Dios estaba preocupado porque ellos fueran "luz para las naciones" (42:6; 49:6). Casi ninguno de ellos tradujo su llamamiento en un intento dinámico de alcanzar a otros. En el período posterior al exilio, esta preocupación de los exilados disminuyó de tal manera, que ellos procuraban preservar su fe y su práctica religiosa, viviendo completamente apartados de las naciones. "El judaísmo llegó a ser exclusivo en vez de agresivo, se transformó en un pequeño jardín amurallado, en lugar de ser una gran fuerza misionera" (Rowley 1939: 48). La exclusividad judía ganó cada vez más terreno durante el período después del exilio.

Los libros del Antiguo Testamento (Rut y Jonás) se introducen en este momento, dado que ambos, de maneras marcadamente diferentes, subrayan la preocupación universal de Yahvé por todos los pueblos y su reprimenda al particularismo judío. La historia de Rut deja en claro que los gentiles están dentro del círculo de la preocupación de Dios. "Tu pueblo será mi pueblo, y tu Dios será mi Dios" (1:16). Es indudable que este libro fue escrito antes del período post-exílico. Su escenario es el período de los jueces (1:1), aunque sus comentarios explicativos (e.g., 4:1-12) tenían el propósito de ayudar a los lectores a entender sus referencias a prácticas antiguas. El que rastree los ancestros de Dios pero omita cualquier referencia a Salomón parecería indicar que fue escrito antes de la edad de oro de Israel. Su propósito fue inculcar "piedad filial y devoción altruista" al igual que recordarles a los israelitas que una extranjera que ejemplificaba las cualidades de piedad y de fidelidad, en conjunción con una confianza sincera en la provisión de Dios, era ciertamente digna de ser considerada dentro del Pueblo Elegido. En este sentido, este libro no sólo presentó un caso de tolerancia racial, sino que también demostró que la verdadera religión trascendía las fronteras de la nacionalidad. (R. Harrison 1969: 1063)

La historia de Jonás, un profeta del siglo VIII a.C. con un mensaje popular (2 Rey 14:25), es única de muchas maneras. No sabemos si es que Jonás finalmente llegó a aceptar la voluntad de Dios para su vida. Pero el mensaje del libro es abundantemente claro. Jonás no se describe como un misionero del monoteísmo o del mesianismo. Él meramente le transmite a Nínive la clase de oráculo de juicio que los profetas con frecuencia daban en contra de las naciones. No llama al pueblo de Nínive a honrar a Yahvé o a abrazar la religión de Israel. Jonás meramente pone en evidencia el pecado de ellos de haber quebrado la ley natural, la cual "alumbra a todo ser humano" (Juan 1:9). El nudo de la historia es el esfuerzo persistente de Yahvé, por revelarle a un profeta obcecado, su compasión y misericordia por una gran ciudad pagana, que en esos días era sinónimo de crueldad y de arrogancia. Yahvé tiene cuidado de las naciones y procuraba, a través de la revelación de su encuentro con Jonás, reprender la comprensión distorsionada que Israel tenía sobre su estatus delante de Él. Yahvé despreciaba su orgullo farisaico y nacionalista, así como también la aversión que tenían por sus vecinos. El amor de Yahvé abraza a pueblos extranjeros (Amós 9:7). No se deleita en la muerte de aquéllos cuyos Dios no es Yahvé. No es indiferente a lo bueno o a lo malo que la gente hace. Dios quiere perdonar el pecado, pero las personas primero tienen que arrepentirse.

**La preocupación por la renovación: Esdras, Nehemías, y Malaquías**

En los libros de Esdras y de Nehemías encontramos una forma de devoción a Yahvé que está fuertemente impregnada de un espíritu legalista (una exclusividad que caracterizó al judaísmo post-babilónico). Tanto Esdras (9:1-4; 10:1-5) como Nehemías (13:23-29) se refieren a sus esfuerzos por separar a los exilados que habían vuelto a la tierra, de los pueblos paganos que vivían en ella. El casamiento con extranjeros estaba prohibido, y los matrimonios mixtos fueron disueltos, siendo estas medidas muy duras e inhumanas en apariencia.

Y aun así, esos matrimonios habían hecho que un número creciente de personas abandonara tanto la cultura judía como la fe judía. Era necesaria una acción drástica.

> Mientras que la dura caparazón del judaísmo que se estaba formando aquí limitaba la vida del mismo, de todas maneras lo preservaba como su preciosa pepita interior, destinada a germinar y a estallar en una vida más espléndida en un tiempo posterior (Rowley 1939: 48-49)

Fue a través de un particularismo resuelto, que los fieles procuraron preservar la herencia religiosa de Israel. Es de admitir que esto también condujo, de manera inevitable, al desarrollo de un complejo de superioridad y a un sentido de autojusticia. El pueblo judío razonaba de manera descuidada como sigue: "si se nos está prohibido de parte de Dios casarnos con personas no judías, debe ser porque somos mejores que ellas. Ellas deben pertenecer a una raza inferior, porque están fuera de la ley."

La reconstrucción del Templo y la reparación de las murallas de Jerusalén (Nehemías) no trajeron aparejado el reino mesiánico. Esto debe haber sido una gran desilusión para generaciones sucesivas, aun cuando Daniel había predicho que el largo período "desde la promulgación del decreto que ordena la reconstrucción de Jerusalén hasta la llegada del príncipe elegido" involucraría casi quinientos años (9:24-27). Bien dentro del período persa, los tiempos se pusieron difíciles. Los cultivos eran pobres y los vecinos molestos. Un pueblo luchador y frustrado, eventualmente se desilusionó de Yahvé. Esto condujo a una erosión de su compromiso para con Él. Más aún, la estrella del imperio estaba pasando de Asia a Europa (los griegos estaban surgiendo). Palestina se quedó sola, muy alejada de los eventos mundiales más importantes. Las condiciones internas iban de mal en peor. Los colonos vivían para ellos mismos, absorbidos por pequeños problemas locales y plagados de disputas con los problemáticos samaritanos. Se tornaron en un pueblo apático y cínico, escondiendo su miseria detrás de una indiferencia descuidada y de una burla frívola de las cosas sagradas. Más aun, los sacerdotes se pusieron perezosos en cuanto a la administración del ritual del Templo, y dejaban de lado sus responsabilidades de enseñar. La Palabra de Dios ya no era oída en la tierra. Sólo se oían las protestas del pueblo. Se necesitaba un profeta. La respuesta de gracia de parte de Dios fue Malaquías.

Malaquías usó el recurso del diálogo: el método de preguntas y respuestas. Mientras se movía en medio del pueblo, escuchando sus problemas y observando sus comportamientos, procuró recordarles, a todos y cada uno, las expresiones del amor constante que Yahvé les tenía, y su justo trato para con ellos. Pero su respuesta fue encogerse de hombros y responder: "¿Y cómo nos has amado? ¡Pruébalo!" Ellos no admitieron fracaso alguno y estaban horrorizados de que Dios, quien según ellos los había tratado tan miserablemente, pudiera pensar tan mal acerca de su "justa indignación." Como resultado, Malaquías hizo de su "¿Y cómo nos has amado?" la clave para sus discursos (1:2, 6; etc.).

Los acusó de dudar del amor de Dios (1:2-5) y de despreciar su servicio (1:6--2:9). Puso en evidencia las violaciones que ellos hacían de las estipulaciones del pacto de Dios con respecto a la fidelidad matrimonial (2:10-16) y el hecho de que ellos disputaban la justicia detrás del trato de Dios para con ellos (2:17-3:5). Ellos despojaban a Dios de sus posesiones (3:6-12), al no entregarle sus diezmos y ofrendas. Más aún, tendían a dar por descontados los beneficios que Dios les prodigaba por ser su pueblo (3:13-18). Finalmente, de manera lisa y llana, ellos negaron lo inevitable del juicio de todos los pueblos por parte de Dios (4:1-3). Malaquías concluyó con dos exhortaciones. Primero, debían recordar la Torá de Moisés (el registro de la fidelidad de Dios para con sus promesas de pacto) y su obligación de obedecer a Dios. Esto es fundacional para todo lo demás. Segundo, debían esperar la venida de Elías y el amanecer de la era mesiánica (4:4-6). Nada impediría que Dios consumara la historia de la salvación.

Dado que el problema del nominalismo está tan difundido en el día de hoy, necesitamos estar alertas a la obligación de ser instrumentos de renovación en las iglesias. Malaquías se dirigió a un pueblo atontado, encallecido y crítico. Ellos poseían una forma de devoción, pero estaban virtualmente desprovistos de cualquier experiencia vital con Dios mismo. Al reflexionar sobre el ministerio de Malaquías, necesitamos preguntarnos si es que estamos tratando de manera franca y bíblica, con las cuestiones que son supremas en las mentes del pueblo de Dios del día de hoy. La pregunta principal es: ¿nos adherimos al patrón de Malaquías de acentuar la certeza de la victoria última de Dios en Jesucristo?

Este tipo de ministerio cae bajo la rúbrica de la intensificación de la actividad. Implica la preocupación de que todas las actividades religiosas en la cuales el pueblo participe se mejoren de manera diligente (la adoración personal, la oración privada, la lectura y el estudio de las Escrituras, y la atención cuidadosa a la adoración litúrgica). Todo esto es importante. También está la necesidad de arrepentirse delante de Dios. Esto demanda alejar valientemente del estilo de vida, todos los elementos que no sean dignos de la fe bíblica.

Cuando los exilados finalmente completaron la reconstrucción del Templo, mediante el aliento de los profetas Hageo y Zacarías, ellos celebraron la Pascua y la fiesta de los Panes sin Levadura. Esto trajo aparejado los comienzos de la renovación espiritual (Esd 6:19-22), dado que "el Señor les había devuelto la alegría" (v. 22). Nosotros bien podemos creer que esta convocación religiosa estimuló la intensificación de la devoción religiosa de muchos.

Luego vino Nehemías, su gobernante, con su carga de reconstruir las murallas de Jerusalén (Jer 2:11-20). Bajo el ímpetu del impulso anterior, el pueblo se entregó a esta tarea y ¡pudieron completarla en "cincuenta y dos días" (6:15)!

Poco después, se celebró la fiesta de las Enramadas, una convocatoria que no había sido correctamente observada desde los días de Josué (Neh 8:17). En realidad, Moisés había estipulado que la ley fuera leída públicamente al pueblo cada siete años en esta ocasión (Deut 31:10-12). El impulso por observar esta fiesta, de una semana de duración, vino del pueblo mismo (Neh 8:13-15). Ellos presionaron a Esdras para hacer esta tarea, y en día de apertura, él y otros levitas "leían con claridad el libro de la ley de Dios y lo interpretaban de modo que se comprendiera su lectura" (8:8). Esto trajo sobre ellos un espíritu de lamento y de lloro, el cual los líderes procuraron aliviar llamando la atención sobre el perdón por gracia de parte de Yahvé. A continuación hubo una adoración gozosa (8:9-9:5).

Luego vino el clímax. Esdras repasó la historia de Israel, desde la elección de los patriarcas hasta el presente, y habló de manera acertada acerca de la desobediencia persistente de Israel para con Yahvé (Neh 9:6-37). Él llamó a un acto formal de un nuevo compromiso con el pacto, con el servicio del Templo, y de unos para con otros como pueblo de Yahvé (9:38--10:39). Este fue un gran avivamiento. Contribuyó de manera significativa con el restablecimiento de la coherencia social, cultural y religiosa de Israel en la tierra. Incluso influyó sobre la demografía de Jerusalén (cap. 11).

**La mano izquierda de Dios: los judíos en la diáspora**

La "mano izquierda de Dios" representa la totalidad de su actividad, a favor de los judíos que rechazaron la oportunidad de regresar a la tierra, a continuación de la proclamación de Ciro (Esd 1:1-4), y cuyos descendientes se asentaron permanentemente en otras ciudades fuera de sus fronteras. Aunque nuestra información sobre ellos es muy limitada, conocemos lo suficiente sobre sus movimientos y logros, como para poder discernir que continuaron siendo objetos del amor y del cuidado de Dios. En realidad, no fue pequeña su contribución para preparar el camino de la expansión de la iglesia en el primer siglo.

En el libro de Ester, encontramos a Mardoqueo. Él puede ser considerado como uno de los muchos judíos típicos, a lo largo de este extendido período histórico. Ni su obediencia a Dios, ni incluso su preocupación por Dios se menciona. Indudablemente, esto no era particularmente significativo. No obstante, él sacrificó la ventaja personal para asistir a su propia gente, e hizo todo el esfuerzo posible para aumentar su seguridad. Cuando nos encontramos con él por primera vez, descubrimos que deliberadamente evitó dar testimonio público de su fe y que parecía algo incierto con respecto al poder del cuidado de Dios. Su instrucción a Ester de no revelar que era judía (2:10, 20) está en agudo contraste con la observancia pública de Daniel de su sumisión al código levítico en cuando a su dieta (Dan 1:8-16). Mardoqueo parece haber tenido un sentido del cuidado providencial de Dios por el pueblo judío (Est 4:13-14), y su influencia sobre Ester parece haberle dado a ella una fe robusta en Dios (4:16). Aun así, él se inclinaba a poner su confianza en soluciones humanas, tanto para sus problemas como para los de su pueblo. Continuó siendo un miembro leal de la comunidad persa más amplia y no tomó parte en la actividad política subversiva (2:21-23). En términos generales, estaba preocupado por ejercer una influencia íntegra sobre su generación. Él puede ser un ejemplo típico de los que, en broma, dirían que el Cantar de Salomón fue escrito para los jóvenes, Proverbios para los de mediana edad y el libro de Eclesiastés para los ancianos. No obstante, como judío, Mardoqueo fue dominado por un sentido de misión: no compartir las buenas nuevas de Yahvé con los gentiles, sino asegurarse de que él y todos los demás judíos retuvieran la identidad judía.

La "mano izquierda de Dios" hizo los preparativos para la extensión misionera de la iglesia apostólica de variadas maneras. Tanto es así, que debiéramos cuidarnos de hacer críticas arrolladoras de esos judíos que no tuvieron la voluntad de seguir a Zorobabel y a Jesúa de regreso a la tierra (Esd 1:5--3:13). Ellos contribuyeron, de manera significativa, a la convicción creciente de que estaba por aparecer una fe universal en la escena del mundo.

## Conclusión

Hemos visto que el Dios que habla en la revelación es el Dios que actúa en la historia. Una parte significativa del Antiguo Testamento registra los grandes momentos en la historia de Israel, cuando Dios actuó de manera única a su favor y reveló su voluntad con respecto a la misión que el pueblo tenía. Aunque, en realidad, por primera vez tomó consciencia de ser "el pueblo llamado por Dios" durante el evento del éxodo, la anterior elección y llamado de Abraham y de los otros patriarcas marcó los comienzos de los propósitos redentores de Dios (Hech 7:2-4; 13:17). Algunos eruditos hacen una lista de cinco momentos tales como ese (e.g., Knight 1959: 202-17). Metafóricamente, al ver a la nación de Israel en relación con Dios, sostendríamos que hubo por lo menos nueve eventos monumentales. Consideramos que todos son igualmente relevantes para el llamado del pueblo de Dios a estar dentro de su comunión y dentro de su propósito. Son los siguientes:

Primero, el pueblo de Dios fue *cortejado* en Ur y en Jarán, y conducido hacia la "tierra de la promesa," para ser allí un pueblo peregrino morando en tiendas (en el mundo pero no perteneciente a él, Gén 12:1-3; Isa 51:1-2). El pacto abrahámico proveyó la base de gracia de Dios para esta relación: una elección para ser posesión divina y estar al servicio divino.

Segundo, el pueblo de Dios fue *concebido* como resultado de la angustia de la opresión egipcia. En un punto de la historia, ellos eran "poca gente" (Deut 26:5), pero Yahvé los llamó a ser como su hijo, y les dio vida y liberación (Ex 4:22; Jer 31:9; Os. 11:1).

Tercero, el pueblo de Dios fue *bautizado* inmediatamente después en el mar, como una confesión pública de ellos mismos como pueblo de Dios, separados de toda otra nación (Ex 20:2; Deut 7:6; Os 11:1; 1 Cor 10:2).

Cuarto, el pueblo de Dios se *casó* con Yahvé en el Sinaí, por un pacto que Él definió y ellos aceptaron, marcando así el comienzo de la interacción con Él, a través de la instrucción revelada de la ley y del ministerio correctivo de los profetas (Ex 19:8; Jer 7:25; Gál 3:24).

Quinto, al pueblo de Dios le fue *dada* la tierra de la promesa como herencia nacional. Esta tierra no fue conseguida mediante el poderío militar de Israel, sino por medio del irresistible poder de las huestes de Yahvé, quienes triunfaron repetidamente sobre la desesperada y masiva oposición de los cananeos.

Sexto, el pueblo de Dios fue *establecido* como reino bajo la dinastía davídica. A la línea davídica se le prometió un lugar eterno en la economía de Dios (2 Sam 7) y el punto focal en la bendición de Israel a las naciones (Isa 11:10; Zac 8:23).

Séptimo, el pueblo de Dios fue *probado* en el monte Carmelo para cerciorarse de el carácter genuino de la lealtad profesada a Yahvé y a su pacto, y para hacerlos conscientes de la antítesis irreconciliable entre la adoración de Yahvé y la adoración de todos los otros dioses (1 Rey 17:18).

Octavo, el pueblo de Dios fue *liquidado* por Yahvé debido a sus pecados; Asiria y Babilonia fueron los instrumentos del juicio. Esto condujo a su sepultura: "descendieron al Seol" en tierras paganas (Jer 8:19-22; Lam 1:12-13; 2:3).

Noveno, el pueblo de Dios fue *resucitado* por Yahvé usando como instrumento a Ciro el persa, a los efectos de que pudieran restablecer su vida nacional, social y religiosa regresando a su propia tierra (Esd 1:1-4).

Más allá de estos eventos está el "momento escatológico," el día del Señor. Como Hijo de David, Hijo del Hombre y como Siervo sufriente (tres oficios distintos de una Persona), el Mesías de Israel regresará para restaurar todos los lugares asolados y en ruinas de la tierra, liberándola de la maldición, a los efectos de volver a casarse con su pueblo, de modo que ellos puedan compartir su total reconciliación con el cosmos (Isa 62:1-4; Ezeq 36:36).

## Capítulo 9

## Dios prepara el escenario para la venida del Mesías

**Introducción**

Hemos rastreado los eventos centrales en el trato de Dios con su pueblo: el llamamiento de Abraham, el establecimiento del pacto de gracia con Abraham y con los patriarcas, la liberación del Éxodo, el pacto del Sinaí, el peregrinaje por el desierto y la entrada en la Tierra Prometida. Hemos notado la experiencia subsiguiente que tuvieron bajo los jueces, luego bajo Samuel y Saúl y finalmente bajo los reyes de Israel y de Judá. No obstante, debido a la persistente violación del pacto sinaítico por parte de ellos y a su desobediencia hacia Dios, todo esto quedó en la nada. El reino davídico experimentó la destrucción, la división y la guerra civil. El reino del Norte fue eliminado y Judá fue llevada al exilio en Babilonia. Sólo alrededor de cincuenta mil colonos regresaron a la tierra natal después de una ausencia de setenta años. Aunque Dios le permitió restaurar en parte su vida civil y religiosa, la monarquía davídica no fue restablecida. En esto, Dios estaba preparando el escenario para la inauguración del reino mesiánico y para la transformación de su pueblo en una comunidad religiosa que llegaría a ser luz a las naciones gentiles.

Antes de ver los temas básicos enunciados por los profetas a lo largo de esta extensa historia, en la que el propósito del reino que Dios tenía para las naciones comenzó a desplegarse, debemos clarificar el significado de la palabra *Torah* (la ley), tal como se develó especialmente durante el período del exilio y en el post-exílico. Debemos admitir que el tema es complejo. A lo largo de los siglos, la Torá ha sido identificada con un amplio rango de especificidades, que van desde los Diez Mandamientos, hasta los códigos legales sinaíticos, pasando por el Pentateuco entero, hasta llegar a toda la Biblia hebrea y a toda la literatura religiosa post-bíblica del judaísmo. Dentro del Antiguo Testamento, denota cuerpos de instrucciones o de enseñanzas para los sacerdotes, para los profetas y para los sabios e incluso consejos de los padres hacia los hijos. No obstante, parece que el significado más antiguo y más común es algo aproximado a lo que nosotros entendemos por *revelación*. Los oráculos sacerdotales y proféticos se denominan *torahs*. Y en el caso de los profetas, hay colecciones enteras de oráculos o de sistemas de pensamiento (como en Isaías) que se llaman Torá (Sanders 1972: 2-4).

Mientras que es verdad que en el Nuevo Testamento la palabra *ley* puede hacer referencia al Pentateuco (e.g., Luc 24:44; Gál 4:21-22), también se usa en el sentido más amplio de la revelación del Antiguo Testamento. Notemos lo siguiente: "¿Y acaso–respondió Jesús–no está escrito en su ley: 'Yo he dicho que ustedes son dioses'?" (Juan 10:34, citando Sal 82:6). "De la ley hemos sabido . . . que el Cristo permanecerá para siempre" (Juan 12:34, citando Sal 110:4; ver también Isa 9:7; Ezeq 37:25; y Dan 7:14). "Pero esto sucede para que se cumpla lo que está escrito en la ley de ellos: 'Me odiaron sin motivo'" (Juan 15:25, citando Sal 35:19 y 69:4).

Este uso del término *ley* ha hecho que los críticos consideraran a los escritores del Nuevo Testamento como ¡imprecisos! En realidad, después que la era del Antiguo Testamento llegó a su fin, y durante el período intertestamentario, el término *Torah* comenzó a ser usado cada vez más en un sentido todavía más amplio, para incluir la codificación hecha por el judaísmo de su enseñanza autoritativa y del desarrollo de su tradición. Esto se completó alrededor de año 500 d.C. Cuando Jesús y los escritores del Nuevo Testamento usaron la palabra *ley* para referirse a porciones no mosaicas del Antiguo Testamento, estaban meramente siguiendo la práctica de la judería del primer siglo.

La Torá es el evangelio de la era del Antiguo Testamento, ya que abraza la actividad salvadora de Dios a favor de su pueblo (Miq 6:5). La tarea de los profetas fue recordarle al pueblo estas "buenas nuevas" y exhortarlos a vivir conforme a sus implicaciones en su vida individual y corporativa. En ocasiones, esto condujo al arrepentimiento y a la fe, y a un encuentro personal directo con Dios. Ya hemos repasado esta secuencia de fracaso, la cual caracteriza a una gran parte de la historia del Antiguo Testamento: Torá; proclamación; promesa de obediencia por parte del pueblo; violación de la Torá; alejamiento divino; sufrimiento doloroso en manos de sus enemigos; arrepentimiento nacional; liberación obrada por Dios; y finalmente, restauración de la comunión con Dios.

Ahora consideraremos esos elementos específicos en la instrucción de los profetas, por los cuales ellos establecieron el escenario para el gran evento mesiánico, en la permanente secuencia de la historia de la salvación. Nuestra tarea es descubrir la manera en la cual Dios no sólo provocó la anticipación de la venida del reino, sino que también proveyó todo lo necesario para que esto ocurriera. Aunque en capítulos anteriores hemos discutido un amplio espectro de cuestiones que pesan sobre la misión de la iglesia en nuestros días, nuestra tarea ahora será llamar la atención sobre lo que está más directamente relacionado con la venida de Jesús y de su inauguración del reino de Dios.

## La necesidad de una comunidad de creyentes: el remanente de Israel

El gran misterio de las Escrituras es la realidad de la encarnación, cuando Dios "se hizo hombre y habitó entre nosotros" (Juan 1:14; ver también 1 Tim 3:16). Extraño como pueda parecer, esto no pudo haber tenido lugar sin un pueblo creyente "bajo la ley" (Gál 4:4), ya viviendo en la tierra en la cual ocurrió este maravilloso acto de Dios. Tenía que haber una virgen, hija de Abraham, dispuesta a ser el vehículo escogido para la encarnación. Y tenía que haber un José devoto que fuera el custodio de su vulnerabilidad. También se necesitarían muchos otros, todos viviendo de manera consciente bajo el control de Dios y para su gloria. Ellos serían parte de un contexto más grande de judíos creyentes, que encontramos cuando comienza el Nuevo Testamento.

La esperanza mesiánica necesitó de un remanente creyente a lo largo de los muchos siglos entre Abraham y el nacimiento de Jesús. La gracia de Dios hizo eso posible. Y fueron los profetas los que animaron su surgimiento y fidelidad, a pesar del desvío de la mayor parte de los israelitas y de sus líderes. Isaías habló acerca del remanente cuando dijo: "Esto lo llevará a cabo el celo del Señor Todopoderoso" (Isa 9:7). El Nuevo Testamento refleja la continuación de esta trágica polarización. El apóstol Pablo la describió de la siguiente manera: "Lo exterior no hace a nadie judío, ni consiste la circuncisión en una señal en el cuerpo. El verdadero judío lo es interiormente; y la circuncisión es la del corazón, la que realiza el Espíritu, no el mandamiento escrito. Al que es judío así, lo alaba Dios y no la gente" (Rom 2:28-29). Tales judíos constituyen "un remanente escogido por gracia" (11:5).

El pueblo de Dios, los que eran verdaderamente suyos por la fe y la obediencia, nunca se vio libre de la mezcla étnica. Incluso Séfora, la esposa de Moisés, no era hebrea de nacimiento (Ex 18:2). Cuando los hebreos salieron de Egipto, "con ellos salió también gente de toda clase" (Ex 12:38). De esto sacamos la conclusión de que no todos los que compartían el mismo compromiso de fe pertenecían a las mismas líneas étnicas y raciales. Por otro lado, muchos años más tarde, cuando el baalismo planteó una amenaza religiosa y cultural de tal magnitud, que amenazó la existencia misma de Israel, Elías habló del hecho de que no todos los que pertenecían étnicamente a Israel compartían la misma fe israelita de obediencia al pacto de Dios. La distinción entre la nación de Israel por la fe (el remanente) y la nación de Israel definida étnicamente se puede ver en la historia de Elías. Cuando su propia vida se vio amenazada, teniendo lástima de sí mismo, Elías se quejó de que sólo él era fiel. En respuesta, Dios le reveló a Elías que a pesar de la adoración de Baal ampliamente difundida en Israel, él tenía "siete mil israelitas que no se han arrodillado ante Baal ni lo han besado" (1 Rey 19:10, 14, 18).

Hay cinco características del remanente fiel dentro de Israel, que son instructivas con respecto al reino mesiánico por venir:

### *El remanente y los profetas*

Por lo menos nueve de los profetas que escribieron hablaron de alguna manera acerca de la continuidad año tras año, del verdadero pueblo de Dios. Pero no se pusieron de acuerdo en cuanto a quiénes integraban este pueblo. En un sentido, esto no era importante. Sólo "el Señor conoce a los suyos" (2 Tim 2:19). Tal como lo expresa Knight: "Lo que es importante es que el hecho de un remanente es central en los pensamientos de muchos de los profetas" (1959: 259). Esto surge de la convicción compartida de que la existencia de un remanente fiel dentro de Israel era crucial para el propósito redentor de Dios para Israel y para las naciones.

Amós fue el primer profeta en hacer un uso extensivo del motivo del remanente. Él atacó la noción popular de que toda la nación de Israel (étnicamente definida) constituía el remanente que Dios preservaría cuando juzgara a las naciones en el día final. Amós no sostuvo delante de Israel ninguna salvación confiada basada en la descendencia física, ninguna jactancia permanente de elección divina, ninguna certeza segura de un futuro glorioso. Más bien, les extendió el llamado de Dios: "Búsquenme y vivirán" (5:4-6). En otras palabras, esta invitación anunciaba la posibilidad de un remanente de israelitas fieles, a pesar de la apostasía de la mayoría. Y en lo que a Dios concernía, estas personas fieles se diferenciaban de la mayoría de Israel. En otras palabras, el remanente en sí mismo tiene relevancia escatológica. En el último día abarcará a todo el pueblo de Dios de todas las naciones (cf. 9:11-12 con Hech 15:16-17).

El concepto del remanente se desarrolló en gran manera durante el ministerio temprano de Isaías, cuando se hizo cada vez más evidente que Judá debía ir a la cautividad por su pecado y su desvío. Como verdadero profeta del Señor, Isaías construyó sobre el testimonio de Amós y se preocupó mucho por este remanente creyente en la crisis siro-efraimita de sus días. Él primero presentó al remanente como "simiente santa" (6:13). Al principio, uno tiene la impresión de que Isaías usa el término para referirse mayormente a los que sobreviven a una catástrofe nacional, más que a una mayoría creyente dentro de una mayoría incrédula (10:20-22; 37:3, 32). Pero luego, él se torna más específico y sigue el concepto de Amós al ligar el motivo del remanente con la escatología. Aunque la casa de David era como un árbol que sería cortado por Babilonia en juicio, quedaría la savia en la parte restante del tronco y un día emergería un "retoño," que llegaría a ser un árbol fructífero (6:13; 11:1). John Bright considera este concepto del "remanente puro del pueblo de Dios," limpiado a través de un juicio feroz y hecho receptivo a su propósito, como "entre los grandes temas de Isaías" (1953: 89). Isaías incluso llamó a uno de sus hijos Sear Yasub ("un remanente volverá," es decir, se arrepentirá, 7:3). Él distinguió al remanente como una nación de Israel espiritual dentro de la nación de Israel política y descubrió en su existencia una base para la esperanza: Dios triunfará en la historia humana y hará posible su consumación cuando "se doblará toda rodilla y . . . jurará toda lengua" (45:23).

### *El carácter corporativo del remanente*

El remanente representa una reducción del pueblo de Dios. No es tanto una colección poco clara de individuos creyentes, como un todo corporativo cuya devoción a Dios se plasma en la expresión: "Mi Dios" (Os 2:23). El remanente es todo el *verdadero* pueblo de Dios, el heredero de las promesas, el recipiente de los oráculos divinos y el vehículo responsivo del propósito redentor de Dios (Sof 3:12-13). Es un medio continuo no en cuanto a la carne, sino un medio continuo sólo de gracia (Knight 1959: 259). Algunas de las declaraciones de Isaías reducen el remanente a Israel como si fuese un sólo individuo representativo, el Siervo del Señor.

### *El carácter ético del remanente*

El remanente no es siempre justo: "¿Quién es más ciego que mi enviado, y más ciego que el siervo del Señor? Tú has visto muchas cosas, pero no las has captado; tienes abiertos los oídos, pero no oyes nada" (Isa 42:19-20; ver también 1:4-9). Esta realidad inesperada complica nuestra comprensión del remanente y de sus implicaciones sobre la misión del pueblo de Dios. Algunas veces, los profetas hablaron como si Dios debía salvar al pueblo remanente, no por sus méritos, sino debido al rol que tenían como eslabón transicional con un día en el futuro mucho más brillante, cuando Dios finalmente se casara con Israel, su esposa escogida, e hiciera su pacto final con la tierra (e.g., Os 2:18-23). Sólo el solitario Siervo del Señor es sin pecado. Es esta distinción la que finalmente lo separa del remanente.

## *El significado escatológico del remanente*

Isaías consideraba a los judíos creyentes de sus días como una anticipación del remanente escatológico, un nuevo y redimido Israel sobre el cual el Mesías reinaría en el día final. No eran miembros, porque eran judíos de nacimiento, sino debido a su sometimiento individual a Dios. Este no es el punto de vista del judaísmo que afirma: "La salvación le está asegurada a todos los judíos sobre la base de pertenecer al pacto." Los rabinos luego citan Isaías 60:21 para establecer este concepto universal: "Entonces todo tu pueblo será justo y poseerá la tierra para siempre. Serán el retoño plantado por mí mismo, la obra maestra que me glorificará" (Isa 60:21; ver también Trepp 1982: 49).

El contexto de este versículo es la restauración gloriosa de Jerusalén a través del segundo advenimiento del Mesías (Isa. 60-61). Más todavía, en esta línea el último de los profetas frecuentemente escribió sobre un Israel nuevo y escatológico "de acuerdo al Espíritu." Jeremías también mencionó que el Mesías haría un nuevo pacto con Israel y con Judá, muy diferente del pacto hecho en el Sinaí. En vez de erigir delante de ellos otro código externo, Dios dijo:

> "Pondré mi ley en su mente, y la escribiré en su corazón. Yo seré su Dios, y ellos serán mi pueblo. Ya no tendrá nadie que enseñar a su prójimo, ni dirá nadie a su hermano: '¡Conoce al Señor!', porque todos, desde el más pequeño hasta el más grande, me conocerán–afirma el Señor—. Yo les perdonaré su iniquidad y nunca más me acordaré de sus pecados." (31:33-34; ver también 32:36-41)

Ezequiel fue más explícito al llamar la atención sobre la venida del Espíritu de Dios (11:19-20; 36:22-32). Él tuvo una visión de un gran valle cubierto con los huesos secos de una nación difunta (37:1-3). Luego, él predijo la venida escatológica del Espíritu (37:11-14) y el surgimiento de un Israel nacido de nuevo (37:15-28). Esta secuencia de muerte debido al pecado y de resurrección a la vida por una entrega del Espíritu por gracia de Dios debe ser vista como la meta de todos los esfuerzos humanos para redimir a la raza humana. "El estado y sus políticas, su riqueza y su prosperidad, incluso su religión y sus más nobles esfuerzos de reforma, no pueden producir el reino de Dios, no pueden crear un pueblo sobre el cual Él gobierne" (Bright 1953: 126). El nuevo pacto con el Espíritu de Dios escribiendo la Torá en los corazones de su pueblo es la provisión de Dios para su nuevo día, cuando su Hijo crearía un nuevo pacto, pero no sin derramar su sangre (Mat 26:26-28; 1 Cor 11:25).

### *El remanente y la misión mundial*

El pueblo judío abusó del concepto del remanente. Durante el tiempo de Sedequías, falsos profetas se apoderaron de esa idea para reforzar esperanzas referidas a un fin temprano del exilio en Babilonia (Ezeq 11:13; 33:24-29). Durante la restauración que siguió a la cautividad, Zorobabel era mirado por muchos como "aquel cuyo nombre es Renuevo," debido a sus antepasados davídicos y al rol que tuvo en la reconstrucción del segundo Templo (Zac 3:8; 4:9; 6:12-13). En los siglos siguientes, algunos segmentos dentro de la judería con frecuencia sucumbieron a la tentación de considerar a su líder como el Mesías y de considerarse a ellos mismos como el remanente que estaba a punto de participar en su triunfo escatológico. Jesucristo de manera deliberada advirtió a sus discípulos en contra de ser engañados de la misma manera: "Tengan cuidado de que nadie los engañe–comenzó Jesús a advertirles—. Vendrán muchos que, usando mi nombre, dirán: 'Yo soy', y engañarán a muchos" (Mar 13:5-6).

Los cristianos del primer siglo afirmaban que el remanente creyente dentro de Israel era el portador de la cepa de Israel, y de las promesas y responsabilidades de Israel en la fundación de la iglesia. Ese remanente también había percibido la misión mundial como la meta de la elección de Israel. Dado que llevaron a cabo esta misión mundial "hacia adelante con ellos, llegaron a ser una comunidad de fe, que mediaba las bendiciones de la herencia de Israel a pueblos de todas las razas, y los levantaba a la altura de la elección de Israel. Hicieron precisamente lo que la Biblia del pueblo judío había declarado que harían" (Rowley 1944: 79).

Muchos en nuestros días son críticos de cualquier intento de legitimar la idea de "la iglesia dentro de la iglesia" (*ecclesiola in ecclesia*). Consideran que esto es una aberración pietista desprovista de fundamento bíblico. ¿Pero es así? El concepto de un remanente fiel en medio del nominalismo israelita impregna significativamente los escritos de los profetas. Una y otra vez, nos encontramos con referencias al pueblo sobre el cual Dios gobierna y encontramos que este motivo del remanente coincide, en alguna medida, con lo que luego descubriremos que es el reino de Dios en el Nuevo Testamento. El hecho mismo de que Dios prometiera preservar a un pueblo creyente y obediente en cada generación es emocionante. Los cristianos del día de hoy debieran procurar humildemente estar incluidos dentro de ese grupo. Volverse a Dios y encontrar en Él verdadera seguridad, paz duradera, amor genuino y esperanza confiada brinda seguridad personal y a la vez es un desafío.

Idealmente, nosotros tendemos a argumentar que a Dios le gustaría incluir a todos los que profesan ser sus seguidores, en la tarea de la misión mundial. No obstante, en la práctica real, "son pocos los obreros," y con demasiada frecuencia sólo una minoría dentro de la iglesia se involucra vitalmente en la presentación del testimonio del evangelio de manera local y global. Algunos utilizan el concepto del remanente para explicar esto. Ciertamente, sin los esfuerzos de los miembros del remanente, generación tras generación, que hacen que Jesucristo sea conocido, no habría ninguna misión cristiana en curso en nuestros días.

**La necesidad de un Salvador-Rey**

El tema del remanente está íntimamente asociado con "la esperanza de Israel," pero estas dos cosas no deberían considerarse como iguales. Los profetas nunca cesaron de decirle al pueblo de Dios que "[dejaran] de confiar en el hombre" (e.g., Isa 2:22). Ellos debían mirar a Dios en busca de guía y de soluciones para sus problemas. En tanto y en cuanto Dios había hecho grandes cosas por Israel en el pasado, ellos podían contar con que Él actuaría de la misma manera a favor de ellos en el futuro. Amós introdujo la frase "el día del Señor" (5:18). Bajo esta rúbrica, tomó forma en los escritos de los profetas una esperanza mesiánica y una descripción de la consumación escatológica de la historia. Al igual que con la doctrina del remanente, esta esperanza se puede rastrear, por inferencia y por sugerencia, en las secciones más tempranas del Antiguo Testamento. Más tarde, el testimonio profético se hizo más explícito. Las sinagogas judías y las primeras comunidades cristianas estuvieron inicialmente de acuerdo en un buen número de pasajes estrechamente definidos como mesiánicos, la mayoría de los cuales están vestidos de implicaciones universales. Más tarde, después que el movimiento mesiánico comenzó a difundirse por todo el mundo mediterráneo, los rabinos judíos comenzaron a popularizar reconceptualizaciones de estos textos, para anular su uso evangelizador por parte de los creyentes en Jesús tanto judíos como gentiles.

En los escritos rabínicos antiguos, más de cuatrocientos pasajes del Antiguo Testamento se le aplican al Mesías. Esto no significa que el Antiguo Testamento provea tantas "anticipaciones" particulares de Jesús de Nazaret. Aun así, existe un número suficiente de predicciones precisas, como para justificar la afirmación confiada posterior a la resurrección: "tenía que cumplirse todo lo que está escrito acerca de mí en la ley de Moisés, en los profetas y en los salmos" (Luc 24:44).

Mientras que desde sus primeros días, la iglesia cristiana ha sostenido que muchos pasajes del Antiguo Testamento contienen profecías que se cumplieron con la primera venida de Jesucristo, mucha de la investigación bíblica crítica ha procurado descontar su importancia mesiánica. No obstante, en décadas recientes, hay un movimiento creciente que defiende la importancia mesiánica de esos pasajes. Helmer Ringgren, entre otros, dedicó un volumen significativo para bosquejar "las principales características de esta nueva comprensión y para ilustrar con algunos ejemplos sus consecuencias para la exégesis" (1956: 7). Él revisó nueve Salmos reales, once profecías mesiánicas, cinco Cánticos del Siervo y ocho Salmos del Siervo. En su conclusión declara:

> Ha existido en Israel un patrón de sufrimiento [inocente], de muerte y de restauración, y los Salmos han construido sobre este patrón. En algunas ocasiones [esto fue] puesto en boca de un rey (Sal. 18; Isa. 38). . . . La idea de un rey haciendo penitencia y expiación por los pecados de su pueblo lleva al pensamiento de uno que iba a venir, en el cual esta misión de Israel, para decirlo así, estaba concentrada, así como el poder del pueblo estaba concentrado en el rey. Así es que, al mismo tiempo, aparece la idea de un Mesías que estaba por venir, el cual iba a llevar los pecados de muchos. Esta persona es el siervo del Señor, y por lo tanto en los cánticos vienen todas las características individuales que siempre han intrigado a los eruditos que han tratado de interpretar al

siervo como una entidad colectiva, e.g., el pueblo. . . . El profeta ha definido la idea del sufrimiento vicario con tanta agudeza, que la interpretación que hace el Nuevo Testamento de la obra de Jesús es difícil de concebir sin los cánticos del siervo como trasfondo. . . . Esto es de importancia decisiva para autoconciencia mesiánica de Jesús, y para la idea neotestamentaria de Cristo. (1956: 64-67)

Muy aparte de estos pasajes específicos, el Antiguo Testamento puede describirse como "ampliamente mesiánico." Dado que la palabra *mesías* significa principalmente "ungido," su aplicación en el Antiguo Testamento va desde sacerdotes (1 Sam 12:3) a reyes (1 Sam 16:6) pasando por un creyente piadoso (Sal 84:9) e incluso hasta un rey pagano (Isa 45:1). Pero el término se torna específico al ser aplicado a la línea davídica, y ahora nos concentraremos en ésta y en otras representaciones para aprehender los temas variados que constituyen este todo compuesto: el Mesías. No revisaremos todo el espectro de la predicción mesiánica, sino sólo los pasajes que se enfocan sobre tres temas principales: su humanidad como un príncipe davídico, su deidad como Hijo de Dios y su sufrimiento redentor como Siervo del Señor.

### *El Mesías como Hijo de David*

Cuando David trajo aparejados los comienzos de la edad de oro de Israel, pareció como que él era el cumplimiento de la promesa hecha a Abraham acerca de que su simiente llegaría a ser una gran nación. Con la destrucción que siguió a la muerte de Salomón, y los períodos subsiguientes de ruina nacional y de apostasía, los judíos devotos comenzaron a mirar hacia atrás a la era de David, sin duda ayudados por su capacidad de imaginación retrospectiva, y anhelaron esos buenos viejos tiempos. Se le dio mucha importancia a lo que los profetas incluyeron bajo la rúbrica de "mi constante amor por David" (Isa 55:3): la suma total de las promesas que Dios le hizo a David y que se aseguraron mediante un pacto. La casa de David mantendría una relación única con Dios, y su dinastía permanecería para siempre (2 Sam 7:14-16; 23:5). Dios usó este anhelo para encender la esperanza del pueblo de Dios. Eventualmente, Jeremías (23:5-6; 30:8-9), Ezequiel (34:24; 37:24-25), y particularmente Isaías la tradujeron en lenguaje profético. Dado que Dios estaba preocupado por salvar a su pueblo y por bendecir a las naciones, un hijo de David, nacido de hombre, sería el libertador. Él destruiría a sus enemigos, transformaría y gobernaría al remanente fiel, y, a su vez, traería bendición a las naciones (Isa 9:1-7; 11:1-5; Miq 5:2-4). Este nuevo Adán gobernaría en un nuevo Edén, sobre un Israel renovado y ampliado. Él bendeciría a todas las naciones del mundo desde Jerusalén, la capital regia de Dios (Isa 2:2-4; 11:6-9; Miq 4:1-4). El "constante amor por David" siempre permanecería en pie, a pesar de la aparente destrucción de la línea real en 587 a.C. (Isa 55:3 y Jer 22:24-30).

Aun así, debiera notarse que Isaías habló de un "retoño" que brotaría del tronco de Isaí y de un vástago que nacería de sus raíces (11:1, 10; ver también 53:2 y Zac 3:8; 6:12). Esto introdujo el motivo de la muerte y la resurrección, y subrayó del mismo modo el hecho de que el vástago nace de las raíces de David, y así y todo es bastante independiente de la manchada línea dinástica de David. Los deseos más profundos del pueblo se harían realidad por medio del Hijo mesiánico de David, que vendría en poder y en gloria. En tanto y en cuanto Dios es el Señor de la historia, Dios consumará la historia "sobre la tierra" (Apoc 5:10). Esta victoria final del Rey davídico, gobernando sobre un Israel restaurado, y removiendo todo el pecado y el mal de modo que la paz y la justicia puedan prevalecer, era la gran esperanza de Israel durante los días oscuros de la cautividad babilónica y de los siglos turbulentos que vinieron a continuación.

### *El Mesías como el Hijo del Hombre*

A continuación del regreso del exilio, los judíos pasaron por un largo período de opresión y de explotación extranjera. La casa de David languideció en mediocridad. Para que los judíos no se desanimaran completamente, el testimonio profético se desplazó desde

> La esperanza profética de un reino terrenal dentro de la historia hacia la esperanza apocalíptica de un reino más allá de la historia. El Mesías davídico terrenal fue opacado por un Hijo del hombre celestial y trascendental, quien vendrá en las nubes para iniciar un nuevo orden. (Ladd 1964: 50)

Esto estaba en el corazón de la visión que Daniel tuvo sobre el futuro. El Libertador (7:13-14) marcaría la entrada al reino eterno.

> A él le fue dada autoridad, gloria y poder soberano; todos los pueblos, naciones y gente de toda lengua lo adoraron. Su dominio es un dominio eterno que no morirá, y su reino nunca será destruido. (7:14)

Este reino le fue anteriormente atribuido al Dios del cielo (Dan 2:44, 45), pero Daniel continuó diciendo que "se dará a los santos, que son el pueblo del Altísimo" (7:27, ver también v. 22). Aparentemente la designación "Hijo del hombre" implica que se trata de alguien en quien Israel está presente. Es representado no tanto como un descendiente de la casa de David, sino como una persona humana en forma, pero sobrehumana en esencia. La nueva idea sugerida por este pasaje es que el Mesías existió antes de ser manifestado al género humano. Aunque como príncipe davídico es un retoño del tronco de Isaí, también es la raíz de la cual Isaí brota (Isa 11:1, 10). También uno se puede dirigir a él como "Dios" y a la vez recibe la unción de parte de "Dios . . . tu Dios" (Sal 45:7). Nace de la línea de David y aun así es llamado "Dios fuerte" (Isa 9:6-7) y "el poder del Señor" (53:1-3).

Durante el período intertestamentario, la mayor parte de los judíos se tornaron cada vez más pesimistas sobre el movimiento de la historia. Ellos vieron que su propia historia post-exílica estaba tan dominada por el mal, que difícilmente podía ser considerada como el centro del reino glorioso de Dios. Esto produjo un desvío del interés en la escatología profética dentro de la historia, hacia una escatología apocalíptica más allá de la historia. Lo que ellos comenzaron a buscar fue la entrada catastrófica de Dios, su irrupción abrupta dentro de la historia para traer aparejada la consumación final. Fueron confrontados por la revelación profética del motivo del Hijo del hombre, con su acento en un ser celestial a quien, en el día final, se le encomendaría el gobierno sobre todas las naciones y sobre todos los reinos.

### *El Mesías como Siervo Sufriente*

Si la venida del Mesías es la esperanza de Israel, ¿qué significa esto para su misión en el mundo? ¿Y de qué manera se lleva a cabo esta misión? Estas preguntas nos llevan al corazón mismo de la revelación del Antiguo Testamento, dado que están en el corazón del pacto abrahámico, con su promesa de bendición para todas las naciones. Es en los Cánticos del Siervo de Isaías donde encontramos la clave (42:1-9; 49:1-6; 50:4-9; 52:13--53:12). Deberíamos notar que el título "Siervo del Señor" es un título de honor. La relación entre el verdadero israelita y Dios no debe ser interpretada como idéntica a la de un esclavo con su señor en el mundo antiguo.

El Siervo lleva a cabo su misión a través de la muerte, a pesar de la comisión de llevar la luz de la verdadera religión por todo el mundo (Isa 49:6). Él muere en un sacrificio voluntario (53:10), superior al de cualquier animal que era matado involuntariamente en el Templo. Él está libre de manchas de pecado (53:9). Su sacrificio es de la más amplia eficacia: las naciones gentiles por las cuales murió confiesan que ellas merecían lo que él soportó vicariamente a favor de ellas (53:4-12).

Cuando Isaías convocó a Israel para su destino como siervo de Dios, él presentó como modelo a la figura más extraña, una figura tan poco atractiva y tan cargada de ofensas, que continúa siendo un misterio para los judíos y para el mundo hasta el día de hoy (Bright 1953: 146). El Siervo Sufriente es absolutamente único. Isaías dijo que por medio de su sufrimiento el pueblo de Dios y el reino llegarían al triunfo y a la plenitud escatológica. Los "cánticos" del Siervo hablan de la elección, de la preservación, de la unción divina, de la misión universal y de un cierto triunfo. En contraste, el Siervo es también despreciado, rechazado y llevado a la muerte por los seres humanos. Pero la existencia del Siervo se extiende más allá de la muerte, dado que en su exaltación subsiguiente él ve su numerosa progenie reunirse bajo su reino (Isa 53:11-12).

### *La literatura apocalíptica*

El Libro de Daniel estimuló una literatura apocalíptica que proliferó rápidamente en los años que siguieron. El anhelo del pueblo por la venida del "profeta" del que Moisés habló (Deut 18:15) no fue satisfecho. Las décadas se sucedieron con una repetida frustración de las esperanzas de los judíos en la intervención de Dios a favor de ellos. Un pesimismo profundamente arraigado con respecto a Dios se estableció en el pueblo. Ellos querían que Dios juzgara a sus enemigos (los gentiles) y que estableciera su reino, ¡con los judíos en el centro! Los conservadores se consideraban como "el grupo que estaba adentro, el remanente," y procuraban funcionar como una comunidad de la restauración. El judaísmo proliferó. Uno de los grupos que emergió se caracterizó por una preocupación apocalíptica, "analizando las señales de los tiempos que anunciaban el fin, trazando diagramas, por decirlo así, de cómo vendría el fin" (Bright 1953: 168).

No obstante, no deberíamos ser tan rápidos para condenar la literatura apocalíptica. A pesar de su pesimismo acerca de la continuación de la historia del mundo, de todas maneras ayudó a mantener la llama de la esperanza en el triunfo final de Dios. También hizo que el pueblo de Dios se fortaleciera en confesarlo a Él delante de un mundo hostil y pagano. Hizo que ellos se preocuparan por conocer y por hacer la voluntad de Dios. Durante este período, la revelación mosaica se tornó normativa, mientras que el movimiento profético languideció y finalmente murió. La vida religiosa judía se redujo cada vez más a una forma extrema de legalismo.

### *Expectativas mesiánicas*

Cuando procuramos reunir las varias corrientes de predicción mesiánica que se encuentran en el Antiguo Testamento, experimentamos un cierto fluir de nuestra comprensión. Esto es especialmente cierto porque Isaías osciló en su descripción del Siervo del Señor, yendo desde el grupo corporativo hacia un individuo representativo. Primero, el Siervo es meramente Israel, ciego y sordo (42:19). Luego es el remanente recto (44:1; 51:6-7). Finalmente, es el nuevo Moisés que estaba por conducir al pueblo a un nuevo éxodo fuera de la cautividad del pecado. Él es el Gran Siervo que guiaría al pueblo siervo en misión a las naciones. Pero su más grande misterio es su falta de pecado. Esto lo califica para llevar sobre sí mismo los pecados del pueblo de Dios y exponerse a sí mismo a favor de ellos, soportando la ira santa de Dios contra el pecado. Sólo a través de esto, el Mesías Siervo finalmente podía hacer posible de manera plena el gobierno victorioso del reino de Dios sobre sus vidas.

No deberíamos olvidar que la riqueza de las predicciones mesiánicas que se encuentran en estas tres figuras, distintas aunque interrelacionadas, contiene atributos y dimensiones comunes a las tres. Ya sea que se trate de un rey davídico, de un Hijo del hombre divino o de un Siervo Sufriente, los tres personajes son la encarnación de la sabiduría y de la rectitud; todos actúan en juicio y poseen el Espíritu de Dios. Los tres están asociados con los pactos de Dios y con la misión de Dios en el sentido de que su pueblo debe ser "una luz a los gentiles." Los tres reciben homenaje real y levantan a los poderosos de sus asientos.

El Antiguo Testamento no intenta sintetizar los conceptos proféticos de "Hijo de David" (lo que Dios hará en la historia) y de "Hijo del hombre" (lo que Dios hará escatológicamente). Tampoco revela la manera en la que estos dos se relacionan con el Siervo Sufriente de Isaías 53. Tal como Ladd lo declara:

> Los judíos [en los días de Jesús] buscaban un Mesías davídico conquistador o un Hijo del hombre celestial, pero

no un Siervo del Señor humilde que sufriera y muriera. El misterio mesiánico, la nueva revelación del propósito divino, es que el Hijo del hombre celestial primero debía sufrir y morir, en cumplimiento de su misión redentora como el Siervo Sufriente, antes de venir en poder y en gloria. (1962: 911b)

Jesús de Nazaret se atribuyó cumplir con las tres imágenes principales y se opuso totalmente a los apocalípticos, con su falta de fe en lo que Dios estaba haciendo o podía hacer en el presente en la historia humana.

La convicción de la iglesia apostólica de que Jesús de Nazaret era el Mesías de Israel, el Cristo de Dios (Hech 2:36), puede sostenerse cuando consideramos varias corrientes adicionales del Antiguo Testamento, que son testigos corroborativos. Primero, están los Salmos reales (1, 24, 47, 72, 96, 99, etc.), los cuales sugieren un reino escatológico más allá del mero uso que Dios hacía de los reyes para castigar o servir al pueblo de Dios. La iglesia ha encontrado a Jesús en estos Salmos. Segundo, están las referencias a la tierra que Dios le dio a su pueblo. Aunque esto consiste principalmente en colinas estériles, regadas sólo ocasionalmente por breves estaciones de lluvia, los profetas predijeron que la tierra será transformada por Dios en el día final. Ya no será más "desolada" porque estará casada con su creador (Isa 62:4). La iglesia ha visto en los milagros de Jesús en la naturaleza, que ciertamente "el desierto y el sequedal" se alegrarían debido a los "torrentes en el sequedal" que Dios abriría (Isa 35:1-10). Tercero, hay una descripción de Dios viniendo como sacerdote-rey después del orden único de Melquisedec (Sal 110:4). La iglesia ha encontrado en la crucifixión de Jesús tal ministerio sacerdotal. En realidad, éste conforma el corazón del argumento de Hebreos (caps. 7-10). Finalmente, está la predicción de Moisés de Uno igual a él, que se levantaría para llevar a cabo una liberación más grande y una redención más completa que la que él logró en los tiempos del éxodo (Deut 18:15). La iglesia siempre ha visto en Jesús a alguien "de mayor honor que Moisés" (Heb 3:1-6) y en su éxodo (Luc 9:31) una victoria más grande que la lograda por Moisés.

Todas estas imágenes sirven para confirmar la certeza de que en Jesús y en su enseñanza, la historia y la escatología se mantienen juntas en tensión dinámica. La venida misma del reino apocalíptico se hace dependiente de lo que él lograría a través de su misión y su muerte. Por lo tanto, fue inevitable que Jesús estuviera junto con los profetas en contra de los apocalípticos, en su consideración de la relación de Dios con la historia. El optimismo del reino mesiánico está expresado por Ladd:

> El corazón del mensaje de Jesús es que Dios una vez más se ha tornado redentoramente activo en la historia. Pero esta nueva actividad divina adopta una dimensión agregada en comparación con la visión profética: el reino escatológico en sí mismo ha invadido la historia de antemano, trayendo a los seres humanos que estaban en la edad antigua del pecado y la muerte, las bendiciones del gobierno de Dios. La historia no ha sido abandonada en manos del mal; ha llegado a ser la escena de la lucha cósmica entre el reino de Dios y los poderes del mal. En realidad, los poderes del mal, los cuales los apocalípticos sentían que dominaban la historia, han sido derrotados y los seres humanos, mientras que todavía viven en la historia, pueden ser liberados de esos poderes al experimentar la vida y las bendiciones del reino de Dios. (1964: 322)

Así es que la redención es inherente al concepto de Mesías en las Escrituras: "y le pondrás por nombre Jesús, porque él salvará a su pueblo de sus pecados" (Mat 1:21). El mesianismo divorciado de la redención ha probado ser tanto pernicioso como destructivo para los judíos desde la revolución macabea (167 a.C.) en adelante.

**La preocupación de Dios por las naciones**

Uno rara vez encuentra en el Antiguo Testamento cualquier expresión de compasión por aquéllos cuyo dios no es el Dios de Abraham, de Isaac y de Jacob. En verdad, los israelitas con frecuencia clamaron para que Dios actuara a favor de ellos, de modo que las naciones pudieran ver sus obras y lo glorificaran. Cuando el agresor asirio Senaquerib estaba a las puertas de Jerusalén, Ezequías oró así: "Ahora, pues, Señor y Dios nuestro, sálvanos de su mano, para que todos los reinos sepan que sólo tú, Señor, eres Dios" (Isa 37:20). La gloria de Dios y no la necesidad espiritual de los paganos, es el motivo dominante. Israel conocía los elementos demoníacos en la religión y la vida pagana, su orgullo, su pecaminosidad y su crueldad. Sus oraciones a Dios tienen esto en mente: "¡Levántate, Señor! No dejes que el hombre prevalezca; ¡haz que las naciones comparezcan ante ti!

Infúndeles terror, Señor; ¡que los pueblos sepan que son simples mortales!" (Sal 9:19-20).

Lo que particularmente movía al pueblo de Dios era el deseo de que todo el mundo reconociera que sólo el Dios de Israel es el Dios verdadero. Al lado de Él no hay ningún Dios. Los israelitas no manifestaron virtualmente ninguna preocupación por la oscuridad espiritual del mundo, pero estaban grandemente preocupados por la vindicación de Dios delante de las naciones. Estaban poseídos por una profunda consciencia de que Dios los había separado de estas naciones para ser el pueblo de Dios. No obstante, muchos de los profetas, comenzaron de manera creciente a proclamar que el tesoro que Israel poseía no era sólo para Israel, sino para el mundo. Habacuc profetizó: "Porque así como las aguas cubren los mares, así también se llenará la tierra del conocimiento de la gloria del Señor" (2:14). Sofonías habló de Dios reuniendo a las naciones, primero para juicio y luego para bendición.

> Porque he decidido reunir a las naciones
> y juntar a los reinos para derramar sobre ellos mi indignación,
> toda mi ardiente ira.
> En el fuego de mi celo será toda la tierra consumida.
> Purificaré los labios de los Pueblos
> para que todos invoquen el nombre del Señor
> y le sirvan de común acuerdo. (3:8-9)

Después de describir a los "pescadores" y a los "cazadores" que Dios va a usar para volver a reunir al pueblo de Dios mediante un triunfo mayor que el del éxodo, Jeremías continuó hablando de las naciones atraídas por el poder de Dios (16:14-21). Afirmamos junto con De Ridder, que la edad de oro futura del pueblo de Dios va a incluir a los gentiles (1971: 23). Tomamos nota de tres fuentes del Antiguo Testamento, que dan testimonio de este hecho.

### *La contribución de Isaías*

Cuando Isaías denunció la idolatría y afirmó que Dios es el único Dios, acentuó que todos los dioses de las naciones eran ídolos muertos e inútiles, menos dignos de respeto que los que los fabricaban (44:9-20; 46:1-13). Él denigró su adoración hasta considerarla virtualmente como una mascarada y fetichismo. De la amplia gama de sus escritos, podemos extraer corolarios irresistibles. Primero, Dios quien creó todo, es el Dios de todo. Segundo, Dios desea la adoración no sólo de parte de Israel, sino de parte de todas sus criaturas. Tercero, Dios ha elegido a Israel para ser el medio de su revelación a todas las naciones. Cuarto, Dios ha decretado que sólo en su destino designado para todas las naciones es que Israel va a encontrar su gloria y su distinción supremas (45:22-23; 51:4-5; 55:5). Parece claro a partir de estos pasajes, que Isaías concebía la venida del reino de Dios como abarcativa, incluyendo no meramente unas pocas almas escogidas de entre otros grupos étnicos, sino a toda la raza humana. Es igualmente claro que él anhelaba que la obediencia de Israel transformara a la nación de tal manera, que las naciones circundantes se sintieran atraídas a Dios. En realidad, él percibió que la vocación central de Israel era la de ser "luz para las naciones, a fin de que lleven mi salvación hasta los confines de la tierra" (Isa 49:6).

Los Cánticos del Siervo de Isaías ampliaron estas correlaciones, presentando a Israel como un pueblo con una vocación. Dios le encomendó a Israel la sagrada tarea de ser mediadora del mensaje divino para hombres y mujeres, y de conducir a todo el mundo adentro del reino de Dios. En términos de las naciones, "el Siervo" es un individuo representativo y es descrito de maneras variadas. Primero, en 42:1-7, el Siervo ejerce un ministerio benigno y de largo alcance, que traerá a las naciones a la religión correcta y a la aceptación de la voluntad divina ("justicia") en todas las relaciones de la vida. Segundo, en 49:1-6, aunque su misión principal es para con Israel, su tarea más amplia se extiende más allá de las fronteras de Israel y abarca tanto a extranjeros como a judíos. Se declara de manera precisa que incluso un Israel renovado y refinado por sí mismo es una herencia insuficiente para el Dios de toda la tierra. Su redención sólo puede ser completada y perfeccionada a través de la participación en la redención más amplia de toda la humanidad. Tercero, en 50:4-9, aunque sus sufrimientos en manos de todos los pueblos se tornaron prominentes y no están identificados como sufrimientos redentores, Israel gana vindicación y liberación a través de la fidelidad de Dios. Cuarto, en 52:13-53:12, sus sufrimientos tienen un poder redentor vicario. Varias personas de fe exclaman azoradas que "fue traspasado por nuestras rebeliones, y molido por nuestras iniquidades," cuando se dan cuenta de que "el Señor hizo recaer sobre él las iniquidades de todos nosotros" (53:5-69). Específicamente, fue "golpeado por la transgresión de [Israel]" (53:8), pero en términos universales, él es descrito como cargando "con el pecado de muchos" (53:12). El pasaje termina con el Siervo haciendo intercesión "por los pecadores," es decir, por los que le infligieron a él su sufrimiento (53:12).

El alcance universal de la misión que tenía Isaías está expresado en el capítulo 56:

> "Y a los extranjeros que se han unido al Señor para servirle,
> para amar el nombre del Señor, y adorarlo,
> a todos los que observan el sábado sin profanarlo
> y se mantienen firmes en mi pacto,
> y los llevaré a mi monte santo;
> ¡los llenaré de alegría en mi casa de oración!
> Aceptaré los holocaustos y sacrificios que ofrezcan sobre mi altar,
> porque mi casa será llamada casa de oración para todos los pueblos."
> Así dice el Señor omnipotente, el que reúne a los desterrados de Israel:
> "Reuniré a mi pueblo con otros pueblos, además de los que ya he reunido." (56:6-8)

Habiendo repasado esta promesa de la futura reunión de "todos los pueblos" y la prominencia de Sión, el "monte santo" del Señor, y las multitudes gozosas en su "casa de oración para todos los pueblos," saltamos al final de esta sección (66:18-24). Este pasaje de cierre representa el punto álgido de la revelación del Antiguo Testamento de parte de Dios con respecto a Isaías y a las naciones. Comienza con la epifanía final de Dios, revelándose a sí mismo como el Libertador de una Israel cercada, rodeada por sus enemigos (66:15-16). De repente, las naciones están atrapadas en juicio, y viene un fin último para todo su pluralismo religioso (v. 17). Luego Dios las convoca ("gente de toda nación y lengua") y ellas responden, sólo para ser confrontadas por su "gloria" (v. 18). Claus Westermann dice:

> Aquí tenemos en el versículo 19, la primera mención cierta y segura de la misión, tal como empleamos el término en el día de hoy, es decir, el envío de individuos a pueblos distantes para proclamar la gloria de Dios en medio de ellos. Esto se corresponde completamente con la misión de los apóstoles, al comienzo de la iglesia. Uno se siente azorado ante esto: aquí, justo cuando el Antiguo Testamento se está terminando, ya se ve el camino de Dios que conduce desde los estrechos confines del pueblo elegido, hacia la anchura del mundo entero. (1969: 425)

Los versículos siguientes (20-24) describen a las naciones, que ahora están dispuestas a moverse hacia Jerusalén y a subir a Sión, trayendo sus ofrendas y llegando a identificarse tan completamente con Israel, que algunos individuos que han sido ganados de entre las naciones, ahora están enrolados como sacerdotes y como levitas. Por medio de esto, ellos se unen al círculo más íntimo de los elegidos por Dios (v. 21). Lo que sigue es "el cielo nuevo y la tierra nueva" (v.22), junto con múltiples afirmaciones concernientes a la permanencia de la salvación de Dios y de su adoración eterna (v. 23). Luego, de manera muy sorprendente, la declaración final de esta hermosa descripción del monte de Sión en su gloria escatológica se contrasta con el valle oscuro del juicio de Dios. Esta es la sugerencia más temprana que el Antiguo Testamento hace del infierno, como el estado de perdición "de los que se rebelaron contra mí" (v. 24). Uno puede apreciar por qué los rabinos releían el versículo 23, después de leer el versículo 24: "para que la lectura en la sinagoga no terminara con el horrible oráculo de condenación, sino con una promesa" (Westermann, citando a Volz, 1969: 429). No obstante, lo que nos impresiona en esta sección de cierre, es su demostración vívida del cumplimiento de la promesa que le fue hecha a Abraham: "¡por medio de ti serán bendecidas todas la familias de la tierra!" (Gén 12:3). ¡Dios verdaderamente ha guardado el pacto abrahámico!

¿Cómo haremos para reunir toda la contribución de Isaías dentro de nuestra comprensión de la relación entre Israel y las naciones en el propósito redentor de Dios? Volvamos al comienzo y al pasaje que encabeza su secuencia de referencias a la reunión de las naciones (25:8; 42:6; 49:6; 60:4-9; 66:16-24). El pasaje clave es Isaías 2:1-5 (Miq 4:1-5). Su foco es el Templo en medio de Judá y de Jerusalén. La secuencia comienza con el Templo siendo enaltecido y exaltado. Luego continúa una convocatoria escatológica a las naciones, en respuesta a la Torá, la palabra del Señor que es dada desde el Templo. Muchos responden y expresan su deseo de unirse a Dios y vivir bajo el gobierno de Dios y para su gloria. La visión concluye con el juicio de Dios a las naciones. Sólo entonces el armamento para la guerra es transformado en instrumentos para la agricultura. En respuesta, Isaías llama al pueblo de Dios a reafirmar su obligación de pacto con Él: "¡Ven, pueblo de Jacob, y caminemos a la luz del Señor!" (2:5).

Este pasaje sólo se hace claro cuando reflexionamos sobre el ministerio de Jesús. Él se vio a sí mismo como que no fue enviado "sino a las ovejas perdidas de Israel" (Mat 15:24). Jerusalén y el Templo fueron el foco de su preocupación y el lugar de su rechazo.

Pero los Evangelios no terminan con la crucifixión de Jesús, el Templo enaltecido y su destrucción (Juan 12:32). Por su resurrección, él es vindicado como el verdadero Israel, el Rey de una Sión celestial y el Templo eterno alrededor del cual las naciones se reunirán. Él llegó a ser el centro de una comunidad reunida, cuyos miembros transformarían al mundo (Bosch 1969: 10-11). De ahí que, no es sin razón que se desarrolló una tradición temprana de que "el aposento alto" (RVR), donde los discípulos se reunían anticipando en oración la venida del Espíritu Santo y donde experimentaron por primera vez su bautismo, estaba en el Templo (Hech 1:13-14; 2:1). Desde ese lugar, ellos salieron a las calles de Jerusalén para proclamar la nueva Torá de "las maravillas de Dios" (Hech 2:11) a las diversas nacionalidades reunidas allí para la Fiesta de las Semanas (en ocasión de la cosecha). Cuando Pedro declaró que habían comenzado los últimos días (v. 17), él estaba clarificando aún más la profecía de Isaías. Por sí mismo, el Antiguo Testamento no ve ninguna posibilidad de que las naciones vengan a Sión y se sometan a la Torá dentro de la secuencia de espacio/tiempo de su existencia cultural. Pedro vio la era de la iglesia y su responsabilidad misionera a todo el mundo, como el comienzo de la penetración del reino escatológico de Dios dentro de la historia humana. La visión de Isaías por sí misma subraya el carácter incompleto de la revelación que hace el Antiguo Testamento de la preocupación redentora de Dios para con las naciones.

### *La contribución de Malaquías*

Es bastante significativo que durante el período post-exílico, los profetas no tuvieron casi nada que decir con respecto a la restauración de la monarquía israelita. Indudablemente, su memoria vívida de este terrible fracaso los hizo desear "algo nuevo" construido y establecido por Dios. De ahí que, ellos miraban hacia un futuro que fuera sólo religioso y no político. Entendieron que Dios no iba a restablecer un pueblo políticamente independiente, sino que más bien iba a crear una comunidad de fe que fuera capaz de sobrevivir, primero en el imperio babilónico, luego en el imperio persa y a lo largo de la historia. Ellos llamaron al pueblo a adorar a Dios en la manera que Él lo había revelado en el Sinaí. Por esta razón, los profetas post-exílicos estaban principalmente preocupados por la rectitud cúltica y la obediencia a la Torá.

Hageo y Zacarías inicialmente se enfocaron en la reconstrucción del Templo, el lugar de adoración y de revelación. Cuando apareció Malaquías, su preocupación estuvo casi totalmente en el área de las regulaciones del culto, de las leyes del casamiento y de la instrucción sacerdotal (McKenzie 1974: 289). Al fijar la vista en el futuro, Malaquías vio que se ofrecían sacrificios apropiados a Dios por todo el mundo (1:11). Él también sugirió que los sacerdotes infieles de sus días en Jerusalén no tendrían parte alguna en producir esta adoración mundial a Dios. Por esta razón, se volvió contra los sacerdotes y puso en evidencia su laxitud espiritual. En realidad, la adoración de los judíos en los días de Malaquías reflejaba un desprecio muy difundido por Dios. Los sacrificios que ellos ofrecían estaban muy por debajo del patrón levítico (1:7-9). Era como que pensaban: "¡Cualquier cosa es lo suficientemente buena para Dios!" En medio de esta controversia dialógica con ellos a través de Malaquías, encontramos al Señor diciendo:

> No estoy nada contento con ustedes . . . y no voy a aceptar ni una sola ofrenda de sus manos. Porque desde donde nace el sol hasta donde se pone, grande es mi nombre entre las naciones. En todo lugar se ofrece incienso y ofrendas puras a mi nombre, porque grande es mi nombre entre las naciones. (1:10-11)

## *La secuencia escatológica*

Ahora resumimos la contribución del Antiguo Testamento a nuestra comprensión de la actividad total del Mesías en la secuencia escatológica. Si de manera deliberada, nosotros dejamos de lado las percepciones del Nuevo Testamento, estamos limitados a ciertos eventos claves.

Cuando viniera el Mesías, él sería el medio por el cual Israel se convertiría y sería transformado por el Espíritu Santo, de acuerdo al nuevo pacto. Éste sería mucho más eficaz que el antiguo pacto, porque Dios le proveería a su pueblo "un corazón de carne." Él pondría su Espíritu dentro de su pueblo, haciendo así posible que ellos caminaran en sus estatutos y que observaran sus ordenanzas (Jer 31:31-33; Ezeq 36:24-27).

Más aún, cuando el Mesías viniera la promesa sería: "levantaré la choza caída de David. Repararé sus grietas, restauraré sus ruinas y la reconstruiré tal como era en días pasados" (Amós 9:11). Esto sería "para que ellos posean el remanente de Edom y todas las naciones que llevan mi nombre" (v. 12). De esta manera, el nuevo Israel llegaría a ser el punto alrededor del cual se reunirían las naciones a los efectos de participar en la salvación de parte de Dios. El pasaje clave otra vez es

Isaías 2:2-4. En un sentido, esta reunión será en respuesta a la convocatoria escatológica espontánea e imperativa de parte de Dios, a través de la predicación de las buenas nuevas del reino por parte de la iglesia. En otro sentido, tendrá lugar en el día final y será muy diferente de cualquier cosa relacionada con la obra misionera como se la ha concebido tradicionalmente. Luego, al final se dirá: "Israel será . . . una bendición en medio de la tierra" (Isa 19:24). La promesa hecha a Abraham finalmente se habrá cumplido.

Otro factor concierne a las naciones. Cuando el Mesías venga, él juzgará a las naciones por sus pecados y particularmente por el trato chocante para con Israel (Mal 3:2). De acuerdo al Antiguo Testamento, la salvación final que el Mesías traerá incluirá todo. Abarcará la reconciliación de los pecadores con Dios, el perdón de sus pecados, la renovación de la naturaleza, la remoción de la maldición de la muerte, y secará las lágrimas (Isa 25:6-8; 11:6-9). Abarcará la totalidad de la existencia humana y será cósmica en su significación. Aun así, debemos tener en mente que a lo largo de esta secuencia, la pasividad de un pueblo de Israel restaurado y renovado será un motivo dominante:

> Israel, el cual pasó por el severo juicio de Dios no emitirá su luz magnética para atraer a los pueblos del mundo hacia sí mismo. El rol de Israel en este gran evento de la salvación será predominantemente pasivo. No es tanto que Israel mismo saldrá para atraer a las naciones, sino que más bien los celos de los paganos serán despertados por las riquezas espirituales que Israel tendrá de parte de Dios. No obstante, el Mesías mismo será revelado a las naciones como el gran testigo (Bavinck 1960: 23).

Cuando consideramos esta división de un Israel renovado en medio de las naciones y de Dios en medio de su Israel (Ezeq 36:22-23), es necesario hacer una advertencia. Ciertamente, sólo Dios mismo puede convertir a las naciones. Su presencia secreta en medio de la iglesia es su gloria. Pero la evangelización del mundo es una cuestión tanto de palabras como de acción. No puede ser reducida a una mera presencia, sin dejar de lado toda la información válida del Nuevo Testamento acerca del pueblo que implora "en el nombre de Cristo les rogamos que se reconcilien con Dios" (2 Cor 5:18-21).

### Conocer a Dios implica una responsabilidad social

Cuando el apóstol Pablo comenzó su discusión sobre la pecaminosidad de la raza humana, él habló de "seres humanos que con su maldad obstruyen la verdad" (Rom 1:18). Él sostenía que la gente conoce a Dios principalmente en el imperativo moral de la justicia, porque es a esta realidad a la que el Antiguo Testamento le habla y a la cual la conciencia le da testimonio (Rom 2:14-15, 29). Esto está en consonancia con el testimonio anterior de los profetas, que decía que conocer al Señor es estar activamente comprometidos en buscar la justicia para los pobres (Miranda 1974: 44; ver Jer 22:13-16; Os 4:1-2; 6:4-6; Miq 6:8). Esto no significa que Dios sólo se conoce en los actos humanos de buscar la justicia y de desplegar compasión por el prójimo (contra Miranda 1974: 49), sino que Dios está tan identificado con los oprimidos, con los pobres, con lo huérfanos y con las viudas, que tiene una relación íntima con ellos. La visión apocalíptica de Isaías (11:1-16) describe la realización de una justicia universal: "No harán daño ni estrago en todo mi monte santo." Más aún, él atribuye esto sólo a la realidad lograda del conocimiento universal de Dios, del cual "rebosará la tierra ... como rebosa el mar con las aguas." El cuadro apocalíptico de Habacuc termina virtualmente con la misma correlación (2:12-14). Ésta debe ser la razón detrás de los comentarios de los profetas. ¿Por qué el Dios de Amós denuncia las fiestas, los festivales, las oblaciones y la actividad religiosa? No es porque se había arrepentido de haberlas instituido, sino debido a la ausencia de una práctica de la justicia que la acompañara (5:21-25). Isaías también subrayó la secuencia: primero la justicia, luego el sacrificio y la adoración (1:11-17).

En nuestros días, hay una tendencia lamentable a respaldar un tipo de compromiso con ejercicios devocionales (oración, estudio de la Biblia, ayuno, etc.) e incluso la evangelización, que hace de tales actividades religiosas un fin en sí mismas. Isaías denunció tal actividad religiosa formal, cuando no estaba acompañada del servicio social (58:3, 6-7). A los cristianos se les dice "recuerden a los pobres," en el curso de su obediencia misionera (Gál 2:10). Este mandato nunca ha sido tan necesario como en nuestros días, cuando la explosión demográfica corriente, ligada a la explotación económica ampliamente difundida, continúa complicando la situación difícil de los pobres.

## La literatura de sabiduría y la misión del reino de Dios

Los patrones de vida y las reglas de conducta a las cuales adhieren los individuos y los pueblos derivan de su experiencia pasada. Esta "sabiduría" acumulada les permite llegar a un acuerdo con su medio ambiente y unos con otros. De esta manera, ellos disciernen el bien del mal, la verdad del error, la virtud del vicio y la obligación de la autocomplacencia. Más aún, esta sabiduría acentúa la importancia de la industria por sobre la haraganería, de la prudencia por sobre la presunción, de la honestidad por sobre todas las formas de decepción, y de un patrón de adherir a valores que tienen una validez de largo alcance en lugar de ir detrás de las atracciones del momento.

Dentro de las Escrituras canónicas del antiguo Israel, varios libros (algunos de los Salmos y de los Proverbios) están dedicados a la "sabiduría." No tratan con el propósito redentor de Dios en la historia, sino con las cuestiones básicas de la vida, las que en su conjunto le dan orden y sistema a la existencia humana en este mundo. Con respecto a esta parte del canon, Von Rad ha escrito lo siguiente:

> Este conocimiento de la experiencia no sólo es una entidad muy compleja, sino que también es muy vulnerable. Le presta al ser humano un servicio invalorable, permitiéndole funcionar en su esfera de vida de otra manera que siendo un completo extraño y lo pone en posición de comprender[la], por lo menos hasta cierto punto, como un sistema ordenado. (1972: 3)

Por cuanto este sistema ordenado de máximas morales está fortalecido por la experiencia de individuos y naciones, está terriblemente amenazado por cada experiencia contraria para la cual el sistema no tiene explicación. Es en este punto que los libros de Job y de Eclesiastés tienen su rol, casi como de "antisabiduría." Ellos alientan la fe, cuando cosas malas le ocurren a gente buena, es decir, cuando una persona piadosa guarda todas las reglas y aun así experimenta catástrofes. Pero también arrojan luz sobre maneras positivas de enfrentar los imponderables en la vida diaria. Aunque la tendencia dentro de cualquier sociedad es de resistir el cambio y preservar sus normas aceptadas, hay tiempos cuando es necesario revisar y agregar. Mientras que es entonces cuando esos cambios se tornan invalorables para nosotros, hacerlos es siempre traumático. Hay cuatro dimensiones de la literatura de sabiduría, que atañen a las relaciones de Israel con los pueblos fuera de Israel.

## *El desarrollo de la sabiduría*

Israel reunió de manera literaria su conocimiento a través de la experiencia, generalmente en la forma de proverbios tipo sentencia, y estos preceptos con frecuencia eran similares a los de sus vecinos. La literatura de sabiduría de Israel no era un fenómeno literario aislado, sino que era parte de una herencia cultural más grande, común al mundo antiguo. Un caso sería el de algunas secciones de Proverbios 22 y 23, en las cuales la formulación de ciertas máximas aparentemente se desarrolló de manera análoga a la sabiduría egipcia de Amenemope. Esto les confirmó a los israelitas el carácter universal de tales perspectivas. Les recordó la unidad de la raza humana, un factor que no habían tenido en cuenta cuando reflexionaron sobre su relación única con las naciones, a través de la elección de ellos por parte de Dios.

Aun así, el depósito creciente de la literatura de sabiduría de Israel contenía perspectivas que iban más allá de las de sus vecinos. Extraño como pueda parecer, aunque la literatura de sabiduría es una de las formas literarias más antiguas que se conocen, es sorprendentemente "una de las formas más seculares de la literatura antigua; las referencias a los dioses y a la religión son raras" (McKenzie 1974: 203). En el más agudo contraste, los israelitas atribuían su literatura de sabiduría no a algún discernimiento perceptivo o a algún ingenio lingüístico que ellos tuvieran, sino a Dios y a su gobierno moral sobre todos los pueblos: "Temer al Señor: ¡eso es sabiduría! Apartarse del mal: ¡eso es discernimiento!" (Job 28:28). La sabiduría es derivada de Dios y debería ser atribuida solamente a Dios (Job 12:13; Prov 3:19-20; 8:22-31; Isa 31:2; etc.). Aunque la sabiduría es una y la misma, ya sea mundana o divina, los sabios de Israel continuamente argumentaron que, aparte de la aplicación consciente de este principio religioso, la moral sana (ya sea personal o social) requería de una base teísta. Estos dos aspectos de la sabiduría, el secular y el religioso, difieren en grado más que en clase. Mientras que Israel siempre concedía que las victorias se lograban prestando atención al buen consejo (Prov 24:6), siempre reconocía con rapidez que cualquiera y todas las victorias, en última instancia se le atribuían sólo a Dios (Prov 21:31).

El punto más alto de la reflexión de Israel sobre la sabiduría es Proverbios 1--9. Aquí uno encuentra la personificación repentina de la sabiduría (una figura femenina que es puesta en contraste con la señorita Insensatez). El clímax es su equiparación directa con la deidad.

"Clama la sabiduría en las calles" (1:20-33) y "dichoso el que halla sabiduría" (3:13). Más aún, la sabiduría fue el primer elemento del drama de la creación (8:22-26) y se transformó en la "asistente" de Dios en el desarrollo subsiguiente (8:27-31; ver Harrison 1969: 1008).

### Las limitaciones de la sabiduría

La existencia de la literatura de sabiduría en el Antiguo Testamento levanta dos clases de preguntas básicas. Están las preguntas referentes a la salvación personal. En un sentido, las naciones poseen la misma sabiduría que Israel. "Por mí reinan los reyes y promulgan leyes justas los gobernantes. Por mí gobiernan los príncipes y todos los nobles que rigen la tierra" (Prov 8:15-16). En 8:35-36 leemos que encontrar esta sabiduría es encontrar la vida y el favor de Dios. ¿Significa esto que donde la sabiduría está presente entre las naciones, Dios está también allí? ¿Está Dios redentoramente accesible a través de la respuesta positiva a esta sabiduría de la experiencia? ¿Debería uno argumentar que cuando se le presta atención a ella, se alcanza la salvación? ¿No desafiaría esta manera de pensar la visión de Isaías de que los ídolos de las naciones son ficciones vanas, la creación de la humanidad caída, y que sólo por medio del Dios de Israel se encuentra la salvación (44:9-20)? ¿Deberíamos inferir que "la salvación del mundo yace en la sabiduría que ya estaba presente cuando el mundo comenzó," tal como Johannes Blauw (1962: 62) pregunta? ¿O deberíamos meramente declarar que toda la sabiduría humana refleja la realidad de que la humanidad es la portadora de la imagen divina, y de acuerdo a eso debe comprometerse en esta actividad fundamental de la mente humana?

Además del tema de la salvación están las peguntas concernientes a la revelación divina. ¿Cuál es la relación entre la literatura de la sabiduría en el Antiguo Testamento y la revelación especial? La clave para la polémica en contra de la sabiduría humana por parte del apóstol Pablo es que "en la sabiduría . . . el mundo no conoció a Dios" (1 Cor 1:18-31, esp. v. 21, RVR). ¿Debería uno argumentar a partir de éste y de otros pasajes similares (e.g., 1 Tim 6:20-21), que el Nuevo Testamento se aparta de los elevados conceptos contenidos en la literatura de la sabiduría del Antiguo Testamento? ¿O deberíamos decir que el llamado de Jesús a todos los que están cansados y cargados a aprender de él representa un uso deliberado del motivo de la sabiduría para describirse a sí mismo (cf. Mat 11:28-30 con Prov 1:20-23; 3:13-18; etc.)? Si el Nuevo Testamento en realidad menosprecia a la sabiduría, ¿el apóstol Pablo habría citado a un poeta griego en su discurso evangélico a los intelectuales atenienses (Hech 17:28)?

Esto nos trae a la literatura de la antisabiduría de Job y de Eclesiastés, a la cual nos referimos anteriormente. La sabiduría humana convencional les sugeriría a las víctimas de juicios divinos tales como el diluvio y la destrucción de Sodoma y Gomorra, que se lo merecían. Es como decir: "se lo buscaron." Sobre esta base, los amigos de Job procuraron justificar las calamidades que agobiaron a Job. Ellos argumentaban que Dios siempre castiga a los malvados y libera a los rectos. Eliú expresó una visión alternativa: el sufrimiento de los rectos tiene un valor disciplinario. El juicio divino de antemano puede impedir que una persona cometa faltas todavía no cometidas (33:14-30). No obstante, cuando Dios entró en el debate, Él quitó de un plumazo estas racionalizaciones humanas y habló de la sabiduría de Dios, no sólo probada en la creación, sino también en sus paradojas que desafían toda explicación. Si Dios es sabio, su sabiduría no sólo está más allá de la compresión humana, sino que sus acciones estarán también más allá de todo entendimiento. "Job debe creer que el poder y la sabiduría producidas por el mundo tienen la capacidad de sostenerlo en sabiduría, aun cuando la sabiduría de Dios es impenetrable para [los seres humanos]" (McKenzie 1974: 225). Después de todo, Dios no es humano.

Eclesiastés contiene alguna sabiduría convencional, pero su soporte dominante está en dirección a la antisabiduría. Fue escrito "para convencer a los hombres de la inutilidad de cualquier visión del mundo que no se eleve por sobre el horizonte del hombre mismo" (Archer 1964: 459). El escritor probó todas las opciones que le están abiertas a la persona que considera la felicidad personal como el bien supremo. Al final, estaba totalmente frustrado con respecto a sus esfuerzos por la autodeificación. La vida es incierta; la muerte es inevitable. La gente no es siempre recompensada por su rectitud ni castigada por su maldad. En realidad, la sabiduría no es mejor que la insensatez. Comparado con Job, el autor de este libro parece casi ateo. Él vio la empresa humana como mayormente caracterizada por el dolor y la vanidad. La gente sabia de esta tierra no sabe nada de Dios. En realidad, un juicio común es que Eclesiastés es la última manzana agria del árbol de la sabiduría. Aun así, termina con la exhortación: "Teme, pues, a Dios y cumple sus mandamientos, porque eso es todo para el hombre. Pues Dios juzgará toda obra, buena o mala, aun la realizada en secreto" (12:13-14). ¿Pero es este llamado a permanecer dentro de la líneas conductoras de la Torá realmente satisfactorio para el corazón humano, con sus anhelos de eternidad (Ecl 3:11)? ¿No tiene Dios nada más que ofrecer?

### La declinación de la sabiduría

En el período intertestamentario, esta personificación de la sabiduría se perdió, y la sabiduría vino a ser equiparada con la Torá, definida mayormente en términos legales. Esto tendió a elevar la razón humana. A Jesús Ben Sira, el autor del muy popular libro apócrifo llamado Eclesiástico (180 a.C.), se lo hace responsable en gran parte por desviar la atención de la judería de la Biblia hebrea hacia las perspectivas rabínicas en el Talmud. Él consideró que la autoridad del aprendizaje y de la reflexión humana era más atractiva que la autoridad de la inspiración divina (Ellison 1976: 73). Sobre esta base, la Torá como revelación de Dios fue entregada a interpretaciones por parte de los rabinos. Dios se tornó remoto y el legalismo se hizo central. Eclesiástico no menciona ninguna creencia ni en la resurrección ni en una vida futura, y se atiene a una perspectiva racionalista en contra de lo sobrenatural. Su preocupación son los grandes hombres y sus obras, en lugar de Dios y su propósito en la historia (Von Rad 1972: 258; R. Harrison 1969: 1231-37). Sin duda, era inevitable que las convicciones crecientes de Israel sobre la contingencia de todos los eventos históricos, lo apartaran de una fe permanente en los decretos irreversibles de Dios y lo comprometieran con una preocupación febril por buscar una regla racional para la vida.

### Las implicaciones misiológicas de la sabiduría

Concedemos que la literatura de sabiduría no concierne directamente al propósito redentor permanente de parte de Dios, aun cuando algunos podrían argumentar que Job sugirió lo contrario cuando dijo: "Temer al Señor: ¡eso es sabiduría! Apartarse del mal: ¡eso es discernimiento!" (28:28). Pero, en ocasiones, los misioneros han usado estos libros del Antiguo Testamento para preparar el camino para el evangelio. Proverbios 1-8 puede ser usado como eslabón con la historia universal de Génesis 1-11, dado que estos capítulos hablan de la sabiduría que todos los pueblos tienen debido a su antepasado común. Debiéramos animar a los misioneros transculturales a reunir y a cotejar la literatura de la sabiduría de la gente a la cual sirven, incluso si sólo existe en forma oral. Deberían utilizarla para construir puentes a los efectos de hacer más natural y efectiva su transmisión del mensaje de Jesucristo.

**Conclusión**

La aplicación personal dominante, que emerge de este repaso de la revelación del Antiguo Testamento del propósito de Dios concerniente a las naciones, implica servicio. Si es que Israel iba a servir en la misión universal del Mesías, Israel debía estar dispuesta a ser sierva de los demás para su propio bien. Desafortunadamente, este rol no le resultó atractivo a la mayor parte del pueblo judío. Nos regocijamos en que durante la última parte de su historia, especialmente durante el período intertestamentario, algunos judíos de manera individual, aquí y allí, comenzaron a alcanzar y a servir a los pueblos del mundo gentil. Daniel y Mardoqueo son ejemplos de esto.

Más aún, sabemos que muchos no judíos eventualmente llegaron a ser prosélitos. Aparentemente, antes de que algo más sustancial ocurriera entre las naciones, el Mesías primero tenía que venir, tomar la ruta de la obediencia misionera (Juan 12:31-33), y demostrar una verdadera condición de siervo. La tragedia es que el judaísmo, que había comenzado a desarrollarse después del fin del Antiguo Testamento, no tenía lugar para esta clase de servicio.

La deuda de la misión cristiana de hoy para con el pueblo judío y sus Escrituras continua siendo enorme. Los profetas de Israel, con su sentido de la misión universal de Dios a las naciones, son una represión constante hacia todas las visiones estrechamente concebidas de lo que las iglesias debieran estar haciendo hoy en el mundo. La descripción de Isaías del Siervo Sufriente del Señor provee de una protesta permanente contra el triunfalismo al llevar a cabo la misión cristiana. La proclamación válida del evangelio refleja la persuasión paciente y humilde de parte del Siervo, y está permeada de su disposición a sufrir por el bien de sus verdades. Y cuando Jeremías habló de un día que viene, cuando la mayor parte de las formas de adoración serán reemplazadas por la ley de Dios grabada en los corazones humanos por el Espíritu Santo, él le dio a la iglesia la confianza en el poder irresistible del don pentecostal de llevar el evangelio que transforma vidas a los confines de la tierra.

Debido a que la Pascua y el bautismo habían sido prominentes en la celebración de la liberación de Israel de manos de los egipcios y en su nacimiento como nación, la iglesia con eso encuentra una unión con sus sacramentos. La eucaristía celebra a Cristo, el Cordero de la

Pascua de la iglesia, y el bautismo marca su muerte y resurrección a una nueva vida bajo un nuevo pacto.

Más aún, la rica herencia ética de los códigos de la ley sinaítica, y su reiteración y contextualización en Deuteronomio, son otro eslabón vital entre el antiguo Israel y la iglesia. La exaltación por parte de Moisés de la compasión y la bondad, así como su preocupación por la rectitud y la justicia proveen un modelo fundamental para todos los tipos de servicio cristiano. Donde sea que la iglesia haya ido, su filantropía y su servicio desinteresado han reflejado esta ligadura. Esto ha humanizado tanto como mejorado las fibras más íntimas de toda sociedad en la cual la iglesia ha ganado un lugar permanente.

Al pueblo judío se le enseñó a rechazar todos los vehículos de supuesta revelación, tales como la naturaleza, la mitología y la especulación humana. Ellos creían que Dios se revela a sí mismo a través de actos de misericordia y de juicio en la historia, suplementado esto con la revelación de Dios por vía de sus profetas sobre el significado de estos actos. Mientras que Él trató fielmente con la nación de Israel a lo largo de toda su larga historia, Dios también, en su gracia, de tanto en tanto habló a través de individuos, en coyunturas críticas en esa historia. La iglesia cristiana, de manera similar, ha conocido la gracia de Dios en la provisión de apóstoles y de profetas, así como en sus actos a favor de ella, a través de liberaciones físicas y de visitaciones de renovación espiritual. La historia humana permanece como la esfera de la actividad de Dios. En su medio, Dios oye y responde las oraciones de su pueblo.

Finalmente, y más importante que todo, el Antiguo Testamento, no nos hace desviar cuando habla de Dios. Nos habla de su unidad y de su santidad; de su sabiduría, de su poder y de su amor; de su fidelidad para con su pueblo; de su gracia en proveerle de una Escritura inspirada y absolutamente digna de confianza; de su inclusión en el salterio de patrones variados de adoración espiritual y de su respaldo de la adoración local por medio de reuniones como las de las sinagogas. Los cristianos están endeudados con Dios por todas estas misericordias y beneficios. Los cristianos y las iglesias cristianas necesitan reconocer con gratitud su herencia espiritual judía y expresarle su deuda al pueblo judío, por haberla preservado a un gran costo personal, a lo largo de los siglos.

## Capítulo 10

## Dios obra a través de la diáspora judía

**Introducción**

Los cuatro siglos entre la cesación de la profecía del Antiguo Testamento y la aparición repentina de Juan el Bautista en el desierto de Judea fueron de lo más significativos por su impacto sobre la vida y la cultura de Israel. Los relatos en torno al nacimiento de Juan y de Jesús (Luc 1-2) le dan a uno la impresión de que poco había cambiado desde el tiempo de Malaquías, el último de los profetas post-exílicos. Y aun así, en realidad se habían producido cambios profundos. Durante este período, Israel evolucionó de ser una pequeña ciudad-estado de orientación agraria a un pueblo populoso y urbanizado. Este pueblo conoció el gobierno benevolente de los persas y luego la opresión de los griegos. Más tarde, vinieron las subidas y bajadas de una independencia precaria, y finalmente, cayeron bajo un sometimiento de hierro del poder romano. En los días de Jesús, los judíos tenían entre ellos un número significativo de romanos y de griegos prosélitos. Más todavía, la secuencia de los avatares políticos que experimentaron, particularmente su encuentro con la cultura y el pensamiento griego, causó un impacto masivo sobre su consciencia religiosa. Aun así, muchos judíos en la diáspora entraron en un movimiento creciente que tenía como meta convertir al judaísmo a los pueblos del mundo gentil. El escenario estaba ahora establecido: "se cumplió el plazo." Dios envió a su Hijo, nacido en la tierra y bajo la ley (Gál 4:4), y la historia de la salvación ahora se desplazaría de lo particular a lo universal.

**Panorama histórico: Israel y las naciones**

Durante este período, Egipto continuó deteriorándose como una potencia importante. Aunque antes había sido reconocido como la civilización más altamente desarrollada de la antigüedad, Egipto no pudo soportar las invasiones sucesivas de pueblos más jóvenes y más vigorosos, que procuraban incorporarlo dentro de sus sueños imperialistas. Esto significó que la historia judía ya no estaba bajo la influencia de Egipto, sino más bien de los agresores de Egipto. Sobre ellos nos concentraremos ahora.

### *Los judíos bajo el gobierno persa (539-332 a.C.)*

Durante el período de más de doscientos años en que los persas gobernaron sobre Palestina, los judíos disfrutaron de una paz casi permanente, y sus instituciones se desarrollaron de manera significativa. La línea davídica representada anteriormente por Zorobabel había disminuido en importancia. El heredero al trono, cuando comienza el relato del Nuevo Testamento, era un carpintero de una villa de Galilea llamado José. En contraste, la línea sacerdotal ganó poder e influencia. Esto significó que la autoridad tanto política como religiosa lentamente comenzó a gravitar sobre el oficio cada vez más secularizado del sumo sacerdote. No obstante, este poder provocó una rivalidad entre judíos y samaritanos, la cual al final resultó en dos centros de adoración, de sacrificio y de peregrinaje en competencia dentro de la tierra. Uno estaba en Jerusalén y otro sobre el monte Guerizín en Siquén.

Inevitablemente, el fortalecimiento del poder sacerdotal condujo a una preocupación creciente por la ley y por el desarrollo de una tradición oral, para asegurar su observancia fiel. Las regulaciones del Antiguo Testamento fueron ampliadas en gran manera, con el delineamiento de reglas precisas que pudieran ser aplicadas a cualquier situación concebible. De esta manera, al "cercar la ley," agregando otras leyes para proteger la Torá perfecta, se desarrolló un legalismo pesado que cada vez más removió a Dios del centro de foco de la conciencia religiosa.

### *Los judíos bajo el gobierno griego (323-167 a.C.)*

Luego vino un cambio cultural dramático conocido como la era helenista. Alejandro, el joven rey de Macedonia (334-323 a.C.), condujo un ejército para liberar a los griegos de Asia Menor. En nada de tiempo, el ímpetu de su éxito resultó en la extinción del imperio persa y en su reemplazo por la lengua y la cultura griega, como la nueva norma internacional para todos sus diversos pueblos. Las conquistas de Alejandro y la incorporación de estos pueblos diferentes dentro de su reino, trajeron un sentido creciente de unidad a todo el mundo mediterráneo del este. A medida que se extendía el poder de su gobierno centralizado y que los sistemas de carreteras se establecían, la gente comenzó a migrar hacia los centros comerciales y políticos emergentes. Así se destruyó el ritmo de la vida religiosa nativa. Algunos procuraron llevar sus cultos consigo. Otros se desorientaron respecto de sus lealtades anteriores y se unieron a la difundida búsqueda de una identidad espiritual y de una satisfacción personal, que caracterizó cada vez más la vida religiosa urbana. El sincretismo estaba en el aire. Más tarde, la iglesia cristiana sería ayudada significativamente en su alcance misionero, por este regateo religioso que dominó al mundo no judío del primer siglo.

Durante su campaña siria, Alejandro se puso en contacto con los judíos. Debido a un sueño, él permitió que Jerusalén se salvara y luego se reunió con una delegación de sus líderes religiosos. Flavio Josefo describe este encuentro. Aparentemente, Alejandro recibió una gran impresión cuando la delegación compartió con él las profecías de Daniel concernientes a sus conquistas. En respuesta, hizo sacrificios a Dios en el Templo y comenzó a incorporar a judíos hábiles a su ejército. A su tiempo, los judíos de la diáspora comenzaron a imitar a los griegos y llegaron a ser llamados helenistas. El Pentateuco fue traducido al griego para uso de ellos y fue seguido a continuación por el resto del Antiguo Testamento. Esta versión llegó a ser conocida como la Septuaginta. Su superioridad obvia con respecto a toda otra literatura religiosa fue un factor importante en el éxito de la actividad proselitista de los judíos.

Después de la muerte de Alejandro (323 a.C.) sus cuatro generales se dividieron el imperio entre ellos y formaron reinos helenistas separados. Dos de estos reinos, el tolemaico (sobre Egipto) y el seléucida (sobre Siria), tenían a Palestina como una frontera en común aunque disputada. En razón de esto, los judíos experimentaron mucha aflicción, debido a las luchas entre estos dos antagonistas por poseerla. Palestina permaneció bajo el control tolemaico hasta el 198 a.C., cuando los seléucidas subieron al poder en la tierra. Afortunadamente, durante este período los tolemaicos fueron cosmopolitas moderados y se opusieron a cualquier helenización radical del pueblo judío y de su cultura religiosa singular. Como resultado, los judíos de la clase alta dentro de la tierra se sintieron cada vez más atraídos a liberalizar sus instituciones y su vida social. Estos helenistas se transformaron en una influencia significativa en Judea.

Los primeros treinta años siguientes a la toma de Palestina por parte de los seléucidas fueron razonablemente tranquilos. Los judíos continuaron sintiendo la atracción de la filosofía griega y de su urbanismo sofisticado concomitante. Pero algunos de ellos se pusieron inquietos y procuraron acelerar el proceso de helenización, incluso hasta el punto de repudiar tanto el pacto abrahámico como la circuncisión. Inevitablemente, esto precipitó una lucha abierta con los judíos más tradicionales, y en este tiempo emergieron los Hasidim, o judíos "piadosos," determinados a resistir este desvío secular. En el 167 a.c., el rey Antíoco Epífanes IV, de Siria, un fanático violento por el helenismo, lideró una lucha entre los judíos en contra de los que se oponían a las influencias helenistas. Él depuso al sumo sacerdote que estaba en actividad y vendió el puesto al mejor postor. Cuando su nominado fue rechazado, les declaró una guerra abierta a los judíos no helenistas. En su subsiguiente captura y reducción de Jerusalén, muchos de estos tradicionalistas fueron masacrados. Al profanar el Tempo y volverlo a dedicar al dios Zeus del Olimpo, parecía estar teniendo lugar "el horrible sacrilegio" sobre el que había escrito Daniel (11:20-35). Esto precipitó la revolución de los macabeos del año 167 a.c., y emergió un patrón que se tornaría característico de la historia judía subsiguiente. Menahem Stern describe este fenómeno de la siguiente manera:

> Tal como iba a ocurrir tan frecuentemente en el futuro, el martirio fue acompañado de anhelos escatológicos intensificados. Había una convicción creciente de que se estaba acercando un tiempo de retribución divina, el cual traería juntamente con él la caída del reino del mal y de esa manera se cumpliría la profecía de los últimos días. Frente a los intentos de helenizarlos a la fuerza, surgió entre los fieles una lealtad fiel, renovada y fortalecida, a la religión de Israel. (1976: 205)

### La revolución de los macabeos (167-142 a.C.) y el estado asmoneo (142-63 a.C)

Durante el período siguiente de sufrimiento, de opresión y de guerra, Judas Macabeo y sus hermanos lideraron un movimiento de guerrilla, en contra de los intentos de Antíoco de deshonrar el Templo, prostituyéndolo con ritos paganos ofensivos, que incluían a diosas y dioses griegos. Uno de los primeros logros fue recuperar el control del Templo y purgarlo de toda profanación griega. En realidad, tres años posteriores al día en que Antíoco había profanado el Templo y había ofreció sacrificio pagano sobre el altar, el Templo fue rededicado al Dios de Israel. Esto se recordó a través de la fiesta de *Hanukkah* o dedicación, que se ha celebrado anualmente desde entonces (1 Mac 4:59; Juan 10:22).

No deberíamos minimizar los logros de los antiguos macabeos. Ellos eran personas destacadas y de fe. Tenían celo por Dios y amor por su pueblo. Inicialmente, eran pocos en número y sus recursos eran limitados. Aun así, desafiaron a los griegos opresores, los involucraron en un combate abierto y tuvieron éxito en ganar batalla tras batalla. Después de años de una guerra heroica, finalmente pudieron quebrar el poder griego y llegar a ser un pueblo libre. Admitamos que cuando más tarde recurrieron a la violencia, probaron la revocación de lo hecho, ya que los que empuñan la espada para hacer avanzar el reino de Dios son invariablemente destruidos por ella (Mat 26:52). Aun así, ellos le dieron a su pueblo un patrón de consciencia mesiánica. Encontramos muchas señales de esto, cuando examinamos cuidadosamente el registro neotestamentario del cumplimiento del tiempo, cuando Jesús "vino a lo que era suyo" (Juan 1:11).

La guerra terminó en el año 142 a.C., y en los años siguientes, los judíos bajo el poder de los macabeos pudieron extender cada vez más sus fronteras, hasta que virtualmente recuperaron el área gobernada por David y por Salomón. Dado que la revolución de estos hermanos notables había sido originalmente encendida por la inspiración de su padre, un oscuro sacerdote llamado Matatías, dos de sus hijos, primero Jonatán y luego Simón, llegaron a ocupar la posición de sumos sacerdotes. Inevitablemente, no todos los judíos estuvieron contentos con esto, porque de esta manera deliberadamente se pasó por alto la línea sadoquita de sacerdotes legítimos. El hijo de Simón, Juan Hircano, llegó a ser el líder político más exitoso durante el período de ochenta años en el que los descendientes de Matatías (llamados asmoneos) gobernaron sobre este estado independiente.

No obstante, con el paso del tiempo, la calidad del liderazgo asmoneo se desintegró, debido a que los celos familiares, el parricidio y la corrupción moral hicieron al estado judío presa fácil del poder de Roma, que estaba emergiendo. Se desató una guerra civil, y esto virtualmente invitó a los romanos a invadir y a traer paz al pueblo de Palestina, que estaba cansado de la guerra. Los romanos capturaron Jerusalén en el año 63 a.C., y después de un período de turbulencia bastante largo, la dinastía herodiana fue elegida para servir bajo la dirección de ellos. Esto probó ser muy satisfactorio como arreglo político, pero para los judíos, los herodianos no eran otra cosa que invasores árabes. En tiempos de Cristo, la tierra estaba bajo el gobierno herodiano, apuntalado por los procuradores romanos y por la presencia militar romana. El pueblo judío se sentía muy inquieto bajo este doble yugo.

## Los antecedentes del judaísmo rabínico

La expulsión del pueblo judío de la Tierra Prometida al exilio en Babilonia fue una experiencia profundamente traumática. Algunos sostenían que, debido a que ellos habían roto el pacto, el exilio era el juicio justo de parte de Dios. Debían aceptar su culpa corporativa, confesarla, y rogarle a Dios que volviera a mirar con favor la restauración del Templo de Jerusalén. La oración de Daniel fue su modelo (9:3-19). Aun así, no debían olvidarse del consejo de Jeremías de multiplicarse y no disminuir en número, mientras estuvieran en Babilonia, y no meramente pasar el tiempo. Ellos debían "[buscar] el bienestar de la ciudad, y [pedir] al Señor por ella" (29:4-7). Ellos debían ser personas socialmente responsables, entre los de Babilonia. Las sugerencias de cambio vinieron a partir de cuatro desarrollos.

### *El exilio como desafío*

Al alargarse la cautividad, se hizo una inferencia radicalmente distinta del consejo de Jeremías, especialmente a partir de la promesa de que si Babilonia prosperaba, ellos también lo harían (29:7). La nueva inferencia fue que ellos no debían considerarse como un pueblo a quien Dios estaba castigando, sino como un pueblo a quien Él le estaba dando una misión desafiente. Leo Topp hace el siguiente resumen:

> La comunidad judía babilónica y todos sus descendientes recibieron el consejo de que moraban en medio de personas de otras convicciones religiosas, porque Dios había querido que ellos participaran creativamente en la construcción de una sociedad buena. No había sido el pecado sino un desafío divino lo que había causado su dispersión. (1982: 25)

Los judíos ya no debían formar sociedades encapsuladas, que vivían separadas de otros pueblos y extrañando la Tierra Prometida. Pero no todos estaban de acuerdo. Los que regresaron a la tierra en respuesta al desafío de Ciro (Esd 1:39) procuraron restaurar el pasado. Junto con la reconstrucción del Templo y de los muros de Jerusalén, ellos reprodujeron un patrón de vida que reflejaba la continuidad con el pasado. La primera reforma de Esdras (7:6-10; Neh 8:1-10:39) les confirmó la primacía del Pentateuco. Hicieron de él la base divinamente señalada para un estilo de vida y de pensamiento diferente, el cual desde entonces le ha dado forma al judaísmo ortodoxo.

Detrás de todo esto, estaba el deseo de ellos de considerar su historia y derivar un beneficio saludable, a partir del fracaso de sus padres en tomar a pecho las demandas del pacto. Al mismo tiempo, estaba el deseo natural de librarse del peso de la culpa pasada. La atención se enfocó cada vez más en un oráculo de Ezequiel (18:3-17), el cual Jeremías pareció respaldar (31:29-30). Ezequiel fue muy explícito: "ningún hijo cargará con la culpa de su padre" (18:19-20). Mientras que antes ellos habían cuestionado la justicia de Dios al castigar a los hijos (¡ellos mismos!) por el fracaso de sus padres, ahora comenzaron a sostener que una línea clave del Decálogo ya no tenía validez: "Cuando los padres son malvados y me odian, yo castigo a sus hijos" ( Ex. 20:5). Con el tiempo, esto llegó a ser un principio rabínico, resumido por Leo Trepp de la siguiente manera:

> No hay ninguna culpa heredada, sólo está la responsabilidad personal de cada individuo por sí mismo y por aquéllos sobre los cuales puede influir. (1982:25)

### *La Torá como prioridad*

Sobre esta base, no es difícil ver por qué Ezequiel es comúnmente llamado el padre del judaísmo. Se deduce entonces que el exilio no marcó meramente una gran división en la historia judía. También se destacó por marcar el comienzo del judaísmo rabínico, en el sentido que comenzó a tener lugar un alejamiento de la autoridad de la inspiración. Por supuesto que la Escritura, especialmente la Torá, continuaría siendo tratada con el mayor de los respetos, como revelación de Dios. Pero la autoridad final residió cada vez más en los que la interpretaban. Años más tarde, esta perspectiva se cristalizó en la *dicta* rabínica, cuando la cultura griega impregnó el Medio Oriente.

Tenemos poca información confiable sobre el desarrollo de este principio durante el período persa. Bright dice que a continuación del retorno de los exilados a Jerusalén, "sabemos muy, pero muy poco" acerca de lo que experimentaron bajo el gobierno persa, hasta que el imperio llegó a su fin en 332 a.C. (1972:374). Lo que se sabe es que, durante la primera parte de este período, Nehemías el gobernador y Esdras el escriba lucharon por impedir la asimilación total al mundo gentil. Ellos tuvieron un éxito parcial al fortalecer la muralla del particularismo alrededor de los judíos, a través de la promoción de un estilo de vida que incluía la observancia puntillosa de las minucias de la ley. Ellos denunciaron y disolvieron por la fuerza matrimonios mixtos y, de esa manera, procuraron purgar a las comunidades judías de toda influencia pagana (Esd 10:3, 44; Neh 13:3).

Emergió una ilustración del patrón de poner la autoridad erudita sobre la Escritura, cuando los rabinos procuraron resolver la cuestión del estatus de los descendientes de estos enredos maritales. Era necesario dar una respuesta realista y razonable a la pregunta: ¿Quién es judío? Los líderes llamaron la atención sobre Deuteronomio 7:3-4, y decretaron que el estatus judío de un niño depende del de su madre. En realidad, este texto meramente contiene una prohibición divina en contra de que los israelitas hicieran arreglos matrimoniales con los cananeos. A pesar de que todas las genealogías del Antiguo Testamento definen el estatus a partir del padre, dado que son las madres más que los padres las que tienden a darle forma al desarrollo espiritual de los hijos, y dado que la maternidad de un niño es más fácil de rastrear que su paternidad, los rabinos tomaron la decisión de que sólo los hijos de madres judías eran certificados como judíos por descendencia.

Es de entender que los judíos que vivían fuera de Judea, ya fuera en Babilonia, en distritos circundantes o en otras tierras, se preocuparon cada vez más por la rectitud en estas cuestiones. Las genealogías se tornaron importantes, y los judíos también se ocuparon, de manera creciente, de formalizar y normalizar los procedimientos por los cuales los gentiles conversos serían admitidos dentro de la comunidad.

Esta preocupación fue el foco de la cuestión de la circuncisión. Todos los hijos varones de padre judíos, a pesar de las ligaduras de sangre que los destinaban a ser admitidos dentro del judaísmo, debían ser circuncidados. Todos estuvieron de acuerdo en que sólo esto los separaba para Dios y para su servicio, y los hacía miembros del pacto. De la misma manera, la circuncisión era esencial para transformar incluso a los conversos más celosos, en lo que aparentemente su experiencia de conversión no podía lograr: en reales judíos. No es de sorprender que los rabinos se refirieran a la circuncisión como "ser nacidos de nuevo" (Cullmann 1950: 57, 60-61). Este énfasis sobre la circuncisión fue fundamental para todas las formas variadas de judaísmo, que existían durante el tiempo de Jesús. Sólo por la circuncisión ritual es que uno podía entrar a la comunidad de los redimidos.

El término *judío* ganó una definición precisa: todo niño judío es judío por nacimiento. El yugo de la ley era aceptado por todos y cada uno, como señal de compromiso personal. Todos procuraban afirmar su condición de judíos obedeciendo y cumpliendo con la ley sinaítica, dado que esto era considerado como el único camino para ganar el favor divino.

Inevitablemente, las limitaciones humanas impedían que incluso los más celosos lograran esta meta. Frente a esto, la Escritura les daba poco consuelo: "No hay en la tierra nadie tan justo que haga el bien y nunca peque" (Ecles 7:20). La gente sólo podía suponer que la compasión de Dios por la debilidad humana había provisto en la ley el camino del arrepentimiento. Esto incrementaba su preocupación por la rectitud legal.

### *La sinagoga como foco*

A mediados del período del segundo Templo (no sabemos con precisión cuándo, cómo, o por medio de quién), apareció la sinagoga, con el objeto de mantener vivas la tradición y la práctica judías. Su énfasis estaba en la adoración y en la educación, aunque también servía para estimular la vida social y cultural. Pocos desafiarían la pretensión de que la creación de la sinagoga precipitó nada menos que "una de las grandes revoluciones más grandes en la historia de la religión y de la sociedad" (Ben-Sasson 1976:285). Llegó a ser el prototipo de las iglesias cristianas y de las mezquitas musulmanas. La sinagoga cambió radicalmente el pensamiento religioso judío, particularmente en la diáspora. El sacerdocio mediador del Templo tendió a ser eclipsado por el escriba o erudito, por el rabino, por el gobierno de la sabiduría y por el estudio de la Torá. El foco creciente estaba sobre el individuo informado, que no necesitaba ni el sacerdocio ni la mediación, sino que se dirigía a Dios con audacia, habiendo logrado un sentido creciente de dignidad personal, a través de la rectitud legal. No es necesario decir que la sinagoga conformó, en gran manera, el sentido judío del llamado a la tradición académica. La vida de uno debía estar dedicada al estudio, particularmente al estudio de la Torá.

Esto aceleró el desarrollo de una tradición de reglas adicionales, la ley oral, por medio de las cuales se aseguraría de manera definitiva la obediencia a la ley. El orgullo nacional fue promovido, los no judíos eran considerados con desprecio y todas las comunidades judías tendían a cerrar filas dentro de ellas mismas. De manera creciente, se hizo evidente que la nación judía estaba dejando de ser un pueblo, cuya identidad estaba ligada a la Tierra Prometida, para pasar a ser una comunidad religiosa ampliamente dispersa. De ahí el énfasis sobre la descendencia física, para legitimar la condición judía y proveer una diferenciación clara con todos los de afuera.

No obstante, surgieron problemas cuando los no judíos (*gērîm*), en medio de los cuales vivían cada vez más, comenzaron a buscar relaciones variadas con esta gente extraña aunque atractiva, y con su fe singularmente diferente. Estos gentiles naturalmente envidiaban a los que eran judíos de nacimiento, y tenían la libertad de involucrarse en el estudio y la adoración en la sinagoga. ¿No había alguna manera por la cual ellos también pudieran ser aceptados? Ellos podían señalar la historia pasada de Israel, cuando los no judíos habían sido bienvenidos (e.g., el libro de Rut).

Aunque el pueblo judío consideraba a estos *gērîm* como prosélitos potenciales, todo el tema de su entrada a la vida de la sinagoga en la diáspora necesitó del desarrollo de un patrón cuidadoso, para incorporarlos dentro de sus comunidades. La ausencia de un llamado profético a "volverse" significaba que el tema de la transformación espiritual interna no estaba en la consciencia de ellos y por lo tanto no se consideraba. Las condiciones para la admisión se enfocaron en el acatamiento externo.

Es de admitir, que no muchos llegaron a ser prosélitos y se convirtieron formalmente al judaísmo. La mayoría de los que fueron atraídos se contentó con desarrollar sólo un vínculo sin amarras con el pueblo judío. Eran conocidos como "los que temen a Dios," pero nunca fueron considerados como judíos reales. Naturalmente, los que perseveraron en sus esfuerzos por convertirse al judaísmo tuvieron que someterse a la circuncisión, y aceptar un régimen riguroso de sumisión a la ley, antes de que se les acordara un estatus judío completo. Uno tiene la impresión de que los prosélitos eran bienvenidos pero no siempre buscados.

### *El helenismo y la autoridad religiosa*

Bajo el gobierno griego, los israelitas se vieron confrontados por un pueblo que estaba convencido de que sólo ellos eran civilizados, y de que la cultura y la religión griega eran necesarias para unir los diversos pueblos en el Medio Oriente. Fue inevitable que, a pesar de sus mejores esfuerzos por lo contrario, los líderes judíos no fueran totalmente exitosos en proteger a su pueblo de los halagos del helenismo. Esto nos trae a Jesús Ben Sira, el autor del libro apócrifo popularmente conocido como Eclesiástico. Él era un escriba, quien casi inconscientemente absorbió el ideal griego del hombre autónomo, libre de toda autoridad externa. Aquellas personas sobre las cuales ejerció una influencia, adquirieron junto con él una forma diferente de autocomplacencia, una confianza no crítica en la razón humana. Uno sólo tiene que comparar el Eclesiástico con el libro de Proverbios y con Eclesiastés, para percibir el cambio marcado que refleja en disposición de ánimo y en perspectiva. Ellison juzga correctamente, cuando se refiere a la manera en que Jesús Ben Sira le dio significación "rabínica" clásica a la declaración: "La ley nos fue dada desde el Sinaí. No prestamos atención a una voz celestial, porque ya desde el Sinaí la ley decía: 'Ustedes deben decidir por una mayoría' " (Ex 23:2). Ellison declara:

> Esto significa simplemente que los rabinos creían que Dios se había entregado de tal manera en manos de los hombres, por la revelación de la Torá, que eran ellos los que debían decidir cómo debían servirlo, mientras que la decisión fuera consistente con la Torá, o que pareciera serlo. (1976: 71-74)

A pesar de nuestra clara consciencia de que el pueblo judío se opuso vigorosamente a los griegos, por profanar sus instituciones y burlarse de su monoteísmo (la revolución de los macabeos 167- 142 a.C.), este legado del impacto helénico sobre Jesús Ben Sira permaneció: el derecho de elevar la razón humana y el estudio erudito por sobre la autoridad de la Escritura. Inevitablemente, esto significó una transición lenta, dentro del judaísmo, de la Biblia al Talmud, de la revelación divina a una supuesta Torá "oral". Esto fue una tradición creciente de impulso y creación humanos que dominaría el pensamiento y la práctica del judaísmo desde ese momento en adelante.

**La emergencia de partidos judíos**

En términos generales, el judaísmo representa la reconceptualización dinámica de la religión del antiguo Israel, dentro de formas que fueron consideradas como compatibles con la variedad de experiencias del pueblo judío en la diáspora. Por un lado, había rabinos que tenían un gran anhelo de cercar la ley, agregando toda clase de ordenanzas, para hacer que todos los aspectos de la vida diaria fueran inmunes a la asimilación del mundo gentil, en el cual el pueblo estaba forzado a vivir. Por el otro lado, los rabinos que servían a los judíos de las clases altas fuero atraídos hacia elementos en el racionalismo griego, que ellos consideraban como potencialmente liberadores de la mente humana. Se sentían subyugados por la marcha aparentemente irresistible del helenismo que siguió a Alejandro Magno, después de la destrucción del Imperio Persa (331 a.C.).

Inevitablemente, entre la gente común, comenzó a surgir un movimiento de protesta laico ultra ortodoxo. Sus líderes eran conocidos como *hasidim*, es decir, "los leales de Dios." Ellos procuraron estructurar esta resistencia, pero se produjo una aspereza. Los moderados fueron pronto incitados a pelear contra los radicales y ambos estaban en contra de los helenistas. El resultado fue que, para el primer siglo, la homogeneidad estaba mayormente ausente en el pensamiento y en la práctica de los judíos. En medio de esta diversidad, se podían identificar varios partidos significativos. Cada uno representaba una respuesta distinta a las viejas tradiciones, y las realidades políticas y religiosas más nuevas dentro de su tierra atribulada.

*Los fariseos*

Este grupo esencialmente laico consideraba que sus miembros eran los sucesores legítimos de los patrones desarrollados antes de Esdras. Ellos reflejaban el pietismo feroz de los primeros puristas *hasidim*, quienes habían estado a la vanguardia de la revolución macabea. Dado que ellos estaban convencidos de que el exilio babilónico había sido el juicio de Dios sobre Israel por fracasar en guardar la ley mosaica, enfatizaron la importancia de observar cada mínimo detalle, ya fuera individual o nacional, escrito u oral. Su relativamente pequeño número vino inicialmente de artesanos pertenecientes a la clase media baja. De ahí que fueran respetados por la gente común. Como resultado, sus creencias y prácticas vinieron a representar a la mayoría de la población en el Israel del primer siglo. Los fariseos fueron el único partido que sobrevivió a la revolución contra Roma (66-70 d.C.), y su influencia fue tan penetrante que para el año 200 d.C., el judaísmo y el fariseísmo se habían tornado virtualmente en sinónimos.

Los fariseos sólo compraban y vendían entre ellos. Se negaban a comer en hogares de no fariseos, para no contaminarse. Eran "separatistas" debido a que se consideraban personalmente justos y a que no tenían la voluntad de hacer concesiones. En razón de su convicción de que la voluntad de Dios para cada circunstancia de la vida podía conocerse mediante el estudio cuidadoso de la Torá, los fariseos estaban muy cerca de los escribas, los estudiantes profesionales de la Torá, y eran sus defensores más leales. Esto significaba que los escribas de las clases altas eran frecuentemente sus líderes, aunque como cuerpo, los escribas eran distintos de los fariseos. Debido a que esta preocupación por la ley tendía a reducir la religión a un formalismo exterior, los fariseos le causaron a Jesús un gran dolor interior. Aunque ellos suscribían la unidad y la santidad de Dios, el llamado único de Israel y la autoridad de la ley de Moisés, su énfasis estaba sobre la ética y no sobre la teología. El resultado fue que con frecuencia les faltó compasión. Más aún, se negaron a reconocer la validez de cualquier interpretación de la ley diferente a la que ellos tenían.

### *Los saduceos*

Los saduceos eran el partido sacerdotal rico y aristocrático. Los saduceos estaban bastante lejos del pueblo, aunque ellos controlaban el Templo. Las familias patricias estaban dentro de sus números, y junto con los fariseos componían el Sanedrín, el tribunal más alto en Jerusalén. En general, eran menos estrictos que los fariseos en cuanto a la observancia religiosa. Eran diferentes de ellos en que consideraban a la Torá como más obligatoria que la ley oral. Rechazaban doctrinas posteriores a la Torá, tales como la vida del alma después de la muerte, la resurrección del cuerpo, el juicio final y la existencia de ángeles y demonios. Los saduceos eran considerados por Josefo como groseros, e incluso personas desagradables en espíritu unos con otros (*Guerras* II, viii: 14). Sus doctrinas no eran populares entre las masas y su cooperación positiva con Roma los hizo políticamente sospechosos. Fueron sus negociaciones con Roma las que resultaron en que el área del Templo fuera decretada como vedada para los gentiles. Cuando transformaron el antiguo patio de los gentiles en un lugar donde se guardaban animales y donde operaban los que cambiaban dinero, Jesús protestó (Mar 11:15-18). Él reafirmó la intención original de Dios de que el Templo fuera una casa de oración para todos los pueblos (Is 56:6-7).

### *Los herodianos*

Se sabe poco de este partido nacionalista, aparte de que ellos favorecieron la dinastía herodiana. Casi se asociaron con los fariseos sobre el tema del pago de impuestos a César, pero supuestamente no eran tan estrictos en la observancia religiosa. Su hostilidad sin tregua hacia Jesús, tanto en Galilea como en Judea, es prueba de su convicción de que su mensaje tenía demasiadas implicaciones universales. Era una amenaza para el estrecho nacionalismo que ellos tenían (Mar 3:6; 12:13).

### Los zelotes

Este grupo ardoroso representaba la opción revolucionaria. Estaban convencidos de que los romanos debían ser echados fuera por la fuerza de las armas. Sólo entonces los judíos iban a poder ganar control sobre su propio destino. Oscar Cullmann afirma que por lo menos cinco de los discípulos de Jesús pertenecían a esta "clase desesperada." Él identifica a un grupo guerrillero particular como "hijos del trueno" y sugiere que la palabra "Iscariote" en el nombre de Judas podría significar "un hombre o miembro de los sicarios (cuchillos largos)," otra organización terrorista (1957: 8-23). Los zelotes precipitaron la revolución en contra de Roma en el año 67 d.C. Esta opción revolucionaria siempre ha apelado a un segmento del judaísmo (entonces y ahora), pero los judíos creyentes en Jesús repudiaron cualquier intento de recurrir a la violencia no redentora para lograr metas espirituales. Sus discípulos tomaron en serio las palabras de Jesús: "Mi reino no es de este mundo. . . . Si lo fuera, mis propios guardias pelearían" (Juan 18:36).

### Los esenios

Los esenios representaban lo más estricto de lo estricto. Ellos evitaban el placer, el bienestar y hasta cierto punto el matrimonio. Crearon su propia manera de mostrar su devoción a Dios, que fue el apartarse. Hoy, cada vez que los esenios son mencionados, la reacción popular es de evocar la imagen de la austera comunidad en Qumrán cerca del mar Muerto. Pero ellos eran algo más que un "sector aislado o un grupo de resistencia" dentro del judaísmo. De acuerdo a Josefo, eran una secta que "existía en grupos separatistas relacionados, pero diferentes y diversos por toda Palestina." Agrega que se encontraban en todos los pueblos de Palestina: "No tienen una ciudad particular, pero muchos de ellos moran en todas las ciudades" (*Guerras* II, iii: 4). Dado que su objetivo principal era la pureza, procuraban ser escrupulosamente limpios. Era una orden casi monástica que excluía a las mujeres. Se consideraban a sí mismos como el único Israel verdadero y se dedicaban a aprender. Ellos respaldaron una línea de sacerdotes distinta a los saduceos, de modo que había tensión entre los dos grupos. Los esenios decían que el mundo era un desastre tal, que ellos debían irse al desierto para esperar la venida del Mesías y luego "sacerdotes verdaderos" tomarían el control del Templo.

La presencia de los esenios en la vida de los judíos a lo largo de una parte importante del período intertestamentario tuvo una influencia tanto positiva como negativa sobre los esfuerzos del judaísmo por alcanzar a los gentiles. La influencia positiva fue la disminución de la importancia de los símbolos religiosos de tierra, ciudad y templo. Se oponían tanto al Templo en Jerusalén, deshonrado por los asmoneos, que difundieron ampliamente la idea de que lo que era importante era "la condición del corazón." Por ella, los judíos devotos, entonces y ahora, ya sea en el exilio o en la diáspora, podían ser sacerdotes, adorando a Dios y trayéndole deleite. Los esenios esperaban que viniera el Mesías, que limpiara el Templo, y que luego los instalara a ellos como sus sacerdotes futuros. Su inyección deliberada de la primacía del corazón en la corriente del pensamiento judío y su concepto del sacerdocio de todos los creyentes no pudo menos que fortalecer la identidad propia del judaísmo como una fe universal. Si Jerusalén y el Templo no eran importantes, ¿por qué no aceptar esta evolución del judaísmo de una religión nacional a una fe universal?

Por otro lado, los esenios ejercieron una influencia negativa sobre el judaísmo, principalmente porque se veían a sí mismos como una comunidad "salvada", pero no como una comunidad "salvadora." En realidad, eran muy hostiles para con esos judíos de la diáspora, quienes procuraban ganar prosélitos entre los gentiles. Algunos de sus miembros más celosos eran particularmente intolerantes para con todos los gentiles "temerosos de Dios," que ponían el nombre de Dios en sus labios, pero se negaban a ser circuncidados. Al ligar esto con la práctica esenia de un legalismo más riguroso y pesado que el de los fariseos, la hostilidad de los esenios repelió a muchos inquiridores gentiles. Ellos consideraban a la verdad de manera esotérica, y todas las doctrinas y revelaciones estaban reservadas para "el hombre de entendimiento." El movimiento esenio parecía un culto de misterio perfeccionista. Era un legalismo sacerdotal dominado por una jerarquía sacerdotal. En su ministerio, Jesús rechazó de manera significativa el patrón esenio de privar deliberadamente a la gente común "del conocimiento." Más bien, él se regocijaba en el privilegio de compartir las buenas nuevas del reino con "los pobres, . . . los inválidos, . . . los cojos y . . . los ciegos" y no manifestó nada de la exclusividad sombría de Qumrán cuando oró:

> Te alabo, Padre, Señor del cielo y de la tierra, porque habiendo escondido estas cosas de los sabios e instruidos, se las has revelado a los que son como niños. Sí, Padre, porque esa fue tu buena voluntad. (Mat 11:25-26)

En razón de que los esenios nunca estuvieron involucrados en la predicación pública, es pura especulación sostener que Juan el Bautista creció como un esenio. Tanto él como Jesús eran predicadores que anunciaron el comienzo de una dispensación enteramente nueva, cuando proclamaron por toda la tierra de Palestina: "Arrepiéntanse, porque el reino de los cielos está cerca" (Mat 3:2; Mar 1:15).

## El proselitismo judío como movimiento

En años pasados, se le ha prestado mucha atención a la identificación de las características y el alcance del movimiento proselitista judío, el cual ganó ímpetu y significado a lo largo de la segunda mitad de la era del segundo Templo (Bamberger 1939; De Ridder 1971: 58-120). Baste decir que durante este período, la fe judía se expandió como nunca antes ni después. Esto no fue debido al impulso de alguna autoridad central en Jerusalén, que estaba entrenando y enviando misioneros. Fue principalmente el resultado de la iniciativa local y laica, con la consecuencia de que la mayoría de los judíos se regocijaban por la conversión de los gentiles a su fe monoteísta y se enorgullecían de que las costumbres judías fueran observadas en grandes secciones del Imperio Romano. Josefo expresa la jactancia de ellos:

> No hay ninguna ciudad de los griegos ni de los bárbaros ni ninguna otra nación a la que no haya llegado la costumbre nuestra de descansar el séptimo día, y en las que nuestros ayunos y el encendido de las lámparas y muchas de nuestras prohibiciones con respecto a la comida no se observen. . . . Y así como Dios mismo penetra todo el mundo, de la misma manera nuestra ley ha pasado también por todo el mundo. De modo que si alguien simplemente reflexiona sobre su propio país, y su propia familia, tendrá razón para dar crédito a lo que digo. (*Contra Apión* 11, 40: 899)

En realidad, el proselitismo judío durante este período se presenta como un tema controversial para la comunidad erudita. Los eruditos judíos del día de hoy tienden a disminuir su extensión. En contraste, los eruditos cristianos tal como Johannes Blauw admiran este vigor e impacto consecuente sobre la consciencia misionera de la iglesia (1962: 55-58, 63, 64). Por otro lado, Edward Gibbon casi descarta su relevancia y sostiene que el éxito de los apóstoles fue más el resultado del politeísmo inquieto e inadecuado de los gentiles.

> La obligación de predicarles a los gentiles la fe de Moisés nunca había sido inculcada como un precepto de la ley, ni los judíos se sintieron inclinados a imponerla sobre ellos mismos como un obligación voluntaria. . . . Ellos tenían temor de disminuir el valor de su herencia si la compartían demasiado fácilmente con los extraños de la tierra. . . . Cada vez que el Dios de Israel conseguía nuevos devotos, estaba más en deuda con el humor inconstante de los politeísmos que con el celo activo de sus propios misioneros. (1952, vol. 1: 179, 180)

Nadie conoce con precisión el tamaño de la comunidad judía durante este período. Josefo parece haber creído que todas las comunidades a lo largo del mundo mediterráneo tenían una porción de la comunidad judía, como resultado de su actividad proselitista. Frederick Derwacter es algo más cuidadoso, aunque su conclusión final sobre el tema es más positiva que negativa.

> No podemos dar ni siquiera una cuenta aproximada de los prosélitos del judaísmo en el mundo mediterráneo del período del Nuevo Testamento. Eran lo suficientemente numerosos como para demandar la atención de Filón y de Josefo, lo suficientemente conspicuos como para que escritores tales como Tácito, Horacio y Juvenal quienes los vieran como parte de judaísmo de su tiempo. Se los considera como un factor en el gran crecimiento de la población judía a continuación del exilio. El desarrollo rápido del cristianismo para transformarse en una religión gentil parece inexplicable sin la gran comunidad de prosélitos. Es difícil decir más que esto. (1930: 119)

A pesar de esta palabra cauta, Adolf von Harnack estima que había tres millones de judíos divididos en partes iguales entre Palestina, Siria y Egipto, y que un millón y medio más estaba desparramado por Asia Menor, Europa y Asia (Blauw 1962: 57). Cuando uno recuerda el número relativamente pequeño que regresó de Babilonia para reconstituir la comunidad judía en Palestina (Esdras 2:64 dice 42.360), y su tamaño en tiempos de las guerras macabeas (siglo II a.C.) de 180.000, uno se ve obligado a concluir que este crecimiento sustancial debe haber sido el resultado de una actividad proselitista intensiva.

Cuando Pablo le escribió a los cristianos en Roma (donde había una colonia judía de por lo menos 10.000 personas), él describió a los judíos como "convencido[s] de ser guía[s] de los ciegos y luz de los que están en la oscuridad, instructor[es] de los ignorantes, maestro[s] de los sencillos, pues tiene[n] en la ley la esencia del conocimiento y de la verdad" (2:19-20). Aparentemente, los judíos helenizados de la diáspora no eran tan introvertidos como para no ser conscientes de la superioridad de su fe con respecto a las religiones de misterio de los gentiles. En realidad, la corrupción misma de la nación de Palestina, primero bajo el liderazgo asmoneo y luego bajo el herodiano, hizo disminuir el judaísmo como una fe nacional y lo transformó en algo universal, porque el monoteísmo es implícitamente una fe universal y misionera.

Harnack hace una lista de las razones por las que la misión cristiana estuvo en deuda para con la misión judía que la precedió. Afirma:

> Proveyó, en primer lugar, . . . un campo labrado por todo el imperio; en segundo lugar, . . . comunidades religiosas ya formadas en la ciudades; en tercer lugar, . . . lo que Axenfeld llama "la ayuda de los materiales" provistos por el conocimiento preliminar del Antiguo Testamento, además de los materiales catequísticos y litúrgicos que pudieron ser usados sin mayor cambio; en cuarto lugar, . . . el hábito de la adoración regular y del control de la vida privada; en quinto lugar, . . . una apologética impresionante a favor del monoteísmo, de la teología histórica y de la ética; y finalmente, . . . el sentimiento de que la autodifusión era una obligación. La suma de esta deuda es tan grande que uno podría aventurarse a pretender que la misión cristiana es una continuación de la propaganda judía. (1972:15)

Al expandir estos puntos, Harnack describe de manera extensa las tensiones dentro de la comunidad judía. Un segmento, bajo la inspiración de los libros de Isaías y de Jonás, junto con la literatura de sabiduría, era "completamente consciente" de que Dios gobernaba sobre la nación y sobre toda la humanidad. Ellos esperaban la conversión última de todos los paganos. Eran los "progresistas," comprometidos con el proselitismo. Otro segmento estaba dominado por la experiencia macabea. Ellos deseaban la caída de los paganos para que el judaísmo pudiera surgir en plena exclusividad. Eran los "nacionalistas," comprometidos con el particularismo. Incluso los fariseos eran tironeados hacia estas dos polarizaciones. Las escuelas de Hillel y de Gamaliel eran propagandísticas; la de Shammai era reaccionaria, estableciendo 18 reglas para controlar la confesión de Dios delante de los gentiles. Los eruditos han hablado de la constante tensión que existía entre la demanda de que los paganos fueran incluidos y el temor que esto provocaba. Es testimonio común de las fuentes helenistas, romanas y rabínicas que en su mayor parte los judíos no sólo anhelaban hacer conversos, sino que también tenían éxito en lograrlo. Cuando Jesús habló de que "recorren tierra y mar para ganar un solo adepto," no estaba condenando *per se* esta expansión misionera, sino que estaba denunciando el fariseísmo, porque los conversos gentiles eran transformados por el fariseísmo en "dos veces" los hijos del infierno que ellos mismos eran (Mat 23:15).

El judaísmo de la diáspora apelaba a ciertos segmentos del mundo gentil. Representaba la fuerza moral, el vigor intelectual de un monoteísmo consistente, el atractivo de una vida disciplinada, y la tradición del martirio de una minoría perseguida. La pregunta sobre la identidad religiosa judía era levantada constantemente por los vecinos gentiles: ¿Quién era esta gente? ¿A quién pertenecía? ¿Cómo era su Dios? Esto trajo aparejada la recitación de la Torá: la historia de los actos poderosos de Dios a favor de ellos y su interpretación de estos actos. El encuentro religioso se desarrolló eventualmente en una forma laica de actividad misionera. La apologética judía generalmente incluía confesar al único y verdadero Dios: el Creador invisible del cielo y de la tierra, quien no puede ser representado por imágenes. Él es el Gobernante moral de la humanidad, quien bendice a los que deliberadamente viven bajo su gobierno y para su gloria. Este mensaje era tan llamativamente diferente de la mitología del politeísmo, que muchos gentiles lo encontraron apelativo y quisieron escuchar más. Las cuestiones universales de la literatura de sabiduría proveyeron el atractivo agregado de identificar la sabiduría con Dios. Por medio de ello fue posible construir un puente sobre el abismo entre la historia de Israel y las mejores señales del carácter único de la raza humana, dentro del pensamiento religioso y filosófico del mundo grecorromano. Con las Escrituras en griego (la Septuaginta), el judaísmo de la diáspora colocó el fundamento para la expansión del evangelio en el mundo occidental.

A lo largo del período intertestamentario, esos extraños que residían contiguos a las comunidades judías fueron animados a asimilarse. En Ester 8:17 encontramos la frase "se hicieron judíos." Ésta es su única aparición en el Antiguo Testamento, pero representa una realidad que llegó a ser cada vez más común. En realidad, en el judaísmo más tardío era natural equiparar el extranjero, que residía temporalmente o permanentemente en la tierra de Israel, con un "prosélito." En verdad, la palabra griega *prosēlytos* era usada sólo para describir a los gentiles que se hacían judíos, y no para los gentiles que se cambiaban de un culto de misterio a otro, uno que ha dejado país, amigos y familia, también las costumbres patriarcales, y se ha colocado bajo la constitución judía. La circuncisión no fue aceptada inmediatamente por la mayoría de los "inquiridores" gentiles, y mucho menos los mandamientos cúlticos obligatorios del judaísmo rabínico. Permanecieron como "adoradores" o como "temerosos de Dios." No obstante, el judaísmo palestino puso mucho más énfasis en la conversión mediante la circuncisión. Cuanto más cerca estaban de Jerusalén, más intensamente judías se tornaban sus comunidades. Ellas consideraban la importancia de observar todas las leyes del Antiguo Testamento, tal como las detallaban los *hasidim*, las cuales estaban siendo incorporadas a lo que eventualmente llegó a ser el Talmud. Esto complicaba el proselitismo. Para unirse a la comunidad judía, los gentiles tenían que someterse a la circuncisión y al bautismo, a la vez que ofrecer sacrificios en el Templo. Esto los hacía judíos en todo aspecto y los colocaba bajo la obligación continua de guardar toda la ley (tal como Pablo luego lo confirmó, Gál 5:3).

**Legalismo, pesimismo y apocalipticismo**

Se ha dicho con frecuencia que la cautividad babilónica curó a Israel de su idolatría. Esto es cierto. La mayoría de los profetas vituperó a los israelitas por su adoración de imágenes, y algunos incluso anunciaron que como resultado ellos serían llevados "al exilio más allá de Damasco" (Amós 5:25-27). Fue en Babilonia que los israelitas finalmente y para siempre renunciaron a la idolatría y resolvieron tornarse en un pueblo completamente devoto de la ley. Bajo la influencia de hombres tales como Esdras y Nehemías, fueron transformados en un pueblo que amaba la ley, así como también un pueblo que estaba dispuesto a morir antes que violarla. Su devoción a Dios hizo la diferencia.

A pesar del paso del tiempo, no titubearon en su resolución. Ellos instituyeron la adoración "correcta" en el segundo Templo, transformaron sus sinagogas en centros de preparación para el estudio reverente de la ley, y esperaban de manera plena que Dios los recompensara por su devoción. Cuando los seléucidas trataron de forzarlos a adoptar los modos griegos, ellos se resistieron. Muchos abrazaron el martirio antes que comprometer su sumisión a la ley. Esto sólo aumentó su expectativa de que Dios los recompensaría por la transformación de su carácter nacional.

Pero Dios no pareció darse cuenta de nada de lo que hicieron. Fue su silencio, su falta de disposición para intervenir a favor de ellos lo que hizo que ellos se desesperaran cada vez más. No obstante, no se apartaron de la ley haciéndose apóstatas. Procuraron (si es que procuraron algo) tornarse más determinados que nunca, para asegurarse de que estaban obedeciendo todas sus estipulaciones al pie de la letra. Al mismo tiempo, sus líderes comenzaron a darle menos importancia a todas las secciones proféticas de la Escritura y a conceder relevancia a un género enteramente nuevo de literatura, basado en sueños, visiones y revelaciones oraculares. Esta literatura señalaba hacia el triunfo último de Dios: los israelitas iban a poseer el mundo como herencia, y Él haría esto realidad mediante su irrupción repentina en la historia en el día final. La literatura sobre este cambio masivo de lo histórico a lo escatológico se designa como "apocalíptica." Floreció durante el período desde el año 200 a.C. hasta el año 100 d.C., aunque en Isaías 24-27, en Daniel 7-12 y en Zacarías 9-14 encontramos uno de los temas de esta literatura. Se trata de la dimensión cataclísmica de la actividad de Dios en el día final. Al mismo tiempo, debemos agregar que estos tres profetas también incluyeron la dimensión histórica, algo que estaba totalmente ausente en los escritos de los apocalipticistas.

El gran problema que enfrentaron los apocalipticistas (quienes eran autores y no predicadores) fue establecer credibilidad y lograr que les prestaran atención a sus escritos. Esto se logró a través de uso deliberado de seudónimos por los cuales ellos escogieron ocultar su propia identidad. La era de la profecía había terminado; Dios ya no hablaba a través de la voz humana viviente. De ahí que, el apocalipticista no podía hablar como un profeta con la convicción resonante: "Así ha dicho el Señor." Como consecuencia, tenía que tomar prestado a un santo del Antiguo Testamento y atribuirle a él las visiones, para que el escrito recibiera autoridad de parte del nombre profético (Ladd 1964: 80).

El resultado fue algo tanto artificial como imitativo. Lo que los apocalipticistas llamaban "visiones" era algo ficticio, muy alejado de la naturaleza trascendente de las percepciones subjetivas que le llegaban a los profetas, las cuales hicieron que ellos supieran y proclamaran que lo que ellos afirmaban era la Palabra de Dios. Ningún israelita podía estar seguro de que lo que el apocalipticista estaba proclamando era la Palabra viviente del Señor. Todo lo que se oía era una especulación humana esperanzada, generalmente en forma de una reinterpretación colorida y radical de la historia de Israel. No es que los apocalipticistas no fueran sinceros en su deseo de explicar por qué las promesas de los profetas no se habían cumplido, por qué el mal todavía gobernaba el mundo a pesar de la supuesta obediencia de Israel, y por qué el reino de Dios se estaba posponiendo. Sus motivaciones tenían visos dualistas: "este tiempo" se caracterizaba por el mal, pero "el tiempo por venir" vería la gloriosa manifestación del reino de Dios. No existía ni tensión ni interrelación entre ellos. Los caminos de Dios son inescrutables. La esperanza yace en el futuro no en el presente. Pero la manera en que Dios vendría, nadie sabía. Lo que iba a ocurrir, iba a ocurrir. Un fatalismo combinado con pesimismo dominaba toda especulación sobre el presente. Esto condujo a una pasividad ética, a pesar de la obediencia feroz de los israelitas para con la ley. Y aun así, dentro de la nación, un remanente creyente "aguardaba con esperanza la redención de Israel" (Luc 2:25). Ellos resistieron el pesimismo de los apocalipticistas y permanecieron convencidos de que las antiguas promesas proféticas de Dios eran ciertas. Él estaba obrando en la historia y su fidelidad para con su pueblo no debía ser olvidada. La era mesiánica vendría dentro del fluir de la historia. Su propósito redentor eterno para su creación se haría realidad.

**Conclusión**

Es bastante significativo que una generación antes de Cristo, Judas el galileo (Hech 5:37) apareció en escena. Josefo describe cómo él "persuadió a sus compatriotas para hacer una revolución y dijo que ellos eran cobardes si continuaban pagando un impuesto a los romanos" (*Guerras* II, viii: 1). Los seguidores de Judas tenían "un apego inviolable a la libertad y [sostenían] que Dios debe ser el único gobernante y Señor" (*Ant.* XVIII, i: 6). Judas virtualmente declaró que un nuevo orden estaba a punto de ser introducido, el cual estaría marcado de manera especial y sin precedentes por el "reinado de Dios." A la luz de esto, Bruce se pregunta si es que Judas sintió que el tiempo había llegado, tal como fue predicho por Daniel, cuando el Dios del cielo "establecerá un reino que jamás será destruido . . . sino que permanecerá para siempre" (Dan 2:44; 7:14, 27). ¿Había Judas recibido el impacto del oráculo de Balán, con su profecía que expresaba: "Una estrella saldrá de Jacob; un rey surgirá de Israel" (Núm 24:17)? Años más tarde, en la revolución de Bar-Kohba de 132-35 d.C., al líder, un cierto Simeón ben Kosebah, le fue dado el nuevo nombre de Bar-Kohba ("hijo de la estrella") por el gran rabino Aqiba, que lo alabó como la "estrella de Jacob" prometida (Bruce 1978: 16-19).

> Más aún, Daniel no sólo había predicho la venida del reino de Dios, sino que también había establecido el tiempo en que se manifestaría (9:24-27, "setenta semanas" a partir del decreto de Ciro de reconstruir el templo y hasta que "se le [quite] la vida al príncipe elegido"). Dado que Josefo nos dice que estas predicciones eran conocidas para los judíos de los días de Judas, ¿deberíamos concluir que en la mente pública la revolución de Judas preparó el escenario para la conquista apocalíptica de sus enemigos por parte de Dios (*Ant.* X, i: 6)? Sea lo que fuere, el humor de esos días era de expectativa. Y cuando Jesús finalmente apareció y dijo: "Se ha cumplido el tiempo. . . . El reino de Dios está cerca" (Mar 1:15), la probabilidad es que algunos recordaron la predicción de Daniel con respecto al tiempo cuando "se le dará a los santos, que son el pueblo del Altísimo, la majestad y el poder y la grandeza de los reinos" (7:22, 27).

De modo que, entonces, justo antes de la venida de Jesús, el pueblo judío estaba fragmentado en una variedad de escuelas de pensamiento en conflicto. Algunos judíos que no eran parte del *establishment* estaban activamente involucrados en alcanzar al mundo gentil para ganar conversos. Ante sus propios ojos, ellos eran un "remanente salvado" que tenía que llevar a cabo una misión "salvadora." Aunque todos los judíos creían en la soberanía de Dios, muchos estaban indudablemente preocupados porque su gobierno parecía estar confinado al cielo. No era evidente en la tierra. El único poder que ellos conocían y resentían con amargura era el poder imperial de Roma. No podían entender por qué Israel, el pueblo escogido por Dios, que confiaba en su obediencia a Dios, tenía que experimentar una opresión nacional y una miseria individual de esa magnitud. Aun así, estaban los que eran mucho más humildes, que esperaban anhelantes "la redención de Israel" (Luc 2:25). Ellos creían que de alguna manera, por algún medio, la nueva era vendría pronto.

La nueva era que ellos esperaban era un reavivamiento de los mejores ideales de la antigua era. Esperaban un nuevo Templo, una adoración sacrificial pura y el restablecimiento de un sacerdocio digno. Pero el Templo todavía sería un edificio hecho de manos, la adoración sacrificial todavía implicaría la matanza de toros y corderos, el sacerdocio todavía sería confinado a los hijos de Aarón. (Bruce 1956: 147)

El Antiguo Testamento es terriblemente incompleto. La historia de Israel está inconclusa. Su gran período retrocedió más y más profundamente hacia el pasado. Las palabras reveladoras de Dios a través de sus profetas se había hecho más y más escasas y finalmente con Malaquías cesaron por completo. El entusiasmo que surgió a partir de la proliferación de la literatura apocalíptica hizo cada vez más difícil que el pueblo de Dios viviera por medio de la antigua fe. Al final, los variados partidos dentro del judaísmo, aunque con frecuencia en desacuerdo unos con otros, se unieron para participar en la tragedia final de oponerse a Jesucristo, cuando él se confesó como el "hijo de hombre" de Daniel, el "Siervo Sufriente" de Isaías, y el "pastor herido" de Zacarías.

# Parte IV

# LA MISIÓN DE DIOS A TRAVÉS DE JESUCRISTO

## Capítulo 11

## Jesús inaugura el reino

**Introducción**

"Pero cuando se cumplió el plazo, Dios envió a su Hijo" (Gál 4:4). El envío de Jesús al mundo estuvo en consonancia con el patrón de la misión de Dios de enviar, tal como aparece en el Antiguo Testamento. No podemos olvidarnos de que Jeremías dijo: "Desde el día en que sus antepasados salieron de Egipto hasta ahora, no he dejado de enviarles, día tras día, a mis servidores los profetas" (7:25). Y aun así este "envío" de Jesús fue único. La condición de caída de la humanidad era tan aguda y tenía tanta necesidad de redención, que sólo la encarnación de Dios y la expiación de la cruz pudieron proveer la salvación del pueblo de Dios.

El Nuevo Testamento comienza con una atención cuidadosa hacia las genealogías. Al comenzar la historia de Jesús de esta manera, Mateo establece una continuidad con todo lo ocurrido antes. Jesús es "hijo de David, hijo de Abraham" (Mat 1:1). Viene como "el Cristo de Dios, el Mesías anunciado y esperado, el verdadero heredero del trono de David y el heredero de todas las promesas que le fueron hechas a Abraham" (de Dietrich 1960: 156). Como Emanuel, "Dios con nosotros" (Mat 1:23), él vino para liberar a su pueblo y para establecer un reino eterno que cumpliría la esperanza mesiánica de Israel (Luc 1:32-33, 51-55, 68-79; 2:29-32). Al mismo tiempo, su vida y su ministerio terrenal serían desafiados por seres humanos caídos, por líderes religiosos y políticos, y particularmente por los poderes demoníacos.

Un elemento marcadamente nuevo es introducido, cuando el Nuevo Testamento comienza con sugerencias de un renovado aumento de la lucha cósmica ente Dios y "el príncipe de este mundo" (Mat 2:13-18; Luc 2:34-35; Juan 12:31). Pero la llegada de los magos también sugiere que las naciones gentiles serían atraídas hacia la gracia que Dios proveería (cf. Mat 2:1-12 con Isa 2:2-4).

**Jesús y Juan el Bautista**

El ministerio de Juan el Bautista marca la línea divisoria entre dos épocas. Juan fue el último profeta de la antigua dispensación (Mat

11:12-13; Luc 16:16). Él llamó a un arrepentimiento nacional y adoptó la postura de una condenación radical del orden establecido: "El hacha ya está puesta a la raíz de los árboles" (Mat 3:10). Él denunció a los líderes religiosos como víboras y de manera puntual afirmó que confiarse en descender físicamente de Abraham no tenía ningún valor (Mat 3:7-9). Pero lo que llamó inmediatamente la atención fue el anuncio que hizo: "el reino de los cielos está cerca" (Mat 3:2). Su mensaje trajo a la mente que la roca que hizo añicos la estatua, tal como Daniel lo había profetizado, destruiría el poder mundano de los gentiles y llegaría a ser un reino que nunca sería destruido (Dan 2:25-35). El evento escatológico esperado por tanto tiempo, el día del Señor, ¡estaba por amanecer!

Aunque el testimonio de Juan con respecto al elegido no fue únicamente mesiánico, su mensaje franco trajo renovación en todos los que creyeron en su palabra. Era evidente para muchos que Dios estaba hablando una vez más a su pueblo, siguiendo la tradición profética de períodos anteriores en su historia. El mensaje de Juan de la venida personal del reino, y su llamado al pueblo a prepararse para volver a los parámetros del Sinaí tomaron las dimensiones de un movimiento de renovación.

Temprano en su ministerio, Juan bautizó a Jesús, y los dos se involucraron en una actividad similar por casi un año, preparando a la nación para su encuentro con su destino. Cuando Jesús pidió el bautismo, Juan se replegó. Él reconoció el contraste severo entre la condición del pueblo a quien estaba ministrando y la falta de pecado de Jesús. Aquí había Uno que no tenía pecados para confesar (Mateo 3:13-15). Pero Jesús insistió, y Lucas afirma que "mientras oraba, se abrió el cielo, y el Espíritu Santo bajó sobre él en forma de paloma" (3:21-22a). Dios respondió a la oración de Jesús con aprobación y con la unción del Espíritu Santo. A partir de ese momento, Jesús representó plenamente todo lo que Isaías había anticipado como características del Mesías: el Siervo Sufriente del Señor, recto y ungido por el Espíritu. Es significativo que fue sólo cuando el Padre habló y el Espíritu descendió, que Juan se dio cuenta de quién era realmente Jesús (Juan 1:31-36).

En la tentación que vino inmediatamente a continuación del bautismo, Jesús escogió situarse "exactamente en la misma posición de cualquier otro judío que procuraba vivir conforme a las palabras de Dios reveladas a través de Moisés, o de cualquier pecador que se acercaba a Juan para recibir el bautismo" (Michaels 1981: 56). De esta manera, Jesús les proveyó a sus seguidores de una percepción sobre los valores del reino de Dios. Primero, la vida no se sostiene sólo con el pan, sino con la Palabra de Dios (Luc 4:4). Segundo, la prioridad del reino es darle a Dios y no a las personas, el lugar preeminente en toda clase de adoración y servicio (Luc 4:8). Tercero, los creyentes nunca deben poner a Dios a prueba (Luc 4:12).

Jesús regresó luego a Judea y se comprometió con un ministerio de renovación similar al de Juan, pero que poseía una novedad distintiva y cautivante (Juan 1:29-4:2). Él comenzó a reunir discípulos y, acompañado por ellos, se metió entre la gente, hablando de Dios y de su justicia, del pecado y de la necesidad de arrepentimiento. Tanto Jesús como Juan llamaron al pueblo a prepararse para la inminente venida del reino. Ambos bautizaron a los arrepentidos (Juan 3:22-23). Ambos llamaron a una reforma espiritual así como también a una responsabilidad social.

Aunque los ministerios de Jesús y de Juan fueron similares en muchos aspectos, hubo una diferencia entre ellos. Mientras que en la superficie, podría parecer que ambos hablaron de la inminencia de la visitación divina, fue Jesús quien agregó la afirmación de que esta visitación "estaba realmente en proceso, que Dios ya estaba visitando a su pueblo" (Ladd 1964: 109). Es igualmente significativo que en la predicación subsiguiente de Jesús, encontramos referencias frecuentes a los temas básicos de Juan, aunque el estilo feroz de Juan difirió marcadamente de las "palabras de gracia" de Jesús (cf. Luc 4:22 con Michaels 1981: 14-24). Por lo tanto, un clima de expectativa creció y se desparramó por la tierra. Su foco era la esperanza de Israel largamente diferida: ¡el reino de Dios! Para el remanente de fe, esto sólo podía significar que Dios estaba por intervenir y por actuar redentoramente a favor de su pueblo. En la mente popular, la expectativa creció de que el tiempo había venido para la liberación de los judíos del gobierno opresivo de la Roma imperial.

No obstante, pronto surgió una crisis y el movimiento de renovación fue repentinamente detenido, cuando Herodes tomó prisionero a Juan. En las semanas inmediatamente posteriores a este evento, Jesús no hizo nada por lograr la liberación de Juan. Bien podemos imaginarnos la consternación que sobrecogió a los seguidores de Juan. Su campeón fue silenciado. Había hablado del juez que venía, pero no hubo ninguna "roca que hizo añicos la estatua," ninguna evidencia de juicio. ¿Sería que Jesús simplemente iba a seguir predicando y sanando a los enfermos? ¿No había dicho Juan que Jesús iba a desplegar su mesianismo y a desmantelar el edificio de la sociedad? ¿No era que iba a limpiar la era, a recoger el trigo en su granero y a quemar la paja en un fuego que nunca se apagaría (Mat 3:12)?

## El comienzo del ministerio del reino de Jesús

Sí ocurrió algo de tremenda significación. Marcos nos dice que cuando Jesús oyó acerca del arresto de Juan, él terminó de manera abrupta su ministerio de renovación, se replegó hacia Judea y hacia el valle del Jordán, y se dirigió prestamente a Galilea (1:14). Fue a Nazaret, "donde se había criado, y un sábado entró en la sinagoga, como era su costumbre" (Luc 4:16). En esa ocasión, él inauguró una nueva era en el desarrollo permanente de la historia de la salvación. A esta altura, su predicación perdió mucho de su anterior continuidad con el llamado a la renovación de Juan. Jesús introdujo un tema enteramente nuevo: el evangelio ya no era una esperanza futura, sino una realidad presente, llena de significación escatológica. Esto sirvió para aumentar las expectativas del pueblo.

### *El anuncio en Nazaret*

La identidad mesiánica de Jesús comenzó a desplegarse en la sinagoga en Nazaret. Anteriormente, Juan había hablado de la venida del reino en términos apocalípticos. Venía Uno a quien Dios habilitaría para intervenir repentinamente en asuntos humanos, para separar a los justos de los malvados y establecer un reino que permanecería para siempre. Pero Jesús ahora habló de manera diferente. El tema anterior: "Arrepiéntanse, porque el reino de los cielos está cerca" (Mat 3:2), ahora llevaba el prefacio de una referencia puntual a la presencia inmediata: "Se ha cumplido el tiempo . . . el reino de Dios está cerca" (Mar 1:15). Mediante estas palabras y muchas otras, él especificó que en su propia persona el reino estaba "cerca." Ahora Jesús, de manera audaz se proyectó a sí mismo hacia el rol del Siervo del Señor y comenzó a llevar a cabo sus ministerios ya anticipados (cf. Luc 4:18-21 con Isa 35:1-10; 61:1-4). Él anunció que el reino ya no era solamente una esperanza futura, sino una realidad presente. Mientras que los discípulos de Juan se lamentaban y ayunaban, los discípulos de Jesús no lo hacían (Mar 2:18-19). Su "gobierno regio", con sus conceptos de comunidad y de compañerismo, era esencialmente un poder en operación en el presente, el cual ejercía su fuerza. También estaba relacionado con una comunidad, con una casa, con un área "donde los dioses de la salvación están a disposición y son recibidos" (Aalen 1961:

223). Éste hacía que la gente se agolpara alrededor de Jesús y de sus discípulos (Mat 11:12). Este "gobierno regio" había "llegado" a la gente (Mat 12:28) y era una presencia verificable "entre ustedes" (Luc 17:20-21).

La oposición a Jesús fue inmediata (Luc 4:24-29). Sus palabras ofendían a la gran mayoría de las personas, particularmente cuando él enfatizaba las dimensiones espirituales y éticas, enfocándose en la actividad salvífica de Dios, más que en el derrocamiento de Roma. La verdad es que él habló de la venida del reino de Dios en poder y en gloria, y les dijo a los Doce que entonces ellos "se [sentarían] en tronos para juzgar a las doce tribus de Israel" (Luc 22:30). Al declarar esto, él estaba prometiendo la participación de ellos en el gozo futuro de la consumación del propósito redentor de Dios. También a través de esto, Jesús confirmó que el reino "todavía no" estaba presente, pero a la vez "ya" estaba. En realidad habría un fin escatológico. Debido a esto, no serviría declarar que Jesús vino meramente para contribuir a una nueva ética, para alcanzar un teísmo más elevado o para proveer la base para un nuevo sistema religioso/teológico. En él, el viejo orden de esperar una esperanza futura se rindió ante un nuevo orden, que refleja "la redención lograda" y que garantiza el triunfo final de Dios en la historia.

### *La convocatoria*

El reino de Dios entró en la escena humana de manera sin precedentes y completamente nuevas. En su predicación y en su enseñanza, Jesús procuró despertar el interés en sus características dominantes, haciendo la clase de declaraciones aforísticas que provocaban y obtenían una respuesta. Él esperaba de manera plena que sus oidores más tarde formularan, a partir de su enseñanza, un cuerpo de verdad que anunciaría claramente quién era él y para qué lo había enviado su Padre al mundo. En un punto, él fue decisivo y autoritativo. Los que oían las buenas nuevas del reino y se preocuparan por recibir el perdón que Dios ofrecía a sus hijos e hijas, tenían la obligación de tomar una decisión inmediata de arrepentimiento y de fe. "Si alguno quiere ser mi discípulo, que se niegue a sí mismo, lleve su cruz cada día y me siga" (Luc 9:23). Esto implicaba el renunciamiento a toda otra lealtad, la aceptación incondicional de la voluntad de Dios (Mat 16:24-26) y la participación activa en la tarea de reclutar a otros (Mat 4:19).

## Características del ministerio del reino de Jesús

La era mesiánica tiene una distinción sorprendente. Ya el pueblo de Dios no tiene que ser una comunidad encapsulada que adora en medio de las naciones. Debe enfrentarse a las naciones, proclamar la presencia del reino en palabra y en hechos, y hacer un llamado a la conversión. Antes de la cruz, debían concentrarse en la casa de Israel (Mat 10:5-16; 15:24). Incluso entonces había sugerencias de que la compasión y la gracia electiva de Dios iría más allá del mundo judío, para alcanzar al gentil (Mat 8:5-13; Mar 7:24-30; etc.). La fe universal que surgiría después de la resurrección sería proclamada a todos los pueblos en todas partes y demandaría que todos se arrepintieran de su egoísmo y de su pecado, para someterse al Rey, a Jesucristo el Señor. Su comunidad mesiánica debía evitar la preocupación trágica de Israel, que estaba constantemente absorbido en sí mismo con su propia supervivencia nacional. Más bien, esta nueva comunidad de discípulos del Mesías resucitado debía llegar a ser "luz para las naciones," para que pudiera llevar la salvación de Dios "hasta los confines de la tierra" (Isa 49:6).

### *Jesús como siervo del Señor*

El aura de mesianismo cubrió todo lo que Jesús dijo e hizo. Su descendencia davídica no pasó desapercibida (Mar 10:47-48). Aunque renuente a anunciar su mesianismo de manera abierta (Mat 16:16-20), la confesión de Jesús delante del Sanedrín fue clara y nada ambigua (Mar 14:61-62). Él procuró por todos los medios describir un reino mesiánico, que vino por el poder de Dios y no por el poder político o por la acción militar. No tuvo ninguna intención de establecer un reino terrenal. Específicamente le dijo a Pilato que su reino no era "de este mundo" (Juan 18:36). Como resultado, estuvo en constante tensión con los líderes de los judíos, cuya preocupación dominante era la liberación política del poder de Roma. Su comportamiento, sus enseñanzas, su servicio y su muerte, claramente reflejaron al Siervo del Señor descrito en Isaías. El Nuevo Testamento está lleno de referencias a esta descripción mesiánica de Jesucristo como Siervo: "nada más, ni nada menos" (Bright 1953: 208-14). Tal como lo afirma Reginald Fuller:

> La figura del Siervo le da unidad a todo lo que Jesús dijo e hizo, a partir del momento de su bautismo, hasta el momento de su muerte sobre una cruz. Si quitamos ese trasfondo, su

vida se fragmenta en una serie de segmentos no relacionados. (1960: 277)

### *Jesús como obrador de milagros*

Jesús no hizo milagros para "probar" su mesianismo o para vindicar su autoridad personal. Tampoco sus milagros debieran ser considerados como hechos humanitarios de compasión. En realidad, el énfasis sobre su compasión es sorprendentemente mínimo a lo largo de los Evangelios. En contraste con esto, sus variados milagros señalaban la realidad del reino como "ya" presente en medio de Israel. Eran "señales" mesiánicas. Cuando los discípulos de Juan confrontaron a Jesús con su pregunta referida a si él era el Mesías, su respuesta fue que ellos debían considerar la importancia de sus milagros de sanidad y su predicación del evangelio a los pobres. Sus citas de Isaías 35 y 61 mostraron que estas eran las señales mesiánicas que, según Isaías había anticipado, precederían al acto decisivo de Dios de redimir a su pueblo. Éstas marcaron el amanecer del reino de Dios.

Hay un segundo aspecto de las curaciones y exorcismos de Jesús. En una ocasión, él dijo: "Mas si por el dedo de Dios ["el Espíritu de Dios," Mat 12:28], echo yo fuera los demonios, ciertamente el reino de Dios ha llegado a vosotros" (Luc 11:20, RVR). Esta frase "el dedo de Dios" era la que los magos egipcios usaron cuando no podían dar cuenta de los desastres que cayeron sobre Egipto a través de la confrontación de Moisés con el faraón (Ex 8:19). Esas señales llevadas a cabo "por el dedo de Dios" eran las demostraciones preliminares del poder de Dios, que derivaron en el éxodo de los judíos de la tierra de Egipto. Aquí Jesús vio sus obras de exorcismo como el asalto preliminar del reino sobre el poder del mal en la tierra. En la cruz, él acabaría con estos poderes y por medio de ello prepararía el camino para el éxodo final: la redención escatológica. En este sentido Hoskyns y Davey afirman:

> Los milagros físicos son señales externas del milagro supremo, el rescate del [pueblo] de las garras de los poderes del mal, del pecado. El milagro mesiánico supremo, hacia el cual apuntan los milagros es la salvación del [pueblo] por el poder del Dios viviente, ejercida a través de la agencia del Mesías (1947: 120)

Entonces, ¿cuáles eran las características del reino que Jesús había anunciado como presente? Primero, el reino carece de dimensiones de gloria externa. Es un tesoro enterrado y su adquisición amerita cualquier costo o sacrificio (Mat 13:44-46). Segundo, su forma está escondida. Representa el carácter oculto de Dios, obrando en los corazones del pueblo de Dios esparcido por el mundo del tiempo y del espacio. Jesús usó la frase "el secreto del reino" para representar la invasión presente del reino de Satanás por parte de Dios, para liberar al pueblo de la esclavitud de Satanás (Mar 4:11; Luc 11:14-22). Él agregó que aquellos que entraran al reino que Jesús anunciaba, disfrutarían en parte de un anticipo de la era por venir. Entran a la vida (Juan 3:3). Esto significa que reciben tanto el perdón de sus pecados (Mar 2:5) como también la justicia de Dios (Mat 5:20). Tercero, la única respuesta aceptable que se le puede dar al don de gracia del reino es ponerse conscientemente bajo el gobierno de Cristo por el arrepentimiento, la fe y la sumisión.

**Jesús enseña acerca del reino mediante parábolas**

Un objetivo central de la misión de Jesús fue anunciar las alegres noticias del reino de Dios (Luc 4:43). Los eruditos están de acuerdo en esto. Pero difieren con respecto a lo que él quería decir con el reino. Jesús enfatizó la centralidad de Dios en el mismo, pero dejó sin responder su relación precisa con él. ¿Era él su rey? No afirmaba serlo de manera directa. Más aún, él nunca definió explícitamente la expresión *reino de Dios*. Aun así, parece legítimo concluir que cuando habló acerca de que el reino se había "acercado" o que había "venido", él estaba afirmando que "el reino en el cual se debe ejercer el gobierno de Dios está aquí, en nuestro mundo y en nuestra historia" (Michaels 1981: 75). Esto parecería implicar que el reino es algo más que la monarquía o el reinado de Dios. De ahí que, éste no debería ser concebido meramente como la epifanía o la revelación de Dios. Cuando Jesús declaró que el reino se está moviendo de manera dinámica adentro de la historia y está "avanzando contra viento y marea" (Mat 11:12), se estaba refiriendo a un nuevo mundo, a un nuevo estado de cosas, a una nueva comunidad, "el buen reino donde las realidades de la redención son concedidas y recibidas, donde las condiciones de cumplimiento se llevan a cabo y donde el mal ya no está operando" (Aalen 1961: 232). Michaels agrega: "Encuentra una expresión concreta en el mundo. A pesar de ser trascendente y espiritual, también es político. . . . Su camino a la realización yace en un curso de choques con todo gobierno o autoridad humana" (1981: 80). No debemos perder de vista esta nota de conflicto. Satanás está determinado a impedir el progreso del reino. No obstante, Jesús calmadamente asevera que la autoridad y el gobierno divinos le han sido dados a él por parte del Padre (Mat 11:27; 28:18; Luc 10:22). Más aún, él ejercerá este gobierno hasta que el dominio de Satanás, el pecado y la muerte sean no sólo desafiados, sino también acabados completamente (cf. Marcos 9:1; 13:26; 14:62 con Lucas 11:20-22). Pablo luego agregaría que esta autoridad y gobierno serán entonces devueltos al Padre (1 Cor 15:24-28).

### *El método parabólico*

En una ocasión, los discípulos de Jesús le preguntaron por qué usaba parábolas en su ministerio a las grandes "multitudes" (Mat 13:2, 10). Él replicó: "A ustedes se les ha concedido conocer los secretos del reino de los cielos; pero a ellos no. Al que tiene, se le dará más, y tendrá en abundancia. Al que no tiene, hasta lo poco que tiene se le quitará" (Mat 13:11-12). Luego continuó diciendo que cuando el corazón de la gente se torna insensible, es decir, no receptivo, las presentaciones directas de la verdad evocan poca o ninguna respuesta positiva (cf. Isa 6:9-10 y Zac 7:11 con Mat 13:13-17). La única alternativa es usar el lenguaje de la metáfora, de la narrativa y de la parábola. Más aún, el misterio de la persona de Jesús y la naturaleza espiritual de su reino eran tan nuevos y revolucionarios, que él solamente podía descubrir estas realidades de manera gradual. De ahí que, él deliberadamente escondía su "secreto mesiánico" (Mar 1:34, 44; 3:12; 5:43; etc.) y hablaba en parábolas. Éstas provocaban a los que las oían y los obligaban a hacer un alto para reflexionar y luego hacer preguntas. Cuanto más comenzaron sus discípulos de corazón abierto a discernir quién era él, más comenzaron a entender su enseñanza. En reverso, cuanto más la gente lo resistía, tanto más su enseñanza se reducía en sus mentes a una "enseñanza dura," tanto es así, que algunos pensaban que estaba totalmente vacía de significado (Juan 6:60).

Para los ignorantes, para los que no discernían y para los que eran voluntariamente obstinados, lo que Jesús estaba diciendo permaneció como un misterio. Todo lo que ellos oían eran historias, enigmas y paradojas (Mar 4:11-12). La ceguera de mente y la dureza de corazón les impidió volverse a él en arrepentimiento y en fe (Juan 12:40). Jesús usó cada vez más parábolas, a medida que la oposición creció. La forma parabólica entonces pareció ser la más adecuada para alcanzar a los hostiles, dado que implicaba algo así como una acción demorada. Él sabía que sus parábolas emergerían en sus memorias después que su fanatismo emocional hubiera comenzado a disminuir. Entonces, ellos comenzarían a preguntarse qué era lo que él estaba procurando decirles con esas historias fascinantes.

El uso de la forma parabólica por parte de Jesús en su enseñanza sobre el reino fue único. Incluso los eruditos más críticos están de acuerdo en que sus parábolas representan una tradición particularmente confiable: "Estamos parados justo delante de Jesús, cuando leemos sus parábolas" (Jeremías 1968: 10). Y aun así, hay poco acuerdo entre ellos con respecto a qué verdades intentaban transmitir estas parábolas. Georgia Harkness afirma bastante acertadamente que "reflejan la presencia del reino en las condiciones de la vida diaria, en las relaciones humanas" (1974: 93). Pero esta perspectiva está demasiado alejada del contexto amplio de la historia de la salvación. Dado que el reino de Dios y la misión del pueblo de Dios están interrelacionados, las parábolas posiblemente pueden ser vistas como proveyendo una percepción diversa de la misión de Dios. Esto sería apropiado tanto para la predicción mesiánica como para la revelación que Jesús hace de Dios como un Dios que busca. En realidad, si el reino significa algo, es que Dios está visitando a su pueblo para invitarlo a su fiesta escatológica (Ladd 1964: 168-74).

Si se adopta esta presunción razonable, la conclusión es que las parábolas hablan de la naturaleza, el crecimiento y el valor del reino, principalmente bajo el tema de la misión. Algunas parábolas especifican la esfera en la cual el reino opera tanto como el costo implicado en su servicio. Cada parábola era esencialmente un evento extraído de la experiencia humana y tenía el propósito de transmitir una sola verdad. No obstante, de manera ocasional, las parábolas se ofrecían como comparaciones extensas en forma de relato. Jesús luego expondría el significado de cada detalle. Esta transferencia de la parábola a la alegoría tenía el propósito de proveerles a los oyentes la clase de orientación que necesitaban para discernir en términos generales la fuerza propulsora de su preocupación: la verdad del reino debe ser traducida en obediencia misionera. Si esta enseñanza alegórica es tenida en cuenta, las parábolas pueden ser entendidas como complementarias a la vez que suplementarias.

### *Las parábolas de crecimiento*

La parábola del sembrador viene primero y es central para todas las parábolas (Mat 13:1-9; Mar 4:1-9; Luc 8:4-8). Jesús fue explícito con respecto a esto: "¿No entienden esta parábola? . . . ¿Cómo podrán, entonces, entender las demás?" (Mar 4:13). La parábola habla de un sembrador anónimo que siembra "la Palabra de Dios" ("la palabra acerca del reino," Mat 13:19). La buena nueva es que ahora es posible para todos venir adentro del reino y estar bajo el gobierno transformador del Rey. Mucha de esta buena semilla se desperdicia, porque el suelo representa la amplia variedad en la respuesta humana a la Palabra, que va de la altamente resistente a la genuinamente receptiva. Lo parábola trabaja el punto de que hay maneras no productivas de escuchar la Palabra de Dios. La Palabra sólo se oye correctamente cuando produce fruto tangible y medible. De ahí que, su conclusión es de lo más solemne: "El que tenga oídos para oír, que oiga" (Mar 4:9). Su eco se encuentra en la exhortación de Santiago: "no se contenten sólo con escuchar la palabra, pues así se engañan ustedes mismos. Llévenla a la práctica" (1:22). Y así y todo, la fuerza mayor de la parábola es que aunque los seres humanos puedan sembrar la semilla, ésta crece misteriosamente y deriva en la realidad sobrenatural de Dios: el reino.

Ninguna parábola es más crucial para nuestro entendimiento de la tarea misionera. Hay un Rey de gracia que desea investir a todos los individuos y a todos los pueblos con su vida y declarar su control. Él ha ordenado que los que han respondido y han entrado a su reino y quienes han comenzado a manifestar el fruto del Espíritu en sus vidas sean los agentes de Dios en compartir las buenas nuevas del reino con otros. Ellos deben proclamar el evangelio con toda la expectativa de que aunque muchos no van a responder, habrá conversiones y vidas transformadas verdaderas y perdurables. Sólo estos serán aceptables para Dios. Ellos son "los que oyen la palabra con corazón noble y bueno, y la retienen; y como perseveran, producen una buena cosecha" (Luc 8:15).

Luego, a continuación de esta parábola, Jesús relató una que describía el proceso de crecimiento, la obra interior del Espíritu Santo en los corazones de los que responden al evangelio (Mar 4:26-30). Su foco estaba en la dimensión de misterio que viene después de la conversión de una persona. El sembrador duerme y se levanta, día tras día, y la semilla germina y crece, "sin que éste sepa cómo" (4:27). Obviamente, le lleva tiempo al convertido crecer "en la gracia y en el conocimiento" del Señor (2 Ped 3:18). Una gran parte de este proceso elude la comprensión y el control externo, porque el crecimiento espiritual genuino viene de la obra interior del Espíritu de Dios. Esto no es negar la importancia del esfuerzo humano diligente (a través de la adoración, del estudio de la Biblia, de la obediencia y del testimonio).

Más aún, con los individuos es igual que con el reino: está la certeza de la consumación final. El crecimiento silencioso y escondido del reino por todo el mundo en el día de hoy, finalmente resultará en una gran cosecha de pueblos de cada tribu y nación. Jesús estuvo particularmente preocupado por enfatizar esta consumación: "Tan pronto como el grano está maduro, [Dios] mete la hoz, pues ha llegado el tiempo de la cosecha" (Mar 4:29).

¿Pero deben los cristianos estar principalmente preocupados por su crecimiento personal y por el compañerismo comunitario, enfocados eminentemente en prospectivas celestiales? Eso no es suficiente. La próxima fase se describe en la parábola del trigo y de la mala hierba (Mat 13:24-30). No todo el grano maduro debe ser recogido y colocado en el granero celestial de Dios de manera inmediata y permanente. En su exposición (13:36-43), Jesús habla de una segunda siembra. Sólo que esta vez, los detalles son marcadamente diferentes. La buena semilla representa a los hijos e hijas del reino, maduros en sus vidas espirituales, a quienes Dios separaría de sus raíces originales. La siembra ahora representa su plantación en el campo de Dios ("el mundo"). Ellos tienen que ser dispersados ampliamente y por muchos lugares donde los hijos del mal son numerosos y poderosos. La presencia de ellos interpone dentro de la parábola la dimensión de aislamiento, de conflicto y de sufrimiento, implicando que debe pagarse un precio, si es que uno va a participar del proceso continuo de la misión cristiana. Este conflicto cósmico va a continuar durante toda la era del reino. Pero al final, el buen grano finalmente será separado de manera total de la mala hierba.

Subrayaremos particularmente la verdad central que transmite la alegoría: la siembra de hijos y de hijas del reino en todo el mundo es tan importante, que el Señor de la cosecha no se la confía a nadie. Este envío crucial es tarea suya únicamente. Él es el "Señor de la cosecha" (Mat 9:38). Por lo tanto, su preocupación permanente es enviar obreros para recoger la cosecha de en medio de los pueblos.

A partir de la secuencia descrita en la discusión precedente, deberíamos concluir de manera correcta que el reino avanza en la historia y hacia todas partes del mundo, a través de la actividad soberana y creativa de Dios. Él logra esto cuando el pueblo de Dios dedica su tiempo, su corazón, su fuerza y sus recursos para proclamar las buenas nuevas de Jesucristo. Dios da testimonio de las posibilidades emocionantes que están latentes en aquellas personas que abren sus corazones a su señorío. Y debiera notarse que estas parábolas del crecimiento llegan a su clímax, cuando Jesús habla de todo servicio válido asociado íntimamente al suyo propio. Él fue el "grano de trigo" único que cayó en tierra en un lugar llamado Calvario y allí entró en la muerte (Juan 12:24-26). Y si es que alguien lo va a servir, debe seguir sus pasos. Su disposición para ser levantado en una cruz de modo de poder atraer a sí mismo a toda la humanidad es el modelo para todo servicio humano en su nombre. Como Bonhoeffer lo expresó con corrección: "Cuando Cristo llama al hombre, lo invita a venir y a morir" (1953: 8).

Notemos que otras dos parábolas, la de la semilla de mostaza y la de la levadura escondida en la harina sirven para subrayar los comienzos insignificantes del reino. La semilla de mostaza llega a ser un árbol increíblemente grande y útil, y la levadura llega a permear la totalidad de la harina a la cual es agregada (Mat 13:31-33). En realidad, todas las parábolas del crecimiento se combinan de manera unida para expresar que

> el reino del cielo está irrumpiendo entre los que oyen y que vendrá a pesar de muchas cosas: comienzos pequeños y desapercibidos, una respuesta mezclada al mensaje de su venida, una aceptación por parte de unos pocos y la presencia continua del mal en el mundo de Dios. No hay nada que podamos hacer para apresurar o controlar la venida del reino; no podemos observarlo ni ponerle tiempo a su crecimiento. Es el reino de Dios y no el nuestro. Pero podemos recibir consuelo al saber que incluso ahora, Él lo está haciendo realidad y que cuando venga este reino, habrá valido la pena toda la espera, toda la frustración, por el bien de los que aceptan sus dones y obedecen sus demandas. (Michaels 1981: 129)

### *Las parábolas del banquete*

Joachim Jeremias ha señalado que "las parábolas están llenas del reconocimiento de una escatología que está en proceso de realización" (1968: 230). Con esto, él se refirió a la posibilidad de que los cristianos logren en su experiencia presente, una anticipación de las realidades del reino del mañana. Ellos comienzan hoy a disfrutar el mañana. En relación con esto, deberíamos notar que varios de los Evangelios registran un incidente en el cual Jesús fue confrontado por la fe de un gentil. La calidad de esta fe superaba tanto la de los judíos, que él la usó como una ocasión para hablar de un día futuro cuando "muchos vendrán del oriente y del occidente, y participarán en el banquete con Abraham, Isaac y Jacob en el reino de los cielos," mientras que los judíos ostensibles, "los súbditos del reino" serán excluidos (Mat 8:11-12). Esta referencia al "banquete escatológico" ocurre frecuentemente en la Escritura. El lenguaje es rico y diverso. Por ejemplo, Jesús habla acerca de un gran banquete, la cena de casamiento del Cordero, de la fiesta de bodas del hijo del rey y acerca del hombre que no tenía ropa de bodas. Todas se refieren de una manera o de otra al mismo evento apocalíptico (Luc 14:16; Apoc 19:9; Mat 22:2, 11). Y aun así se da la impresión de que el espíritu festivo de ese banquete futuro se puede disfrutar incluso ahora, dado que está conectado con la misión de la iglesia.

Esta dimensión de la misión se pone en evidencia con claridad en el grupo de parábolas en Lucas 14, que concluye con una admonición a modo de resumen: "El que tenga oídos para oír, que oiga" (v. 35). El uso de esta exhortación rígida y puntual nos anima a considerar a este grupo de parábolas como teniendo una unidad coherente.

El relato es frontal. Jesús había pasado el sábado en la "casa de un notable de los fariseos" (14:1). La atmósfera era tensa y crítica. Jesús, sosteniendo que siempre es legal hacer lo bueno, especialmente en el sábado, curó a un hombre que sufría de hidropesía. A través de esto, violó la interpretación innecesariamente estricta que hacían los fariseos del cuarto mandamiento acerca de guardar el sábado, para conservarlo santo. La hostilidad se intensificó cuando Jesús, notando que los invitados estaban luchando por lugares de honor en la mesa, exaltó la virtud de la humildad (vv. 7-11). A esta altura, se dirigió al anfitrión del banquete y habló del privilegio de extender la hospitalidad a los que pudieran no estar en condiciones de devolver la gentileza. Terminó recordándoles a todos y a cada uno el día final, cuando los justos serán recompensados.

Esto provocó un comentario teológico cauteloso de parte de uno de los invitados: "¡Dichoso el que coma en el banquete del reino de Dios!" (14:15). Jesús tomó esta generalización vaga como punto de partida y presentó su memorable parábola del anfitrión generoso, quien a un costo personal considerable preparó una fiesta suntuosa y luego invitó a muchos para que se gozaran con él. Una y otra vez y de diferentes maneras, el extendió la invitación: "Vengan, porque ya todo está listo" (v. 17); vengan, "todavía hay lugar" (v. 22); y, vengan "para que se llene mi casa" (v. 23). Pero los invitados trataron su generosidad livianamente y replicaron con excusas irrelevantes. Al final, él se volvió a los despreciados socialmente y los invitó. El impacto de la parábola en apariencia podría ser que las buenas nuevas del reino son con frecuencia desechadas por los privilegiados con razones triviales, pero siempre están los humildes marginados de la sociedad que tienen la fe para responder.

Se puede abusar con facilidad de esta parábola sacándola de su contexto y haciéndola representativa del componente redentor y personal del evangelio del reino. La pregunta está planteada: ¿cuáles son las buenas cosas que Jesús provee a los que lo reciben (Juan 1:11-12)? Las respuestas que se dan inmediatamente son: la condición de hijos, una identidad personal, el perdón de los pecados, la paz de mente, una justicia que por sí misma provee acceso a Dios y una amistad con Él, la morada del Espíritu Santo, un propósito en la vida, la victoria sobre el pecado, la esperanza de la resurrección, la vida eterna. Todas estas cosas están incluidas junto con el don del que vino para "que tengan vida y la tengan en abundancia" (Juan 10:10). Aunque todo esto está a disposición "sin pago alguno" (Isa 55:1), a Jesús le costó todo para poder proveer estos regalos. Esta parábola ilustra el "evangelio de la gracia de Dios" (Hech 20:24). Muestra, entre otras cosas, que hay una mayor disposición de parte de Dios para salvar a los pecadores, que hay de parte de los pecadores para ser salvos. Y hay más gracia para ser dada, que corazones dispuestos a recibirla.

En el contexto de Lucas 14, lo que sigue implica las declaraciones más penetrantes de Jesús sobre las condiciones para el discipulado. Seguirlo a él significa llevar la cruz. Jesucristo debe ser preeminente en la vida de uno, anterior a los seres más cercanos y más queridos, anterior a la propia vida y anterior a cualquier demanda, no importa cuál sea (14:26-27, 33). Entonces, sin la más mínima pausa, Jesús agregó tres parábolas en sucesión rápida. Todas ellas enfatizan la necesidad de calcular los costos: un edificio que debe ser construido, una guerra que debe pelearse y la sal que debe retener su salinidad. Éstas presentan las imágenes de trabajadores, de soldados y de ciudadanos socialmente responsables. Estar en la fiesta alrededor de la mesa de Jesús es gratuito, pero ser su discípulo cuesta todo. ¿No es esto la totalidad de la experiencia cristiana? La conversión abre el camino hacia la fiesta. Esto es cierto. Pero la conversión también implica la posibilidad de tomar la cruz cada día (Luc 9:23). Esto conduce a la participación con Cristo en un movimiento dinámico: el reino de Dios (Col 1:24). Tal como Paul Loffler hace notar:

> El comienzo del reino a través de la entrada de Cristo a la historia humana es el contexto principal para la conversión

> en el Nuevo Testamento. . . . Sus criterios no son la salvación del alma propia, ni el aumento de la membresía de la iglesia *en sí*, sino más bien la misión y el ministerio de la iglesia en el mundo. (1965: 257-60)

Jim Wallis agrega de manera perceptiva:

> La meta de la conversión bíblica no es salvar almas aparte de la historia, sino traer el reino de Dios dentro del mundo con fuerza explosiva. Comienza con individuos, pero es por el bien del mundo. . . . Las iglesias hoy están trágicamente divididas entre los que acentúan la conversión pero se han olvidado de su meta y los que enfatizan la acción social cristiana pero se han olvidado de la necesidad de la conversión. . . . Ambas partes necesitan recuperar el significado original de la conversión a Jesucristo y a su reino. (Citado por Howell 1983: 366)

Admitamos que uno puede considerar cada parábola como una historia separada: la fiesta es la representación del banquete escatológico. Calcular el costo antes de construir o antes de ir a la guerra son lecciones similares de prudencia. Y la sal que pierde su gusto es una advertencia en contra de perder nuestra agudeza. Pero, ¿hemos obtenido a través de esto una percepción mejor de la unión de las cuatro parábolas por parte de Lucas? ¡Difícilmente! Es mucho más significativo considerar a Lucas 14 como una unidad que describe la experiencia cristiana como una fiesta permanente, siempre alcanzando los gozos del reino en consumación en el día de hoy. Esto implica pasar continuamente, una y otra vez, por delante de la puerta marcada con una cruz, la cual está entre la refrescante comunión con Cristo y el servicio fructífero con él para el reino. Esto incluye descubrir siempre, de manera renovada, que el servicio del reino ineludiblemente involucra la colaboración con Jesús en construir la iglesia a través de la proclamación del evangelio a todo el mundo. Esto también implica pelear siempre la batalla de la fe y oponerse a todas la fuerzas, humanas y demoníacas, las cuales resisten el avance de su reino. Significa manifestar siempre la santidad del reino y la responsabilidad social mediante palabras proféticas y actos de amor. Y como la sal es una señal del pacto (Lev 2:13), así también el pueblo de Dios debe desplegar un estilo de vida que sea una señal visible del nuevo pacto de Cristo y de la presencia del reino. Ellos deben ejercer una influencia integral en la sociedad, debido a su relación con Dios. Tal como Jesús lo dijo en otro lugar, ellos deben ser una ciudad asentada sobre una colina, la cual no se puede esconder (Mat 5:14).

Este grupo de parábolas, cuando son iluminadas por las parábolas sobre el crecimiento mencionadas anteriormente, desarrollan aún más nuestra comprensión de la tarea de la misión. Más aún, nos preparan para apreciar el significado de otra serie de parábolas relacionadas con la mayordomía.

### *Las parábolas sobre la mayordomía*

Notamos anteriormente que los milagros de Jesús despertaron expectativas mesiánicas en los corazones de muchos. En respuesta, Jesús dio una serie de parábolas sobre la mayordomía y de esa manera implicó que el advenimiento del reino en poder y en gloria debía ocurrir al final del tiempo. Lucas nos dice que la parábola de Jesús sobre las "diez minas" fue presentada porque sus seguidores pensaban "que el reino de Dios se manifestaría inmediatamente" (19:11, RVR).

La intención de Jesús fue la de enseñar a sus discípulos que él estaría lejos por un período de tiempo y que durante ese período, sus discípulos debían preocuparse por ser mayordomos fieles. La parábola es directa. Un hombre de la nobleza, antes de irse de su hogar para hacer un viaje distante, le confía a cada uno de sus siervos la misma cantidad de dinero ("las diez minas") y les da la misma instrucción: "Hagan negocio con este dinero hasta que yo vuelva" (19:13). Luego se va, esperando que cada siervo o sierva ejercite su iniciativa, su persistencia y su diligencia para poner su dinero a trabajar. Algunos respondieron al desafío y muy pronto descubrieron que el dinero tiene una habilidad para multiplicarse a sí mismo: "Señor, su dinero ha producido diez veces más" (19:16-18). No obstante, un siervo retuvo tanto su dinero, envolviéndolo en un pañuelo, que no pudo multiplicarlo. Al regresar, su señor se sintió contrariado: "Siervo malo, . . . te voy a juzgar" (19:22). Aquí está el clímax de la parábola.

El énfasis de la parábola está sobre la responsabilidad personal y sobre la necesidad de dar cuentas. Todos los siervos de Dios han recibido la misma cantidad de "dinero." ¿Puede este "dinero" ser visto como las buenas nuevas de Jesucristo y del reino? Esto recuerda la parábola del sembrador y de la semilla que da vida: las buenas nuevas del reino. Así como en ese momento, también ahora, todos los cristianos tienen la misma responsabilidad de hacer negocios con su "dinero"; de esa manera, pueden participar del movimiento en curso de la misión cristiana. Ellos pueden confesar al Señor de palabra y de hecho, creyendo que el Espíritu Santo de Dios estará complacido de usar su confesión para lograr su propia obra en los corazones y las mentes de sus oyentes.

Algunos pueden sostener que ver la parábola de esta manera es crear un problema insuperable. ¿De qué manera puede el dinero ser equiparado con las buenas nuevas del reino, cuando el noble de la parábola les encomienda a sus siervos que sean fieles en algo muy pequeño? Cuando nos damos cuenta de que Jesús enfatizó continuamente que el reino es la actividad de Dios, cualquier compromiso humano ("Hagan negocio con este dinero hasta que yo vuelva") es verdaderamente incidental, aun cuando la fidelidad humana es altamente recomendada. Esta parábola necesita ser considerada junto con su paralela, la parábola de los talentos (Mat 25:14-30, RVR). Allí el énfasis está también sobre la responsabilidad personal y la necesidad de dar cuentas. Pero la diferencia marcada es que no hay ni siquiera dos siervos que sean tratados de la misma manera por su señor: "A uno dio cinco talentos, y a otro dos, y a otro uno, a cada uno conforme a su capacidad" (v. 15, RVR). No obstante, la expectativa es que todos sean diligentes y que todos rindan el servicio para el cual han sido equipados. Todos tienen que servir conforme a su capacidad. El señor luego se va, con la promesa de que iba a regresar y de que habría un día futuro para dar cuentas. Cuando llega ese día, el refrán es "he ganado más" (Mat 25:20, 22), en contraste con la parábola anterior: "Señor, su dinero ha producido . . . más" (Luc 19:16, 18). La impresión es que el uso correcto de los talentos y de la creatividad que uno tiene puede complacer a Dios. El negarnos a ejercitar los dones que nos han sido dados por Dios puede hacer que Él no se sienta complacido. Uno puede ya sea crecer o disminuir en utilidad y en productividad. Más aún, la parábola implica que uno ni debiera envidiar los talentos de otros ni sentirse resentido para con Dios debido a las limitaciones propias. Todos debiéramos estar agradecidos por lo que hemos recibido en préstamo de parte de Dios y debiéramos procurar vivir conforme a nuestras capacidades, en la esperanza de que Dios no sólo hará posible que seamos útiles, sino que también aumentará nuestra capacidad de ser útiles en el servicio a Él.

Estas dos parábolas, entonces, contribuyen con otra dimensión a nuestra comprensión de la misión de la iglesia bajo la rúbrica del reino. Todo el pueblo de Dios puede estar involucrado de manera fructífera en el proceso continuo de la misión de la iglesia. Todos están llamados al ministerio.

Pero falta algo, y esto está suplido por otras dos parábolas que completan este grupo. En la historia del propietario que procuraba encontrar obreros para su viñedo (Mat 20:1-16), se introduce la dimensión de la gracia, y ¡qué alivio trae! La historia es simple. Un propietario necesita obreros para recoger su cosecha, y continúa contratándolos durante todo un día largo y trabajoso. Al final del día les paga y todos reciben el mismo jornal, incluso los que fueron contratados al final del día. Esto provoca protestas entre los que habían "soportado el peso del trabajo y calor del día" (v. 12). Pero el propietario es obstinado:

> Quiero darle al último obrero contratado lo mismo que te di a ti. ¿Es que no tengo derecho a hacer lo que quiera con mi dinero? ¿O te da envidia que yo sea generoso? Así que los últimos serán primeros, y los primeros, últimos. (Mat 20:14-16)

¡Qué palabra sorprendente es ésta para los que pueden no haber puesto ni el dinero de Dios ni sus talentos a trabajar, durante la mayor parte de sus vidas! Dios no le hace zancadillas de culpa a su pueblo. Más bien, Él los anima a ponerse a trabajar, aun cuando puedan estar alcanzando el final de todas las oportunidades naturales para el servicio. Dios, en su gracia recompensa incluso lo mínimo que su pueblo hace para llevar adelante su misión.

Finalmente, debido a que uno puede abusarse de la gracia de Dios, Jesús agregó la parábola acerca de las diez vírgenes (Mat 25:1-13). Cinco fueron sabias y cinco fueron necias. La diferencia surgió del hecho que las sabias estuvieron preparadas para la venida del novio, pero las necias fueron negligentes y fracasaron en prepararse. Debería ser la preocupación de todos los siervos de Dios estar vigilantes, a la luz de la promesa cierta del retorno de Cristo. Nadie sabe cuándo se oirá el grito para salir a encontrarse con él. Nadie puede estar seguro de lo que traerá el día (Sant 4:13-17). No podemos reclutar a otros para servir en nuestro lugar. Uno no debe dar por sentado que se nos darán segundas oportunidades que nos permitan comprometernos con la misión de la iglesia. Uno no puede estar seguro de que la gran oportunidad caerá a nuestros pies a última hora. De repente vendrá la convocatoria, y todas las puertas se cerrarán abruptamente para todo servicio. Y nadie va a poder hacer enmiendas a esa hora tan tarde, debido a una negligencia previa. No habrá ninguna participación en la misión reconciliadora y redentora de Dios después de ese gran día. En realidad, esto dominó el pensamiento del Señor de tal manera que dio varias parábolas adicionales para afirmar estas verdades (Mat 24:43-44, 45-51; Luc 12:39-40, 41-48).

## Las parábolas de búsqueda

Jesús fue de lo más explícito con respecto al valor del reino de Dios. Las cuestiones materiales nunca deberían ser la preocupación principal de los que han oído las buenas nuevas del reino (Mat 6:25-33). En realidad, nuestra búsqueda de las cosas materiales puede interponerse en el camino de entrada al reino: "De hecho, le resulta más fácil a un camello pasar por el ojo de una aguja, que a un rico entrar en el reino de Dios" (Mat 19:24).

El reino es como "un tesoro escondido en un campo. Cuando un hombre lo descubrió, lo volvió a esconder, y lleno de alegría fue y vendió todo lo que tenía y compró ese campo" (Mat 13:44). Literalmente, él de repente se tropezó con la realidad del reino y percibió el valor supremo de su vida orientada a sus propósitos. Tuvo que dedicar todo lo que tenía a este reino. Esta parábola está seguida de una historia contrastante de un comerciante que buscó perlas finas por largo tiempo y de manera diligente. Cuando encontró "una de gran valor," él abruptamente vendió todo lo que tenía para adquirirla (Mat 13:45-46).

Estas parábolas nos preparan para el grupo de parábolas de búsqueda que se encuentran en Lucas 15. Jesús fue criticado severamente por las compañías que tenía: recolectores de impuestos y pecadores. Estos miembros de la sociedad judía eran considerados como fuera de la ley y eran mayormente excluidos de la participación en su vida religiosa y social. En repuesta, Jesús presentó tres parábolas acerca de buscar cosas perdidas. En realidad, el reino no es específicamente mencionado en conexión con estas tres parábolas. Pero éstas describen de manera vívida "el amor anhelante de Dios por cada persona, no importa el estatus moral que tenga ni su situación en la vida" (Harkness 1974: 98). Ellas reiteran de modo tan inexorable el deleite de Dios en el arrepentimiento, mediante el cual los pecadores se vuelven hacia Él, que podemos considerarlas como parábolas misioneras. En verdad, ni la oveja perdida, ni la moneda perdida se pueden arrepentir, pero la importancia del arrepentimiento está acentuada después de cada una de estas dos parábolas (vv. 7, 10). Cuando nuestro Señor habla del hijo perdido en un país lejano (vv. 11-24), el amor buscador de Dios es supremo. Y no hay nada que deleite más al padre que espera, que la actitud del hijo hacia él, cuando pasa de decir "dame" (v. 12) a decir "trátame" (v. 19).

Este grupo termina con una nota misionera sorprendente. La parábola final termina con la historia trágica de la historia del hijo mayor, descrito como perdido dentro de la casa de su padre (Luc 15:25-32). La impresión inicial que uno tiene es que él es un miembro de la casa paterna que cumple con sus deberes, que está siempre ocupado y que es leal. Pero ante la crisis del regreso de su hermano, su verdadero carácter se hace manifiesto. Él repudia los lazos de hermandad ("ese hijo tuyo," 15:30), no puede comprender el amor de su padre y no procura una reconciliación.

En un sentido, este hermano mayor representa a los fariseos y a los escribas, hacia quiénes estaban dirigidas estas parábolas principalmente (Luc 15:2). La relación de ellos con Dios era mayormente impersonal, confinada a una preocupación por la rectitud legal. Su servicio a otros era mínimo, y ellos permanecieron amargamente hostiles hacia Jesús y hacia su mensaje de gracia y de perdón.

Pero hay una dimensión misionera justo debajo de la superficie de esta parábola. Uno podría hacer volar la imaginación y especular conforme a lo siguiente. El hermano mayor había estado disfrutando de la abundancia en la casa de su padre, cuando su hermano menor estaba en un país lejano en gran necesidad. Y surge la pregunta: ¿en algún momento hizo alguna correlación entre la abundancia de la que él disfrutaba y la necesidad que sentía su hermano? El padre estaba profundamente apesadumbrado por la ausencia de su hijo. Pero, ¿se conmovió el hermano mayor debido a su dolor? ¿Alguna vez habló con su padre sobre aquél que había dejado el lugar vacío en la mesa? ¿Alguna vez abrió su corazón ante su padre y procuró entrar de manera deliberada dentro del dolor y la carga que su padre tenía? Si lo hubiera hecho, ¿no se habría ofrecido a buscar a su hermano y traerlo a casa? Y ahora que el hermano menor ha regresado, ¡cuán doloroso habrá sido para él darse cuenta de que no había contribuido en nada para hacer que el gozo de su padre fuera completo!

Sobre esta base, uno podría argumentar que esta parábola arroja luz sobre la posibilidad de que los cristianos se nieguen a participar de la tarea de la misión mundial. Se rehúsan a ser los guardas de sus hermanos. No se sienten en deuda con los no evangelizados. Le dan a Dios poca oportunidad de poner la carga por los perdidos sobre sus corazones. Y no se ofrecen para hacer lo que ellos pueden, a los efectos de traer a los perdidos a casa. Su mismo egoísmo los hace impermeables a la lección sobre la compasión por los necesitados que Jesús enseño en la parábola del Buen Samaritano (Luc 10:29-37). Aunque podría ser presuntuoso asumir que esta secuencia de pensamiento fue la intención precisa de Jesús al dar esta parábola, las implicaciones parecen apropiadas.

## *Las parábolas y la cruz*

Es significativo que en las parábolas que hemos repasado Jesús estuvo virtualmente en silencio con respecto a la manera en que el reino se haría realidad. No hizo declaraciones explícitas sobre su muerte inminente y su resurrección, aparte de una de sus primeras parábolas: la historia de los alegres invitados a una fiesta de bodas (Mar 2:18-20). Ésta contiene referencias con respecto al novio que es quitado abruptamente. Esto es lo que menos uno esperaría en una celebración de bodas. Sólo al final mismo de su ministerio, cuando ya había anunciado en tres ocasiones distintas su inminente crucifixión, es que Jesús introdujo una parábola en la que matan al "heredero." Pero incluso esta parábola no dice nada de la resurrección (Mar 12:1-12).

Anteriormente a estas predicciones sobre su muerte, Jesús debía demostrar el reino, por medio de un ministerio tan único y tan significativo, que sus discípulos se convencerían completamente de que él era "el Cristo, el Hijo del Dios viviente" (Mat 16:16). Este ministerio fue dominado por actos de liberación de los endemoniados, por la curación de toda forma de enfermedad y de debilidad, y por la proclamación del perdón de los pecados a los penitentes y a los creyentes. Fue un ministerio que incluyó un amplio espectro de demostraciones de su poder: alimentación de los hambrientos, triunfo sobre el viento y sobre las olas, control de los peces del mar, multiplicación del gozo en casamientos ("el mejor vino"), y la demostración de un amor que se brinda para con los marginados y los rechazados de la sociedad. Visto como un todo, el ministerio de Jesús estableció el escenario para preparar a los discípulos para su terrible nota discordante: el anuncio de su crucifixión. Fue en la oscuridad creciente de las últimas semanas de su ministerio, que Jesús presentó la parábola del Buen Pastor (Juan 10:1-18), para recordarles a sus discípulos que la crucifixión debía tener lugar antes de que pudiera comenzar la misión a las naciones. Jesús primero tenía que poner su vida por las ovejas (vv. 11, 15, 17). Sólo entonces, se podrían atraer las "otras ovejas" que no pertenecían al rebaño judío (v. 16). Esta secuencia, primero la cruz, luego el acto de recoger las ovejas, se repite en el relato de algunos griegos que vinieron a adorar en la fiesta de Jerusalén y que querían ver a Jesús (Juan 12:20-26). Sus preguntas le recordaron a Jesús el sacrificio redentor que él estaba por hacer. ¿Debía él pedir ser librado de su agonía, o debía abrazarla con resolución? Cuando escogió libremente la última alternativa, entonces pudo afirmar con confianza: "el juicio de este mundo ha llegado ya, y el príncipe de este mundo va a ser expulsado. Pero yo, cuando sea levantado de la tierra [sobre la cruz], atraeré a todos a mí mismo" (Juan 12:31-32).

**Conclusión**

El reino fue inaugurado por la relación muy especial entre Juan el Bautista y Jesús. Juan fue el verdadero puente que conectó el antiguo pacto con el nuevo. La declaración de Juan fue que su propia popularidad y el carisma de su propia persona debían decrecer para que Jesús pudiera abrir el camino para entrar dentro del reino, que ahora estaba presente. Jesús habló acerca del reino mediante parábolas, que revelan lo que significa el reino de Dios. Es una realidad presente aunque continua, a la que se puede entrar por el nuevo nacimiento (Juan 3:5), siendo necesaria la aceptación consciente del gobierno soberano de Dios sobre la vida de uno. Las parábolas señalan de varias maneras la misión de la iglesia y esperan la victoria final de Dios en la historia. "El reino es tanto una presencia como una promesa; está tanto dentro como más allá de la historia; es tanto un don de Dios como la tarea [del creyente]; trabajamos por él incluso mientras lo esperamos" (Harkness 1974: 115).

# Capítulo 12

# El ministerio de Jesús demuestra el reino

## Introducción

El ministerio de Jesús es una demostración vívida del carácter dinámico del reino de Dios. En este capítulo, examinaremos su ministerio en detalle, en cuanto establece los parámetros y las posibilidades de la misión de la iglesia después de Pentecostés, entre las naciones. El ministerio del reino de Jesús debe continuarse y extenderse mientras la iglesia sale a hacer la misión a las naciones. No obstante, a lo largo de la extensa historia del movimiento cristiano, la utilización del modelo de ministerio de Cristo con frecuencia ha sido olvidada. El resultado ha sido una iglesia estática, preocupada sólo por su propia vida interna y por el mantenimiento institucional. Esto ocurre inevitablemente cuando los cristianos pierden la visión de su llamado a "[buscar] primeramente el reino de Dios y su justicia" (Mat 6:33), y se permiten llegar a preocuparse por las cosas materiales: la comida, el techo y la ropa (6:19-34). Hacer del modelo de ministerio del reino de Jesús el objeto de nuestra reflexión y acción, significa enfocarnos en la preocupación de Dios por el mundo de Dios y por las necesidades físicas, sociales y espirituales de otros. Solamente siguiendo un ministerio del reino es que uno puede mantener las actividades "de iglesia" en correcta subordinación a la voluntad de Dios. Cada vez que la iglesia se ha visto a sí misma como el verdadero cuerpo de Cristo y ha buscado deliberadamente ejemplificar todo lo que esto significa, ha "trastornado al mundo" (Hech 17:6). La diferencia entre estas dos perspectivas es descrita por Howard A. Snyder.

> La iglesia se mete en problemas cada vez que piensa que está en los negocios de la iglesia, en lugar de estar en los negocios del reino. En los negocios de la iglesia, las personas se preocupan por las actividades de la iglesia, por la conducta religiosa y por las cosas espirituales. En los negocios del reino, la gente se preocupa por las actividades del reino, por todas las conductas humanas y por todo lo que Dios ha hecho, visible e invisible. La gente del reino ve las cuestiones humanas como saturadas con un significado espiritual y con una relevancia para el reino. La gente del

> reino busca primero el reino de Dios y su justicia; la gente de la iglesia con frecuencia pone el trabajo de la iglesia por sobre las preocupaciones sobre la justicia, la misericordia y la verdad. La gente de la iglesia piensa en cómo hacer entrar gente a la iglesia; la gente del reino piensa acerca de cómo hacer que la iglesia se meta en el mundo. La gente de la iglesia se preocupa porque el mundo pueda cambiar a la iglesia; la gente del reino trabaja para ver que la iglesia cambie al mundo. ... Si la iglesia tiene una gran necesidad, es ésta: ser liberada para el reino de Dios, ser liberada de sí misma, de lo que ha llegado a ser, a los efectos de ser en sí misma lo que Dios quiere que sea. La iglesia debe ser liberada para participar plenamente en la economía de Dios. (1983: 11).

Hay algo marcadamente familiar acerca de la iglesia después de Pentecostés. La preocupación amorosa, desinteresada y extendida hacia afuera que tenía la iglesia por las personas, desplegada en el deseo de proclamar el evangelio es una reminiscencia del ministerio único de Jesús. Ninguna era anterior en el desarrollo de la larga historia de la salvación demostró un concepto de ministerio que siquiera comenzara a parecerse a éste. Tal como Walter C. Mavis observa, el ministerio personal de Jesús proveyó "un modelo único de servicio, motivado por un nuevo impulso, el de servir a los demás, el cual representó un idea emergente en el campo de la ministración religiosa" (1947: 357).

A los efectos de entender la naturaleza del ministerio de Jesús, es necesario recordar su encarnación. Aunque él era la Palabra eterna de Dios, a pesar de eso nació como un judío del primer siglo, se confinó al arameo y en todos los aspectos habló y actuó desde la cultura de su propio pueblo. Usó una forma de ministerio bien conocida, consistente en la relación de rabino y discípulos, y fue un comunicador autóctono efectivo. Él adaptaba su mensaje a la gente con la que se encontraba, de modo que llegara a ser tanto comprensible como "buenas nuevas" para ellos, sin importar su situación de vida. Su ministerio refleja el carácter esencial absoluto de la contextualización tanto del mensajero como del mensaje, si es que la Palabra del Señor va a ser verdaderamente oída en situaciones históricas concretas.

El modelo encarnacional que Jesús les dio a sus discípulos (el de servir a otros), inevitablemente fruía del rol mesiánico que él procuraba cumplir. Su ministerio (*diakonia*) reflejó los elementos centrales del profeta, del sacerdote, del rey y del siervo del Antiguo

Testamento. Además, de modo que sus seguidores pudieran ser efectivos en su proclamación de las buenas nuevas del reino, él también asumió los roles de evangelista y de apóstol. El que es enviado es también el que envía. De modo que, entonces, en esta sección, revisaremos tanto estos roles primitivos del Antiguo Testamento como los que están particularmente relacionados con la misión del reino a las naciones.

**Roles del Antiguo Testamento del ministerio del reino de Jesús**

El ministerio de Jesús siguió los roles bien definidos en el Antiguo Testamento de los que han sido llamados y enviados por Dios para el ministerio dentro del pueblo de Dios. Además del ministerio de tres facetas de Cristo, derivado del Antiguo Testamento (*munus triplex* de Cristo: profeta, sacerdote y rey), agregaremos un cuarto, el de siervo.

*Profeta*

La voz profética había sido silenciada en Israel por muchos años, desde el tiempo de Malaquías (c. 450 a.C.). Como resultado, la gente en los días de Jesús casi se había olvidado de esos individualistas no convencionales que habían procurado una y otra vez en el pasado ejercer un ministerio correctivo en Israel. Debido a la ausencia de ellos, las personas estaban "agobiadas y desamparadas, como ovejas sin pastor" (Mat 9:36). No sabían cómo aplicar la verdad de Dios a ellas mismas y a las situaciones en las cuales se encontraban. Pero cuando Jesús asumió el rol profético en medio de ellos, todo cambió. Él proclamó fielmente la Palabra de Dios, de manera muy personal. Les habló a los corazones de las personas y a su condición. Hizo que los que lo oían tomaran consciencia de lo que ellos verdaderamente eran delante de Dios.

Aunque era un profeta, Jesús no estuvo interesado en visitar cortes reales para dar consejos o advertencias a reyes o a príncipes, tal como lo habían hecho los profetas del Antiguo Testamento como Elías, Eliseo, Isaías o Jeremías. A diferencia de ellos, Jesús dijo poco acerca de problemas nacionales apremiantes y no tuvo ninguna palabra de advertencia para las naciones gentiles. Se negó a protestar en contra del craso materialismo y de la corrupción ampliamente difundida de Roma. En cambio, él llamó al pueblo profesante de Dios a practicar la bondad y la hermandad. No dijo nada acerca de la esclavitud y no denunció públicamente el dinero mal habido de los publicanos. Mientras que abogaba por compartir con los pobres, no condenó el sistema económico que ayudaba a que algunos se hicieran ricos. Aunque expuso los peligros de las riquezas, advirtió particularmente en contra de la codicia. Se mezcló con gente común, interpretándoles la voluntad de Dios para ellos, enfatizando valores personales tales como el amor, la sinceridad, la veracidad, el servicio humilde y la prudencia. Más aún, despertó incentivos para hacer la voluntad de Dios. Fue un profeta cuya preocupación principal fue tratar con hombres y mujeres como personas delante de Dios. Sólo de manera secundaria, es que se involucró en lo que algunos podrían llamar erróneamente preocupaciones mayores.

Los cuatro Evangelios hablan de Jesús como de un profeta. Ciertamente, sus discípulos también lo consideraban así (Luc 24:19), y este fue el juicio de las multitudes: "Ha surgido entre nosotros un gran profeta" (7:16, 39). Esto se deriva de la propia identificación personal de Jesús: "no puede ser que muera un profeta fuera de Jerusalén" (13:33). Después de Pentecostés, tanto Pedro como Esteban identificaron a Jesús como el cumplimiento de la predicción de Moisés, de que Dios levantaría un profeta para Israel de entre su propio pueblo, así como Moisés había sido levantado (Deut 18:15-16; Hech 3:18-23; 7:37). Más aún, ellos enfatizaron la advertencia de Moisés de que los que no lo escucharan serían destruidos por la gente (Hech 3:23).

Paul S. Minear confirma esto recordándonos que la predicación de los apóstoles, posterior a la Pascua, refleja la profunda convicción de la iglesia, con respecto a la importancia del rol profético de Jesús. Ellos vieron en Abraham, en Moisés y en Jesús a tres profetas sin los cuales Israel habría perdido su identidad, su misión y su destino (e.g. Hech 3:13, 22, 25; 17:3; 26:22-23). En realidad, sin estos tres, particularmente sin Jesús, "todas las familias de la tierra" estarían sin esperanza. Para decirlo brevemente, dado el contexto de sus sermones, ninguna confesión cristológica pudo ser más decisiva o más exaltada que esta: Jesús fue un profeta como Moisés (Minear 1976: 106).

La relevancia del rol profético de Jesús también se ve cuando uno contrasta su ministerio con el de Juan el Bautista, a quien Jesús describió no sólo como un profeta sino también como "más que profeta" (Luc 7:26). Jesús vio en Juan y en sus ministerios dos épocas (16:16). Para resumir las observaciones de Minear (1976: 112-17), hasta Juan, el bautismo era con agua; desde Juan, el bautismo ha sido con el Espíritu Santo. Hasta Juan, las personas eran cautivas de los demonios y de la enfermedad; desde Juan, han sido liberadas. Hasta

Juan, el bautismo de arrepentimiento era una anticipación del perdón de los pecados; desde Juan, el bautismo del Espíritu que recibió Jesús lo habilitó para perdonar pecados. Hasta Juan, los discípulos compartían el bautismo de arrepentimiento; desde Juan fueron llamados a "pescar" personas. Hasta Juan, la convocatoria era a arrepentirse; desde Juan, el llamado ha sido a una comunión incondicional con pecadores perdonados. Hasta Juan, dolor; desde Juan, danza. Hasta Juan, la ley y los profetas; desde Juan, el reino de Dios ha sido predicado, implicando una reinterpretación radical de las Escrituras. Y dado que los que responden a esta predicación "se esfuerzan por entrar en él" (v. 16), es evidente que el ministerio profético de Jesús marcó el comienzo de una nueva era en la historia de la salvación. El contraste entre Juan y Jesús era entre la antigua era de conformidad con la ley y la nueva era mesiánica. Paul Minear contrasta los dos ministerios de la siguiente manera:

> Estos dos profetas, por medio de su sufrimiento, habían dado testimonio del poder del evangelio tanto para liberar a los hombres de la ley como para cumplir la ley. Hasta el punto en que Jesús recibió poder para ser mediador de los dones de la nueva era (perdón, sanidad, liberación de demonios, libertad de la ley, victoria sobre la muerte), hasta ese punto la violencia de sus enemigos llegaría a ser mayor. Pero esto, a su vez, haría que los beneficios de su pasión fueran más redentores. . . . Entre los que prepararon el camino para el reino, nadie sería mayor que Juan. Pero en el cumplimiento de la profecía de Jesús (Luc 7:28), el reino de Dios ha amanecido y Satanás ha sido abatido. La declaración de emancipación ha sido firmada. "Mayores que Juan" son los pobres, los cautivos, los ciegos, los oprimidos, los impotentes quienes, bautizados por el Espíritu, han recibido perdón de pecados, junto con los otros dones de Dios en esta nueva era. (1976: 118-19)

El ministerio profético de Jesús y las muchas señales del reino que lo acompañaron demostraron que el advenimiento del reino alteró completamente todos los criterios de grandeza sostenidos anteriormente. Los humildes son exaltados y los más pequeños llegan a ser los más grandes. Al igual que Moisés, el gran profeta anterior a él, Jesús vino para inaugurar una nueva era en la cual el pueblo de Dios sería constituido sobre la base de un nuevo pacto. Y la misión de este nuevo pueblo demandaría ejercer el don profético maravillosamente demostrado por Jesús mismo.

*Sacerdote*

Es bastante extraño que la descripción de la venida del Mesías del Antiguo Testamento no contenga la rúbrica sacerdotal. El Mesías no está representado como el que entra en la presencia de Dios en nombre del pueblo, proveyéndoles acceso a Dios y aceptación de parte de Dios. Aun así, la carta a los Hebreos está dedicada mayormente a mostrar que sólo Jesús pudo calificar como el puente perfecto entre la humanidad y Dios. Jesucristo fue completamente divino y completamente humano. Más todavía, Hebreos también muestra que Jesús, siendo sin pecado, pudo ofrecerse a sí mismo y en efecto se ofreció como una ofrenda por el pecado aceptable a Dios (9:11-14). Y además, incluso ahora él continúa ejerciendo una función sacerdotal a favor de su pueblo: "Por eso también puede salvar por completo a los que por medio de él se acercan a Dios, ya que vive siempre para interceder por ellos" (7:25). De manera continua, él se presenta en la presencia de Dios a favor de ellos (9:24).

En los Evangelios, encontramos un cierto ocultamiento de la manifestación de Jesús como el Sumo Sacerdote de su pueblo. Tal vez esto surgió de la imagen distorsionada que proyectaban los sacerdotes de sus días. Aunque eran meticulosos en el desempeño de todas las obligaciones relacionadas con el sacrificio y la adoración, no estaban particularmente preocupados por el bienestar del pueblo al cual servían. Ellos creían que habían cumplido con sus responsabilidades, cuando todas las obligaciones formales estaban terminadas, ya sea que los adoradores hubieran derivado o no un beneficio personal de ellas. Ellos creían que era responsabilidad de Dios y no de ellos satisfacer las necesidades individuales del pueblo.

En su ministerio, Jesús no buscó ninguna de las prerrogativas de los sacerdotes que tenían el control exclusivo del sistema sacerdotal. Tampoco demostró ni autorizó una mediación sacerdotal formal. No obstante, en su contacto real con el pueblo, él mantuvo el corazón del rol sacerdotal (acercarse a Dios en lugar de otros) y, por precepto y por ejemplo, sostuvo la idea de un sacerdocio de servicio. Demostró que el ministerio del reino significaba un interés en los demás, expresado por la oración intercesora y por la acción de gracias espontánea. Oró para que la fe de Pedro no flaqueara (Luc 22:31-32). Oró por sus discípulos en la noche de la crucifixión (22:40). Oró por los que lo crucificaron mientras pendía de la cruz (23:34). Por su ejemplo y su enseñanza "el estatus religioso oficial fue sucedido por un interés y una preocupación especial por los demás. En el ejemplo de Jesús, la función sacerdotal fue motivada por las personas y centrada en ellas" (Mavis 1947: 365). Y, en su oración de sumo sacerdote en la víspera de su pasión y muerte, Jesús oró por sus discípulos y por todos los que en siglos venideros llegarían a ser sus discípulos (Juan 17).

*Rey*

Fue inevitable que Jesús, en los Evangelios, fuera presentado como el Rey. En realidad, ¿cómo no podía alguien, cuya constante preocupación era el reino de Dios, no recibir este título de Dios del Antiguo Testamento? Los detalles de su nacimiento están repletos de una implicación regia (Mat 2:2; Luc 1:32-33). Algunas de sus parábolas tenían que ver con la relación entre un rey y sus ciudadanos: el siervo que no perdonó (Mat 18:23-35), la fiesta de bodas (22:2-14) y el gran juicio (25:31-46). La última vez que él entró en Jerusalén lo hizo cabalgando como un rey (cf. Zac 9:9 con Mat 21:5). Las multitudes lo saludaron como tal (Luc 19:38), y los judíos usaron su pretensión de ser rey para traerlo delante de Pilato (23:1-2).

Es significativo que la primera pregunta de Pilato a Jesús fue: "¿Eres tú el rey de los judíos?" y Jesús replicó "Tú lo dices" (Mat 27:11). Algunos podrían comentar que la respuesta de Jesús no fue satisfactoria. En realidad, fue muy astuta. Jesús estaba declarando que la pregunta no podría ser respondida ni con un sí, ni con un no. William Barclay comenta: "Es como si Jesús dijera que era verbalmente correcto llamarlo rey, pero que al mismo tiempo, ni Pilato ni los judíos habían siquiera comenzado a entender lo que significaba su condición de rey" (1962: 241).

El juicio de Jesús fue seguido de una explosión de un crudo antisemitismo de parte de los gentiles. Los soldados romanos se abusaron de él, lo coronaron para mofarse y se burlaron de él como "rey de los judíos." La inscripción que Pilato hizo poner sobre la cruz subrayó esta hostilidad (Juan 19:19-22). Y aun así, Jesús era verdaderamente el Rey de Israel. Natanael lo confesó como tal (Juan 1:49). Santiago y Juan estaban tan convencidos de esto, que fueron tras su promesa de lugares de privilegio en el reino que viene (Mat 20:21). Y en el día final, Jesús será reconocido universalmente como Rey de reyes y Señor de señores (Apoc 19:16).

A lo largo del popular primer año del ministerio de Jesús, hubo ocasiones en las que las multitudes quisieron hacerlo su rey (Juan 6:15). Este impulso surgió cuando descubrieron que él podía suplir sus necesidades físicas (e.g., su alimentación milagrosa de los cinco mil). Ellos razonaron así: "Tal vez también él pueda librarnos de la esclavitud de parte de los romanos y ayudarnos a conquistar a nuestros enemigos." Pero él se negó a fundar su reino sobre tal comprensión del poder. Su reino debía fundarse sobre el amor, sobre la reconciliación con Dios, y sobre la liberación que sólo él y no el mundo podía proveer (Juan 8:36).

Podríamos agregar que Jesús no les enseñó a sus discípulos a orar para que viniera *su* reino, sino más bien el reino de su Padre (Mat. 6:10). En relación con esto, William Barclay escribe:

> Jesús nunca fue rival de Dios, sino que siempre fue el siervo de Dios. Aunque su tarea era la de anunciar el reino, en última instancia el reino es el reino de Dios. La única meta de Jesús era persuadir [al pueblo] para que respondiera al amor de Dios, encarnado en él mismo y para que entronizara a Dios como Rey dentro de sus corazones y sobre toda la tierra. (1962: 244)

### *Siervo*

Justo antes de que Jesús les diera a sus discípulos sus instrucciones finales en el aposento alto, e instituyera la eucaristía, él les lavó los pies (Juan 13:1-11). Por medio de este acto de carácter servil, él dramatizó su rol como único Siervo de Dios y llamó a sus discípulos a poner el servicio en el corazón de su comprensión del ministerio (Juan 13:12-17). Al hacerlo, subrayó el rol del siervo como preeminente en el reino de Dios. De esa manera, él confirmó un modelo del Antiguo Testamento. Como respaldo de esta interpretación, uno puede repasar el carácter único de los que estaban bajo el antiguo pacto, los cuales fueron llamados siervos de Dios: Abraham (Sal 105:42; Moisés (Ex 14:31), Caleb (Núm 14:24), Josué (Jue 2:8), David (2 Sam 7:5-8), Elías (2 Rey 10:10), Job (1:8), Isaías (20:3), y los profetas (2 Rey 21:10). En realidad, Israel había sido llamado de manera colectiva para ser el siervo de Dios a favor de las naciones (Isa 41:8-10; 42:1-9). El fracaso de Israel en ser así permanece como la gran tragedia del Antiguo Testamento.

Dado que lo esencial de todo servicio es la obediencia, no es sorprendente que con frecuencia encontremos a Jesús diciendo: "Mi alimento es hacer la voluntad del que me envió" (Juan 4:34); "Porque he bajado del cielo no para hacer mi voluntad sino la del que me envió" (Juan 6:38). Por medio de su conducta, él ejemplificó todo lo que Israel debiera haber hacho bajo el antiguo pacto y demostró todo lo que la iglesia debe hacer bajo la rúbrica del reino de Dios. Más aún, él encarnó en su vida y en su ministerio, todo lo que Isaías había profetizado sobre la venida del Mesías (e.g., 52:13-53:12). Esto significa que él no sólo sirvió a las personas con alegría, sino que abrazó y llevó a cabo la imponente tarea de reconciliarlas con Dios, a través de su vida de obediencia y de su sumisión a la muerte. Por esto él fue vindicado por Dios al ser levantado de los muertos (Rom 4:25).

El carácter único del ministerio de Jesús como el Siervo del Señor se encuentra en su preocupación por la gente. Verdaderamente, él amó a las personas y las consideró dignas de respeto y de aprecio por lo que ellas eran: portadoras de la imagen divina. Él no era "pasivamente intelectual" acerca de esto, tal como muchos lo han sido a través de la historia. Él fue pródigo en su amor por servir a todos y a cada uno. Como lo hemos sugerido anteriormente (cap. 1), el ministerio mesiánico de Jesús implicó demostrar la naturaleza del reino de Dios, a través de muchos y de variados actos de curación y de exorcismo. Le dio la vista a los ciegos (8:22-26); restauró miembros paralizados y secos (Mar 3:1-6); limpió a los leprosos (Luc 5:12-16); y sanó a "todos los que padecía de diversas enfermedades, los que sufrían de dolores graves, los endemoniados, los epilépticos y los paralíticos" (Mat 4:24). El Evangelio de Marcos registra de manera particular sus exorcismos: "liberando a las personas de la posesión misteriosa por parte de espíritus malignos" (Senior y Stuhlmueller 1983: 149). Acompañado por estos actos, el reino que Jesús estaba anunciando señalaba hacia el fin de todo mal, de toda enfermedad y de la muerte. De ahí que, todas sus sanaciones y todos sus exorcismos tienen una significación escatológica. En un capítulo posterior, examinaremos la relevancia de estas señales del reino, para la misión de la iglesia en el día de hoy.

Jesús tenía capacidad para la amistad, debido a su consciencia de la solidaridad de todas las personas. No evitó que lo tocaran los pecadores. En realidad, sus contactos con ellos fueron tan frecuentes, que fue acusado de ser "amigo de recaudadores de impuestos y de pecadores" (Mat 11:19). Dado que él sabía que la mayoría de las personas no claman por ayuda espiritual y debido a que estaba convencido de que la amistad era la mejor manera de ganar la confianza de ellas, él procuró amarlas y hacerse amigo de ellas en orden a ganarlas. Nunca omitió ni el más mínimo acto de bondad; estuvo siempre alerta a la necesidad humana y fue agresivo en su repuesta a ella. De las sesenta y cuatro instancias registradas de su contacto con individuos, no encontramos ningún ejemplo en el que despidiera a una persona sin darle atención personal a su problema o necesidad. Los enfermos, los pecadores, los impedidos, los errados, los que estaban en necesidad espiritual, todos encontraron en él a un amigo útil y amante, quien estaba principalmente preocupado porque entendieran las razones morales detrás de sus problemas.

Jesús inauguró una nueva era, cuando dijo que su preocupación era la de "buscar y salvar" a la gente y la de trabajar por su redención moral y espiritual. Cuando hizo de esto algo normativo en el servicio a Dios, él estaba introduciendo algo nuevo en la historia de Israel. Antes de sus días, estaban, por supuesto, los que se sentían motivados por conceptos nobles de servicio para con unos pocos que eran dignos de ello. Pero Jesús hizo que su ministerio de servicio personal fuera tan amplio como la necesidad humana. Tomó las mejores prácticas religiosas de su tiempo y las reconstruyó para adaptarlas a su patrón, el cual ya no era pasividad frente al sufrimiento, sino un amor anhelante que se entregaba. Su patrón de carácter único para el ministerio en la era del reino se ve en que no encontró ninguna palabra "religiosa" capaz de expresar su idea de servicio. Como resultado, invistió a un término no religioso de un nuevo significado. Llamó a su obra *diakonia* (Mar 10:43-45), usando una palabra grecorromana aplicada a todos aquéllos cuya principal tarea era "servir las mesas." Éste es el término que él transformó en central para la misión total de sus discípulos en el mundo.

**Roles distintivos de la misión de Jesús**

Además de los roles tradicionales del Antiguo Testamento que Jesús adoptó y modificó en su ministerio, él también asumió tres nuevos roles misionales: evangelista, apóstol y mentor de líderes misioneros.

*Evangelista*

La evangelización es generalmente definida como todo lo que implica llevar a hombres y a mujeres a un encuentro personal con Dios, a través de la fe en Jesucristo, de modo que éste sea recibido como

Señor y Salvador. Esta conversión integral debería conducir a un movimiento, de parte de los nuevos cristianos, hacia la vida y la adoración de la congregación local, a través de la confesión de la fe en Cristo y por la sumisión al bautismo. Debido a que estamos preocupados por mantener claramente a la vista la dimensión del reino, vamos a subrayar el significado de la transferencia de autoridad implicada en recibir a Jesucristo (Juan 1:12-13; 20:31), porque esto estaba en el corazón del evangelio que Jesús predicó.

Consideren el encuentro de Jesús con Saulo de Tarso en el camino a Damasco (Hech 26:12-18). En esa ocasión, él lo comisionó para su servicio apostólico: predicar el evangelio a los gentiles (Gál 1:16). Incluida en esta comisión había un mandato evangelizador, que es de lo más explícito (Hech 26:18). Después de examinarlo, encontramos que refleja la secuencia que Jesús mismo siguió durante su ministerio terrenal, al tratar con un amplio espectro de individuos diferentes. Dicho esto, este patrón implicaba los cinco pasos sucesivos que aparecen a continuación.

### "Ábrales los ojos"

Debido a que las personas son ciegas a las buenas nuevas del reino y a su Rey, y sólo son vagamente conscientes de su verdadero estado espiritual, deben primero darse cuenta de su necesidad. Esto está ilustrado por el acercamiento de Jesús a la mujer junto al pozo de Sicar (Juan 4:7-42). De acuerdo a un verdadero estilo del reino, él ignoró las cuestiones raciales y religiosas que mantenían separados a los judíos y a los samaritanos, y construyó un puente de amor y comprensión para con ella. Su meta fue aceptarla como a alguien que merecía aceptación. Luego, él despertó su interés y creó un hambre por su solución a su problema de necesidad social y espiritual. Él hizo esto al hablar del agua que da vida y luego sugirió que esta agua que da vida era un don de Dios. Esto abrió los ojos de ella a su necesidad, algo de lo cual ella no había estado consciente previamente. Inevitablemente, ella deseó que él le hablara más a su corazón.

### "Se conviertan de las tinieblas a la luz"

Luego Jesús se reveló a sí mismo como la gran solución indispensable, el verdadero Salvador, el Dios todo suficiente. Un examen de las pretensiones de "Yo soy" de Jesús en los Evangelios, lo muestran como siendo, por ejemplo, Poder contra la tentación (Juan

8:34-36), Paz para el corazón atribulado (Juan 14:27), Propósito en la vida (Mat. 4:19), Presencia para los que están solos (Juan 14:18; 16:7), Luz para los que están en oscuridad (Juan 8:12), Provisión para los necesitados (Luc 22:35), y Vida Eterna para los que tienen temor de la enfermedad y de la muerte (Juan 11:25-26). Él perdona el pecado y anima a los débiles, pero no sin primero decir: "Síganme." Con esta invitación, ¡la batalla está ganada! Noten lo que viene después.

### "Conviertanlos . . . del poder de Satanás a Dios"

Las buenas nuevas del reino tienen como médula la oferta de una novedad de vida. Pero hay una condición que debe reunirse antes de que Jesús se ofrezca a sí mismo como la ligadura con la vida eterna. En su ministerio evangelizador, Jesús llamó a los que serían sus discípulos a que se confesaran a sí mismos como pecadores delante de Dios. En realidad, la primara palabra de su evangelio es "¡Arrepiéntanse!" (Mar 1:15; Hech 20:21). Tiene que estar presente ese juicio de uno mismo como pecador, expresado por la actitud de desalojarse a uno mismo del trono solitario en el corazón. La mujer de Samaria tuvo que ser confrontada con lo que ella era y tuvo que confesar su pecado antes de poder llegar a ser el recipiente feliz de la misericordia salvadora de Jesús (Juan 4:16-18). Debe haber una transferencia consciente de la autoridad desde nuestro ser hacia Dios. De no ser así, Jesús no tiene ninguna gracia para extender. ¿No era este el problema que enfrentaba el joven dirigente rico? Se negó a aceptar el señorío de Jesús y no quiso compartir su abundancia con los pobres. Esto le impedía entrar en el reino de Dios (Luc 18:18-25).

### "Reciban el perdón de los pecados"

Después del arrepentimiento viene la fe. Jesús se deleitaba en pronunciarle las palabras del perdón al penitente (cf. Mar 2:5, 9 con Luc 15:7, 10). Y aun así, este gran regalo debía ser apropiado por la fe, antes de que alguien pudiera verdaderamente entrar al gozo de la limpieza moral y de la renovación personal que él estaba listo para proveer. En realidad, sin esta experiencia de haber sido perdonado, obrada por la fe y la experiencia subsiguiente de paz con Dios, nunca estará el gozo que acompaña al ofrecimiento personal en servicio a Dios y al prójimo.

### "Reciban la herencia entre los santificados"

Otro paso más de fe es aceptar la relación de uno la familia de Dios, y entrar a sus privilegios y responsabilidades. Jesús logró esto atrayendo a las personas hacia sí mismo y haciéndolas miembros de su nueva comunidad, el "rebaño pequeño" a quien él les estaba entregando el reino (Luc 12:32). Después de su resurrección, Jesús agrandó mucho esta dimensión, incluyéndola en su mandato misionero. Inicialmente, él requirió el bautismo como el rito de iniciación para entrar a la iglesia. Por su gracia, él también facultó a los miembros para que comenzaran a apropiarse unos de otros de toda la "herencia de los santos en el reino de la luz" (Col 1:12). Es significativo que no hay ningún relato de la conversión de un individuo en Hechos, en la cual el bautismo no se mencione (8:38; 9:18; 10:48; 16:15, 33).

### *Apóstol*

Es bastante sorprendente que en los Evangelios Jesús no es llamado "Apóstol" (lit., "el que es enviado"), si bien una y otra vez, él habla de sí mismo como el único a quien Dios envió al mundo (veintisiete veces: e.g., Mat 10:40; Mar 9:37, Luc 10:16; Juan 3:17). Sólo el escritor de Hebreos en realidad usa esta designación para Jesús (3:1), aun cuando este título era bastante popular en el primer siglo. Un *apóstolos* (griego) era meramente un mensajero delegado para ejercer el poder y la autoridad del cuerpo o de la persona que lo había enviado. En este sentido, el rol de Jesús fue de apóstol y de embajador. Él tuvo una comisión de parte del Padre. Fue autorizado a hablar de parte de Dios y para actuar de parte de Dios, demostrando su amor, su misericordia y su gracia.

El reino de Dios no debe ser solamente equiparado a un gobierno real o a un poder de la realeza, sino más bien a "una comunidad, una casa, un área donde los bienes de la salvación están disponibles y son recibidos" (Aalen 1961: 223). Debido a esto, esperaríamos que Jesús le diera una atención particular a la tarea de entrenar a los que él específicamente había llamado para servir a este reino como guardadores de sus llaves (Mat 16:19; 18:18; Juan 20:23). Pero primero, él tuvo que seleccionar de entre sus muchos seguidores, a los que habría de equipar para servir en el apostolado junto con él. Estos apóstoles fueron designados para ser punta de lanza en el avance dentro del mundo, después de su ascensión. De ahí que, ellos tuvieron que ser equipados espiritualmente, tuvieron que ser bien entrenados y debieron estar dispuestos a someterse a la autoridad de Jesús.

Los métodos que Jesús usó para producir discípulos (es decir, a los que aceptarían sus enseñanzas) fueron muy diferentes de los métodos de entrenamiento de liderazgo que usó para entrenar a los apóstoles. Su enfoque inicial fue principalmente personal. Pero rápidamente, él los introdujo en el círculo creciente de los que constituían el verdadero Israel de Dios. No los sofocó con una atención continua. Ellos estaban con él por períodos cortos de tiempo y luego regresaban a sus empleos seculares (Juan 2:12-13; Luc 5:1-12). Más tarde, a medida que las convicciones se cristalizaron y comenzó a consolidarse un grupo íntimo que buscaba pasar con él períodos más largos de tiempo, se hizo evidente que debía implementarse un proceso de selección para el apostolado. Fue aproximadamente hacia el final del segundo año de su ministerio, que Jesús designó a algunos seguidores como apóstoles y les dio el memorable discurso de ordenación (el Sermón del Monte; cf. Mat 5:1-7:29 con Luc 6:12-49). Poco después, él comenzó con el patrón de retirarse con los doce por períodos extendidos de entrenamiento para el liderazgo. Este modelo fue más común en su tercer año, cuando las multitudes comenzaron a menguar, a pesar de algunos de sus más grandes milagros. Después de su alimentación de los cinco mil se desarrolló una crisis mayor. Como resultado, muchos le dieron la espalda y ya no lo siguieron (Juan 6:66-71). A partir de ese momento, Jesús se hizo un trashumante y llevó a sus discípulos a lugares muy remotos como Decápolis, Tiro, Sidón, y luego hacia Perea, regresando a Judea y finalmente a Jerusalén.

Esta secuencia cronológica debe ser tomada seriamente, porque había muchas razones por las que Jesús cambió tanto los métodos de entrenamiento que usó como el contenido de su instrucción. Uno debería extraer de esto la profunda consciencia que ninguna metodología para un ministerio seguimiento o de entrenamiento para el liderazgo es normativa para todas las situaciones. Los métodos deben cambiar, porque las situaciones cambian y porque el crecimiento espiritual mismo hace nuevas demandas.

### *Maestro-entrenador*

El método general de entrenamiento de Jesús tenía tres componentes básicos: oración, ejemplo e instrucción. La oración era primaria y fundamental. Tenemos sugerencias del contenido de sus oraciones, particularmente de sus oraciones por y con sus discípulos.

Los detalles específicos en general nos son ocultos, aunque su intercesión a favor de Pedro (Luc 22:31-32) nos dan un pantallazo de su naturaleza y extensión. Fue más evidente la presión constante de su ejemplo consistente. Él fue siempre la encarnación de lo que procuraba impartir. Por ejemplo, fue la realidad de su vida de oración lo que llevó a sus discípulos a pedirle que también les enseñara a orar a ellos (Luc 11:1). El pedido de ellos le confirmó que estaban listos para recibir su instrucción. No es necesario decir que él nunca creó situaciones artificiales a los efectos de precipitar períodos de enseñanza. Uno sólo tiene que rastrear cronológicamente todas las referencias a la oración en los Evangelios, y el método de entrenamiento de Jesús se hará inmediatamente evidente. Uno luego descubrirá que hay una relación subyacente entre las propias oraciones de Jesús y su enseñanza con respecto a la oración.

Los maestros en los días de Jesús enseñaban grandes verdades de una manera formal y con frecuencia agregaban tantas reglas minúsculas y periféricas, que las verdades básicas se oscurecían. Jesús reprendió a los rabinos por enfocarse celosamente en agregados sin importancia a la ley de Dios, mientras que pasaban por alto cuestiones de significación ética y moral. Él aludió a Miqueas 6:8 en su confrontación final con los líderes judíos, y de esa manera reforzó las prioridades del Antiguo Testamento de hacer justicia, de mostrar misericordia y de caminar humildemente con Dios (Mat 23:23). Se afligía porque la preocupación de ellos era que la gente repitiera fórmulas santificadas y que pronunciara consignas sagradas. A su juicio, estaban espiritualmente vacíos, eran ciegos guías de ciegos y también hipócritas (Mat 15:14; 23:15-16).

Finalmente, Jesús demandó una respuesta personal a la verdad. Debe haber acción de parte de los que escuchan. El conocimiento de la voluntad de Dios está condicionado por la obediencia personal (Juan 7:17). El verdadero amor por él sólo se pude demostrar por medio de la obediencia a sus palabras (Luc 6:46; Juan 14:21).

Ahora repasaremos los principios primarios que Jesús siguió en sus contactos iniciales con varios que llegaron a ser sus discípulos. Estos principios son aplicables universalmente al entrenamiento de los nuevos convertidos. Se encuentran en su ministerio temprano en Judea (Juan 1-4).

## La primacía de la relación (Juan 1:37-39)

Jesús estuvo dispuesto a ajustar su horario personal para darle tiempo a cualquiera que comenzara a seguirlo. Él estaba accesible, se adaptaba y era capaz de mostrar amor y atención. El llamó "roca" al dúctil Pedro, y de esa manera despertó en él la expectativa de un cambio y de una transformación en los días por venir. Creó esta misma expectativa en Natanael (vv. 47-49), cuando le sugirió que en días futuros habría un aumento de su comprensión y de su visión. Este patrón de construir una relación resaltando la anticipación de manera deliberada es crucial para preparar a los nuevos cristianos para enfrentar el futuro con esperanza y anhelo. Muy temprano en su experiencia, ellos necesitan darse cuenta de que el servicio en el reino es algo dinámico, porque el reino mismo no es nada menos que el poder de Dios (1 Cor 4:20).

## El problema de la expresión (Juan 1:41, 45)

Andrés encontró a Pedro y lo trajo a Jesús. No obstante, cuando Felipe encontró a Natanael, se metió en problemas. Un deseo de testificar es el resultado inevitable del encuentro personal con Jesús. El testimonio de Andrés fue exitoso porque su contenido fue simple: "Hemos encontrado al Mesías" (v. 41). Felipe se encontró con dificultades porque hizo un agregado: "Jesús de Nazaret, el hijo de José, aquel de quien escribió Moisés en la ley, y de quien escribieron los profetas" (v. 45). Luego descubrió que al identificar al Mesías con Nazaret, él no pudo responder la pregunta que luego surgió en la mente de Natanael. Todos los que se encuentran con Jesús en una manera vital quieren propagar las noticias. Pero la mayoría de los que se convierten pronto dejan de testificar, porque comienzan a agregar su propia predicación, la cual con frecuencia los lleva más allá de la profundidad de las mismas. Cuando no pueden responderles a los que les preguntan, algunas veces pierden el deseo inicial de compartir la nueva fe que han encontrado. Una vez que una persona tiene claridad con respecto a los detalles precisos de su nueva experiencia, y puede articularlos de manera atractiva, nadie va a poder negar su validez, debido a que su experiencia estará firmemente centrada en Jesucristo y no en alguna comprensión limitada de todo lo que implica pertenecer a Jesús.

## La consolidación de la fe (Juan 2:1-11)

Al otro día mismo, Jesús realizó un milagro notable en una fiesta de bodas y de esa manera consolidó la fe de sus discípulos (v. 11). Nosotros deberíamos esperar que, de manera similar, él haga obras inesperadas y sorprendentes (equivalentes modernos de actos como cambiar el agua en vino) para afirmar a los nuevos cristianos en nuestros días. Pablo habló de señales y de milagros que acompañaron su ministerio (Rom 15:19). Pero ministrar de esta manera demandará una disposición de explorar y de arriesgar de parte del cristiano maduro. El modelo puede describirse como sigue: a medida que uno comparte la vida y la experiencia con un nuevo convertido y como resultado crece la confianza, el convertido comenzará a revelar los problemas residuales de su vida anterior. Al discutirlo, se lo debe alentar a confiar en Dios de manera implícita, para específicamente sea liberado y reciba victoria. En respuesta a la oración de fe, Dios con frecuencia responde de manera dramática y de esa forma aumenta la fe del nuevo convertido.

## El costo del discipulado (Juan 2:13-17)

¿Cómo comenzó Jesús a revelarles a estos nuevos discípulos lo que les costaría seguirlo? En el incidente de la limpieza del Templo, les fue dado un cuadro vívido de lo que podían esperar si es que continuaban asociados con él. En esta ocasión, ellos fueron testigos de la acción dramática de Jesús y ganaron una nueva percepción de su indiferencia hacia la opinión pública, de su lealtad a la Escritura y de su frontalidad para procurar sostener el único propósito que Dios había establecido para su Templo: no un "mercado" (2:16), sino una "casa de oración para todas las naciones" (Mar 11:17). Ellos comenzaron a percibir, no obstante de manera tenue, que continuar siguiendo a Jesús podía significar de modo concebible la oposición de parte de la institución religiosa, la exposición a la crítica pública y el posible sufrimiento. En esta instancia particular, ellos fueron más observadores que participantes. Fue Jesús quien experimentó la hostilidad de la jerarquía debido a su deliberada confrontación pública del mal (Juan 2:18). Los cristianos más viejos deberían aprender de este ejemplo que el compromiso serio de "hacer discípulos" con frecuencia puede llevarlos al lugar en el que lleguen a ser demostraciones públicas de las verdades que están procurando impartir. Más tarde, Pablo observó:

"Porque a ustedes se les ha concedido no sólo creer en Cristo, sino también sufrir por él" (Fil 1:29).

## La importancia de la evangelización (Juan 3:1-21; 4:1-26)

El registro del trato de Jesús con Nicodemo de noche y con la samaritana junto al pozo nos da una percepción de su infatigable actividad evangelizadora. Estos encuentros también proveyeron una enseñanza saludable para los discípulos. Ellos observaron cómo el maestro variaba sus enfoques, alcanzando a una de las personas más religiosas de Israel (Nicodemo en Juan 3) en contraste con la manera en que él desarmó los prejuicios y ganó a una persona a quien todos los judíos automáticamente hubieran considerado como paria (la mujer de Sicar en Juan 4). Su fidelidad constante a la tarea evangelizadora es digna de ser remarcada. En realidad, la importancia de la evangelización necesita ser acentuada constantemente, en particular en nuestros días, cuando se la está menospreciando. Sólo si los nuevos convertidos ven que los cristianos mayores permanecen fieles a esta tarea, ellos mismos ganarán el equilibrio y la confianza que necesitan para compartir con otros su experiencia con Cristo y para participar con Jesús en anunciar las buenas nuevas del reino.

**Conclusión**

En las semanas y meses que siguieron, Jesús continuó enfatizando estos fundamentos. Su enseñanza tenía una autoridad, una novedad y un carácter único que debe haber fascinado a los apóstoles. De manera creciente, él se reveló a sí mismo como el Hijo de Dios y el Salvador del mundo. Vino un tiempo en el que extrajo de ellos la confesión de que él era el Cristo, el Hijo del Dios viviente (Mat 16:16). Luego comenzó a hablar cada vez más de su inminente crucifixión en Jerusalén (Mat 16:21-23). Por medio de la oración, del ejemplo y de la enseñanza, imprimió en ellos de manera inexorable la necesidad de vivir por la confesión del pecado y por la cruz (Mat 16:24-27). Que su enseñanza no fue en vano está demostrado por los Doce después de Pentecostés. Desde ese día en más, ellos se movieron hacia adelante en su discipulado misionero, tal como el apóstol Pablo mismo lo confesó: "Sin embargo, gracias a Dios que en Cristo siempre nos lleva triunfantes y, por medio de nosotros, esparce por todas partes la fragancia de su conocimiento" (2 Cor 2:14).

Es de admitir que el ministerio de Jesús fue complejo, dado que él había sido enviado al mundo para lograr una variedad de metas diferentes. Pero subrayaremos la importancia de su preparación de los Doce para el liderazgo en la comunidad misionera del reino, la iglesia. Es cierto que tuvo muchos seguidores aparte de los Doce, pero es significativo que los apóstoles se hicieron cargo de esta comunidad en Pentecostés y le proveyeron de una guía significativa para el futuro. Los apóstoles llevaron a la comunidad a confesar que ya no pertenecían al judaísmo oficial. Bajo la guía del Espíritu Santo y motivados por una serie de principios enteramente nuevos, ellos comenzaron un ministerio entre los judíos, con el intento deliberado de llamarlos a dejar de ser lo que eran, para cometerse al gobierno de Cristo y para unirse a una nueva realidad religiosa a la cual los judíos, como tales, no pertenecían automáticamente. La religiosidad oficial de la comunidad judía estaba equivocada y estaba condenada por Dios por haber fracasado en reconocer al Mesías cuando él estaba en su medio. Los apóstoles nunca eludieron esta convicción. Y aunque eventualmente tuvo lugar la separación total entre los judíos que recibieron a Jesús y los que no lo hicieron, el propósito de Dios se movió hacia adelante bajo su bendición, por medio de los apóstoles a quienes él había escogido y entrenado.

## Capítulo 13

## Jesús anuncia el reino entre las naciones

**Introducción**

Para apreciar la enseñanza didáctica de Jesús con respecto al reino, necesitamos entender el profundo pesimismo con el cual los judíos post-exílicos consideraban al fenómeno de la historia en curso. Ellos estaban dolorosamente conscientes de que la voz profética se había silenciado hacía mucho. Tal vez por esta razón, ellos vieron poca significación en los tiempos duros y malignos por los que estaban pasando. Ellos sólo conocían la hostilidad creciente y los impuestos abrumadores de la ocupación romana. Aun cuando Dios parecía remoto, persistían en la convicción de que eran un pueblo separado de todos los demás. Retenían, con obstinación, la visión confortante de un día del Señor en el futuro, cuando Dios los vindicaría y castigaría a sus enemigos. De modo que el presente debía ser tolerado, aunque aparentemente estaba vacío de significado redentor. Pero era seguro que vendría el día cuando Dios se levantaría a favor de ellos. Cuando eso ocurriera, no faltaría nada para hacer completa la victoria de Dios.

Hay un sentido en el cual este modo judío de escatología apocalíptica estaba en agudo contraste con el generado por los profetas del Antiguo Testamento. Los profetas siempre estuvieron profundamente arraigados en la historia e invariablemente sostuvieron que Dios estaba operando en los procesos históricos. Ellos mantenían unidos el presente y el futuro en tensión escatológica (Ladd 1964: 187). A pesar del pesimismo compartido con respecto a la historia, los judíos no estaban para nada unidos religiosamente. Había cuatro partidos mayoritarios que dominaban la escena. Estaban los zelotes, quienes sentían que su tarea era la de lograr la independencia política de Israel mediante la lucha armada. En contraste, los fariseos concebían su tarea como la de "hacer real el ideal del Pueblo Santo de Dios, mediante la observancia estricta de la ley," creyendo que esto haría que Dios enviara al Mesías (Bright 1953: 191). Los esenios se separaban de todos los demás y esperaban la aparición abrupta y cataclísmica del Hijo del Hombre en la nubes y en gloria, para recibir su reino eterno (Dan 7:13-14). Debido a la popularidad ampliamente difundida de este anhelo apocalíptico, Jesús frecuentemente reprendió a los que se preocupaban por un reino del que la gente dijera: "¡Mírenlo allá!" o "¡Mírenlo acá"! (Luc 17:21).

Finalmente, estaban los saduceos racionalistas, quienes veían que la única esperanza de Israel era jugar el juego político con Roma. Hacía tiempo que habían perdido interés en cualquier esperanza divina de liberación.

Todos estos puntos de vista estaban en agudo contraste con lo que en realidad había anticipado el Antiguo Testamento. Representaban una comprensión errónea de lo que el Antiguo Testamento afirmaba con claridad: que cuando la tan anhelada Esperanza de Israel viniera, vendría como un Siervo Sufriente que cumpliría con la justicia demandada por la ley, mediante su obediencia sacrificial. Más allá de esto, el reino sería marcadamente diferente de todas las expectativas populares.

Es bastante significativo que la actividad proselitista de los judíos entre los gentiles, durante el primer siglo careció de cualquier expresión de significación escatológica. Esto es a pesar de que la convocación de los gentiles hacia Dios y hacia una conversión a Él es descrita en el Antiguo Testamento en el contexto del día final (Isa 2:2-4; 25:6-8). Esta dicotomía entre el testimonio bíblico y la práctica judía nos ayuda a evaluar una referencia que Jesús hace con respecto a alcanzar a otros: "¡Ay de ustedes, maestros de la ley y fariseos, hipócritas! Recorren tierra y mar para ganar un solo adepto, y cuando lo han logrado lo hacen dos veces más merecedor del infierno que ustedes" (Mat 23:15).

La crítica de Jesús estaba enfocada más sobre lo que producía la actividad proselitista de ellos, que sobre lo correcto o lo incorrecto de compartir la fe con los gentiles. En todo caso, sabemos por Jeremías que (1) el celo misionero judío era intenso (e.g., Rom 2:17-23); (2) el judaísmo ofrecía una forma atractiva de adoración divina, la cual "sobresalía muy por encima de todos los cultos y de los sistemas de religión contemporáneos"; (3) los que estaban comprometidos hacían todo esfuerzo posible para facilitar la incorporación de los gentiles al judaísmo, requiriendo solamente la circuncisión y la observación del *Sábado* y de las leyes con respecto a la comida; y, (4) el éxito de ellos fue extraordinario, a pesar la ausencia de respaldo por parte de las autoridades judías. En realidad, esta actividad fue llevada a cabo solamente por la iniciativa personal de judíos individuales en la diáspora (1982: 12-19).

Las sinagogas de la diáspora le garantizaban una afiliación a los prosélitos que abrazaban el judaísmo y luego les era permitido casarse dentro de la comunidad. Las sinagogas también les permitían a los "temerosos de Dios" que se unieran a los judíos en la adoración. Estos últimos eran gentiles que habían abandonado a sus ídolos, habían abrazado al Dios de Abraham, se habían sometido a los mandamientos principales del Antiguo Testamento, pero no se habían sometido a la circuncisión (Goppelt 1970: 81-82). Eran estos "temerosos de Dios" a quienes los apóstoles más tarde encontraron de lo más receptivos al evangelio de Jesucristo (e.g., Hech 10:2; 13:16).

**El reino del mañana en el día de hoy**

El Nuevo Testamento habla de los tiempos "actuales," de "este mundo [presente]" (Rom 8:18; 11:5; 2 Tim 4:10; etc.) y de "los tiempos venideros" (Ef 2:7), para distinguir dos períodos distintos y separados en su panorama general de la historia humana. Con la venida de Jesús al mundo y con el logro de su obra redentora, podríamos decir que la escatología invadió la historia. Como resultado, los cristianos miran hacia atrás, hacia la inauguración del reino por parte de Cristo y se dan cuenta de que ha venido silenciosamente, sin hacerse evidente y de manera secreta. Ven en la cruz y en la resurrección de Jesús la conquista de Satanás y de los poderes. Están persuadidos de que a través de la venida del Espíritu Santo en Pentecostés, es posible para ellos entrar en este orden espiritual, donde Jesús reina y gobierna sobre su pueblo. Es suyo el privilegio de disfrutar al Dios de mañana en el mundo de hoy. Este es el componente distintivo de la escatología del Nuevo Testamento. Como René Padilla afirma:

> El Mesías *ha* venido. La cortina se ha levantado, ha comenzado el último acto; todo lo que queda por cumplirse es el clímax del drama redentor. La escatología no está limitada a las "últimas cosas" de un futuro distante, el estudio del cual debe ser reservado para el capítulo final de un texto de teología. La encarnación marca la inserción de un nuevo mundo dentro del fluir de la historia; consiguientemente, las "últimas cosas" han sido hechas presentes y ya no hay ningún capítulo de la teología al que le falte una dimensión escatológica. (1982: 2)

En relación con esto, es apropiado recordar la ilustración de Oscar Cullmann, tan ampliamente usada, de la experiencia presente del reino en la historia, con su futuro cumplimiento cuando toda rodilla se doble y toda lengua confiese que Jesús es el Señor.

La batalla decisiva ya ha sido ganada. Pero la guerra continúa hasta un cierto, aunque no todavía definido Día de Victoria, cuando las armas finalmente queden quietas. La batalla decisiva sería la muerte y la resurrección de Cristo, y el Día de Victoria su parusía. Entre ambos eventos hay un período de tiempo corto pero importante que ya indica un cumplimiento y una anticipación de paz, en el cual, no obstante, se demanda la mayor de las vigilancias. Aun así, es a partir de la batalla decisiva ahora ganada y el Día de Victoria que todavía debe lograrse, que este período de tiempo obtiene su significado y sus demandas. Si a este intervalo de tiempo se le confiere una extensión cada vez mayor, por supuesto que habrá consecuencias que deben ser descritas en detalle. Pero el factor constante es desde el comienzo la presencia de esta tensión. Esto significa que yo veo el fundamento general para todo el Nuevo Testamento en una orientación histórico-salvífica. Esto es todavía más cierto en la medida en que la victoria lograda en esa batalla decisiva es entendida en retrospectiva como la consecuencia obvia y como la coronación de los eventos precedentes. (1950: 44-45)

### Jesús y los pobres

Lo que esto significa en términos de la relación de Jesús con varios segmentos de la sociedad será ahora explorado. Primero nos volvemos a la prioridad de Dios: los pobres. En nuestras referencias a los pobres en el Antiguo Testamento, afirmamos que los "pobres del Señor" eran los que se sometían mansamente a él y que esperaban fielmente la justicia salvadora de Dios. No eran como los ricos, que vivían indulgentes y que se consideraban a sí mismos como autosuficientes. En contraste, los pobres sabían que la justicia sólo podía venir de parte de Dios. De ahí que, la esperanza mesiánica era vital para ellos. Ellos esperaban "la redención de Israel" (Luc 1:51-53; 2:8-14, 25-38). Ellos eran el verdadero remanente dentro de la nación.

Cuando Jesús inauguró formalmente su ministerio del reino en la sinagoga en Galilea, identificando su ministerio con la predicción mesiánica de Isaías 61, él dijo que les predicaría buenas nuevas a los pobres. Esto les daba un privilegio especial (Luc 4:17-19), porque "el reino de los cielos les pertenece" (Mat 5:3). Los pobres, ya sea los despojados materialmente o los espiritualmente humildes, son por esto considerados como más abiertos a la acción salvadora de Jesús. No obstante, cuando dijo que los pobres eran "benditos" o "felices," él se expuso a una crítica obvia. ¿Quería decir que los pobres deberían olvidarse de su miseria? ¿Implicó que uno sólo podía ser un verdadero discípulo haciéndose pobre y adoptando el estilo de vida de los miembros de la sociedad más desafortunados y menos exitosos? Julio de Santa Ana nos advierte contra la canonización de cualquier componente sociológico en particular dentro de la sociedad, ubicándolo en una relación de privilegio dentro del reino (1977: 15). No obstante, cuando él repasa el contexto de Lucas 4 y nota que la preocupación de Isaías (cap. 61) era por los prisioneros, por los ciegos y por los oprimidos, encuentra a Gutiérrez particularmente útil. En su juicio, Gutiérrez percibió muy perceptivamente lo que implicó la inauguración del reino por parte de Jesús:

> Si creemos que el reino de Dios es un don recibido en la historia, y si creemos . . . que el reino de Dios necesariamente implica el restablecimiento de la justicia en este mundo, entonces debemos creer que los pobres son benditos porque el reino de Dios ha comenzado ("está cerca" Mar 1.15). En otras palabras, la eliminación de la explotación y de la pobreza que impiden que los pobres sean plenamente humanos ha comenzado; un reino de justicia que va más allá de lo que ellos pudieron haber esperado ha comenzado. Ellos son benditos porque la venida del reino le pondrá fin a su pobreza creando un mundo de hermandad. Ellos son benditos porque el Mesías abrirá los ojos de los ciegos y les dará pan a los hambrientos. . . . La pobreza es algo malo y por lo tanto es incompatible con el reino de Dios, el cual ha venido en su plenitud dentro de la historia y abarca la totalidad de la existencia humana. (Gutiérrez 1973: 298-99)

En otras palabras, la venida del reino es para proveer una manifestación tangible de la actitud de Dios hacia la pobreza y la injusticia. Su pueblo luchará cuerpo a cuerpo contra la injusticia que trae explotación y pobreza y estará particularmente preocupado por ayudar a los pobres y a los que sufren. Es sobre esta base que los pobres pueden regocijarse.

Sólo a la luz de esto podemos entender de modo adecuado la demanda radical de Jesús para con el dirigente joven y rico, quien quería seguir a Jesús. Esta persona no podía disfrutar del privilegio de la comunión religiosa con Jesús sin primero llevar sobre él el yugo del reino. Tenía que vender sus posesiones, distribuirlas entre los pobres (Mat 19:16-22; etc.) y sólo entonces seguir a Jesús.

Detrás de este mandato está el principio fundamental de Jesús: "Ningún sirviente puede servir a dos patrones. Menospreciará a uno y amará al otro, o querrá mucho a uno y despreciará al otro. Ustedes no pueden servir a la vez a Dios y a las riquezas" (Luc 16:13). Jesús requiere que sus discípulos sean "indiferentes a la felicidad material y al dinero, para practicar la moderación, para tener una mente que valore lo invisible y lo eterno más que lo visible y temporal, y finalmente para desarrollar una personalidad, la cual es acabadamente armoniosa y unificada en su propósito central" (de Santa Ana citando a Troeltsch 1977: 25). Al rechazar de manera deliberada la acumulación de riqueza, y al utilizar lo que uno tiene para ayudar a los pobres, uno está presentando una expresión tangible de la nueva orientación que ha sido demandada por las buenas nuevas del reino. El apóstol Pablo no usó el lenguaje del reino cuando expresó esto, pero lo que dijo en relación con esto es transparentemente claro: "Por lo tanto, si alguno está en Cristo, es una nueva creación. ¡Lo viejo ha pasado, ha llegado ya lo nuevo! (2 Cor 5:17). Este es el nuevo orden de abnegación y de una preocupación sacrificial por los no privilegiados. Debido a esto, los pobres pueden regocijarse. Se cambiará su suerte. Es trágico que este elemento de obligación y de expectación del reino haya sido tan dejado de lado por la iglesia. Estamos agradecidos a los teólogos de la liberación quienes demandan que las iglesias enfrenten este olvido, a medida que se abre la brecha entre los ricos y los pobres en nuestros días.

**Jesús y los gentiles**

Existe toda posibilidad de que Jesús haya estado en contacto frecuente con no judíos durante su ministerio terrenal. En Jerusalén, en Judea y en la campiña alrededor del mar de Galilea, evitarlos habría sido casi imposible para él. Y aun así él deliberadamente confinó su misión a "las ovejas perdidas del pueblo de Israel" y aseveró que esta limitación se la había definido su Padre (Mat 15:24). Como Hijo mesiánico de David, su tarea primordial fue la de servir a su propio pueblo (Ezeq 34:23-24). Aun así, los Evangelios ocasionalmente registran su ministerio a los gentiles (e.g., la mujer sirofenicia de Marcos 7:24-30, el centurión romano de Juan 4:46-53 y el endemoniado gadareno de Mateo 8:28-34). Dado que estos encuentros involucraron curaciones, Jeremías los ve como anticipando el día del Señor: "cuando Jesús cura, su acto tiene una significación escatológica y es siempre la señal y la promesa de la irrupción de la era mesiánica, una participación anticipatoria en sus bendiciones" (1982: 28).

Durante el tercer año de su ministerio, cuando la tragedia de ser rechazado por su pueblo se estaba tornando más aguda, Jesús se fue de Galilea y entró en la región de Tiro (Mar 7:24, 31). ¿Se estaba apartando de la hostilidad para poder dedicar más tiempo a enseñarles a los Doce? ¿O estaba regresando a áreas donde anteriormente su ministerio había sido recibido con anhelo (Mar 3:7-8)? No podemos estar seguros de cuál fue su motivación. Parece que incluso en esas áreas gentiles, Jesús todavía enfocó su ministerio particularmente sobre los judíos. No tenemos ninguna evidencia de que Jesús se haya apartado deliberadamente de su propio pueblo para ministrar a los gentiles. El apóstol Pablo confirmó esto porque declaró de manera explícita que "Cristo se hizo servidor de los judíos para demostrar la fidelidad de Dios, a fin de confirmar las promesas hechas a los patriarcas" (Rom 15:8). Nunca fue siervo de los incircuncisos durante de su ministerio terrenal.

Más todavía, Jesús les prohibió a sus discípulos, antes de la Pascua, que ministraran a los no judíos: "No vayan entre los gentiles ni entren en ningún pueblo de los samaritanos. Vayan más bien a las ovejas descarriadas del pueblo de Israel" (Mat 10:5-6). Esta indicación fue subrayada subsiguientemente cuando él señaló la posibilidad de que fueran perseguidos por otros judíos. Cuando esto ocurriera, ellos no debían ir a los gentiles, sino que a otras villas judías: "Les aseguro que no terminarán de recorrer las ciudades de Israel antes de que venga el Hijo del hombre" (Mat 10:23).

No obstante, en el discurso del monte de los Olivos (Mat 24-25 y Mar 13) Jesús imagina a sus discípulos dando testimonio por todo el mundo de las buenas nuevas del reino y predice que completar esta tarea hará posible la venida del Mesías "con gran poder y gloria." Es de admitir que este discurso es tremendamente complejo, porque en él Jesús habló de eventos del primer siglo: la destrucción del Templo y la dispersión del pueblo judío. También dio detalles específicos del día final, cuando su pueblo sea reunido de los cuatro rincones de la tierra y cuando el reino de Dios finalmente llegue a una manifestación plena (Mar 13:14-31). Además, advirtió sobre los problemas que su pueblo enfrentaría durante el largo intervalo anterior a su regreso glorioso. Se harían esfuerzos para engañarlos y para deshonrarlos, para dividirlos y para destruirlos. Y aun así, nunca debían olvidarse de la tarea primordial: "primero tendrá que predicarse el evangelio a todas las naciones" (13:10).

Más aún, el Espíritu Santo les sería dado para proveer palabra y sabiduría, para que el testimonio de ellos pudiera hacer una contribución efectiva al propósito de Dios en curso (13:9-13). Jesús concluyó declarando que a cada uno de los integrantes de su pueblo le serían dadas tareas específicas, junto con la autoridad (*exousia*) espiritual que necesitarían en la inevitable lucha cósmica que implicaría esta tarea de orden mundial (13:34).

Mateo presenta la misma secuencia de eventos (24:3-14, 29-31, 46-51) en respuesta al pedido de los discípulos de una "señal" de la venida de Jesús y del fin de la era. A partir de esto podemos concluir que las señales visibles del reino en el mundo de hoy incluirán primordialmente esos esfuerzos hechos por cristianos para proclamar el evangelio a esta generación, para persuadir a la gente en todas partes que se reconcilie con Dios, y para acompañar este mensaje con victorias sobre el poder demoníaco. En realidad, el testimonio de ellos puede incluso estar acompañado de la clase de "señales y milagros" (Rom 15:19), que acompañaron el testimonio de los apóstoles en el primer siglo.

Con la muerte y la resurrección de Jesús, el día del Señor comenzó a amanecer como un período histórico (Martens 1981: 125-30). A continuación de su ascensión y del envío del Espíritu Santo en el día de Pentecostés, su pueblo comenzó a proclamar el triunfo de su resurrección y a confesar su señorío en Jerusalén. Pero ellos no confinaron su testimonio a Jerusalén. Fueron a Judea, a Samaria y al mundo gentil. Todo esto marcó el comienzo de la misión cristiana: la confrontación de las naciones con la manifestación final de la gracia gratuita de Dios.

Esta tesis se refuerza más al notar que Jesús removió deliberadamente cualquier referencia al día del juicio (la venganza divina) de su mensaje de la inauguración del reino en la sinagoga de Nazaret (Luc 4:18-19). Es cierto que cuando él de manera directa le dijo a la mujer sirofenicia que "no está bien quitarles el pan a los hijos y echárselo a los perros" (Mar 7:27), estaba poniendo una distancia considerable entre Israel y las naciones gentiles. Y aun así, incluso en esa coyuntura de su ministerio, él carecía de sentimientos de superioridad o de odio hacia los gentiles. En contraste, trató tanto a samaritanos como a gentiles con cortesía y con gracia. En esto, él fue la antítesis del Mesías que esperaban los judíos. El silencio deliberado de Jesús acerca de la venganza de Dios para con los gentiles es lo que enfureció a los judíos y los hizo procurar destruirlo (Luc 4:24-30; ver también Jeremías 1982: 44-46).

Necesitamos tener en mente que Jesús nunca se desvió de esta postura a lo largo del resto de su ministerio terrenal. Más bien, él les asignó a los gentiles un lugar en el reino de Dios y continuó llamando a los judíos al arrepentimiento para no ser excluidos de él (Mat 11:22-24; 12:41-42; 25:31-46; etc.). El propósito redentor de Dios no estuvo irrevocablemente ligado a Israel. Jesús es el Hijo del hombre, y no simplemente un hijo de Israel. Él es el Príncipe de paz para todos los pueblos (Zac 9:9-10). Es el Siervo del Señor, quien trae luz a todas las naciones (Isa 31:6; 49:6; Luc 2:31-32).

De modo que, entonces, muchos de los dichos de Jesús acerca de los gentiles pueden y deberían ser vistos principalmente a la luz del testimonio profético del Antiguo Testamento. Él enfatizó la tesis de que habrá un banquete escatológico en el cual los gentiles serán prominentes, viniendo de todos los rincones del globo y sentándose con los patriarcas en el reino (Mat 8:11-12). La meta de su peregrinaje será Dios y una Sión celestial será el lugar señalado para que ellos finalmente se encuentren con Él. Luego será revelado que hay una sola herencia y un solo pueblo de Dios, ya sea llamado de Israel o de los gentiles. Y no habrá más que un banquete: una representación del carácter universal del reino de Dios. Jeremías concluye de manera acertada:

> La razón por la que Jesús vino a Israel fue precisamente porque su misión concernía a todo el mundo. Es decir, su anuncio de salvación a Israel, tanto como su muerte vicaria, fue al mismo tiempo un acto de servicio a los gentiles. Ambas cosas tuvieron lugar para que fuera posible la incorporación de los gentiles al reino de Dios. (1982: 73)

Pero agregaremos que la ofrenda del reino a Israel por parte de Jesús fue la condición previa de su muerte por el pueblo de Dios, ya sea judío o gentil. Más aún, su muerte le dio certeza a la reunión escatológica. Aun así, fue necesario que el Espíritu Santo viniera sobre los discípulos creyentes en Pentecostés. Solo entonces pudo el pueblo de la nueva era nacer a su existencia y el "ya" del reino de Dios pudo comenzar a moverse hacia las naciones.

**Jesús y la iglesia**

El ministerio de Jesús no se agotó en su obediencia a la ley, en sus parábolas, en sus actos de amor, en sus exorcismos y sanaciones, y en su enseñanza sobre el reino de Dios. En un mensaje enviado a

Herodes ("el zorro"), le declaró explícitamente: "hoy y mañana seguiré expulsando demonios y sanando a la gente, y al tercer día terminaré lo que debo hacer. . . . porque no puede ser que muera un profeta fuera de Jerusalén" (Luc 13:32-33). Mediante esta declaración, Jesús identificó su muerte inminente con su proclamación profética de que el reino de Dios había venido a través de su persona y de su ministerio. Fue por medio de declaraciones como ésta que Jesús entendió su ministerio como cumpliendo con el motivo del Siervo del Señor (Isa 61:1). Más aún, su identificación de Jerusalén como el lugar de su muerte parecería indicar su consciencia de que su crucifixión sería el evento decisivo en la historia humana. Tal como Reginald Fuller lo expresa: "Jerusalén es el lugar de la revelación, el centro a partir del cual la actividad redentora de Dios debe ir al mundo y, por lo tanto, la muerte de Jesús debe ser la culminación de la historia sagrada del trato de Dios con su pueblo" (1954: 64). Aparentemente, sólo por la cruz podía realizarse de manera plena la venida del reino de Dios.

Con la confesión de Pedro en Cesarea de Filipos, tuvo lugar un cambio significativo en el ministerio de Jesús. Marcos registra cinco declaraciones diferentes a partir de ese momento, en las cuales Jesús predijo su muerte inminente (8:31; 9:12, 31; 10:33-34). Esa perspectiva llenaba su mente. Pero en lugar de volverse atrás, de manera resuelta se fue "de camino subiendo a Jerusalén" para poder cumplir con el rol del Siervo Sufriente (Isa 53; Luc 9:51, 53). No permitió que nada lo amedrentara, porque estaba convencido de que su muerte inminente sería el medio por el cual su Padre inauguraría en poder el reino de Dios en medio de su pueblo.

Naturalmente, esto nos trae a la última cena y a la institución de la eucaristía. Cuando Jesús tomó el pan, lo bendijo y lo partió, su interpretación fue: "Esto es mi cuerpo." Cuando tomó la copa, su interpretación fue: "Esto es mi sangre del pacto que es derramada por muchos." Luego él concluyó con una perspectiva escatológica: "Les aseguro que no volveré a beber del fruto de la vid hasta aquel día en que beba el vino nuevo en el reino de Dios" (Mar 14:22-25). Su cuerpo partido y su sangre derramada hablaban de su muerte inminente. Su referencia a un pacto despertó memorias del Siervo del Señor, entregado como "pacto para el pueblo" (Isa 42:6; 49:8). En realidad, en dos de los Cánticos del Siervo de Isaías donde aparece esta frase, el contexto es que el Siervo es una "luz para las naciones" (42:6). Él reunirá a los suyos quienes vendrán "desde muy lejos; unos desde el norte, otros desde el oeste," porque la intención de Dios es que su salvación pueda llegar hasta "lo último de la tierra." Una vez más, estamos cara a cara con la preocupación redentora universal de Dios para con un pueblo redimido extraído de todas las naciones. En los Evangelios no se da ninguna otra explicación para la cruz (R. Fuller 1954: 67). Y por estas acciones simbólicas en la última cena, Jesús instituyó un nuevo pacto con sus discípulos, como representantes del verdadero Israel, el pueblo de Dios en curso.

Lo que vendría después de la crucifixión y de la resurrección sería una nueva comunidad, la iglesia. Algunos eruditos desafían la tesis de que fue el plan de Jesús crear una nueva comunidad de fe, la iglesia, para que funcionara en el intervalo entre su resurrección y la consumación final del reino. No obstante, estamos profundamente persuadidos de que el texto canónico expresa otra cosa. Y la información es extensa. Jesús tuvo la intención de formar "una nueva comunidad, con una nueva manera de vivir, con un mensaje fresco y asombroso, con una consciencia sin paralelos de heredar las promesas divinas que le fueron hechas al Israel de la antigüedad" (Flew 1960: 18).

En su enseñanza sobre la iglesia, que precedió a su crucifixión, Jesús tuvo que ir en contra de los zelotes que tenían una mente revolucionaria. Se sintieron atraídos hacia él porque ellos también esperaban la llegada del gobierno de Dios. Pero Jesús repelió la convicción de ellos de que sólo tomando la iniciativa y precipitando una ruptura violenta con Roma, podía llegar la liberación para Israel. Jesús rechazó la actividad de resistencia violenta como contraviniendo la justicia y el amor absolutos, que eran los principales pilares de su reino. Tal como Cullmann remarca: "Jesús estaba preocupado sólo por la conversión del individuo y no estaba interesado en una reforma de las estructuras sociales" (1970: 55). Por supuesto que esto no significa que él no haría que su pueblo se preocupara por mejorar todas las estructuras sociales. Él tiene la carga de la humanización de la sociedad. Volveremos a este tema más tarde.

Lo que nos preocupa aquí es la relación entre la iglesia (esta comunidad interina) y el reino de Dios. Jesús nunca equiparó los dos conceptos. Cuando usó el término *basileia*, el significado dominante que puso allí fue el del orden de un "gobierno regio" o "soberanía" o "reinado." En esto fue más allá de la literatura rabínica de su tiempo, la cual equiparaba el "tomar sobre uno mismo el yugo del reino de Dios" con reconocer a Dios como Rey y Señor. Mientras que sólo un 15 por ciento de los usos del término *reino* que hace Jesús tiene alguna referencia a un dominio o comunidad sobre la cual Dios gobierna, no deberíamos menospreciar este hecho. Él habla de recibir el reino, de entrar en él, de pertenecer a él, de cerrar a la gente el ingreso al reino e incluso de usar llaves para abrirlo (Mat 23:13; 16:19; Mar 10:14-15, Luc 11:52). También deberíamos considerar la muy debatida declaración de Jesús acerca de Juan el Bautista: "Les aseguro que entre los mortales no se ha levantado nadie más grande que Juan el Bautista; sin embargo, el más pequeño en el reino de los cielos es más grande que él" (Mat 11:11). Esta declaración no quería decir que Jesús estaba excluyendo a Juan de la consumación final y gloriosa del reino y del banquete escatológico, cuando el pueblo de Dios se reúna entre las naciones (Luc 13:24). Más bien parece referirse a la expresión presente del reino en Jesucristo.

Sobre la base de la enseñanza explícita de Jesús, no hay una gran cantidad de evidencia de que él tenía en mente a la iglesia. Pero cuando examinamos las cosas que él hizo, parece claro que estaba poniendo los cimientos para una comunidad orientada a la misión, que de manera deliberada penetraría la sociedad siguiendo su modelo de buscar y de salvar a los perdidos (Luc 19:10). Él imprimió en esta comunidad la prioridad de responder conscientemente a su gobierno regio, de modo que mediante la proclamación y la persuasión, sus miembros pudieran cada vez más atraer a otros a su vida y a su servicio (1 Juan 1:3). Él proveyó la estructura y la adoración de la comunidad. En ningún momento sugirió que esta comunidad no fuera una presencia de testimonio, de servicio y creciente entre las naciones.

La tarea primordial de Jesús en medio de un Israel mayormente deshonrado y no creyente, fue la de llamar al remanente que tenía un corazón para Dios y para su justicia. Los que respondieron fueron traídos bajo el gobierno regio de Dios. El que él eligiera a doce de sus discípulos para llegar a ser apóstoles refuerza la impresión de que ellos eran, en realidad, el comienzo de un verdadero Israel. A ellos les dijo: "No tengan miedo, mi rebaño pequeño, porque es la buena voluntad del Padre darles el reino" (Luc 12:32). A ellos también les dio los rudimentos de una estructura corporativa y un modelo de adoración espiritual. El antiguo Israel estaba enfrentando el juicio, y su templo pronto sería destruido. El nuevo Israel estaba emergiendo y "un nuevo edificio estaba siendo erigido a través de su propio trabajo, con hombres y mujeres vivientes como sus piedras" (Flew 1960: 38-42; ver Mar 14:58; 1 Ped 2:4-5).

Una tarea secundaria que Jesús enfrentó fue la necesidad de enseñarle a su creciente grupo de discípulos, la manera en que debían conducirse en el mundo. Ellos representarían al "reino dado vuelta." Es decir, su estilo de vida sería exactamente lo opuesto a "los valores convencionalmente aceptados, a las normas y las relaciones de la sociedad palestina antigua y a la cultura moderna de hoy en día" (Kraybill 1978: 24). Y debido a la variedad de temas que Jesús incluyó en su enseñanza, debemos concluir que él estaba interesado en todos los aspectos de la civilización humana. Más todavía, dado que Jesús habló del juicio futuro y de otros asuntos escatológicos, de la misma manera debemos concluir que él estaba proveyendo una base para la conducta ética de sus discípulos en el período intermedio antes del día final. Él proveyó plenamente para una vida santa y victoriosa. Cuando sus discípulos descubrieron que incluso "los demonios se [les sujetaban] en [su] nombre," Jesús se regocijó (Luc 10:17, 21). Era él quien les había dado la "autoridad . . . para pisotear serpientes y escorpiones y vencer todo el poder del enemigo," y nada los dañaría (Luc 10:19).

Otro respaldo para la tesis de que Jesús tuvo la intención deliberada de edificar su iglesia durante el largo intervalo entre su primera y su segunda venida se encuentra en la revelación de sí mismo como el Mesías del pueblo de Dios. Esto significaba que

> Una nueva alianza estaba entrando al mundo, perturbando a todas las tradiciones, trascendiendo las lealtades familiares anteriores de parientes y hogar, y destinada a sobrevivir a toda otra pretensión totalitaria, ya fuera de César en los primeros siglos o las de casta y nacionalidad y comunismo en el siglo XX. (Flew 1960: 56-57)

Esto implica la consciencia que Jesús tenía de un período extendido, anterior a la venida del reino. ¿De qué otra manera puede uno entender su declaración explícita de dejar casa, familia, hijos o tierras por causa de él y del evangelio, y de asegurar cien veces más "en este tiempo," y en el mundo por venir "la vida eterna" (Mar 10:29-30)? El establecimiento de una comunidad misionera comprometida con la tarea de proclamar por el mundo las buenas nuevas del reino no era una alternativa imaginaria. No era algo que se les ocurrió a algunos seguidores de Jesús desilusionados, cuando se dieron cuenta de que la plenitud del reino era probable que no viniera durante su vida.

También debemos tener en consideración las dimensiones específicas de la descripción que hace el Antiguo Testamento del reino mesiánico, en el cual la paz y la salvación serán proclamadas (Isa 52:7), las buenas nuevas serán anunciadas a los pobres (Isa 61:1), y la gloria de Dios será declarada entre las naciones (Isa 66:19). Cuando Jesús se refirió a su predicación y a la de sus discípulos, lo hizo como elemento constitutivo de su comunidad mesiánica. Su evangelio era la Palabra de Dios. Tenía un poder inherente. Creaba fe. Nadie debería avergonzarse ni de Jesús ni de su Palabra. Después de todo, su evangelio era el anuncio del reino de Dios. Todos los que se resistían a su voluntad incurrirían en el juicio divino en el día final. (Mar 8:38). Pero los que lo recibieran y se sometieran a su gobierno regio tenían la promesa de la participación en su vida eterna, fueran ellos judíos o gentiles (Mat 18:1-13; Juan 1:12-13; 10:16, 27-30).

En esta línea, el hecho de que Jesús limpiara el Templo en dos ocasiones, tanto al comienzo de su ministerio como al principio de la semana de la Pasión, presta la evidencia de la misma manera el establecimiento de una comunidad interina (Mar 11:15-17; Juan 2:13-22). Este fue un acto mesiánico ya que el objetivo de Jesús fue purificar la adoración de Israel. No obstante, subrayaremos que era el patio de los gentiles lo que los judíos habían transformado en un corral y en un lugar de mercadeo. Más aún, ellos rigurosamente excluían a los gentiles de este lugar. En su denuncia del parroquialismo judío, Jesús le recordó al pueblo que la intención divina era que el Templo fuera una "casa de oración para todos los pueblos" (Isa 56:7; Mar 11:17). Dado que algunos habían argumentado de manera convincente que este acto mesiánico marcaba "el comienzo de la renovación escatológica del mundo" (Hahn 1965: 28), es razonable concluir que se estaba preparando el escenario para una era en la cual los gentiles orarían al Dios de Abraham, de Isaac y de Jacob. Esta conclusión se refuerza cuando uno se da cuenta de que los actos de limpieza por parte de Jesús fueron rechazados por el establecimiento religioso. Los líderes consideraron su desafío como un acto grosero de alguien que quería llamar la atención. Ellos no veían ninguna necesidad ni de una renovación religiosa ni de aceptar su afirmación de que el reino de Dios estaba presente. Obviamente el antiguo Israel estaba probando no tener fe y el verdadero Israel estaba emergiendo, basado en el Mesías y no en el Templo, y confirmado por un nuevo pacto representado por la cruz.

Hay otro grupo de actividades de Jesús que contribuyen a la idea de que en su mente estaba una era extendida de la iglesia. Esto concierne a la postura misionera que le dio a su rebaño pequeño. Cuando Jesús llamó a la gente a acercarse a él, sus palabras fueron: "Vengan, síganme . . . y los haré pescadores de hombres" (Mat 4:19). Con esto él llamó a individuos para tener una relación vital con él. También les impartió un concepto evangelizador de alcanzar a otros, el cual era mayormente ajeno su servicio mandatario bajo el antiguo pacto. El registro declara lo siguiente: "Reunió a los doce, y comenzó a enviarlos de dos en dos, dándoles autoridad sobre los espíritus malignos" (Mar 6:7). Él incluso organizó campañas evangelizadoras (la misión de los doce en Mat 10:1-23 y la de los setenta en Luc 10:1-20). Más aún, les dio sus propias credenciales: "Quien los recibe a ustedes, me recibe a mí; y quien me recibe a mí, recibe al que me envió" (Mat 10:40). Obviamente que la relación con Jesús implicaba compromiso con su misión. El darles poder a los discípulos para exorcizar demonios y para curar a los enfermos, tanto como para predicar el evangelio del reino, le dio visos escatológicos a la misión de ellos (Isa 35:3-10). Esta autoridad marcó el amanecer de una nueva era: "Señor, hasta los demonios se nos someten en tu nombre" (Luc 10:17). Una nueva comunidad estaba verdaderamente despertando a la vida, y no puede haber dudas de que debía ser una comunidad misionera.

En su extenso desarrollo de la idea de la iglesia en la mente de nuestro Señor, Flew, de manera deliberada, deja para el final cualquier discusión de los dos pasajes en los Evangelios, en los que se encuentra la palabra *ekklēsia* (1960: 35-38). Nosotros coincidimos de corazón con este enfoque. Nos permite mantener en el centro la enseñanza de Jesús sobre el reino. Aun más, refuerza la necesidad de mantener al reino separado de la iglesia. Como Flew observa:

> La Basileia crea una comunidad y usa una comunidad como instrumento. Los que entran a la Basileia están en la Ecclesia. La Ecclesia vive bajo el gobierno regio de Dios, lo reconoce, lo proclama y espera su manifestación final. Pero la Ecclesia no es en sí misma la Basileia. Dado que la iglesia se reúne bajo el gobierno de Dios, la muerte no tendrá ningún poder sobre ella. (1960: 91)

La palabra *ekklēsia* es usada dos veces por Mateo. Por cuanto el contexto de 18:17 concierne al proceso disciplinario que debe seguirse dentro de la comunidad (18:15-35), le da sustancia a lo que hemos dicho antes sobre la provisión de una comunidad interina por parte de Jesús. De interés mayor para nosotros es la dimensión misionera que surge del testimonio de Pedro del mesianismo de Jesús (16:13-20). Jesús respondió con gozo a esta confesión espontánea, dado que pudo percibir que Dios había concedido esta percepción del misterio del carácter oculto del reino de Dios. Más importante es que continuó afirmando que sobre Pedro construiría su iglesia y que ésta sería una presencia irresistible y dinámica en el mundo, sobre la cual la muerte no prevalecería.

Dejamos de lado todo esfuerzo por considerar a la "piedra" como algo separado de Pedro (e.g., su confesión), debido a que esto no se puede sostener lingüísticamente. En verdad, la iglesia está edificada sobre los apóstoles y sobre los profetas (Ef 2:20), y Jesús es su fundamento esencial (1 Cor 3:11). Pedro no es sino una de las "piedras vivientes" que conforman el edificio en crecimiento (1 Ped 2:4-6). Y aun así, Pedro es elegido para ocupar la posición principal de autoridad en la nueva comunidad. Es verdad que Hechos no indica que su liderazgo fue de larga data. Aunque Pedro era prominente en la comunidad antes de Pentecostés (1:15) y fue su portavoz ante los judíos (2:14) y ante los gentiles (10:1-11:18) más adelante, tanto como activo en materias disciplinarias (5:3-6), fue Santiago quien eventualmente llegó a ser su principal administrador (15:7, 13-21).

Jesús le entregó a Pedro las llaves del reino (Mat 16:19). Esto no significa que por ello Pedro ganó el derecho exclusivo de admitir personas dentro de la iglesia y de excomulgar a cualquiera de su comunidad. La metáfora de las "llaves" fue usada en otro lugar por Jesús, para representar la clase de conocimiento que hace posible la entrada al reino. Uno recuerda cómo reprendió a los abogados por haberse adueñado de "la llave del conocimiento" y por impedir que la gente entrara dentro de la bendición de Dios (Luc 11:52).

Cuando recordamos la autoridad que Jesús le concedió a los Doce y a los Setenta, antes de enviarlos a sus giras evangelizadoras, tenemos algo comparable al hecho de que a Pedro le fueron dadas las llaves. Él les abrió las puertas de la revelación a los judíos en Pentecostés (Hech 2) y a los gentiles en Cesarea (Hech 10). Los que aceptaron el mensaje de Pedro y se sometieron al Señor de Pedro, ya fueran judíos o gentiles, entraron al reino por medio de ello. Su autoridad era del tipo de "atar" o "desatar" y estaba íntimamente relacionada con su predicación, mucho más que con cualquier autoridad disciplinaria que pueda haber ejercido durante el curso de su ministerio, tal como su encuentro con Ananías y Safira (Hech 5:3-11). De modo que, entonces, tenemos un buen asidero para afirmar que las llaves del reino no son la posesión exclusiva de Pedro, sino que pertenecen a todos los cristianos que fielmente confiesan a Jesús como Señor (ver también Juan 20:23). La misión que le fue dada a Pedro y a los otros apóstoles no es nada menos que "la larga misión de la iglesia de Dios, de llevar la revelación divina a [la humanidad]" (Flew 1960: 97).

**El reino y la iglesia**

Puede parecer paradójico que mientras Jesús convocó a hombres y a mujeres a recibir el reino, los apóstoles consideraron a los que respondían como miembros de la iglesia y como herederos de las promesas hechas a Israel (Rom 4:13-15; Tito 3:7, Sant 2:5; etc.). Este hecho levanta la cuestión de la relación del reino con la iglesia. En realidad, cuando Jesús llamó a la gente a arrepentirse y a seguirlo (Luc 9:23), él proveyó el testimonio normativo para la iglesia por todos los tiempos. Este llamado esencial a la conversión significó que el reino de Dios (la nueva era) podía ser aceptado interiormente por medio de la obediencia simple como la de un niño. El reino de Dios entró a la situación humana a través de Jesús y puso a las personas en una confrontación directa con él. Por lo tanto, abrirle el corazón a la persona y a la misión de Jesús significa que el reino de Dios llega a ser dinámicamente activo en la vida de uno. Aunque el que responde no es automáticamente transformado y trasladado a la era futura de la consumación, cuando Dios haga nuevas todas las cosas (Apoc 21:5), este encuentro sí implica una revolución. "El reino de Dios actúa poderosamente y requiere una reacción poderosa" (paráfrasis de Mat 11:12).

Esto significa que la iglesia no es nada menos que el pueblo misionero del reino de Dios. La iglesia no establece el reino. Es más vale la que custodia las buenas nuevas del reino. Da testimonio del hecho de que el reino ya ha sido establecido por su Rey. En todo el Nuevo Testamento no hay "palabras valientes sobre . . . introducirse en el reino. Ni siquiera hay una sílaba" (Bright 1953: 234). Tampoco el Nuevo Testamento anima a los cristianos a identificar sus estructuras eclesiásticas con el reino. No se atreven a caer presa de la tentación de marcar el avance del reino meramente en términos de crecimiento institucional. En realidad, sólo "la iglesia . . . que es su cuerpo" (Ef 1:22-23) constituye el pueblo del reino, pero las congregaciones y las denominaciones locales, que todavía están en este mundo, no son el reino. Son sólo mezclas de lo verdadero y de lo falso, siempre bajo el juicio de Dios, siempre en necesidad de renovación espiritual y de la profundización del compromiso con la prioridad misionera. Esta era no es para la autodeificación eclesiástica, sino para la proclamación del evangelio del reino. Y es la era en la cual los cristianos debieran orar incesantemente: "¡Venga tu reino!"

¿Cuál es entonces la relación específica entre la iglesia y el reino? Hemos declarado que la iglesia es el verdadero Israel, el pueblo del pacto de Dios y su siervo, llamado a ser una señal de la multifacética rectitud/justicia del reino ante el mundo, y procurando a través del evangelio atraer a las personas dentro de su comunidad del pacto. Y hemos argumentado que el reino, en contraste, representa la actividad dinámica de Dios y la esfera en la cual se experimenta su gobierno. K. E. Skydsgaard resume la interrelación de la siguiente manera:

> El reino de Dios es la concepción ubicada por encima de la concepción de la iglesia. La iglesia no es el reino de Dios, pero la iglesia le debe su existencia al reino de Dios. Existe por causa del reino; representa al reino de Dios sobre la tierra en la era presente, hasta que mediante la venida de Cristo en poder, Dios conceda la victoria completa y final. En el reino de Dios, la iglesia tiene sus fronteras últimas. Del reino recibe toda su sustancia, su poder y su esperanza. (1951: 386)

Así que, entonces, deberíamos considerar al reino de Dios como la historia de Dios en medio del registro de la historia en curso de la raza humana. Está entretejido dentro de ella pero permanece claramente separado de ella. La concepción bíblica de la historia presupone un abismo profundo entre Dios y Satanás, entre Cristo y el Anticristo (Skydsgaard 1951: 388). Dado que la iglesia no es nunca el fin último de la historia, sino que siempre está orientada al reino de Dios, el cual es su fin último, su carácter de interina es claramente evidente. En realidad, la iglesia extrae su significación del reino. Más todavía, el curso del reino en la historia le da propósito y significado a su propia historia. Es este carácter dinámico, histórico-profético-escatológico del reino el que nos debería poner impacientes con una iglesia estática, preocupada por su propia piedad y salvación.

**Conclusión**

Ladd concluye su discusión sobre el reino y la iglesia, estableciendo cinco postulados. (1) La iglesia no es el reino; es solamente el pueblo del reino. (2) El reino crea a la iglesia; si no hubiera venido al mundo a través de la misión de Jesús, la iglesia nunca habría existido. (3) La iglesia da testimonio del reino mediante la proclamación de los hechos redentores de Dios en Cristo, tanto pasados como futuros. (4) La iglesia es el instrumento del reino en que las obras del reino son llevadas a cabo por sus miembros, como si fuera a través de Jesús mismo. Y, (5) la iglesia es la custodia del reino; mediante su proclamación del evangelio por todo el mundo, Dios decidirá quién entrará al reino escatológico y quién será excluido (1964: 111-19)

Concluimos afirmando lo que el Nuevo Testamento enseña en todas partes: no está en el poder de las personas mismas lograr su propia salvación o perfeccionar a la sociedad humana. La historia no puede salvarse a sí misma. Esto está escrito de manera extensa en la visión bíblica de la humanidad en este mundo. Pero en Jesucristo, Dios ha actuado de forma tan decisiva en la historia que "la consumación del reino, aunque éste haya irrumpido en la historia, ocurrirá más allá de la historia, porque introducirá un orden redimido, cuyo carácter actual trasciende tanto la experiencia histórica como la imaginación realista" (Ladd 1964: 333). Como Bright lo ha resumido:

> [La iglesia] es un pueblo misionero. Si no es eso, no es la iglesia. Su evangelio declara que la salvación del hombre yace sólo en el reino de Dios, y esa es la salvación que anuncia al mundo . . . y hacia la cual convoca a las personas. . . . La redención del hombre está precisamente a la espera del nacimiento de una nueva raza de hombres, nueva y redimida. Y el reino de Dios es la nueva raza de hombres, la iglesia viviente de Dios. En ella está el reino eterno. (1953: 217-18)

En vista de que este cuadro del triunfo futuro está relacionado con el testimonio de la iglesia entre las naciones en el día de hoy, los cristianos orientados bíblicamente deben guardar celosamente el carácter esencial primordial de su tarea. La salvación en el día de hoy significa predicar las buenas nuevas del reino. Nada puede tener una prioridad mayor para la "comunidad escatológica," atrapada en la tensión entre proclamar que el reino de Dios ha venido y simultáneamente esperar el reino que todavía está por venir. Esta comunidad se entiende a sí misma como atrapada en medio de una lucha cósmica. Cada vez que contiende por la verdad comprometiéndose a guardarla, cada vez que lleva a cabo acciones como las de Cristo entre las personas, cada vez que da testimonio del evangelio, está participando en el proceso del reino de Dios entre las mujeres y los hombres. Ésta es su misión. Y la comprensión de la misión de Dios nos lleva a examinar más acabadamente la enseñanza de Jesús sobre la misión del reino, el cual es el tema del próximo capítulo.

## Capítulo 14

## Jesús proclama la misión del reino de Dios

**Introducción**

Lucas nos dice que en el intervalo entre la resurrección y la ascensión, Jesús confirmó la realidad de su victoria sobre la muerte (presentó "muchas pruebas convincentes"), así como también les dio "instrucciones por medio del Espíritu Santo." Pero agrega que todo esto estaba bajo la rúbrica de hablar "acerca del reino de Dios" (Hech 1:2-3). Nosotros deberíamos subrayar esta orientación cuando reflexionamos sobre el mandato para la misión que Jesús les dio a "los apóstoles que había escogido," porque domina el ministerio posterior a su resurrección. A los apóstoles les fue dado este mandato, particularmente porque los líderes del movimiento cristiano eran responsables por movilizar a los miembros de la iglesia para realizar esta tarea prioritaria.

La resurrección fue un evento que hizo época. Jesús había predicho que algunos de los discípulos no probarían la muerte hasta haber visto el reino viniendo con poder (Mar 9:1). La resurrección ciertamente fue la demostración central de ese poder. En realidad, Pablo más tarde iba a afirmar que la significación plena del señorío de Jesús y de su condición de Hijo, sólo se concretaron como resultado directo de su victoria poderosa (Rom 1:4). De acuerdo a Karl Barth, la tumba vacía junto con "el cuerpo de Jesús, visible, audible y que se podía tocar, constituyen un evento absolutamente único . . . la presencia del *eschaton* . . . el cual ha puesto el fundamento de cualquier forma dada de la fe de la comunidad cristiana emergente" (1961: 56-57).

En las apariciones de nuestro Señor, posteriores a la resurrección, el punto de foco no está sobre la reflexión de los discípulos sobre esta nueva situación. La consciencia creciente que ellos tenían sobre la significación salvífica de la victoria de Jesús, indudablemente comenzó a aumentar su seguridad en la salvación personal. Pero Jesús rápidamente se movió más allá de esto, para llamar la atención de ellos sobre lo que la resurrección hizo posible: la misión a las naciones.

Karl Barth enfatizó la íntima e invariable correlación que hay en la Escritura, entre llamar y comisionar. La elección divina invariablemente implica un servicio específico (1962: 577-92). "El llamamiento de [personas] por parte de Dios y hacia Dios [implica] la comisión y el envío de [los] llamados, y [los] ve establecidos en una función que debe ser ejercida entre Dios y [otros], . . . entre Dios y el mundo" (1962: 593). Los que fueron testigos del triunfo de la resurrección y que oyeron a Jesús describir su crucifixión como crucial para la obra redentora de Dios, fueron llamados a participar con Dios en la tarea de hacer conocer este mensaje de la resurrección por todo el mundo. Todos los que han sido llamados por las buenas nuevas del reino, deben hacer de la tarea de proclamar su mensaje y de demostrar su realidad su preocupación principal. Esto implica establecer el señorío de Dios en el mundo y servir a la justicia de su reino, o lo que Karl Barth llama "establecer lo que es correcto" a la luz del reino que viene (1962: 593; ver también Scott 1978: 19; Mat 6:33).

Cualquier estudio de la Gran Comisión debería estar relacionado, pero a la vez debe permanecer separado, de las comisiones menores que Jesús dio anteriormente (a los Doce y a los Setenta: Mat 10:1, 5-42; Luc 9:1-6; 10:1-20). En estas comisiones, Jesús habló de los deberes y de las pruebas que debían abrazar de manera inevitable, todos los involucrados en cualquier movimiento misionero. Bien podemos imaginarnos que durante el ministerio posterior a la resurrección, Jesús reformuló algunos de estos elementos básicos. Tal vez esto en parte da cuenta de las variadas maneras en que él les hizo recordar la naturaleza comprehensiva de esta vasta y complicada tarea. En todo caso, los evangelistas varían considerablemente en la articulación que hacen de sus detalles. En relación con esto, Karl Barth afirma sabiamente:

> Estos relatos son narrados no como se narra la historia sino, al igual que en el caso del relato de la creación, al estilo de una saga histórica. Su contenido obstruye cualquier intento de armonizar. Todos estos relatos tratan, sin duda, un tema común y están básicamente de acuerdo. Aun así, cada uno de ellos necesita ser leído de manera independiente, como un testimonio único de la palabra y de la intervención decisiva de Dios en el momento crucial de los eones. Muy obviamente, cada relato debe ser consultado para clarificar a los otros (1961: 57)

Así es que, aunque la Gran Comisión es el clímax de la enseñanza terrenal de Jesús, esto en sí mismo no hace del movimiento cristiano una fe misionera. Este movimiento tiene su fuente en Dios, cuyo propósito redentor de gracia a través de Cristo fue "reconciliar consigo todas las cosas, tanto las que están en la tierra como las que están en el cielo, haciendo la paz mediante la sangre que derramó en la cruz" (Col 1:20). Es enteramente debido a la guía dinámica del Espíritu Santo y al poder que él da, que lo que podría ser llamado el "verdadero" Israel llegó a ser una presencia misionera alcanzando a las naciones. Pero la Gran Comisión se necesitó para remover toda duda, para terminar con la disputa y para poner a foco lo que la misión de la iglesia realmente es. Para que podamos entenderlo más completamente, seguiremos una secuencia cronológica probable de las declaraciones separadas por parte de Jesús.

**Juan 20:19-23: la asombrosa analogía**

A los discípulos que estaban sufriendo, los eventos del Calvario les provocaban los pensamientos más sombríos. ¿Estaban sus vidas en peligro? Las primeras sugerencias de la resurrección no removieron el temor automáticamente. No debería sorprendernos que en esa primera Pascua los encontremos detrás de puertas con rejas en un aposento alto en Jerusalén. Pero de repente, Jesús apareció en medio de ellos y alivió sus temores con las palabras: "¡La paz sea con ustedes!" Aunque asustados al principio, pronto despertaron a la consciencia plena de su victoria sobre la muerte. En respuesta gozosa a su invitación, ellos comenzaron a examinar las marcas de su crucifixión: "las manos y el costado." La atmósfera se tornó relajada. Luego, como si Jesús hubiera anticipado un cambio en la conducta de ellos, les repitió: "¡La paz sea con ustedes!" y continuó con la asombrosa analogía: "Como el Padre me envió a mí, así yo los envío a ustedes."

Podemos imaginarnos que los discípulos fueron tomados por sorpresa y por una aprensión repentina: "¿Quieres decir que nosotros también debemos ser crucificados? ¿Es esa muerte horrible también para nosotros?" Jesús no les dio explicación alguna. Más bien, sopló sobre ellos de una manera reminiscente del clímax de la acción creadora de Dios en Génesis 2:7, y luego dijo: "Reciban el Espíritu Santo."

Jesús estaba extendiendo un llamado renovado al discipulado que lleva la cruz. Estaba diciendo que tal discipulado es imposible sin la ayuda del Espíritu Santo (incluso Jesús necesitó del Espíritu cuando enfrentó el Calvario, Heb 9:14). Su analogía del "envío" levantó el mandato misionero al nivel de lo sublime. Estaban siendo enviados al mundo en misión, de una manera análoga a cómo el Padre lo envió a él al mundo para redimirlo. En cuarenta y cuatro ocasiones en el Evangelio de Juan, Jesús aludió a su envío por parte del Padre y se identificó íntimamente con el Padre en todo lo que dijo e hizo (Juan 8:29, etc.). Ahora se hace evidente que su presencia conductora será integral con la misión mundial de la iglesia. Ferdinand Hahn observa que esta primera declaración de la Gran Comisión está ligada a la dimensión del "envío" por parte del Espíritu. Esto significa que

> la obra de los discípulos debe unirse incluso más directamente con la del mismo Señor exaltado, de modo que ambas sean vistas como una. Es la cosecha escatológica, en la cual el sembrador y el que recoge se regocijan juntos, aunque están separados. (1965: 159; ver también Juan 4:35-38)

La preocupación primaria de esta misión son los pecados de la gente. "A quienes les perdonen sus pecados, les serán perdonados; a quienes no se los perdonen no les serán perdonados" (Juan 20:23). Con esto, los discípulos reciben poder en el nombre de Jesús, para ser los agentes de remisión o de retención del pecado. Tendrán la autoridad intrínseca para declarar que el perdón está a disposición de los pecadores, sobre la base de la muerte de Jesús que llevó los pecados. Y dado que el Espíritu Santo mora en todo el pueblo de Dios en el verdadero Israel, debiéramos concluir que esta autoridad no está confinada al clero ordenado al servicio. Más bien, todos los que han experimentado el nuevo nacimiento y poseen el Espíritu Santo, tienen esa misma autoridad sobre la base de esta comisión (Juan 3:5; Hech 13:38-39; Rom 8:9-10).

**Lucas 24:44-49: el mensaje crucial**

Lucas nos provee relatos vívidos de dos apariciones del Cristo resucitado: en el camino a Emaús (24:13-35) y en Jerusalén (24:36-44). En estas dos ocasiones, Jesús procuró revertir la situación de su falta de fe (24:25, 38) apelando al testimonio de sus sentidos ("tóquenme y vean"), de su razón ("un espíritu no tiene carne ni huesos"), a su sentido común ("lo tomó y se lo comió"), y a su memoria ("cuando todavía estaba yo con ustedes, les decía"). Más todavía, al ofrecerse a sí mismo como una clave hermenéutica para el Antiguo Testamento (24:25-27) y al poner el punto de foco de manera deliberada sobre sus predicciones de la muerte del Mesías, él estableció el patrón y el marco para el uso persistente y original del Antiguo Testamento, que uno encuentra en el Nuevo Testamento.

Jesús deliberadamente subrayó la importancia de la tarea misionera, al relacionarla deliberadamente con su muerte. Aunque Lucas frecuentemente usa expresiones que implican obligación, en relación con la necesidad divina que dominaba la vida de Jesús (e.g., 2:49; 4:43; 9:22; 13:33), el uso más notable de una expresión tal está en el fragmento literario concerniente a la Gran Comisión. ¿Era necesario que el Mesías fuera crucificado? Sí, la Escritura lo predijo. ¿Era necesario que se levantara de los muertos? Sí, porque esto también fue específicamente predicho. Y luego, sin descender del alto nivel de importancia asignado a estas dos cuestiones esenciales, Jesús agregó que la Escritura también había anticipado la necesidad de predicar "el arrepentimiento y el perdón de pecados" en su nombre, a todas las naciones (24:46-47). El hecho que estos tres temas (su cruz, su resurrección y la proclamación del evangelio por todo el mundo) estén ligados tan íntimamente y tengan el mismo respaldo escriturario, habla muchísimo acerca de la importancia de la misión de la iglesia a las naciones. Marshall afirma que el uso que Lucas hace de estas expresiones que denotan un sentido de obligación, lo llevan a uno a concluir que dentro del curso de la historia divina, los eventos que Dios ha decretado llegan a ser algo que "debe" ocurrir y son "un resultado de su decisión" (1971: 111). La evangelización del mundo fue tan preordenada y determinada por el propósito de Dios, que está dentro del orden de la "necesidad divina," igual en importancia a la cruz y a la resurrección. En relación con esto Hendrikus Berkhof afirma:

> Ya no podemos concebir más a la misión como un mero instrumento en la obra salvadora de Cristo, como el medio por el cual los actos poderosos de la encarnación, la expiación y la resurrección son transmitidos a la nueva generación y a las naciones remotas. Por supuesto que todo eso también está bien. Pero como transmisión de actos poderosos, la misión es un acto poderoso en sí misma, tanto como la expiación y la resurrección. Todos esos actos poderosos nunca serían conocidos como actos poderosos de Dios, sin este último. (1964: 35)

Jesús comenzó este relato "abriendo las mentes" de sus discípulos para que pudieran entender este testimonio particular de tres facetas del Antiguo Testamento (24:25). Llegamos a la conclusión de que la obra redentora de Cristo y la misión mundial de su pueblo sólo es entendida por los que están en sujeción a él (Juan 7:16-17). Y de la misma manera concluimos que para cualquier persona o iglesia, menospreciar la importancia primaria de predicar "el arrepentimiento y el perdón de pecados" es demostrar que han fracasado en seguir las directivas explícitas del mismo Jesús. El movimiento cristiano mundial necesita renovarse en su compromiso con la necesidad de la cruz, con la realidad de la resurrección y con la urgencia de la tarea misionera (ver Barclay 1975: 298).

Deberían notarse otros dos detalles. Se les dijo a los discípulos que su proclamación del mensaje debía comenzar en Jerusalén (24:47). Esto también había sido anticipado en el Antiguo Testamento: "De Sión saldrá la enseñanza, de Jerusalén la palabra del Señor" (Isa 2:3; Miq 4:2). Más aún, se les dijo: "quédense en la ciudad hasta que sean revestidos del poder de lo alto" (Luc 24:49). Esta segunda referencia a la venida del Espíritu Santo (Juan 20:22-23) fue para recordarles otra vez la necesidad que ellos tenían de un poder sobrenatural, antes que pudieran presumir de llegar a ser personas "que colaboran conmigo en pro del reino de Dios" (Col 4:11). Ellos entendían el mensaje: el evangelio del reino. Eran muy versados en la metodología que debían usar, y habían visto en Jesús el modelo para una vida dirigida por el Espíritu. Pero necesitaban más: "lo que ha prometido mi Padre" (Luc 24:49), la unción del Espíritu de Dios, "el último acto poderoso" de Dios. Cuando el Espíritu finalmente vino en el día de Pentecostés, ellos descubrieron que era "la puerta por la que el pueblo de Dios entraba a todos los actos precedentes (encarnación, expiación y resurrección). Este último acto todavía continúa. De sus logros permanentes, nosotros somos testigos" (H. Berkhof 1964: 35).

**Marcos 16:15-20: la autoridad divina**

La mayoría de los eruditos están de acuerdo en que el final original de Marcos se perdió o quizás nunca fue escrito. Los versículos 9 al 20 representan el intento más antiguo de remediar esta falta. No obstante, estos versículos sí presentan ciertos problemas, particularmente cuando se hace la promesa de dones y de señales maravillosas (16:17-18). En relación con esto se ha levantado la siguiente pregunta: ¿Por qué los otros evangelistas no han mencionado tal dádiva? Fue más que un interés pasajero lo que motivó a Calvino a defender la historicidad de estos versículos sobre razones *a priori*. Él argumentó que "el poder de obrar milagros era esencial para el establecimiento de los discípulos mismos, así como también era necesario para probar la doctrina del evangelio en sus comienzos, en el sentido de que el poder lo tenían sólo unas pocas personas, los que creían, para la confirmación de todos, y era concedido sólo por un tiempo (citado por Mackinnon 1906: 348).

Hasta muy recientemente, la tendencia entre los eruditos ha sido la de menospreciar la validez de las "señales" (16:17-18), como una normativa para la iglesia en misión a lo largo de esta era. Algunos incluso han denigrado las referencias a las serpientes y al veneno, como "taumatúrgicas y fantásticas," y han advertido en contra de cualquier carisma físico que toma el lugar de la presencia espiritual del Señor exaltado. Otros, tal como Samuel M. Zwemer, han procurado celosamente defender cada detalle del "largo final" de Marcos, sabiendo que en muchas partes del mundo, si es que los misioneros van a ser efectivos, deberán poder contar de manera consciente con "el Señor trabajando con ellos y confirmando el mensaje" mediante señales apropiadas (1943: 69-86, con referencia a 16:20). De la misma manera, uno podría sostener que la inclusión de la frase "en mi nombre" está en tal armonía con toda otra expresión de la Gran Comisión, que necesita ser subrayada. En realidad, al enviar a los Setenta, Jesús dijo: "Les he dado autoridad (*exousia*) a ustedes para pisotear serpientes y escorpiones y vencer todo el poder (*dynamis*) del enemigo; nada les podrá hacer daño" (Luc 10:19).

De modo que entonces, incluso en este muy debatido "largo final," encontramos que al llevar adelante la Gran Comisión, los cristianos son verdaderamente colaboradores con Jesucristo y están investidos con su autoridad sobre todos sus adversarios.

Es trágico que en el monumental estudio de Bishop J. Waskom Picket, *Christian Mass Movements in India* (Movimientos cristianos masivos en la India, Abingdom Press, 1933), uno no encuentra referencia alguna a las "señales y milagros." Esto es a pesar de que él le confió a Donald A. McGavran que estos movimientos invariablemente comenzaron con sanidades y con otras demostraciones presentes del poder de Dios. Durante los años de 1930, este libro no hubiera sido tomado en serio, si es que él hubiera hecho cualquier referencia a las "señales y milagros," Hoy en día, la evidencia de estos fenómenos es ampliamente difundida, y ¡las actitudes negativas acerca de lo sobrenatural mayormente se han evaporado! Nuestro único temor es que las crecientes demandas sensacionales y extravagantes que se hacen en nuestros días por parte de los que están preocupados por las "señales y milagros," puedan hacer que el péndulo vuelva atrás hacia el escepticismo de los años de 1930. Esto sería una tragedia.

## Mateo 28:16-20: la tarea específica

Ahora llegamos a la declaración más comprehensiva de la Gran Comisión. El Evangelio de Mateo comienza con la genealogía regia del verdadero Mesías de Israel y termina con el Señor y Salvador universal dando un mandato para la misión, el cual es mundial en su espectro. Pero nos sorprendemos al notar el fragmento literario inmediatamente precedente a la Gran Comisión de Jesús. Registra el soborno de los soldados que habían estado custodiando la tumba de Jesús (28:11-15). Aquí tenemos todos los componentes de lo que podría llamarse "la gran comisión del diablo."

Revisen los detalles. Cuando los soldados se recuperaron del terremoto y de la aparición del ángel que había hecho rodar la piedra, y reportaron lo que había sucedido, el establecimiento religioso tomó acción. Jesús debía ser proclamado como muerto y debían decir que su cuerpo había sido simplemente robado. Detrás de esta enorme mentira había una "gran suma de dinero," debido a que el dinero habla. El escozor por el dinero es tal que la gente "puede ser sobornada para esconder la verdad y esparcir una mentira, tal como lo prueba la propaganda moderna" (Buttrick 1951: 621). También se recurrió a los buenos servicios del establecimiento político para promover este engaño deliberado. Al final, los soldados probaron ser obedientes, y esta explicación de la tumba vacía fue ampliamente aceptada entre los judíos. Y todavía lo es en el día de hoy.

A continuación viene el contraste. Jesús tiene "toda autoridad en el cielo y en la tierra," pero frecuentemente recibe la oposición del establecimiento religioso de este mundo y también del político. El mensaje que él había proclamado son las nuevas del reino, incluyendo su ocultamiento presente y las posibilidades latentes en los hombres y mujeres que se colocan bajo el gobierno regio de Jesús, el cual está en curso. La transformación que causará el Jesucristo resucitado refutará toda otra cosa que se diga en cuanto a que él ha permanecido bajo la esclavitud de la muerte. Más todavía, aunque él no hace referencia alguna a las vastas sumas de dinero que son necesarias, generación tras generación, para evangelizar al mundo, en efecto él dice que él es nuestra paga ("Y les aseguro que estaré con ustedes siempre, hasta el fin del mundo"). Los apóstoles en ese primer siglo, junto con innumerables otros desde entonces, han descubierto que con frecuencia tuvieron que confesar, al igual que Pedro: "No tengo plata ni oro." Pedro le dijo esto a un hombre lisiado de nacimiento, quien estaba pidiendo limosna a la entrada del Templo. Pero al mismo tiempo, ellos han podido decir, identificándose con el Cristo resucitado: "pero lo que tengo te doy. En el nombre de Jesucristo de Nazaret, ¡levántate y anda!" (Hech 3:6). Cada vez que el verdadero evangelio se predica, uno invariablemente encuentra evidencia de la vigorosa promoción de ideas que se le oponen. Nuestra tarea ahora es cerciorarnos de la sustancia de la Gran Comisión en la versión de Mateo.

Primero, deberíamos notar que la estructura gramatical del original contiene un solo imperativo. La tarea es "hagan discípulos." Este imperativo está respaldado por tres participios de modo: "(mientras están) yendo," "bautizando," y "enseñando." De ahí que deberíamos evitar la secuencia simplista: ¡Vayan! ¡Hagan discípulos! ¡Bauticen! ¡Enseñen! Estas acciones no deben separarse unas de las otras. La expresión "yendo" está en tiempo aoristo, precedida por el imperativo "hagan discípulos," que también está en aoristo, y seguida de "bautizando" y "enseñando" que están en presente. Por lo tanto la mejor traducción es: "A medida que van, ¡hagan discípulos! (Hagan esto) bautizando y enseñando." Algunos ven en el participio aoristo "yendo" ("habiendo ido") una referencia oblicua a la dinámica del Espíritu Santo, quien constriñe a los cristianos a moverse más allá de las fronteras de la fe para dar a conocer a Jesucristo. Este tema está declarado más explícitamente en la afirmación final de Jesús sobre la misión de la iglesia (Hech 1:8) y por lo tanto será tratado más tarde.

Segundo, la tarea de hacer discípulos implica tres dimensiones separadas, pero a la vez íntimamente interrelacionadas, si es que uno toma bien en consideración la complejidad gramatical del registro de Mateo de la Gran Comisión. Jesús declaró que hacer discípulos demanda no sólo evangelización, sino también la incorporación dentro de la vida de la iglesia (bautismo) y el tipo de instrucción que conduce a una participación activa en el reino de Dios. De ahí que, es completamente correcto afirmar que los principales factores en la misión de la iglesia son *kērygma* (el evangelio), *koinōnia* (la comunidad), y *diakonia* (el servicio y la obediencia del pueblo de Dios, por medio de los cuales se demuestra la única esperanza de la humanidad--el gobierno de Dios). Alexander McLeish lo ha expresado acertadamente:

> Con frecuencia se ha dicho que "plantar la semilla" es la tarea principal y que el resto vendrá a continuación. El que esto no es así, está demostrado tanto por la experiencia como por la correlación de estos imperativos en el mandamiento

> que enfatiza el plantar como lo central para la iglesia. . . . La comunidad nace en el testimonio, existe para el testimonio y sólo es exitosa si hace esto de manera efectiva, en tanto reciba la instrucción plena de "observar" todas las cosas que se le ordenan. (1952: 105-8)

Esto plantea la pregunta de si uno puede ser un discípulo en el sentido bíblico, sin comprometerse con la iglesia y con el reino. Admitamos que la palabra *discípulo* se usa en una variedad de maneras en el Nuevo Testamento. Puede referirse a una persona que ha procurado seguir a Cristo por una razón, que luego probó ser indigna. Uno recuerda a Judas Iscariote, o el discípulo cuyo concepto defectuoso de las prioridades espirituales lo hizo querer enterrar a su padre (y conseguir su parte en la herencia) y luego seguir a Jesús (Mat 8:21). El término *discípulo* también es usado para describir a cualquier seguidor de Jesús. En este sentido "hacer discípulos" puede ser una expresión general, que debe ser equiparada con la evangelización, la cual es la tarea inicial para conducir a la gente a la fe en Cristo (e.g., Hech 14:21). No obstante, algunos argumentan que el uso que Jesús hace del término (e.g., Luc 14:26-27, 33) limita su uso al cristiano que ha cumplido plenamente con las demandas del discipulado maduro. Ellos marcarán una gran diferencia entre meros creyentes y verdaderos discípulos. Otros cuestionarían esta perspectiva estrecha.

Si uno toma todos los usos de la expresión que estamos considerando, es indudable que llegar a ser un discípulo representa tanto un evento como un proceso. Idealmente, implica que uno se somete a Jesucristo como Señor, de todo corazón. Esto con frecuencia tiene lugar en un momento puntual. Pero cualquiera que ha sido activo en la obra evangelizadora sabe que no es sabio dar nada por sentado. Nadie puede estar seguro de que una persona verdaderamente ha llegado a ser un cristiano regenerado, simplemente porque tomó una decisión por Cristo. Y se gana poco probando y volviendo a probar la validez de la decisión inicial. Existe toda la posibilidad de que se pueda haber tomado por razones egoístas, como es el caso de muchas primeras decisiones. De ahí que, se necesita tanto el tiempo como la participación activa en la vida de la iglesia, preferentemente incluyendo una relación de aprendizaje con un cristiano mayor. Esto revelará si es que un nuevo patrón de toma de decisiones ha comenzado a emerger. En relación con esto el apóstol Pablo describió la secuencia evangelizadora que él seguía como "aconsejando y enseñando . . . para presentarlos a todos perfectos en [Cristo]" (Col 1:28). ¿Significa esto que Pablo estaba más preocupado por el proceso en curso que por la decisión inicial? No es tan así, porque él continuó diciendo que los componentes de la decisión inicial (arrepentimiento y fe) son esenciales para un patrón viable de vida cristiana (Col 2:6).

Tercero, la tarea de hacer discípulos debe incluir el bautismo y todo lo que éste significa. Las razones para esto son múltiples. Comenzamos con varias afirmaciones demostrables. No había ningún cristiano no bautizado en la iglesia apostólica: los cinco registros de conversiones en Hechos, todos incluyen el bautismo: el eunuco etíope (8:36, 38); Saulo de Tarso (9:18; 22:16); Cornelio, el centurión (10:47-48); Lidia de Tiatira (16:15); y el carcelero romano (16:33). La forma del bautismo estaba directamente relacionada con la de Juan el Bautista, a la cual muchos, incluido Jesús se había sometido. La fórmula "en el nombre del Padre y del Hijo y del Espíritu Santo" (Mat 28:19) no era usada con rigidez, de modo que debe ser de importancia secundaria (Hech 2:38; 10:48; etc.).

La significación del bautismo se hace clara cuando analizamos en detalle las referencias al mismo en la Escritura. Son variadas. Primero y principal, demostraba la confesión pública del arrepentimiento y la fe de una persona. Como tal, implicaba lo que Dunn llama "el paso del Rubicón del compromiso para el que va a ser cristiano" (1977: 155). Después, no había posibilidad de volverse atrás. En realidad, sin dar este paso al frente uno permanecía sin comprometerse. El hecho de que el bautismo era administrado en el nombre de Jesús o del Dios trino indicaba que la persona bautizada era propiedad de Dios. Y dado que el bautismo servía como el rito de iniciación por el cual los cristianos profesantes ganaban su admisión a la comunidad cristiana local, también expresaba, a través del que bautizaba, la aceptación por parte de la comunidad.

Inevitablemente, el bautismo tiene implicaciones para el reino, debido a su orientación escatológica. Cuando una persona es bautizada, se confiesa por ese acto la unión con Cristo en la muerte de Cristo. Marca la liberación del orden del viejo mundo que está pasando. Y el bautismo también marca la unión con Cristo en la victoria de su resurrección. El reino de Dios, el orden del nuevo mundo, está presente y en operación en las vidas de los bautizados, aunque por el momento está escondido de los ojos de los que no creen.

El bautismo también está relacionado con el don del Espíritu Santo, aunque no debe ser equiparado con el bautismo del Espíritu. En el libro de Hechos veremos que el don del Espíritu Santo era "lo más importante, el elemento decisivo en la iniciación de la conversión . . . la marca de la aceptación por parte de Dios . . . y el bautismo servía como el reconocimiento por parte del hombre de la aceptación divina" (Dunn 1977: 154-57, con referencia a 10:44-48). Una vez que se había dado este paso decisivo de fe y de obediencia, la persona recién bautizada era libre de participar en la vida dinámica continua de la congregación local. Aquí, como en ninguna otra parte, uno podía crecer en gracia y en el conocimiento de Jesucristo. En realidad, el cristiano profesante que no procura el bautismo probablemente sea de lo más indiferente en su consideración por la iglesia y de lo más irregular en su respuesta a la enseñanza y al servicio de la iglesia.

Cuarto, en la formación de discípulos el rol de enseñar es también importante. La Gran Comisión es clara con respecto a esto. Su punto de foco está sobre la clase de enseñanza que "entrena," y no sobre el hecho de impartir instrucción religiosa al por mayor. Enseñarle a una persona a observar la verdad de Dios puede demandar un discipulado gradual del nuevo convertido.

Más aún, Jesús especificó que las áreas a ser cubiertas en esta enseñanza de entrenamiento tenían que ver con "todo" lo que él les había enseñado previamente a sus discípulos. Este cuerpo de enseñanza toma forma específica, cuando lo relacionamos con la estructura del Evangelio de Mateo. En realidad, la Gran Comisión puede ser vista como llevando a todo el Evangelio a un clímax apropiado. Dentro de Mateo, hay cinco mensajes principales, que constituyen el énfasis dominante de la instrucción dada por Jesús sobre el discipulado en relación con el reino de Dios. Cada uno de ellos concluye con una frase característica, la cual separa las sucesivas secciones del libro (7:28; 11:1; 13:53; 19:1; 26:1).

- *Ética: El Sermón del Monte* (caps. 5-7). Jesús fue de lo más frontal en describir las actitudes y las acciones que debían marcar a todos los que se habían puesto bajo su control. La neutralidad o falta de compromiso en la lucha por la justicia no es aceptable. La conducta no motivada por el amor también es inaceptable.
- *Misión: El envío de los doce* (cap. 10). La tarea es compleja: se debe prestar servicio, se debe promover la reconciliación y la tarea evangelizadora de alcanzar a otros debe caracterizar toda relación con los no cristianos.
- *Compromiso: Las parábolas del reino* (cap. 13). Las dimensiones de la obediencia pública, de la confesión verbal, de la devoción de todo corazón y de la fe aventurada están entre las señales del reino que son indispensables.

- **Comunidad:** *La disciplina en la iglesia* (cap. 18). La realidad de compartir una vida en común en Cristo implica aceptar a todos lo que reciben su mensaje y rendirse cuentas mutuamente conforme a las más altas expectativas. Esta es la antítesis más completa del cristiano "solitario."
- **Mayordomía:** *El discurso del monte de los Olivos* (caps. 24, 25). Hay una consciencia constante de que viene el día cuando cada discípulo dará cuentas de su fidelidad como custodio del evangelio y del uso que ha hecho de los dones espirituales y de los talentos naturales.

A partir de la discusión que precede, es evidente por qué es esencial una cuota de instrucción sobre estos asuntos, para preparar a los que van a seguir a Jesús, a los efectos de que evalúen el costo, antes de animarlos a someterse a su señorío. Sólo de esta manera puede uno repudiar la acusación de predicar un evangelio de gracia barata. Más todavía, es esencial que posteriormente a la conversión se les enseñe a todos lo convertidos a "observar" estos varios mandamientos, si es que va a haber en ellos algún movimiento hacia la madurez al seguir a Dios (Fil 3:12-16).

Quinto, deberíamos darnos cuenta de que en la iglesia se ha desatado un debate nada pequeño sobre el significado de la expresión "todas las naciones." Tomado literalmente, significa que se deben hacer discípulos individuales dentro de todos los segmentos de la familia humana. Es poco probable que Jesús se haya estado refiriendo a las naciones como entidades colectivas en sí mismas, porque de lo contrario no se habría referido al masculino "ellos" al referirse al bautismo y a la enseñanza, porque la palabra para "nación" es neutra. Se argumenta que el Dios que antes permitió que "las naciones siguieran su propio camino" (Hech 14:16) y quien "pasó por alto aquellos tiempos de tal ignorancia" (Hech 17:30), ahora ofrece el evangelio de reconciliación a todos y a cada uno (a judíos tanto como a gentiles).

Pero en este punto, los eruditos se dividen. Algunos argumentan que la Gran Comisión está dirigida hacia todo el mundo excepto Israel, porque el rechazo de Jesús de parte de los judíos marcó el abandono de la misión a Israel por parte de Dios. Otros, con igual insistencia, incluyen a Israel. Un hecho importante aunque no decisivo es que Jesús anteriormente había enviado a los Doce sólo a "las ovejas descarriadas del pueblo de Israel." Los *ethnē* fueron deliberadamente excluidos (Mat 10:5-6), mientras que en 28:18-20 son mencionados con énfasis. La mejor manera de resolver esto es recordar que "todas las naciones" es la expresión usada en la parábola del Juicio Final (Mat 25:32). En esta parábola, las únicas distinciones que se hacen son entre los rectos y los culpables, entre los que heredan el reino de Dios y los que no. En este sentido, los judíos no se distinguen de los gentiles (ver también el pueblo de Dios odiado por todos en Mat 24:9 y en Mar 13:13). Y no debemos olvidar que la traducción que la Septuaginta hace de la promesa del pacto hecha a Abraham usa esta misma frase: "¡por medio de ti [Abraham] serán bendecidas todas las familias de la tierra!" (edición Bagster, Gén 12:3). *Ethnē* es un término impreciso que no debería ser forzado demasiado. Significa "pueblo" y no necesariamente implica una "unidad de descendencia común, ni una unidad política ni una unidad lingüística." No obstante, el espectro obvio de la Gran Comisión abarca a todas las unidades culturales dentro de la familia humana (Schmidt 1964: 369-72).

Podemos concluir que el evangelio es la provisión por gracia del pacto de Dios con su pueblo a través de Jesucristo, ya sea que sean culturalmente judíos o gentiles. Es significativo que Josefo en su *Historia de las guerras judías* usa la palabra *ethnos* de manera regular, con referencia al pueblo judío (Neill 1964: 332).

En nuestros días, hay una gran resistencia en las iglesias a incluir al pueblo judío dentro del espectro de la Gran Comisión (G. Anderson 1974: 279-93). Se presenta una variedad de argumentos para justificarlo. Para algunos, una lectura particular de la herencia religiosa judía, los lleva a decir que los judíos no necesitan a Jesucristo. Ellos afirman con confianza que Dios "no rechazó a su pueblo, al que de antemano conoció" (Rom 11:2), e interpretan que esto quiere decir que todos los judíos están incluidos en el nuevo pacto o que el antiguo pacto permanece válido para los judíos. Otros argumentan que por cuanto tan pocos judíos a través de los siglos han respondido al evangelio, la iglesia debería admitir su fracaso y terminar con esta actividad de una vez. Todavía otros sienten que más de dos mil años de antisemitismo cristiano han demostrado la bancarrota espiritual del cristianismo comparada con los judíos. A sus ojos, sólo los cristianos más ignorantes e insensibles persisten en esta actividad sin garantías.

Más aún, dentro de la comunidad judía uno encuentra a muchos que aceptan los postulados básicos del filósofo existencialista judío Franz Rosenzweig (1886-1929). A pesar de llamarse a sí mismo un "anticristiano," él respaldó con entusiasmo la Gran Comisión. "¡Vayan, por todos los medios, vayan a todo el mundo y prediquen el evangelio! ¡No permitan que nadie ni nada les impida ir! Y los que los oyen,

¡deberían venir! No pueden hacer otra cosa que venir." Rosenzweig luego continuó diciendo:

> Estamos totalmente de acuerdo en lo que Cristo y su iglesia significan para el mundo; nadie puede llegar al Padre excepto a través de él. . . . Pero la situación es muy diferente para el que no tiene que llegar al Padre porque ya está con Él. Y esto es así con el pueblo de Israel (aunque no con los judíos individualmente). (Citado por Bowler 1973: 12)

Esta postura se llama "teoría de los dos pactos," porque está basada en la tesis de que Dios hizo un pacto con el pueblo judío a través de su membresía en Israel y con los pueblos gentiles a través de Jesucristo. El efecto obvio de esta teoría es distraer la atención de los cristianos respecto de los judíos y, en parte, exaltar el principio de que la raza y la religión pueden ser las bases para ser eximidos de la necesidad de Jesucristo. No obstante, deberíamos sostener que ninguna investigación teológica exhaustiva de la redención en la Escritura respaldará la tesis de que los israelitas pueden salvarse aparte del sufrimiento vicario de Cristo. El reino de Dios es universal en su espectro. Al pueblo judío no se le debería negar el mensaje de perdón. Algunos cristianos han dicho en esencia: "Si no comparto a Cristo con los judíos, o bien considero a Cristo como indigno de ellos o considero a los judíos como indignos de Cristo." La descripción bíblica de Jesucristo subraya el hecho de que todas las personas, ya sean judíos o gentiles, son llamadas a arrepentirse y a creer porque todas están bajo el juicio de Dios y sólo él es la provisión que Dios hizo de un Salvador. Volveremos a este tema más tarde, cuando examinemos las referencias que Pablo hace al respecto.

Sexto, también necesitamos recordar un énfasis significativo que no se encuentra en ninguna declaración del mandato misionero, pero que emerge particularmente cuando reflexionamos sobre lo que Jesús dijo acerca de la riqueza y de la pobreza, registrado en Lucas. En el corazón mismo de este Evangelio está el tema: "buenas nuevas a los pobres" (4:18). En realidad, el evangelio debe estar dirigido específicamente a los pobres. Esto no se refiere a "un término colectivo para los cautivos, los ciegos y los oprimidos" (Pilgrim 1981: 64-69). Los pobres están demasiado específicamente identificados en Lucas como para hacer este juicio tan facilista (6:20-23; 7:18-23; 14:13, 21; etc.). Lucas está particularmente preocupado por los despojados en el sentido económico. Con fidelidad describe la inclinación que Dios tiene hacia los pobres y los de bajo nivel (1:48, 52-53; 4:18). Se detiene en la amistad de Jesús con los recaudadores de impuestos y con los pecadores (7:31-35; 15:2). En realidad, Lucas enfatiza que el ministerio de Jesús "está identificado de manera inseparable con los pobres y los hambrientos, con los enfermos y los afligidos, con los cautivos y los oprimidos, con los marginados y los pecadores. . . . [Ellos representan] realidades sociales duras, así como también profundas necesidades espirituales" (Pilgrim 1981: 83).

El hecho que el versículo clave (4:18) sea una cita de Isaías 61:1-2 coloca al tema en su clímax. La visión del año del jubileo, con su promesa de justicia y de liberación, significa que la buena nueva del reino implica una estructuración radical de la sociedad modelada por esta promesa. Este tema demanda un desarrollo extensivo y urgente, tal como lo sugiere Orlando Costas.

> Por largo tiempo, se ha hecho teología desde la perspectiva de los poderosos y fuertes; es tiempo de que se haga desde el lado de los débiles y oprimidos. Por demasiado tiempo, los pobres han sido escondidos de los ojos de la teología; es tiempo de que sean rescatados como una categoría fundamental del evangelio y como un lugar desde el cual reflexionar sobre la fe. (1982: 127)

Séptimo, la manera como Mateo plantea la Gran Comisión concluye con las mismas dimensiones sublimes con las que comenzó. Jesús como Rey había hecho la demanda regia de que toda autoridad le había sido dada en el cielo y en la tierra (28:18). Por medio de eso, se reveló a sí mismo como mucho más que un rey de los judíos. Él es el Rey de reyes y Señor de señores de todos los pueblos en todas partes. Su mandato regio fue que sus seguidores hicieran discípulos a todas las naciones. Ellos tienen una fe universal para proclamar. Nunca más va Dios a confinar a sus mensajeros a la casa de Israel (Mat 10:5-6). Y termina con una promesa regia: "Y les aseguro que estaré con ustedes siempre, hasta el fin del mundo." En otras palabras, esta promesa de la presencia eterna del Rey era para proveer más que un consuelo personal a los comprometidos con la tarea de hacer que Jesucristo fuese conocido, amado y servido por todas las naciones. Esto subrayó la prioridad de esta tarea hasta el establecimiento del reino en poder y en gloria al final de los tiempos. ¡Y cuidado con sostener que en nuestros días la única tarea que el Rey ha ordenado debería ser reemplazada por tareas radicalmente diferentes! No es poco significativo que Basil F. C.

Atkinson concluya su comentario sobre Mateo con las palabras siguientes: "La existencia de millones en el mundo de hoy, que nunca han oído el nombre del Salvador es una desgracia para todos nosotros" (1953: 805).

**Hechos 1:8: la gran profecía**

El contexto de la referencia final a la Gran Comisión en el ministerio de Jesús posterior a su resurrección está descrito en Hechos 1 como la culminación de su instrucción "acerca del reino de Dios" (1:3). En el resto de Hechos veremos que el reino de Dios era percibido por los apóstoles como viniendo en los eventos de la vida, la muerte y la resurrección de Jesús. Para ellos, proclamar estos eventos y demostrar su importancia para el reino era proclamar de manera plena las "buenas nuevas del reino." Y aun así, los versículos 6 y 7 revelan que nuestro Señor todavía encontraba en los apóstoles el horizonte limitado de una esperanza obcecada: la restauración de un reino terrenal para Israel. Al comienzo de Hechos, Lucas deliberadamente subraya la comprensión imperfecta que ellos tenían al comienzo de Hechos, y registra que Jesús la dejó de lado como irrelevante. Esto es lo que surge del objetivo dominante de Lucas en este libro: proveer una explicación teológica e histórica del surgimiento de un movimiento religioso, que reflejaba las dimensiones universales del reino de Dios.

En una sentencia breve, Jesús muestra que el inminente bautismo del Espíritu Santo (Hech 1:5, 8) les daría tal poder a los discípulos, que de manera individual y colectiva se transformarían en sus audaces testigos. Comenzarían a dar testimonio en Jerusalén y eventualmente se extenderían "hasta los confines de la tierra." A lo largo de los siglos, cristianos preocupados han visto que el propósito redentor de Dios no debe ser impedido contentándose con éxitos pasados. El evangelio debe ir hacia afuera y hacia adelante en círculos en permanente ampliación, a partir de Jerusalén. Para ellos la misión significó tanto plan como progreso. La elección de Samaria sólo puede significar la preocupación peculiar de Dios por pueblos minoritarios, esa clase de pueblos que la mayoría de las personas tiende a despreciar. La historia de la misión nos muestra que, a lo largo de los años, Dios ha bendecido de manera singular a los que le han recordado a la iglesia los "pueblos olvidados" del mundo (1 Cor 1:26-29).

La referencia final a la misión en el mundo acentúa el poder del Espíritu Santo, la prioridad que todos los samaritanos representan y la obligación de que la iglesia extienda sus fronteras de fe hacia "las fronteras más remotas de la tierra." No obstante, hacer eso sería pasar por alto el hecho de que esto es una profecía. En realidad, Jesús no usó la forma didáctica en estas palabras finales a sus discípulos. En un sentido muy real, él no estaba haciendo otra declaración de la Gran Comisión. Más bien, él estaba poniendo fin a su ministerio terrenal, anticipando que su pueblo realmente completaría la tarea misionera. Esta tarea sería plenamente cumplida, debido a la obra del Espíritu Santo. "Recibirán poder . . . serán mis testigos . . . hasta los confines de la tierra." Dios sabe que un día "toda la historia humana será consumada en Cristo" (Ef 1:9 Phillips).

**Conclusión**

En este capítulo, hemos examinado cinco maneras diferentes en las que los escritores de los Evangelios registraron el anuncio que Jesús hizo de la misión del reino de Dios. Cada una de estas comisiones contiene un énfasis algo diferente con respecto a la misión del reino de Dios. Aun así, las cinco demuestran una perspectiva en común y un compromiso compartido: los discípulos de Jesús en todos los tiempos deben anunciar la venida del reino de Dios en Jesucristo, participando en la misión de Jesús de llamar a mujeres y a hombres para que lleguen a ser discípulos de Jesucristo y miembros responsables de la iglesia de Cristo.

El anuncio de la venida del reino de Dios, acompañado por la invitación a seguir a Jesucristo, el Rey Mesías, es fundamentalmente una proclamación escatológica en palabra y en hecho. Es la declaración de que un futuro nuevo ya ha comenzado y se le ofrece a toda la humanidad, tanto a judíos como a gentiles, por igual. Esta dimensión escatológica en el presente y en el futuro se extrae con más fuerza del Evangelio de Juan. Así es que, en el próximo capítulo, exploraremos cómo el Evangelio de Juan describe la misión de Jesús de anunciar la venida del reino de Dios.

## Capítulo 15

## Jesús anticipa la venida del reino de Dios

**Introducción**

A lo largo de los años, los eruditos han prestado una considerable atención al carácter único del Evangelio de Juan, en contraste con los Evangelios Sinópticos. Algunos eruditos han especulado que este evangelio tuvo su origen en una comunidad de helenistas, que estaba en una seria tensión con otros segmentos de la iglesia primitiva. La teología de ellos era supuestamente juanina, y no estaba de acuerdo con la de los Sinópticos. Otros disputan esto y argumentan de manera plausible, que debemos esperar variaciones complementarias en estas descripciones separadas de Jesucristo. Aunque este debate, como tal, no nos concierne aquí, debemos evaluar las características distintivas de este evangelio y relacionarlas con nuestro tema: el reino y la misión.

El Evangelio de Juan no menciona eventos prominentes de los sinópticos tales como el nacimiento de Jesús, su bautismo, la tentación y la transfiguración. El Evangelio de Juan no contiene ningún llamado al arrepentimiento, ninguna parábola, nada prominente con respecto al reino, ningún Sermón del Monte, ninguna institución de la Cena del Señor, y sólo alude a la agonía de Jesús en el jardín de Getsemaní. En contraste con las declaraciones aforísticas de Jesús en los Evangelios Sinópticos, sobre una amplia variedad de temas, en el Evangelio de Juan encontramos al escritor dando largos discursos acerca de él mismo y de los dones de Dios a través de él: la vida eterna, el conocimiento, la luz y la verdad (Barker 1969: 386). En relación con esto Ladd observa:

> La estructura del pensamiento de Juan parece moverse en un mundo diferente. Han desaparecido las expresiones referidas a esta era y la era por venir. Ya no está el discurso en el monte de los Olivos, con su expectativa escatológica del fin de los tiempos y la venida del Hijo del hombre en gloria para establecer el reino de Dios. . . . En lugar de la tensión entre el presente y el futuro, está la tensión entre arriba y abajo, entre el cielo y la tierra, entre la esfera de Dios y la del mundo. (1974: 216)

El carácter único de este evangelio demanda que sea plenamente explorado y comprehensivamente relacionado con los Sinópticos. No existe ninguna diferencia fundamental entre su enseñanza y la de los Sinópticos. Nada ha sido distorsionado ni falsificado. No hace más que

> hacer todavía más explícito lo que estuvo siempre implícito en los Sinópticos. Juan eligió formular su evangelio entero en el lenguaje sólo usado por nuestro Señor en el diálogo íntimo con sus discípulos, o en la argumentación teológica con los sabios escribas, a los efectos de poner en evidencia el significado completo de la Palabra eterna que se hizo carne (1:4) en el evento histórico de Jesucristo. (Ladd 1974: 221-22)

## *Missio Dei:* una perspectiva trinitaria

El cuarto evangelio se preocupa únicamente por Dios como el que envía. En el análisis final, es un tratado en el cual el objetivo es establecer quién es Jesús, y luego mostrar que los que creen en él "en su nombre [tendrán] vida" (20:30-31). Juan el Bautista fue "enviado" para dar testimonio de Jesús (1:6-8; 3:28), Jesús fue "enviado" para dar a conocer a su Padre y para hacer su obra (1:18; 4:34; 5:23; 6:38-39; etc.). El Espíritu Santo fue "enviado" tanto por el Padre como por el Hijo, para continuar el testimonio y la obra de Jesús en el mundo (15:26; 16:7-11). Finalmente, los discípulos fueron "enviados" por Jesús para llevar a cabo la misión de Jesús en el mundo, como colaboradores del Espíritu Santo (17:18; 20:21). En su resumen de la importancia de estas misiones interrelacionadas, Donald Senior afirma:

> Las cuatro se llevan a cabo en la arena del "mundo" y, en última instancia, tienen como meta la salvación del mundo. Todas implican una relación personal entre el que envía y el enviado, entre el agente y el que inviste al agente con autoridad. Esto es cierto en todos los casos, incluso para el Hijo (8:28, 29) y para el Paracleto (16:13). No hablan de su parte sino de parte del que los envió. Todas estas misiones giran alrededor de Jesús: Juan anuncia su venida, el Paracleto refuerza su presencia, y los discípulos declaran su palabra al mundo. Pero esta constelación de misión alrededor de Jesús no termina aquí. Así como la cristología de Juan no es la palabra final del Evangelio sino que, en última instancia, está relacionada con la búsqueda más

profunda del rostro de Dios, así también el punto final de la misiología de este Evangelio no es Jesús sino el Padre. Sólo el Padre no es enviado. Él es el origen y la meta de todo el testimonio del Evangelio. (1933: 22)

Con esto en mente, podemos apreciar el *pathos* en la oración de Jesús: "Padre justo, aunque el mundo no te conoce, yo sí te conozco" (17:25a). Y luego, refiriéndose a sus discípulos, agregó: "Estos reconocen que tú me enviaste. Yo les he dado a conocer quién eres, y seguiré haciéndolo, para que el amor con que me has amado esté en ellos, y yo mismo esté en ellos" (vv. 25b-26). Dios no es solamente el que envía; Él es también el que ama. Es por esta razón que "dio" a su Hijo (3:16) y "dio" el Espíritu Santo (14:16) para la vida y la misión de su pueblo. La era de la iglesia es preeminentemente la era del Espíritu Santo, la era de la misión mundial.

Toda la esencia divina está de este modo involucrada en la misión de la iglesia. El Padre decretó y envió al Hijo. El Hijo redimió y, junto con el Padre y en el poder de la resurrección, envió al Espíritu para estimular al pueblo de Dios y enviarlos al mundo a cumplir con su misión (20:22). El pasaje de Juan 16:8-11 es definitivo en relación con esto. "Cuando [el Espíritu Santo] venga, convencerá al mundo de su error en cuanto al pecado," es decir, el pecado de no creer en Jesucristo; "[en cuanto] a la justicia," es decir, la comprensión imperfecta que tiene el mundo de la justicia; "y [en cuanto al] juicio," porque el juicio ya está operando en la sociedad y en la historia, así como también llegará a su plenitud en el día final. Concerniente a esto, Albert C. Winn declara:

> De acuerdo a la teología juanina de la misión, si es que la iglesia va a ser espiritual, es decir va a estar llena del Espíritu Santo y guiada por él, se encontrará en confrontación con el mundo con respecto al pecado, a la justicia y al juicio. Y si no está en esa confrontación, no es obediente al Espíritu, al no llevar a cabo su misión. Entonces, su paz y su unidad, su regeneración y su santificación, su plétora de dones y de gracias, todo se va a malgastar (1981: 101)

La perspectiva trinitaria de Juan significa que el gobierno de Dios se extiende a todas las áreas de la vida. Cuando Jesús llamó a su pueblo a aceptar su gobierno, lo que en efecto estaba diciendo era: "Como gobernante del universo, deseo establecer mi control sobre la vida de ustedes. Aléjense de toda otra demanda de propiedad y entren a mi reino. Permítanme gobernar en la vida del mundo a través de mi gobierno en ustedes" (Webber 1978: 159).

El Espíritu Santo es invariablemente descrito como participando en la misión de los creyentes después de la Pascua (e.g., Juan 3:5-8; 6:63; 7:37-39; 14:16-26; 15:26-27; 16:7-15; 20:22). En Juan no se hace mención alguna del Espíritu Santo como trayendo una experiencia de éxtasis, de gozo o de control de los sentimientos. Más bien, el Espíritu es descrito como estando con ellos, enseñándoles y guiándolos y dando testimonio junto con ellos, de manera muy semejante a como Jesús mismo sirvió a sus discípulos. Pero aun así, con mayor intensidad ("obras ... mayores" 14:12). Lo mejor de todo es que el Espíritu entrará junto con ellos a "la confrontación profética con el mundo no creyente" (Senior y Stuhlmueller 1983: 218).

A partir del Evangelio de Juan, parecería que una preocupación por las dimensiones de la experiencia de nuestro encuentro con el Espíritu Santo podría distraernos de las demandas de ser ciudadanos del reino de Dios. En lugar de cumplir con el papel de una presencia eterna con todos y cada uno de los creyentes, como una suerte de sucesor de Jesucristo, el Espíritu puede tornarse en el que desplaza al Señor (e.g., la herejía montanista del segundo siglo). En contraste, en el cuarto Evangelio, el Espíritu Santo es claramente el subordinado de Jesús, que hace que las personas lo recuerden, tal como Winn lo rememora:

> Él traerá a la mente de sus discípulos todo lo que Jesús les ha dicho (14:26). Dará testimonio de Jesús (15:26). No hablará a partir de su propia autoridad, sino que dirá todo lo que oiga de parte de Jesús (16:13), así como Jesús no habló a partir de su propia autoridad, sino que habló lo que oyó de parte del Padre (7:16; 8:26, 28; 12:49; 14:24; 17:8) Glorificará a Jesús (16:14), así como Jesús glorificó al Padre (17:4). Así como Jesús fue completamente transparente, no reclamando nada para sí mismo para que pudiera brillar la gloria del Padre, así el Paracleto es completamente transparente, no reclamando nada para sí mismo, de modo que la gloria de Jesús pueda brillar. El Paracleto no desplaza a Jesús más que lo que Jesús desplaza al Padre. (1981: 93-94)

Todo lo cual nos trae a la expresión *Missio Dei*. La conferencia del Quinto Concilio Misionero Internacional, llevada a cabo en Willingen, Alemania, en julio de 1952, usó este término para subrayar que el movimiento misionero tiene su fuente en el Dios trino. "Dios es el Señor, el que da las órdenes, el Dueño, el que cuida de las cosas. Él es el Protagonista en la misión" (Vicedom 1965: 5). En este sentido, toda la historia de la redención (*Heilsgeschichte*) es la historia de la *Missio Dei*, el propósito redentor de Dios para las naciones. Como consecuencia, la meta de la *Missio Dei* es la de incorporar a las personas al reino de Dios y comprometerlas con su misión. Dado que el Padre es el que envía, Jesucristo es el enviado y el Espíritu Santo es el que revela, se deduce que es deplorable que la iglesia no se comprometa con la misión. Tal como se afirmó en el "Informe provisorio" de Willingen: "La Iglesia es como un ejército que vive en tiendas. Dios llama a su iglesia a desarmar sus tiendas y a seguir adelante; y Dios va con su pueblo hasta que se cumpla el propósito de su Hijo quien envía, del Espíritu Santo y de la Iglesia" (Goodall 1953: 243). O como afirma H. H. Rosin: "El que busca primero el reino debe poner en primer lugar el amor de Dios por los demás; debe aceptar la responsabilidad de llevar la misión de Dios hacia otros" (1972: 17).

El enfoque trinitario de la teología de la misión fue bien resumido por la conferencia del Concilio Misionero Internacional en Willingen.

> Dios envió a su Hijo, Jesucristo, para buscar y reunir, y transformar a todos los hombres quienes, por el pecado, están separados de Dios y de su prójimo. Esta es y siempre ha sido la voluntad de Dios. Fue encarnada en Cristo y será completada en Cristo. Dios también envía al Espíritu Santo. Por medio del Espíritu Santo, la Iglesia, experimentando el amor activo de Dios, tiene la seguridad de Dios completará lo que comenzó al enviar a su Hijo. (Goodall 1953: 241)

**El reino de Dios y la vida eterna**

En 1522, Martín Lutero escribió en su prefacio al Nuevo Testamento, algo que ha llegado a ser casi axiomático, pero que, desafortunadamente, ha contribuido a distorsionar la comprensión del carácter bíblico de la misión cristiana. Inconscientemente, Lutero alentó a los cristianos a aceptar un "canon dentro del canon" cuando dijo, describiendo los libros del Nuevo Testamento:

> De entre todos estos libros, ustedes, en un pantallazo, pueden discriminar correctamente y distinguir cuáles son los mejores. El Evangelio de Juan y las epístolas de Pablo, especialmente la dirigida a los romanos, y también la

primera epístola de Pedro contienen la verdadera pepita y médula entre todos los libros. La razón es que en ellos no se describen en detalle las obras y los milagros de Cristo, sino que se enfatiza de manera muy magistral cómo la fe en Cristo derrota al pecado, a la muerte y al infierno, y da vida, justificación y bendición, lo cual es la verdadera naturaleza del evangelio. . . . Por lo tanto, el Evangelio de Juan es el único evangelio delicadamente sensible a lo que es en esencia el evangelio, y debe preferirse ampliamente a los otros tres y debe ser colocado en un nivel más alto. (Citado en D. Fuller 1969, vol. 9: 9-10)

Es ampliamente reconocido que Lutero fue bastante arbitrario cuando hizo este reclamo de que el Evangelio de Juan es superior a los Sinópticos. Por supuesto que Lutero mismo habría negado la acusación, diciendo que él fue guiado por "la regla de fe." Con esto, él se refería a Jesucristo y a la verdad de la justificación por la fe, o como específicamente lo declaró: "La Escritura no contiene otra cosa que Cristo y la fe cristiana" (citado en D. Fuller 1969, vol. 9: 9). Pero el resultado de la visión de Lutero fue un "canon dentro del canon," con base en lo que él pensaba que debía ser la Palabra normativa de Dios. Mientras que es cierto que muchas de las afirmaciones en Juan son inequívocamente claras y de relevancia inmediata (ya que vienen directamente de los labios de Jesucristo mismo), esto no significa que los Sinópticos estén menos inspirados y por lo tanto que tengan menos autoridad. Por otro lado, la distorsión también surge cuando uno, inconscientemente, torna en normativo el relativo silencio del cuarto evangelio con respecto al reino de Dios, y menosprecia la contribución de los Sinópticos para una comprensión abarcadora de este tema.

El punto de foco central del Evangelio de Juan es su acento sobre la vida eterna. La preocupación dominante de Juan era que los cristianos fueran confirmados en su conocimiento de la completa deidad de Cristo y en la certeza de la vida eterna, a través de la fe en él (10:10; 20:31). No obstante, lo que es significativo es que la vida eterna no es introducida sino hasta después que Jesús ha afirmado que sin el nuevo nacimiento uno no puede ver el reino de Dios, y mucho menos entrar a él (3:3, 5). A partir de este punto, Jesús no hace ninguna otra referencia al reino en el Evangelio de Juan, aunque a continuación menciona la vida eterna más de treinta veces. En realidad, no se hace mención alguna del reino de Dios, hasta el juicio de Jesús frente a Pilato. Cuando se le pregunta sobre su reinado, Jesús afirma que "no es de este mundo" y tampoco debe ser promovido o defendido mediante el poder del mundo (18:33-38).

Este acento sobre la vida eterna tiene una significación misiológica. En los Sinópticos, Jesús dice que la salvación está a disposición en el reino escatológico de Dios, el cual ha invadido la historia en su persona y misión. No obstante, en el cuarto Evangelio, Jesús afirma que la salvación está a disposición en el presente, en su persona y misión. Aun así, Juan no pasa por alto su consumación escatológica. Lo que todo esto significa es que los cristianos, como señales del reino, pueden y debieran reflejar en sus vidas y expresar con sus labios el "mañana" de Dios en medio del mundo de "hoy." Como George Ladd observa:

> Si la vida eterna es en realidad la vida del reino de Dios escatológico, y si el reino está presente, se deduce que podríamos esperar que el reino les traiga a los hombres una anticipación de la vida de la era futura. (1974: 259)

Esto tiene ramificaciones prácticas tremendas para el ministerio y la misión en el día de hoy. Si el futuro de Dios debe caracterizarse por la paz y la justicia, los cristianos de hoy deben verse a sí mismos como pacificadores y reconciliadores, y como defensores de los pobres, de los marginados y de los explotados. Las obligaciones del mandato cultural del Antiguo Testamento continúan siendo su más alta prioridad, dado que constituyen, en parte, las demandas del reino. En su extenso estudio *A Biblical Theology of Missions*, George W. Peters reconoce que el mandato cultural abarca "los conceptos y las directivas básicos para una sociedad ordenada y progresista, basada sobre principios de una moralidad sana y de un monoteísmo ético" (1972: 166-67).

La Gran Comisión incluye la obligación de enseñarles a los convertidos "a obedecer todo" lo que Jesús les enseñó a sus discípulos. Esto significa que la demostración de los valores y las preocupaciones del reino viene dentro del círculo de la obligación de la misión, porque este fue el tema central del ministerio de Jesús. Así es que Harvie Conn define correctamente la evangelización como "hacer justicia y predicar la gracia" (1982).

Un corolario de esto es el énfasis de Juan sobre el conocimiento de Dios. Una y otra vez, el mundo es representado como no conociendo a Dios (1:10; 8:55; 16:3; 17:25). Pero en el día final "así como las aguas cubren los mares, así también se llenará la tierra del conocimiento de la gloria del Señor" (Hab 2:14). Dado que los cristianos ya conocen a Dios, no tienen otra alternativa que proclamar ese conocimiento en el día de hoy. En relación con esto, es su misión exhibir entre ellos una aceptación mutua y un amor tal que el mundo se acerque, que haga preguntas y que escuche, y de esa manera que llegue a conocer que Jesús es Aquél a quien Dios ha enviado para ser su Salvador (Juan 4:42; 17:8, 20-26).

El Evangelio de Juan también relaciona el conocimiento de Dios con el tema de la verdad. Esto no significa que la verdad en Juan está presentada de manera proposicional. El énfasis es más hebreo que griego. "Conocer a Dios" significa "experimentar una comunión con Dios" y no meramente saber acerca de Dios. Juan está preocupado por la interacción directa de la persona con la persona de Cristo y por la ortopraxis. Por ejemplo, cuando Jesús declaró que los verdaderos discípulos son los que continúan el modelo de someterse a su palabra, el acento está sobre su promesa: "conocerán la verdad, y la verdad los hará libres" (8:31-32). Cuando Jesús se identifica a sí mismo con la verdad, significa que él es lo que dice. Más aun, él no hace descarriar a la gente. Por el contrario, él es "la plena revelación y encarnación del propósito redentor de Dios . . . la revelación de la fidelidad de Dios para con su propio carácter . . . [y] de su propósito continuo de hacer conocer su voluntad salvadora" (Ladd 1974: 266).

Como la "luz verdadera" (1:9), Jesús está en contraste con las luces débiles y con frecuencia falsas en las religiones paganas, y con los dioses de las naciones. Dentro de la corriente de la revelación de Dios, sólo ha habido luces parciales como Moisés (1:17) y como Juan el Bautista (5:35). Pero Jesús es la refulgencia de la gloria de Dios (1:16-18) y "la luz del mundo" (8:12). Todavía más, como Creador del mundo y como Redentor de la humanidad, sólo él mantiene una relación determinante con este mundo caído (3:33; 7:28; 8:26). Debido a que él es la presencia salvadora de Dios en el mundo, todos los que lo siguen "hacen la verdad," lo cual significa que responden de manera plena e incondicional a la verdad que él representa. Él no sólo envía a sus discípulos al mundo para continuar su testimonio (17:18), sino que ora para que ellos sean santificados en la verdad (17:17, 19). Esto quiere decir que todas las dimensiones de sus vidas deben reflejar el carácter de Dios, porque "el que afirma que permanece en él, debe vivir como él vivió" (1 Juan 2:6).

## Elección y misión

En los escritos del apóstol Pablo, hay referencias ocasionales a la elección y a la predestinación (e.g., Rom 8:29; 9:11; Ef 1:4-5; Col 3:12; 2 Tes 2:13). No obstante, es principalmente en el Evangelio de Juan, que uno se encuentra de manera repetida con declaraciones que confirman la tesis de que la fe es un don conferido a algunos, pero no a otros. Ciertas personas "nacen de Dios" (1:13). En realidad, las personas o son "de Dios" ("de la verdad," 18:37) o "no son de Dios" (8:47); son dados (6:37), atraídos (6:44), o concedidos (6:65) por el Padre al Hijo; o son deliberadamente elegidos por Cristo (6:70; 13:18; 15:16, 19). Aunque los eruditos en el día de hoy tienden a pasar por alto las implicaciones de estos textos, no se puede decir lo mismo de generaciones anteriores (ver el breve estudio de la investigación exegética de la elección en Juan, escrito por Alf Corell [1981: 166-86] y el desarrollo de este tema por parte de D. A. Carson [1981: 125-200]). En realidad, a lo largo de la historia de la iglesia, se han hecho esfuerzos monumentales para explicar estos textos, para confinarlos a los doce, o para usarlos para reforzar el dogma de la reprobación, una doctrina acentuada de la predestinación.

La elección en este Evangelio debería relacionarse con la enseñanza del Antiguo Testamento, sobre un remanente creyente dentro de Israel, que sirviera como el instrumento de Dios para la salvación de toda la nación. Profetas posteriores tomaron este tema y lo concentraron sobre una sola persona: El Siervo sufriente del Señor, el Rey Mesías davídico (Isa 42:1-12; 49:1-13; 50:4-9; 52:13--53:12). El Mesías que venía debía incluir dentro de él mismo aquello que redimió y perfeccionó: el pueblo de Dios escatológico. Pero los judíos de los días de Jesús veían las cosas de manera diferente. Muchos pretendían estar espiritualmente seguros, debido a su descendencia física de Abraham y a su conformidad externa a la ley sinaítica. Se enfurecían cuando oían que su actitud hacia Jesús era en sí determinante. Siendo ciegos a lo que él era, fracasaron en ver su significación. En su falta de fe y en su ira, procuraron matarlo (Juan 8:31-59) y claramente demostraron que eran hijos del demonio. En contraste, Juan procura mostrar que la elección de Dios ha llegado a su "completa realización y ha asumido su carácter final a través de Jesús y de la Iglesia fundada por él" (Corell 1958: 188).

A Jesús como el Elegido, su Padre le asignó la tarea de traer a los que él eligiera al contexto escatológico del reino de Dios (Juan 15:16, 19). Hizo esto, mientras simultáneamente hacía realidad el reino escatológico en su propia persona. De modo que, entonces, su gracia que elige estaba representada como la actividad de un pastor que reúne a las ovejas, "los hijos de Dios que estaban dispersos" (11:52; cf. con 10:16, 26-30). Pero dado que ellos carecían de aquello que en sí mismo los haría aptos para su presencia, él tuvo que morir por ellos. Sólo siendo un "pueblo redimido" es que les sería dada la gracia de la fe, para discernir quién es él y para responder a su voz. Fue la elección lo que les dio seguridad dentro del poder vigilante de Jesús (6:37, 44, 65; 10:29). Él oró sólo por ellos (17:9). Como resultado, ellos experimentaron paz en el presente y tuvieron esperanza en el futuro (14:1-3, 27; 15:4-5; 17:24-26).

Cuando Juan el Bautista dijo: "Nadie puede recibir nada a menos que Dios se lo conceda" (Juan 3:27), estaba afirmando la gracia soberana e incondicional de Dios en su trato con su pueblo. Aun así, Juan continuó diciendo que los que creyeran en él estaban en la obligación de ser testigos de su gracia. Y sus oyentes eran moralmente responsables ante Dios de "creer" (obedecer) en el testimonio (3:31-36). Todo esto es a pesar de la selectividad de Dios. El cuarto Evangelio es deliberado en sus afirmaciones de que si las personas son salvas, Dios recibe el crédito, pero si muchos se pierden, ellos solos son los culpables. Los que eligen no ser creyentes aman "las tinieblas [en lugar de] la luz porque sus hechos son perversos" (3:19). Son descritos de maneras variadas como preocupados por recibir gloria unos de parte de otros, como los que "no buscan la gloria que viene del Dios único" (5:44) y como personas que se ciegan deliberadamente a la verdad (9:39-41). En contraste, los creyentes son desafiados a vivir conforme a su elección: amándose unos a otros (13:34-35) y llevando el tipo de fruto espiritual que pasa la prueba del tiempo (15:16).

Las implicaciones misiológicas de la elección son intensamente prácticas. Los cristianos deben resistir la tentación de ser pasivos con respecto hacer el llamado a la conversión, a continuación de la proclamación del evangelio. Es el deber de todas las personas arrepentirse y creer en el evangelio. Luego, el deber de aquéllos a quienes se les ha confiado el evangelio es esforzarse por hacerlo conocer por todos. Más todavía, los cristianos que están persuadidos de que sólo Dios hace que las personas respondan al evangelio deberían procurar dar testimonio de Jesús donde Dios ya ha comenzado su obra. Hay tiempos y lugares en los que su Espíritu está peculiarmente activo en los corazones de las personas. Son campos donde "la cosecha está madura." Cuando la gente comienza a responder al mensaje de Jesucristo, este factor empírico debería influir en la asignación de recursos para la misión. Mediante esto, los cristianos aprenden nuevas maneras de ser colaboradores con Dios en la edificación de la iglesia de Cristo.

Pero hay un problema inherente a la elección. Jesús se refirió a él cuando declaró: ". . . yo los he escogido de entre el mundo. Por eso el mundo los aborrece" (15:19). Este escándalo de particularidad les causa una ofensa a los que se niegan a aceptar el llamado de Dios. Así es que, el Evangelio de Juan está lleno de controversia. La autoridad de Jesús fue desafiada (2:18); su conducta en el día sábado fue criticada (5:16-18); su curación del hombre que había nacido ciego (9:22, 34-35) y la resucitación de Lázaro provocaron reacciones intensas (11:50-53, 57; 18:14). Todas su buenas obras enfrentaron una hostilidad creciente y el Evangelio culmina con

> el gran drama de la Cruz, la mayor de todas las "piedras de tropiezo." . . . Sentirse ofendido frente a Jesús, es el estilo del mundo, la marca de la incredulidad. En contraste con la elección y con la vida de los elegidos en unión con Cristo en la Iglesia de los redimidos, el escándalo es parte de la situación demoníaca, caracterizada por la enemistad con Cristo, y que finalmente conduce a la condenación y a la muerte eterna. (Corell 1958: 199-200)

De modo que entonces, el Evangelio de Juan, como ningún otro evangelio, intenta confrontarnos con el inexpugnable misterio de la voluntad soberana de Dios y de la incredulidad humana. Debido a que hay ovejas que responden, que reciben a Cristo y que "desprecian la vergüenza," se forma una iglesia que cada vez se convence más de que es el verdadero Israel. Y la tensión entre la luz y las tinieblas, entre la fe y la incredulidad, entre la elección y la "ofensa" continuará "hasta el fin de los tiempos, cuando Dios reúna a todos sus elegidos en el mundo del cumplimiento" (Corell 1958: 200).

**La pasión, la muerte y la resurrección del Rey de Reyes**

La pasión y muerte del Mesías ofendió particularmente a muchos judíos. Ellos no pudieron ver cómo es que la era mesiánica pudo venir en forma de misterio. Dejaron de lado, como mera palabrería, la afirmación de Jesús de que el reino ya estaba presente en su propia misión, antes de su consumación apocalíptica final. Se les había enseñado que el reino de Dios, cuando viniera, no requeriría de ningún compromiso humano. Sería una invasión divina abrupta en la escena humana del día final. De ahí que, cuando este rabino de Galilea predicaba la necesidad del arrepentimiento y de la fe antes de que el gobierno del reino pudiera entrar en operación en sus vidas, ellos se replegaron. Incluso Nicodemo, ese "maestro de Israel" de mente tan abierta, se quedó completamente perplejo, cuando Jesús le dijo que necesitaba la obra regeneradora del Espíritu Santo en su corazón, y que de otra manera no "vería" el reino de Dios ni mucho menos "entraría" en él (Juan 3:3, 5).

Jesús también sugirió que el reino se consumaría en poder y en gloria. De manera deliberada, él instruyó a sus discípulos para orar por ese día cuando la voluntad de Dios se cumpliera en la tierra, así como se cumple en el cielo (Mat 6:10). De todos modos, esta perspectiva no evocó una respuesta positiva. En realidad, Jesús no se extendió mucho sobre las dimensiones escatológicas del reino. Tal vez tuvo temor de que esto engendrara una suerte de preocupación apocalíptica, la cual nos encapsula en un mundo onírico de expectativas momentáneas, de revisiones constantes de nuestras cartas "proféticas," y de una impaciencia creciente ("¿Hasta cuándo, oh Dios?"). Jesús quería que sus discípulos se dieran cuenta de que el reino de Dios verdaderamente había venido, y de que sus discípulos debían manifestar las "señales" para confirmar su presencia. Este ministerio en el presente era tan urgente como el despliegue de poder apocalíptico final, el cual hará que toda rodilla se doble y toda lengua confiese que Jesús es el Señor (Fil 2:10-11).

### *La crucifixión*

No fue suficiente que Jesús proclamara el reino de Dios y que realizara obras que daban pruebas de esa realidad. No fue suficiente que reclutara a gente entrenada para seguirlo en su comunidad mesiánica. Hubo una secuencia deliberada y un clímax para su ministerio. Con respecto a esto él dijo:

> "Mira, hoy y mañana seguiré expulsando demonios y sanando a la gente, y al tercer día terminaré lo que debo hacer." Tengo que seguir adelante hoy, mañana y pasado mañana, porque no puede ser que muera un profeta fuera de Jerusalén. (Luc 13:32-33)

Su ministerio debía culminar en su muerte. En realidad, estamos forzados a concluir que existe una íntima conexión entre su proclamación de la presencia y futuro del reino, y su muerte. El Siervo del Señor debía llevar a cabo el evento decisivo, por el cual el reino de Dios podía ser plenamente inaugurado. De modo que entonces, hubo una nota discordante en la instrucción de Jesús a sus discípulos: "El Hijo del hombre tiene que sufrir muchas cosas. . . . Es necesario que lo maten" (Mar 8:31). La necesidad de esto surgió de la terrible alienación de su Creador, en la que se encontraba la raza humana. No hay nada más intolerable para la humanidad caída que la santidad de Dios, y no hay nada más intolerable para Dios que la pecaminosidad humana. Jesús sabía que él sería deliberadamente destruido ("¡Fuera! ¡Fuera! ¡Crucifícalo!" Juan 19:15). Pero también sabía que si la necedad humana llevaba a la muerte al mejor de sus hijos, Dios daría vuelta el tablero y usaría esta misma necedad para lograr la mayor de las victorias: la salvación del mundo.

Cada sugerencia que Jesús hizo de su muerte refleja algún detalle del Siervo del Señor, como el sacrificio expiatorio descrito en Isaías 53. La cruz es la culminación del la historia de la salvación: el trato redentor de Dios con el pueblo de Dios. Su institución de la eucaristía, con su "copa del nuevo pacto," nos recuerda la promesa del "nuevo pacto" de Dios a través de Jeremías (31:31; ver también Ezeq 36:24-28). De la misma manera, sus alusiones a beber el vino con su pueblo en el banquete escatológico en el reino de Dios lo estampan como el Siervo sufriente (Mar 14:22-25; Luc 22:18).

El ritmo de los relatos del evangelio se acelera cuando Jesús sube a Jerusalén. Fue para morir, pero sus discípulos asumieron que había llegado el tiempo para que diera la señal poderosa que establecería el reino en poder y en gloria. Ellos vieron su "entrada triunfal" a Jerusalén como la confirmación de sus mejores esperanzas. ¡Fue tan mesiánica! Y su posterior limpieza del Templo les habló de purificación mesiánica inminente. No obstante, cuando lo vieron traicionado por Judas, abandonado por el resto, condenado tanto por judíos como por gentiles, y luego crucificado, la consternación y el dolor de ellos no tuvieran fronteras. Esto era una catástrofe total. La fe de ellos flaqueó, y ninguno de los discípulos pudo hacer algo más que lamentarse profundamente: "pero nosotros abrigábamos la esperanza de que era él quien redimiría a Israel" (Luc 24:21).

Y con respecto al reino, los enemigos de Jesús deben haberse sentido particularmente halagados al ver que los romanos, a modo de insulto bien calculado, deliberadamente identificaron a Jesús como "EL REY DE LOS JUDÍOS" (Mar 15:26). En verdad, Jesús se había disociado a sí mismo del la comprensión de Pilato de la palabra *rey*, y había dado testimonio de su reinado como algo no conocido por la ley romana (Juan 18:33-38). La iglesia luego entendería que "como Cordero sacrificado, él estableció su pretensión de dominio universal" (F. F. Bruce 1968: 31; ver Apoc 5:5-12), pero al momento de la crucifixión no había nada que sugiriera que como Mesías a punto de morir, en realidad él estaba "reinando desde la cruz." Para los discípulos, todo estaba perdido, pero desde la perspectiva celestial, todo era victoria. Tal como Suzanne de Dietrich lo resume de manera puntual:

> Concedamos que Satanás reunió a todos los poderes contra el Ungido del Señor. Concedamos que cuando estas fuerzas hostiles fueron movilizadas, los líderes de Israel, los herederos de todas las promesas de Dios, estuvieron en las líneas de frente. Concedamos una vez más que la ley y el orden romanos llegaron a ser los cómplices cobardes y serviles de la intriga judía. Y concedamos que Satanás persuadió a los discípulos asustados para que renunciaran a su Maestro o los reduciría al silencio, y que uno de los doce fue el traidor. Concedamos todo eso. No obstante, en medio de todas estas aparentes victorias, ganadas por el príncipe de este mundo, su última derrota se oculta. Él es meramente el instrumento de un propósito superior y la victoria de Jesús llega a ser . . . el dar su vida en rescate por muchos. (1960: 183-88)

### *La resurrección*

La resurrección corporal de Jesús es más que una confesión de fe o que una proclamación de la victoria del bien sobre el mal. En su valor nominal, los Evangelios describen el hecho ineludible de que la fe de los discípulos en la resurrección descansaba sobre la experiencia empírica de sus encuentros con el Jesús resucitado. Mientras que nadie en realidad lo vio levantarse de los muertos, muchos vieron los efectos dejados por la explosión. Los signos visibles fueron muchos: la tumba vacía, el cuerpo que faltaba, el sudario y las apariciones reales del resucitado. Los discípulos concluyeron que Jesús había logrado el triunfo central en la historia de la redención (Luc 24:25-46), habiendo sido "según el Espíritu de santidad . . . designado con poder Hijo de Dios por la resurrección" (Rom 1:4).

No es que llegaron a esta conclusión inmediatamente. En realidad, fueron "lentos para creer" la evidencia de su victoria: que

Dios, por ese medio, había reconciliado al mundo consigo (2 Cor 5:19), que todos los poderes y autoridades habían sido desarmados (Col 2:15), que las obras del maligno habían sido destruidas (1 Juan 3:8) y que él había vencido al mundo (Juan 16:33). ¿Era él, en efecto, el Señor de la historia? Muchos estuvieron más dispuestos a creer que su cuerpo había sido robado de la tumba y no que la resurrección había tenido lugar (Mat 28:13, 18). Pero con el tiempo, a través de mucha evidencia irresistible, llegaron a tener fe (Luc 24:36-43); Hech 1:3). Y entonces ¡el gozo de ellos no tuvo límites!

### *El ministerio de Jesús posterior a la resurrección*

En el intervalo de cuarenta días entre la resurrección y la ascensión, Jesús procuró confirmar la fe de los discípulos, y llevar a su clímax la instrucción concerniente el reino de Dios (Hech 1:3). Hizo esto reuniendo tres corrientes de verdad.

Primero, Jesús "les abrió" el Antiguo Testamento, proveyendo su persona y su obra como una llave hermenéutica de autoridad (Luc 24:25-27). Esto suplementó el aliento anterior que ellos habían recibido, para contar con la iluminación permanente del Espíritu Santo que los guiaba a su verdades y a otros asuntos que todavía les tenían que ser revelados a los apóstoles elegidos (Juan 16:12-15). Él estableció la unidad indisoluble entre la antigua revelación y las cosas que serían reveladas en el futuro, así como la obligación de condicionar todo pensamiento y práctica mediante la sumisión total a su testimonio (Ef 2:20).

Segundo, les dio la Gran Comisión. Lucas afirma que Jesús les dio "instrucciones por medio del Espíritu Santo" y "les habló acerca del reino de Dios" (Hech 1:2-3). El mandato misionero tiene tres componentes principales:

1. la obligación de proclamar las buenas nuevas del reino y de persuadir a la gente en todas partes, a responder por medio del arrepentimiento y de la fe;
2. el establecimiento de una comunidad de adoración bautizada, cuyo foco es Jesucristo, entronizado en su medio; y
3. el carácter esencial de la obediencia: "enseñándoles a obedecer todo lo que les he mandado a ustedes" (Mat 28:18-20)"

Estos tres componentes, evangelización, comunidad y obediencia, están todos interrelacionados. "La evangelización es meramente mover el aire, si es que no resulta en una comunidad bautizada, capaz de crecer en dar testimonio del poder y de la obediencia" (Mc Leish 1952: 104). Y la obediencia de la comunidad debe ser tan abarcadora, que cada congregación por separado sea una señal de esperanza, encarnando en el día de hoy, todas las dimensiones del reino de Dios que será manifestado en el día de mañana, "en poder y en gloria." Así que entonces, el señorío de Cristo en la iglesia debe manifestar las dimensiones universales del reino: "Porque es necesario que Cristo reine hasta poner a todos sus enemigos debajo de sus pies" (1 Cor 15:25). El testimonio del reino de parte de ellos, ya no estará confinado a la casa de Israel (Mat 10:5-6). La resurrección hizo toda la diferencia. Este evangelio universal es para todos los pueblos. No fue suficiente que el señorío universal de Jesús se asegurara por medio del triunfo de su resurrección. Esta realidad universal ahora debe ser proclamada por todo el mundo. Los discípulos tuvieron la obligación de hacer "discípulos de todas las naciones" (Mat 28:19).

Tercero, Jesús les dijo que ellos no tenían la capacidad de llevar adelante la Gran Comisión por sus propios medios. Ellos debían esperar el derramamiento del Espíritu Santo. Después que Jesús declaró esto, su ministerio terrenal terminó (Luc 24:49-53).

**La ascensión**

La ascensión de Jesús fue el testimonio final de su condición divina de ser Hijo, y el clímax de las apariciones posteriores a su resurrección. Mediante una partida tan dramática, Jesús indicó, de manera decisiva, que no habría más apariciones de la resurrección. El ser levantado por Dios el Padre y exaltado a su diestra, marcó el fin de una era. A partir de este momento, él es descrito como "sentado" a la diestra del Padre. Esto parece indicar que su obra expiatoria fue completa y final. El reinado del Cristo resucitado ahora había comenzado. Él estará ausente corporalmente, hasta que regrese en poder y en gloria. En virtud de ser altamente exaltado, el tiempo había llegado para la exaltación de su nombre y para la confesión de su señorío por todo el mundo. Habiendo sido anteriormente levantado sobre una cruz, ahora fue levantado en gloria y comenzó la obra de atraer a las personas hacia sí mismo (Juan 12:32). Por medio de la cruz, él venció la muerte. Ahora liberaría a su pueblo del dominio de la oscuridad y lo transferiría al reino de Dios (Col 1:3). En verdad, su soberanía está escondida del mundo y sólo es conocida por su pueblo. Pero él está a la espera del día que sólo su Padre conoce, cuando el regresará a la escena humana "de la misma manera" en que se fue "al cielo" (Hech 1:11). Luego todo ojo lo verá (Apoc 1:4-7). Sus enemigos serán sojuzgados de manera acabada y final. En ese día, él consumará su servicio mesiánico, estableciendo en plenitud el reino de Dios (1 Cor 15:24-26).

**El mundo, los poderes y el día final**

Aunque el cuarto evangelio contiene pocas declaraciones directas acerca de la misión, sus temas dominantes anticipan con fuerza la Gran Comisión: "Como el Padre me envió a mí, así yo los envío a ustedes" (Juan 20:21). Mediante esta poderosa analogía, Jesús unió su misión a la de la iglesia. Esto significa que la preocupación masiva y universal que provocó la venida de Cristo al mundo debía transformarse en la preocupación de su pueblo. Consideremos lo siguiente: Dios ama al mundo (3:16); desea su salvación (3:17), envió a su Hijo para quitar el pecado (1:29) y particularmente para derrotar a su gobernante (12:31; 16:11). Jesús, como luz del mundo (8:12; 9:5; 12:46), en realidad, como la luz de todas las personas (1:9), procura liberar al mundo de la oscuridad, de su falsedad y de esclavitud de la muerte. Inevitablemente, su invitación evangelizadora se extiende a todos (3:16; 5:24; etc.). Dado que la iglesia es única, en virtud de que fue enviada por Cristo al mundo, su autocomprensión madura, a medida que oye y proclama las palabras de él. En relación con esto, debe estar continuamente en condiciones de decir: "Mi enseñanza no es mía . . . sino del que me envió" (7:16). Y esta tarea no es poca cosa. Escuchar atentamente la palabra de Jesús puede iluminar con frescura y relevancia las verdades que se tornan demasiado familiares con el paso del tiempo. Pero el cultivo de un oído atento toma tiempo y demanda sinceridad. El conocimiento de Jesucristo debe ser cultivado, o no habrá como resultado ninguna teología confesional.

Todo esto nos lleva al complicado tema juanino del "mundo." Anteriormente nos hemos referido al dualismo que caracteriza el Evangelio de Juan: "Ustedes son de aquí abajo . . . ; yo soy de allá arriba. Ustedes son de este mundo; yo no soy de este mundo" (8:23). Y aun así, el Evangelio de Juan también habla de que Dios ama al mundo (3:16). Después de todo, Él lo creó (1:3) y continúa siendo su mundo. En algunas ocasiones, el término *kosmos* se refiere al género humano en general: "¡Miren como lo sigue todo el mundo!" (12:19), en el sentido de que Jesús tenía muchos seguidores. Aunque no encontramos ninguna declaración, de parte de Juan, que diga que el mundo es intrínsecamente malo, la distinción juanina es que la palabra *kosmos*, con frecuencia es usada para caracterizar a la humanidad como maligna, rebelde, separada de Dios y espiritualmente perdida. En este sentido, el mundo ni conoce a Cristo (1:10), ni al Dios que lo envió (17:25). En realidad, odia al que procura su salvación (15:18). Detrás de todo esto, hay un personaje que ha esclavizado al mundo al oponerse a Dios (12:31; 14:30; 16:11). Él es una inteligencia sobrenatural llamada diablo (8:44; 13.2) y Satanás (13:27). Su intención es frustrar el propósito redentor de Dios.

Lo que podríamos llamar el reino del mundo, siempre procura esconder su verdadero rostro. Transmite la idea de que sabe lo que es mejor o apropiado para la gente; en la mayoría de los casos, sus metas parecen dignas. De ahí que, su límite con el reino de Dios es raramente establecido con claridad. Con frecuencia, uno observa que la gente no redimida, que tiene buenas intenciones, puede ser fácilmente manipulada por el adversario, con resultados trágicos. Con respecto a esto, Karl Heim escribe:

> Nada de lo que Dios ha creado está protegido es esta demonización. Todo puede ser atrapado por ella. De ahí que haya una autoadulación demoníaca del ego, la imagen de Dios; una sexualidad demoníaca, de la cual el hombre ya no es más dueño; un demonismo de la tecnología; un demonismo del poder, una degeneración demoníaca del nacionalismo. Hay una demonización de la piedad, y la oración misma puede perderse en la convulsión demoníaca. . . . Incluso el don del Espíritu Santo puede ser demonizado. El elemento satánico de esta cuestión está en esto: el poder demoníaco depende enteramente de Dios y de lo que Él ha creado. No posee nada que no venga de Dios. Todo lo que se demoniza y se vuelve en contra de Dios es siempre una imagen distorsionada de la gloria de Dios. (citado en Vicedom 1965: 19)

Este antagonismo entre el reino del mundo y el reino de Dios es incesante, y el tema de la verdad precipita tensión y división una y otra vez (Juan 5:18; 6:66; 7:12; 7:43; 8:59; 9:16; etc.). La tensión es inevitable, porque la misión de Jesús no fue la de apartarse de mundo, sino la de ser enviado al mundo para confrontarlo en su totalidad. En el mundo, él demostró mediante señales, que era el "Verbo" revelado de Dios y el Hijo de Dios redentor. Estas señales autenticaron su persona y su misión, y le hablaron proféticamente a su generación. Su nuevo vino de la era mesiánica que estaba amaneciendo estaba en agudo contraste con la esterilidad del judaísmo (las tinajas vacías, Juan 2:1-12). Él mismo era la señal del banquete mesiánico, donde todos reciben como alimento al pan de vida (6:1-14, 22-59). Era la luz del mundo que resuelve su ceguera (9:1-17). Y era la resurrección escatológica a la vida eterna, anticipada por medio de la resucitación de Lázaro (11:1-44) (Ladd 1974: 274).

Los discípulos de Jesús debían hacer "obras . . . mayores," después que fueron enviados al mundo (Juan 14:12). Esto habla otra vez de la obligación de confrontar al mundo, para servirlo con fidelidad, y de resistir toda tentación de renunciar a las responsabilidades, que legítimamente se espera que el pueblo de Dios cumpla con su mundo. Así como el clímax de la instrucción de Jesús a sus discípulos como siervos fue la de proveerles el modelo de lavarse los pies unos a otros (13:1-20), así ellos debían servir al mundo al que él vino para traer vida (6:33). La escatología ha sido definida como "una dimensión de fe . . . en que la historia se mueve en una dirección, y que esta dirección está establecida por Dios, y que Dios actúa en la historia para asegurar su dirección" (Hubbard 1983: 34, citando a P. R. Davies). Dado que el cuarto Evangelio equipara al reino de Dios con la vida eterna, su perspectiva esencial es escatológica. Esto se deduce porque la posesión de la vida eterna implica que uno se ha movido más allá de la muerte, y por lo tanto ya disfruta de una comunión inquebrantable con Dios, a través de su presencia eterna y de las bendiciones que su presencia implica. En este sentido, es una "escatología realizada" e individualizada. Esto significa que a nivel de la práctica, Jesús hizo posible que ellos experimentaran en el aquí y en el ahora la vida de la era por venir.

Debido a esta posibilidad, podemos recibir la impresión inicial de que en el cuarto Evangelio, la escatología como tal, no es muy importante. En lugar del discurso del monte de los Olivos como en los Sinópticos, con su clímax en la venida del Hijo del hombre en las nubes del cielo, uno encuentra el discurso del aposento alto, con su punto de foco en la venida del Espíritu Santo (Juan 13-16), un evento entre la primera y la segunda venida de Jesús. No es que Juan guarde silencio con respecto a la Parusía. Recordamos su palabra para con Pedro, con referencia al "discípulo a quien Jesús amaba": "Si quiero que él permanezca vivo hasta que yo vuelva, ¿a ti qué?" (21:22). Más aún, habrá un futuro juicio escatológico en el cual el patrón serán las palabras de Jesús (12:48). Aun así, Jesús declaró que todos los que lo han recibido a él como Señor y Salvador han pasado de muerte a vida (5:24) y no experimentarán ese juicio futuro. La única implicación que uno puede extraer de esto es que "el juicio es también una realidad espiritual presente, en tanto los hombres responden de manera favorable o desfavorable, con fe o con incredulidad, a la persona y ministerio de Jesús" (Ladd 1974: 308).

**Conclusión**

El cuarto Evangelio es una declaración teológica profunda, la cual es multifacética en sus referencias a la misión. Winn concluye su estimulante estudio sobre la misión en este Evangelio, llamando la atención sobre el hombre que nació ciego, cuyos ojos Jesús abrió (9:1-7). Se le ordena lavarse "en el estanque de Siloé (que significa: Enviado)" 9:7). Winn nos alienta a orar para que a través de este Evangelio, los cristianos estén mejor informados sobre el significado de la misión, para que ellos también puedan tratar con su ceguera para con el mundo a su alrededor, tal como realmente es, y "permitan que un sentido de misión sea el centro de sus vidas, el centro de su identidad como cristianos." Hay una necesidad de que todos los cristianos se laven en el estanque de Siloé ("Enviado", 1981: 114). Esta inmersión total en la misión de Dios es lo que significa para los cristianos buscar primero el reino de Dios y su justicia (Mat. 6:33).

**Parte V**

# LA MISIÓN DE DIOS POR PARTE DE LA IGLESIA, A TRAVÉS DEL ESPÍRITU SANTO

## Capítulo 16

## El Espíritu Santo inaugura la iglesia misionera

**Introducción**

Con la venida del Espíritu Santo en el día de Pentecostés, la actividad redentora de Dios se desplazó de operar a través de un pueblo en particular (los descendientes de Abraham por la vía de Isaac y de Jacob y de Israel) a operar en medio de todos los pueblos. En aquel día se formó la iglesia, la expresión neotestamentaria del pueblo de Dios y recibió el poder para su misión mundial. Esto marca la reanudación de la historia universal con la cual comienza la Biblia (Gén 1--11). Como tal, su significación es de importancia primaria para todos los que se preocupan por la naturaleza y el propósito de la iglesia, particularmente su mandato de predicar el evangelio del reino por todo el mundo, como testigo a todas las naciones (Mat 24:14).

Pentecostés marca el cumplimiento de la fase inicial de la obra redentora de Cristo. Cuando él ascendió a los cielos y se presentó como las primicias de la cosecha mundial que venía, pudo mirar hacia atrás con gozo, habiendo soportado la cruz (Heb 12:2). Como el Sumo Sacerdote triunfante, él ahora "entró una sola vez y para siempre en el Lugar Santísimo . . . con su propia sangre, logrando así un recate eterno" para su pueblo (Heb 9:12). La iglesia siempre ha creído que cuando el Padre aceptó este sacrificio por los "pecados . . . de todo el mundo" (1 Juan 2:2) y lo exaltó hasta lo más alto (Fil 2:9-11), el Padre y el Hijo en conjunto enviaron al Espíritu Santo. La venida del Espíritu, indudablemente, tendió a confirmarle al pueblo de Dios la satisfacción del Padre con el sacrificio. Pero más que esto, el envío del Espíritu fue para habilitar a la iglesia para llevar a cabo su tarea primaria de reunir a los "hijos de Dios que estaban dispersos, para congregarlos y unificarlos" (Juan 11:52).

De modo que, entonces, Pentecostés tanto consuma la Pascua como la representa en su plenitud. Marca una divisoria de aguas en la historia de la salvación, el comienzo de una nueva era, bajo un nuevo pacto. En realidad, se puede extraer una analogía entre el bautismo de Jesús y su unción en el río Jordán y lo que los discípulos experimentaron en este día memorable (Dunn 1970: 40).

## Pentecostés y Jesucristo

Antes de Pentecostés, los Evangelios hablan mucho de Jesucristo en su relación con el Espíritu Santo. Fue concebido por el Espíritu Santo (Mat 1:20), fue ungido por el Espíritu en su bautismo (Mat 3:16-17; Hech 10:38), "fue llevado por el Espíritu al desierto, para ser tentado por el diablo" (Mat 4:1, RVR), y a continuación de esta victoria, "regresó a Galilea en el poder del Espíritu" (Luc 4:14) para comenzar su ministerio. En ocasiones, los evangelistas se refieren al Espíritu con referencia a los actos mesiánicos de misericordia y de exorcismo, por parte de Jesús (e.g., Mat 12:28).

En el Evangelio de Juan, Jesús es descrito como el portador del Espíritu (que le fue dado de manera plena, 3:34-35) y como aquél en cuyo nombre el Padre enviará el Espíritu (14:26). Más todavía, Jesús habla de sí mismo como enviando el Espíritu (15:26). Directamente después de su resurrección, él dramatizó la manera en el Espíritu pasaría de él a sus discípulos ("sopló sobre ellos," 20:22). Aquél sobre quien descendió y permaneció el Espíritu (en su bautismo) se torna en el que bautiza con el Espíritu (1:33).

Esto tiene implicaciones tremendas cuando procuramos entender la universalización del evangelio del reino de Dios, en el día de Pentecostés. Uno recuerda las palabras de Jesús a la mujer samaritana junto al pozo, que fueron pronunciadas antes de Pentecostés. Ella quería saber dónde adorar a Dios, si en Jerusalén o en el monte Guerizín (Juan 4:20). Como respuesta, Jesús afirmó lo que Pentecostés proveyó: "se acerca la hora en que ni en este monte ni en Jerusalén adorarán ustedes al Padre . . . en que los verdaderos adoradores rendirán culto al Padre en espíritu y en verdad, porque así quiere el Padre que sean los que le adoren. Dios es espíritu, y quienes lo adoran deben hacerlo en espíritu y en verdad" (4:21-24) ¿Cómo entendió la mujer estas palabras? ¿Estaba Jesús diciendo solamente que venía un nuevo día en el que la geografía no sería significativa? No creemos eso. Jesús usó la palabra *espíritu* refiriéndose más que solamente al Mesías y a su representación de la naturaleza vital de Dios: el Dios de la creación y de la re-creación. Ella no estaba desinformada. Ella sabía que el Mesías, al venir, traería novedad de vida para su pueblo desobediente. Los profetas habían enseñado que el largamente esperado Mesías derramaría su Espíritu sobre toda carne (Joel 2:28) y vendría sobre el remanente de su pueblo, los huesos secos, restaurándolos otra vez a la vida (Ezeq 37:5, 14). Esta era la "esperanza de Israel" (Hech 28:20).

Dios es Espíritu, y el Mesías en el agente de Dios para soplar aliento de vida a su pueblo. Más todavía, los que lo adoran deben adorarlo en Espíritu y en verdad. Esto significaría la sumisión de ellos a la presencia activa de Dios en sus corazones, de una manera consistente con el pacto de Dios. La adoración debe venir del corazón. Toda adoración formal, si carece del compromiso del corazón, nunca es aceptable. Más todavía, cuando Jesús le dijo a la mujer samaritana que el tiempo de esa adoración era "ya," estaba diciendo que Dios ahora podía ser adorado en Espíritu y en verdad. Esto significa "en su prometida presencia verificadora" (H. Berkhof 1964: 16). Las palabras de Jesús probablemente trajeron esta esperanza a la mente de la mujer. Su respuesta fue: "Sé que viene el Mesías" (Juan 4:25). Esto arrancó de Jesús la confesión menos ambigua sobre sí mismo: "Ése soy yo, el que habla contigo" (4:26).

Este análisis es respaldado por Karl Barth. Barth repudiaba la interpretación liberal de que Dios se encuentra en el corazón y en la conciencia de todas las personas y es adorado allí. La revelación es considerada innecesaria. Barth no veía ningún sustento bíblico para la tesis de que los devotos de otras tradiciones religiosas están en contacto vital con el que es el Dios y Padre de nuestro Señor y Salvador, Jesucristo. Más bien enfatizó.

> la adoración de Dios mediada por Jesús, el que nos hace conocer todas las cosas. La salvación es realmente de los judíos. . . . Cuando ésta ha venido realmente de los judíos y ha sido rechazada por los judíos, como tal, ya no es más simplemente para los judíos, sino de los judíos para todos, judíos y gentiles, los que están listos para ser adoradores de este tipo en Espíritu y en verdad, tal como el Padre desea que sean. (1957: 481)

Dios ahora debe ser adorado en el lugar donde Él está presente, es decir, en Aquel que es la verdad encarnada. Jesucristo significa "la presencia real de Dios como Espíritu en su actividad de morar en el interior y de re-crear" (Hendry 1956: 32, citado por H. Berkhof 1964: 17). De modo que, entonces, deberíamos subrayar el carácter único de la persona y la obra de Jesucristo. En el poder del Espíritu Santo, Jesús es el centro de la presencia de Dios en medio de todos los pueblos, la cual da vida.

No obstante, esto no significa que entonces deberíamos concebir al Espíritu Santo como significativamente subordinado a Cristo, como mayormente ocupado, a partir de Pentecostés, por despertar la fe en él. Lo decimos así, porque en nuestros días hay una tendencia a olvidar las implicaciones plenas de Juan 16:8-11: "Y cuando él venga, convencerá al mundo de su error en cuanto al pecado, . . . en cuanto a la justicia, . . . y en cuanto al juicio." En realidad, la venida del Espíritu Santo en Pentecostés marcó el gran nuevo evento en la secuencia de los actos poderosos de redención de parte de Dios. Para citar a Louis Berkhof:

> [El Espíritu Santo] crea un mundo propio, un mundo de conversión, de experiencia, de santificación; de lenguas, de profecías y de milagros; de edificar y guiar a la iglesia, etc. Él nombra ministros; él organiza; él ilumina, inspira y sustenta; él intercede por los santos y los ayuda en sus debilidades. Él lo escudriña todo, incluso las profundidades de Dios. Él guía a la iglesia a la verdad; concede una variedad de dones; él convence al mundo; él declara las cosas que están por venir. En resumen, tal como Jesús lo dice en Juan: "el que cree en mí las obras que yo hago también él las hará, y aun las hará mayores, porque yo vuelvo al Padre." (1946: 23, con referencia a Juan 14:12)

Esta declaración subraya lo que en nuestros días, los grupos carismáticos están procurando decirle a la iglesia en general. El Espíritu Santo no está sólo al servicio de Cristo, como su instrumento para la evangelización mundial. Es el mismo centro de una gran variedad de "acciones del reino." En verdad, Jesucristo permanece como el único centro y objeto de la fe, y el Espíritu siempre permanece íntimamente conectado con él como el Espíritu de Cristo. Esto es lo que significa realmente el señorío de Cristo y es el énfasis de la confesión de Pablo en 2 Corintios 3:17: "Ahora bien, el Señor es el Espíritu." De ahí que, estar "en Cristo" es estar "en el Espíritu" porque "el Espíritu es Cristo en acción" (H. Berkhof 1964: 24-26). En el mismo sentido, Pablo afirma que "el último Adán [se convirtió] en el Espíritu que da vida" (1 Cor 15:45). En el Espíritu Santo, el Cristo resucitado manifiesta el poder de su resurrección. Por el Espíritu, él procura inyectarse dentro de la raza humana como una nueva corriente de vida. De ahí que, no debiéramos confinar la obra del Espíritu al mundo interior del corazón humano. Esta perspectiva no debería hacer disminuir en nuestras mentes la otra realidad, es decir, que el Señor Jesús resucitado está en el presente exaltado a la diestra del Padre. En esa gloria, él es las primicias del pueblo de Dios (1 Cor 15:23). Su presencia allí asegura la victoria final de Dios a favor de ellos. En realidad, la intercesión que promete es la garantía de que el pueblo de Dios perseverará en la historia hasta el día final (Rom 8:34).

La presión de la enseñanza de Jesús y los eventos de Pentecostés demandan que le demos prioridad a un tema central: no la iglesia sino el reino. Más que eso, no es el reino en términos generales, sino el reino y la misión. Las varias declaraciones de la Gran Comisión subrayan de manera dinámica, la prioridad masiva que tiene la misión por sobre todas las otras actividades del Espíritu, incluida la formación de la iglesia.

**Pentecostés y misión**

La proclamación de Pedro cuando "con los once, se puso de pie" (Hech 2:14) fue la primera expresión de la obediencia cristiana a la tarea de la misión. En realidad, "el primer llanto de vida de parte de la iglesia recién nacida, fue la proclamación de que Jesús el Señor del cielo y de la tierra, tanto como el Mesías de los judíos" (Kraus 1974: 26; con referencia a Hech 2:36). Al identificar las señales pentecostales como estableciendo el escenario para el día del Señor profetizado por Joel (2:28-32), Pedro usó las llaves del reino para inaugurar el comienzo de un nuevo día de salvación. Hombres y mujeres, jóvenes y ancianos, ahora podían llegar a ser nuevas criaturas en Cristo (Jer 31:33; Ezeq 36:27; 2 Cor 5:17) y podían participar en la misión mundial de la iglesia. Así que entonces, Pentecostés marcó el cumplimiento inicial de la visión profética del Templo exaltado en Sión. Estas son las buenas nuevas de los poderosos actos redentores de Dios, que ahora culminan en Jesucristo, por el cual ha reconciliado al mundo con él de manera completa (Isa 2:2-4; Miq 4:1-3; Juan 2:19-21; 12:32; 1 Cor 5:19; etc.). En respuesta, muchos judíos y más tarde una variedad de pueblos gentiles comenzaron a volverse a Dios en arrepentimiento y en fe. Un nuevo Israel estaba siendo formado, que consistía en judíos mesiánicos y en "todos los extranjeros . . . todos aquellos a quienes el Señor nuestro Dios quiera llamar" (Hech 2:39).

En años recientes, ha habido mucho debate alrededor del tema de la motivación misionera. ¿Por qué los apóstoles estaban tan deseosos por dar testimonio del Cristo resucitado? ¿Era debido a sus apariciones posteriores a la resurrección y por las buenas nuevas que eso representaba? ¿Era por la Gran Comisión y por la obligación que este mandato implicaba? ¿O era por su experiencia pentecostal? En realidad, los tres factores contribuyeron, pero la venida del Espíritu debe identificarse como la dinámica central. Tal como Harry Boer lo afirma:

> El descenso del Espíritu en Pentecostés hizo que los discípulos se tornaran en apóstoles, es decir, misioneros. Uno podría decir que los marcó como apóstoles. La visión misionera de alcance mundial está expresada en la realidad profética de que hablaron en lenguas. En Pentecostés, todo el propósito redentor de Dios para el mundo fue por un momento fue puesto de relieve de manera audaz. (1961: 62)

Así que entonces, no queremos limitar al Espíritu Santo sólo a la obra de despertar la fe (justificación) y a la obra de perfeccionar la fe (santificación). El Espíritu debe ser visto principalmente como la fuerza de empuje detrás de todos los movimientos del pueblo de Dios hacia afuera, más allá de las fronteras de la fe, para compartir el evangelio con los que todavía no lo han oído. Misión significa movimiento desde Cristo, por su Espíritu hacia el mundo que él reconcilió. Como tal, está en agudo contraste con la introversión individualista o eclesiástica, tan común en grandes segmentos de la escena cristiana contemporánea.

El movimiento misionero está de manera única, dentro de un contexto escatológico. Con Pentecostés, los últimos días han amanecido y no se terminarán hasta que el evangelio del reino sea predicado por todo el mundo, como un testimonio a todas las naciones (Mat 24:14). Esto significa que Jesucristo ha inaugurado esta era del Espíritu y que la va a consumar. El Espíritu en misión

> Constituye la unidad del polo cristológico y del polo escatológico de la obra salvadora de Dios. Él es la expansión de la presencia salvadora divina sobre la tierra. Es el camino desde el Único hacia los muchos, desde la mitad hasta el final de los tiempos, desde el centro hasta el fin de la tierra. (H. Berkhof 1964: 35)

Cuando consideramos los muchos textos que se refieren a la obra del Espíritu Santo en misión, vemos que este Espíritu es el agente principal de la misión, y que los seres humanos son secundarios. El "Espíritu de verdad," dijo Jesús, "él testificará acerca de mí. Y también ustedes darán testimonio" (Juan 15:26-27). De modo que entonces, los cristianos deben sentir la responsabilidad que les ha sido dada por Dios, de poner el corazón, la consciencia y los recursos para realizar la tarea de proclamar el evangelio. Pero a todos y a cada uno Jesús les dice:

"pero no se preocupen por lo que va a decir o cómo va a decirlo. En ese momento se les dará lo que han de decir, porque no serán ustedes los que hablen, sino que el Espíritu de su Padre hablará por medio de ustedes" (Mat 10:19-20).

Esto está en contraste con la tendencia a preocuparse solamente por la vida espiritual interior de una persona. En Hechos, cada vez que se menciona a los creyentes que han sido llenos con el Espíritu Santo, el relato siempre continúa hablando de lo que dijeron (2:2; 4:8, 31; 7:55-56; 9:17-20; 10:44-46; 13:9-10; 13:52--14.1; 19:6; etc.). Mientras que es verdad que el fruto del Espíritu descrito en Gálatas 5:22-23 es mayormente la provisión de gracias interiores, Hechos nos hace entender que una obra importante del Espíritu es abrir las bocas de las personas y hacerlas dar testimonio de Jesucristo. En realidad, "los mejores dones" del Espíritu son los que hacen posible el ministerio oral de la Palabra de Dios (1. Cor 12:31; 14:1-3). Cuando el Espíritu abrió el corazón de Lidia en Hechos 16:14, fue por medio de la Palabra del Señor dada por Pablo y la movió a oír y a recibir esa Palabra. Como Hendrikus Berkhof declaró:

> Si el Señor abre el corazón, lo hace de tal manera que le demos atención a la Palabra. El testimonio del Espíritu en nuestros corazones no se oye en nuestros corazones sino en el reconocimiento del testimonio del único Espíritu en la Palabra. El Espíritu se mueve a través del mundo en la forma de la Palabra en sus variadas formas. La Palabra es el instrumento del Espíritu; pero el Espíritu no es el prisionero de la Palabra, ni la Palabra obra de manera automática. La Palabra trae al Espíritu al corazón y el Espíritu hace que la Palabra entre en el corazón. (1964: 38)

El fenómeno de las lenguas, igualmente inteligibles para personas de diversos idiomas, subraya el hecho de que es parte de la esencia de la iglesia dar testimonio "con palabras y obras" (Rom 15:18). Los hechos necesitan palabras de explicación, y las palabras necesitan hechos de confirmación (Juan 5:36). El evangelio es para los devotos "procedentes de todas las naciones" (Hech 2:5, 39). Por lo tanto, la manifestación de las lenguas fue una confirmación de la intención de Dios de revertir la dispersión y la hostilidad de las naciones, que vino a continuación del juicio de Babel (Gén 11:1-9) y unir en Cristo a su pueblo de todas las naciones. Cuando los muchos peregrinos en Jerusalén en ese tiempo oyeron el testimonio de los discípulos, "en su propio idioma" (Hech 2:6), esto subrayó el deseo de

Dios de que todas las personas escuchen las buenas nuevas en su lengua madre. En realidad, no se necesitó ningún milagro lingüístico para la comunicación interpersonal en esa ocasión, porque es probable que los peregrinos y los residentes en Jerusalén se pudieran comunicar ya sea en arameo o en griego. Pero oír el mensaje en la lengua vernácula le dio a éste poder y precisión. La lengua que una persona siente como propia es siempre el mejor vehículo para la comunicación del evangelio.

Pentecostés también marcó el comienzo de la dádiva de los dones espirituales sobre todos los redimidos. Mediante esta provisión, todos y cada uno, en su lugar, pudieron experimentar la participación conjunta con Cristo en la asamblea local y testificar a través de él a un mundo incrédulo. En este sentido, Pentecostés representó algo nunca oído bajo el antiguo pacto, aparte de la oración añorante de Moisés: "¡Cómo quisiera que todo el pueblo del Señor profetizara, y que el Señor pusiera su Espíritu en todos ellos!" (Núm 11:26-29). Desde Pentecostés hacia adelante, todos los cristianos deben considerarse a sí mismos como llamados a un compromiso de tiempo completo en la tarea de hacer que los demás conozcan, amen y sirvan a Jesucristo por todo el mundo. A todos les han sido dados los dones espirituales para hacer posible este servicio (1 Cor 12:4-11). Hablaremos más de esto, cuando consideremos el enfoque radicalmente nuevo del ministerio, que pronto se desarrolló en la iglesia apostólica.

**Pentecostés y la iglesia**

Inmediatamente después del pasaje de Joel que Pedro usó para interpretar la significación escatológica de Pentecostés, uno encuentra la siguiente promesa: "en el monte Sión y en Jerusalén habrá escapatoria, . . . entre los sobrevivientes estarán los llamados del Señor" (2:32b). Esta referencia análoga específica a la liberación de una plaga de langostas por parte del Señor, de un remanente elegido en los días de Joel, subrayó lo que ocurrió en Pentecostés, cuando el Señor, por medio de la proclamación del evangelio, liberó a tres mil personas de la plaga del pecado. Ellos fueron bautizados y recibieron el don del Espíritu Santo. Junto con Pedro y con los que ya eran creyentes, ellos ahora constituían el verdadero Israel, y se veían a sí mismos como herederos de las promesas que Dios le había hecho a su pueblo por medio de los profetas. Casi inmediatamente, ellos se encontraron separados de esa "generación perversa" (Hech 2:40). En realidad, uno podría decir que los que rechazaron a Jesús y fracasaron en arrepentirse, por esa misma razón, dejaron de ser israelitas (Deut 32:5; Hech 3:25-26). Habían abandonado su relación de pacto con Dios.

En este punto, la iglesia comienza a tomar forma, como un pueblo apartado por Dios para cumplir su propósito para las naciones. Ellos son "santos" en el sentido de que Dios, en su santidad, ha hecho santo a su pueblo (Ex 31:13). Tal como Flew lo declaró:

> Los cristianos son "los santos," primero, porque son el verdadero Israel; y segundo, porque están viviendo en el nuevo orden, bajo el reinado de Dios, y están a la espera del regreso de Cristo como Juez. (1960: 102)

Subyacente a esto estaba la convicción, afirmada por Pedro (Hech 2:16-17), de que la era mesiánica había amanecido y que los días finales estaban cerca. Esto fue confirmado por el don del Espíritu (Isa 44:3). Pero Pentecostés no fue el último día, porque Pedro hizo una diferencia entre la manifestación inicial de la nueva era, y los "tiempos de descanso" del futuro. Ese día sea "el tiempo de la restauración de todas las cosas, como Dios lo ha anunciado desde hace siglos por medio de sus santos profetas," cuando Cristo sea enviado otra vez al mundo desde el cielo (Hech 3:19-21).

La característica fundamental de esta nueva comunidad que confesaba a Cristo era que todos sus miembros recibieron el don del Espíritu. Hechos 2:17-18 habla de que fue derramado sobre todos, varones y mujeres, jóvenes y ancianos, esclavos y libres. El carácter inclusivo mismo de este bautismo constituyó la democratización de la consciencia profética. Todos recibieron poder para dar testimonio de la resurrección (2:32). Su nueva experiencia del Espíritu Santo era algo que ellos tenían en común, más que algo que guardaban de manera privada, porque trascendía las diferencias de sexo, de edad y de casta. Como resultado, emergió un nuevo sentido corporativo.

Estos nuevos creyentes comenzaron a expresar su unidad espiritual manteniéndose "firmes en la enseñanza de los apóstoles, en la comunión, en el partimiento del pan y en la oración" (Hech 2:42). Así es que, entonces, desde el principio, la esencia y la vitalidad de la nueva comunidad fueron integrales y esenciales a su confesión de que Jesucristo es el Señor. La realidad de su aceptación amorosa de unos para con otros, y su patrón de compartir desinteresadamente (*koinōnia*), no fueron otra cosa que la universalización del ministerio de Jesús por el Espíritu, en y a través de cada miembro. Todos sentían su llamado a participar en la nueva realidad social que el Espíritu Santo estaba enviando al mundo. El sentido de identidad espiritual que tenían unos con otros les permitió afirmar su relación comunal "en Cristo," por medio del servicio amoroso, "según la necesidad de cada uno" (Hech 2:45). Era una comunidad magnética, una participación corporativa en el don del Espíritu, la cual se expresaba en actos explícitos. Estos actos constituían las marcas de la verdadera iglesia.

Deberíamos notar particularmente la referencia a su "partimiento del pan." Este acto simbólico, repetido con frecuencia, les hablaba de su nuevo privilegio de compartir los beneficios de la entrega vicaria de Jesús, a favor de ellos. Su reflexión disciplinada sobre la enseñanza de los apóstoles debe haber abarcado, no sólo toda la revelación dada por Jesús mismo (Mat 28:20), sino también la clave hermenéutica del Antiguo Testamento que él había provisto para su correcta comprensión (Luc 24:27, 44-47). Bien podemos imaginarnos la lucha intelectual que debe haber tenido lugar en medio de ellos. Ahora, ellos debían considerar el Antiguo Testamento meramente como un material en crudo, que debía volverse a evaluar a la luz de la enseñanza de Jesús. Debían tomar en serio las implicaciones redentoras de su cruz, a la vez que las éticas. Como miembros del verdadero Israel, reconocían que el Espíritu, en medio de ellos, les había sido dado para permitirles practicar una justicia que estuviera completamente en consonancia con las bienaventuranzas de Jesús, y en armonía con su llamado a ser como niños, al perdón, a no vengarse y al amor.

**Pentecostés y el evangelio apostólico**

Cuando analizamos el sermón de Pedro (Hech 2:16-40), encontramos que consiste en cuatro temas básicos:
1. La profecía del Antiguo Testamento se había cumplido con la venida del Espíritu (vv. 16-21).
2. Jesús de Nazaret había sido vindicado como Señor y Cristo (vv. 22-28).
3. La muerte había sido derrotada, tal como lo evidenciaba la presencia del Espíritu (vv. 29-35).
4. El perdón y el don del Espíritu están ahora a disposición de los que se arrepienten (vv. 36-40).

Concordamos con F. F. Bruce en que, cuando Pedro le predicó el evangelio a Cornelio y a su casa, de manera significativa, él incluyó otro componente. Dijo que Cristo les había encargado a los apóstoles que proclamaran que él "ha sido nombrado por Dios como juez de vivos y muertos" (Hech 10:42). Es llamativo que el apóstol Pablo también incluyera esto en su predicación evangelizadora (17:31). No nos atrevemos a minimizar la manifestación final y completa del reino de Dios, cuando Cristo será reconocido por todos (por los redimidos y por los no arrepentidos de igual manera) como el Señor de la gloria (1954: 35).

Este resumen incluye el carácter esencial de la iglesia y está repleto de ideas del reino, al cual la iglesia está siempre subordinada. La Palabra de Dios, que abarca las buenas nuevas del reino, crea a la iglesia. Lucas expresa esta realidad axiomática cuando declara: "Y la palabra de Dios se difundía: el número de los discípulos aumentaba considerablemente" (Hech 6:7).

Un repaso de todas las referencias al reino de Dios en Hechos (siete) ofrece una convicción precisa de que los apóstoles consideraban esta expresión como sinónimo de la gracia de Dios. No la usaban para referirse a Israel (1:3-7). Identificaban el reino con "el nombre de Jesucristo" (8:12) y esperaban plenamente que su proclamación condujera a creer en Jesús (8:5). En ocasiones, al dirigirse a creyentes judíos y gentiles, ellos enfatizaban sus implicaciones escatológicas declarando: "Es necesario pasar por muchas dificultades para entrar en el reino de Dios" (14:22). Los tres meses en que Pablo predicó en la sinagoga en Éfeso se resumen diciendo: "Discutía acerca del reino de Dios, tratando de convencerlos" (19:8). Y esto se equipara con "dar testimonio del evangelio de la gracia de Dios" (20:24-25). En Roma, Pablo les proclamó a los judíos la "salvación de Dios" (28:28). Y esta actividad es definida como dar testimonio del "reino de Dios y tratando de convencerlos respecto a Jesús, partiendo de la ley de Moisés y de los profetas" (28:23). Su ministerio de predicar el reino de Dios y el de enseñar acerca del Señor Jesucristo constituyeron un solo mensaje (28:31).

Jesús raramente habló de Dios como Rey o de Dios como gobernando. Su uso del lenguaje del reino abarcó más bien la derrota de los enemigos de Dios, la victoria sobre el mal y la bendición del pueblo de Dios, es decir, la acción de Dios conducente a la salvación. La misma falta de frecuencia con la cual se encuentra el término, fuera de los Evangelios Sinópticos, parecería indicar que la iglesia primitiva "reemplazó" el reino con "la persona en quien el reino fue revelado." El mensaje de ellos era sobre "otro rey, uno que se llama Jesús" más bien que sobre "otro reino" (Hech 17:7). Incluso identificar a Jesús como rey podía dar lugar a una comprensión errada. El oyente casual podía llegar a la conclusión de que el mensaje cristiano tenía visos políticos subversivos. Tan grandes eran las sospechas de parte del César, que los cristianos primitivos, de manera deliberada, evitaron el lenguaje del reino e incluyeron el evangelio del reino dentro de "Jesucristo y éste crucificado."

No obstante, no deberíamos limitar el evangelio del reino a las dimensiones redentoras de la cruz. Las buenas nuevas de Dios para nuestra generación no deben ser confinadas a su voluntad para perdonar los pecados del penitente, a través de los méritos de la expiación de Cristo. Cada vez que uno procura definir las buenas nuevas del reino procurando personalizarlas, tal como Jesús y sus apóstoles lo hicieron, surgen problemas debido a la mera complejidad de éstas. ¿Quién puede agotar todo lo que está implícito en el hecho de que Dios llevó a su pueblo a una relación correcta con Él y, por medio de su gracia, a la posibilidad de vivir en esta relación? Richard De Ridder intentó tratar esto cuando declaró que

> la esencia y el fundamento del reino es su existencia como la irrupción del Espíritu, del poder y de la justicia de Dios. . . . Este reino está por detrás, circunda y le da significado al cosmos, y es, en su esencia, la presencia del Dios de justicia, el cual ha hecho que el mundo sea y ha colocado sobre la creación el juicio de su soberanía. (1971: 121)

Dios "llama [a las personas] a salir de la dimensión de lo físico, para entrar en la de lo espiritual, a salir del reino de lo temporal, para entrar en el de lo eterno, llamándo[las] a vivir en el mundo espiritual de Dios, y en su tiempo espiritual, aunque continúen viviendo en este mundo de la [humanidad] y en este tiempo de la historia" (Baird 1963: 141, citado por De Ridder 1971:139).

Lo que hizo que este mensaje dejara perplejos a los judíos fue el rol de siervo que Jesús adoptó, y el poder del servicio que el desplegó. Esto puso al reino de Dios cabeza abajo, porque no sólo reflejaba el rechazo completo del concepto tradicional de reino, sino que era en sí su misma antítesis.

**Conclusión**

El advenimiento del Espíritu Santo hizo posible el comienzo de una nueva era, en la cual Dios procuraría, de nuevas maneras, hacer un pacto con el pueblo de Dios. Recordemos que, en el Antiguo Testamento, Dios fue revelado como un "guerrero" (Ex 15:3). Él les prometió a los israelitas una y otra vez, que sería su Libertador y su

Defensor, si es que sus corazones "le [eran] fieles" (2 Crón 16:9). La gran prueba que la iglesia ha enfrentado por siempre, a partir de Pentecostés, ha sido permitirle a Dios ser Dios en medio de ellos, o cometer la necedad de Israel, dándole la espalda a la confianza en Dios, apoyándose en su propia fuerza (Jer 17:5-8). A medida que nos adentramos más profundamente en nuestro estudio del registro del Nuevo Testamento, y revisamos la experiencia de la iglesia apostólica, nos confrontaremos cada vez más con todo lo que significa para la iglesia "pelear" esta "buena batalla de la fe" (1 Tim 6:12).

## Capítulo 17

## La iglesia de Jerusalén proclama el reino de Dios

**Introducción**

Cuando comenzamos a considerar Hechos y su contribución para nuestra comprensión de la misión de la iglesia, somos confrontados con un amplio espectro de problemas. Estos surgen de la dimensión de misterio que rodea a los propósitos que Lucas tenía en mente, al escribir su libro. A primera vista, todo parece obvio. Lucas nos transmite la impresión de que este volumen es meramente una secuela de su Evangelio. Su declaración de que su Evangelio registró "todo lo que Jesús comenzó a hacer y a enseñar" (1:1) da la impresión de que Hechos sería una continuación de las obras y de las palabras de Jesús, a través de sus apóstoles. Más tarde, cuando llegamos a 1:8, fácilmente concluimos que su tema sería el testimonio que ellos darían del Cristo resucitado, a nivel mundial.

Pero cuando estudiamos el segundo volumen de Lucas de manera crítica, surgen preguntas. Por ejemplo: ¿por qué es que no menciona los hechos de Matías (1:26)? ¿Y qué de los Doce? Él sólo menciona a Juan siete veces y luego, abruptamente, lo deja en Samaria (12:2). Sus referencias a Pedro virtualmente terminan con su liberación milagrosa de la prisión. Nos entretiene con la muy humana historia del alboroto en Jerusalén, la cual dejó a los cristianos preguntándose cuál sería "el paradero de Pedro" (12:18). Luego, no hace ninguna otra referencia a él, aparte de registrar su defensa de Pablo en el Concilio de Jerusalén (15:7-11). Incluso ahora, en el siglo XXI, todavía nos estamos preguntado ¡qué ocurrió con Pedro! En el mismo sentido, todas las referencias a "los apóstoles" están confinadas a los primeros dieciséis capítulos. Luego, silencio. Pero la pregunta mayor concierne a Pablo. ¿Por qué Lucas dedica más de la mitad del libro de Hechos a registrar las actividades de Pablo, de manera tan selectiva, que todavía hace sentir frustrados a los eruditos debido a sus vacíos? Ladd concluye correctamente, que cuanto más uno estudia Hechos, más convincente se torna la tesis de que "la selección [que hace Lucas] de la información histórica está tan controlada por un propósito diferente, que ha dejado a los eruditos con problemas casi insolubles para correlacionar la información de Hechos con la de las epístolas" (1968: 12).

¿Cuáles eran, entonces, los propósitos distintos que Lucas tenía? ¿Es Hechos meramente un reflejo de la compresión que Lucas tenía de la historia, y de su deseo de registrar lo que realmente ocurrió después de Pentecostés? La visión que sigue era popular en el siglo XIX: Hechos no es otra cosa que una secuela del Evangelio, una extensión del objetivo que Lucas declaró en el prólogo del evangelio (1:1-4). Más recientemente, algunos eruditos han sostenido que la preocupación dominante de Hechos es describir las dimensiones referidas a la evangelización en la iglesia primitiva y al crecimiento de la misma. Dada la cantidad de literatura que se ha producido sosteniendo una variedad de teorías en conflicto mutuo, sobre el supuesto propósito de Lucas al escribir Hechos, no podemos atrevernos a entrar en este debate. Lo que nos preocupa a nosotros es la contribución de Hechos para nuestra comprensión de la misión cristiana. Así es que, nuestro uso selectivo de sus contenidos, mayormente nos permitirá evitar tomar partido sobre cuestiones periféricas a nuestro interés.

**Israel**

Se puede tener una percepción de la "historia teológica" de Lucas-Hechos, contrastando los capítulos de apertura del Evangelio con el capítulo final de Hechos. El Evangelio comienza en un contexto rico en alusiones al Antiguo Testamento y con sabor al mismo. Todo es terreno familiar: la sinagoga, el Templo, y el sacrificio; las reiteraciones de la esperanza de Israel, junto con las profecías mesiánicas; la redención venidera y la bendición del reino para Israel; e incluso algunas sugerencias de que la edad de oro de Israel incluiría a los gentiles adorando el pacto de Dios con Abraham, con Isaac y con Jacob (Luc 1:32-33, 54-55, 68-75; 2:30-32; 4:18-21; etc.). Pero el contexto de Hechos 28 es la Roma pagana: los judíos allí estaban rechazando el mensaje del reino de Dios, mientras que los gentiles respondían al mensaje de que Jesucristo es el Señor y el Salvador (28:31).

Parece que este cambio radical en la historia de la salvación, es lo que Lucas procuró resaltar en su obra de dos volúmenes. Él nos hizo entender teológicamente, a esas dos generaciones cruciales en el primer siglo, cuando emergió un movimiento espiritual muy dentro del judaísmo, que se transformó en una comunidad religiosa universal, mayormente gentil en su composición. Tal como Ladd lo resume:

> Lucas relata la historia por la cual tuvo lugar esta transformación radical de la esperanza judía. Indica cómo un maestro crucificado encarna el verdadero cumplimiento de la promesa del Mesías del Antiguo Testamento. Muestra cómo la iglesia de los gentiles ocupó el lugar de Israel. Traza la conexión entre el reino de Dios y la iglesia cristiana. (1968: 20)

Debemos remarcar la realidad y el significado del desplazamiento de Israel por parte de la iglesia. La iglesia gentil en crecimiento, descrita tan vívidamente en Hechos, debe ser vista como el verdadero pueblo de la era mesiánica. Este desplazamiento tiene dos lados. El lado negativo de esta realidad trágica es que, aunque a los líderes del judaísmo se les dieron repetidas oportunidades para oír el evangelio de labios de judíos llenos del Espíritu, ellos deliberadamente se excluyeron a sí mismos del reino de Dios. Esto trajo sobre el judaísmo el juicio de Dios y hace que Hechos sea una lectura triste. Pero el lado positivo de este desplazamiento es que el evangelio, aunque profundamente arraigado en el judaísmo, y aunque repudiado por los líderes judíos, llegó a ser tanto atractivo como de valor insuperable para los no judíos.

Eso significa que la historia registrada en el Evangelio de Lucas llega a ser "cumplimiento" a pesar de que los judíos la rechazaron. En Hechos, Lucas procuró asegurarles a los miembros de la iglesia gentil emergente, que la sumisión de ellos a Jesús como Señor y Salvador era la meta auténtica, hacia la cual se estaba moviendo el trato de Dios con Israel. En relación con esto, Maddox escribe con gran percepción:

> Toda la corriente de la acción salvadora de Dios en la historia no ha pasado por al lado de ellos, sino que ha fluido directamente dentro de su comunidad de vida, en la persona de Jesús y del Espíritu Santo. Si es que hay apóstatas y herejes que se han separado de la participación en el reino de Dios, no es a los cristianos a quienes se les aplican tales términos. . . . Con tal mensaje de reafirmación, Lucas convoca a sus compañeros cristianos a adorar a Dios con un gozo de corazón, a seguir a Jesús con una lealtad constante, y a llevar a cabo con celo, mediante el poder del Espíritu, la posibilidad de ser sus testigos hasta los confines de la tierra. (1982: 187)

Las primeras indicaciones de esta exposición de la fe israelita en términos universales se encuentran en el sermón de Pedro en el día de Pentecostés. El profeta Joel había anticipado que el Espíritu sería derramado sobre "todo el género humano," con una referencia primordial a todo el pueblo de Israel, sus hijos e hijas, su ancianos y jóvenes, sus sirvientes y sirvientas (Hech 2:17-18). Pedro aplicó estas palabras a un grupo especial dentro de Israel, los seguidores de Jesús. Un remanente fiel había reemplazado a la nación. Pero en este mismo sermón (2:30, 34), Pedro también reinterpretó el Salmo 110. A pesar de que el salmo estaba centrado en Jerusalén, desde donde el Señor envió al Mesías (Sal 110:2), Pedro continúo hablando de la entronización celestial de Cristo, a la diestra de Dios. Como descendiente de David, Jesús ahora ejercía un reino espiritual desde el cielo, el cual se extendía a este nuevo y verdadero Israel.

Durante esos primeros años, la iglesia fue mayormente considerada como una secta mesiánica dentro del judaísmo. Sus miembros estudiaban las Escrituras concienzudamente, observaban la ley, adoraban en el Templo y participaban en la vida religiosa y social de la sinagoga (Hech 2:46; 3:1; 5:12; 10:14). A pesar de su confesión de Jesús como Señor y Cristo, del rito de iniciación del bautismo y de tener el don del Espíritu Santo, era indudable que ellos entendían su movimiento, mayormente en términos judíos. No dejaron de asociarse con los judíos no creyentes, ni los denunciaron como apóstatas. La brecha entre las sinagogas no mesiánicas y las congregaciones cristianas hogareñas no era demasiado ancha. Todo esto fue así, hasta que vino Esteban.

Esteban fue probablemente un helenista, un judío de habla griega. Debido a esto, sus perspectivas se relacionaban más con los judíos de la diáspora que con los judíos de Palestina. Sus "grandes prodigios y señales milagrosas," y su testimonio claro del evangelio lo llevaron a una confrontación abierta con las autoridades judías y eventualmente a una audiencia formal delante del Sanedrín. Fue acusado de hablar "contra Moisés y contra Dios . . . contra este lugar santo y contra la ley" (Hech 6:8-15).

La respuesta de Esteban constituye una introducción teológica al relato de Lucas sobre el cambio en la historia de la salvación, con un desplazamiento de la sinagoga judía a la misión mundial de los gentiles. Él mayormente ignoró los cargos que se le imputaban, y se concentró en repasar el trato de Dios con Israel fuera de la tierra y aparte del Templo. Su reinterpretación radical de los momentos sagrados de Israel subrayó el hecho de que Dios no estaba limitado al

Templo (Hech 7:48). Y la posesión de la ley no había producido un pueblo ni sumiso a Dios, ni productivo de la clase de buenas obras que pudieran acercar a las naciones a la fe en Dios (7:51-53). En resumen, la presentación de Esteban fue una defensa de la validez de lo que había ocurrido en Israel en las semanas, meses y años posteriores a Pentecostés.

Sólo un remanente respondió al llamado al arrepentimiento y a seguir a Cristo. De ahí que, se estaba estableciendo un escenario para alcanzar a los gentiles, con toda la expectativa de que, de entre ellos, vendrían los que creerían. Aunque Esteban nunca pudo terminar su defensa, uno recibe la impresión de que estaba desarrollando una secuencia de analogías. Tanto José como Moisés fueron rechazados por sus hermanos; ambos llegaron a ser poderosos entre los gentiles; y a continuación, ambos le trajeron bendición a su propio pueblo (Hech 7:17-44). Jesús también fue rechazado por su pueblo, cuando se enfrentó a ellos por primera vez.

A esta altura, Esteban fue silenciado, pero no antes de haber hablado acerca de la exaltación del Rechazado, y por medio de eso sugerir el movimiento permanente del propósito redentor de Dios entre los gentiles. A los ojos de los airados miembros del Sanedrín, Esteban desafió su muy estimado particularismo y pareció abogar por una fe universal que excedía a la adoración en el templo. Debido a esto, ellos los destruyeron (Hech 7:51-60). No deberíamos minimizar este trágico evento. Representó la acción oficial de la corte más alta entre los judíos. Por medio de eso, los líderes judíos revelaron una vez más el odio implacable que sentían por Jesús, a quien anteriormente habían condenado (Mar 14:55-64).

Al comentar Hechos 4:1-2, donde los líderes judíos estaban "muy disgustados porque los apóstoles enseñaban a la gente y proclamaban la resurrección," F. F. Bruce observa de manera perceptiva:

> Es particularmente llamativo que ni en esta, ni en ninguna otra ocasión posterior (por lo menos hasta donde sabemos) el Sanedrín tomó alguna acción seria para refutar la afirmación central de los apóstoles: la resurrección de Jesús. Si hubiera sido posible refutar este punto, ¡qué rápido el Sanedrín hubiera usado la oportunidad! Si hubieran tenido éxito, ¡qué rápidamente y de manera tan completa se habría desmoronado el nuevo movimiento! (1954: 103)

En esta ocasión, las palabras de Esteban (Hech 7:56) fueron tan parecidas a las palabras de Jesús, que el Sanedrín sintió que el movimiento representado por ambos era una amenaza para la validez eterna de las instituciones judías. A partir del martirio de Esteban, el judaísmo oficial tomó la determinación de destruir a todos aquellos, entre los helenistas, que habían comenzado a seguir a Jesús. Y, como era de esperarse, Lucas muestra que el movimiento del Espíritu Santo, luego se desplazó de Jerusalén a Samaria (8:5-25), luego a los prosélitos gentiles en Palestina (8:26-40), y de ahí a los límites del pueblo judío (9:32-43). Muy pronto, fue alcanzada toda una familia gentil (cap. 10), y en Antioquía de Siria se constituyó una iglesia mayormente integrada por gentiles (11:19-26). Es esta iglesia la que llegó a ser la base de operaciones para la evangelización del mundo mediterráneo oriental. (caps. 13-19).

No debiéramos imaginarnos que todos los judíos creyentes en Jesús estaban felices con este movimiento hacia afuera. En un sentido, se regocijaban de manera uniforme en que Dios les estaba concediendo a los gentiles "el arrepentimiento para vida" (Hech 11:18). Pero lo que preocupaba a muchos era que estos nuevos convertidos no estaban siendo circuncidados, y no recibían instrucción con respecto a la observancia de la ley de Moisés (15:1, 5). Esto requirió de un concilio de "apóstoles y de ancianos" en Jerusalén, para tratar este tema. Lucas reportó los detalles de este concilio de manera muy completa, dado que éstos respaldaban la tesis principal que él tenía. El evangelista pensaba que la intención de Dios, durante todo el tiempo, había sido la de constituir una iglesia, a través del evangelio, que fuera mayormente gentil, durante esta era del Espíritu Santo. Es significativo que los informes de campo sobre la salvación de Dios que alcanza a los gentiles no resolvieron de manera completa el debate (5:7-11). No obstante, la acción del Espíritu Santo al visitar a los gentiles y llamar de en medio de ellos a un pueblo para honra de su nombre (15:14) indicó que el pueblo de Dios ahora se encontraba entre los gentiles.

Lo que remachó la discusión fue el uso que Santiago hizo de la Escritura (Hech 15:16-18). Él citó Amós 9:11-12, con su anticipación de los pasos sucesivos en el desarrollo continuo del propósito redentor de Dios: (1) la venida de Cristo, (2) la reconstrucción de "la choza caída de David," y (3) el alcanzar a los gentiles. El primer paso se refería a la venida del Mesías, acerca de lo cual todos estaban familiarizados. El segundo paso había sido interpretado anteriormente como refiriéndose a la restauración de Israel como un estado soberano bajo un gobierno davídico, pero Santiago lo reinterpreta diciendo que se cumplió con la muerte, la sepultura, la resurrección y la exaltación del Mesías. El tercer paso, sólo puede significar que el verdadero Israel, sobre el cual reina el Hijo de David, es en realidad la iglesia. De ahí que, Santiago concluyó con un énfasis inequívoco sobre la misión: hoy en día, el resto de la humanidad puede buscar al Señor, dado que los gentiles están ahora llamados a tener fe en el Mesías resucitado y exaltado. Ladd concluye su discusión sobre el Concilio de Jerusalén de la manera siguiente.

> El hecho sorprendente y no anticipado fue que las promesas de David estaban siendo cumplidas en la iglesia, y que los gentiles estaban participando de la bendición de David. Sobre esta base, se tomó la decisión de aceptar a gentiles convertidos dentro de la iglesia, sin imponer sobre ellos las prácticas judías. La casa de David, en efecto, había sido restaurada, pero ya no en términos de las prácticas del Antiguo Testamento. Así como la entronización de Jesús sobre el trono de David había recibido una reinterpretación radical, de la misma manera el pueblo de Dios, el verdadero Israel, ahora encuentra su realización en la iglesia, la cual está constituida tanto por creyentes judíos como gentiles, separados de las prácticas judías. (1968: 76)

En los capítulos restantes de Hechos, Lucas procuró ilustrar esta reconceptualización de la iglesia mayormente gentil, como el verdadero pueblo de Dios, desplazando a Israel. Esta iglesia no era ni un paréntesis, ni un accidente de la historia. Más todavía, en la selección subsiguiente que Lucas hace de ciertos incidentes en el ministerio de Pablo, deberíamos notar la frecuencia con la cual él atrae la atención sobre el rechazo de Jesucristo por parte de Israel. No sólo que la judería oficial y que muchos judíos en Jerusalén persistieron en su incredulidad, sino que también en Roma, la mayoría de los líderes judíos se negaron a recibir las bendiciones del reino. Esto resultó en la réplica de Pablo: "Por lo tanto, quiero que sepan que esta salvación de Dios se ha enviado a los gentiles, y ellos sí escucharán" (28:28).

**El crecimiento de la iglesia**

En algunos círculos, se ha sostenido que el libro de los Hechos está primordialmente preocupado por describir y por prescribir la teoría del crecimiento de la iglesia. Esto se refiere a la clase de actividad misionera caracterizada por la proclamación evangelizadora, y por la reunión de los convertidos en congregaciones locales. En realidad, Hechos nos dice muy poco acerca de la manera en que esos primeros cristianos organizaron sus congregaciones, se involucraron en el ministerio, definieron sus credos, o condujeron su adoración. Más bien, su foco está sobre la unidad que experimentaron y sobre el compañerismo humano, que ellos llegaron a conocer a través de la nueva vida que les fue impartida por el Espíritu Santo.

Algunos han procurado hacer de Hechos un libro de texto sobre el "crecimiento de la iglesia," repleto de modelos y de métodos considerados como directamente aplicables a la práctica misionera en el siglo XXI. La tesis es que Hechos registra una historia continua de éxitos: la manera en que el evangelio fue de Jerusalén a Roma. Bruce Metzger afirmó que, dentro de Hechos, uno puede identificar seis períodos separados de la expansión de la iglesia, y que cada período concluye con una declaración resumida del crecimiento de la iglesia (1965: 172).

1. Por toda Jerusalén (1:1—6:7). "Y la palabra de Dios se difundía: el número de discípulos aumentaba considerablemente en Jerusalén" (6:7).
2. Por toda Palestina (6:8—9:31). "la iglesia . . . se consolidaba en toda Judea, Galilea y Samaria . . . creciendo en número, fortalecida por el Espíritu Santo (9:31).
3. Más allá de las fronteras judías (9:32—12:24). "Pero [a pesar de la persecución] la palabra de Dios seguía extendiéndose y difundiéndose" (12:24).
4. Por toda Chipre y la parte central de Asia Menor (12:25—16:5). "Y así las iglesias se fortalecían en la fe y crecían en número día tras día" (16:5).
5. Hasta Europa, Grecia y el Asía Menor occidental (16:6—19:20). "Así la palabra del Señor crecía y se difundía con poder arrollador" (19:20).
6. El viaje de Pablo a Jerusalén, su arresto y su regreso a Roma (19:21—28:31). "Durante dos años completos permaneció Pablo en la casa . . . Y predicaba el reino de Dios y enseñaba acerca del Señor Jesucristo" (28:30-31).

Los que sostienen con entusiasmo que Hechos es un libro de texto sobre el crecimiento de la iglesia tienden a olvidarse que Lucas no estaba preocupado por el crecimiento de la iglesia en sí, sino más bien por mostrar la victoria de la nueva fe liberadora, en tanto ésta "atraviesa barreras religiosas, raciales y nacionales" (Stagg 1955, citado por Copeland 1976: 13). Al principio, Lucas le dio una atención particular al crecimiento numérico de la iglesia (1:15; 2:41, 47; 4:4; 5:14; 6:1, 7; 8:6, 12; 9:31, 35, 42; 10:24, 48; 11:21, 24, 26; 13:48-49; 14:1, 21-22;

16:5, 15, 25:34; 17:4, 12, 34; 18:8; 19:7, 10, 17, 26). Usó estadísticas para mostrar que un número significativo de judíos salió del judaísmo para llegar a ser la vanguardia del nuevo Israel.

Una vez demostrado esto, Lucas perdió completamente el interés en las estadísticas con respecto a la iglesia, aunque muestra una inclinación por incluir números en todo lo demás, especialmente en detalles cronológicos. Lo que continuó remarcando es la diversidad de personas que entraron a la iglesia (de todas las edades, de ambos sexos, judíos y gentiles, individuos y familias completas, los oscuros y los prominentes, el rango de ocupaciones que representaban, las personas de carácter y de influencia que habían entrado a la nueva fe). Fue rápido para describir el poder espiritual de los nuevos convertidos. Ellos representaban tanto calidad como cantidad.

Y Lucas no atribuyó el crecimiento de la iglesia a métodos evangelizadores específicos. Cuando alguien se convierte, es Dios quien recibe la gloria, porque es la obra del Espíritu Santo la que libera a las personas del domino de la oscuridad y las traslada al reino de su amado Hijo (Col 1:13). La superintendencia divina de los apóstoles era evidente en todas partes, con frecuencia trabajando contrariamente a su mejor estimación de qué hacer luego (e.g., Hech 16:6-10 y 22:17-21). Y durante todo el tiempo, Lucas ilustró lo que Pablo luego enseñó (en Col 1:24-29), es decir, que la iglesia no crece si no se paga un precio. Y este precio, aunque fue pagado en sufrimiento, produjo el resultado directo del crecimiento de la iglesia (ver Conzelmann 1973: 34; Copeland 1976: 24; Hech 4:23; 5:40-42; 8:1-4; 14:22).

Entonces, este es el cuadro del crecimiento de la iglesia en el libro de los Hechos. Fue cualitativo tanto como cuantitativo. Las congregaciones eran más heterogéneas que homogéneas en su membresía, porque Lucas estaba ansioso por mostrar la manera como "las buenas nuevas del reino" superaban las barreras de religión, de raza, de clase, de sexo y de prejuicio, en su marcha hacia adelante en busca de "los hijos de Dios que estaban dispersos, para congregarlos y unificarlos" (Juan 11:52).

Y en todas partes adonde los apóstoles iban, su testimonio era acompañado por señales del reino. En realidad, las manifestaciones de estas señales en Hechos nos recuerdan una y otra vez el ministerio de Jesús, y demuestran la realidad de las dimensiones presentes del mensaje del reino. Estas señales apuntan al repliegue del diablo y de "los poderes," ante el avance del Rey. El fuerte ha sido vencido por el Más Fuerte en la cruz, y sus posesiones le están siendo arrebatadas (Mat 12:29; Luc 11:22).

¿Cuáles son estas señales que se describen a lo largo de Hechos? Resumimos las conclusiones de la consulta de Grand Rapids (1982) sobre la relación entre la evangelización y la responsabilidad social (Lausana 1982: 17-18).

• La *primera* señal del reino fue (y todavía es) Jesús mismo en medio de su pueblo, cuya presencia liberadora trae gozo, paz y un sentido de celebración.

• La *segunda* señal es la predicación del evangelio a todos, particularmente a los pobres, lo cual le señala a la gente el reino mismo.

• La *tercera* señal es el exorcismo; la liberación de todo mal, es decir, la victoria sobre las inteligencias satánicas, es posible a través del encuentro de poderes, en los cuales el nombre de Jesús es invocado.

• La *cuarta* señal es la curación y los milagros de la naturaleza, anticipando el reino final, del cual toda enfermedad, todo desorden y toda muerte van a ser expulsados para siempre.

• La *quinta* señal es el milagro de la conversión y del nuevo nacimiento. Se dice que los convertidos que han sido traídos de las tinieblas a la luz y del poder de Satanás a Dios han "saboreado . . . los poderes del mundo venidero" (Heb 6:5).

• La *sexta* señal es el pueblo del reino, en el cual se manifiesta "el fruto del Espíritu." Las buenas obras son las señales del reino; la evangelización y la responsabilidad social están indisolublemente unidas.

• La *séptima* señal es el sufrimiento: el Rey sufrió para entrar a su gloria, dejándonos un ejemplo para que podamos seguir sus pasos. Sufrir por causa de la justicia, por el testimonio que damos de Jesús es una clara señal de haber recibido el reino de Dios.

Una y otra vez, estas señales demostraron la fidelidad de la iglesia primitiva, no sólo al evangelio del reino, sino a su reconocimiento consciente de que la nueva era en realidad ya había venido. Esos cristianos primitivos estaban comenzando a disfrutar de la realidad del reino, de manera plena. Estaban disfrutando del mañana en el día de hoy.

**La evangelización creativa**

Se ha hecho mención de la predicación de Pedro en el día de Pentecostés. También hemos identificado el evangelio apostólico como "las buenas nuevas del reino de Dios y el nombre de Jesucristo" (Hech 8:12). Y hemos notado que Lucas describió la evangelización, en términos de haber instado tanto a judíos como a griegos, "a convertirse a Dios y a creer en nuestro Señor Jesucristo" (20:21). Ahora examinaremos ciertos estudios de casos en Hechos, los cuales subrayan la maneras creativas en las cuales "mediante la clara exposición de la verdad," los apóstoles procuraron recomendarse "a toda consciencia humana en la presencia de Dios" (2 Cor 4:2).

### *Cornelio y su familia (10:1—11:18)*

El espacio nos impide repasar la sucesión de pasos mediante los cuales Dios trajo a un judío mesiánico ante la presencia de un gentil y de su familia, quienes "eran devotos y temerosos de Dios" y realizaban "muchas obras de beneficencia para el pueblo de Israel y [Cornelio] oraba a Dios constantemente" (10:2). Pedro debe haberse sentido muy impresionado por este hombre. ¡Y con razón! Pedro da un testimonio generoso de esto, porque pudo detectar el accionar previo de Dios, en lo que Cornelio compartió con él. Cornelio ya había comenzado a responderle a Dios, quien busca con anhelo a los que llevan su imagen. En todos los encuentros evangelizadores, nosotros también debiéramos buscar evidencia de que Dios ya ha estado trabajando en las vidas de los que procuramos ganar.

Cuando Pedro llegó a la casa de Cornelio, ocurrió una cosa extraña. Cornelio se postró delante de Pedro (10:25). Lejos de recibir esta expresión de profundo respeto, Pedro lo tomó del brazo, lo hizo levantar y le dijo las palabras memorables que los cristianos nunca deberíamos olvidar: "Ponte de pie, que sólo soy un hombre como tú" (10:26). Aquí está la base para el verdadero diálogo religioso: el reconocimiento cándido por parte del cristiano del carácter común de la experiencia humana. La Asamblea de Uppsala del Concilio Mundial de Iglesias habló de esto como una cualidad indispensable que los cristianos deberían cultivar, es decir, una actitud aceptable para con todas las personas. "En el diálogo, compartimos nuestra humanidad en común, su dignidad y su condición de caída, y expresamos nuestra preocupación en común por esa humanidad" (WCC 1968: 29). En todo encuentro evangelizador, también debiéramos confesar con libertad nuestra consciencia interior de ser personas caídas, la cual es compartida por todas las personas, ya sean cristianas o no.

Pero Pedro no fue solamente humilde en espíritu. El manifestó una apertura de mente, que tocó el corazón anhelante de Cornelio. Él dio un testimonio espontáneo de que Dios estaba tratando con Cornelio a través de este encuentro: "Ahora comprendo que para Dios no hay favoritismos" (Hech 10:34). Pedro estaba recibiendo una ampliación de su comprensión: ¡Dios tenía la voluntad de recibir tanto a gentiles como a judíos! Por supuesto que esto era lo que Dios le había prometido a Abraham, que a través de su simiente, todas la familias de la tierra serían benditas (Gén 12:3). No obstante, no deberíamos entender erróneamente el nuevo descubrimiento de Pedro. Cuando él dijo: "para Dios no hay favoritismos, sino que en toda nación él ve con agrado a los que le temen y actúan con justicia" (Hech 10:34-35), no estaba diciendo que una religión es tan buena como la otra. Y ciertamente no estaba afirmando que las percepciones religiosas de Cornelio, su devoción personal y la moralidad que había adquirido lo exceptuaban de la necesidad de la salvación a través de Jesucristo (11:14). Más bien, esas personas que manifiestan una sinceridad espiritual están siendo preparadas por el Espíritu de Dios para ser salvas. Nosotros también deberíamos darnos cuenta de que, en todos los encuentros religiosos, podemos recibir percepciones adicionales sobre las maneras en que Dios está preparando a las personas para recibir a su Hijo.

El relato no termina con Pedro gozándose en al aumento de su comprensión de Dios, y alabando a Cornelio como un gentil extraordinario, un hombre muy bueno, sin defectos y ejemplar en su accionar religioso. El hecho era que Cornelio todavía estaba en una gran necesidad espiritual. Dios ya había obrado "unos pocos milagros y había cambiado unas pocas actitudes básicas," pero Cornelio todavía tenía que creer en Jesucristo, ser bautizado y recibir el Espíritu Santo (La Sor 1972: 161). El cristiano que da testimonio de Cristo debe afirmar con candidez las limitaciones de toda acción religiosa. Esto no quiere decir que los cristianos tengan una comprensión plena de la revelación y que otros no. Más bien, el cristiano señala a Cristo de manera agradecida y humilde, diciendo: "Le ha agradado a Dios revelarse a sí mismo de manera completa y decisiva en Cristo; arrepiéntanse, crean y adoren" (Kraemer 1969: 119).

En este punto del encuentro, el diálogo se tornó en proclamación. El clima de aceptación mutua y de confianza hizo esto posible. De manera frontal, Pedro ahora compartió con Cornelio y con su familia el registro de los poderosos actos de Dios, en y a través de Jesucristo, los que culminaron con su muerte, su sepultura y su resurrección. Fue un testimonio honesto, dado por un hombre humilde pero valiente. Éste fue un diálogo fiel, un cumplimiento verdaderamente adecuado del mandato misionero que Cristo había dado. No fue meramente un encuentro de dos creencias encarnadas en dos fieles con una actitud amistosa. Tenía que haber algo más que un compartir mutuo. El evangelio debía ser proclamado, a los efectos de evocar la fe. No debemos hacer conocer a Jesucristo para que puedan admirarlo. El evangelio demanda fe: demanda un veredicto.

La última escena describe al Espíritu Santo confirmando el evangelio a Cornelio y a su familia. Ellos creyeron el mensaje y recibieron la obra interior del Espíritu. Ya no sentían el hambre que anteriormente habían experimentado a pesar de su devoción, de sus oraciones y de las limosnas que daban. Se habían encontrado con el Señor Jesús resucitado y habían recibido el Espíritu Santo. El evangelio ahora se tornó normativo, para probar todos los aspectos de sus vidas. Y confesarlo a Jesús como Señor significaba, por lo tanto, que debían vivir bajo su dirección y para su gloria.

Hechos nos muestra que hay un diálogo religioso que exalta "el evangelio eterno," más allá del nivel de la discusión amistosa. El evangelio del reino sigue el patrón apostólico de la discusión, la explicación, la demostración, la proclamación y la persuasión (algunas de estas ideas aparecen en 17:1-4). Su discurso está "siempre con gracia, sazonada con sal" (RVR). Su objetivo es darle a todos una respuesta apropiada y su tema es Jesucristo (Col 4:6).

### *El testimonio a los judíos (13:16-41)*

Cuando Pablo fue invitado a hablar en la sinagoga de Antioquía de Pisidia, encontró que su audiencia estaba formada por judíos y por algunos gentiles temerosos de Dios. Aun así, su mensaje no fue diferente del discurso de Esteban delante del concilio de Jerusalén y consistió mayormente de una revisión del trato de Dios con Israel, desde los patriarcas hasta David. Al hacer esto, Pablo siguió el modelo del Antiguo Testamento, dado que su discurso narró "precisamente esos actos redentores de Dios, de los que los israelitas daban testimonio, al recitar las obras de Dios" (G. Wright 1952: 76). Lo que es más, Pablo se movió directamente de David hacia Cristo. En realidad, Pablo veía en Cristo no sólo el cumplimiento de la historia redentora del Antiguo Testamento (las promesas a Israel como un todo), sino también el cumplimiento de las promesas de Dios a David. Aunque Cristo es el Señor que reina ahora, la obra de Dios a través de él está todavía incompleta, porque sólo en su segunda venida se revelará plenamente el reino de Dios.

Cuando Pablo comenzó a identificar a Jesús como el libertador mesiánico de la casa de David, virtualmente usó la misma forma de relato que Pedro usó con Cornelio (Hech 10:37-38). Su acento sobre la resurrección de Jesús también nos recuerda el desarrollo de este punto por parte de Pedro en su sermón de Pentecostés (1:24-36). Al final, Pablo, al igual que Pedro, también llamó al arrepentimiento y ofreció el perdón de los pecados para todos lo que creyeran.

Lucas dedica un espacio considerable a registrar las variadas reacciones a este discurso. Estaban los que querían oír más (Hech 13:42-43). El sábado siguiente "casi toda la ciudad" se reunió para oír el evangelio. Esto probablemente significa que un gran número de gentiles estuvo interesado. Esto despertó los celos de los judíos (13:45), tal vez porque Pablo no dijo nada acerca de la necesidad de la circuncisión para esos gentiles, que se adelantaron en busca del perdón de sus pecados (13:38). Como respuesta, Pablo citó un gran texto misionero de Isaías (49:6), el cual claramente identificaba la misión del Siervo de Dios como extendiéndose más allá de una garantía de la seguridad de Israel. Él había sido dado como "una luz a los gentiles." Así que entonces, Antioquía de Pisidia fue testigo de la tragedia de muchos judíos que se excluyeron de la vida Dios por su incredulidad (Hech 13:46, 48). F. F. Bruce resume este patrón frecuentemente repetido (e.g., 14: 1-7).

> Las comunidades judías consideraban a Pablo como alguien que pisoteaba los derechos que les eran exclusivos, un ladrón de ovejas que seducía a muchos gentiles bien dispuestos para que no asistieran a la sinagoga, cuya conversión completa al judaísmo era muy esperada. Y los seducía ofreciéndoles la bendición completa de parte de Dios en términos que parecían ser más fáciles que los que imponía la sinagoga sobre lo prosélitos potenciales. La respuesta de Pablo a esta queja habría sido que era sólo la negación de los judíos a recibir la luz del evangelio lo que les impedía ser los portadores de la luz a los gentiles. (1954: 282)

El registro de los esfuerzos de Pablo por persuadir a los judíos para que reconocieran a Jesús como su Mesías refleja la convicción firme de todos los escritores del Nuevo Testamento de que el evangelio es tanto para los judíos como para los gentiles. En realidad, en términos nada inciertos, ellos denunciaron toda esperanza judía de aceptación delante de Dios como fundada sobre cualquier otra cosa y no sobre la justicia de Cristo, que le era imputada a los que lo recibían como Señor y Salvador. Reymond hace este resumen:

> La conexión racial con Abraham o con Moisés no cuenta para nada (Rom. 9:7, 8). Una justicia que surge de buenas obras y de la observancia de la ley es fútil (Gál. 2:16, 21). Incluso la tradición judía extra bíblica más alta y mejor anula la verdadera palabra de Dios (Mar. 7:13). Pablo estaba convencido de que por su rechazo de Jesús el Cristo, sus parientes en la carne habían traído sobre ellos la ira de Dios "finalmente" (*eis telos*, 1 Tes. 2:14-16). Y estaba igualmente convencido de que el judío debía renunciar a ese distintivo particular que lo separaba de otros hombres, es decir, a su idea exaltada de su propia aceptación por parte de Dios, debido a su relación racial con los patriarcas y a su obediencia a la Torá. Debía hacerlo si es que alguna vez iba a conocer la verdadera conversión a Dios, a través del arrepentimiento y de la fe en Jesucristo. (Citado por Van Til 1968: iv)

Ni la condición de judío ni el judaísmo puede salvar a un judío, dado que nada de eso le hace lugar a Jesús, quien es la única "esperanza de Israel" (Hech. 28:20). En ningún punto los judíos de hoy en día difieren más marcadamente de la Escritura, que cuando definen el reino de Dios. Leo Baeck en *The Essence of Judaism* afirma:

> Para el judaísmo, el reino de Dios no es un reino por encima del mundo u opuesto a él, ni siquiera codo a codo con él . . . es algo que el hombre, como dicen los rabinos, "carga sobre él." . . . Es el reino de la piedad a la que el hombre entra a través del servicio moral para con Dios. ... El que conoce y reconoce a Dios, a través de incesantes buenas obras, está en el camino al reino de Dios. (1948: 243)

### *La predicación a los intelectuales (17:22-34)*

En su carta a los Colosenses, Pablo exhorta a los cristianos: "Que su conversación sea siempre amena y de buen gusto. Así sabrán cómo responder a cada uno" (4:6). Pablo fue un modelo de esto cuando les habló a los atenienses. Encontró a la ciudad de Atenas en declinación y deteriorada. La filosofía se había degenerado en sofismo y el poder político había pasado a los romanos. Aun así, la ciudad era todavía la capital religiosa y cultural de mundo, con su incesante proliferación de estatuas: dioses, semidioses y héroes. Los altares estaban por todas partes. Era una ciudad "llena de ídolos" (17:16).

Tanto los epicúreos como los estoicos enseñaban sobre la necedad de la idolatría. Sus alumnos se burlaban de los que llenaban los templos. Pero ni el ateísmo de los epicúreos, ni el panteísmo de los estoicos podían satisfacer plenamente a los inquietos atenienses, quienes "se pasaban el tiempo sin hacer otra cosa más que escuchar y comentar las últimas novedades" (17:21).

Anteriormente a este encuentro con los intelectuales griegos, Pablo se contactó con la sinagoga judía local, que era rígida y severa en su monoteísmo. Sus adherentes también miraban con desdén la vida religiosa y los debates filosóficos que los rodeaban. Deben haber sido algo vocingleros en su testimonio, tal como lo evidencian los gentiles "temerosos de Dios" ("personas devotas"), que fueron atraídos a su adoración. La palabra usada para describir el encuentro de Pablo con la sinagoga implica que él siguió el patrón de razonar con sus miembros "basándose en las Escrituras" (17:2-3). No obstante, no confinó su testimonio a la sinagoga. En realidad, a medida que los ojos de Pablo iban de los templos a los altares, a las escuelas y a la sinagoga, fue confrontado con tres elementos principales dentro de la totalidad de la religiosidad humana. Era obvio para él que el Dios que proclamaba era tanto desconocido para ellos como impensable dentro de su cosmovisión. En un sentido, nosotros también confrontamos estos mismos elementos hoy en día (la religión con sus rituales, los filósofos con sus debates y los judíos con sus variadas formas de judaísmo) y también estamos obligados a afirmar que toda esta actividad religiosa y filosófica no sirve para nada. En lugar de procurar tener una percepción a través de oráculos y de ídolos, de cosmogonías y de leyendas, de religiones o de filosofías seculares, o de luchas para guardar la ley de Moisés, la gente en todas partes debe ser confrontada con el evangelio y movida a aceptar el notable mensaje de la carrera y la resurrección de un ser humano particular, que era la encarnación de Dios.

Las personas inquietas, infelices y desorientadas deben adorar algo. La gracia común de Dios impide que ellos supriman la verdad completamente. El universo visible es todavía una fuente de conocimiento inevitable de su Creador invisible. Todavía da testimonio de la obra creadora de Dios y de su preocupación por su criaturas (14:15-17). No obstante, debido a que todos están cegados por Satanás, no pueden interpretar correctamente su testimonio. "Dado que el hombre, en su orgullo se negó a adorar a su Hacedor, torna la luz de la revelación divina en la oscuridad de la religión hecha por hombres, y se hace esclavo de deidades indignas creadas por él, hechas a su propia imagen o a la de criaturas inferiores a él mismo" (Packer 1961: 213).

Cuando Pablo más tarde estuvo en el Areópago (el monte de Ares) y proclamó a Jesucristo, ¿qué veía él? Veía los templos con sus altares y el humo del incienso que se movía lentamente, de manera incierta hacia arriba dentro del más allá. Veía personas que andaba a tientas, extendiendo sus manos hacia afuera de sí mismas, hacia arriba, llevadas por un profundo anhelo por lo divino. Muchas personas sienten que el mundo está embrujado. Cuando se miran a sí mismas, se ven insignificantes. Cuando miran más allá de la tierra, de los árboles, del cielo, del mar y de las estrellas, experimentan sobrecogimiento y temor. Están maravilladas frente al misterio de la vida y de su propia existencia. Esta no es su experiencia continua. Viene y va. Y aun así, es tan antigua como la humanidad misma. Pueblos de toda tribu, lengua y nación han hablado de esto, de "el anhelo imaginativo" de contactar lo que parece estar por encima y más allá de la naturaleza. ¿Por qué? Debido al vació infinito, al dolor profundo dentro de sus corazones. La gente parece tener la convicción de que el contacto con lo que la obsesiona va a terminar con su búsqueda. Si fracasan, la vida va a carecer de significado. Este anhelo es el que ha dado lugar a todas las religiones en este mundo. Nosotros también hemos experimentado lo sobrenatural. Hemos sentido hambre por contactar la realidad. En un sentido, podemos apreciar por qué Atenas tenía sus templos, sus dioses, sus altares y su incienso que iba hacia arriba.

Al pie del Areópago, Pablo vio el mercado, las escuelas con sus filósofos y discípulos. Se pudo imaginar los debates interminables, argumentando acerca de la existencia, acerca de los patrones de vida, acerca de la ley de la naturaleza. Admiradores de la valentía, y aun así conscientes de la cobardía. Exaltadores de la veracidad, pero culpables de tener una mente con dobleces y engañosa. Defensores de la abnegada devoción a los principios, pero conscientes de la corrosión constante del egoísmo. Siempre apelando a la cuadrícula ética que parece ser parte del maquillaje que uno tiene. Siempre conscientes del fracaso personal. Intentos enormes para justificar este fracaso con fundamento ético. Mucha charlatanería encumbrada acerca de la excepción a las reglas básicas. Y aun así, la gente parecía tener la convicción de que la comprensión de las realidades éticas que juzgan toda conducta les traería paz al corazón y a la mente.

Y, ¿qué significaba la sinagoga? Mientras que muchas personas en Atenas se inquietaban por extender y contactar lo sobrenatural, o procuraban resolver su relación con lo ético, la sinagoga representaba una excepción. Su gente estaba separada. La misma existencia y la condición de separación de la experiencia religiosa judía fue la única interrupción, la única violación de la uniformidad del mundo antiguo. Porque en su historia, los judíos habían tenido una secuencia de experiencias no relacionadas con lo que les había ocurrido a sus vecinos. Llegaron a estas experiencias, a pesar de sus propias inclinaciones y no debido a ningún merecimiento particular o a ningún genio especial de parte de ellos. En algunos lugares de su peregrinaje, en Ur, en Harán, en Betel, en Egipto, en Sinaí y en la tierra de Palestina, las sucesivas invasiones desde "el cielo profundo" los sobrecogieron. El temor reverente se hizo presa de ellos cuando relataron estas historias. Los ojos comenzaron a llenarse de lágrimas y luego a brillar. Muy inesperadamente, de un modo muy inmerecido, muy maravillosamente llegaron a darse cuenta de que la presencia abrumadora que llenaba el universo no era otra que la del Gobernante moral, del Juez ético del universo. No muchos dioses, sino un Dios. No muchas reglas y filosofías, sino un patrón de ley. "El Señor nuestro Dios, el Señor es uno," y ha respondido en gracia a nuestra lamentable condición, sin esperanza e ignorante de su verdadera naturaleza. Se nos ha revelado a nosotros. Ya no necesitamos andar a la deriva por la vida, tratando de adivinar la respuesta a las grandes preguntas o teniendo miedo del futuro.

Y aun así, el registro de la historia de la salvación en la ley de Moisés, en los profetas de Israel y en el resto del Antiguo Testamento es muy incompleto. ¡Dios existe! Sí, pero su condición de "otro" nos hace temblar. Él ha tomado la iniciativa de revelarse a sí mismo a la humanidad. Sí, pero ¿cómo podemos encontrarlo? ¿Y qué de nuestras culpas delante de Él? Incluso el adorador en la sinagoga judía conoce anhelos insatisfechos (Lewis 1945: 1-13).

Cuando Pablo se enfrentó con la totalidad de la religiosidad ateniense, se sintió profundamente atribulado. Él sólo vio la adoración de los demonios (cf. Hech 17:16 con 1 Cor 10:20). Y con respecto a los filósofos: "Dios, en su sabio designio, dispuso que el mundo no lo conociera mediante la sabiduría humana" (1 Cor 1:21). Los atenienses debían volverse de estas vanidades y adorar al único Dios verdadero, el Dios que es despojado de su gloria debido a toda esa actividad religiosa. La oscuridad de las mentes atenienses y el carácter disoluto de sus vidas, al complementarse con su idolatría y su filosofía, estaban en duro contraste con el ideal que Dios tenía para ellos. ¡Un enemigo había usurpado el lugar al que Dios tenía justo derecho en sus corazones y en sus vidas!

El discurso de Pablo a los atenienses está lleno de lecciones útiles. Las cosas que no dijo son dignas de notar. No vio ningún propósito en citar a los profetas judíos, dado que ellos eran desconocidos para sus oyentes gentiles. Pablo no consideró la palabra de Dios como mágica, llena de frases que obran maravillas, ya sea que fueran apropiadas o no para la ocasión o que fueran inteligibles para su audiencia. No vio ningún propósito en bajar al nivel de sus oyentes orientados filosóficamente, para argumentar sobre principios, tal como algunos de ellos lo habrían hecho. El evangelio cristiano no es simplemente otra filosofía, un mero sistema de ideas. Jesucristo es una persona, no un plan. De ahí que, el testimonio cristiano no debería reducirse a nivel bajo de un mero diálogo intelectual. Finalmente, Pablo no vio ningún propósito en atacar la adoración de los ídolos, exponiendo al ridículo la necedad de ellos y reprendiendo a los atenienses por su estupidez. ¿Por qué ofender innecesariamente, agrediendo con todo los errores radicales de la idolatría? Pablo quería ganar a la gente, no pelearse con ella.

Como resultado, habló con gran dignidad y cortesía. Él exaltó a los atenienses por su profundo interés en cuestiones religiosas. Con prudencia y con tacto, él les dijo que ellos eran más temerosos de la divinidad que otros griegos. Él no había llegado para proclamar "dioses extraños." En su lugar, pasó a describir un altar que había visto dentro de la ciudad. Su inscripción que decía: "A un dios desconocido," captó el ojo de Pablo. Él sintió la agonía que venía de allí. Algunos atenienses desconocidos habían erigido este altar. Indudablemente ellos escuchaban a los filósofos. Es indudable que ellos asistían a los templos. Pero sus corazones todavía no estaban satisfechos. Su búsqueda todavía no había terminado. Seguramente que en algún lugar había algún dios que habían pasado por alto y que todavía necesitaban conocer y honrar. Tal vez, el dios desconocido podía satisfacer sus necesidades. El altar que ellos tenían con esta inscripción era una confesión ávida de ignorancia y de un anhelo no satisfecho.

Así es que Pablo en efecto dijo que él había ido a proclamar al Dios que todavía les era extraño, y que ellos confesaban abiertamente no conocer. Pablo se dirigió a la gente, tratando de alcanzar a los de corazón hambriento, a los que andaban a tientas, a los que, al igual que el ciego, confesaban su ceguera. El altar y su inscripción le revelaban a Pablo la agonía última de la idolatría. Pero era una señal de esperanza. Apropiándose de ella, él aceptó la validez de la conciencia religiosa universal que tienen los seres humanos y de la preocupación ética universal de la humanidad. Si él estuviera con nosotros hoy en día nos diría: "No les prediquen a los budistas, a los musulmanes, a los hindúes. Simplemente, prediquenle a la gente. Traten de alcanzarlos en la tragedia de su necesidad y los ganarán para Cristo."

El argumento de Pablo se movió rápidamente: (1) Dios no está fabricado por los seres humanos; es el Hacedor de la humanidad. Es el Creador trascendente y el Señor del universo. Él ha estado detrás del surgimiento y de la caída de las naciones. Él gobierna al mundo. (2) Dios no habita los lugares sagrados erigidos por las personas; no depende de las ofrendas humanas. En realidad, es él quien concede vida a sus criaturas y les provee para sus necesidades. (3) La humanidad es una unidad por creación. Dios ha hecho a hombres y mujeres que anhelan su persona de manera fuerte e instintiva. A pesar de la separación de la gente de Dios debido al pecado, hay algo en la naturaleza de ellos que los hace andar a tientas en busca de Dios, dado que somos "descendientes de Dios" (Hech 17:29). (4) La gracia provisora de Dios nos ha dado los lugares exactos donde las personas debían vivir y determinó "los períodos de su historia" (v. 26) para su bien. Todo esto tiene el propósito de guiar a hombres y a mujeres para que "lo busquen . . . y lo encuentren" (v. 27), más todavía debido a que son sus descendientes. (5) Pero los días de andar a tientas y de ignorancia ya han pasado. Mientras que mujeres y hombres todavía estaban en tinieblas, Dios ha excusado sus necedades y sus errores. Pero ahora, en Cristo, la plenitud de la Deidad ha sido revelada. Ahora tenemos a disposición un conocimiento válido de Dios en el Jesucristo resucitado.

¿Cómo deberíamos resumir el mensaje de Pablo? C. K. Barrett ha observado que el discurso de Pablo está estrechamente relacionado tanto con el estoicismo como con el epicureísmo, aun cuando no respalda a ninguno. Barrett afirma:

> Pablo enlista la ayuda de los filósofos, usando en primer lugar las críticas racionales de los epicúreos para atacar la necedad y especialmente la idolatría de la religión popular. Luego, usa el teísmo de los estoicos para establecer (en contra de los epicúreos) la cercanía inmediata e íntima de Dios y la obligación del hombre de seguir el sendero del deber y de la (verdadera) religión, más bien que el del placer. Pero, al final, todas estas propedéuticas caen bajo juicio: los hombres deben arrepentirse, porque Dios ha señalado un día en el cual va a juzgar al mundo en justicia, por medio de alguien elegido por Él, y levantado de los muertos. (1974: 75)

Pablo nunca terminó su discurso. Los atenienses escucharon cuidadosamente hasta que mencionó la resurrección. Luego, la asamblea lo dejó ir como alguien no digno de ser considerado con seriedad. Para ellos, la idea era absurda e indeseable. La resurrección del cuerpo es todavía una piedra de tropiezo, incluso en nuestros días. Así y todo, es todavía parte integrante del cristianismo bíblico histórico. Pablo quería desesperadamente atraer a los atenienses a Cristo. "Su predicación fracasó comparativamente en Atenas, no debido a su método, sino a pesar de él.... La obra fue un suceso, pero ¡la audiencia fue un fracaso!" (Gerstner 1960: 216). Algunos se burlaron, otros contemporizaron con indecisión, pero unos pocos creyeron. Pablo se fue de Atenas desilusionado. No sabemos si es que alguna vez se preocupó por volver.

**Conclusión**

Hemos visto que en el Libro de Hechos, Lucas registró lo que el Espíritu Santo logró al transformar un movimiento mesiánico en una fe universal. En los primeros años de la iglesia del Nuevo Testamento, a continuación de su surgimiento en Pentecostés, muchos judíos llegaron a reconocer a Jesucristo como su Señor y Mesías. Los helenistas en su medio, se pusieron a la vanguardia en la conceptualización del evangelio, de modo que éste llegó a ser cada vez más buenas nuevas a los gentiles. La historia bíblica se movió de manera creciente de lo particular (los judíos) a lo universal (el mundo gentil).

A pesar de todas las situaciones diferentes en las que los apóstoles predicaron el evangelio, provocando distintas articulaciones en respuesta a la evaluación variada que ellos hicieron de las necesidades de aquellos a los que se dirigieron, consideraron su médula como invariable. Ésta contenía cinco elementos distintivos que John Stott ha descrito como (1) eventos del evangelio: la muerte, la sepultura y la resurrección de Jesús; (2) testimonios del evangelio: las Escrituras del Antiguo Testamento y los apóstoles mismos; (3) afirmaciones del evangelio: Jesús es tanto Dios como Señor; (4) promesas del evangelio: el perdón de los pecados y el don del Espíritu Santo; y (5) demandas del evangelio: la aceptación de la ética del arrepentimiento y de la fe, expresadas mediante la sumisión al bautismo (1975: 41-54). Jesucristo en realidad había provisto un mensaje universal que había comenzado a producir una nueva comunidad de fe para las naciones, incluidos los judíos.

## Capítulo 18

## Pablo predica el evangelio del reino en Jesucristo

### Introducción

Ahora debemos ubicar al apóstol Pablo en el contexto del despliegue de la revelación del reino de Dios y el llamado misionero. Él no sólo debe ser considerado como una demostración de lo que el evangelio puede lograr en el corazón de una pecador que nada merece (1 Tim 1:12-16). También le demuestra a la iglesia lo que significa ser llamado a la mayordomía de este evangelio (1:12). El ministerio de Pablo en Cristo nos ofrece un modelo o una demostración (v. 16) de lo que implica el llamamiento apostólico o misionero. Su vida y sus labores han sido objeto de estudio no sólo de parte de eruditos, sino de todos los que se han sentido constreñidos por el Espíritu Santo, para llegar a ser mensajeros de Dios en el mundo incrédulo. En este capítulo, repasaremos algunos de los detalles salientes de sus principios y de su práctica misionera. Más tarde, rastrearemos su contribución distintiva a la teología de la misión cristiana.

### Saulo de Tarso: su juventud

Aunque tanto Jesús como Pablo nacieron aproximadamente en la misma década, el trasfondo de Pablo antes de su conversión fue mucho más complejo. Hans-Joachim Shcoeps resume el consenso del pensamiento erudito:

> Pablo, quien surgió del corazón del judaísmo fariseo, y quien llegó a ser el pionero en la propagación del evangelio cristiano entre los paganos, tenía una naturaleza contradictoria y, por su trasfondo y por el curso de su desarrollo mental y espiritual, fue un producto de un entorno cultural diverso. (1961: 13)

Hay poco acuerdo en cuanto a cuál influencia era la dominante. Saulo (Pablo) nació en la ciudad helenista de Tarso (Hech 21:39; 22:3). Sus padres judíos tuvieron el raro privilegio de ser ciudadanos romanos (22:27-28), pero su crianza religiosa y cultural fue tal, que él podía describirse a sí mismo como habiendo vivido "como fariseo," el partido más estricto dentro del judaísmo (26:5). No hay razón para creer que como jovencito, él haya recibido alguna preparación formal en literatura helenista, o que su conocimiento de la lengua griega haya ido más allá de lo que recogió de manera ocasional, a través de su contacto con niños de su vecindad. Sus primeros años fueron dominados por padres devotos, por las Escrituras judías, por una estricta adhesión al ceremonial de la ley y las tradiciones de su pueblo, y por la adoración en la sinagoga. Era un judío de habla aramea con padres que hablaban arameo. Uno podría sentirse presionado a identificarlo con el típico judío helenista de la diáspora.

En una breve alusión a su juventud, Pablo declaró que su hogar paterno, donde recibió su primera crianza, estaba en Jerusalén. Bajo la excelente instrucción de Gamaliel, de la escuela de Hillel, fue cuidadosamente entrenado en "la ley de nuestros antepasados" (Hech 22:3). Dado que nadie hubiera sido elegido para entrar a esa escuela después de cumplir trece años de edad, algunos eruditos argumentan que debe haberse ido para Jerusalén antes de cumplir los diez años (E. Harrison 1975: 334; Conybeare y Howson 1920: 42; ver Hech 26:4). Después de largos años de entrenamiento riguroso, indudablemente él regresó a Tarso, aprendió un oficio (tejer telas de pelos de cabra), probablemente se casó, luego enviudó, regresó a Jerusalén, y posiblemente se unió al Sanedrín (Hech 26:10). Años más tarde, él resumió su desarrollo religioso de la siguiente manera: "yo aventajaba a muchos de mis contemporáneos en mi celo exagerado por las tradiciones de mis antepasados" (Gál 1:14). Podía jactarse de haber "actuado delante de [su] Dios con toda buena consciencia" (Hech 23:1). Aunque resulte extraño, parecería que durante este período él no tuvo ningún contacto evidente ni con Juan el Bautista, ni con Jesús de Nazaret, ni con los comienzos del movimiento cristiano.

**Pablo el discípulo: su conversión**

La probabilidad es que cuando Pablo regresó a Jerusalén, varios años después que comenzó la iglesia, el Sanedrín estuvo ansioso por enrolarlo para oponerse a este movimiento mesiánico creciente (Hech 26:10). Al principio, Pablo consideraba que los seguidores "de este Camino" eran personas que estaban totalmente engañadas. Para él, constituían simplemente otra secta judía, de la cuales había muchas. Él creía que pronto desaparecería, a pesar del fervor, de la piedad y de la evidente pureza de sus seguidores. Se suponía que no podía ser de otro modo, debido a la creencia irracional de los miembros del movimiento en el mesianismo de Jesús de Nazaret, quien había sido crucificado bajo Poncio Pilato. No obstante, en tanto y en cuanto los seguidores de Jesús permanecieran leales al pacto abrahámico y al circuncisión, a la ley y a sus regulaciones, y a la adoración en el templo y a su sacerdocio, Pablo tenía que conceder que tenían un grado de legitimidad. Pero cuando se dio cuenta de la manera en que muchos helenistas judíos estaban comenzando a reconceptualizar los grandes dogmas del judaísmo rabínico, él comenzó a sentir que este movimiento creciente era una amenaza mortal para todo lo que tenía en alta estima. Quizás en la sinagoga de "los . . . de Cilicia," cuya ciudad principal era Tarso, Pablo se encontró por primera vez con Esteban, y lo introdujo en un debate (6:9), solo para sentirse abrumado por "la sabiduría" y por el "Espíritu con que hablaba" (6:10)

Pablo defendía al Templo, pero Esteban insistía en que "el Altísimo no habita en casas construidas por manos humanas" (7:48). Pablo insistía en la importancia esencial de la circuncisión, si es que uno iba a complacer a Dios, pero Esteban señaló que las promesas hechas por Dios a Abraham y a sus descendientes y las realidades espirituales que ellos disfrutaban eran anteriores a la iniciación de ese rito. Pablo sostenía que Jesús no podía ser el Mesías, porque muchos de los líderes de Israel no lo aceptaban, pero Esteban replicó: "¿A cuál de los profetas no persiguieron sus antepasados?" (7:52). Esteban dejó de lado el punto de foco de Pablo sobre Moisés, y expuso los grandes textos proféticos que hablaban del Mesías, de su encarnación, de su crucifixión y de su resurrección. Bien podemos creer que Pablo tomó parte en hacer cargos falsos contra Esteban, y en sobornar a algunos para testificar en su contra (6:11-14).

Luego vino el juicio delante del Sanedrín. Pablo estaba presente. Allí, él escuchó a Esteban repasar la historia del trato de Dios con Israel, a la luz de "las buenas nuevas del reino de Dios y del nombre de Jesucristo" (Hech 8:12). Todo esto fue completamente nuevo. Pablo indudablemente nunca había oído tal comentario sobre los "actos salvadores" de Dios en la historia de su pueblo, ni sobre la relación que éstos tenían con la preocupación universal de Dios, por la cual todos los pueblos podrían acercarse a Él. Más tarde, Pablo describiría eso como "el misterio de Cristo . . . que en otras generaciones no se les dio a conocer a los seres humanos" (Ef 3:4-5). La exposición de Esteban no sólo lo confundió a Pablo, sino que también lo hizo enojar. En nada de tiempo, él se unió a los que precipitaron la hostilidad que resultó en el martirio de Esteban (Hech 7:58; 8:1).

> Pablo nunca se pudo olvidar de la luz sobre la cara del mártir; de esa visión de lo Santo invisible; de esas palabras; de la paciencia y el perdón; de la paz que envolvió su cuerpo mutilado, aplastado y sangrante, cuando se quedó dormido. Muchos años después, cuando una escena similar de odio lo estaba circundando, él se acordó del mártir de Cristo, Esteban, y consideró que era un alto honor seguir sus pasos mansamente. (Meyer 1897: 45, con referencia a Hech 22:20)

La lapidación de Esteban marcó el comienzo de un período de persecuciones crueles de los judíos mesiánicos. Aparentemente, las autoridades romanas no intervinieron para controlar la violencia. A medida que la hostilidad judía aumentaba, Pablo se tornó extremadamente activo. Él mismo dice que, en Jerusalén, no sólo ejercía el poder de encarcelar de parte del "sumo sacerdote y todo el Consejo de ancianos," sino que también votaba en contra de los condenados a muerte (Hech 22:4-5; 26:10). Bien podemos imaginarnos su angustia cuando luego confesó: "Muchas veces anduve de sinagoga en sinagoga para obligarlos a blasfemar. Mi obsesión contra ellos me llevaba al extremo de perseguirlos incluso en ciudades extranjeras" (26:11).

Todo esto preparó el escenario para el encuentro de Pablo con Jesucristo, en el camino a Damasco. En Hechos, este evento y su contexto está registrado tres veces (9:1-25; 22:1-21; 26:1-23). En realidad, en el Nuevo Testamento se le dedica más espacio a eso que a la enseñanza paulina de la justificación por la fe. Es significativo que los tres relatos concuerdan al pie de la letra sólo en el diálogo por el cual el Cristo glorificado se identificó con su iglesia: "Saulo, Saulo, ¿por qué me persigues? . . . Yo soy Jesús, a quien tú persigues." Esto respalda la tesis generalizada de que Lucas escribió Hechos para demostrar que la historia de la iglesia es la extensión de la actividad redentora de Dios en este mundo. Maddox lo resume así:

> Lucas celebra a Pablo como un gran líder cristiano del período entre los apóstoles y los contemporáneos del autor. Pablo encarna la continuidad del evangelio. . . . La salvación de Dios ya se ha cumplido en lo que ha ocurrido en la misión de Jesús, y en su secuela en el don del Espíritu Santo. . . . Son mayormente gentiles los que han aceptado la oferta de salvación, y el judaísmo la ha rechazado. . . . El reino de Dios ya es una realidad presente, aun cuando debe

consumarse en el futuro. . . . El tiempo de la Iglesia es un tiempo cargado de poder escatológico; se caracteriza por la disponibilidad de la salvación . . . [y] la iglesia no es conducida por autoridades institucionales, sino por el Espíritu Santo. (1982: 182-87)

Mientras que los tres relatos están sustancialmente de acuerdo, han sido desarrollados cuidadosamente, para identificar las dimensiones válidas del carácter apostólico de Pablo. El relato de Lucas propiamente dicho (cap. 9) establece que Pablo realmente vio al Cristo resucitado y, por lo tanto, en cuanto a esto, estaba en un pie de igualdad con los Doce (Hech 1:22). El discurso que Pablo les dio a los judíos en arameo (cap. 22) revela que sólo él, y no los Doce, tuvo la experiencia única de ver al Cristo glorificado exaltado en gloria, después de la ascensión. Los primeros dos relatos están de acuerdo en que la conversión real de Pablo tuvo lugar en Damasco (9:18; 22:16). El discurso que Pablo dio delante de Agripa en idioma griego (cap. 26) se enfoca sobre su comisión apostólica: su llamado al servicio de extender el conocimiento del evangelio, y así llegar a ser en sí mismo, nada menos que una extensión de la actividad redentora de Cristo.

En su carta a los Gálatas, Pablo comprime todos los detalles de su conversión y de su vida cristiana de los primeros tiempos, en una pocas frases (1:15-17). Deberíamos prestar atención a la palabra recibida por Ananías: "ese hombre es mi instrumento escogido para dar a conocer mi nombre tanto a las naciones y a sus reyes como al pueblo de Israel. Yo le mostraré cuánto tendrá que padecer por mi nombre" (Hech 9:15-16). Debido a esta comisión misionera de predicar las buenas nuevas del reino de Dios, Pablo inevitablemente se encontró envuelto en guerra espiritual (confrontado por los poderes), en encuentros de poderes (llamando a la gente al señorío de Cristo), y en sufrimiento (tanto mental como físico). En efecto, su teología de la misión cristiana acentuó el sufrimiento como inevitable, incluso como esencial para la clase de servicio misionero fructífero que presenta la palabra de Dios en su plenitud, entre las naciones. De ahí en adelante, Pablo se regocijó en sus sufrimientos por causa de la iglesia. Él pago, de manera plena, el precio de proclamar a Cristo a las naciones. Y él sabía lo que esto significaba. No era la proclamación de alguna forma de gracia barata. Más bien, "aconsejando y enseñando," mediante el trabajo y la lucha, él alcanzaría una meta que no es otra que lograr que los convertidos fueran "perfectos en él" (Col 1:24-2:1).

## El entrenamiento misionero de Pablo

Inmediatamente a continuación de su encuentro con Cristo, Pablo fue puesto en contacto con la comunidad mesiánica en Damasco, a través del ministerio de gracia de Ananías, un "hombre devoto que observaba la ley y a quien respetaban mucho los judíos que allí vivían" (Hech 22:12). Sin lugar a dudas, Ananías anteriormente había estado a la vanguardia de los que oraban en contra de lo que este hombre violento pudiera hacerle al grupo que ellos integraban. No obstante, Dios erradicó sus temores y permitió que él lo recibiera a Pablo. La bienvenida amorosa y generosa que le extendió ("Hermano Saulo"), junto con la asistencia que le dio (la recuperación de la vista y la unción de gracia del Espíritu Santo), marcaron la entrada de Pablo dentro de la comunidad de creyentes, una experiencia que Pablo nunca olvidó. Y cuando fue bautizado a una nueva vida y comunión, Pablo supo que había hecho un cambio final y una ruptura irreversible con su vida pasada y con sus asociaciones farisaicas. De ahí en adelante, él llevaría su cruz y seguiría a Cristo, glorificándolo en su nuevo rol de ser "testigo ante toda persona de lo que [había] visto y oído" (22:15).

Sabemos muy poco de lo que le ocurrió a Pablo durante los pocos años inmediatamente posteriores. Lucas simplemente nos dice que "Saulo pasó varios días con los discípulos que estaban en Damasco" y que "en seguida se dedicó a predicar en las sinagogas, afirmando que Jesús es el Hijo de Dios" (9:19-20). Si bien él fue capaz de confundir a los judíos de Damasco por medio de su testimonio, él quiso estar solo para reflexionar sobre la implicaciones de su experiencia de conversión. De modo que pronto se fue de Damasco con rumbo a Arabia, donde permaneció por tres años (Gal 1:17-18). Tuvo que reflexionar sobre toda la historia de la revelación del Antiguo Testamento, a la luz del Mesías, quien había sido crucificado, pero que ahora había resucitado y estaba glorificado. Tuvo que separar la paja del trigo dentro el judaísmo que él conocía tan bien. Tuvo que pensar en la trágica ceguera de su pueblo, la cual era el misterio de su incredulidad (2 Cor 3:7-18). Tuvo que entender el abuso que habían hecho de la ley, haciendo que fuera opresiva para su pueblo. Él, de manera personal, necesitaba liberarse de ella, dado que con frecuencia había gemido bajo el sentido de fracaso y de condenación sin tregua que generaba. Había llegado al punto en el cual podía regocijarse en que la ley es buena "si se aplica como es debido" (1 Tim 1:8). Y dado que fue comisionado a predicar de Jesús a los gentiles, ¿cómo podía entrar en su comprensión del Antiguo Testamento, que sólo en el día final los gentiles serían convocados a Jerusalén para oír la ley del Señor (Isa 2:3)? No podemos creer que haya resuelto ninguna de estas cuestiones complejas con rapidez.

Después de su tiempo en Arabia, Pablo regresó a Damasco y continuó testificando del mesianismo de Jesús. Pero no por mucho tiempo. La hostilidad judía creció tanto que tuvo que huir para salvar su vida (Hech 9:23-25). Regresó a Jerusalén con la intención deliberada de contactarlo a Pedro, y "[se quedó] con él quince días" (Gál 1:18). Aparentemente, esta fue una visita de perfil bastante bajo. Lo que particularmente alentó a Pablo fue la voluntad de Bernabé de promoverlo y de permitir que se contactara con los creyentes de Jerusalén. Luego también, él se fortaleció al descubrir que Pedro y Santiago, el hermano de Jesús, no tenían nada esencial que agregar a su comprensión del evangelio. No pudiendo quedarse callado, Pablo brevemente les dio testimonio a los helenistas que antes habían rechazado el testimonio de Esteban. Pero su hostilidad fue de tal magnitud, que su vida estuvo otra vez en peligro (Hech 9:26-29). Es a esta altura que Pablo tuvo su famosa controversia con Dios sobre el llamado misionero. Pablo presentó toda clase de razones por las que él, de manera única, era apto para un ministerio a los judíos en Jerusalén. La única respuesta fue: "Vete; yo te enviaré lejos, a los gentiles" (22:17-21). Aparentemente, algunos de sus nuevos amigos cristianos se presentaron y lo ayudaron a escapar a Cesarea, y "lo mandaron a Tarso" (9:30).

Luego vinieron todavía más años de oscuridad. Pablo dice meramente que él fue "a las regiones de Siria y Cilicia" (Gál 1:21). Muy probablemente, en este momento él experimentó el agudo juicio de ser "desheredado por su confesión cristiana" y nunca más tuvo acceso a "su hogar ancestral" (F. F. Bruce 1954: 240). Fue un tiempo de prueba (2 Cor 11:23 ss.), de revelaciones (2 Cor 12: 2 ss.), y de servicio. Bruce dice: "Podemos tratar de ir más lejos e inferir, a partir de ciertas indicaciones del Nuevo Testamento, que él había comenzado la evangelización de los gentiles por iniciativa propia, antes de que Bernabé lo trajera a Antioquía" (1954: 241, con referencia a Hech 11:25-26). Esto surge del resumen que hace el propio Pablo de su ministerio: "comenzando con los que estaban en Damasco, siguiendo con los que estaban en Jerusalén y en toda Judea, y luego con los gentiles, a todos les prediqué que se arrepintieran y se convirtieran a Dios, y que demostraran su arrepentimiento con sus buenas obras" (Hech 26:20). Este fue el período en el cual Pablo comenzó seriamente a enfrentar al mundo gentil. Antes de este período, él era un completo judío. Pero ahora, él comenzó a ver al helenismo en la perspectiva de la revelación de Dios en Cristo. Llamado por Dios para la evangelización de los gentiles, él ahora asumió el rol de un "teólogo práctico" y procuró resolver la relación entre Jesús y los gentiles en el propósito redentor de Dios.

**Pablo y la Gran Comisión**

Pablo no derivó su comisión misionera ni de la iglesia, ni de los apóstoles en Jerusalén. En realidad, la reacción de toda esa comunidad cristiana fue la de sorpresa: "el que antes nos perseguía ahora predica la fe que procuraba destruir" (Gál 1:23). Pero, ¿qué del mandato misionero que Cristo les dio a los discípulos, en el intervalo entre su resurrección y su ascensión? ¿Cuál es su relación con la comisión especial que Pablo recibió en el camino a Damasco: "Tú le serás testigo ante toda persona de lo que has visto y oído" (Hech 22:15)? Max Warren se extiende en cuanto a la importancia de las referencias a esta comisión que Lucas hace en tres oportunidades (caps. 9, 22, 26) y subraya el llamado de Pablo a "romper barreras, como un llamado particular al mundo fuera del pacto de la promesas que Dios hizo al pueblo judío, tal como él mismo las había entendido hasta ese momento" (1976: 32).

Si tomamos el registro del Nuevo Testamento a valor nominal, Pablo fue el primer apóstol que entendió plenamente la Gran Comisión, lo que implicaba (hacer discípulos), y que procuró obedecerla (Col 1:28). Algunos podrían cuestionar esto llamando la atención sobre el testimonio de Pedro a Cornelio (Hech. 10), aunque las circunstancias que circundaron a este evento no reflejan un testimonio espontáneo ante este gentil y ante su familia. Otros podrían referirse a los testigos laicos que llegaron a Antioquía con el evangelio, pero otra vez, los detalles parecerían cuestionar la obediencia consciente a aquél mandato divino (11:19-23). En relación con esto, es de lo más significativo que en el último capítulo de su última carta, Pablo habla de haber cumplido con su llamado para que "todos los paganos" oyeran el evangelio (2 Tim 4:7, 17). La frase "todas las naciones" aparece en la Gran Comisión misma (Mat 28:19), tanto como en el gran tratado misionero de Pablo, la epístola a los Romanos (1:5; 16:26).

Everett Harrison afirmó que cuando Pablo en Romanos 16:26 usó la frase "el mandamiento del Dios eterno" (RVR), él estaba refiriéndose directamente "a la Gran Comisión, la cual incluye a todas las naciones, tal como son abrazadas en el propósito divino" (1975:

171). La probabilidad es que Pedro haya compartido estos detalles, en la ocasión cuando Pablo estuvo "con él quince días" en Jerusalén (Gál 1:18). ¿Cómo podría haber sido de otra manera? En esa ocasión, Pablo le contó a Pedro sobre la comisión que había recibido, de dar testimonio ante "toda persona" de lo que había visto y oído.

Pablo, quien previamente sólo había tenido un conocimiento de alguien de afuera, sobre la vida y el ministerio de Jesús, debe haber presionado a Pedro para que la relatara toda la historia. ¿Y quién puede creer que Pedro no repasó también la Gran Comisión, la cual fue dada por Jesús después de su resurrección? Probablemente, en ese momento, Pedro también narró su experiencia en la casa de Cornelio, cuando el Espíritu Santo trajo a los gentiles a la familia de la fe, aparte de primero haber llegado a ser judíos mediante la circuncisión (Hech 10:44-48).

Bajo la dinámica del Espíritu Santo, el evangelio se estaba moviendo hacia afuera, hacia todos los pueblos, algo que Pablo más tarde expresó en forma de hipérbole, cuando les dijo a los colosenses "el evangelio que ha llegado hasta ustedes . . . está dando fruto y creciendo en todo el mundo . . . [y está siendo] proclamado en toda la creación debajo del cielo" (1:6, 23, un claro eco de Marcos 16:15). Pablo extrajo su motivación para el papel que él jugaba en el movimiento del evangelio de Jerusalén hacia Iliria y hacia las regiones más allá, de haber sido comisionado por Cristo, de haber recibido el Espíritu Santo y de su comprensión de los componentes explícitos de la Gran Comisión (Hech 1:8; 9:17, 20; Rom 15:16).

Y aun así todavía permanece el problema. ¿Por qué Lucas no dijo nada acerca de la Gran Comisión, como el objeto de la obediencia consciente de esos cristianos primitivos? ¿Por qué, pregunta Harry Boer, no se refirió a ello en el episodio de Pedro y de la conversión de Cornelio y de su familia (1961: 28-44, con referencia a Hech 10:1-11:18)? En tres ocasiones separadas, anteriores a este evento, Pedro había hablado de la preocupación salvífica universal de Dios (en Pentecostés, 2:17, 21, 39; en el Templo, 3:25-26; y delante del Sanedrín, 4:12). ¿Deberíamos meramente concluir que Pedro tenía solamente una "percepción limitada" con respecto a las implicaciones de sus propias palabras, y que fue sólo cuando el Espíritu Santo fue derramado sobre Cornelio y sobre su familia, que él se convenció verdaderamente de que el evangelio era tanto para los gentiles como para los judíos (Boer 1961: 40)? Conceder esto, es subrayar el hecho de incluso los mejores siervos de Dios, iluminados por su Espíritu, aun así perciben la verdad sólo "de manera imperfecta" (1 Cor 13:12).

Harry Boer relega la Gran Comisión al olvido apostólico. Sostiene que los viejos prejuicios no mueren con facilidad, a pesar de los mejores maestros y de su instrucción precisa. Y argumenta que, afortunadamente, la dinámica del Espíritu Santo obligó a esos creyentes judíos parroquianos a extenderse más allá de sus propios compatriotas y a compartir el evangelio con los griegos (Hech 11:20). No obstante, a lo largo de los extensos siglos de la iglesia, ha habido ocasiones frecuentes, cuando este mandato específico, de hacer discípulos entre todas las naciones, ha tenido que ser resaltado, para recordarles a los cristianos su tarea no terminada. Boer concede esto (1961: 15-27). Incluso entonces, los pocos que respondieron, fueron los que anteriormente habían sido renovados por el Espíritu Santo.

No obstante, deberíamos cuidarnos de hacer juicios tales como: "La Iglesia de Jerusalén no movió ni un dedo para llevar a cabo la Gran Comisión, entendida como tal" (Boer 1961: 46). No debemos pasar por alto que el reino le pertenece a Dios. ¿Quién se atrevería a decir que Él no estaba supervisando los destinos de su pueblo en esos primeros días? ¿Quién sabe si no fue la voluntad de Dios, durante esos períodos únicos de una relativa receptividad de parte de los judíos, enfocar la atención de su pueblo sobre sus compatriotas judíos? En unos pocos años, la resistencia judía al evangelio se endureció, y ha permanecido así casi hasta los días presentes. Cuando esta resistencia se extendió, Dios dirigió a Pedro hasta la casa de Cornelio, y por medio de eso resaltó su consciencia de que los gentiles también debían ser evangelizados.

Pero un verdadero problema permanece: el tema de "hacer discípulos." ¿Deberíamos equiparar este mandato, tan explícito en la Gran Comisión, con el modelo de ministerio que Cristo les dio a sus discípulos? ¿Por qué la palabra *discípulo*, aunque común en los evangelios y en Hechos, no se encuentra en las epístolas de Pablo? ¿Y por qué fracasamos en encontrar cualquier referencia al "entrenamiento de discípulos" que siga el patrón de Jesús? Las palabras *iglesia* y *santos* reemplazan de manera creciente a *discípulos*, o parecen intercambiables con el último término (cf. Hech 5:11 con 6:1-2; 8:1 con 9:1; 11:26, 29 con 13:1; etc.). En relación con esto, George Peters hace notar:

> A un nuevo vocabulario aparece en el lenguaje de la Iglesia Primitiva . . . Pentecostés introdujo un nuevo método para hacer discípulos. La Iglesia de Jesucristo, como el Cuerpo de Cristo y el Templo del Espíritu Santo, nació en el día de Pentecostés. . . . La maduración y el equipamiento de los cristianos tuvieron lugar en el Cuerpo de Cristo y en el

Templo de Dios, manifestado en congregaciones locales. Esto es evidente desde las primeras páginas de Hechos, y en la práctica continuada de los apóstoles. (1981: 13-14)

¿Significa esto que la manera en que Jesús entrenó a los Doce no debía ser reproducida de manera exacta? ¿Deberíamos argumentar que la palabra *discípulo* o *seguidor*, representa una relación de "maestro-discípulo," la cual es extraña a la comprensión de la comunión (*koinōnia*) en la congregación local? Si *koinōnia*, en su esencia, abraca el concepto de una participación conjunta en Cristo, en la cual cada miembro del cuerpo tiene un rol distintivo que cumplir, entonces cualquier cosa que introduzca una dimensión jerárquica parecería ser contraria a la idea de que Cristo es la cabeza de la iglesia. No es que la congregación local debiera ser desestructurada, de modo de no tener ni líderes ni seguidores, dado que esto es patentemente no escriturario (Heb 13:17). Pero uno busca en vano en Hechos y en las epístolas paulinas, por el enfoque del discipulado como grupo pequeño, altamente estructurado, el cual caracterizó al entrenamiento de los Doce por parte de nuestro Señor. La referencia aislada en Hechos 14:21 ("después de hacer muchos discípulos") no debe ser sacada de su contexto: la evangelización (14:21), la enseñanza (14:22), y la organización de la congregación local bajo líderes calificados a su disposición (14:23). Incidentalmente, la referencia al bautismo en la Gran Comisión, seguida del mandato de enseñar todo lo que Cristo ordenó, no puede sino implicar que el lugar para el proceso de discipulado debía estar dentro de la congregación local. Esto está en agudo contraste con el modelo contemporáneo paraeclesiástico de discipulado uno a uno. Es interesante que aunque Pedro fue discipulado mediante el método de Cristo de persona a persona, él nunca consideró al cristiano individual como la clave para el movimiento cristiano. Su punto de foco estuvo sobre la congregación local estructurada: una "casa espiritual" hecha de "piedras vivas" con "ancianos" sirviendo como sobreveedores (1 Ped 2:5; 9-10; 5:1-5).

Entonces es muy significativo que antes de que Pablo fuera llamado de la oscuridad, en Tarso y en Cilicia, para embarcarse en su llamado apostólico, él fuera llevado dentro de la vida y del testimonio de la dinámica iglesia de Antioquía, mayormente gentil en su composición. Aunque las varias y diversas congregaciones caseras que componían la iglesia estaban evangelizando activamente al pueblo de Antioquía, el rol principal de Pablo era el de maestro de los convertidos, en un sentido corporativo y no individual (Hech 11:26).

Usando la terminología de la Gran Comisión, llegaríamos a la conclusión de que él "hizo muchos discípulos," pero no siguiendo el modelo único para el entrenamiento de liderazgo que usó Jesús con los Doce. Él usó el modelo de Jesús más tarde, cuando comenzó a entrenar a los que fueron reclutados para servir en su equipo apostólico móvil.

**Pablo como modelo misionero**

Para apreciar la práctica misionera del apóstol Pablo, debemos tomar en consideración su consciencia de la realidad del reino de Dios y de la iglesia local como señal de ese reino. El enfoque de Pablo con respecto a la obediencia misionera carecía de la clase de triunfalismo y de competencia que caracterizaba al mercadeo religioso de sus días. Él no identificó al reino de Dios en términos que lo redujeran a una institución o una estructura. El reino más bien representaba el don soberano de sí mismo de parte de Dios para su pueblo (Rom 14:17). George Ladd afirma que

> si el reino de Dios es el don de la vida concedida a su pueblo cuando Él manifieste su gobierno escatológico en gloria, y si el reino de Dios es también el gobierno de Dios invadiendo la historia antes de la consumación escatológica, se deduce que podemos esperar que el gobierno de Dios en el presente traiga una bendición preliminar para su pueblo. (1964: 201-2)

Para Pablo, entonces, la voluntad soberana de Dios debía ser reconocida y era necesario responder a ella. Si es que él iba a ser un apóstol a los gentiles, la iniciativa tenía que ser de Dios. Fue recién después que el Espíritu Santo le habló a la iglesia en Antioquía y ellos deliberadamente lo enviaron a él y a Bernabé fuera de su medio, que Pablo entró a su gran carrera misionera. A partir de ese momento, él procuró, de manera consciente, responder a la guía del Espíritu Santo. Por momentos, el Espíritu impedía sus movimientos de manera dramática (e.g., Hech 16:6-7). También hubo ocasiones de revelación especial (e.g., Hech 16:9; 18:9-10; 19:21). Pero una vez que Pablo se encontraba moviéndose a lo largo de líneas generales indicadas por Dios, él las discutía con sus compañeros y se tomaban decisiones (algunas veces de manera colectiva y otras veces por cuenta propia), sin ninguna evidencia de la supervisión del Espíritu (e.g., Hech 15:36; 16:10; 18:1). ¿Siempre tomó las decisiones correctas? Probablemente no. Charles Bennett dice: "Pablo debe haber tropezado y debe haber buscado a tientas y con incertidumbre la guía del Espíritu, al igual que lo hacemos nosotros en el día de hoy . . . y por años trató de cumplir su sueño personal de visitar España" (1980: 134).

Por esta razón, uno no debería tratar de percibir a Pablo como el maestro estratega, cuyos métodos son normativos para la iglesia de todos los tiempos. Incluso Roland Allen, cuyo clásico frecuentemente republicado defiende esta tesis, comienza con una concesión:

> Es muy imposible sostener que San Pablo deliberadamente planeaba sus viajes de antemano, seleccionando ciertos puntos estratégicos donde establecer sus iglesias, y que luego realmente llevaba a cabo sus designios. . . . En su segundo viaje, no siguió ninguna ruta predeterminada. . . . En su tercer viaje, San Pablo aparentemente trazó sus planes y los ejecutó tal como habían sido diseñados, hasta llegar a Éfeso. Pero después de allí, sus movimientos fueron tan inciertos, que se expuso a una acusación de vacilación (1962: 15-17, con referencia a 2 Cor 1:15, 17-18).

Esto es cierto así, sólo hasta un cierto grado. Uno no puede repasar todos los vericuetos y giros en el servicio misionero de Pablo, sin llegar a la profunda convicción de que, entre sus variables, había ciertos principios metodológicos, de los cuales él no se desviaba. Esto se debía mayormente a su comprensión de la naturaleza no negociable del evangelio del reino que proclamaba. Estos principios se describen a continuación.

### *La estrategia de la oración*

Anteriormente hemos notado que, en el Antiguo Testamento, todas las sugerencias significativas del reino liberador que el Mesías inauguraría más tarde, fueron precedidas por la oración ferviente del pueblo de Dios. Pablo nunca se olvidó de esto. De ahí que, bien podemos creer que su uso del Padrenuestro (Mat 6:9-13) fue más bien dinámico que estático. Él habría visto en el pedido de adoración ("santificado sea tu nombre"), la construcción literal que da la Biblia china : "Oh, que todos los pueblos puedan reverenciar tu nombre como santo." Esto implica la secuencia siguiente: primero, que cada pueblo, por separado, pueda apartarse de sus ídolos; luego, que puedan enfrentarse a Dios y aceptarlo; y finalmente, que pueden aprender de su santidad. Esta petición está seguida un requerimiento mayor que incluye al mundo: "venga tu reino." Debido a eso, Pablo anhelaba la realización de la presencia liberadora del reino "en la tierra como en el cielo." Pablo oraba tanto por la extensión presente del reino entre los no convertidos, como por su consumación escatológica, tal como Jesús lo había indicado. Mientras que estaba verdaderamente preocupado por el reino y por su manifestación final en gloria, se sentía igualmente cargado por las necesidades físicas, sociales y espirituales de los pueblos de su propia generación.

¿De qué otra manera podemos entender la conexión clásica que él establece entre la oración y el propósito redentor de Dios en 1 Timoteo 2:1-5? En este pasaje él urge "ante todo, que se hagan plegarias, oraciones, súplicas y acciones de gracias por todos" (2:1). Las "acciones de gracias" incluían celebrar la suficiencia completa del evangelio. ¡Todos pueden ser alcanzados y salvados por gracia! Luego él demanda oración "por los gobernantes y por todas las autoridades" (2:2). Pablo respetaba las autoridades del gobierno porque estaban "al servicio de Dios," cuando usaban su autoridad y su poder para frenar la maldad y castigar a los que quebrantaban la ley (Rom 13:1-7). Él hubiera estado de acuerdo con Lutero, quien observó que "el reino más bajo, el de la espada, sirve al evangelio al mantener la paz entre los hombres, sin lo cual sería imposible predicar . . . y de esta manera participa en la destrucción última del príncipe de este mundo" (citado en Forell 1954: 114). Debería notarse que cuando Pablo expresó el deseo de que "para que tengamos paz y tranquilidad, y llevemos una vida piadosa y digna" (1 Tim 2:2), su contexto es el deseo de Dios de que todos los pueblos "sean salvos y lleguen a conocer la verdad" (2:4) debido a la suficiencia universal de los sufrimientos redentores de Cristo (2:5-6).

Pablo les pedía específicamente a sus convertidos que enfocaran sus oraciones por la extensión del testimonio del evangelio. Dice: "oren por nosotros para que el mensaje del Señor se difunda rápidamente y se le reciba con honor, tal como ocurrió entre ustedes" (2 Tes 3:1; ver también Rom 15:31). Pero no terminaba allí. También eran necesarias las oraciones de ellos "para que seamos librados de personas perversas y malvadas, porque no todos tienen fe" (2 Tes 3:2; ver también 2 Cor 1:11). En ningún momento, Pablo se olvidó de que la comisión evangelizadora que le había sido dada en el camino a Damasco implicaba un encuentro con el poder satánico, poder que siempre se opone al reino de Dios (Hech 26:18). No es de sorprender que Pablo haya hecho énfasis en la oración. Su deseo era que su testimonio resultara en conversiones, no en un diálogo amistoso. No es de sorprender que no perdonara a la religión pagana, porque la veía como otro reino colocado por encima y en contra del reino de Dios. Predicar el evangelio era, para Pablo, predicar el poder de Dios (Rom 1:16).

Cada vez que la gente respondía al evangelio y recibía a Jesucristo como Señor y Salvador, Pablo se regocijaba y daba gracias: "Así que no dejamos de dar gracias a Dios, porque al oír ustedes la palabra de Dios que les predicamos, la aceptaron no como palabra humana sino como lo que realmente es, palabra de Dios, la cual actúa en ustedes los creyentes" (1 Tes 2:13; ver también Rom 1:8; 1 Cor 1:4; Fil 1:3; 1 Tim 1:12).

### *La estrategia del trabajo en equipo*

Pablo ya no era un "solitario." Su compresión de la iglesia como el cuerpo de Cristo, un concepto que muy probablemente le llegó, por primera vez, en el camino a Damasco (Hech 9:4), inevitablemente lo hizo tomar consciencia de la realidad y del valor de su unidad en la diversidad. Dándose cuenta de que, cómo apóstol a los gentiles, él estaría obligado a evangelizar a todo tipo de personas (Ef 3:9), se aseguró de que sus compañeros no fueran todos del mismo trasfondo cultural. Es raro que la homogeneidad sea tan creativa como la heterogeneidad. La composición de este equipo no era diferente a la de los Doce. Aunque Jesús sólo seleccionó a judíos, ellos representaban una diversidad considerable: pescadores galileos mezclados con un recaudador de impuestos, con un ex zelote, y con un hombre de Judea. Los compañeros de Pablo eran similarmente diversos y son descritos de esa manera: un levita (Bernabé, Hech 4:36), un medio judío (Timoteo, Hech 16:1), un griego (Tito, Gál 2:3), un médico no judío (Lucas, Col 4:14); un anterior jefe de la sinagoga (Sóstenes, Hech 18:17), un profeta (Silas, Hech 15:32), varias mujeres, tales como Febe (Rom 16:1) y Priscila (Rom 16:3), un abogado (Zenas, Tito 3:13), un judío de Alejandría (Apolos, Hech 18:24); algunos macedonios (Gayo y Aristarco, Hech 19:29), y algunos asiáticos (Tíquico y Trófimo, Hech 20:4).

De esta lista, uno podría concluir que la mayoría de los compañeros de trabajo de Pablo eran hombres. Pero esto sería una distorsión. Con frecuencia él aceptó la asistencia de las mujeres para difundir la fe y trabajó con ellas. Uno recuerda a Lidia y a la iglesia en Filipos, la cual comenzó en casa de ella (16:12-15), y a Evodia y Síntique, las cuales habían luchado "a [su] lado en la obra del evangelio" en Filipos (Fil 4:3), de la misma manera en que María,

Trifena, Trifosa y Pérsida, "se [habían esforzado] trabajando por el Señor" en Asia (Rom 16:6, 12). Debido a la presencia de ellas y a su estatus, junto con los diversos hombres que constituían el equipo apostólico móvil, Pablo pudo siempre demostrarles a los no cristianos la naturaleza reconciliada y reconciliadora del movimiento cristiano. Su comunidad misionera errante fue una demostración duradera del significado del evangelio y de la unidad en la diversidad que Cristo logró, cuando removió la enemistad entre judíos y gentiles, entre esclavos y libres, entre hombres y mujeres (Gál 3:28; Ef 2:14-16).

Pablo era un trabajador en equipo, cuyas cartas abundan en referencias a la unidad que compartía con sus compañeros en la evangelización, y en la tarea de plantar iglesias (Hech 14:21-27; 15:1-2). Él particularmente menciona esto cuando se refiere a su trabajo de ayuda y a sus obras de consolación (1 Cor 16:1-2; 2 Cor 8:16-20), especialmente cuando se enfrentaron a la privación, a la persecución y al encarcelamiento (Rom 16:17; Col 4:10). En realidad, cuando Pablo se refería al llamado misionero, invariablemente lo describía como una responsabilidad compartida y como un esfuerzo en común. El evangelio del reino que Pablo y sus compañeros compartieron con su generación fue "nuestro evangelio" (1 Tes 1:5). Pablo prefería palabras como "nosotros" y "a nosotros" en lugar de "yo" y "a mí." En la primera carta a los cristianos en Tesalónica, hay cincuenta menciones de pronombres plurales y sólo cuatro referencias a sí mismo.

Uno debería también notar que Pablo se salió de madre al compartir la autoría de sus cartas con sus misioneros asociados (e.g., "Pablo . . . y nuestro hermano Sóstenes, a la iglesia," 1 Cor 1:1-2). Incluso podríamos decir que Timoteo y Silvano estaban incluidos en la palabra profética de 1 Tesalonicenses 4:13, concerniente a la segunda venida de Cristo ("no queremos que ignoren"). Esta responsabilidad que Pablo y sus compañeros compartían, de manera deliberada, fue el patrón establecido por Jesús y sus discípulos, en su proclamación del evangelio del reino (Mar 6:7).

### *La estrategia de la adaptación*

Pablo se gloriaba en la gracia de Dios que lo había poseído en el camino a Damasco y lo había confrontado con el Cristo resucitado y glorificado (1 Cor 15:8-10). Esta gracia le encomendó el evangelio y lo llamó a proclamar una fe universal a los gentiles (Gál 1:11-2:10). A partir de ese momento, él supo que era un esclavo de Cristo, y que "a griegos y a o griegos, a sabios y a no sabios [era] deudor" (Rom 1:14,

RVR). Constreñido por el amor de Cristo, se sintió limitado a un solo camino: predicar este evangelio a todos los pueblos y lenguas y naciones (Ef 3:9).

Cuanto Pablo más reflexionaba sobre su experiencia espiritual, más convencido estaba de sus horizontes mundiales. Dado que Cristo lo había liberado de la culpa de su pecado y del dominio de las tinieblas, él era un hombre libre, libre de sí mismo y de los poderes (Gál 5:1). Por lo tanto, él libremente podía ser un judío ante los judíos y un gentil ante los gentiles, adaptándose él y adaptando sus verbalizaciones del evangelio, de modo que fueran buenas nuevas para uno y para todos, vestidas de las formas culturales más significativas y más apropiadas. No obstante, dado que su política de adaptación surgió casi exclusivamente de su teología y no era un recurso metodológico, es necesaria una explicación.

Debido a las dimensiones universales del tema del reino de Dios, anteriormente revelado por Jesús, Pablo se encontró a sí mismo cada vez más separado de su particularidad judía. Llegó a ver la profunda unidad del género humano: todos los pueblos condenados por la ley y todos incluidos, a través del evangelio, dentro de la solidaridad de la gracia, apropiada mediante la fe. La oscuridad en las mentes de todas las personas solo se podía disipar mediante la luz que viene de su Creador. La enemistad que ellos tenían con Dios y unos con otros sólo podía ser quitada por el Reconciliador-Redentor. El dominio de la muerte que tenían los poderes sobre todos los pueblos sólo podía ser quebrado por el Libertador, quien "los desarmó" y triunfó sobre ellos mediante la cruz. Y la culpa del género humano sólo podía ser removida por el que fue hecho pecado para todos, y quien recibió en sí mismo el juicio que todos merecían. De modo que, entonces, Pablo vio lo inevitable de la Gran Comisión: las buenas nuevas concernientes al Señor de la creación, a la redención y al futuro debían ser proclamadas a todos. Sólo por medio de esto, el penitente podía reconocer al Dios viviente, confesar su nombre salvador, y adorarlo con una alabanza agradecida.

En el contexto más amplio de la descripción que Pablo hace de la libertad ofrecida en el evangelio, y de la liberación de todas las "vías de salvación" propuestas, de manera variada, por judíos y gentiles (1 Cor 7:17-24), encontramos la formulación clásica que Pablo hace de su enfoque misionero adaptativo (1 Cor 9:19-23). En la primera porción de este capítulo, él habla de haber renunciado deliberadamente a una amplia gama de "derechos" por causa del evangelio. Éstos incluían la satisfacción de apetitos físicos (9:4), el disfrutar del romance y del compañerismo dentro del matrimonio (9:5), y contar con tiempo libre y con una remuneración merecida (9:6-7), aun cuando él reconocía que todos estos "derechos" eran legítimos en sí mismos.

Pero Pablo no hizo uso de ninguno de estos derechos (9:15). La necesidad de Dios fue colocada sobre él. Aunque era libre de todo, fue constreñido a hacerse "esclavo de todos" y exclamó: "¡Ay de mí si no predico el evangelio!" (9:16, 19). De aquí en adelante, él iba a reducir sus libertades, de modo que su postura misionera, con respecto al evangelio que no cambia, reflejara la realidad de que la justificación es sólo por la fe. Bornkamm subraya esta importancia:

> En varias religiones, la idea de pasos indispensables y de estaciones intermedias de un *ordo salutis* está comúnmente ligada a la compresión de la tradición. El que Pablo abandonara radicalmente todas esas precondiciones está obviamente muy relacionado con su mensaje de justificación. (1966: 196)

Debemos guardarnos de la idea de que Pablo se consideraba a sí mismo como libre de adaptarse a los judíos y a los gentiles, meramente porque estaba convencido de que la única postura misionera válida era la de ser "ferozmente pragmático." Uno puede entender a Pablo erróneamente en este punto, y acusarlo de un oportunismo sin principios: un judaizante entre los judíos y un pagano entre los gentiles. En realidad, la preocupación dominante, aparte de su deseo de ganar a las personas para Cristo (mencionado cinco veces en este pasaje), fue la de "participar de [los] frutos [del evangelio]" (9:23). Lo que él quería decir era que para ser fiel al evangelio era necesario que él actuara de la manera en que lo hizo. Lo que estaba en juego era su obediencia al evangelio, dado que esto implicaba su propia salvación eterna. De modo que, otra vez siguiendo a Bornkamm, deberíamos afirmar:

> En la predicación del apóstol, la teología y la misión, los judíos y los gentiles se ven juntos. Es seguro que, desde el momento de su conversión y de su llamado, Pablo supo que estaba destinado a ser un apóstol a los gentiles. No obstante, el evangelio que debía llevarles era el mensaje desarrollado cara a cara con la comprensión judía de la ley y de la

salvación, de un Señor sobre todos, quien concede sus riquezas a todos los que claman a él, ya sean judíos o gentiles. (1966: 199, con referencia a Rom. 10:11-12)

## Conclusión

Concluimos esta mirada a Pablo, el misionero, reiterando la simplicidad y la universalidad de su práctica misionera. Él creía en la estrategia de la oración. El enemigo en la mente de las personas y en sus culturas debía ser resistido con la autoridad y el poder del Cristo resucitado. Pablo también creía en el trabajo en equipo. Estaba convencido de que si sus compañeros se movían constantemente hacia Cristo, su diversidad enriquecería el equipo y resaltaría su efectividad. Pablo nunca se olvidó del carácter corporativo del movimiento cristiano. Finalmente, la estrategia de Pablo demandó una sensibilidad constante para con las diferencias en personalidad y en cultura que sus oyentes representaban. Él sabía que, en su oscuridad espiritual, los judíos buscaban señales y los griegos buscaban sabiduría (1 Cor 1:22-25). Por supuesto que Pablo estaba convencido de que lo que necesitaban era "a Cristo crucificado . . . motivo de tropiezo para los judíos y . . . locura para los gentiles" (v. 23). No obstante, él deliberadamente se despojó a sí mismo de esas dimensiones que podían causarles una ofensa innecesaria a judíos y a gentiles. Comunicó su mensaje de Cristo de maneras tan culturalmente apropiadas como le fue posible. Nunca se desvió de su deseo arrollador de hacerse "todo para todos," de modo de poder "salvar a algunos por todos los medios posibles" (1 Cor 9:22). No podemos hacer nada mejor que prestarle atención a su consejo: "Imítenme a mí, como yo imito a Cristo" (1 Cor 11:1).

## Capítulo 19

## La iglesia apostólica encarna la misión de Cristo

**Introducción**

Los eruditos están divididos y discuten si es que el Nuevo Testamento intenta concretar la forma estructural de la iglesia apostólica. Algunos arguyen, a partir de la información existente, que la iglesia era congregacional en su gobierno y que cada congregación local era autónoma. Otros encuentran evidencias de un grado de estructura intercongregacional y a partir de esto sostienen que su gobierno era o representativo o episcopal. Uno recuerda cómo el obispo Lightfoot luchó por la última interpretación, sobre la base de lo que él consideraba como evidencia de un acuerdo establecido entre las iglesias con respecto a cubrirse la cabeza y con respecto al peinado de las mujeres (1 Cor 11:16). Un tema tan controversial como el peinado de las mujeres ¡no pudo haber producido la generalización de parte de Pablo, sin mucho debate intereclesiástico y sin una decisión final desde la cúpula! En realidad, debemos ser cuidadosos con respecto al dogmatismo, cuando nos sentimos tentados a describir la forma real de la iglesia del Nuevo Testamento. El Nuevo Testamento permanece mayormente en silencio con respecto a sus detalles.

Uno podría sugerir una variedad de razones para este silencio. Sólo mencionaremos dos. Primero, ya existía el modelo de la sinagoga judía. Y como los primeros miles que aceptaron a Jesús como Señor y como Mesías eran judíos, fue inevitable que utilizaran este modelo y lo adaptaran a sus necesidades corporativas. De Ridder presenta evidencias con respecto a la gran variedad cultural que existía incluso entre las sinagogas judías en el primer siglo, relacionada con las ocupaciones específicas, con las clases sociales y con la dialéctica de los que integraban sus membresías. Con base en eso, bien podemos creer que los judíos mesiánicos en Palestina e igualmente en toda la diáspora se reunían en una gran variedad de sinagogas cristianas (1971: 79-80; ver también Hech 6:9). La sinagoga les proveía a los creyentes de un centro para la *koinōnia* informal, para la instrucción didáctica y para la adoración comunitaria. Era una base para alcanzar a los vecinos cercanos y una comunidad a la que los convertidos podían ser incorporados por medio del bautismo y de la instrucción catequística.

El que estas sinagogas cristianas muy pronto fueran llamadas "iglesias" no fue debido a una invención apostólica, sino simplemente porque tomaron prestado un término griego ampliamente usado que significa "asamblea."

Segundo, el silencio del Nuevo Testamento sobre la cuestión de la estructura de la iglesia también puede ser atribuido a la diversidad cultural existente dentro del mundo gentil. Los apóstoles escribieron con aprobación sobre las "iglesias de los gentiles" en contraste con las iglesias judías (Rom 16:4). Esto subraya la intención de Dios a través del evangelio, de proveer una fe universal para todos los pueblos. La etnicidad y la diversidad cultural están dentro de su voluntad soberana para la raza humana. De ahí que, debemos asumir que tiene la intención de que su pueblo estructure igualmente su vida corporativa, de maneras compatibles con los modelos de asociación ya existentes en sus culturas separadas. Y dado que en este mundo culturalmente pluralista uno encuentra toda forma de asociación concebible, desde la democrática, pasando por la representativa y llegando a la monárquica, bien podemos creer que nunca fue la intención de Dios que una forma estructural fuera normativa para todas las iglesias. En consonancia con esta tendencia a la adaptación, aparecería una casi infinita variedad de diferencias, dentro de la única "iglesia . . . que es su cuerpo" (Ef 1:22-23). Admitir cándidamente esta realidad está llegando a ser cada vez más el testimonio de los teólogos, incluso en iglesias consideradas como monolíticas (e.g., Küng y Kasper 1973: 28). Concedido esto, haremos bien en acordar que no existe ninguna forma pura de iglesia en ningún lugar del mundo de hoy. Cada forma separada refleja un grado de mezcla de las demás. Como dice Leon Morris:

> Es imposible relacionar alguno de nuestros sistemas modernos con la Era Apostólica. Si estamos determinados a cerrar los ojos a todo lo que está en conflicto con nuestro propio sistema, entonces es posible que allí la encontremos. Pero difícilmente lo hagamos de otra manera. (1960: 127; ver también Davies 1962: 208)

La estructura congregacional fue admirablemente apropiada para llevar a cabo la tarea de la misión en el contexto local. La homogeneidad lingüística y cultural, junto con la presencia de redes familiares (ver *The Bridges of God*, por Donald McGavran) prepararon el escenario para la expansión espontánea del movimiento cristiano. Dando por sentado el poder del Espíritu Santo, la estrategia formal no es importante. Los únicos requerimientos que uno puede deducir de Hechos son que los líderes locales, bajo la autoridad de Dios, estén dispuestos a actuar en cuestiones que requieren de un proceso disciplinario (Hech 5:3, 9), y que los miembros reciban una instrucción tal que puedan en palabra y en hechos compartir las buenas nuevas del reino con todos y en todo lugar (1 Tes 1:3-10).

En Hechos 2-12, la historia de la expansión del movimiento cristiano es mayormente un registro del crecimiento espontáneo provocado por el testimonio de cristianos individuales (e.g., Pedro en 2:14-40; 3:12-26 y Felipe en 8:5-13) y, en ocasiones, por la acción multi-individual (e.g., los helenistas que fueron echados de Jerusalén y que iban a todas parte predicando la palabra, 8:2, 4). En Hechos 13—28, la expansión del movimiento cristiano fue lograda a través de una estructura llamativamente distinta: el equipo apostólico o la estructura de la misión. Esto demanda un tratamiento por separado.

**El equipo apostólico**

Algo ocurrió dentro de la iglesia de Antioquía (Hech 11:19-30; 13:1-3), que resultó en una expresión estructurada de la iglesia que llegó a ser "un prototipo de todas las empresas misioneras subsiguientes, organizadas a partir de obreros comprometidos y experimentados, quienes se afiliaron tomando una segunda decisión más allá de su membresía en la estructura primera" (Winter 1974: 123). Con respecto a esto, Allen Thompson ha escrito:

> El Nuevo Testamento distingue entre estructuras, congregaciones locales . . . y el [equipo] apostólico estructurado, llamado por Dios para evangelizar a los paganos y para plantar iglesias. Mientras que los apóstoles pertenecían a la iglesia, su ministerio corporativo para alcanzar a otros necesitaba patrones de liderazgo y de organización, de reclutamiento y de financiación, de entrenamiento y de disciplina, diferentes de los patrones comparables dentro de las congregaciones locales. Esta distinción significativa le da sanción bíblica a la comunidad misionera estructurada de nuestros días. (1971: 102)

Debemos tomar nota de las características distintivas de la iglesia de Antioquía, porque es el modelo de la iglesia misionera de la era apostólica. Se caracterizaba por la actividad evangelizadora (Hech 11:21). Los miembros de la iglesia de Antioquía eran llamados "cristianos" por su ampliamente difundida confesión de Cristo. Al principio, éste fue un epíteto que contenía un elemento de ridiculización. Pero pronto llegó a ser el nombre que los creyentes llevaban con honor porque marcaba la consciencia de una nueva religión, dentro del mundo grecorromano. Se usa una variedad de palabras para describir el crecimiento de esta iglesia (11:21, 24). A sus miembros se les enseñaban las Escrituras (11:26) y eran generosos en su respuesta a la necesidad humana (11:27-30). Digno de notar era su carácter cosmopolita, reflejado en los varios trasfondos de los "profetas y maestros" que servían en sus varias congregaciones caseras (13:1). Al referirnos a congregaciones caseras en plural, estamos asumiendo que la información bíblica no demanda la existencia de una sola congregación que constituía "la iglesia de Antioquía." La característica final de esta iglesia misionera era la naturaleza de la carga que hizo que varios de sus líderes se unieran, no simplemente para adorar al Señor, sino para esperar en su presencia una revelación de su voluntad concerniente al servicio futuro de ellos. De la respuesta y de la instrucción dada por el Espíritu Santo, inferimos que la carga de ellos tenía que ver con un problema que, como congregaciones localizadas, no podían resolver. Mencionar los ayunos en dos oportunidades (13:2-3) subraya el sentido de urgencia que tenían. Que el Espíritu Santo también se mencione dos veces indica la solemnidad de esta ocasión. El Espíritu Santo les dio indicaciones específicas a individuos específicos. Debían formar un equipo móvil que se movería hacia el mundo mediterráneo, superando todas las barreras geográficas, culturales y lingüísticas que separaban a las tribus, a las lenguas y a las naciones del conocimiento de Cristo.

Este mandato a formar una estructura misionera, cuyos miembros eran llamados "apóstoles" nos confronta con una variedad de problemas. En el centro está la forma bastante fluida en que el Nuevo Testamento usa la palabra *apóstol*. Ocurre setenta y nueve veces, y es aplicada de manera bastante libre a un amplio espectro de personas (Muller 1975: 128; Harnack 1972: 319-25). Su aplicación va desde Jesús (Heb 3:1) hasta los Doce (Luc 6:13; Hech 1:24-26) hasta Bernabé y Pablo (Hech 14:14) llegando a creyentes anónimos (2 Cor 8:23) y a Junias, una mujer (Rom 16:7). Los apóstoles aparentemente eran "los predicadores del evangelio que ponían el fundamento, los misioneros y los fundadores de iglesias que poseían toda la autoridad de Cristo y que pertenecían a un círculo más grande, de ninguna manera confinado a los Doce" (Campenhausen, citado por Muller 1975: 132). "Podemos tomar como incontrovertible que la comisión misionera era una parte esencial del apostolado cristiano primitivo," mientras que los Doce "permanecieron en Jerusalén como pilares escatológicos" (Muller 1975: 131, 134). De modo que, entonces, los que poseían el don (1 Cor 12:28; Ef 4:11) estaban en contraste con los profetas, con los evangelistas y con los pastores-maestros. Este concepto misionero de apóstol cobró su significado pleno a partir de este momento (Hech 13:1-4), con el poder del Espíritu Santo operando a través de la iglesia y moviéndose hasta lo último de la tierra, en cumplimiento de Hechos 1:8 (Hahn 1965: 9-39). La forma apostólica ha variado a lo largo de los tiempos. Primero estuvo el predicador itinerante del primer siglo, luego el monje medieval, más tarde el fraile y luego el misionero moderno. Ronald Bocking, de la Sociedad Misionera de Londres, describe la permanente función apostólica de la siguiente manera:

> [Los misioneros] viven bajo la constante compulsión a cruzar el borde entre la fe y la incredulidad, a los efectos de ganar los reinos de la incredulidad para Cristo. [Ellos son] un microcosmos de la iglesia, la cual es apostólica y al obedecer a este llamado de Cristo, [ellos] continuamente [le recuerdan] a la iglesia su naturaleza y su propósito esenciales. En [ellos], la iglesia se extiende más allá de sus fronteras, para traer dentro del reino de Dios a todo el mundo por el cual Cristo murió y el cual, todavía, no reconoce a su Rey. Todavía un explorador, el misionero no . . . busca países perdidos, sino personas perdidas. (1961: 24)

De la misma manera, esta perspectiva se encuentra en el tratamiento extensivo que hace Hans Küng de la apostolicidad de la iglesia. A su juicio, la iglesia es apostólica no sólo porque tiene un "vínculo directo con los apóstoles de Cristo" (1967: 345) o porque está "fundada sobre el testimonio y el ministerio de los apóstoles" (353), sino porque posee una "misión divina, que le fue confiada por Cristo a los apóstoles, la cual durará hasta el fin del mundo" (355). La iglesia despliega su apostolicidad cuando "continúa estando de acuerdo con el testimonio de los apóstoles" y también cuando "preserva una continuidad vital con el ministerio de los apóstoles" (356). Luego agrega:

> Como cristiano individual, yo debo llegar a ser un verdadero sucesor de los apóstoles. Debo llevar su testimonio, creer en su mensaje, imitar su misión y ministerio. (1967: 358)

Lo que a uno lo impresiona en Hechos es la manera en la cual los Doce son de lo más prominentes en sus primeros capítulos (1:2, 8, 25-26; 2:14, 42; 4:33), pero virtualmente desaparecen para el tiempo del Concilio de Jerusalén (15:6). Sólo podemos concluir esto porque ellos fueron seguidos por otros apóstoles, principalmente por Pablo y su equipo. Lucas parece estar convalidando la continuación de la historia de la salvación por parte de Dios. Los Doce dejan de existir como una institución, pero continúan viviendo como una tradición y su ministerio continúa como la tradición misionera permanente de la iglesia (ver Wieser 1975: 125-31).

Cuando preguntamos sobre la relación entre el equipo apostólico y las congregaciones caseras en Antioquía, primero debemos reconocer que la información es extremadamente limitada, y desafortunadamente, la información que existe ha generado grandes diferencias de opinión. George Peters concluye que "la asamblea local llega a ser el cuerpo mediador y autoritativo que envía al misionero del Nuevo Testamento" (1972: 219). En esto está respaldado por Paul Rees, quien dice que "debido a toda su autoridad apostólica, Pablo fue enviado por la iglesia (el pueblo de Dios participando en una vida congregacional visible y local, y en relación asociativa con otras congregaciones) e igualmente importante es que él se sentía responsable ante la iglesia" (citado por Cook 1975: 234). Pero estas inferencias carecen de información que las sustente. El texto meramente declara que Bernabé y Saulo fueron enviados (literalmente "soltados") por los "profetas y maestros" en Antioquía, pero que fue el Espíritu Santo el que realmente les indicó el camino (Hech 13:1-4). Harold Cook considera que la postura de Peters y de Rees en "pura presunción" y luego agrega que las congregaciones caseras locales "ni los eligieron, ni los enviaron y que ciertamente no tenían nada para decir acerca de lo que tenían que hacer, ni cómo" (1975: 236).

Las pocas claves que Lucas nos da acerca de la relación entre los varios equipos apostólicos mencionados en Hechos y las estructuras congregacionales de las cuales ellos surgieron podrían interpretarse de la siguiente manera:

Primero, los miembros de los equipos fueron llamados al servicio misionero directamente por el Espíritu Santo. Ellos no se ofrecieron como voluntarios; fueron reclutados. Aun así, las congregaciones tuvieron una parte en la confirmación del llamado, testificando de su efectividad en la contribución a la vida y al ministerio de la congregación (13:1-3; 15:40; 16:2).

Segundo, el equipo en sí mismo era una asociación voluntaria de personas dotadas por el Espíritu y de mente similar, y fue directamente comisionado por el Espíritu Santo. (Arndt afirma que el verbo "enviar" en 13:4 implica una comisión autoritativa y específica [1957: 647].)

Tercero, la imposición de "las manos" sobre ellos (13:3) era un gesto simbólico que transmitía la idea doble de una participación conjunta en la tarea en común y de una bendición de despedida. No es claro si es que toda la iglesia en Antioquía participó en esta acción.

Cuarto, no hay ninguna indicación de que el equipo misionero apostólico haya sido dirigido por los cristianos en Antioquía o que tuviera que rendirle cuentas a ellos (Cook 1975: 236-37). Afirmamos esto sin hacer salvedades, aun cuando al regresar de su primer viaje misionero, Pablo y Bernabé "reunieron a la iglesia e informaron de todo lo que Dios había hecho por medio de ellos, y de cómo había abierto la puerta de la fe a los gentiles" (14:27).

Quinto, no hay ninguna indicación de que los apóstoles fueran asistidos financieramente en sus viajes y en su obra por la iglesia de Antioquía. No obstante, hay alguna evidencia de que recibían ayuda de ciertas iglesias que ellos habían plantado (2 Cor 11:8 y Fil 4:15-16; ver Cummings y Murphy 1973: 28).

Sexto, dentro del equipo había un espíritu igualitario basado sobre una confianza mutua, el cual preservaba la libertad de los miembros individualmente, los cuales entraban o salían de la asociación, bajo lo que era considerada la guía del Espíritu Santo. No obstante, Pablo era invariablemente considerado como el líder carismático (16:6-10).

Séptimo, uno tiene la impresión de que los miembros del equipo o proveían o reunían su sostén, aunque se hacía un pozo común de recursos que todos compartían. Cuando no había fondos disponibles, los miembros del equipo buscaban trabajos seculares (18:1-3; 20:33-35).

Finalmente, aunque inicialmente los equipos apostólicos eran monoculturales en su naturaleza, más tarde llegaron a ser biculturales en su composición (Hech 16-19; ver Cummings y Murphy 1973: 31).

Aunque podrían agregarse más detalles, nosotros meramente queremos hacer notar aquí las distinciones entre estos dos tipos de estructuras, la congregacional y la misión. Ninguna debía estar a disposición de la otra. Ambas estaban subordinadas al Espíritu Santo. Ninguna debía ser un fin en sí misma. Ambas debían estar en una relación simbiótica integral y mutua, tal como lo veremos cuando repasemos la estrategia del equipo misionero en la evangelización del Mediterráneo occidental. Ninguna debía ser demasiado exaltada ni menospreciada. De ahí que, uno deliberadamente debería evitar hablar de la "iglesia" y de la "para-iglesia."

En este punto, entender el reino nos puede ayudar. Aunque las nuevas congregaciones emergen como resultado de la obra misionera, su surgimiento no puede ser considerado como el fin de la historia. En un sentido, cada nueva congregación, como una expresión del cuerpo de Cristo, es no sólo una manifestación parcial de la realización del reino, sino también un instrumento del reino. Mientras que la meta última es que la tierra se llene del conocimiento de la gloria de Dios (Isa 11:9; Hab 2:14), siempre necesitamos tener en mente las posibilidades dinámicas del reino que están latentes incluso en la congregación más joven. Ésta también puede llegar a ser una "demostración del poder del Espíritu" por medio de su fidelidad al evangelio (1 Cor 2:4-5; 4:20).

**Estrategia apostólica: la prioridad de la receptividad**

La idea expresada en el título del famoso libro de Roland Allen, *Missionary Methods: St. Paul's or Ours*, ha engendrado una aceptación no crítica de la tesis de que hay algo normativo en la manera en la cual Pablo llevó a cabo su vocación misionera. Lo que se pasa por alto es la mera imposibilidad de usar sus métodos en el mundo de hoy. El primer siglo ya no existe. No podemos comenzar nuestro ministerio en las sinagogas judías locales como lo hizo él. La dimensión de la cultura, la cual Allen pasó por alto, ya no puede ser ignorada, al igual que los veinte siglos que lo separan a Pablo de nuestra generación. Más todavía, la historia dolorosa del antisemitismo cristiano, de manera trágica, ha creado un prejuicio de parte de la sinagoga para con la iglesia, de modo que la interacción entre ambas, en términos mesiánicos, es virtualmente imposible hoy en día.

De ahí que, cuando recurrimos a Hechos para tener una percepción de cómo elaborar estrategias en la misión cristiana, debemos cuidarnos de concentrar la atención sobre los métodos de Pablo y más bien buscar los principios sobre los cuales se basan. No obstante, incluso aquí nos encontramos con dificultades. No es que Pablo fuera insensible a la necesidad de adaptar el evangelio a sus oyentes. Su predicación estaba siempre orientada hacia el receptor, tal como ya lo hemos notado.

> Para los judíos de Antioquía él . . . siguió la línea profética del Mesías; para los paganos de Listra, ignorantes y supersticiosos, él . . . hizo de la naturaleza una expresión de Dios; para los atenienses él ofreció una exposición cauta, correcta y aun así valiente del pensamiento greco-judío. (Buckmaster 1965: 133).

Pero más allá de esto, las estrategias de Pablo parecen tener una constante: se concentró en aquellos lugares donde la gente era receptiva, pero parecía tener poca paciencia con los que se resistían al evangelio.

Es verdad que Pablo estuvo siempre sensible a la guía del Espíritu Santo. Cuando el Espíritu le prohibió predicar en Asia y en Bitinia, él obedeció. Cuando él y sus compañeros sintieron que el Espíritu los estaba guiando a Macedona, respondieron (Hech 16:6-10). Por otro lado, cuando Hechos reporta su lanzamiento de lo que es considerado como su segundo viaje misionero, no se hace ninguna mención de que estuviera buscando la guía del Espíritu.

Roland Allen crea la imagen de un Pablo, que elaboraba las estrategias de sus movimientos con ciudades particulares en su mente.

> Todas las ciudades o pueblos, en los que él plantó iglesias eran centros de administración romana, de civilización griega, de influencia judía o de alguna importancia comercial. ... Él pasó por pueblos provinciales nativos como Mistia y Vasada, para predicar en Listra y en Derbe, puestos militares en los que había un fuerte elemento romano. (1962: 13)

Y aun así, esta idealización del planeamiento estratégico de Pablo ha sido desafiada. Donald McGavran argumenta que Pablo escogió visitar esos lugares "donde su información avanzada, purificada por la oración y guiada por el Espíritu Santo, lo llevaron a creer que podía plantarse una iglesia" (1955: 29). Tal vez, esta es la mejor manera de encarar la tarea de planear estrategias para la labor misionera de alcanzar a otros. Porque, como Max Warren correctamente percibe y advierte,

> El Espíritu Santo, en sus operaciones en la historia, es estrictamente incalculable. Es incontrolable como el viento. Y su fuego cae en lugares muy insospechados y sobre gente de lo más improbable. A menos que el movimiento misionero pueda responder al carácter impredecible del

Espíritu Santo, pronto dejará de ser un movimiento misionero. (1978: 194).

De modo que, entonces, respaldaremos la consideración de la resistencia o la receptividad de los receptores al tomar decisiones concernientes a la estrategia misionera apostólica. Aunque Pablo procuró predicar el evangelio lo más ampliamente posible, concentró sus esfuerzos cuando encontró que el Espíritu Santo hacía a sus oyentes receptivos. En Hechos, uno nota por lo menos seis instancias diferentes, en las cuales él se apartó de los que rechazaban su mensaje (13:46; 14:5; 18:1, 6: 19:9; 28:26-28). Él no veía su tarea como la de diseminar información acerca de Jesús, ni siquiera como la de explicar de qué se trata el evangelio. Él quería, por todos los medios, salvar gente. Michael Green lo explica sucintamente diciendo que los apóstoles "predicaban a una persona, proclamaban un don y buscaban una respuesta" (1970: 150-51). Charles Bennett lo llama a Pablo un "gran predicador de ciudad," porque además de su única visita a las "ciudades de . . . la región circunvecina" de Listra y Derbe (Hech.14:6, RVR), él normalmente se concentró en ciudades y procuró, por medio de ellas, ejercer una influencia en el ambiente rural. En Éfeso, por ejemplo, él predicó por dos años en la escuela de Tirano, durante el período diario de la siesta, entre las once y las cuatro. "Todos los residentes de Asia oyeron la palabra del Señor, tanto judíos como griegos" (1980: 137, con referencia a Hechos 19:10).

Ésta es entonces la contribución de Hechos a nuestra comprensión del enfoque apostólico de la estrategia para la misión. Los apóstoles concentraron sus esfuerzos sobre las más receptivas de las culturas con las cuales se sentían cómodos (de habla aramea y griega). Se enfocaron más en familias que en individuos. "Hechos es principalmente un libro que describe el enfoque grupal en las misiones . . . y habla un lenguaje misionero que es poco compatible con el individualismo tan característico de la mayor parte del cristianismo europeo, anglosajón y americano" (Boer 1961: 163). No eran super-estrategas que podían ver el fin desde el principio. Eran sensibles a las circunstancias locales y cambiaban sus planes de acuerdo a eso. Aunque no le hicieron ningún cambio al evangelio que proclamaban, sus métodos y movimientos estuvieron bajo revisión y adaptación constantes. En relación con esto, Charles Bennett concluye:

> Nuestras mentes occidentales, influidas por la lógica griega y educadas en el método científico, instintivamente intentan

reducir todo a unas pocas "leyes" y "principios" básicos que no varían. En nuestro estudio de los métodos misioneros, al igual que en la teología, algunas veces "descubrimos" leyes y principios en las Escrituras, en las cuales, en realidad, no existe ninguna [estrategia]. . . . Incluso podríamos decir que la estrategia de Pablo era no tener ninguna estrategia. (1980: 138)

**El ministerio de la iglesia a través de los dones espirituales**

Todas las sociedades tienen lugar para el religioso profesional, varón o mujer. Estos individuos son apartados para este servicio, de maneras variadas: por herencia, por carisma personal, porque se les confiere un sacramento, o como resultado del entrenamiento. Su función es la de mediar el reino de lo invisible, a favor de las personas en la sociedad. De ahí que, ellos viven en separación parcial de la sociedad, para subrayar su vínculo con el mundo del espíritu. Sus preocupaciones tienen un amplio espectro que va desde garantizar la fertilidad de los campos, pasando por los animales domésticos y por las familias, hasta procurar la asistencia sobrenatural para derrotar a todos los enemigos. Su presencia y sus servicios son considerados esenciales en todos los acontecimientos importantes en el año agrícola y en los "ritos de pasaje" de los individuos: nacimiento, pubertad, matrimonio, paternidad y muerte. Todas las sociedades pagan voluntariamente la cuenta de sus servicios.

Desafortunadamente, las iglesias cristianas han adoptado mayormente y de manera no crítica este modelo para su clero de carrera. El ministerio ha sido reducido a una "profesión," habiendo una persona en cada congregación que es elevada a un rol monárquico. Sólo él o ella tienen la autoridad de administrar los sacramentos de manera apropiada, de proveer una proclamación formal, de conducir a la congregación en la adoración y en la oración, y de aconsejar a los necesitados. Donde se ofrecen estos servicios, se supone que hay una iglesia. En contraste, los que sirven en estructuras de misión tienen menor importancia. En realidad, el clero de carrera con frecuencia no es prominente en las estructuras de misión. Como resultado, las estructuras de misión son frecuentemente denigradas y se las hace aparecer como inferiores a las de la iglesia. De ahí el término de segunda clase *para-eclesiástico*.

Cuando uno se mete en el mundo del Nuevo Testamento, uno encuentra pocas cosas parecidas a las iglesias modernas, en las que la vida y el servicio giran principalmente alrededor de las actividades de una sola persona, tal como se lo ha descrito en el párrafo anterior. El Nuevo Testamento habla acerca de Jesucristo cuando se refiere al ministerio, acerca de lo que él hace a través de la iglesia en y para el mundo. La Cuarta Conferencia Mundial de Montreal sobre la Fe y el Orden (1963) describió la obra de Jesucristo bajo los títulos siguientes:

1. "Él une en el bautismo nuevos miembros consigo mismo, permitiéndoles compartir su ministerio." Estaríamos de acuerdo, a la luz de 1 Corintios 12:13, con su afirmación de que "todos fuimos bautizados por un solo Espíritu para constituir un solo cuerpo."
2. "Él nombró a los apóstoles para ser los pioneros de su iglesia, y su presencia permanente atrae a toda la iglesia hacia el ministerio apostólico." Deberíamos subrayar que Cristo continúa nombrando apóstoles, dado que la función misionera de la iglesia no terminará hasta que sus misioneros hayan cruzado todas las fronteras y hayan proclamado a todos los pueblos el mensaje de Jesucristo (Ef 4:11-14).
3. Él "les da gracia a todos los bautizados, asignándoles su autoridad particular y su función en el ministerio de él." A todos les son dados dones espirituales, para ser descubiertos y ejercitados "para el bien de los demás" (1 Cor 12:7). El Nuevo Testamento no habla de los diferentes servicios de un "ministro," sino más bien de los diferentes dones, funciones y ministerios de distintos hombres y mujeres, teniendo delante de ellos el ideal de trabajar juntos en unidad y para la integración de toda la comunidad. De modo que entonces, el movimiento cristiano debería caracterizarse por dejar en el olvido al religioso como una profesión reconocida socialmente. No es la contraparte del sacerdote del Antiguo Testamento, porque todos los creyentes son sacerdotes. Tampoco es la contraparte de la teocracia del Antiguo Testamento con su rey, porque todos los creyentes juntos "reinarán en vida por medio de . . . Jesucristo" ((Rom 5:17).
4. Él permite que toda la iglesia comparta en su sufrimiento, llamando a cada miembro a gastarse en el ministerio de él, en amor y en obediencia a Dios, y en amor y en servicio a los hombres." (WCC 1964: 15-129).

Fue recién más tarde, cuando las congregaciones iban madurando y comenzaron a sentir la necesidad de tener un vínculo interno e intercongregacional, que las epístolas pastorales hablan de responsabilidades especiales de supervisión confiadas a ciertas personas designadas como ancianos. Pero no hay evidencia en el Nuevo Testamento de ningún "clérigo" que gobernara sobre una congregación.

Anteriormente hemos afirmado que el ministerio de Jesús durante sus días "sobre la tierra" no fue otra cosa que el reino de Dios descrito en términos humanos. Y dado que la vida y el testimonio presente de la iglesia son una continuación de su ministerio mesiánico, incluso podríamos sostener que la doctrina de la iglesia debería ser considerada como una rama de la cristología (Rom 15:15-19). En realidad, el única "presencia real" de Jesús en la iglesia es su Espíritu en medio de su pueblo (Mat 28:20). Esto significa que el Espíritu es verdaderamente su vicario y que ninguna persona meramente humana, ni siquiera el Papa, tiene el derecho de designarse así.

Más aún el ministerio de la iglesia es primariamente para Dios, porque la iglesia es en esencia una comunidad que adora (Tito 2:14; 1 Ped 2:9). Los sacramentos del bautismo y de la Cena del Señor expresan en parte esta actividad orientada hacia Dios. Cuando uno se da cuenta de que el término *sacramento* viene del latín *sacramentum* que significa "juramento" o "voto," el significado de esta actividad se hace claro. El bautismo implica el voto inicial que uno hace mientras está en el umbral de entrada a la comunidad de la iglesia visible. Uno hace el voto de abandonar los caminos del mundo, de la carne y del diablo.

Dado que la Cena del Señor representa la proclamación permanente, por parte de la iglesia, de la muerte redentora de Jesucristo, llega a ser una afirmación visible de la determinación del pueblo de Dios de vivir a la luz de esta realidad. Por medio de la fe, los cristianos comparten en el cuerpo y la sangre de Cristo nutrición espiritual interior y su crecimiento en gracia, así como sus cuerpos se nutren exteriormente con el pan y el vino. Este es un acto corporativo, debido a la participación conjunta y a la comunión grupal que uno comparte con todos los que se reúnen alrededor de la mesa y especialmente con el crucificado que está en medio del grupo.

Dado que los sacramentos representan, sellan y le aplican a los creyentes los beneficios de la obra salvadora de Cristo, con frecuencia son considerados como "medios de gracia." Pero esto no significa que en ellos y a partir de ellos se transmita la gracia de la salvación. La salvación sólo viene por oír el evangelio y creer en él, y sólo el evangelio es el canal principal de gracia. Hechos nunca se aleja de la secuencia: (1) el evangelio proclamado en el poder del Espíritu; (2) la recepción de ese evangelio al oírlo con fe; (3) la confesión pública de la fe en Cristo, mediante los actos visibles del sometimiento al bautismo y de la participación en la Cena del Señor. Si uno recibiera los sacramentos aparte de la fe en Cristo, no existiría ningún *sacramentum* verdadero, ni voto ni alianza. De ahí que no prestan ningún beneficio.

Es significativo que durante el avivamiento evangélico del siglo XVIII, el sacramento de la Cena del Señor llegó a ser considerado "no simplemente una confirmación, sino una ordenanza que convierte." En relación con esto, John C. Bowmer escribe:

> Los Wesley . . . lo consideraron como un medio de gracia para ser usado al comienzo del peregrinaje cristiano. No eran ciegos al hecho que era un medio de gracia, cuya significación plena se revela sólo cuando el cristiano desarrolla la vida interior en Cristo, y es muy apreciado por los que están muy comprometidos con el discipulado cristiano. . . . Al mismo tiempo, sería posible dar una larga lista de metodistas de los primeros tiempos quienes, al igual que Susana Wesley, la madre de Juan y de Carlos, se convirtieron durante la Cena del Señor. Fue la experiencia real de la Cena del Señor como una ordenanza que convierte, lo que llevó a los Wesley a sostener tan insistentemente que podía ser usada por hombres y mujeres antes de la conversión. (1951: 107)

Wesley creía esto con tanta firmeza que hizo de la celebración de la Cena del Señor el clímax de sus misiones de predicación. En la última reunión de las misiones de predicación de Wesley, se usaba la Cena del Señor para presionar a la gente a tomar una decisión con respecto a la oferta de gracia que venía de Cristo. Mientras que nosotros podríamos reconocer la importancia de este uso particular de la celebración de la eucaristía, no debemos olvidarnos de que también está en el corazón de la permanente adoración del pueblo de Dios.

Ahora pasamos a considerar el ministerio en sus interrelaciones y en su diversidad. Una vez más, afirmamos que el ideal del apóstol Pablo para la iglesia (Ef 4:1-17) refleja una unidad en la diversidad, fuerza a través de la maduración y crecimiento hacia la integralidad. Su unidad es básica: un cuerpo, un Espíritu, una esperanza, un Señor, una fe, un bautismo y un Padre (4:5-6). Esto presionó al apóstol Pablo a demandar un celo evangélico para mantener esa unidad recibida, en el vínculo de la paz (4:3). Luego, virtualmente en el mismo tenor, él habló de la diversidad de los dones para el ministerio (*domata*) otorgados "en la medida en que Cristo [los] ha repartido" (*dōreai*; 4:7). Aparte del don de la Escritura, hay sólo dos grandes *dōreai*: Jesucristo y el Espíritu Santo. Pablo sólo puede querer decir que en estos *domata*, Cristo se ha dado a sí mismo otra vez a la iglesia, a través del Espíritu Santo. Mediante su gracia, el ministerio de Cristo es llevado adelante por la iglesia, e incluso cosas "aun mayores" que las que él hizo son de esa manera hechas posibles (Juan 14:12, RVR).

Por medio del término *ministerio* (*diakonia*), Pablo incluye tanto el servicio específico del alivio material, como todo el espectro de deberes cristianos, ya sea internamente para con la comunidad de creyentes, como externamente para con el mundo no cristiano. Todos tienen que estar comprometidos con el ministerio. La *diakonia* interna abraza tres tipos importantes de *domata*: (1) el ministerio de la congregación para con el Señor en la adoración por medio de la oración, del sacramento y del oír la palabra de Dios; (2) el ministerio de sus miembros unos para con otros, "para el bien de los demás" (1 Cor 12:7, 11); y (3) el ministerio de enseñanza por el cual a los creyentes se les inculcan las normas de la tradición apostólica (Hech 6:4; Rom 12:7).

De la misma manera, la *diakonia* externa abraza tres tipos principales de *domata*: (1) el ministerio de los que están en necesidad especial: los pobres, los enfermos, las viudas, los huérfanos, los presos, los que no tienen casa y "los extranjeros . . . que vivan en medio de ti" (Rom 12:7; Gál 6:10a); (2) el ministerio de reconciliación, por el cual los cristianos trabajan por la justicia y por la concordia entre la gente y entre las naciones, y dentro de sus diferentes culturas; y (3) el ministerio de evangelización y de la misión transcultural.

En el desempeño de estos ministerios, el reino de Dios y la misión de la iglesia se unen. Cuando la misión de la iglesia es deliberadamente colocada en el camino del reino, "señales del reino" específicas les serán manifestadas a todos. Estos ministerios están interrelacionados, porque uno no puede preocuparse porque la gente se reconcilie con Dios por medio del evangelio, sin reconocer la preocupación relacionada concerniente a la reconciliación de unos con otros (2 Cor 5:18-21). En relación con esto Visser't Hooft nos advierte:

> Servimos (*diakonia*) porque somos seguidores del Gran Siervo. Pero sabemos que el servicio supremo consiste en traer a la gente al Siervo mismo. (1959: 57)

> Es una ilusión pensar que nuestro servicio puede llegar a ser tan transparente que, por sí mismo, pueda conducir a aquellos a quienes servimos a una confrontación con Jesucristo. (1959: 55)

Cuando todas las partes de cuerpo trabajan de manera apropiada, el resultado es tanto el crecimiento del cuerpo como la edificación espiritual "en amor" (Ef 4:16). Debería notarse que la frase de Pablo "para edificar el cuerpo de Cristo" (Ef 4:12) emplea la misma palabra (*oikodomeō*) que se encuentra en la afirmación de Jesús: "Edificaré mi iglesia" (Mat 16:18).

Quedan dos cuestiones. En primer lugar, uno debe estar agradecido por esta diversidad en la *domata* espiritual. La intención divina es que la iglesia sea un cuerpo funcionando y completo. No es sólo que los creyentes están todos unidos a Cristo, la cabeza, sino que están maravillosamente relacionados por ligamentos con todos los otros miembros (Ef 4:16). El uso de la palabra "ligamentos" por parte de Pablo debe representar todas las relaciones interpersonales, en las cuales los miembros se tocan y están en "sintonía" mutua. ¿Deberíamos considerar a los "ligamentos" que unen todas las articulaciones del cuerpo, como las ligaduras del amor del Espíritu Santo que enlaza a cada uno con los demás (cf. Col 2:19 con Rom 5:5)? Expresar tal amor es el compromiso de nuestra vida dentro del pacto para con todos los otros cristianos y debe ser desplegado al mundo (Juan 13:34-35).

Los músculos hacen posible el movimiento del cuerpo. Y los músculos siempre deben operar en tensión unos con otros. Algunos doblan los brazos; otros los extienden. No hay dos iguales. Si los hubiera, el cuerpo estaría completamente paralizado, incapaz de moverse, porque todos estarían tironeando en la misma dirección. Imagínense lo que ocurriría si los que "doblan" dominaran a los que "extienden." Ningún cuerpo saludable y en movimiento es perfectamente balanceado. Siempre hay tensión entre sus músculos. Debido a esto, el cuerpo es una imagen muy apropiada de la iglesia.

Dentro de los variados ministerios en la iglesia, uno encontrará algunos preocupados por el ardor, otros por el orden; los adoradores espontáneos y los liturgistas de "forma fija"; los que acentúan lo tradicional versus los que abogan por la "verdad inmediata"; los evangelistas versus los preocupados por las responsabilidades sociales; los episcopales versus los congregacionalistas; los comunicativos versus los reflexivos; los impulsivos versus los cautos; los inspiracionales versus los analíticos; y así sucesivamente. ¡Estemos agradecidos por esta diversidad! Y reconozcamos que ¡difícilmente sea la intención de Dios que cada congregación separada tenga la misma agenda! No hay dos contextos de iglesias (o parroquias) que sean idénticos.

Pero, en segundo lugar, en medio de esta diversidad, no debemos creerle a todos los espíritus, sino que debemos someterlos "a prueba para ver si es de Dios, porque han salido por el mundo muchos falsos profetas" (1 Juan 4:1). No es ninguna virtud no estar interesados en la gracia espiritual de discernimiento. El pasaje de Efesios 4 que discutimos anteriormente nos advierte sobre los que manipularán y engañarán a los inmaduros con "astucia y . . . artificios" (v. 14). Siempre está la posibilidad de que llegue el error a la vida y al pensamiento de la iglesia. En el Nuevo Testamento se le dedica el doble de espacio a los "poderes y autoridades" que al Espíritu Santo. Y la iglesia siempre debe estar preocupada por su integridad espiritual, porque está plagada de falsos Cristos y de falsos profetas, de lobos con piel de oveja, de error, de heterodoxia y de apostasía. Les hace poco bien a los cristianos ser tan caritativos y conciliadores, que al final se tornen indiferentes a la cuestión de la verdad y traten livianamente la advertencia de Pablo sobre los "obreros estafadores, que se disfrazan de apóstoles de Cristo" (2 Cor 11:13).

**Conclusión**

Hemos visto que la provisión del Espíritu Santo tiene tres facetas. El Espíritu Santo ha estructurado a la iglesia, de modo que se pueda expresar ya sea como una congregación local (para una misión a los vecinos cercanos) o como un equipo móvil (para una misión más allá de la fronteras o transcultural). También ha provisto dones espirituales para todo el pueblo de Dios, de modo que todos puedan participar en el ministerio de la iglesia. Más todavía, como Señor de la cosecha, él envía a los obreros a lugares particulares y avenidas de servicio particulares, y les provee de su guía y de su poder.

No obstante, todos saben que no hay tal cosa como cristianos o congregaciones o misiones que permanezcan espiritualmente en un "estado fijo." Como Paul Hiebert ha observado:

> Cualquier visión de largo alcance para las misiones debe incluir no sólo la plantación de nuevas iglesias, sino también la renovación de las antiguas. Lo primero sin lo último

eventualmente conduce a tierras llenas de iglesias que agonizan. El nacimiento de nuevas congregaciones no es garantía de que permanecerán espiritualmente vivas. ... La vida espiritual, al igual que toda otra forma de vida, está involucrada en un proceso de salud y de enfermedad, de revigorización y de ruina. (1983: 157)

Debido al carácter crucial de este problema, el Nuevo Testamento tiene mucho que decir sobre "la renovación por el Espíritu Santo." Aunque esta frase ocurre una sola vez (Tito 3:5), hay muchas referencias a gente que está "llena del Espíritu Santo" o que recibe la "llenura" de su presencia. Es instructivo seguir el rastro de cada referencia y preguntar por qué los individuos implicados tuvieron experiencias ocasionales de bendiciones más abundantes, que fueron más allá de su experiencia habitual del Espíritu Santo. Pablo impuso sobre los cristianos la obligación de estar constantemente "siendo llenos" del Espíritu, como si estuvieran constantemente recibiendo infusiones frescas de su poder y de su gracia (Ef 5:18). En ningún lugar dijo que esto debía ser considerado meramente como un privilegio, como un deleite o como un honor. Los que no son tan receptivos con respecto al Espíritu Santo, deben considerarse ¡nada menos que fuera de la voluntad de Dios!

La renovación es importante para que la misión de la iglesia se cumpla de manera completa. Por lo tanto, se debe dar una atención especial al fenómeno del institucionalismo, con sus tendencias concomitantes hacia la rigidez y la nominalidad burocráticas. La gran pregunta es si la renovación se puede programar. Puesto que sólo Dios puede renovar su obra en los corazones de su gente, la clave para toda actividad renovadora es la oración constante, focalizada y ferviente, siguiendo el patrón de Habacuc: "Señor, he sabido de tu fama; tus obras, Señor me dejan pasmado. Realízalas de nuevo en nuestros días, dalas a conocer en nuestro tiempo; en tu ira, ten presente tu misericordia" (3:2).

## Capítulo 20

## Dios gobierna ahora: Ya, pero todavía no

### Introducción

No es de sorprender que Pablo haya recurrido a su carácter, a su trasfondo y a su educación, para delinear las implicaciones de su llamado como apóstol a los gentiles. En el proceso él repasó toda su comprensión rabínica de los pasajes relevantes del Antiguo Testamento, que se referían a la preocupación redentora de Dios para con los gentiles. Esta búsqueda reveló un modelo de integración entre las validaciones del Antiguo Testamento y las perspectivas que Pedro y Santiago compartían con este, concernientes a la enseñanza de Jesús sobre este tema (Gál 1:18-19). Inevitablemente, él descubrió que mucha de la enseñanza y de la conducta de Jesús reflejó una considerable continuidad con "la ley, los profetas y los escritos" del Antiguo Testamento. No obstante, Pablo también descubrió que la continuidad no necesitaba de la identidad. Había una dimensión de novedad refrescante, que caracterizó el testimonio de Jesús con respecto a la intención de Dios para con las naciones gentiles. La tarea de Pablo fue poner todos estos componentes diferentes dentro de una visión coherente y progresiva de la historia de la salvación, que fuera fiel al contexto histórico de la revelación anterior (Blauw 1962: 68). Pablo estaba demasiado profundamente persuadido de la inspiración y de la autoridad del Antiguo Testamento, como para clasificarlo como meramente preparatorio y por lo tanto de una significación sólo provisional. También estaba convencido de la naturaleza normativa de todo lo que Jesús había dicho y hecho. En esta sección, trazaremos la secuencia por la cual Pablo iba a llegar a ser el gran teólogo de la misión cristiana. Lo encontraremos profundamente leal al testimonio del Antiguo Testamento y profundamente responsivo a todo lo que Jesús enseñó ("cosas nuevas y cosas viejas," Mat 13:52, RVR). Pablo también fue el recipiente de "visiones y revelaciones" frescas (2 Cor 12:1, 7). Él sintetizó estos aportes variados en un todo coherente.

### Jesús y los gentiles: las cosas viejas

Jesús, de manera rígida, confinó su ministerio y el de los discípulos "a las ovejas perdidas del pueblo de Israel" (Mat 15:24;

10:5, 6). Aun así, necesitamos reconocer que al enviar a los doce (10:1-42) en una misión a todas "las ciudades de Israel" (v. 23), él sugirió que en el movimiento permanente del propósito mayor de Dios, ellos serían llevados "ante gobernadores y reyes para dar testimonio a ellos y a los gentiles" (v. 18). Cuando Mateo ubicó estas dos realidades en el mismo pasaje, no tuvo ninguna intención de resolver lo que los eruditos, desde entonces, han considerado como una inconsistencia. Las ovejas perdidas de Israel eran el objeto de la preocupación redentora de Jesús y así y todo, él también estaba dispuesto ocasionalmente a alcanzar a los gentiles "perdidos," anticipando este ministerio más amplio (15:21-28 y 9:13). Mientras que el reino de Dios ya estaba "al alcance" antes de la cruz, su revelación escatológica completa sólo fue posible después de la venida del Espíritu Santo en Pentecostés, un derramamiento dirigido a todas la naciones circundantes, que aparecen como ejemplos en Hechos 2.

Esto tuvo sentido para Pablo. Por supuesto que el Mesías primero tenía que hacerse "servidor de los judíos para demostrar la fidelidad de Dios, a fin de confirmar las promesas hechas a los patriarcas" (Rom 15:8). En realidad, en toda la carrera misionera subsiguiente de Pablo, él siempre aseguró que ofrecía las buenas nuevas del reino a "los judíos primeramente" (Rom 1:16), dado que siempre había sido el propósito de Dios que a través de este pueblo en particular "todas las familias de la tierra" fueran benditas (Gén 12:3).

Tenía sentido para Pablo que la misión a los gentiles no pudiera ser lanzada antes de que el Cordero de Dios fuera llevado a la muerte (Juan 1:29). El último Canto del Siervo en Isaías, concerniente a su sacrificio expiatorio, concluye con que Dios le asigna "muchos" justos como porción (53:11). Pablo entendió esto como una referencia a una hueste innumerable por la cual él "intercedió" al cargar "con [su] pecado" (53:12). Es indudable que Pablo recordó las palabras de confirmación de Cristo: "Pero yo, cuando sea levantado de la tierra, atraeré a todos [los pueblos] a mí mismo" (Juan 12:32).

Pablo comprendió por qué Jesús describió a los gentiles como espiritualmente ignorantes, palabreros en su actividad religiosa formal, inclinados al materialismo y hostiles hacia Dios (Mat 6:7, 32; Mar 10:33-34). Esto era idéntico al testimonio del Antiguo Testamento y, como tal, fue fundacional para la descripción que Pablo hace de la condición espiritual de los gentiles (ver Rom 1:18-32; 3:10-18).

La continuidad de Jesús con la revelación del Antiguo Testamento también puede verse de otras maneras. Mientras que Jesús expuso brillantemente los defectos del anhelo proselitista de los judíos de una manera devastadora, porque tenía una motivación hipócrita y era maligno en sus resultados, Pablo detectó una nota distintivamente sinaítica (cf. Mat 23:15 con Lev 19:33-34: Núm 15:14-16; 1 Rey 8:41-43). Pablo estuvo de acuerdo con esta evaluación y la incorporó a su exposición de la condición espiritual de la judería (Rom 2:17-24). Más todavía, cuanto más Pablo se mezclaba con los gentiles, más se identificaba con el rechazo del orgullo racial y cultural de los judíos por parte de Jesús. La parábola del Buen Samaritano, no hizo más que confirmar el amor y la estima que Pablo tenía por sus consiervos gentiles. Pablo también reconoció la afirmación de Jesús de que en el día final, algunos judíos y algunos gentiles serían salvos, pero que muchos judíos y muchos gentiles se perderían (cf. Mat 7:13-14; 25:31-46 con Rom 10:1-3 y 2 Cor 4:3). En relación con esto, Pablo vio las dimensiones universales del mesianismo de Jesús. Él era el Siervo de Yahvé, quien vino "a dar su vida en rescate por muchos" y por eso trajo esperanza a los gentiles (cf. Mar 10:45 y Mat 12:15-21 con Rom 1:14-17 y 1 Tim 2:3-6). En verdad, la venida de Jesús al mundo tuvo dimensiones tanto universales como escatológicas. Pablo no tuvo ningún problema con esto, ni encontró dificultad alguna en relacionar la enseñanza de Jesús sobre la suficiencia universal del reino de Dios con lo que él describió como "mi evangelio" (Hech 20:24-25; Rom 2:16; 16:25).

**Jesús y los gentiles: las cosas nuevas**

Algunas de las declaraciones de Jesús con respecto a los gentiles, mencionadas en la discusión precedente, indudablemente despertaron en Pablo un sentido de preocupación. La razón es que no podían ser fácilmente reconciliadas con sus perspectivas del Antiguo Testamento. Y aun así, después de reflexionar, Pablo llegó a ver que, a pesar de las frecuentes maneras nuevas en que Jesús expresaba estas realidades, éstas no estaban esencialmente disociadas de lo que le habían enseñado antes. En todo esto, debemos reconocer el deseo intenso de Pablo por identificar el uso del Antiguo Testamento por parte de Jesús (Luc 24:25-27, 44-47) con lo que él creía acerca de su origen divino (2 Tim 3:15-17). Él no tenía ningún deseo de hacer lo que otros han hecho, es decir, extraer el significado de la misión de algunos elementos aislados del registro más antiguo (e.g., la promesa de Abraham en Génesis 12:3; el oráculo de Jonás contra Nínive; algunos Salmos, tales como el sesenta y siete; y un par de pasajes "universales" aislados de Isaías, tales como 49:6) y usarlos para apoyar la Gran

Comisión. Según él, el resultado inevitable de usar tales textos como prueba habría violado la integridad del Antiguo Testamento y socavado su revelación única y acumulativa concerniente a la misión de Israel a las naciones.

No obstante, entre los problemas no resueltos de Pablo estaba cómo debía relacionar su misión en curso a los gentiles con lo que los rabinos le habían enseñado. Le habían mostrado en Isaías (2:2-4 y 25:6-9) y en Miqueas (4:1-4), que sólo en los "últimos días" Dios iba a convocar a las naciones a Jerusalén. Recién entonces, ellas tendrían contacto con Dios. El punto de foco de ese encuentro sería el Templo y no las misiones cristianas de predicación en ciudades y pueblos gentiles.

Podemos estar seguros de que Pablo ya había percibido las implicaciones universales del uso de la expresión "reino de Dios" por parte de Jesús. Debía incluir la salvación para el pueblo de Dios en todas las naciones del mundo. Pero, ¿cómo debía relacionarse esto con la secuencia de eventos escatológicos descrita en el Antiguo Testamento? Esta secuencia comenzaba con la epifanía (lit. "aparición") de Dios en el Templo (Isa 51:4-5; 60:3; 62:11; Zac 2:11). Luego viene la convocatoria a las naciones por parte de Dios (Sal 50:1; 96:3, 10; Isa 45:20, 22; 55:5; 66:19) y su marcha hacia Jerusalén cargada de regalos (Sal 47:9; 68:30, 32; Isa 18:7; 19:23; 60:5-20; Hag 2:7; Zac 8:21). Las naciones llegarían para adorar a Dios en el santuario (Sal 22:27; 72:9-11; 86:9; Isa 45:14, 24; 56:7; 66:18; Sof 3:9) y luego se sentarían para el banquete escatológico final (Isa 25:6-8). Uno bien puede creer que Pablo luchó con estas imágenes y con su secuencia. Parecían no coincidir con lo que decía Jesús de sí mismo, que había venida "a buscar y a salvar lo que se había perdido" (Luc 19:10) y con su deseo de transformar a sus discípulos en "pescadores de hombres" (Mat 4:19).

La resolución de este problema complejo por parte de Pablo incluyó la exploración de una variedad de temas. En primer lugar, Pedro le mostró a Pablo que Pentecostés fue un evento escatológico y que marcó el comienzo del día del Señor. Ese día, ahora había sido transformado en una era histórica como Joel lo había predicho (Hech 2:16-21). Esto significaba que el reino de Dios tenía una dimensión en el "ya," mediante la venida del Espíritu Santo. Más aún, Pedro mostró que "el tiempo de la restauración de todas las cosas, como Dios lo ha anunciado desde hace siglos por medio de sus santos profetas" estaba a la espera de la segunda venida de Cristo (Hech 3:20-21). Es indudable que Pablo, a esta altura, comenzó a alterar drásticamente su comprensión de la significación escatológica de la Encarnación y de todo lo que vino después.

Segundo, Pablo también habría animado a Pedro a reflexionar más estrechamente sobre las enseñanzas y parábolas de Jesús. Jesús había hablado de una convocatoria final del pueblo de Dios de todas las naciones, al final de esta era, cuando participarían "en el banquete con Abraham, Isaac y Jacob en el reino de los cielos" (Mat 8:11-12; Mar 13:27). Y si el pueblo de Dios es descrito como "la luz del mundo . . . en lo alto de una colina" (Mat 5:14), Jesús debe haber imaginado a su pueblo no sólo proclamando el reino de Dios (con sus implicaciones universales), sino también manifestando sus realidades en las vidas de ellos durante el intervalo histórico entre el presente y el día final. De otra manera, ¿qué significado tendrían las palabras de Jesús acerca de otros que "puedan ver las buenas obras de ustedes y alaben al Padre que está en los cielos" (Mat 5:16)?

Pero, ¿qué ocurriría con cosas específicas como "Jerusalén" y el "Templo" de las cuales la "Torá" (lit. "ley") saldría a las naciones? Podemos imaginarnos que estas referencias le habrán causado a Pablo una profunda preocupación. Él podía resolver este problema de manera parcial, reconociendo que el Espíritu Santo fue derramado en Jerusalén en el día de Pentecostés y que "el aposento alto" donde estaban reunidas 120 personas en esa ocasión, estaba dentro de los límites del Templo. La tradición parece confirmar esto. Y él sabía que el uso que el Antiguo Testamento hace de la Palabra *Torá*, podía identificar algo mucho más amplio que el Decálogo. Podía referirse a la actividad redentora de Dios a favor de su pueblo. En este caso, incluiría las buenas nuevas de todo lo que Jesús logró redentoramente, para salvar a su pueblo de sus pecados. Todo esto era de alguna manera convincente: identificar los comienzos del movimiento cristiano con la imaginería del Antiguo Testamento.

Pero quedaban problemas. Pablo pudo haber encontrado una resolución satisfactoria recordando los cargos que él oyó se le hicieron a Esteban, cuando él habló en contra del Templo y predijo su destrucción (Hech 6:13-14). Jesús también había anticipado la inminente invasión de la tierra (por parte de los "buitres", las legiones romanas (Mat 24:28) y la destrucción de Jerusalén. Entonces, ¿qué le haría esto a la visión del Antiguo Testamento en cuanto a que la ley iba a salir de Sión y "de Jerusalén la palabra del Señor" (Isa 2:3)? Este problema lo llevó a Pablo a volver a pensar en todo lo que Jesús dijo acerca de estas realidades, particularmente del Templo.

Pablo habría visto un significado inmediato en la limpieza mesiánica del Templo, al comienzo de su ministerio (Juan 2:12-25). Por supuesto que aquí estamos dando por sentado, que el relato del apóstol Juan es cronológicamente correcto. Pablo quedó preso de las palabras enigmáticas que Jesús pronunció en esa ocasión, sobre la destrucción del Templo y sobre la reconstrucción que él haría en tres días. Comenzó a identificar el Templo con el cuerpo de Jesús, levantado sobre la cruz y mediante esto haciendo provisión para que todos los pueblos fueran convocados a su salvación (Juan 2:21-22; 12:31-33). Ciertamente, la remoción de los animales, cuando Jesús limpió el Templo, podría simbolizar el fin del sistema sacrificial bajo la ley. Pablo habría sido confirmado en esta secuencia de pensamiento, al aprender que después de la resurrección, era un conocimiento común entre los discípulos que Jesús identificó al Templo con su cuerpo.

Es indudable que él también oyó que en el altercado con los fariseos, Jesús dijo que "uno más grande que el templo," estaba presente en medio de ellos (Mat 12:6). ¿Quiso decir Jesús que el reino de Dios, presente en él, era más grande que el Templo? Tal vez a esta altura, Pablo recordó el relato de lo que había acontecido en el monte de la Transfiguración, cuando Jesús fue "transfigurado" y "su rostro resplandeció como el sol, y su ropa se volvió blanca como la luz" (Mat 17:2). Para Pablo esto debe haber sido la misma gloria del tipo de la *shekinah*, que primero apareció cuando Dios conducía a su pueblo fuera de Egipto (Ex 13:21), que cubrió el Sinaí (24:16), que luego llenó el tabernáculo (40:34-35), y que luego vino al templo de Salomón (1 Rey 8:11). Esta asociación confirmó de manera vívida la relación íntima entre Cristo, la "piedra angular" y el templo eterno de Dios. El hecho de que la cortina interna del Templo "se rasgó en dos, de arriba abajo" en el momento en que Jesús murió (Mat 27:51), indicaría que Dios estaba abandonando este santuario manchado y que se estaba poniendo el fundamento de un templo espiritual, el cual tendría la presencia de la *shekinah* para siempre (Heb 10:19-25).

A la luz de todo esto, podemos entender por qué Pablo más tarde declaró de manera confiada: "Dios no vive en templos construidos por hombres" (Hech 17:24). Pablo mismo, más tarde, fue acusado falsamente de profanar el Templo, supuestamente porque había llevado a gentiles adentro del mismo (una acción prohibida bajo pena de muerte). Este episodio debe haberle confirmado doblemente que el Templo después de Pentecostés perdió su relevancia de manera abrupta para el propósito permanente de Dios. Había dejado de ser una "casa de oración para todas las naciones" (Mar 11:17). En realidad, los judíos incluso le impidieron a Dios llevar gentiles a su "monte santo" (Isa 56:6-8 vs. Hech 21:27-30). Tanto el Templo como Jerusalén se habían tornado infieles a su llamado y estaban destinados a la destrucción, tal como Jesús lo había predicho (Mat 24:1-2; Luc 21:20-24). Un nuevo templo, sin un foco geográfico debía centrarse en Jesucristo. El cuerpo de Cristo, la iglesia, ahora debía conformar un nuevo templo, hecho de "piedras vivas" sacadas de los pueblos de toda tribu, lengua y nación. Un día, en la gloria de Jesucristo, la nueva Jerusalén llegará a ser una realidad (Gál 4:26; Apoc 21:2).

La manera en que Pablo resolvió este problema fue tan completa, que él nunca hace mención del Templo antiguo en sus escritos. Su única referencia a un templo físico es algo oscura (2 Tes 2:4). En contraste, hace referencias frecuentes a un templo espiritual, como ya estaba implicado en la enseñanza de Jesús (Mar 14:58). Este templo es el cristiano individual, en quien mora el Espíritu Santo (1 Cor 6:19) y consiste en la iglesia como un todo (1 Cor 3:9, 16-17; 2 Cor 6:16; Ef 2:20-22).

**Pablo, la misión y la iglesia: lo único**

Hemos visto que de manera creciente, Pablo llegó a darse cuenta de que la enseñanza de Jesús y las parábolas del reino señalaban en la dirección de "una nueva era en la historia de Israel y del mundo" la cual comenzó en Pentecostés y dirigió su atención "hacia un nuevo futuro" (Blauw 1962: 73, 79). Esta nueva era se caracterizaría por el pueblo de Dios haciendo conocer a Jesucristo como Señor y Salvador para todos los pueblos. Su punto de foco central estaría sobre él porque, en esencia, él constituye el reino de manera suprema. Proclamar estas buenas noticias sería parecido a desparramar buenas semillas. La colección y reunión de la última cosecha tendrá lugar al final de los tiempos. A continuación de esto, vendrá el juicio. En un sentido, entonces, el juicio final de Dios fue diferido porque el juicio fue llevado vicariamente por Jesús en la cruz. La nueva era se caracterizará por proclamar "el año del favor del Señor" (Luc 4:19). El "día de la venganza de nuestro Dios" tendrá lugar al final (Isa 61:2). Pablo ahora podía ver que todo esto encajaba con el simbolismo de Isaías 2:2-4. En realidad, como se ha mencionado anteriormente, el único elemento ausente era que los tesoros de las naciones fueran traídos a la casa del Señor. Pablo mismo procuró cumplir con esta visión a través de su preocupación con "giras de ofrenda," es decir, recoger ofrendas y regalos de parte de las iglesias de los gentiles, a favor de los santos pobres en Jerusalén (Hag 2:7; Hech 4:32-37; 11:27-30; Rom 15:25-27).

No obstante, cuando Pablo reflexionó sobre lo que significaba "el pueblo de Dios," surgió un problema. ¿Qué ocurría con los gentiles que recibían el evangelio, se aferraban a él con un corazón honesto y bueno, y daban fruto con paciencia (Luc 8:15)? ¿Debían ser hechos culturalmente judíos poniéndolos bajo la ley y luego circuncidándolos?

Debemos recordar la percepción que ganó la iglesia primitiva, a partir de la experiencia de Pedro en la casa de Cornelio, cuando el Espíritu Santo vino sobre creyentes gentiles, así como en Pentecostés el Espíritu Santo había venido sobre creyentes judíos. Esto tuvo lugar aparte de la circuncisión o del bautismo (Hech 10:44-48). No obstante, este incidente no respondió las preguntas de Pablo. En realidad, a medida que el evangelio salió de Jerusalén, los que estaban a su vanguardia, de ninguna manera estaban de acuerdo con respecto a la relación entre los creyentes gentiles y la ley de Moisés. Había cristianos judíos que insistían en su observación plena, incluyendo la circuncisión (Hech 11:2). Ellos "pertenecían a la secta de los fariseos" (15:5) y eran muy antagónicos con respecto a Pablo. Él los describe de manera contundente como "falsos hermanos [que] se habían infiltrado con nosotros para coartar la libertad que tenemos en Cristo Jesús" (Gál 2:4).

El segundo grupo no insistía en la circuncisión, pero argumentaba que los gentiles convertidos debían guardar algo de la observancia judía. Estos venían "de parte de Jacobo," quien no quería que el movimiento cristiano perdiera su herencia judía (Hech 15:19-29; Gál 2:12). El tercer grupo era más liberal, en que no requería que los gentiles se circuncidaran ni observaran las leyes alimentarias judías. Pablo era su portavoz. Parece que Pablo difería con Santiago sobre el tema de requerir que los cristianos se abstuvieran de la comida ofrecida a los ídolos (cf. 1 Cor 8 con Hech 15:20, 29). Algunos dicen que había un último grupo, que no veía ninguna relevancia en el culto judío, en sus leyes y en sus fiestas. Nadie en este grupo habría respaldado que Pablo guardara las fiestas, adorara en el Templo o circuncidara a Timoteo (Hech 20:6, 16; 21:26; 16:1-3). No obstante, no tenemos ninguna evidencia textual de que un grupo tan helenizado de judíos creyentes haya existido realmente. A pesar de esto, podemos creer que estos grupos diversos de creyentes judíos lo impulsaron a Pablo a buscar una solución. R. A. Stewart no exagera su importancia cuando escribe:

> La historia mundial estaba temblando y haciendo equilibrio, mientras que Pablo y sus compañeros judaizantes argumentaban en torno a la controversia sobre la circuncisión. Si esto se hubiera tornado en la condición necesaria para la conversión cristiana, los candidatos podrían haber sido pocos y la historia del mundo habría sido diferente. (1962: 1048)

Afortunadamente, el evangelio emergió triunfante. La entrada al reino era por gracia, mediante la fe y aparte de las obras de la ley. Y la iglesia, como la expresión del pueblo de Dios del Nuevo Testamento, formada en Pentecostés, para Pablo se tornó en el punto de foco de toda su teologización subsiguiente, acerca de la misión cristiana. Él no hizo ningún intento por desarrollar una "teología de la misión" como tal. Su deseo era explorar la naturaleza y la misión de la iglesia, la comunidad del reino de Dios. Veía a la iglesia como surgiendo de la elección de Israel por parte de Dios, y no como una comunidad religiosa estática, sino como un cuerpo dinámico del personas enviadas al mundo para ser nada menos que la presencia de Jesucristo de testimonio y de servicio. Él estaba convencido de que sólo mediante eso, la dimensión escatológica del propósito de Dios para las naciones se concretaría verdaderamente.

Para hacer justicia con el desarrollo de la naturaleza de la iglesia por parte de Pablo, debemos explorar el propósito redentor de Dios, la relación de la ley judía con la fe salvadora, y la unidad entre los judíos y los gentiles en Cristo. Pero esto nos llevaría mucho más allá de los parámetros de este estudio. Felizmente, estos temas han sido explorados de manera completa y satisfactoria, y han sido establecidos definitivamente por otros. En este punto, sólo haremos unas pocas declaraciones a modo de resumen.

Cuando Pablo hablaba acerca de la iglesia, hablaba primero y principal de Jesucristo: el que escogió a los suyos para sí mismo (Mar 3:14-15) y los instruyó con respecto a su unidad esencial (9:34-41). Pablo reforzó esto de manera notable, al afirmar que los descendientes de Abraham, el pueblo escogido por Dios, consiste de una sola persona, que es Jesucristo (Gál 3:16). La iglesia es una sola persona. Luego, casi inmediatamente después, Pablo continuó diciendo que los creyentes son "uno solo en Cristo Jesús" (3:28). Son "herederos según la promesa" (3:29). Se "han revestido" de Cristo. Son su cuerpo. Están "en él."

El apóstol Juan usó una imaginería diferente, pero describió a la iglesia virtualmente de la misma manera. Registró cómo Jesús habló de "la vid," el símbolo del Antiguo Testamento para Israel, el pueblo de Dios (Isa 5:1-7) y lo identificó con él mismo. Sus seguidores constituyen la iglesia, sólo en que son ramas de la viña. Sin esta unión íntima con él, y por ella de unos con otros, no pueden llevar fruto (Juan 15:1-11). En realidad, toda la vida de la iglesia es la vida de Jesucristo; y él no está dividido. Hay sólo un pueblo de Dios, una nueva raza, llamada por un Padre que está en el cielo, redimida por su Hijo en el Calvario y regenerada por el Espíritu Santo, quien procede del Padre y del Hijo. Sólo puede haber una sola iglesia, porque de la misma manera en que Dios no puede ser multiplicado, ¡la iglesia tampoco!

Pero la iglesia es también diversidad dentro de la unidad. Pablo enfatizó esto, al compararla con el cuerpo humano.

> Hay un solo cuerpo . . . el cuerpo de Cristo. . . . [El cual] crece y se edifica en amor, sostenido y ajustado por todos los ligamentos, según la actividad propia de cada miembro" (Ef 4:4-16; ver también 1 Cor 12:12-31; Ef 5:21-33; Col 1:17-29; 2:19; 3:15; etc.)

No se puede imaginar una diversidad dentro de una unidad mayor que la representada por el cuerpo humano, con sus muchos y diferentes miembros, cada uno con funciones separadas que deben desempeñar para el bien del todo orgánico. A la luz de esta unidad que necesita de la diversidad, abordamos la gran afirmación de Pablo de que en la iglesia "ya no hay judío ni griego, esclavo ni libre, hombre ni mujer, sino que todos ustedes son uno solo en Cristo Jesús" (Gál 3:28). "En esta nueva naturaleza no hay griego ni judío, circunciso ni incircunciso, culto ni inculto, esclavo ni libre, sino que Cristo es todo y está en todos" (Col 3:11). Con respecto a estos textos claves, Lightfoot afirma:

> En Cristo ustedes son todos [hijos], todos libres. Todas las barreras son quitadas. No hay en él demandas especiales, ni incapacidades especiales. No puede haber ninguna. En consecuencia, las distinciones convencionales de casta religiosa o de rango social, incluso la distinción natural de sexo, son desterradas. Un solo corazón palpita en todos; una mente los guía a todos; una vida es vivida por todos. Todos ustedes son un hombre, porque son miembros de Cristo. (1865: 150)

En Efesios 2:11-22 tenemos la declaración clásica de Pablo de este hecho sorprendente. Es mediante la cruz, que incluso los más polarizados, los judíos y los gentiles, han sido hechos uno. No es que los gentiles hayan sido incorporados a la sociedad de los judíos, ni que los judíos hayan sido incorporados a la sociedad de los gentiles. Más bien, una nueva unidad, un nuevo organismo, un nuevo cuerpo se ha formado a partir de judíos redimidos y de gentiles redimidos, en el cual las viejas distinciones son eliminadas para siempre. El "muro de enemistad que los separaba" ha sido derribado (v. 14).

Pablo argumentaba que Cristo ha llevado a su fin la ley judía, la cual previamente hacía imposible toda comunión entre judíos y gentiles. Pero más que esto, él ha terminado con la enemistad. En dos ocasiones Pablo se refiere a esta enemistad (vv. 14, 16). Cristo le "dio muerte a la enemistad." Esto significa que no debería haber ninguna barrera de odio ni de desprecio entre los que él ha redimido. Los hombres continúan siendo hombres, las mujeres siguen siendo mujeres, y los varios grupos de judíos retienen su circuncisión y sus estilos de vida distintivos. Los bárbaros y los escitas, los esclavos y sus señores, todas estas diversidades permanecen. Pero la enemistad que usualmente los separaba ha sido quitada. Sus prejuicios y sospechas ahora se pueden superar. Y en Cristo, mediante la aceptación mutua y la interacción interpersonal e intercultural dinámicas, los cristianos más diversos pueden desarrollar una unidad que demuestra de manera visible que son el único pueblo de Dios.

Esto nos lleva a tesis central de Pablo en la carta a los Efesios. Él comenzó con una descripción del propósito de Dios de consumar no sólo la historia humana sino todas las dimensiones de la creación de Dios, en el cielo y en la tierra, en Jesucristo (especialmente 1:3-10). Para lograr esto, era necesario poner el fundamento revelatorio "de los apóstoles y los profetas" (2:20), de modo que un nuevo pueblo, su iglesia, pudiera ser llamada de en medio de la raza humana caída y separada (2:1-10). No obstante, esta iglesia se relaciona con el antiguo Israel. "La salvación proviene de los judíos" (Juan 4:22) así como también está en medio de los judíos. De ahí que, "el muro de enemistad" entre judíos y gentiles tenía que ser derribado (Ef 2:14, dentro de 2:11-22).

A esta iglesia la ha sido dada una tarea distintivamente nueva en la historia de la salvación: hacer un llamado a todas la naciones para llegar a ser discípulos de Jesucristo (Ef 3:8-10, dentro de 3:1-21). Más todavía, esta iglesia llevaría a cabo esta tarea sin la asistencia de Jerusalén. Los legalistas estrictos que argumentaban que los gentiles debían hacerse judíos ("bajo la ley"), antes de ser salvos veían antecedentes peligrosos que emergían de ambas fuentes. Uno era el asombro de Pedro cuando dio testimonio de que el Espíritu Santo había sido derramado sobre gentiles sin bautismo y sin circuncisión (cf. Hech 10:45 con 11:2-3). El otro estaba en la experiencia similar de Pablo sobre el Espíritu que operaba en su ministerio a "los gentiles" (Gál 2:8). La iglesia de Jerusalén meramente envió delegados a Samaria y a Antioquía, para establecer un vínculo con lo que el Espíritu ya había comenzado a hacer, aparte de cualquier iniciativa de Jerusalén (Hech 8:14; 11:22). No obstante, a través de los esfuerzos de Pablo, el patrón de obligar a los gentiles a vivir como judíos llegó a su fin en la iglesia que estaba emergiendo (Gál 2:14).

En Efesios 3, Pablo se muestra a sí mismo como un teólogo práctico, que llega a una claridad final con respecto a la razón fundamental para el lugar de judíos y gentiles en el período del "ya pero todavía no" del reino de Dios, dentro del propósito eterno de Dios. Este misterio se le dio a conocer a Pablo "por revelación" (3:3). Previamente, no se sabía precisamente cómo es que los creyentes gentiles llegarían a ser "beneficiarios de la misma herencia, miembros de un mismo cuerpo y participantes igualmente de la promesa de Cristo Jesús mediante el evangelio" (3:6). Pero ahora todo esto está claro. Dado que durante todo el tiempo la salvación había sido dada a los judíos aparte de la ley, ésta es manifiestamente universal en su espectro, es el don de Dios para todos los pueblos (3:7-10). La clave de Pablo es el "ahora." Esta era debe estar marcada por la inclusión de los gentiles al cuerpo de Cristo. ¡El tiempo es ahora! Este hecho le dio un sentido de urgencia a la obediencia misionera de Pablo y a toda la obediencia misionera a partir de entonces.

**La misión e Israel: la carta a los Romanos**

Hemos visto que había mucha interacción entre los apóstoles dispersos durante esas primeras décadas. Ellos estaban profundamente ocupados en proclamar el evangelio por el extremo oriental del mundo mediterráneo, en lo que ahora es el Oriente Medio. Indudablemente que ellos compartieron estas cartas entre ellos. Recordamos que Pedro encontró "algunos puntos" en la cartas de Pablo que eran "difíciles de entender" (2 Ped 3:16). Entre estos puntos "difíciles de entender" debe haber estado la discusión de Pablo en Romanos 9-11, donde el misterio del rechazo del evangelio por parte de Israel se relaciona con la salvación de los gentiles. Aunque nadie debería presumir de haber dominado la sustancia de este argumento complejo, sentimos que su énfasis debería incluirse en este estudio. Si tenemos en mente que la carta a los Romanos fue escrita por un teólogo práctico, en un punto de giro crucial en su carrera misionera, podremos desentrañar sus misterios más fácilmente.

"Tengo que visitar Roma," dijo Pablo (Hech 19:21). Durante el tercer viaje misionero de Pablo, este imperativo se hizo cada vez más insistente. Él sentía que su obra en el Mediterráneo oriental estaba terminada, y estaba haciendo planes para evangelizar el occidente, particularmente España. Necesitaba una nueva base de operaciones para reemplazar a Antioquía, y la única comunidad cristiana que tenía este potencial era Roma. Pero la iglesia en Roma representaba un movimiento independiente con el cual Pablo no había tenido contacto previamente. Esto planteó dos preguntas. ¿Aceptaría esa iglesia el liderazgo apostólico de Pablo, y lo respaldaría en su misión de alcanzar a otros llegando tan lejos como España? Roma todavía no estaba totalmente evangelizada; tampoco lo estaba Italia. ¿Participarían activamente los cristianos de Roma en la misión de Pablo a España?

Basado en esta agenda, cuando Pablo les escribió a los romanos, no estaba particularmente preocupado por proveerles un compendio comprehensivo de la verdad cristiana. Más bien, él quería despertarlos a un sentido de obligación misionera. Esto lo presionó a pasar por alto el desarrollo de ciertos temas cristianos importantes (e.g., la persona de Cristo, la iglesia como un cuerpo, la segunda venida) y a seleccionar sólo aquéllos que concebiblemente podían transformar lo que era local y vigoroso, en algo con consciencia mundial y con mentalidad misionera. Mediante la selección y la secuencia de sus temas, la epístola le ha provisto a los cristianos, a lo largo de los siglos, de un modelo apostólico de motivación misionera. Fue escrita desde Corinto en el invierno de 57/58 d. C., mientras Pablo estaba a la espera de transporte y por ello ha llegado a ser ¡la carta más significativa alguna vez escrita en unas vacaciones!

Al comienzo (1:1-7), Pablo habla de todos los cristianos (usa la primera persona plural, 1:5) como recipientes tanto de la gracia (¡vengan y crean!) como del "don apostólico" (¡vayan y digan!). Su objetivo era ligarlos a ellos con el propósito de Dios: originar la obediencia que viene de la fe, en medio de todos los gentiles. La obligación es de todo el pueblo de Dios.

Pablo luego se torna muy personal. No afirma precisamente por qué está escribiendo esta carta, sino que sólo dice que está esperando visitar Roma. Él despierta la curiosidad con respecto a su verdadero propósito, sin revelar prematuramente sus planes misioneros (1:8-13). Concluye la introducción acentuando la aplicabilidad universal del evangelio y resumiendo sus grandes temas: la fe, la justicia y la vida (1:14-17).

Al argumento formal comienza con la descripción más comprehensiva de la perdición de todos las personas, ya sean judías como gentiles (1:18-3:20). Para llegar a tener una mentalidad misionera, uno debe reconocer la necesidad espiritual y las demandas del género humano. Después de describir la profunda pecaminosidad del pecado, Pablo habla de la gracia abundante de Dios para con los pecadores, provista mediante la "justicia de Dios" en Jesucristo (3:21-5:21). Su muerte fue propiciatoria y retrospectiva (3:25), suficiente para todos los pueblos, los que han vivido antes y después de su venida (3:29-30).

Esto es completamente consistente con la revelación del Antiguo Testamento. Con este evangelio de justificación por la fe, los cristianos en Roma estaban siendo convocados a hacer su parte en la evangelización del mundo. Dado que el evangelio ofrece algo más que salvación futura, Pablo luego habla de la gracia abundante de Dios para con los creyentes. Dios ha provisto para ellos la posibilidad de ser liberados del poder presente del pecado (6:1-8:39). Los recursos que él ha puesto a disposición de ellos para tener una vida victoriosa se encuentran en Jesucristo y sólo en él (6:4-5, 11; 7:24-25). En esta sección, Pablo desafía a los romanos compartiendo su propia experiencia de lucha y de victoria. Habla de la crucifixión con Cristo y de la resurrección conjuntamente con él a esta vida de victoria. Aunque pecar es todavía posible, no es necesario. Pablo luego habla del Espíritu Santo, quien mora en los cristianos, transformándolos para cumplir con todas las demandas justas que Dos les hace (8:1-17). Correctamente entendida, la vida cristiana es la vida "intercambiada." Luego, debido al deseo de Pablo de ser realista, él introduce el concepto del sufrimiento, del sacrificio, de las privaciones y de la preocupación implicados en el servicio al Señor (8:18-27). Finalmente, concluye con un himno de triunfo. Dios ha provisto de tal manera a su pueblo, que en medio de las circunstancias más adversas, la victoria siempre será posible (8:28-39).

Es recién entonces que Pablo habla de los judíos y de su rechazo del evangelio (9:1-11:36). Su introducción abrupta de la cuestión judía ha hecho que algunos la desacreditaran, haciendo de ella un paréntesis, escrita meramente para ayudar a los cristianos judíos en Roma (Scofield 1917: 1202). No obstante, como judíos y como misionero, Pablo nunca se pudo olvidar de que Dios no tenía la intención de que Israel fuera un fin en sí mismo. En realidad, cuando Dios llamó a Abraham para que saliera de Ur de los caldeos, Él estaba preocupado por las naciones ("todas las familias de la tierra," Gén 12:1-3). Israel debía ser el medio de Dios para una bendición mundial. Aunque Israel, como pueblo, mayormente fracasó, el Mesías, cuando "se cumplió el tiempo," vino a través de Israel y llegó a ser el Salvador del mundo. De modo que, entonces, Dios triunfó a pesar del fracaso de Israel. No obstante, la tragedia fue que muchos judíos todavía permanecían fuera de la familia de la fe. Este era el problema de Pablo. Él se lamentaba por los suyos, sabiendo que ellos estaban perdidos, a pesar de sus privilegios espirituales (Rom 9:1-5). En realidad, por la misma angustia de su corazón, Pablo reprende toda despreocupación facilista por todos los que están perdidos.

Pero, ¿por qué estaba teniendo lugar esta tragedia? En 9:6-18, Pablo muestra que en todas las generaciones pasadas e incluso en su propia generación, los miembros del verdadero Israel se habían salvado por la gracia electiva de Dios. Pablo no desafía la libertad que Dios tiene de elegir. De manera muy profunda, no se acomoda a lo que la gente podría pensar que no es un juego justo (la elección que Dios hace de un pueblo y no de todos). Él muestra que Dios nunca condena a nadie que debiera salvarse; Dios salva a los que merecen perderse. Uno no puede culpar a Dios de hacer que la gente sea mala y luego condenarla por ser mala (9:19-33).

Demasiados judíos procuraron aceptación de parte de Dios, mediante el esfuerzo personal y se tropezaron con la simplicidad de la fe en la provisión de Dios. Usaron mal la revelación mosaica, rechazaron la oferta de la justicia de Dios, sustituyeron su propia pretendida justicia y nunca llegaron a ser un pueblo siervo entre las naciones. Admitamos que los gentiles eran indudablemente menos virtuosos que los judíos. No obstante, cuando muchos oyeron de Jesucristo, del don de la absolución y de la justicia de Dios, simplemente cumplieron con las condiciones del arrepentimiento y de la fe (10:1-13).

A esta altura, Pablo les formuló a los cristianos en Roma penetrantes preguntas misioneras de parte de Dios (10:14-15). ¿Cómo va la gente a creer en Cristo, a menos que oiga el evangelio a través de los que son enviados para darle testimonio acerca de Jesucristo? ¿Y cómo va a dar testimonio, a menos que sean enviados? Los cristianos pueden, con demasiada facilidad, inquirir sobre lo que Dios hará con los que no han oído de Cristo. En realidad, Dios no tiene ningún plan alternativo para traer salvación a las personas, aparte de los cristianos que son elegidos y enviados a predicar las "buenas nuevas." Si los judíos fracasaron en su llamamiento, ciertamente los cristianos en Roma debían evaluar esta tragedia y asegurarse de que ellos no serían igualmente indiferentes al propósito redentor mundial de Dios.

Luego Pablo, de modo implacable, fuerza hacia adelante su exploración del misterio del rechazo de Cristo por parte de los judíos y de su abdicación al llamado sumo a ser la luz de Dios a las naciones (10:16-21). Frente a esto, nosotros subrayamos la realidad sombría de muchas experiencias misioneras. No es que a los pueblos les falte oportunidad para oír el evangelio, sino que no tienen la disposición de responder en arrepentimiento y en fe. Imaginen cuán celoso debe estar el pueblo judío en el día de hoy, cuando se da cuenta de que sus Escrituras están siendo proclamadas por todo el mundo, pero sólo ocasionalmente a través de labios judíos (10:19).

Luego Pablo comienza a redondear su argumento. Los judíos le habían fallado a Dios y habían sido dejados de lado (cap. 9). Aun así, el propósito misionero de Dios para el mundo gentil debe ser llevado adelante con más energía que nunca antes, a pesar del fracaso judío (cap. 10). Pero, ¿tiene la gente de Israel un futuro en el propósito redentor de Dios? Pablo enfatiza tres ideas básicas. Primero, el rechazo de los judíos por parte de Dios no es total. Cada generación de cristianos incluye a creyentes judíos (11:1-6). Siempre hay "un remanente elegido por gracia." Segundo, las leyes inmutables de Dios perduran, haciendo que los judíos permanezcan impenitentes, endurecidos y ciegos (11:7-10). Tercero, Dios ha desechado la falta de fe de muchos judíos. Se ha vuelto de ellos para traer salvación a los gentiles, y muchos gentiles han respondido (11:11-12).

Pablo estaba particularmente preocupado porque los romanos captaran la importancia de este tercer punto, el cual establece el vínculo con el propósito misionero mundial de Dios (11:13-16). ¡Sorpresa de sorpresas! ¡Hay triunfo a pesar del rechazo de Jesús por parte de los judíos, y este triunfo ha sido incorporado al plan de Dios! El fracaso y el desastre en la historia apostólica, en realidad precipitó la evangelización de los gentiles. Pablo registró instancias frecuentes de esto. Su palabra final para los judíos que se resistían en Antioquía de Pisidia fue un caso de estos: "Era necesario que les anunciáramos la palabra de Dios primero a ustedes. Como la rechazan y no se consideran dignos de la vida eterna, ahora vamos a dirigirnos a los gentiles" (Hech 13:46). Aunque no era evidente en sus días, Pablo luego argumenta que las bendiciones espirituales que recibieron los gentiles estimularían los celos de los judíos y en última instancia resultarían en su conversión, con una bendición sin precedentes para todo el mundo.

Pero los creyentes gentiles no deberían jactarse. Fácilmente pueden fracasar en su cumplimiento de la voluntad de Dios (Rom. 11:17-24). Más aún, los creyentes gentiles serán injertados otra vez en el olivo, el pueblo de Dios. Y entonces, ¿dónde habrá jactancia? Dios en realidad le va a mostrar misericordia a Israel como un todo, pero recién después que un número pleno de gentiles se haya incorporado a Cristo, como resultado de la obra misionera mundial del pueblo de Dios (11:25-26a). Este injerto de judíos no será gradual; necesitará de la intervención divina (11:26b-27), cumpliendo por medio de esto, una profecía del Antiguo Testamento frecuentemente mencionada (e.g., Isa 27:6; 59:20-21; Jer 31:33-34). Aunque la mayoría de los judíos son enemigos de Dios con respecto a la elección de Dios, su nación es amada por Dios y todavía le mostrará su misericordia (Rom 11:28-32). Pablo termina con una alabanza a Dios, porque Él es la fuente de todo bien y gracia. Y al final, Dios va a ser vindicado completamente (11:33-36).

Las secciones finales de esta carta, se enfocan en cuestiones prácticas relacionadas con la preocupación de Pablo por ver a los cristianos de Roma transformados en una comunidad con mentalidad misionera. Quería que fueran una base deseosa por participar junto con su equipo apostólico en la evangelización de España. Comienza llamándolos a un nuevo compromiso con Dios y con la voluntad de Dios para sus vidas (12:1-2). Dado que todos debían involucrarse de una manera o de otra en la misión cristiana, se deriva que la provisión de parte de Dios de dones espirituales variados para todos y cada uno debía ser tomada con mucha seriedad. Todos debían ser diligentes en su ejercicio de los dones espirituales (12:3-8), y debían procurar relaciones armoniosas no sólo unos con otros, sino también con los no cristianos (12:9-21). Dado que debe hacerse una distinción entre este patrón de amor cristiano para todas las relaciones humanas y el deber de los gobiernos de ejecutar juicio, Pablo introduce una sección sobre las relaciones de los cristianos con el estado (13:1-7). Los cristianos comprometidos con la misión deben respetar a las autoridades civiles, pero no al punto de no darle "a Dios lo que es de Dios" (Mar 12:17).

Pablo concluye esta sección práctica con un llamado al amor: el único cemento válido para las relaciones humanas (Rom 13:8-15:13). Llama a la santidad personal (13:8-14), a evitar el espíritu de juicio que rompe la armonía, cuando los cristianos difieren sobre "cuestiones discutibles" (14:1-23), y a una preocupación por "agradar al prójimo [de uno] para su bien, con el fin de edificarlo" (15:1-6). Pablo luego hace una invitación ecuménica a recibir a todos los que Dios manifiestamente ha recibido, debido a su profesión de Jesucristo como Señor (15:7). En verdad, hay muchas diferencias serias entre ellos, pero pueden ser resueltas siguiendo el ejemplo de Cristo. Esto quiere decir escuchando y compartiendo en amor. Sólo es necesario evitar a los que "causan divisiones y dificultades" (16:17-20). Esta sección termina con un repaso del propósito redentor de Dios, comenzando con los patriarcas y moviéndose dentro del mundo gentil de sus días (15:8-13). Este repaso señala a la preocupación eterna de Dios por las naciones. Pablo usa muchos textos del Antiguo Testamento para demostrar esta preocupación de que los gentiles sean incluidos junto con los judíos en el plan redentor de Dios.

En este punto, Pablo repite su convicción de que los cristianos romanos (1:8) debían ser vitales en su experiencia cristiana, vigorosos en su testimonio y conocedores de las verdades contenidas en esta carta (15:14-15). Ellos sabían que la raza humana estaba perdida (caps. 1-3), que Jesús había muerto por todos (caps. 3-5), que la salvación de Dios traía liberación y victoria, así como también vida eterna (caps. 6-8) y que los judíos le habían fallado a Dios, pero que todavía había un futuro para ellos en su propósito eterno (caps. 9-11).

Pablo luego habla autobiográficamente de su propia efectividad misionera. Desde Jerusalén hasta el Ilírico (los países de los Balcanes en nuestros días) y "con palabras y obras," él había "completado la proclamación del evangelio de Cristo" (15:18-19). Donde antes no había habido ni cristianos ni iglesias, ahora estaban ambos. Su trabajo en la zona mediterránea oriental estaba terminado, pero su ambición todavía no había disminuido. Debía predicar el evangelio en los lugares donde Cristo no era conocido (15:20). Esto significaba España, donde sería ayudado con la participación de los cristianos en Roma. Les dijo: "Tengo planes de visitarlos cuando vaya rumbo a España. Espero que, después que haya disfrutado de la compañía de ustedes por algún tiempo, me ayuden a continuar el viaje" (15:24). Pablo esperaba plenamente que los cristianos en Roma dijeran: "Si vas a España, nosotros vamos contigo." Roma se transformaría en su nueva base de operaciones. Los cristianos de ese lugar lo equiparían para ese viaje. Noten también que Pablo le pide a los cristianos en Roma que oren por él (15:30-33). Aun cuando sus planes para la misión estaban basados en las Escrituras y eran realistas, él quería asegurarse de que todos los pasos futuros fueran del Señor. De ahí que, al procurar las oraciones de ellos, él estaba confiando sus planes a Dios.

En realidad, cuando Pablo luego estaba en el proceso de entregar una contribución de los gentiles para los hermanos pobres de Jerusalén (15:25-29), mientras iba con optimismo de camino a Roma, él fue capturado y puesto preso. Hechos 21-26 narra la historia. Dos años más tarde, él llegó a Roma, pero encadenado. Luego vinieron dos años de arresto domiciliario en ese lugar. Entre los primeros padres de la iglesia, sólo Clemente de Roma parece sugerir, en una afirmación vaga, que Pablo llegó a España. No obstante, en un sentido muy real, lo que ocurrió con Pablo no nos concierne aquí. La relevancia permanente de esta epístola es que nos muestra cómo impartirles a las congregaciones locales una preocupación misionera. Sólo por medio de una enseñanza bíblica sólida, sobre los grandes temas de la redención y del propósito eterno de Dios, es que puede lograrse esto.

**Conclusión**

En las palabras finales de esta epístola, Pablo resume la preocupación redentora de Dios para con los gentiles. Aunque se mantuvo oculto "durante largos siglos . . . ahora lo ha revelado . . . [a] todas la naciones," y esto de acuerdo a "su propio mandato, para que todas las naciones obedezcan a la fe" (Rom 16:25-27). Hay una unidad profunda entre los dos pactos, el antiguo y el nuevo. Jesucristo es en realidad el cumplimiento de la Escritura. La salvación sólo es posible mediante la fe en él. En efecto, aparte de él no hay salvación. Y este es el tiempo de proclamar este mensaje a las naciones. La venida del Espíritu Santo en Pentecostés le dio origen a la iglesia, movilizándola y dotándola de poder para ser el instrumento principal de Dios para anunciar el reino de Dios en medio de las naciones de la tierra.

En la Parte VI repasaremos tres temas importantes en el Nuevo Testamento referidos a la misión de Dios, los cuales continúan causando un impacto en nuestra misión de hoy en día y lo seguirán haciendo en el futuro. Nos referiremos a: Cristo y los poderes, el carácter único de Cristo en relación con el pluralismo religioso y la perspectiva misiológica de Juan en el Libro de Apocalipsis, con referencia al fin de los tiempos.

## Parte VI

## LA MISIÓN DE DIOS SE EXTIENDE HASTA EL FIN DE LOS TIEMPOS

## Capítulo 21

# El reino de Dios se extiende por sobre los poderes

**Introducción**

Hemos visto la dimensión de los encuentros de poderes en el despliegue del registro de la venida de Jesús al mundo, de su ministerio público, de su muerte vicaria y del triunfo de su resurrección. Todo esto es relevante para la enseñanza subsiguiente en el Nuevo Testamento, concerniente a la misión de la iglesia en relación con los poderes. El evangelio del reino, que fue proclamado a judíos y gentiles por igual después de Pentecostés, no era otra cosa que las buenas nuevas acerca del Único que había demostrado en palabra y en hecho, que había llegado a ser el recipiente digno de toda autoridad en el cielo y en la tierra. Como Libertador divino, Jesús había conquistado el poder de Satanás, destruyendo sus obras y sus caminos, y sacando a la personas fuera de las ligaduras de su esclavitud. Como Salvador divino, Jesucristo le dio cumplimiento a la ley, y mediante su muerte reconcilió al mundo con Dios. Su resurrección dio evidencia tangible de su victoria.

Desde su bautismo en adelante, Jesús fue objeto de ataques implacables, dado que él representaba la invasión de Dios en la historia humana. Cuando Dios identificó a Jesús como "mi Hijo; estoy muy complacido con él" (Mat 3:17), comenzó una guerra abierta. Era inevitable que Satanás contraatacara inmediatamente después de una identificación tal como esa. Aunque él fue rechazado rápidamente, sus ataques se dieron en esas áreas en las que la gente es más vulnerable: la esfera física/económica (las piedras en pan), los juegos de poder político (los reinos del mundo), y el despliegue sensual religioso (señales y maravillas, Luc 4:1-13). Incluso los demonios se unieron a esta lucha, porque ellos también habían oído la voz, y temblaban por sus implicaciones (Mar 1:24). Cuanto Jesús más proclamaba la venida del reino, tanto mediante hechos como mediante palabras, más evidente se hacía que el dominio de las tinieblas estaba siendo penetrado, que el hombre fuerte estaba siendo encadenado, y sus prisioneros estaban siendo liberados. No debemos olvidar que los actos de sanación de Jesús y sus exorcismos eran "actos poderosos de reclamo, actos poderosos para restablecer su gobierno en áreas donde fuerzas anteriores en oposición a Dios habían dominado" (Kallas 1968: 155). Más tarde en su ministerio, Jesús comenzó también a proclamar la necesidad de su crucifixión (Mat 16:21-23; 17:22-23; 20:17-19; etc.). Dado que la muerte es la herramienta más grande de Satanás, esa herramienta le debía ser quitada, si es que él y sus obras iban a ser verdaderamente derrotados y si el pueblo de Dios verdaderamente iba a ser liberado (Heb 2:14-15). De modo que, entonces, los evangelios están repletos de eventos que sólo pueden entenderse bajo el motivo del conflicto espiritual. Más todavía, el conflicto crece en intensidad, alcanzando su clímax en la crucifixión (Luc 22:53). ¡Pero Jesús ganó! La tumba vacía y el Cristo resucitado subrayan la afirmación subsiguiente de que él invadió el asiento de poder de Satanás (mediante la cruz y su descenso al infierno), y destruyó el armamento de Satanás (culpa y muerte), cruzando la frontera entre "la prisión de la muerte" y la tierra de los vivientes (la resurrección).

Para resumir, diremos que los motivos demonológicos y escatológicos están en la médula misma de todo lo que Jesús dijo e hizo, y culminan con su resurrección. Cuando llegamos a los escritos del apóstol Pablo y, en menor grado, a las epístolas generales y al Apocalipsis, nos encontramos con los poderes y con su sometimiento de parte de Cristo, en relación con la iglesia y su misión.

**Los poderes: comentarios generales**

G. B. Caird ha demostrado que se puede encontrar alguna mención de los poderes "en todas las epístolas (paulinas) excepto en Filemón" (1956: viii). Es Satanás quien procura de manera inexorable frustrar la obra misionera de Pablo (2 Cor 12:7; 1 Tes 2:18). Las naciones a las que él evangelizó estaban siendo impelidas por "el misterio de la maldad" a revelarse contra Dios de manera abierta (2 Tes 2:7). "La vana y engañosa filosofía" había penetrado todas las culturas y las estructuras sociales, esclavizando a judíos y gentiles por igual con legalismos, misticismos y supersticiones esotéricas (Col 2:8, 20). El "dios de este mundo" hace que la gente esté ciega al evangelio (2 Cor 4:4). El "que gobierna las tinieblas" está en operación entre los desobedientes (Ef 2:2). Los gobernantes de este mundo crucificaron al Señor de la gloria (1 Cor 2:6). Los poderes y autoridades impiden que las personas experimenten el amor de Dios (Rom 8:20, 38). Y los cristianos deben contender "contra potestades que dominan este mundo en tinieblas" si es que van a servir a su generación en la voluntad de

Dios (Ef 6:12-13). Después de resumir la compleja variedad de seres espirituales a las que Pablo se refiere en sus escritos, Caird dice:

> El concepto de los poderes del mundo alcanza a todos los apartados de su teología. Tanto es así, que no puede ser dejado de lado como si fuera un resto de superstición primitiva . . . Pablo está describiendo realidades espirituales con las cuales él y sus compañeros tenían una relación personal. (1956: x)

No obstante, cuando uno se retrotrae al mundo del Antiguo Testamento, la realidad de la amenaza de poderes espirituales y de fuerzas relacionadas sólo se enfrenta de manera poco frecuente (e.g., Gén 3:1-5; 6:1-4; Deut 4:19; 17:2-7; 18:10; 1 Sam 28:13; Job 1:6-12; 2:1-7; Sal 89:6-7; Isa 8:19; Dan 10:13, 20). Todos los dioses falsos parecen ser manifestaciones personalizadas de poderes rebeldes, anhelando la adoración de la humanidad antigua, de manera parecida a cómo lo hacen las ideologías totalitarias, que parecen dominar a la gente en el día de hoy. Pero el respaldo exegético para esto es escaso. En contraste, la Palestina del primer siglo estaba virtualmente temblando por su presencia y su actividad, y el Nuevo Testamento revela que los cristianos en la iglesia primitiva estaban muy preocupados con respecto a ellos (Schlier 1961: 12). Dado que no podemos creer que no hayan existido siempre, debemos buscar razones para este cambio en énfasis tan abrupto entre el Antiguo Testamento y el Nuevo.

Muchos eruditos bíblicos concuerdan en que la terminología del Nuevo Testamento relacionada con los ángeles y los demonios y sus conceptos subyacentes estaban influidos por escritos apocalípticos judíos en la era pre-cristiana. Tanto Jesús como Pablo aceptaron las presuposiciones básicas de la tradición apocalíptica-escatológica de sus días. Pero rechazaron sus implicaciones más vulgares y reconstruyeron el concepto para deliberadamente desanimar que se filosofara sobre la existencia del mal o se definiera su naturaleza exacta. Ambos adoptaron una postura muy pragmática, preocupándose solamente por real influencia de los poderes sobre los individuos, sobre la historia y sobre el cosmos.

Un énfasis importante en las epístolas de Pablo concierne a los males de la era presente y a la victoria escatológica transformadora de Cristo en la cruz, que será revelada en el día final. Él percibía en la proclamación presente de las buenas nuevas del reino por parte de la iglesia a judíos y gentiles por igual, una declaración triunfante a principados y poderes en los lugares celestiales, de que la sabiduría reconciliadora de Dios estaba en realidad dando lugar al triunfo final de Dios en la historia (Ef 3:10-11).

Pero esto es sólo una parte del cuadro. Mientras que los escritores del Nuevo Testamento percibían que su era estaba controlada por poderes sobrenaturales de maldad, nosotros debemos tener presente que ellos también hablaron de seres espirituales benévolos (los ángeles) quienes "le rinden a Dios un servicio perfecto en el cielo, por el cual nosotros debemos orar en la tierra" (Bromiley 1969: 42, con referencia a Mat 6:10). Aunque su misión en el cielo es la de adorar a Dios y de hacer su voluntad, los ángeles también tienen una parte en la lucha cósmica sobre la tierra. Dios los envía como "espíritus dedicados . . . para ayudar a los que han de heredar la salvación" (Heb 1:14).

En realidad, la naturaleza del mundo invisible permaneció mayormente escondida de los escritores del Antiguo Testamento. Esto en parte refleja el deseo de todos los poderes malignos de evitar quedar expuestos, para que la fuente de su actividad no se tornara en el punto de foco del contraataque espiritual. Cuando Cristo vino en carne, inauguró el reino, y confirmó su presencia enviando el Espíritu sobre la iglesia en Pentecostés, la lucha cósmica erupcionó con una prominencia vívida.

Antes de la cruz, los poderes no tuvieron otra alternativa que oponerse a él, porque de alguna manera ellos sentían que él había venido "para destruir las obras del diablo" (1 Juan 3:8). De ahí que, ellos decidieron desarmarlo primero a él. La crucifixión representó la última instancia en su hostilidad implacable hacia Dios (1 Cor 2:8). Lo que menos ellos esperaban era que por la cruz, ellos mismos serían despojados de su poder (Col 2:15). El sometimiento de los poderes por parte de Cristo, mientras redimía los pecados, está en el corazón de la teología paulina. Y la victoria de Cristo sobre la tumba, hizo posible que estuviera sentado a la derecha del Padre "en las regiones celestiales, muy por encima de todo gobierno y autoridad, poder y dominio, y de cualquier otro nombre que se invoque, no sólo en este mundo sino también en el venidero. Dios sometió todas las cosas al domino de Cristo" (Ef 1:20-22). Más todavía, el Padre hizo que todo el pueblo de Dios tuviera "vida con Cristo . . . y . . . [los] resucitó y [los] hizo sentar con él en las regiones celestiales . . . en Cristo Jesús" (2:5-6).

De modo que, entonces, aunque los seres "espirituales" y los "príncipes" invisibles de las naciones gentiles son sólo mencionados de manera débil en el Antiguo Testamento, se ponen en evidencia de manera plena en los escritos de Pablo. A pesar de que fueron derrotados en la cruz, el apóstol fue cuidadoso en señalar que su accionar presente no es periférico a la lucha cósmica entre el "dominio de la oscuridad . . . [y el] reino de su amado Hijo" (Col 1:13). Ellos representan una fuente primaria de resistencia a la iglesia. Aun así, ellos operan más a través del engaño y de la ilusión que como realidad. Es extraño que, en la mayoría de las teologías de la misión, los poderes sean pasados por alto o tratados de manera mínima. El pecado trae aparejada tanto la esclavitud como la alienación, y la salvación a través de Cristo provee tanto liberación como perdón. Cuando uno se da cuenta de esto, se hace evidente que una teología de la misión cristiana, basada sobre el tema del reino, debe luchar cuerpo a cuerpo con la extensa información paulina sobre los poderes. Consideremos las líneas principales de su pensamiento.

**Los poderes: su creación y naturaleza**

> [Cristo] es la imagen del Dios invisible, el primogénito de toda creación, porque por medio de él fueron creadas todas las cosas en el cielo y en la tierra, visibles e invisible, sean tronos, poderes, principados o autoridades: todo ha sido creado por medio de él y para él. (Col. 1:15-16)

Esta declaración indica claramente que los poderes son seres creados, un hecho de tremenda significación. Quiere decir que no sólo le deben su existencia a Dios, sino que también fueron creados en y a través de Cristo. El propósito detrás de su origen no fue que pudieran existir por sí mismos de manera autónoma, sino que pudieran traerle gloria a Dios. En término de las funciones que debían desempeñar, estos seres eran originalmente buenos. El poder que representaban le había sido dado por Dios y reflejaba a Dios. No estaban en oposición a su voluntad, sino que eran positivos en su contribución para con su creación. Cuando se entiende su propósito original y se tiene una dimensión plena de lo que ocurrió como resultado de la caída, nos encontramos confrontados con realidades de un gran significado misiológico.

Satanás está en el centro de toda referencia bíblica a los poderes. Él tiene varios nombres (e.g., el diablo, Beelzebú, Belial), varias representaciones (e.g., serpiente, dragón, león) y es descrito de varias mancras con respecto a su actividad (e.g., acusador, tentador, destructor, adversario, enemigo). Él es tanto "fuerte" como "malvado." En última instancia, él está detrás de todo el mal en el mundo. Las "señales" de su reino son el pecado, la enfermedad, la dolencia, y la muerte (Rom 5:12; 2 Cor 12:7). La variedad del vocabulario usado para describir a Satanás es característica de las referencias a los otros poderes. En realidad, uno muy rápido tiene la impresión de que Pablo y los otros escritores del Nuevo Testamento no estaban particularmente interesados en clasificarlos o en analizarlos. Esto desanima cualquier especulación con respecto a la naturaleza de estas realidades y a sus jerarquías. Pero las descripciones de Pablo de su actividad deliberada son tales, que debemos considerarlas mayormente como seres "personales" que tienen tanto intelecto como voluntad. Algunos de los pasajes en los que son mencionados transmiten la impresión de que incluso podrían ser considerados como representaciones colectivas de "poder." En relación con esto Schlier observa:

> Ellos no meramente poseen poder y otros atributos. Ellos son poder. No son simplemente algo o alguien, y además tienen poder. Ellos existen como poder. Así son llamados y obtienen sus nombres, porque así es como se manifiestan a sí mismos y manifiestan su existencia. Esa es la razón por la que Pablo los enumera juntamente con fenómenos tales como la vida, el presente, el futuro, lo alto y lo profundo. Evidentemente, mientras que son poderes con existencia propia (dominantes, abarcadores, determinantes), tienen algo en común con todos estos fenómenos enumerados. Ese elemento en común es su naturaleza de poder, de un poder superior y amenazante. (1961: 20)

Cuando recién fueron creados, todos tenían roles positivos que cumplir, siendo instrumentos en el gobierno de Dios sobre su buena creación. Mientras que la Escritura dice que es por Cristo que toda la creación forma un todo coherente (Col 1:17), los poderes aparentemente servían para llevar a cabo esta coherencia, cada uno en el lugar apropiado y para el cual habían sido creados, bajo su señorío. Como lo sugiere Hendrikus Berkhof:

> Los poderes servían como el sustrato invisible que sostenía el peso del mundo, como puntales de la creación . . . el vínculo entre el amor de Dios y la experiencia humana visible. Mantenían la vida unida, preservándola dentro del amor de Dios y servían de ayuda para ligar fuertemente a los hombres dentro de su comunión. Eran intermediarios no a

modo de barreras sino a modo de ligaduras entre Dios y el hombre. Como ayudas y señales al servicio a Dios, ellos formaban el marco dentro del cual debía prestarse ese servicio. (1962: 22)

En otras palabras, los poderes originalmente servían como "represas con las cuales Dios circundaba a su buena creación, para mantenerla en comunión con Él y para protegerla del caos" (H. Berkhof 1962: 23). Aun cuando nosotros sólo podemos inferir la manera en la cual ellos lograban esto antes de su rebelión inicial, hay algunas sugerencias de esto en esos pasajes del Antiguo Testamento que miran hacia la "edad de oro." Seguramente entonces, todos los ángeles no caídos participarán plenamente de esta consumación. En ese tiempo, la amistad, la plenitud y la paz serán universales; habrá una armonía completa entre los redimidos y todas la criaturas, grandes y pequeñas. El reino de Dios será levantado en justicia y en rectitud. Todos los pueblos conocerán al Señor, su conocimiento y su gloria cubrirán la tierra como las aguas cubren el mar (Isa 23:18; Os 2:18; Amós 9:13-14; Hab 2:14).

Aunque Pablo permaneció virtualmente en silencio con respecto a los poderes en relación con el futuro, fue muy específico acerca de su accionar a partir de su rebelión. Aparentemente, en ese tiempo, cayeron irrevocablemente poderes particulares. Fue Judas y no Pablo quien afirmó que "no mantuvieron su posición de autoridad, sino que abandonaron su propia morada" (v. 6; ver también 2 Ped 2:4). Ellos llegaron a ser "independientes y autónomos, egocéntricos y con voluntad propia" (Schlier 1961: 38). Podríamos decir que aunque retuvieron el poder que les había sido dado por Dios, comenzaron a ejercerlo como si hubiera sido logrado por ellos. La inclinación de sus naturalezas se tornó en oposición a Dios, y se expresó procurando lograr dominio sobre el mundo y sobre todos los pueblos. Llegaron a ser como dioses (Gál 4:8), presentándose como realidades últimas e interponiéndose entre Dios y su creación. En lugar de continuar como canales de su amor, ellos abruptamente pasaron a ser usurpadores, procurando la adoración que le pertenece sólo a Dios. En orden a lograr esto, ellos soltaron un espíritu engañoso sobre las personas, haciéndolas adoptar perspectivas falsas sobre todas las circunstancias y las instituciones de la vida, y particularmente sobre todas las realidades espirituales. Mediante su accionar, el mal puede existir como una fuerza en el mundo, que transforma a los poderes en "los gobernantes de las tinieblas del mundo" (Caird 1956: 53).

Todas las cosas tienen su coherencia en Cristo, pero los poderes ayudan a la gente a crear "coherencias falsas," las cuales descansan sobre instituciones humanas tales como las tradiciones y las leyes. Así es que, las personas son engañadas a pensar que pueden cumplir con la voluntad de Dios, guardando un sistema de reglas religiosas, éticas, cúlticas y sociales exteriores (H. Berkhof 1962: 60). Incluso pueden llegar a aceptar la falacia de que una cosmovisión válida es la que sostiene que toda la existencia humana está ligada al movimiento de las estrellas o de los signos del zodíaco (Drenth 1977: 59).

A esta altura, debemos introducir el tema de la cultura. El término *cultura* abraza la totalidad de la respuesta de cualquier pueblo a su medio ambiente. Incluye toda religión, costumbre y organización social deliberadamente definidas. Es el estilo de vida integrado, organizado y distintivo que diferencia a un pueblo de otro pueblo. Sus componentes son tecnológicos, sociológicos e ideológicos (no meramente las herramientas, las armas y las técnicas por las cuales un pueblo sostiene su vida corporativa y ejerce su voluntad sobre otros pueblos). La cultura no es simplemente las reglas por las cuales un pueblo opera dentro de la diversidad de sus conductas personales y de sus relaciones interpersonales. La cultura también incluye ideas, mitologías, leyendas, sabiduría popular y conocimiento basado en el sentido común que un pueblo expresa en palabras articuladas (su lenguaje propio) o por medio de otras formas simbólicas. La cultura consiste en todos los patrones aprendidos de conducta que son transmitidos socialmente de una generación a la próxima.

Cuando procuramos relacionar el fenómeno de la cultura con las categorías bíblicas, somos atraídos por la palabra *kosmos* ("el mundo") del Nuevo Testamento. Esta palabra tiene un amplio espectro de significados: el universo; el centro de la historia humana; la humanidad como creación de Dios; la totalidad de la sociedad y de la actividad humana; y finalmente, la gente en su condición de caída y alienada de Dios. George Ladd concluye que *kosmos* abarca la totalidad de la cultura, porque

> incluye todo el complejo de las relaciones terrenales humanas en las cuales el matrimonio, el gozo y el dolor, comprar y vender, es decir, todas las actividades humanas están incluidas . . . no meramente el mundo de los hombres, sino el sistema del mundo y el complejo de relaciones que

> han sido creadas por los hombres . . . estructuras que son transitorias y destinadas a morir. (1974: 399)

Deberíamos agregar que el mal conectado con el *kosmos* no es de la esencia del mundo, pero surge de la actitud de autonomía que éste engendra en los seres humanos caídos, que no quieren vivir bajo el gobierno de Dios y para su gloria. El hecho de la autonomía nos ayuda a vincular la actividad de los poderes caídos con todo lo que viene bajo la rúbrica de la cultura. Cuando Pablo habló de los "principios ineficaces y sin valor" o de las "reglas y enseñanzas humanas" (Gál 4:9; Col 2:22), se estaba refiriendo al espíritu de autonomía que ha invadido las tradiciones y las relaciones humanas, le ha dado forma a todas la religiones y a los sistemas éticos, y ha definido la naturaleza del estado político y de sus funciones coercitivas. Uno recibe la impresión de que Pablo creía que los poderes mismos se habían encarnado en todos los elementos interrelacionados de la cultura. El *ethos* y la estructura de una cultura, están en resistencia a Dios y a su amor. En realidad, ninguna cultura se ha escapado del elemento demoníaco; todas están, de una o de otra manera, "bajo el control del maligno" (1 Juan 5:19). Como Hendrikus Berkhof lo ha afirmado:

> Los poderes ya no ligan a [los seres humanos] con Dios; los separan. Están como una valla entre el Creador y su creación. (1962: 23)

Es debido a la penetración generalizada de toda la existencia humana por parte de estos poderes, que Pablo pudo hacer la declaración universal de que antes de colocarse bajo el señorío liberador de Cristo, las personas andan "conforme al príncipe de la potestad del aire, el espíritu que ahora opera en los hijos de desobediencia" (Ef 2:2, RVR). El domicilio de los poderes es el "aire." Los poderes moran dentro de la esfera de influencia invisible y más alta, desde la cual se ordenan las cuestiones sobre la tierra.

Esto no significa que deberíamos desechar todos los logros de la cultura humana considerándolos completamente satánicos. Si no fuera por los beneficios positivos del carácter corporativo y por los valores constructivos de las sociedades humanas, la escena humana se caracterizaría por la desintegración y el caos. Pero debe reafirmarse que los poderes se aseguran de que ninguna sociedad procure alcanzar a Dios. Hendrikus Berkhof hace sonar la nota correcta cuando afirma que no debería ser difícil para nosotros percibir hoy en todas las esferas de la vida, que los poderes que unifican a hombres y mujeres, también los separan de Dios. Él agrega:

> El estado, la política, la clase, la lucha social, el interés nacional, la opinión pública, la moralidad aceptada, las ideas de decencia, de humanidad, de democracia, todo esto le da unidad y dirección a miles de vidas. Aun así, precisamente por darles unidad y dirección separan a esas muchas vidas del Dios verdadero; nos hacen creer que hemos encontrado el significado de la existencia, mientras que realmente nos alienan de su verdadero significado. (1962: 26)

De la discusión precedente se hace evidente que a pesar de la condición caída de los poderes, Dios los usa para encerrar a las personas en relaciones de respaldo mutuo, que funcionan en parte por interés de ellas. Aunque los seres humanos caídos merecen sólo el juicio de Dios debido a su pecado y a su deseo de tener una existencia separada de Él, por medio de los poderes, Dios por gracia los preserva en sociedades y en culturas razonablemente estables. Esta realidad está descrita en Gálatas 4:1-11. No obstante, deberíamos concluir que mientras que la vida aparte de Cristo pueda tener sus buenas características, Pablo la consideraba como esclavitud y no comparable, de modo favorable, con la liberación que Cristo trae.

**Los poderes: conquistados por Cristo**

En el contexto de describir la obra redentora de Cristo, el apóstol Pablo afirma que Cristo "[despojó] a los principados y a las potestades, [y] los exhibió públicamente, triunfando sobre ellos en la cruz" (Col 2:15, RVR). Con esta afirmación, Pablo va más allá de la tesis del Nuevo Testamento de que la redención de Cristo libera a su pueblo de la culpa del pecado. Más bien, Pablo habla de Cristo como el que también libera a su pueblo de la esclavitud anterior de los poderes y de su ligadura con ellos. Los legalismos judíos y las regulaciones paganas han perdido su poder para tiranizar; las costumbres sociales y religiosas que tienden a alienar a la gente de Dios han perdido su "fuerza" (2:16-23). Es la crucifixión la que ha hecho esto abundantemente claro. Como Pablo dice en otra parte: "Ninguno de los gobernantes de este mundo (los escribas y los fariseos, los sacerdotes y Pilato) . . . entendió [la sabiduría de Dios], porque de haberla entendido no habrían crucificado al Señor de la gloria" (1 Cor 2:8). El hecho de que estos representantes de la ley judía y de la piedad judía, del sacerdocio judío y de la justicia romana, de manera unida crucificaron a Cristo, demuestra vívidamente que eran realmente esclavos de los poderes.

Más todavía, Jesucristo fue "designado con poder Hijo de Dios por la resurrección" (Rom 1:4). La resurrección demuestra la realidad del triunfo sobre los poderes mismos. Ellos han sido desenmascarados y despojados de su última arma, la muerte. Su dominio antiguo sobre las personas ha sido quebrado. Lo que permanece es meramente la capacidad para engañar de manera colosal. Los poderes han sido desarmados o desactivados. Aunque continuarán desviando a las personas de una apertura para con Dios, su actividad ahora carece de poder sustancial. Todo es engaño e ilusión. Es como si mediante la cruz, Cristo deliberadamente hubiera desconectado todos los vínculos dentro de las culturas, por los cuales los poderes anteriormente mantenían a las personas en esclavitud. Finalmente, los poderes han llegado a ser completamente impotentes, a la hora de separar al pueblo de Dios del amor de Dios (Rom 8:38-39).

No debemos subestimar la intensidad de la lucha mediante la cual Cristo "desarmó" a los poderes. Gustaf Aulen nos ha subrayado esto. Él describe la muerte expiatoria de Cristo en términos de conflicto divino y de victoria:

> *Christus Victor* lucha contra de los poderes malignos del mundo y triunfa sobre ellos. Éstos los tiranos bajo los cuales [la humanidad] está esclavizada y sufriendo, y en él Dios reconcilia al mundo consigo mismo. (1951: 4)

> Por mi propia parte, estoy persuadido de que ninguna forma de enseñanza cristiana tiene futuro alguno por delante, excepto la que pueda tener firmemente en vista la realidad del mal en el mundo, y salga a confrontar al mal con un canto de batalla triunfante. (1951: 159)

La victoria completa de Cristo sobre los poderes lleva a Alan R. Tippett a alentar a los cristianos a no retroceder frente al encuentro de poder que demanda la evangelización bíblica. Su desafío es sin condiciones.

> La [humanidad] pecadora es esclava. Cristo vino a liberar [a los seres humanos].... No hay ninguna vía de salida en esta guerra, ningún compromiso, ningún acuerdo amistoso para entrar en diálogo, ninguna simple presencia cristiana....

> Cuando nos preguntamos por qué tuvo que haber una encarnación, una muerte y una resurrección, vemos que no había otra manera de derrotar a Satanás, a sus obras y a su autoridad. (1969: 89-90)

De modo que, entonces, repetimos que por la cruz, Cristo dio "un ejemplo público" de su victoria sobre los poderes. Ya no se les permite presentarse como las realidades más básicas y últimas de la existencia humana. Él trató de manera decisiva con la demanda sutil por parte de ellos de ser los regentes de este mundo. De ahí que, la manifestación final del reino de Dios en poder no tendrá lugar hasta que Cristo destruya "todo dominio, autoridad y poder," en el sentido de hacerlos inoperantes, de modo que todos conozcan la plenitud de sus sufrimientos redentores y de la victoria de su resurrección (1 Cor 15:24). Estas son las buenas nuevas del reino que anunciamos en palabra y en hecho. Esta es la misión de la iglesia.

Incidentalmente, la Nueva Versión Internacional usa la palabra *destruir* en este versículo, implicando la aniquilación total de los poderes, de modo que su función cohesiva en la cultura llegue completamente a su fin. Pero esto significaría el fin de la cultura, algo que Apocalipsis niega enfáticamente cuando describe a Cristo como el Rey de reyes y el Señor de señores escatológico (es decir, "de todos los pueblos [pl.] de Dios," 17:14; 19:16; 21:3). Una traducción más precisa sería "hacerlos inoperantes." Debido a la cruz, el poder de ellos de esclavizar y de seducir al pueblo de Dios ha sido quebrado, especialmente cuando las buenas nuevas del reino están siendo afirmadas públicamente.

Cuando Jesús confrontó a espíritus malignos en el curso de su ministerio terrenal, éstos temblaron frente a la habilidad del Señor para quitarlos de la presencia de las personas a quienes habían esclavizado y tiranizado. El clamor de ellos fue: "¿Has venido aquí a atormentarnos antes del tiempo señalado?" (Mat 8:29). En la cruz, el tiempo se cumplió; fueron hechos inoperantes. A partir de entonces, la iglesia, en su avance misionero, tiene el derecho de esperar que aun las manifestaciones más malignas de la presencia de ellos no pueden impedir que Cristo incluso use su oposición para extender el curso de su reino. Esta era, en esencia, la convicción de los cristianos en Jerusalén, cuando le pidieron a Dios audacia para predicar el evangelio:

> En efecto, en esta ciudad se reunieron Herodes y Poncio Pilato, con los gentiles y con el pueblo de Israel, contra tu santo siervo Jesús, a

quien ungiste para hacer lo que de antemano tu poder y tu voluntad habían determinado que sucediera. (Hech 4:27:28)

**La misión y los poderes**

El Nuevo Testamento y el registro de la historia de la iglesia dan un testimonio amplio de que, a pesar de la cruz y de la anulación de la amenaza real de los poderes, ellos todavía dominan a todas las personas, en mayor o en menor grado. Atacan de manera implacable a la iglesia y procuran, por todos los medios, impedir la obediencia misionera de la iglesia. Su morada permanece "en las regiones celestiales" que rodean al mundo visible (Ef 3:10). Desde allí, ellos se aventuran a amenazar, a seducir y a obstaculizar de otras maneras el movimiento permanente del reino de Dios entre las naciones. Con frecuencia, ellos hacen esto encarnándose en estructuras existentes en la sociedad, en las tradiciones culturales y en las instituciones religiosas. No obstante, en ocasiones, asaltan a los individuos directamente.

Es interesante notar que las varias maneras en que los eruditos consideran a los poderes en el contexto de la misión. Oscar Cullmann quiere concentrar la atención sobre los poderes cósmicos, casi exclusivamente en términos de la naturaleza demoníaca del estado (1950: 199-200). Markus Barth los interpreta como "el mundo de los axiomas y de los principios de la política y de la religión, de la economía y de la sociedad, de la moral y de la biología, de la historia y de la cultura" (1959: 90). Hendrikus Berkhof quiere que veamos la relación que tienen con el proceso de "secularización" (1962: 47-54).

Ya sea que en nuestros tiempos los poderes puedan ser interpretados como desajustes personales o sociales, como determinismo político o religioso, como axiomas religiosos o culturales, como falta de armonía existencial o empírica, cualquiera sean los nombres atribuidos a ellos, en tanto nos separen del amor de Dios en Cristo Jesús nuestro Señor, son poderes cósmicos.

Dado que los poderes existen por el engaño y operan por medio del engaño, bien podemos creer que continuamente usan disfraces nuevos y variados, dependiendo del tiempo y del lugar. De ahí que los cristianos se atrevían a desafiar a Satanás en su bautismo, temprano en la mañana de la Pascua, y a gritar frente a la oscuridad de la noche en retroceso: "¡Renuncio a ti, Satanás, y a todo tu servicio y a todas tus obras!" Esta afirmación primitiva reclamaba para uno mismo la victoria lograda por Cristo de la derrota irrevocable sobre los poderes de la oscuridad (J. Stewart 1951: 294). También subrayaba la convicción de ellos de que estos seres invisibles "de alguna manera . . . están detrás de lo que ocurre en el mundo" (Cullmann 1950: 192).

Es particularmente en sociedades animistas, que la lucha cósmica entre Cristo y Satanás es más evidente. Allí uno se encuentra con una gran cantidad de esclavos de los espíritus invisibles, combinada con un temor casi universal a lo que podrían hacer si no reciben el servicio debido. McGregor cita a Schweitzer en relación con esto.

> Para un africano, el cristianismo es la luz que brilla en la noche del temor. Le asegura que no está bajo el poder de los espíritus de la naturaleza ni de los fantasmas ancestrales, sino que en todo lo que pasa, la voluntad de Dios mantiene su soberanía. Así es que él pasa del terror a la confianza, de una cosmovisión no ética a una ética. (1954: 25)

Pero sería un error hablar de encuentro de poderes (Cristo versus los poderes) sólo en términos de sociedades animistas. Los poderes están en todas partes, y Calvino nos habla a todos cuando dice:

> Si la gloria de Dios es de valor para nosotros, como debiera serlo, deberíamos luchar con toda nuestra fuerza en contra del que pretende extinguir esa gloria. Si estamos determinados con un anhelo adecuado a mantener el reino de Cristo, debemos pelear una guerra irreconciliable con el que conspira para su ruina. (1960: 14)

En este punto, debemos recordarnos a nosotros mismos que a través del testimonio del evangelio de parte de la iglesia, tanto los ángeles amistosos como lo poderes hostiles llegan a entender la sabiduría del propósito redentor eterno de Dios (Ef 3:10). Pero, ¿qué significa esto particularmente para los poderes? Aparentemente, ellos deben percibir algo en este testimonio, que demuestra la realidad de haber sido conquistados por Cristo, socavando cualquier cosa que pudieran hacer para impedir el progreso del movimiento cristiano. Con demasiada frecuencia, los cristianos tienden a desestimar esta dimensión y proceden directamente a la instrucción de Pablo en Efesios 6:10-20, sintiendo que la "guerra espiritual" allí descrita está donde está la acción. En realidad, sin embargo, la iglesia debe ser testigo o demostración a los poderes de la victoria de Cristo, antes de que ella pueda resistir sus obstáculos al avance del evangelio. Esto se deduce de la realidad del "dominio de la oscuridad" y del "reino de su amado Hijo" en oposición diametral uno con otro durante esta era (Col 1:13).

Las buenas nuevas del reino es que toda la obra de Cristo es una obra de liberación de manos del gobierno del pecado, de Satanás y de la muerte. De ahí que, la iglesia debe reflejar la liberación de la influencia del "domino de la oscuridad." Ellul desarrolla esta tesis de la siguiente manera (y nosotros resumimos aquí su largo argumento). El Adán no caído no conocía nada sobre la necesidad, la obligación y la inevitabilidad. Cuando obedecía a Dios, lo hacía libremente. La necesidad recién apareció cuando quebró su relación con Dios. Entonces se tornó en alguien sujeto al orden de la obligación: el orden del trabajo, del hambre, de la pasión, de la lucha por hacer otra cosa. Pero cuando la realidad liberadora de la salvación de Cristo estuvo al alcance, entonces la verdadera libertad se hizo posible. El orden de Cristo se elevó por sobre el orden de la necesidad. La persona que no conoce la libertad en Cristo no puede entender la palabra de libertad de la que Pablo habló en medio de las tentaciones a someterse al orden de la necesidad: "Nos vemos atribulados en todo, pero no abatidos; perplejos, pero no desesperados; perseguidos, pero no abandonados; derribados, pero no destruidos" (2 Cor 4:8-9) (Ellul: 1969: 127-45).

Lo que esto significa es que los cristianos en el mundo tienen el rol de llenar lo que los no cristianos no tienen posibilidad de llenar. Ellos tienen que quebrar la fatalidad que está suspendida sobre el mundo, reflejando de toda manera posible la victoria que Cristo ganó sobre los poderes. Ellos tienen que ser una señal del nuevo pacto, una demostración de que un nuevo orden ha entrado al mundo, dando sentido, dirección y esperanza a la historia. Esto significa que los cristianos no deben arriesgarse a reflejar de manera no crítica ni automáticamente, incluso el mejor de los patrones de conducta, de mejora social y de servicio que el mundo tiene. La agenda del mundo y la metodología del mundo no tienen que ser las de ellos, mayormente porque la motivación detrás de sus actividades son las que le van a dar a su servicio una forma diferente. Y los poderes deben ser confrontados con esto.

En realidad, los poderes no serán confrontados por "la sabiduría de Dios" si es que el pueblo de Dios en el día de hoy recurre a los medios "normales" que los israelitas frecuentemente usaron para resolver sus conflictos, en los tiempos del Antiguo Testamento, anteriores a la cruz. Los israelitas también con frecuencia confiaban en armas, en carros, en soldados, en alianzas, en maniobras diplomáticas y en la revolución (por ejemplo, Jehú). Incluso entonces, Dios argumentó con ellos para que pusieran su confianza en su Palabra y en su fidelidad. ¿No les había prometido ser su guerrero (Ex 14:13-14; 15:3, 18)? Cuánto más ahora, después de la conquista de los poderes por parte de Cristo, debería la iglesia rechazar todos esos medios "normales", particularmente el recurrir a la violencia física o psicológica. La iglesia en nuestros días debe ser llamada otra vez a "la verdadera violencia espiritual, basada sobre una fe sincera: la fe en la posibilidad de un milagro, en el señorío de Jesucristo y en la venida del reino a través de la acción de Dios." Esto significa "fe en todas la promesas" implicadas en la resurrección y garantizadas por ella (Ellul 1969: 166-71). Pablo resumió este llamamiento a la violencia del amor, animando a la iglesia a no ser vencida de lo malo, haciéndole el juego a lo malo al usar el armamento mundano de la necesidad. Más bien, la iglesia debe vencer "el mal con el bien" (Rom 12:14-21). Por supuesto que la iglesia debe servir como abogada de los pobres y de los oprimidos y debe desafiar a la injusticia en la sociedad. Pero esto debe hacerse sólo a través de medios no violentos.

En el nivel práctico, esto significa que la iglesia debe ser una presencia radical en la sociedad. Siempre se está colocando totalmente en las manos de Dios en un verdadero arrepentimiento, sometiéndose a la voluntad revelada de Dios en la Escritura y confiando en su misericordia. La iglesia busca también constantemente reflejar su liberación a través de Cristo. Por su identificación con las víctimas de la sociedad y sus protestas atrevidas contra todos los opresores, la iglesia crea un clima de duda, inseguridad y mala conciencia entre estos opresores. Por su conducta ella muestra que ha sido verdaderamente liberada.

El mundo está dominado por "Mamón," el poder que está detrás del deseo de adquirir. En respuesta, la iglesia vive usando sus recursos para el servicio de los necesitados. El mundo está desgarrado por el racismo, pero la iglesia ve a todos los individuos de todos los grupos raciales como portadores de la imagen de Dios y los trata como tales. El mundo está esclavizado por los poderes que producen injusticia, opresión y autoritarismo, exaltando el sexismo, el cientificismo y el secularismo. En repuesta, la iglesia se hace sierva de todos, respetando la dignidad humana y reflejando el contentamiento que sólo Cristo puede traer. De modo que entonces, necesitamos dimensionar la intención de Dios: que la iglesia, por su posición liberada en el mundo, pueda convencer a los poderes de que no pueden prevalecer contra el reino de Dios (Mat 16:18). Más aún, dado que a la iglesia le han sido dadas "las llaves del reino," es responsable de estar inmersa en los destinos eternos de todos los pueblos (Mat 16:19).

Esto nos trae a la instrucción clásica de Pablo sobre los poderes en Efesios 6:10-20. El contexto es su necesidad personal de valentía para predicar "el misterio del evangelio" y de esa manera cumplir con su tarea misionera de ser embajador (6:19-20). Este es el contexto en el cual con frecuencia se encuentran los testigos fieles de Cristo. La aspiración de ellos es la de Pedro: "que por mi boca los gentiles oyeran el mensaje del evangelio y creyeran" (Hech 15:7).

Con esto en mente, encontramos a Pablo llamándonos a luchar contra los poderes a quienes obedecen "la carne y la sangre." Comienza acentuando la importancia de vestir personalmente la armadura defensiva de Dios. En primer lugar, está la "verdad," la sinceridad y la integridad en nuestro trato con Dios y con nosotros mismos. Pero la verdad debe ser suplementada con la "justicia." Pablo está pensando no sólo en la rectitud moral (como en Rom 6:13), sino también en una pasión por la justicia de Dios (Miq 6:8). Luego viene "la disposición que viene del evangelio de paz." Esto significa algo más que el hecho de que nuestros movimientos estén determinados por las oportunidades para dar testimonio del evangelio. Pablo también está acentuando "el deseo de ser celosos, es decir valientes como soldados debido a la paz que Jesús trajo para todos [los seres humanos]" (Ellul 1969: 165). Luego viene "la fe," la cual en este contexto significa la clase de confianza personal en Dios demostrada no sólo por una indiferencia hacia la opinión pública, sino también por una vida de sacrificio. Al hablar de "salvación," Pablo está pensando en las intervenciones que se esperan de parte de Dios, conscientemente anticipadas en todo recodo de la lucha.

Notemos que cuando Pablo hace una lista de la armadura del cristiano, se limita a la espada del Espíritu, la Palabra de Dios y la oración. ¡No hay lanzas, ni arcos, ni flechas! ¡No hay un deseo triunfante de poner a los poderes de rodillas! Los cristianos son llamados meramente a mantenerse alejados de su seducción y esclavitud, en la convicción serena de la victoria de Cristo. Como Schlier lo resume:

> El propósito [de los miembros de la iglesia] debe ser el de vencer a los principados en fe y en lealtad, en obras de justicia y de verdad, en una oración incesante, sobrios y vigilantes, con el don de discernimiento de espíritus. También deben tratar, mediante el sacrificio, de crear en la

> iglesia un lugar libre de su dominación, como señal de los nuevos cielos y de la nueva tierra que están por venir. (1961: 68)

La lucha es contra los poderes encarnados de formas muy concretas, en instituciones, en gobiernos, en cuerpos coercitivos y en ideologías. Los cristianos deben vivir conforme a la realidad plena de lo que significa pertenecer al cuerpo de Cristo. Hacer eso demanda de un encuentro con las estructuras del poder político. Es necesario tomar una postura de resistencia valiente ante aquellos patrones y prejuicios sociales que discriminan a través de la clase, la raza, el sexo y la edad. También implica alentar la sanación de todas las relaciones, ya sean psicológicas, económicas, sociales o políticas. Proclamar que Jesús es el Señor es recordarles a los gobiernos que su autoridad no es absoluta y que son responsables ante Dios por la manera en que tratan a las criaturas de su creación.

Mediante este testimonio integral, reconocemos que nuestro uso de las armas de la verdad (la Palabra de Dios y la oración) implica no sólo una acción política, sino una acción agresiva. En relación con esto, Sider nos recuerda la encarnación, por medio de la cual Dios mismo entró en la historia, para unirse a la batalla contra las fuerzas del mal.

> Como cuerpo de Cristo, debemos continuar la misión del Encarnado en el mundo de hoy y eso incluye una ofensiva permanente contra los principados y los poderes caídos, un uso del poder vigoroso y activo en procura de una mayor justicia en la sociedad. (1980: 17)

## La misión: señales y milagros

No podemos terminar este estudio de los poderes, sin relacionarlo con lo que se ha dado en llamar "evangelización de poder." Se ha argumentado que la "evangelización de presencia" no es suficiente, dado que representa a los cristianos llevando a cabo el mandato cultural, para que la gente vea sus buenas obras y glorifiquen al Padre, que está en el cielo (Mat 5:14-16). Incluso si esto está suplementado con la "evangelización de proclamación," los resultados van a ser mínimos, dado que el evangelio entonces supuestamente llegará a las personas "sólo en palabra." Incluso si estos dos esfuerzos se suplementan aún más con la "evangelización de persuasión," en la cual las personas son desafiadas a responder a las demandas de Cristo,

445

todavía va a faltar algo. El argumento es que lo que se necesita es la "evangelización de poder," en la cual se sigue completamente el modelo apostólico y hay una "demostración del poder del Espíritu" (1 Cor 2:4). Se afirma esto porque "el reino de Dios no es cuestión de palabras sino de poder" (4:20). Se señala que Pablo pretendía que Cristo lo había habilitado para guiar a los gentiles a "obedecer a Dios . . . mediante poderosas señales y milagros, por el poder del Espíritu de Dios" (Rom 15:18-19). La evangelización de poder representa la influencia agregada, la cual es necesaria para comunicar el evangelio de manera efectiva. El evangelio debe percibirse y demostrarse como "poder" tanto como "palabra."

En este punto, se introduce la cuestión de las "señales y milagros," la cual es respaldada apelando al modelo del Señor Jesús. Él no sólo obró milagros, sino que cuando envió a los Setenta, les confirió la autoridad para sanar a los enfermos, para pisotear serpientes y escorpiones, y para tener autoridad sobre todo el poder del enemigo (Luc 10:9-19). Su autoridad espiritual y poder existencial hicieron posible que ellos derrotaran a los demonios en el nombre de Jesús (10:17). Dado que este argumento dice que esta provisión se extiende a los cristianos del día de hoy, existe la posibilidad de un patrón permanente de evangelización de poder en la iglesia.

También se ha argumentado que en muchas partes del mundo de hoy, las personas parecen estar más conscientes del poder que de la verdad. Siguiendo esta línea de razonamiento, ha aumentado la convicción de que para conseguir la atención de los no cristianos, la iglesia debe desplegar "señales y milagros" mediante ministerios de sanidad y de exorcismo. Tales demostraciones de la acción de Dios supuestamente precipitarán el tipo de encuentros de poder que prueban que el Jesús de los cristianos es más poderoso que los otros dioses. Este paradigma de precipitar los encuentros de poder se ha popularizado apelando a la confrontación de los profetas de Baal, en el monte Carmelo, por parte de Elías (1 Rey 18:20-40).

Consideramos que esto es una analogía sin garantías. A juzgar por los pasajes de la Escritura que examinamos anteriormente en esta discusión, este enfoque parecería distorsionar seriamente la misión de la iglesia en el Nuevo Testamento. Deberíamos ser cautos con respecto a precipitar tales encuentros. Debemos orar, servir, testificar y persuadir. Si el enemigo reacciona con poder, podemos confiar que Dios lo va a vencer mediante la violencia de nuestro amor y de nuestra fe.

Cuando los cristianos se enferman, oran. Y cuando sus amigos cristianos se enferman, oran por ellos. Nadie argumenta que Dios no sana a los enfermos. Nadie desestima la posibilidad de que Dios obre milagros en el día de hoy. Los milagros de Jesús autenticaron su rol mesiánico. En Hechos, los conspicuos obradores de milagros eran Pedro y Pablo. Como apóstoles, obraban milagros: específicamente, éstas eran "las marcas distintivas de un apóstol" (2 Cor 12:12). Pero la proclamación del evangelio no debe reducirse a promocionar una forma de magia cristiana. Cada vez que procuramos ejercer coerción sobre Dios para hacer lo que nosotros queremos, mediante el uso de algún tipo de fórmula religiosa, estamos en peligro de rendirnos ante ese residuo de condición caída que hay en nosotros, el cual desea estar en control, en lugar de someternos a la voluntad de Dios. El énfasis central de la verdad bíblica es reconocer que debemos adorar a Dios e identificarnos con los propósitos y con la voluntad de Dios.

Debemos negarnos a conceder que cualquier predicación del evangelio que no incluya "señales y milagros" es de alguna manera sub-bíblica. El evangelio en sí mismo es "poder de Dios para la salvación de todos los que creen" (Rom 1:16) y proclamarlo ¡es evangelización de poder por excelencia! Es significativo que el argumento de Pablo en Efesios no hace ninguna referencia a "señales y milagros" en relación con la predicación de las buenas nuevas del reino.

Hacer de las "señales y milagros" el único tema o el más importante para la misión no es bíblico. La misión de la iglesia de anunciar el reino de Dios también debe incluir una búsqueda de la justicia para los pobres y para los grupos minoritarios; la oposición a toda forma de racismo, de sexismo y de explotación; y la promoción del desarme y de la paz mundial. Estas cuestiones también son aspectos integrales de la proclamación del reino de Dios por parte de la iglesia.

## Conclusión

Llegamos al final de este estudio breve, reiterando la primacía de la oración, si es que los poderes van a ser vencidos y esta generación va a ser evangelizada.

En el libro de Harvie Conn, *Evangelism: Doing Justice and Preaching Grace*, hay un capítulo que se titula "Prayer: Where Word and Deed Come Together" (La oración: donde palabra y hecho se unen). Éste es un capítulo crucial que enfatiza de modo significativo la centralidad de la oración.

> Traer a hombres y a mujeres a Cristo en fe y ganar la victoria sobre principados y poderes injustos no ocurre simplemente, o incluso principalmente, o incluso para empezar, inundando a nuestros senadores de cartas y de pedidos, en busca de nuevos carros políticos sobre los que saltar, dando otro seminario exitoso o uniéndonos a marchas hacia el Pentágono. Los cambios comienzan con la oración que peticiona, el clamor voluntario a Dios día y noche acerca de [las cuestiones que afectan a sus naciones]. (1982: 88)

Pablo nos haría evitar descartar cualquier "ismo" como no dañino, porque esto sería subestimar la fuerza de los poderes. Y él nos advertiría en contra de considerar cualquier "ismo" como incorregible, dado que esto sería subestimar la victoria de Cristo sobre todos los poderes. Por causa de la prioridad de la misión, Pablo llamó a la perseverancia y a la oración en fe, clamando a Dios para que abra las puertas de la oportunidad y conceda valentía y fe para proclamar "el misterio del evangelio." En efecto, la iglesia que fracasa en discernir los espíritus y no se opone a ellos en el nombre de Jesucristo hará poco por hacer que lo conozcan, lo amen y lo sirvan por todo el mundo.

Admitamos que constantemente delante de nosotros hay una paradoja de proporciones masivas. Esto surge cuando colocamos la convicción de que los poderes fueron vencidos decisivamente por Cristo, junto con la realidad de que corrientemente ejercen una influencia devastadoramente destructiva y maligna sobre el mundo. Estamos constantemente enfrentados a la existencia del "todavía no" del reino de Dios. Pero deberíamos guardarnos contra la tentación de negar el espectro de la victoria de Cristo, permitiendo ser engañados por la herejía de que el diablo está vivito y coleando en esta era. Y nunca debemos atribuir todo mal a un accionar humano desviado, y así negar que los poderes son inteligencias sobrenaturales que realmente existen. La paradoja es resuelta por los cristianos, cuando participan conscientemente en los sufrimientos de Cristo (Col 1:24-29). A medida que siguen el ejemplo de Cristo de un servicio de amor y de un testimonio valiente, exponiéndose de esa manera al odio de los poderes, en realidad están llevando a cabo la misión de Dios. Durante todo el tiempo, los cristianos son conscientes de los poderes, porque el odio que ellos le tienen a Dios y los impedimentos que le ponen a la misión, llevan las marcas de la victoria de Cristo sobre ellos. Y él quería que su pueblo nunca se olvidara de sus palabras no condicionadas: "Edificaré mi iglesia, y las puertas del reino de la muerte no prevalecerán contra ella" (Mat 16:18).

## Capítulo 22

## Hay salvación en un solo nombre: Jesucristo el Señor

**Introducción**

Hemos visto que la epístola a los Romanos trata varios temas básicos para la misión cristiana: judíos y gentiles son igualmente culpables a los ojos de Dios; el sacrificio redentor de Cristo es suficiente para todos los pueblos; la iglesia tiene la obligación de proclamar el evangelio; y el ministerio apostólico le da prioridad a las regiones "donde Cristo no sea conocido" (15:20).

No obstante, una sección en esta epístola es de particular importancia (1:18-31). Representa el tratamiento más comprehensivo en la Escritura de la religión no cristiana y de su influencia sobre el reino de Dios. Dado que previamente no hemos hecho referencias frecuentes a este tema complejo, ahora debemos reunir todas las hebras relacionadas con esta verdad, dispersas tanto por todo el Antiguo Testamento como por el Nuevo, integrándolas con este pasaje.

Se ha sostenido por mucho tiempo que cuando uno recurre al Antiguo Testamento en busca de estimaciones positivas de otras religiones, la búsqueda es en vano. Schlette habla del testimonio del Antiguo Testamento como "extremadamente negativo" (1966: 25; él cita textos tales como 1 Rey 11:1-13; Isa 40:18-20; 44:9-20; 46:1-7; y Jer 2:26-28; 10:1-16). Dewick dice que su nota predominante es "la hostilidad," aunque califica a esto de alguna manera diciendo que hay algunas "excepciones notables pero son la excepción y no la regla" (1953: 63). Estamos esencialmente de acuerdo con estas dos observaciones. No obstante, este elemento en la revelación divina sólo puede ser apreciado si uno tiene en mente el propósito redentor de Dios tocante a las naciones.

En realidad, nunca hubo un tiempo, a partir de la Caída, cuando la raza humana estuvo en una situación totalmente desprovista de la gracia divina, la cual podría llamarse perdición exclusiva. A continuación del juicio del Diluvio, encontramos el registro del pacto de Dios con Noé y con sus hijos (Gén 9:1-17), en el cual Él comprometió su gracia y su cuidado providencial. El Nuevo Testamento afirma repetidamente que Dios quiere la salvación para todos los pueblos (1 Tim 2:1-6; 2 Ped 3:9; etc.).

## La religión en el Antiguo Testamento

No obstante, desde el llamamiento de Abraham en adelante, el punto de foco del Antiguo Testamento se desplaza de lo universal a lo particular. Para bendecir a las naciones, Dios eligió a un pueblo en particular como su canal y procuró prepararlos para esta tarea. Emil Brunner descarta como totalmente imposible, la opinión popular de que el testimonio bíblico de esta revelación divina tiene su paralelo en otras religiones. Él sostiene:

> La pretensión de que la revelación divina . . . tiene una validez universal en la historia de la religión es rara. La pretensión de revelación de la fe cristiana es tan solitaria en su radicalización como en su contenido: el mensaje de la expiación. Es éste: sólo en un lugar, sólo en un evento, Dios se ha revelado a sí mismo verdaderamente y de manera completa (es decir, allí donde se hizo hombre). . . . Ninguna otra religión puede aseverar revelación en el sentido radical e incondicional en el que lo hace la fe cristiana, porque ninguna otra religión conoce al Dios que en sí mismo es el Revelador. (1946: 235-36)

Entonces, no deberíamos sorprendernos de que la Escritura describa a otras religiones como una amenaza constante para lo que Dios estaba procurando hacer con Israel, durante toda la era del Antiguo Testamento. ¿Cómo podría haber sido de otra manera? El pueblo de Dios era tan escaso en número, carecía tanto de valentía moral, y era tan desobediente en su consideración de Dios, que era trágicamente vulnerable a casi todos los halagos que venían de los pueblos vecinos, ya fueran sociales, políticos o religiosos. Por momentos, Dios no tuvo que escatimar esfuerzos para cuidar el depósito creciente de la verdad que les estaba dando. Ellos tendían a tratarlo livianamente y a considerarlo con ingratitud, e incluso con desprecio. Durante todo el tiempo, Dios estaba procurando traerlos al lugar donde ellos abrazarían voluntariamente el rol marcado por Dios de ser su pueblo de sacerdotes-siervos entre las naciones. Él no los trataba como robots que debían ser manipulados, sino como agentes morales libres que debían ser discipulados. Como resultado, hubo tiempos cuando ellos cosecharían el fruto de su necedad, aun cuando esto parecía poner en gran peligro el propio propósito salvador de Dios para las naciones.

Cuando los israelitas completaron su peregrinaje por el desierto (Núm 14-32) y comenzaron la conquista de Canaán, se les recomendó destruir completamente todos los aspectos de la religión cananea (Núm 33:50-56; Deut 7:2-5). Esta intolerancia en el pasado surgió de la hostilidad expresa de Dios para con el bajo nivel moral practicado por los cananeos. Pero también surgió de la convicción de que todos los otros dioses eran, en el mejor de los casos, farsas y mentiras, pretendiendo ser lo que no eran. Los israelitas en su particularidad nunca imaginaron que Dios se revelaba a sí mismo a otras ramas de la familia humana. Ellos creían firmemente que sólo ellos, entre todos los pueblos, tenían la verdadera revelación de Dios y que otras religiones eran esencialmente demoníacas (Lev 17:7; Deut 32:17; 2 Crón 11:15; Sal 106:37).

Con todo, los escritores del Antiguo Testamento no estaban interesados en la naturaleza y significado de la religión pagana, a juzgar por su silencio sobre el tema. Ellos sólo registran unos cuantos nombres sueltos de algunos dioses que los paganos adoraban (e.g., Baal, Astarté, Quemós, Moloc, Bel, Nebo). Ellos concentraron su atención no sobre los dioses como seres activos, sino sobre los ídolos que los representaban. Los dioses mismos no eran una existencia deliberadamente negada; simplemente eran ignorados. Uno busca en vano cualquier referencia a los mitos populares asociados con estos dioses. Cuando los profetas prorrumpieron en ataques contra la adoración del "ejército del cielo," ellos fueron explícitos en referirse no a deidades astrales, sino a la adoración cúltica de cuerpos celestes reales (e.g., Deut 4:19; 17:3; 2 Rey 17:16; 21:5; 23:5). En realidad, cuando el Antiguo Testamento se refiere al conflicto entre Dios y los "dioses de las naciones," en todos los casos son los ídolos los objetos de su furia. Cuando se mencionan la magia y la brujería, los ídolos son considerados como los portadores de los poderes ocultos y los que merecen la ira de Dios. El único argumento presentado en contra de la religión pagana es que es una adoración dominada por el fetichismo, una deificación sin sentido de madera y de piedra, lo que los antropólogos llamarían "la creencia en el mana."

La idolatría, entonces, es considerada en el Antiguo Testamento como la creencia necia de que los poderes divinos y mágicos habitan en ciertos objetos naturales o hechos por el hombre, y que los seres humanos pueden activar esos poderes mediante rituales fijos (Kaufmann 1960: 64). La denuncia profética de la idolatría está mayormente confinada a burlas contra el fetichismo. No tiene lugar para la reflexión seria sobre lo que podría llamarse "paganismo auténtico." "Los que fabrican ídolos no valen nada; inútiles son sus obras más preciadas" (Isa 44:9). Dado que los objetos inanimados no pueden ser dioses, parecería que Dios no tenía rivales aparte de estos fetiches. Y aun así, la idolatría presentaba un desafío tremendo para el Dios de Israel. Asociadas con todos los ídolos, estaban las fuerzas espirituales demoníacas, que constituían una amenaza positiva para Israel. De ahí que, eran simultáneamente entidades no existentes y fuerzas espirituales peligrosas. Todos los que las adoraban inevitablemente se infectaban de una ceguera mortal de corazón y de mente. Por lo tanto, no deberíamos minimizar la idolatría, aun cuando el Antiguo Testamento no contenga ninguna polémica en contra de la esencia del politeísmo o de la creencia en otros dioses, y mucho menos repudie los mitos paganos que rodeaban a estos dioses. La idolatría es considerada como una adoración pervertida. Como Louis Bouyer lo afirma:

> Cuando los dioses falsos son declarados impotentes, o incluso son llamados nulidades por los profetas, es falso interpretar esto como una negación racionalista de su existencia. Es más bien una cuestión de disputa vehemente acerca de la divinidad atribuida a ellos. (1965: 23)

El monoteísmo, tal como lo encontramos en la Escritura, no es meramente la visión de que hay un solo Dios, quien es Creador eterno y todopoderoso. Tal creencia era sostenida de manera variada por todo el mundo antiguo. Más bien, el monoteísmo es el concepto de un Dios, quien es la fuente de todos los seres. No emerge de un reino primordial de poder preexistente, sino que está libre de todas las limitaciones que la magia y la mitología forjan alrededor de los dioses. Los "dioses superiores" de Schmidt y Langdon, descubiertos en las leyendas de muchos pueblos primitivos, no deberían automáticamente ser considerados como demostraciones irrefutables del monoteísmo bíblico original. Con más o menos frecuencia, estos dioses estaban envueltos en la mitología, se revelaban como dependientes del mundo y eran manipulados por fuerzas externas auto-operativas ajenas a ellos. En contraste, el Antiguo Testamento habla de un solo Dios, y él es supremo sobre todo. No está sujeto a ninguna ley ni a ninguna fuerza que lo trascienda. Está completamente libre de rasgos mitológicos. No está rodeado de una corte celestial de ángeles y de demonios metamorfoseados de dioses y de diosas, a quienes él venció en luchas cósmicas anteriores.

De la vida propia de Dios no sabemos nada. La Escritura se enfoca solamente en su relación con su creación. No dice nada acerca del destino. Conoce sólo una ley fundamental y suprema: la voluntad y el mandato de un Dios absolutamente bueno y completamente santo. Tal vez por esta razón, el Antiguo Testamento es devastador en su denuncia de la confianza de la gente pecadora en la sabiduría humana. Yehezkel Kaufmann en *The Religion of Israel* dice:

> La idea religiosa que tiene la Biblia es de un Dios excelso por sobre toda ley, destino y compulsión cósmicos. Este Dios no nació, no concibe, no conoce deseo, es independiente de la materia y de sus fuerzas; es un Dios que no pelea contra otras divinidades o poderes de impureza; no se sacrifica, es divino, profetiza y no practica la hechicería; no peca y no necesita expiación; un Dios que no celebra festivales de su vida. Es un ser desencadenado y divino cuya voluntad trasciende a todos. Esta es la marca de la religión bíblica y la que la aparta de todas las otras religiones de la tierra. (1960: 121)

Aunque el Antiguo Testamento no aprueba la religión pagana ni sugiere que posea algún "valor religioso," es necesario subrayar que sí enseña que Dios es justo e imparcial en el trato con todos los pueblos (e.g., Amós 1:3-2:5). Más aun, contiene muchas sugerencias sobre la preocupación manifiesta que Dios tiene por los pueblos no israelitas (e.g., Jon 4:11). En un pasaje conmovedor de Amós, Yahvé le recuerda a Israel su soberanía incondicional en el trato igualitario con Israel y con las naciones vecinas. El Señor declaró: "¿Acaso ustedes no son para mí como los cusitas? ¿Acaso no saqué de Egipto a Israel, de Creta a los filisteos y de Quir a los sirios?" (9:7).

Dios también está preocupado por la justicia y la misericordia. Su buena voluntad expresa para con las naciones gentiles culmina con la promesa de que se convertirán y serán incorporados a la familia de su pueblo. Isaías revela el corazón de esta preocupación universal.

> Y a los extranjeros que se han unido al Señor para servirle, para amar el nombre del Señor y adorarlo . . . los llevaré a mi monte santo; ¡los llenaré de alegría en mi casa de oración! Aceptaré los holocaustos y sacrificios que ofrezcan sobre mi altar, porque mi casa será llamada casa de oración para todos los pueblos. (56:6-7)

## La religión en el testimonio de Jesucristo

No tenemos ninguna evidencia en los Evangelios de que Jesús alguna vez haya expresado un juicio acerca de las religiones no judías. Todo lo que sabemos es que él estaba incuestionablemente ligado al Antiguo Testamento. Vino no para abolir la ley y los profetas, sino a cumplirlos (Mat 5:17). No vio ninguna posibilidad de otros dioses, aparte del que él conocía como su Padre en el cielo (Mar 12:32-34). Creía que su venida al mundo para traer redención a Israel y salvación a las naciones era el cumplimiento de las profecías del Antiguo Testamento. Es virtualmente imposible sostener que su actitud para con otros sistemas religiosos haya estado en desacuerdo con la perspectiva del Antiguo Testamento, resumida en la discusión precedente.

Y aun así, Jesús usó el Antiguo Testamento de manera selectiva y original, para atacar el dogma y la práctica de las varias sectas judías de su tiempo. Por ejemplo, advirtió en contra de la enseñanza de los fariseos y de los saduceos (Mat 16:12) y puso en evidencia y reprendió su condición de santurrones, su religión externa, y su nacionalismo exclusivo. Por otro lado, les dijo a sus discípulos que "practicaran y observaran" lo que los fariseos les decían, en tanto evitaran su hipocresía (Mat 23:2-12). Era particularmente obstinado contra el uso legalista que los judíos le daban a la ley, en la esperanza de negociar para que Dios les asegurara su favor. Como correctamente afirma Baago:

> Él aceptó y rechazó, al mismo tiempo, la religión de sus antepasados, dándose cuenta de que el hombre nunca puede relacionarse con Dios sin formas religiosas (símbolos y ritos, adoración e instituciones), pero también dándose cuenta de que el hombre se ve tentado a absolutizar estas formas a los efectos de ganar seguridad para sí mismo. (1966: 327)

En los Evangelios, Jesús es descrito no sólo como controversial sino como controversialista. No se negó a dar advertencias en contra de las enseñanzas falsas de algunos de los líderes religiosos de sus días. (Mat 16:6). En una ocasión memorable, él les dijo a sus oyentes que estaban "equivocados" y continuó afirmando que estaban "muy equivocados" (Mar 12.18-27), porque desconocían las Escrituras y el poder de Dios. Él ligó su confesado señorío con el tema de la verdad: "Ustedes me llaman Maestro y Señor, y dicen bien, porque lo soy" (Juan 13:13). Él habló de sus convicciones sin titubeo, sin apología ni timidez; con una autoridad segura de sí misma pretendió ser *el* Maestro y *el* Señor de toda la humanidad. "Mi enseñanza no es mía . . . sino del que me envió" (Juan 7:16). "¿Por qué me llaman ustedes 'Señor, Señor,' y no hacen lo que les digo?" (Luc 6:46). Él hizo las declaraciones más dogmáticas con una determinación desenvuelta y tranquila: "les hablaba con autoridad" (Luc 4:32; ver también Mat 7:28-29). Y los que lo confesaban como Señor no hacían ningún intento por sustituir sus opiniones por las de él ni por adoptar ninguna otra postura aparte de contender sinceramente por la fe que él les había entregado.

Entonces, no debemos sorprendernos de que Jesús balanceara su crítica del externalismo judío con exaltaciones de aquéllos entre los judíos que servían a Dios fielmente. Aunque él consideraba que la rama samaritana del judaísmo era inferior (Juan 4:22), él ensalzaba a los samaritanos individuales por su moralidad personal y por su preocupación social (Luc 10:25-37; 17:16). También se regocijó por la fe genuina de un centurión romano (Mat 8:10). Debido a la disposición de Jesús de hablar positivamente de todos los que expresaban su amor y de los que carecían del espíritu de represalia para con otros, los padres de la iglesia primitiva llegaron a declarar que "todo lo que es bueno, verdadero y hermoso, no importa donde se encuentre, viene del Espíritu Santo" (Schlette 1966: 36).

Es natural que surja la pregunta, ¿Ofrece Jesús alguna guía para seguir con respecto a otras religiones? Mientras que no hizo ninguna afirmación comprehensiva acerca de las religiones no judías, sí comentó sobre los patrones fútiles que tenían los gentiles para sus oraciones repetitivas (Mat 6:7). No desafió el testimonio del Antiguo Testamento contra los dioses aparte del Dios de Abraham, de Isaac y de Jacob. Es imposible sostener que su actitud hacia otros sistemas religiosos hubiera estado en desacuerdo con el mandamiento: "No tengas otros dioses además de mí" (Ex 20:3). Su Padre era supremo y único; el servicio a otros dioses estaba totalmente prohibido. De ahí que, no podemos creer que él habría respaldado la apertura posmoderna de tolerancia y de pluralismo religioso, ni que habría alentado a sus seguidores a considerar a todos los sistemas religiosos como relativos o a tener la prioridad de profundizar la comprensión mutua entre ellos. Por supuesto que él estaba preocupado porque todos los pueblos en su interrelación unos con otros lograran las metas próximas de armonía social, de justicia civil, y de aliviar la pobreza. Pero su constante énfasis sobre la meta última del reino de Dios lo llevó a concluir, y en un sentido muy real, a llevar su ministerio al clímax, con el mandato de que su pueblo hiciera discípulos de entre los pueblos de toda tribu y lengua y nación (Mat 28:19). Ésta fue su respuesta a la cuestión del pluralismo religioso.

## El apóstol Pablo y la religión

Cuando abordamos las cartas del apóstol Pablo, ganamos una percepción de dimensiones adicionales de este tema complejo. Primero, él pone en evidencia el papel jugado por "los poderes" en la actividad religiosa de la gente. En el capítulo anterior, discutimos que cuando Satanás, junto con otras inteligencias invisibles, desafió la soberanía de Dios, un resultado fue que esos poderes se encarnaron en la existencia creada de las sociedades humanas (dentro de las costumbres, de las instituciones, de las costumbres morales, del orden del estado y de los patrones religiosos). Su objetivo invariable ha sido mantener a la gente separada del amor de Dios. Hendrikus Berkhof argumenta:

> Esta comprensión es especialmente iluminadora, cuando pensamos en las estructuras religiosas y sociales por medio de las cuales el mundo sin Cristo ha existido y ha sido llevado adelante. . . . Podemos señalar el sintoísmo en Japón, el orden social hindú en la India, la unidad astrológica de la antigua Babel, la profunda significación de las *polis* o las ciudades-estados para los griegos, o el estado romano. No es menos evidente que también el mundo moderno está gobernado por la *stoicheia*. No importa cuán significativamente la Biblia nos enseñe a ver esto como esclavitud, no deberíamos olvidarnos de que todavía es parte de la misericordia preservadora de Dios mantener la vida en disciplina, donde los hombres no conocen la liberación de Cristo. . . . Pablo nos puede ayudar con los problemas de las religiones comparadas. Ver las creencias pre-cristianas como una vida en sujeción a los poderes, siguiendo Gálatas 4, nos preservará de acercamientos ilegítimos a la fe cristiana (por ejemplo, como si fuera la "forma más alta" de religiosidad), así como igualmente de la condenación ilegítima del "paganismo ciego." (1962: 27-56)

Uno podría citar textos paulinos que acentúan que la actividad mental y en consecuencia religiosa de las personas está dominada en mayor o en menor medida por los poderes (e.g., Ef 2:2-3, 11-13; 4:17-21; Col 1:21-22; 1 Tim 4:1). En nuestros días de tolerancia descuidada y de relativismo religioso, fácilmente podemos desechar este testimonio. Es indudable que a los cristianos en Éfeso no les gustó que Pablo les dijera que ellos una vez habían andado "conforme a los poderes de este mundo. Se conducían según el gobierno de las tinieblas, según el espíritu que ahora ejerce su poder en los que viven en desobediencia" (2:2). Tampoco les gustó oír que su actividad religiosa anterior a la conversión había estado ligada a un sistema dominado por inteligencias hostiles a Dios.

Extraño como pueda parecer, cuando Pablo presentó su exposición más comprehensiva sobre la difícil situación espiritual de la humanidad en su epístola a los Romanos, él no mencionó ni a Satanás ni a los poderes. Más bien, su punto de foco estuvo sobre la condición caída de la raza humana y de su culpa. "Nadie tiene excusa" en virtud de su propia conducta (1:20). Él atribuyó la religión falsa al corazón humano. Dado que su exposición es crucial para nuestra comprensión del rol que juega la religión en el contexto de la interacción humana con Dios, resumiremos sus énfasis más importantes.

- El evangelio de Cristo es de relevancia universal. "Es poder de Dios para la salvación de todos los que creen: de los judíos primeramente, pero también de los gentiles" (1:16-17).
- La ira de Dios, lo que podría describirse como el amor de Dios operando contra el pecado, es igualmente universal, en que ha puesto a todos los pueblos bajo juicio (1:18).
- La totalidad de la creación de Dios es el vehículo por el cual Dios revela deliberadamente "su eterno poder y su naturaleza divina," y la única respuesta digna de sus criaturas es la adoración y la obediencia (1:19-20).
- La condición de caídos y la culpa de todos pueblos es vívidamente evidente en su resistencia inconsciente e involuntaria a lo que Dios les ha revelado (1:19), y en la supresión de esto por parte de ellos (1:18-21).
- El juicio de Dios es evidente en la manera en que Él entrega a las personas a las dinámicas destructivas de sus mentes réprobas (1:24, 26, 28).
- Las religiones de las personas reflejan la preocupación febril por las distorsiones que han hecho emerger en sus mentes, después de suprimir todas las señales válidas de la existencia y de la naturaleza de Dios, y la preocupación por la creación de Dios, pero no por Dios mismo (1:23).
- Esta actividad religiosa recoge para sí misma el auto-engaño y la auto-exaltación producidos por toda clase de

inmoralidad, de perversión de conducta antisocial y de odio implacable hacia Dios mismo (1:24-32).

No nos animamos a diluir la dura realidad de este cuadro. La comprensión de Bavinck de este pasaje, es de lo más perceptiva. Cuando la verdad del poder eterno de Dios y de su divinidad son confinados a los rincones del subconsciente de una persona, mediante su maldad (Rom 1:18), no desaparece para siempre.

> Todavía está activa, se revela a sí misma una y otra vez. Pero no puede ser abiertamente consciente; aparece disfrazada y es cambiada por algo diferente. Así es que se forman ideas de toda clase con respecto a Dios; la mente humana como la *fabrica idolorum* no es un engaño intencional. Ocurre sin que el hombre se dé cuenta. No puede liberarse de ellas. Así es que tiene la religión; está ocupado con un dios; sirve a su dios, pero no ve que el dios a quien sirve no es Dios mismo. Ha tenido lugar un reemplazo, un reemplazo peligroso. Una cualidad esencial de Dios ha sido borroneada porque no encajaba con el patrón de vida humano, y la imagen que el hombre tiene de Dios ya no es cierta. En efecto, la revelación divina está en la raíz de esto, pero los pensamientos y las aspiraciones del hombre no pueden recibirlo y se adaptan a ello. En la imagen que el hombre tiene de Dios, podemos reconocer la imagen del hombre mismo (1966: 122)

No podemos terminar la discusión de Romanos 1:18-32 sin preguntar: ¿Qué estaba Pablo describiendo en este pasaje? Admitamos que su objetivo mayor en 1:18-3:20 era mostrar a todo el mundo bajo el juicio de Dios. No obstante, ¿estaba meramente preocupado por describir cómo la sociedad pagana contemporánea había llegado a ser corrupta e idólatra? O ¿su cuadro era más grande y abarcaba "el origen de todas las religiones, incluso de la religión misma?" En relación con esto Andrew Walls agrega: "¿Asume [Pablo] el rechazo voluntario de un monoteísmo primitivo universal?" Luego concluye la discusión: "Son preguntas como éstas, o más vale, las respuestas que se dan por sentado, las que subyacen a mucho del debate que surge de la evangelización cristiana" (1970: 348).

A lo largo de los siglos, muchos en la iglesia estuvieron convencidos de que Pablo estaba describiendo el origen de los sistemas idólatras del mundo antiguo e indicando que todo tenía visos de depravación. Pero no todos los eruditos han aceptado esta interpretación. Uno recuerda los argumentos de Justino Mártir para establecer la tesis de que hombres tales como Sócrates y Séneca, en su oposición a la idolatría y en su lealtad a niveles éticos altos, fueron iluminados por el *Logos* eterno. No obstante, en los siglos XIX y XX, cuando el movimiento misionero se tornó verdaderamente global y muchos empezaron a estudiar las religiones no cristianas, muchos llegaron a sentir que Pablo había sido vindicado. El gran misiólogo alemán Gustav Warneck (1834-1911) sostenía que el paganismo con frecuencia reflejaba una memoria tenue de una revelación primitiva: "El estudio desapasionado de las religiones paganas confirma la visión de Pablo de que el paganismo es una caída de un conocimiento mayor de Dios" (citado por Walls 1979: 354). Lo que deberíamos evitar es la tentación a superponer sobre las palabras de Pablo la tesis de que él condenaba de manera incontenible todas las actividades de las personas en su búsqueda de lo que ellos percibían como trascendencia. En realidad, el objetivo de Pablo era afirmar que las personas, en su condición de caídas, suprimen las evidencias de la naturaleza invisible de Dios y de su providencia por gracia en el mundo creado y en la consciencia humana y en la historia. No honran a Dios y más bien se entregan a pasiones indecentes. Y las religiones que crean y a las cuales prestan alianza reflejan, sólo en parte, su intención de llegar a Dios. Examinadas cuidadosamente, su dios o sus dioses se enfocan sobre los individuos y no sobre el Dios y Padre de nuestro Señor y Salvador Jesucristo. Contra algo tan malo se revela claramente la ira de Dios.

Debemos incluir en esta secuencia de pensamiento lo que el apóstol Pablo dijo con respecto al pueblo judío y a su situación delante de Dios (Rom 2.1-3:8). Dado que Dios en el pasado les había mostrado un favor especial, ellos tenían que llegar a la conclusión de que estaban exentos de condenación, creyendo que siendo del linaje de Abraham automáticamente ya se les concedía la salvación. Pero Pablo replicó haciéndoles recordar que los juicios de Dios están siempre basados sobre el principio de la justicia, sobre lo que la gente hace, es decir, sobre sus obras. "Él dará vida eterna a los que, perseverando en las buenas obras, buscan gloria, honor e inmortalidad. Pero los que por egoísmo rechazan la verdad para aferrarse a la maldad, recibirán el gran castigo de Dios" (2:7-8). Dios no muestra ninguna parcialidad racial al juzgar el pecado. Esto no significa que la salvación es por obras, que las personas serán salvas cuando se conformen plenamente a las demandas de la ley. En 2:12-16, Pablo afirma que los juicios de Dios dependen de la luz bajo la cual han vivido las personas: ya sea la ley revelada de Moisés que los judíos recibieron o la ley de la naturaleza y de la conciencia, manchada por el pecado, que los gentiles conocen. En cualquier caso, tanto los judíos como los gentiles perecerán, dado que tanto unos como otros han pecado (2:12). Como John Murray lo afirma:

> Violaría todos los cánones de la verdad y de la equidad suponer que los pecados contra la ley, naturalmente y especialmente revelada, serán ignorados. Por fe en la gracia del evangelio, los pecados son quitados, pero otros pecados no son descartados por no creer en el evangelio. De aquí que la ley en lo máximo de su demanda y rigor será aplicada al juicio de aquellos en esta categoría. Ellos serán juzgados conforme a sus obras. (1959: 78)

En Atenas (Hech 17) Pablo se encontró con el politeísmo griego. En esta ocasión, deliberadamente evitó un debate sobre religión. No atacó la adoración de los ídolos. Más bien, aceptó la validez de la conciencia y la búsqueda religiosa universal de las personas. Como resultado, él no vio a sus oyentes como devotos de este o de aquel dios, sino como gente con hambre de corazón que andaba a tientas en su necesidad trágica. De ahí que, no se enredó en una discusión filosófica. Se negó a degradar su testimonio de Jesucristo al nivel de un mero diálogo intelectual. Y fue confirmado en su enfoque, porque a través de su predicación de Jesucristo, vio a algunos volverse de sus ídolos al Dios viviente (17:34).

**La conversión y el reino**

La iglesia por largo tiempo ha entendido su misión como compromiso para trabajar para la conversión de los no cristianos. Se deben hacer discípulos de todos los pueblos. No son pocos los versículos bíblicos que subrayan esta obligación. No obstante, en nuestros días, voces influyentes han desafiado esto y argumentan que la conversión de los no cristianos no es ni necesaria ni deseable. Las razones que presentan son formidables.

Primero, los movimientos nacionalistas en muchos países consideran al cristianismo como demasiado estrechamente identificado con el colonialismo occidental. Hacerse cristiano es identificarse con algo foráneo y contrario a la nacionalidad. ¿Por qué ciudadanos que aman a su país deberían unirse a un sistema religioso prominente entre los que han explotado al país en el pasado?

Segundo, la gente se da cuenta cada vez más de que hay muchos valores éticos y sociales en las creencias étnicas no cristianas. De ahí que, el misionero cristiano debe mirar "con sincero respeto esos modos de conducta y de vida, esas reglas y enseñanzas que, aunque diferentes en muchos particulares de lo que él o ella sostiene y pone en marcha, aun así con frecuencia reflejan un rayo de esa Verdad que ilumina a todas [las personas]" (Vaticano II, Abbott 1966: 662). Esto ha hecho que algunos especularan: si el Espíritu de Verdad ya ha estado obrando en estas religiones, la probabilidad es que ellas satisfagan más adecuadamente las necesidades espirituales de su gente que una fe occidental y foránea. Los misioneros cristianos deberían ayudarlas a darse cuenta de los tesoros que poseen y deben estar más dispuestos a utilizarlos para la humanización de sus sociedades.

Tercero, la desilusión con la iglesia institucional se ha difundido tanto, que se ha escuchado el llamado simplista y se ha aceptado fervientemente: "¡Olvídense de la iglesia! ¡Únanse a los que están sosteniendo a los pobres y a los oprimidos en su lucha por la justicia social y por lo valores humanos! ¡Allí es donde está Dios y allí es donde está la acción!"

Como resultado de este fermento, el debate religioso sobre la conversión en muchos círculos se ha desplazado de la conversión individual a Cristo, seguida por la incorporación a la iglesia, a hablar de "conversión" como compromiso con una comunidad socialmente preocupada, ya sea que sus miembros profesen algún tipo de alianza con la persona de Jesucristo o no. El pluralismo cultural y el relativismo religioso han desviado a muchos de hacer de Jesucristo el centro de su enfoque al tema de la conversión. Admitamos que, en un sentido, como Stephen Neill ha expresado: "Todas las personas realmente necesitan tres conversiones: a Cristo, a la iglesia y al mundo." Para Neill, convertirse al mundo significa que el cristiano tiene que mirar hacia afuera y "volver al mundo en testimonio y en servicio devoto." Luego agrega:

> Es un hecho observable el que estas conversiones puedan venir en cualquier orden. Un hombre primero se encuentra desafiado a rendirse al reconocer a Cristo como el Señor supremamente amoroso y adorable. Otro puede encontrar la realidad de la fe cristiana en la comunión compartida y en el misterio de la iglesia. Un tercero encuentra abrumado por los dolores y sufrimientos de la humanidad y descubre en Jesús de Nazaret el patrón y la inspiración para una vida de servicio. (1957: 50)

En este punto hacemos bien en volver a las Escrituras, en busca de su testimonio sobre la realidad y la necesidad de la conversión. Una clave para su lugar en ambos testamentos se encuentra en la aparición de Juan el Bautista y su convocatoria a un arrepentimiento radical, en vista del acercamiento inminente del reino de Dios. El arrepentimiento se indicaba por la obediencia del bautismo. Dado que la predicación de Juan y el bautismo representaban la continuación del llamado profético del Antiguo Testamento para volver al Señor (volverse, convertirse), cualquier discusión bíblica sobre la conversión debería comenzar con esta tradición.

Los profetas eran esencialmente avivamientistas que procuraban llamar a la gente hacia Dios, para renovar su pacto de obligación con Yahvé. Aunque su llamado era para el pueblo como unidad corporativa, resultó cada vez más en el surgimiento de un remanente compuesto de individuos que respondían personalmente "volviéndose" (implicando arrepentimiento) y comprometiéndose otra vez con las ordenanzas de adoración y con las reglas éticas del pacto sinaítico. Los israelitas se convirtieron originalmente a Dios, cuando aceptaron su propósito para ellos, de volverse de la esclavitud en Egipto y llegar a ser sus siervos (Ex 19:4-8). En términos generales, había expresiones específicas de obediencia involucradas en toda reafirmación de su relación de pacto con Dios (por ejemplo, la reconversión como en los días de Ezequías, 2 Crón 29-30). En ocasiones, nos encontramos con el registro de un rey (e.g., Manasés en 2 Crón 33:12-13) quien pasa por una experiencia de conversión (vuelve). Dado que los profetas eran invariablemente mensajeros de la esperanza futura, el énfasis de su llamado a una experiencia de la conversión era enfocar la atención sobre el movimiento permanente del propósito redentor de Dios, hacia su gloriosa consumación en el día del Señor. Esta mirada hacia adelante caracterizó a Juan el Bautista, con su proclamación de que el reino de Dios y el advenimiento del Mesías estaban "cerca."

Nada es más importante a esta altura, que evaluar de manera plena el llamado a la conversión pronunciado por Jesús después del encarcelamiento de Juan. Él inauguró el reino como "ya" pero "todavía no" con su proclamación de que el tiempo se había cumplido, de que todos y cada uno debían arrepentirse y creer en el evangelio. Leslie Newbigin amplía de manera útil esta proclamación de la siguiente manera: "¡Dénse vuelta! ¡Miren para el otro lado! Crean lo que les estoy diciendo, es decir, que el reino justo de Dios está a la puerta"

(1966: 32). El llamado de Jesús a la conversión implicaba darse vuelta, aceptar la realidad del gobierno de Dios, y luego voluntariamente llegar a ser una expresión y una extensión de ese gobierno, al participar en la congregación local de su pueblo.

Estos tres elementos demandan expansión. En primer lugar, está la reorientación espiritual de una persona que se vuelve en arrepentimiento y en fe de toda alianza indigna al señorío de Cristo. Uno se vuelve "a Dios dejando los ídolos" (1 Tes 1:9). Segundo, hay una transformación en la conducta, por la cual uno comienza conscientemente a participar en la actividad de Dios, lo que Pablo definió como "servir al Dios vivo y verdadero" (1 Tes 1:9). Finalmente, está la dimensión de la comunidad. El cristianismo solitario e individualista no tiene lugar en el registro del Nuevo Testamento. A partir de este momento, y subrayado por la referencia al bautismo en la Gran Comisión, el llamado a la conversión pronunciado por los apóstoles implicó un arrepentimiento radical, una sumisión a Jesucristo y un bautismo entrando a una comunidad visible.

La proclamación de la universalidad del señorío de Cristo sobre todas las naciones y sobre toda la creación no debería confinarse sólo a la provisión del perdón de los pecados por parte de Dios (Luc 24:47). Dado que la Gran Comisión tiene que ver principalmente con "el reino de Dios" (Hech 1:3), la conversión a Cristo no significa que las naciones deberían dejarse como están. Los cristianos individuales y las congregaciones corporativas deben ser "señales del reino." Y esto sólo puede significar responder de tal manera al gobierno de Cristo, de modo que reflejen en todos los aspectos el mañana de Dios en el mundo de hoy. El reino, en su manifestación final gloriosa, reflejará la plenitud de la paz, de la justicia, de la verdad y de la santidad. Se deduce, entonces, que el pueblo de Dios en el día de hoy debe ser pacificador, debe estar preocupado por la reconciliación entre todo tipo de facciones en conflicto. Ellos deben comprometerse en la lucha por la justicia social, profundamente preocupados por extender el conocimiento de la verdad de Dios por todo el mundo. Finalmente, deben ser en sí mismos un reflejo sin mancha de la santidad y del amor de Dios. ¡De esto se trata la conversión! Y trae aparejado un gran gozo no sólo en la presencia de Dios, sino también en medio de su pueblo en la tierra (Luc 15:10 y Hech 15:3).

## Conversiones individuales en el Libro de los Hechos

Así que, entonces, la información bíblica es explícita. La conversión implica la reorientación decisiva de una persona de su mundo interior hacia Dios. La conversión no sólo cambia la relación de las personas con Dios, sino que también las enlista para llegar a ser una señal del reino que viene.

Lucas registra en Hechos las experiencias de conversión de cinco personas de trasfondo, nacionalidad, temperamento, experiencia religiosa anterior y sexo diferentes: el eunuco etíope (cap. 8), Saulo el fariseo (cap. 9), Cornelio el italiano (cap. 10), Lidia la comerciante (cap. 16) y el carcelero romano (cap. 16). Aunque sus encuentros con Cristo son marcadamente diferentes, encontramos similitudes notables en la secuencia de los eventos, que los llevaron a la conversión. Ninguno fue directamente desafiado a "convertirse a Dios," y aun así, todos fueron encontrados por él en el contexto del testimonio evangelizador apostólico de que Dios había reconciliado al mundo consigo mismo, a través de Jesucristo y estaba llamando a hombres y a mujeres a acercarse a él como una expresión de su preocupación universal (Kummel 1963: 18).

Primero, todos pasaron por un período de preparación: el etíope leía las Escrituras (8:28). Saulo entendía el judaísmo y la ley (22:3; 26:5) y había oído la doctrina de los que él perseguía (7:2-53; 9:2; 22:4; 26:9-11). Cornelio era temeroso de Dios y un hombre de oración (10:2). Lidia adoraba en la sinagoga y había cultivado el hábito de la oración (16:13-14). Y el carcelero romano indudablemente había oído el testimonio de Pablo y de Silas durante un período considerable ("varios días") antes de que fueran encarcelados (16:12).

Segundo, todos oyeron la predicación acerca de Jesús o experimentaron su presencia. Felipe le explicó las buenas nuevas de Jesús al etíope (8:35); Jesús mismo formó el contenido de la visión de Saulo en el camino a Damasco (9:5; 22:8; 26:15); Pedro repasó junto con Cornelio los puntos salientes de las palabras y los hechos de Jesús (10:34-43; 11:14); Pablo le dio testimonio a Lidia (16:13); y Pablo y Silas "[le] expusieron la palabra de Dios" al carcelero y a su familia (16:32-34).

Tercero, todos reaccionaron de alguna manera, generalmente con una pregunta, en el proceso de su movimiento hacia la conversión. El etíope le preguntó a Felipe acerca del pasaje que estaba leyendo (8:34); Saulo buscó conocer la identidad del Cristo glorificado (9:5; 22:8; 26:15) y, en uno de los relatos, le pidió que le encomendara algo

(22:10); Cornelio le pidió al "ángel" que le explicara la visión (10:4); y el carcelero de Filipos les formuló a Pablo y a Silas la pregunta clave: "Señores, ¿qué tengo que hacer para ser salvo?" (16:30).

Cuarto, se le da prominencia a la actividad de Dios. El Espíritu estaba asociado con el ministerio de Felipe y llegó a ser el agente de la conversión del etíope (8:29, 39). Saulo se encontró directamente con el Cristo glorificado (9:4-6) y, de manos de Ananías, por indicación de Dios (9:10-16), recibió el Espíritu antes de su bautismo (9:17-18). Cornelio vio a un ángel de Dios en su visión (10:3, 30-32) y también recibió el Espíritu antes de ser bautizado, evidenciado por su hablar en lenguas (10:44-48; 11:15; 15:8). El Señor abrió el corazón de Lidia (16:14). Y todas las cosas alrededor de la conversión increíble del carcelero romano dan testimonio de la intervención de Dios (16:25-34).

Quinto, en todos los casos el convertido recibió el bautismo (8:38; 9:18; 10:47-48; 16:15, 33). Éste les pertenecía de manera inseparable a todos ellos, con su confesión implícita de fe y su representación vívida de haberse embarcado en una "vida de resurrección" hecha posible mediante el Cristo resucitado. Deberíamos notar que nadie hizo una confesión explícita de fe, aparte del bautismo. Los eruditos mayormente concuerdan en que Hechos 8:37 es una interpolación posterior.

Finalmente, en cada caso, uno no puede menos que notar los resultados evidentes de la experiencia de conversión. El etíope y el carcelero se regocijaron (8:39; 16:34); Saulo proclamó que Jesús es el Hijo de Dios (9:20, 22; 26:22-23); Cornelio habló en lenguas, alabando a Dios (10:46); y Lidia y el carcelero desplegaron la virtud cristiana de la hospitalidad (16:15, 34; cf. 1 Ped 4:9).

A pesar de las limitaciones de la información bíblica, hay ciertas características lo suficientemente comunes a estos cinco relatos, como para que hagamos las siguientes deducciones. Es claro que la experiencia espiritual en cuestión es más que simplemente la obra del momento. La conversión es un proceso. También, la conversión con frecuencia es ocasionada por todo lo que el Nuevo Testamento incluye bajo la rúbrica de "predicación." Se puede afirmar que algún tipo de actividad intelectual, aunque elemental, tiene lugar en el proceso y que la conversión cristiana implica a toda la personalidad, y no meramente a la comprensión intelectual. Más aún, el convertido es normalmente llevado a la vida total de la iglesia mediante el bautismo, y esto con frecuencia está relacionado directamente con el don del Espíritu Santo. Es fundamental para todo lo que se pueda decir acerca de la conversión en el Nuevo Testamento, que esta obra es, del principio al final, una respuesta al *opus Dei* (Smalley 1964: 193-210).

Vista desde afuera, la conversión implica un proceso, un volverse, una revisión, un movimiento hacia adelante. Hay involucrado algo más que arrepentimiento con respecto al pasado y nuevas resoluciones con respecto al futuro. Hay una disposición deliberada del corazón y de la mente, de rendirse a la voluntad y al poder de Dios, a través de un encuentro con Jesucristo, y luego, bajo su dirección, alejarse de las cosas que no son de Dios. Esta reorientación de toda la vida y de la personalidad es una condición *sine que non* para entrar al reino de Dios (Juan 3:3). Pablo estableció un paralelo con la muerte y la resurrección de Cristo: el convertido ha sido "sepultado con él en el bautismo" y resucitado a "una nueva vida" en el Espíritu (Rom 6:2-4; Col 2:12). Y el paradigma de conversión de arrepentimiento y fe, de muerte y de vida, llega a ser el patrón subsiguiente de la vida cristiana ("de la manera que recibieron a Cristo Jesús como Señor, vivan ahora en él," Col 2:6).

El bautismo es central para la experiencia total de la conversión. El obispo Stephen Neill ha señalado la discontinuidad radical implicada en el proceso de conversión, llamando la atención sobre el hecho de que la admisión dentro de las iglesias de la era apostólica era mediante "la fe *y el bautismo*" (su énfasis) y agregó: "El Nuevo Testamento no conoce nada sobre membresía en la iglesia sólo por fe, sin estar acompañada de este acto de obediencia y de confesión" (1964: 188). El resumen que Lucas hizo del ministerio de Pablo en Corinto fue: "También creyeron y fueron bautizados muchos de los corintios que oyeron a Pablo" (Hech 18:8). Y su definición de un cristiano sería la de alguien que confiesa a Jesucristo como Señor y Salvador, que es bautizado, que participa regularmente de la Cena del Señor, que permanece en la enseñanza de los apóstoles, mediante un estudio fiel de las Escrituras y que participa en la *koinōnia* local del pueblo de Dios, compartiendo su vida en común y el servicio (2:42).

Más todavía, en cada nivel de la evidencia bíblica, la conversión demanda compromiso con una conducta que refleje la venida del reino de Dios. Esto significa compromiso con una acción constructiva en la historia. Esto es, la proclamación del conocimiento de Dios acompañada por aquellas acciones en la sociedad que anticipan y mueven hacia adelante el propósito de Dios para su creación. Es decir, el reino en su realización plena, no meramente la membresía en un comunidad salva, sino la participación como agente de la obra de

Dios en la historia, la cual no estará completa hasta que todas las cosas se hayan resumido en Cristo (Newbigin 1969: 112).

## Conclusión

Ninguna cuestión en la teología de la misión o en la metodología de la misión es tan crucial como el tema de la religión y de la conversión. No nos animamos meramente a contentarnos con describir el evangelio del reino. Predicarlo de manera adecuada es hacer un llamado a la conversión. Por supuesto que el evangelio nos asegura que el nuevo cielo y la nueva tierra ciertamente vendrán y reemplazarán todo lo que es viejo. Pero el juicio de Dios debe preceder a esta gloriosa manifestación del reino. De ahí la importancia de predicar el arrepentimiento en el día de hoy y de llamar a la conversión del corazón, ¡hoy!

Así que, cerramos este capítulo repitiendo las palabras de Jesús a Nicodemo, sobre el carácter esencial de la experiencia de la conversión:

> De veras te aseguro que quien no nazca de nuevo no puede ver el reino de Dios . . . quien no nazca de agua y del Espíritu, no puede entrar en el reino de Dios. (Juan 3:3-5)

Si a Nicodemo, un rabino bien preparado, le fue dada la declaración rígida y aguda de su necesidad espiritual, ¿quién puede decir que no tiene una aplicación universal? ¿No es cierto que todas las personas que no han nacido de nuevo, en el día del juicio, desearán siquiera no haber nacido?

## Capítulo 23

## La Biblia entera anuncia el gobierno de Dios

**Introducción**

Hemos discutido el destino espiritual de la raza humana, en términos de los que son hijos e hijas del reino y de los que no lo son. Ahora nos vamos a concentrar en los eventos finales de la historia de la salvación, relacionados con el triunfo del reino de Dios en la historia (la introducción del cielo nuevo y de la tierra nueva). Descubriremos que este tema complejo es incomprensible a menos que lo relacionemos con la misión de la iglesia a favor de las naciones. Nuestra información primaria viene de una persona llamada Juan, y fue escrita en el contexto de su encarcelamiento "en la isla de Patmos por causa de la palabra de Dios y del testimonio de Jesús" (Apoc 1:9).

¿Quién era este Juan? Dado que el lenguaje de Apocalipsis es algo diferente comparado con el del Evangelio y el de las epístolas del apóstol Juan, algunos eruditos se han preguntado si es que pudo haber sido uno de los doce apóstoles: el hijo de Zebedeo "a quien Jesús amaba" (Juan 13:23). Aparentemente, el autor era muy conocido por las iglesias de Asia y no se rehusaba ser llamado como "profeta" (Apoc 22:9). Debido a que varios padres griegos primitivos (e.g., Justino Mártir e Ireneo) le atribuyen este libro al apóstol Juan, nosotros creemos que fue escrito cuando él era anciano (c. 95 d.C., en el reinado de Domiciano), cuando la iglesia, en ciertas partes del Imperio Romano, estaba entrando en un período de persecución. El libro describe a la iglesia luchando por su integridad espiritual y sufriendo bajo el ataque satánico. Por ello es que refleja muchas de las preocupaciones de los escritos anteriores de Juan. No vemos ninguna necesidad de inventar un Juan desconocido como autor.

El apóstol Juan indudablemente recordaba la predicación de Jesús con respecto a que el pueblo de Dios siempre sería tratado con hostilidad por el mundo (Juan 15:18-20; 16:33). Pero, ¿tiene este estallido de persecución romana un significado escatológico? Él personalmente necesitaba una respuesta. Y la iglesia siempre ha necesitado una percepción de todo el curso de la historia del reino de Dios en medio de la historia del mundo. Esto es particularmente así porque se creía que justo antes del fin se intensificarían las tribulaciones de la iglesia. Entonces, es muy apropiado que este último libro del canon le fuera dado al pueblo de Dios, al enfrentar este futuro que se iba oscureciendo.

**La revelación y el reino**

Juan había conocido a Jesús y la secuencia de su ministerio terrenal: el año del ministerio de renovación; el año de la inauguración del reino con sus multitudes y señales y milagros; y el año de la oposición creciente (¡y de la disminución de las señales!) conducente a la cruz, a la resurrección y a la ascensión. Juan también había estado activo en los primeros años de la era de la iglesia. Experimentó el derramamiento del Espíritu Santo en Pentecostés. Se regocijó por los miles de judíos que creyeron inmediatamente después. Se maravilló por las nuevas señales y prodigios del reino. Y participó en la penetración evangelizadora del mundo mediterráneo. No obstante, hacia el final del siglo, Juan estaba en prisión, y la iglesia de la región donde él servía estaba enfrentando lo que parecía ser una catástrofe total. A medida que la persecución aumentaba y que el clima de opresión se extendía más, había una aparente ausencia de liberaciones milagrosas. Las iglesias estaban empezando a clamar: "Por tu causa siempre nos llevan a la muerte; ¡nos tratan como a ovejas para el matadero!" (Rom 8:36). La pregunta inevitable era: "¿Hasta cuándo, Soberano Señor, santo y veraz, seguirás sin juzgar a los habitantes de la tierra y sin vengar nuestra muerte?" (Apoc 6:9-10). Rousas Rushdoony captura la escena:

> Apocalipsis describe al mundo como un mar turbulento, inquieto, siempre en movimiento, no siendo su propio dueño sino el objeto de los vientos del cielo, un área sin cimientos, sin seguridad ni estabilidad. Los santos sienten el impacto del mundo y de su fiebre, son golpeados por sus tormentas y sienten la fiebre de su inquietud, de su inutilidad, de su lujuria por el poder y por la seguridad, y de su mutabilidad sin forma. Se sienten llevados, abandonados a las tormentas de un mar salvaje e inquieto y se preguntan por el lugar que Dios tiene en todo esto. (1978: 87)

Fue Jesucristo mismo quien le dio la respuesta a Juan (Apoc 1:1). La iglesia siempre ha creído que Apocalipsis fue escrito para cristianos de todas las épocas, para asegurarles que Dios está operando tanto en sus días como particularmente cuando aumente la intensidad de la persecución justo antes del fin. Dios no le va a dar la espalda a su meta de consumar su propósito en su tiempo y a su manera.

No obstante, antes de que este triunfo final y de que la manifestación plena del reino puedan tener lugar, se debe resolver la lucha cósmica entre Dios y Satanás. De ahí que, no es sin razón que Apocalipsis comienza con una afirmación de quién es Jesucristo: "el testigo fiel, el primogénito de la resurrección, el soberano de los reyes de la tierra" (1:5). Mediante su muerte, él ha demostrado su integridad para llevar a cabo lo que había prometido hacer: "dar su vida en rescate por muchos" (Mar 10:45). Por su resurrección, se mostró a sí mismo como el Omnipotente, plenamente calificado para gobernar la tierra. Todo poder terrenal está bajo su control. Él también es descrito en una visión profética (Apoc 1:12-16), vestido con una túnica que reflejaba su poder de juez y de rey y teniendo las llaves (es decir, el control total) del infierno y de la muerte. Su gloria excede a la del sol en su fuerza (1:16), y está constantemente presente en el mundo, particularmente en medio de su iglesia (1:12, 20).

Esta visión prepara el escenario para todo lo que sigue. En realidad, Apocalipsis pretende tener una inspiración, una integridad y una autoridad sin paralelos con ningún otro libro del canon (1:1-3; 22:18-20). Tiene un solo propósito central. Es el de declarar que el reino de Dios es triunfante en el día de hoy, triunfará a lo largo del tiempo y será revelado como triunfante en la eternidad. Los cristianos siempre necesitan este mensaje. El Cristo que ahora está escondido del mundo es no sólo el Rey entronizado de la creación, sino también la Cabeza exaltada de la iglesia y el Señor de la historia.

Para que uno no piense que Apocalipsis representa sólo señales y símbolos, debemos apresurarnos a declarar que es radicalmente histórico, ya que habla específicamente de la venida del Cristo soberano y de la Nueva Jerusalén a la historia. De ahí que, como lo han hecho muchos antes que nosotros, debemos hacer el paralelo con Génesis, un libro igualmente histórico. Como Rushdoony lo resume (1978: 90):

| Génesis | Apocalipsis |
|---|---|
| Paraíso perdido | Paraíso recuperado |
| Creación del cielo y de la tierra | Un nuevo cielo y una nueva tierra |
| Entra la maldición: pecado, dolor, sufrimiento, muerte | Ya no hay maldición: no más pecado, dolor, sufrimiento ni muerte |
| Árbol de la vida cercado | Árbol de la vida restaurado |
| Cuatro ríos regando el jardín y curando a las naciones | Un río puro de agua de vida a la disposición de todos |
| Comunión destruida | Comunión restaurada |
| Maldición sobre el trabajo | Bendición sobre el trabajo |
| Gente fuera de armonía con la naturaleza | Gente en paz con la naturaleza |

Este paralelismo subraya el señorío de Cristo sobre la creación y la certeza de su triunfo último dentro de ella. No es sin razón que sus victorias pasadas son recordadas mediante la afirmación: "'Yo soy el Alfa y la Omega'–dice el Señor—, 'el que es y que era y que ha de venir, el Todopoderoso'" (1:4, 8). Esto nos recuerda la revelación dada a Moisés antes del éxodo (Ex 3:14). Más todavía, la descripción que Juan hace del Señor como el Único que mediante la cruz "ha hecho de nosotros un reino, sacerdotes al servicio del Dios su Padre" (Apoc 1:6) refleja una promesa similar que le fue hecha a los hijos redimidos de Israel en el Sinaí (Ex 19:6). La expiación por parte de Cristo marcó el comienzo de un éxodo mayor. No sólo liberó al pueblo de Dios de la esclavitud del pecado y lo introdujo a una vida de peregrino en este mundo, sino que también señaló hacia la manifestación última del reino de Dios en la historia en "poder y gloria." Ahora vamos al desarrollo de este tema, por medio de una sucesión de visiones.

**Las iglesias y el reino (Apoc 2-3)**

La primera visión describe al Cristo triunfante y exaltado en medio de siete iglesias. Estas siete habían sido elegidas posiblemente porque eran representativas de las iglesias de la era apostólica y de alguna manera son representativas de todas las iglesias en todas las épocas. Ciertamente, no tenían ningún problema que no estén enfrentando las iglesias de hoy. La iglesia en Éfeso (2:1-7) era ortodoxa y muy trabajadora, pero carecía de amor, la ausencia del cual hacía que todas su otras cualidades no tuvieran valor. Posiblemente estaban tan ocupados buscando herejías, que perdieron la capacidad para testificar con un amor que se entrega. La iglesia de Esmirna (2:8-11) estaba muy presionada por la prueba aguda de su lealtad política y por la difamación de parte de los judíos hostiles. Aunque eran materialmente pobres y estaban en problemas constantes, uno tiene la impresión de que sus miembros no tenían temor y eran optimistas.

La iglesia en Pérgamo (2:12-17) estaba obligada a funcionar en un contexto donde la influencia y el poder de Satanás eran agresivos y donde el martirio era una posibilidad. Algunos ponían en compromiso su fe; otros condonaban la enseñanza falsa incluso la inmoralidad abierta. La iglesia en Tiatira (2:18-29) era una extraña mezcla de amor cristiano, de fe genuina y de servicio diligente, pero estaba mezclada con el tipo de tolerancia sentimental de la enseñanza falsa, que llevaba a todo tipo de maldades. La iglesia en Sardis (3:1-6) estaba virtualmente muerta, teniendo sólo una fachada de piedad, y carecía de toda alabanza de parte de Cristo. No le ofrecía nada a él, y por eso fue llamada a recordar su pasado, a arrepentirse de su pecado y a guardar los mandamientos de Dios.

La iglesia en Filadelfia (3:7-13) era pequeña y débil, pero fiel a Cristo. Como resultado, él prometió guardarla a la hora de la prueba y abrirle una puerta a la oportunidad evangelizadora, que les fue negada a las demás. Finalmente, la iglesia de Laodicea (3:14-22) estaba espiritualmente en bancarrota. El Cristo resucitado fue despiadado en su condenación de su indiferencia espiritual (ni fría ni caliente), porque esto había traído ceguera e insensibilidad hacia todos los aspectos nobles de la vida.

Las lecciones valederas de esta primera visión enfatizan que Cristo está orientado hacia la renovación en su trato con su pueblo. Conoce plenamente el estado de las iglesias en todas las eras. Considera a cada congregación como una "lámpara," un potencial centro de luz, un testigo del evangelio en el mundo oscuro. Es rápido para exaltar toda evidencia de lealtad a la verdad, de obediencia a la misión y de pureza de vida. Pero reprende severamente la frialdad de corazón, la indiferencia a la verdad y el descuido con respecto al pecado. Estas cosas pueden representar mal su reinado y pueden adormecer la apelación y el atractivo del evangelio frente a los no cristianos. Aunque Cristo amenaza con remover de las congregaciones sus oportunidades de testimonio y de servicio (2:5), en ninguna parte les pide a los que son fieles que se alejen de las congregaciones manchadas o mayormente no creyentes para formar congregaciones "separatistas" en competencia con las otras. Se debe hacer todo el esfuerzo posible para expresar la unidad del pueblo de Dios y mediante un testimonio directo "[reavivar] lo que todavía es rescatable" (3:2). Como Cabeza de la iglesia, la preocupación constante de Cristo es por la renovación de su pueblo y no por su fragmentación. Sólo así, ellos pueden evitar repetir el fracaso de Israel bajo el antiguo pacto y llegar a ser lo que Israel nunca fue: una presencia de servicio y una luz guía en un mundo oscuro y necesitado.

De modo que, entonces, toda congregación local debería ser una señal del reino de Dios, a través de su adoración y de su sumisión al Señor que está en medio de ellos, como también mediante su servicio y su testimonio hacia afuera bajo su dirección. Cada expresión local de su cuerpo debe ser una demostración visible en el día de hoy de las cosas buenas que Cristo ha prometido para el día de mañana, cuando el reino finalmente se revele. Esto demanda que las iglesias en todas las generaciones tomen a pecho la exhortación con la que termina cada una de las cartas a las siete iglesias: "el que tiene oído para oír, oiga lo que el Espíritu dice a las iglesias." Los cristianos no deberían ser indiferentes a la presencia del diablo, a las distorsiones de los falsos profetas, a la influencia negativa de los cristianos desobedientes, y a sus propias propensiones infieles, cuando revisan su responsabilidad de orar y de trabajar para la renovación de la iglesia.

**La misión y el conflicto creciente (Apoc 4-16)**

Apocalipsis ahora presenta su tema principal: el hecho ominoso de que habrá un período relativamente corto, en el cual los cristianos van a enfrentar un mal terrible y persecuciones severas, justo antes del fin. Esta segunda visión presenta, de una manera de lo más comprehensiva y vívida, el conflicto cósmico entre el reino de Dios y el reino del diablo. Comienza con la descripción de un hecho último y eterno: el Soberano entronizado del universo está seguro en su poder, en su autoridad y en su control (cap. 4). El simbolismo refleja la pureza del cielo, agudamente separada de la pecaminosidad de la tierra. En la presencia de Dios están las huestes celestiales y su pueblo redimido. El punto de foco está sobre un documento sellado que registra el desarrollo de la historia, particularmente los hechos finales del juicio y de la salvación (cap. 5). Se levanta la pregunta: ¿Quién es digno de completar sus detalles? La respuesta es dada preparando el escenario para que emerja Jesucristo, el Cordero triunfante. Todo el cielo prorrumpe en canto, cuando él toma el documento y comienza a abrir los siete sellos. El canto reemplaza al misterio porque aparte de él la historia humana es un enigma. Él es la clave.

Los primeros cuatro sellos, al ser abiertos, revelan que la perspectiva de Jesús sobre la historia está subsumida bajo la imagen de cuatro jinetes (cap. 6). Los últimos tres jinetes representan la secuencia de guerra, hambre y pestilencia, y muerte: los estragos del mal humano. Pero el primer jinete es diferente. Debido a su color (blanco), George Ladd concluye que deberíamos buscar alguna interpretación que lo asocie con Cristo. Luego señala que en su Sermón del Monte, Cristo eligió la misión de la iglesia como el único elemento positivo en la historia humana. Después de citar Mateo 24:14 y Marcos 13:10, Ladd comenta:

> El curso de la era no debe ser de un mal sin alivio, en el que el pueblo de Dios sea sometido, sin poder hacer nada y de manera pasiva, a las bandas de poderes hostiles. Mientras que el reino de Dios no va a establecerse hasta el regreso del Hijo del hombre, la era va a ser de tensión: tensión entre los males que caracterizan la historia y afligen particularmente a los seguidores de Jesús, y la proclamación activa y agresiva del evangelio del reino llevada a cabo por esos mismos discípulos. . . . El jinete no es Cristo mismo, pero simboliza la proclamación del evangelio de Cristo en todo el mundo. (1972: 98-99)

Los cristianos necesitan desesperadamente esta visión del carácter victorioso de su misión a las naciones. Los símbolos que acompañan la visión, el arco y la corona, significan que, a pesar de toda forma de oposición, la iglesia llevará a cabo su misión de manera efectiva y completa. Se ganarán victorias, pueblos serán evangelizados, los convertidos responderán al llamado, se plantarán iglesias y el evangelio manifestará su poder victoriosamente al ser predicado cada vez más por todo el mundo. No es que los que den testimonio del evangelio no experimentarán oposición, persecución e incluso el martirio (6:9-11). Con demasiada frecuencia, el sufrimiento ha caracterizado mayormente a la iglesia a lo largo de su historia, especialmente en las fronteras del avance misionero hacia tierras no cristianas.

Es inevitable que la visión se extienda en este punto y que se nos sugiera que, a lo largo de los siglos, innumerables pueblos serán ganados para hacer una alianza con Cristo, por medio de este esfuerzo misionero sacrificial (cap. 7). Dios revela su conocimiento personal de sus elegidos y su preocupación por ellos, ya sean de Israel o de las naciones gentiles y los sella a todos como propios.

El sello es anticipatorio de la intensificación del conflicto cósmico, a medida que la historia se mueve hacia su clímax (cap. 8). La oposición del enemigo aumenta, sólo para ser enfrentada por los comienzos del derramamiento de la ira de Dios. Pero su ira no toca a los que tienen el sello de Dios en su frente (9:4). En realidad, esta descripción del propósito misionero de Dios que se mueve hacia adelante (cap. 9) tiende a refutar a los que parecen deleitarse superlativamente en caracterizar a los últimos días, hablando de un Satanás totalmente triunfante, de un mundo con una maldad sin alivio, de una iglesia apóstata y de una tarea misionera sin terminar. Ciertamente, Apocalipsis continúa hablando de los días oscuros que hay por delante y de los esfuerzos finales de Satanás y sus cohortes procurando frustrar la voluntad y el propósito de Dios. Pero "en los últimos días" Dios ha prometido que "[derramará su] Espíritu sobre todo el género humano" (Hech 2:17). Su promesa no debería ser olvidada. Para citar a Ladd:

> En los últimos días habrá mal, pero no un mal sin alivio. Dios nos ha dado un evangelio para los últimos días y nos ha dado un poder para llevar el evangelio a todo el mundo como testimonio a todas las naciones: luego vendrá el fin. Éste debe ser el espíritu de nuestra misión en esta era maligna. No somos optimistas alegres, que esperan que el evangelio conquiste al mundo y establezca el reino de Dios. Tampoco somos pesimistas desesperados que sentimos que nuestra tarea no tiene esperanza frente al mal de esta era. (1959: 139)

Habrá sufrimiento. El pueblo de Dios clamará por justicia y por liberación. Sentirán la intensidad creciente en la lucha cósmica de Dios con Satanás. La tierra, el mar, los ríos y el cielo serán atacados (cap. 8). Más todavía, hacia el final, poderes malignos sobrehumanos buscarán con desesperación oportunidades para frustrar a Dios y a su iglesia. Vendrán plagas. En medio de ellas Dios procurará llevar a los no creyentes al arrepentimiento, pero sin resultados (cap. 9). En medio de su angustia, la última trompeta se preparará para sonar para que no haya más demora (cap. 10). Pero antes de que ocurra esto y no haya más oportunidad de arrepentimiento, habrá un interludio en el cual una variedad de cuadros serán colocados delante de nosotros, sobre cosas por venir. Ellos describen a Dios vigilando a los suyos (11:1-2); su testimonio fiel en medio del terror final (11:3-6); el surgimiento del Anticristo (11:7-10); la conversión de los judíos (11:11-13) y la primera sugerencia del triunfo final de Cristo (11:14-19).

Luego el punto de foco se desplaza de Cristo mismo (12:1-7) a la expulsión final de Satanás del cielo (12:8-12) y a la intensificación de su guerra contra el pueblo de Dios (12:13-17). Satanás es asistido en esto por dos agentes, quienes, junto con Satanás, forman la trinidad del mal. En primer lugar, está la bestia que sale del mar de las naciones no creyentes (13:1-10), el Anticristo, que toma la forma del aparato del estado, el cual fue hecho por Dios para el bien de la humanidad y lo transforma en un instrumento de opresión. La bestia representa a las culturas y estados no cristianos, en cuanto a que se apropian de la autoridad y de la soberanía que realmente le corresponden a Dios y en cuanto a su centralización y manipulación del poder humano. Debido a esto, los cristianos deben tener bien presente que el poder de Satanás es más ilusorio que real. La venida de Cristo al mundo "para destruir las obras del diablo" (1 Juan 3:8) probó ser su golpe de muerte (Juan 12:31; Col 2:15). Aun así, la bestia continúa. La "herida mortal . . . ya había sido sanada," de tal manera que "el mundo entero, fascinado, iba tras la bestia" (Apoc 13:3). Albertus Pieters escribe: "La herida mortal está sanada. En los días de San Juan, era evidente que la bestia no estaba para nada muerta, y esta curación de la herida era indudablemente una prueba dolorosa para él y para sus amigos" (citado por Rushdoony 1978: 174). Y aun así, él sabía que Satanás estaba verdaderamente condenado, en virtud de la muerte y la resurrección de Cristo.

El segundo agente es la bestia que sube de la tierra (13:11-18). Es el falso profeta que pervierte la religión y de esa manera presiona a todas las personas a adorar al Anticristo. Los cristianos siempre han encontrado dificultad para aceptar las implicaciones más oscuras tanto del estado (César) como de la religión falsa (la cual con frecuencia incluye iglesias apóstatas). Los cristianos aman a sus países y sienten la inclinación a rendirle a César mucho más de lo que se merece. Más aún, aman a sus iglesias y no están siempre alertas a la tentación que la iglesia tiene de desviarse de una salvación centrada en Cristo hacia una centrada en las personas y orientada a los logros. Cuando las personas religiosas de manera no crítica colocan a personas caídas y a su potencial en el centro del escenario, no están conscientemente rebelándose contra Dios. Pero con frecuencia, su preocupación por la humanidad resulta en un humanismo excesivamente moralista, preocupado por las obras humanas y por la ley humana. Así es que, la segunda bestia es descrita como "cordero" (13:11) y que por "grandes señales milagrosas" (v. 13) ella "engañó a los habitantes de la tierra" (v. 14).

En este punto brilla la luz sobre el cuadro desolado. Justo cuando el poder del triunvirato satánico parece que todo lo conquista y el pueblo de Dios está siendo derrotado (su testimonio de Cristo virtualmente extinguido), se da la seguridad de que todo está bien (cap. 14). El Cordero permanece en su trono y la consumación de la historia se ve firme en sus manos. La civilización impía del Anticristo (Babilonia) será juzgada y los santos de Dios serán llevados a su salvación eterna. Especialmente se les recuerda a los martirizados que sus esfuerzos por extender el conocimiento de Cristo no han sido en vano (14:13); las cosechas finales se recogen. Estas cosechas tienen dos facetas: los redimidos de todos los rincones de la tierra (cf. Apoc 14:14-16 con Mar 13:27) y los impenitentes que enfrentan la ira de Dios (cf. Apoc 14:17-20 con Mar 24:30). Los portentos finales revelan a Dios en el cielo en medio de su pueblo victorioso (cap.15) y el derramamiento sobre la tierra de las siete últimas plagas: las siete copas de su ira (cap. 16).

**Babilonia cae y Dios triunfa sobre Satanás (Apoc 17-20:3)**

La tercera visión se enfoca sobre el juicio de lo que sólo puede llamarse la Babilonia escatológica y el triunfo de Cristo. Babilonia es introducida como el epítome de todos los sueños idealistas de los estados humanistas ("la lujuria humana por un paraíso sin Dios y con desprecio hacia Dios" [Rushdoony 1978: 194]). Dado que éste imita al reino de Dios y tienta a las personas caídas a creer que sin la ayuda de Dios ellas pueden perfeccionar la sociedad humana, Babilonia es correctamente llamada ramera. Es descrita como sentada sobre las aguas de "pueblos, multitudes, naciones y lenguas" (17:1, 15). Ella es "la gran ciudad que tiene poder de gobernar sobre los reyes de la tierra" (17:18). Ahora se hace claro como el agua que la misión de "hacer discípulos" que tiene la iglesia no es otra cosa que el instrumento principal de Dios para liberar a las personas de la esclavitud satánica. A lo largo de toda la historia, varias formas de estas sorprendentes realidades han tomado su poder de pueblos caídos y de "los reyes de la tierra" seduciéndolos a preocuparse por ellos mismos, por sus inmoralidades, por sus adquisiciones, por sus explotaciones y por su desafío a las leyes de Dios. Ahora, al final, el Anticristo experimenta una destrucción repentina y total. Una absoluta confusión invade todo lo satánico. Cristo emerge como el conquistador y es exaltado como Señor de señores y Rey de reyes (17:14). "Así como el primer Adán destruyó el paraíso por su pecado, el segundo Adán destruye el paraíso falso mediante su justicia" (Rushdoony 1978: 197).

El juicio de Babilonia tiene un alcance tal, que el cielo entero estalla en un gran himno de acción de gracias y de alabanza a Dios (19:1-5). Esto conduce directamente a la proclamación de las señales del triunfo final del reino de Dios y a la consumación del propósito redentor de Dios.

Primero, tienen lugar las bodas privadas del Cordero (19:6-10). Su novia es el único pueblo de Dios, ya sea de Israel o de las naciones. Son revelados como habiendo sido constantes en su resistencia. Ellos guardaron los mandamientos de Dios y perseveraron en su fe en Jesús (14:12).

Segundo, todos son testigos de la manifestación pública del Cristo conquistador (19:11-16). Él es revelado como fiel y verdadero, como justo en su conquista del mal, con la palabra de Dios, encarnando plenamente la totalidad del propósito redentor de Dios. Su pueblo comparte su victoria y su soberanía.

Tercero, todos oyen el grito de triunfo porque el Anticristo ha sido conquistado (19:17-21). Este es el Armagedón: la batalla final. No tiene lugar ninguna lucha. La victoria de Cristo es total, y los ejércitos del Anticristo capitulan completamente. La victoria que había sido anunciada anteriormente (16:12-16) ahora finalmente tiene lugar. Sorprendentemente, hacia el final mismo, muchas personas permanecen obstinadas en su resistencia a Dios y a su justicia. Inevitablemente, sobre ellas caen la ira y el juicio de Dios.

El cuarto elemento en esta secuencia es que Satanás es atado por precaución (20:1-3). Su poder es deliberadamente y drásticamente refrenado. La facilidad con la que Cristo logra esto confirma su conquista anterior de Satanás sobre la cruz. El Satanás derrotado se encarna en el abismo desde el cual antes habían salido las langostas demoníacas para atormentar a la raza humana (9:1-6). Por esto se le impide engañar a las naciones por mil años. Al final, él es liberado e inicia otra revuelta en contra de Dios (20:7-10). Pero no sirve para nada. Enfrenta a Dios por tercera y última vez, es derrotado y luego arrojado para siempre "al lago de fuego y azufre" (20:10; ver también Mat 25:41).

**La primera resurrección y el juicio final (Apoc 20:4-6, 11-15)**

El pueblo de Dios triunfante, aunque martirizado, ahora es levantado de los muertos y comienza su reino milenial con Cristo. Sirven como "sacerdotes de Dios y de Cristo." Es en esta secuencia cuando recurrimos a Pablo para tener una percepción de cómo desenredar estas complejidades del fin.

> Pues así como en Adán todos mueren, también en Cristo todos volverán a vivir. Pero cada uno en su debido orden: Cristo, las primicias; después, cuando él venga [*parousia*], los que le pertenecen. Entonces vendrá el fin, cuando él entregue el reino a Dios el Padre, luego de destruir todo dominio, autoridad y poder. Porque es necesario que Cristo reine hasta poner a todos sus enemigos debajo de sus pies. El último enemigo que será destruido es la muerte, pues Dios "ha sometido todo a su dominio." Al decir que "todo" ha quedado sometido a su dominio, es claro que no se incluye a Dios mismo, quien todo lo sometió a Cristo. Y cuando todo le sea sometido, entonces el Hijo mismo se someterá a aquel que le sometió todo, para que Dios sea todo en todos. (1 Cor 15:22-28)

Este pasaje describe las etapas sucesivas por las cuales Dios finalmente y de manera completa destruye a todos sus enemigos y hace realidad su reinado perfecto en todo el universo. Pablo comienza con la resurrección de Cristo. Él es las primicias de esta victoria final (15:23). Jesucristo luego reina a la diestra de su Padre, sojuzgando a sus enemigos (15:24). Esta es la era de la iglesia. Después viene su regreso futuro (la Parusía) y lo que se llama primera resurrección, cuando todos los que han compartido su vida se levantarán de los muertos. Dado que el último enemigo en ser destruido es la muerte (15:26), postulamos que esto tiene lugar al final de la era del milenio, cuando el resto de los muertos sean levantados para responder a la convocatoria de Cristo de comparecer delante del juicio final (Apoc 20:11-15). Con una justicia escrupulosa, el juicio divino es entonces administrado de acuerdo a las acciones realizadas en esta vida (Rom 2:6). Finalmente, la muerte es derrotada, el pecado es removido para siempre y ahora está preparado el camino para que Cristo le entregue el reino de Dios al Padre (1 Cor 15:28), para que Él pueda ser "todo en todos."

Es necesario reconocer que hay otra manera de considerar los mil años del reinado de Cristo. Comienza con asumir que en un libro altamente simbólico (Apocalipsis) uno no debería tomar literalmente estos pocos versículos. Más bien, uno debería considerar el período de la iglesia del Nuevo Testamento como el verdadero milenio, en el cual Cristo reina a través de su pueblo en misión, cuando ellos ponen a hombres y mujeres individuales y a las naciones bajo su dominio. Este punto de vista afirma con corrección que la misión es la actividad de Dios en Cristo. A través de la iglesia, Dios reúne a sus elegidos. Por el evangelio, él también extiende su soberanía sobre la creación. Esta visión enfatiza que el triunfo de Cristo en la cruz resultó en la expulsión de Satanás del cielo y en que fue atado "para que no engañara más a las naciones" (Apoc 20:3). La primera resurrección es vista como la regeneración espiritual del pueblo de Dios. La liberación de Satanás al final del milenio (20:7-10) resulta en la intensificación de la persecución y el sufrimiento de los cristianos justo antes del fin. La referencia a la destrucción de Gog y de Magog (20:8), al final de los mil años, está en duro contraste con el relato paralelo en Ezequiel 39:1-8, donde esto tiene lugar al comienzo de la era del reino. Por esto se ha considerado legítimo creer que no habrá ningún milenio real a continuación de la Parusía de Jesucristo.

Se podrían decir muchas cosas con respecto al enfoque "amilenialista" de este pasaje reconocidamente complejo. Nosotros haremos sólo dos observaciones. Mientras que concederemos que Cristo es soberano en la historia y que "pone todas las cosas para el bien de quienes lo aman" (Rom 8:28), su gobierno presente está escondido. No es visto ni reconocido por el mundo. Aun así, escondido o no, sabemos que "es necesario que Cristo reine hasta poner a todos sus enemigos debajo de sus pies" (1 Cor 15:25). Pero la Escritura parece indicar que este reinado será "con poder y gloria" y será universalmente reconocido por toda la creación porque toda rodilla se doblará y toda lengua confesará su señorío (Fil 2:10-11). Esta fase del reinado todavía tiene que ocurrir.

Segundo, deberíamos preguntarnos: ¿Nunca verá la historia humana "su reinado en justicia"? O, para ponerlo de otra manera: ¿Se les debe decir a las naciones que incluso con el Cristo triunfante nunca se hará realidad eso por lo cual muchos han soñado y luchado a lo largo de los siglos, es decir la paz, la abundancia, la justicia social y el fin de toda explotación? Este es el defecto básico en la visión amilenialista:

no despierta ninguna esperanza en el reinado glorioso de Cristo sobre la tierra. Aunque proclama que la tierra y las naciones disfrutarán de su jubileo, no provee ninguna certeza de que esto alguna vez ocurra. Imaginen que la violencia del siglo XX fue parte de este milenio.

**Todas cosas nuevas (Apoc 21-22)**

Ahora llegamos al punto donde los cielos nuevos y la tierra nueva toman el lugar de lo viejo (21:1-8), y los redimidos disfrutan de una comunión perfecta con Dios: "el primer cielo y la primera tierra habían dejado de existir." La novia, la esposa del Cordero, es entonces revelada en toda su gloria (21:9-22:5). La ciudad de Dios es también revelada en toda su gloria con el Señor en su templo y el Cordero como una llama que provee su luz y su esplendor. El río de la vida fluye allí libremente y las hojas del árbol de la vida sirven "para la salud de las naciones."

En este punto, Apocalipsis llega a su fin formal dado que "el conflicto de las edades" ya no existe. Sus "señales" han hablado de realidades que sólo de manera tenue expresan su plenitud. Ellas nunca revelan completamente los misterios hacia los cuales han estado apuntando. Pero hay algo de lo que podemos estar seguros: ¡Dios triunfará en la historia, finalmente y de manera absoluta!

**El destino de los no cristianos**

En cualquier discusión sobre el juicio final de Dios y la consumación de la historia de la salvación, inevitablemente se levantan preguntas concernientes al destino eterno de los que durante sus vidas ignoraron a Jesucristo o se negaron a reconocerlo como su Señor y Salvador, al ser confrontados con las demandas del evangelio. De acuerdo a la información bíblica ya examinada, es evidente que el evangelio surge del evento histórico único de la muerte, sepultura y resurrección de Jesucristo. Ningún otro fundador de una religión pretendió ser el Hijo eterno de Dios, la única deidad suprema. Ningún otro maestro religioso alguna vez ha tenido la audacia de pretender, como Jesús lo hizo, de afirmar que negar su deidad era incurrir en la certeza de morir en los pecados propios (Juan 8:24). La Escritura concuerda con el juicio de Stephen Neill: "La vida de Jesús, sus métodos y su mensaje no tienen sentido, a menos que sean interpretados a la luz de su propia convicción de que en realidad era la palabra decisiva y final de Dios al pueblo. Para la enfermedad humana hay un remedio específico, y es éste. No hay ningún otro" (1961: 16-17).

La fe cristiana por su propia pretensión de tener la verdad, pone un manto de falsedad o por lo menos de verdad imperfecta sobre todo otro sistema. Su "pretensión de la validez universal del evangelio no puede ser removida en silencio sin cambiarlo en algo enteramente diferente de lo que es" (Neill 1961: 16). El tema fundamental es la verdad. La Biblia afirma que un evento tuvo lugar en la historia cuando "en Cristo, Dios estaba reconciliando al mundo consigo mismo" (2 Cor 5:19). Este evento abrió la posibilidad de una relación nueva y permanente entre un Dios santo y la raza humana pecadora. Todos los pueblos pueden tener acceso a la presencia y a la amistad de Dios. De ahí que, todos son invitados. Este gran logro ni necesita repetirse, ni necesita ser reemplazado. Sigue siendo suficiente por todos los tiempos y por todas las generaciones. Sobre esto, el testimonio bíblico es inequívoco y nada ambiguo. En Jesucristo y únicamente en él, las personas pueden "encontrar un camino hacia Dios, la verdad acerca de Dios y la vida de Dios" (J. N. D. Anderson 1970: 96).

Están los que desafiarían estas afirmaciones. Ellos admiten con facilidad que en generaciones anteriores de la iglesia, el punto de vista de que, en última instancia, todos serían redimidos, era totalmente inaceptable. Esto fue descartado como herejía por el Sínodo de Constantinopla, juicio que fue confirmado por el Concilio de Constantinopla en el 553 d. C. Aun así, ellos sostienen que la opción universalista refleja más el espíritu de esa generación. Más todavía, ellos apelan a tres líneas diferentes del testimonio escriturario para respaldar este "punto de vista más amplio." Primero, la universalidad del propósito redentor de Dios (e.g., "Pero yo, cuando sea levantado de la tierra, atraeré a todos a mí mismo," Juan 12:32, o "un solo acto de justicia produjo la justificación que da vida a todos," Rom 5:18). Segundo la universalidad de la voluntad salvífica de Dios (e.g., "Dios . . . quiere que todos sean salvos y lleguen a conocer la verdad," 1 Tim 2:4 o " no quiere que nadie perezca sino que todos se arrepientan," 2 Ped 3:9). Tercero, la universalidad de la expiación vicaria de Cristo (e.g., "Él es el sacrificio por el perdón de nuestros pecados, y no sólo por los nuestros sino por los de todo el mundo," 1 Juan 2:2, o "[Él reconcilió] consigo todas las cosas, tanto las que están en la tierra como las que están en el cielo, haciendo la paz mediante la sangre que derramó en la cruz," Col 1:20).

Tomadas en sus contextos, estas afirmaciones son poco concluyentes. Demuestran la suficiencia absoluta del logro redentor de

Cristo y la anchura de la preocupación universal de Dios, pero no establecen la certeza de que la gracia de Dios triunfará completamente y finalmente en todas las personas.

Otra línea de argumento es presentar esos textos que describen el amor de Dios en términos universales y superlativos. El razonamiento es que sería inconcebible para un Dios así estar eternamente separado de un gran número de los que portaron su imagen en la tierra (2 Tes 1:7-9). Como dice Nels Ferre:

> Una teología basada sobre el amor soberano estará inexorablemente del lado de una salvación universal. Cualquier cosa menos que eso sería inconsistente con la soberanía de Dios e impugnaría el amor de Dios. Si Él es amor soberano, la pregunta sobre el resultado está completamente cerrada. El amor ganará la rendición incondicional de todo lo que no es amor, y Dios gobernará en todas partes y para siempre. (citado por Griffiths 1980: 120)

Pero estos textos deben balancearse con los que afirman la santidad y la justicia de Dios y su preocupación por que las personas sean libres para decidir ya sea obedecerlo o vivir sus vidas separadas de Él. Las elecciones hechas en esta vida son determinantes. Si una persona se niega a vivir con Dios y con su pueblo en esta vida, ¿no encontraría la eternidad intolerable, siendo que ésta implica este vínculo en un sentido eterno? Todavía queda el tema de que Dios ha permitido que el pecado entrara en al mundo, con todas sus tendencias destructivas y sus injusticias. Como consecuencia, Dios ha permitido que la gente sufra. Michael Griffiths concluye:

> La coexistencia del infierno con el Dios de amor parecería ser una moral necesaria si es que el hombre debe tener libertad de elección. Sabemos muy tristemente incluso en la experiencia humana, que el amor puede ser rechazado y que una persona puede persistir en una separación y en un odio voluntarios, incluso cuando tal conducta no sea de su interés. El orgullo humano puede mantener a un hombre en el infierno. (1980:132)

Lo que nos preocupa en este punto no es si es que hay tanto un cielo como un infierno. Jesucristo fue de lo más explícito en este punto (Luc 10:20; 12:5). Tampoco estamos preocupados por refutar el punto de vista de que todos se van a salvar. Los argumentos más cuidadosamente elaborados en respaldo del universalismo no pueden resistir ante el fuerte testimonio de la Escritura. Nuestra preocupación está en el nivel primario de la comunicación del evangelio y de la respuesta humana, con el punto de foco sobre lo que es un cristiano. ¿Cuánto tiene uno que creer para tener una "fe salvadora"? ¿Cuáles son las señales externas de un genuino encuentro con Dios?

A juzgar por el testimonio profético en los tiempos del Antiguo Testamento, la fe salvadora *sine qua non* era una actitud de un corazón de arrepentimiento para con Dios, debido a la consciencia del pecado propio. Esto se lograba trayendo a Dios una ofrenda por el pecado que estaba prescrita. Cuando el pecado era tan agraviante para Dios que ninguna ofrenda podía cubrirlo, el penitente sólo podía clamar por perdón, de manera muy parecida a como lo hizo David, cuando se dio cuenta de sus pecados de adulterio y de asesinato (e.g., Sal 51). Luego, el apóstol Pablo confirmó que mientras que ningún sacrificio de animal podía quitar los pecados, la ofrenda de cualquier sacrificio indicada por Dios, acompañada por el arrepentimiento sincero y por el pedido de perdón reflejaba la fe en el sacrificio final de Cristo por la culpa y la vergüenza humana (Rom 4:7-8). De manera similar, el escritor de Hebreos dice que este sacrificio "[los liberó] de los pecados cometidos bajo el primer pacto," asegurándoles así a los judíos arrepentidos y creyentes anteriores a Jesús, el perdón y la salvación de Dios (Heb 9:15; ver también Rom 3:24). La cruz de Cristo es de relevancia permanente y eterna en el propósito redentor de Dios.

No obstante, la Escritura es también clara en su testimonio de que la fe viene por oír la palabra de Dios (Rom 10:17). Entonces, ¿qué hace uno con los temas relacionados, respecto de los cuales la Escritura guarda silencio? ¿Qué del destino eterno de esos millones que, no por falta propia, nunca oyeron el evangelio? ¿Están condenados sobre la base de su condición de caídos y su probable fracaso en responder a las insinuaciones de la autorrevelación de Dios en el mundo que ha creado ("nadie tiene excusa," Rom 1:19-20)? ¿O deberíamos más bien adoptar la secuencia de pensamiento popularizada por J. N. D. Anderson (1970: 98-106)? Nuestro resumen de sus postulados básicos aparece a continuación:

    1. Los salvados bajo el antiguo pacto ("por gracia mediante la fe") sólo percibían de manera tenue las implicaciones de ofrecer "los mismos sacrificios . . . sin cesar año tras año," los cuales no podían "hacer perfectos a los que adoran" (Heb 10:1, 10).

2. Mientras que su conocimiento era limitado, volverse a Dios en arrepentimiento y ofrecer el sacrificio prescrito (o confiarse a la misericordia de Dios, cuando ningún sacrificio era considerado apropiado para cubrir pecados morales capitales) significaba que obtenían un estatus de perdonados idéntico al nuestro.
3. Dado que la salvación nunca se logra "por obras," debemos ser inflexibles en negar esta posibilidad para los seguidores de otras religiones, simplemente porque procuren ser religiosos y luchen por ser morales.
4. No obstante, si la gente se da cuenta de su pecado y se entrega a la misericordia de Dios con una sinceridad reflejada en una conducta recta, ¿podemos asumir que están en una relación con Dios que es diferente de la descripción que da Pablo en Romanos 1:32 (que todas las personas saben algo acerca del juicio de Dios contra el pecado, pero que muchas tratan esta posibilidad con desprecio)?
5. Sólo postulando que la gracia se puede extender aparte de cualquier conocimiento del evangelio es que podemos resolver la pregunta levantada por el silencio bíblico, sobre la cantidad mínima de conocimiento que se necesita para la salvación. Esto quiere decir que la ignorancia del evangelio lo descalifica a uno para la gracia de Dios.
6. Si, por medio de la obra interior del Espíritu Santo, un hombre o una mujer clama por la misericordia de Dios, él o ella la encontrarán. Por supuesto que se reconoce que la única evidencia empírica que tenemos viene de cristianos que han contactado a estos penitentes y han compartido con ellos el evangelio, que es el único que puede traer certeza.
7. Esta secuencia de pensamiento sustanciaría el énfasis bíblico sobre la necesidad de buscar a Dios si es que uno quiere encontrarlo (Lam 3:25; Sal 53:2-3; Prov 8:17; Luc 11:9-10; Hech 17:27; Heb 11:6; etc.). Debido a que en el mundo natural nadie busca a Dios (Rom 3:11), debemos presumir que el Espíritu de Dios está activo donde sea que la gente lo busque.

Dado que hemos respaldado esta secuencia de argumento, sería insuficiente decir que todos las religiones no cristianas con totalmente demoníacas o totalmente creadas por el hombre o una mezcla de ambas. No debemos olvidarnos de la luz que ilumina a todos (Juan 1:9). Anderson, después de su rica experiencia misionera en Egipto, sólo pudo decir:

> Me he encontrado con un musulmán convertido que considera que el Dios que buscaba anteriormente para adorarlo era un Dios totalmente falso. En cambio, está maravillado y lleno de gratitud, porque ahora ha sido llevado a conocer ese Dios tal cual es, en Jesucristo nuestro Señor. (1970: 110)

Tal vez la mejor manera de terminar esta discusión sea ver una relevancia mayor y una aplicación más amplia en la parábola que Jesús relató sobre el publicano en el templo que clamaba: "¡Oh Dios, ten compasión de mí, que soy pecador!," y que "volvió a su casa justificado" (pero sin una certeza interior, Luc 18:9-14). Sería sabio si los evangélicos siguiéramos a John Wesley y no aprobáramos de manera indiscriminada la condena del mundo no cristiano a la maldición eterna.

> Es necesario observar, agrego a propósito, para aquellos que están bajo la dispensación cristiana que, en razón de que no tengo autoridad de la Palabra de Dios "[para] juzgar a los de afuera," ni concibo que cualquier persona viva tenga el derecho de sentenciar a condenación a todo el mundo pagano y mahometano [musulmán], es mucho mejor dejarlos en manos de Aquel que los hizo, y quien es "el Padre de los espíritus," quien es el Dios de los paganos así como de los cristianos, y que no odia nada de lo que Él ha hecho. (1872, vol. 7:353)

## Conclusión

Hemos seguido el rastro de los pasos que conducen a la consumación del propósito redentor de Dios, con el reino a salvo y finalmente en sus manos. Por fin, todos sus siervos "lo verán cara a cara" (Apoc 22:4). Esto provocará su adoración espontánea y gozosa. Mientras ellos adoran, entrarán con alegría a su alto servicio y comenzarán a "[reinar] por los siglos de los siglos" (22:3-5).

No obstante, cuando el apóstol Juan terminó de detallar este clímax glorioso, no pudo dejar su pluma. Tenía que llamar la atención sobre la variedad de voces que autenticaban los temas de Apocalipsis e insistían en su urgencia. En una sucesión rápida, él escribió sobre

Cristo mismo proclamando una bendición sobre todo los que "cumplen las palabras de este libro" (22:9). Luego, él hizo notar que Cristo permanecía a su lado animando a todos y a cada uno con una promesa repetida tres veces sobre su "pronta" venida (22:7, 12, 20). También habló de su permanente preocupación por todas las personas. Nadie iba a ser forzado a arrepentirse (22:11). No obstante, el que la gente experimente salvación o juicio dependerá de si han procurado que Cristo los limpiara o han persistido en sus pecados (22:12, 14-15). La reiteración de Cristo es precisa: hay un solo camino que conduce al paraíso de Dios. Algunos van a entrar, pero muchos no. El árbol de la vida no estará accesible para los impenitentes.

Luego Juan procuró adorar a los pies de un ángel que había servido como su intermediario a lo largo de la inspiración de estas visiones. Pero se le dijo claramente: "¡Adora sólo a Dios!" (22:9). Esto dictó otra advertencia: ¡Apocalipsis es una pieza! Uno incurre en la ira de Dios si lo trata livianamente, ya sea agregando las propias especulaciones de uno o quitando segmentos de sus afirmaciones precisas y exclusivas (cf. 22:18-19 con Deut 4:2).

Antes de que Juan terminara con una bendición sobre "el pueblo de Dios" (22:21), él oyó una apelación final que venía de manera anhelante así como urgente de parte del Espíritu y su novia. Juntos, ellos claman: "'¡Ven!' . . . el que tenga sed venga; y el que quiera, tome gratuitamente del agua de la vida" (22:17). Y su invitación se repite: "¡Ven!"

Es de lo más relevante, que el Espíritu Santo y la iglesia en unidad le imploren a hombres y a mujeres que se reconcilien con Dios y que esto sea virtualmente la última palabra dirigida a la raza humana en la Sagrada Escritura. Esto señala a lo que Charles Van Engen ha descrito como una nueva palabra para definir la esencia de la iglesia: un profundo "anhelo" por reunir a todos los pueblos alrededor de la cruz y alrededor del trono del Cordero, y dentro de su unidad, de su santidad, de su catolicidad, de su apostolicidad y de su testimonio (1981: 486-505).

Es natural que esta palabra insistente: "¡Ven!" tuviera que ser la apelación final de parte del Espíritu y de la iglesia al final de la palabra de Dios escrita. En efecto, todos los que han venido a una fe vital en Jesucristo deben desear ardientemente que todos los demás experimenten esta realidad liberadora. Se regocijarán frente a cada informe del crecimiento de la iglesia por todas las naciones. Como el apóstol Juan lo expresó tan vívidamente:

> Les anunciamos lo que hemos visto y oído, para que también ustedes tengan comunión con nosotros. Y nuestra comunión es con el Padre y con su Hijo Jesucristo. Les escribimos estas cosas para que nuestra alegría sea completa. (1 Juan 1:3-4)

En realidad, debemos concordar con Lesslie Newbigin en que "donde este deseo y este regocijo están ausentes, debemos preguntar si es que no hay algo equivocado en el centro mismo de la vida de la iglesia" (1978: 142).

Terminamos este estudio con la impresión vívida de que nuestra comprensión ha sido parcial y que nuestros pantallazos de la verdad no son ni perfectos ni completos (1 Cor 13:9, 12). En ocasiones esto ha implicado confrontarnos con una paradoja, viendo verdades que parecían en conflicto y no pudiendo entender plenamente las conexiones entre ellas. Pero confiamos en que lo que se ha escrito transmite las impresiones de un esfuerzo sincero y honesto por escuchar la Palabra de Dios en el texto canónico de la Sagrada Escritura.

# Obras Citadas

Aalen, Sverre
    1961 "'Reign' and 'House' in the Kingdom of God in the Gospels," *New Testament Studies*, Vol. 8, pp. 215-240.

Abbott, Walter M., Ed.
    1966 *The Documents of Vatican II*, trans. by Joseph Gallagher. New York: Geoffrey Chapman.

Albright, William Foxwell
    1946 *From the Stone Age to Christianity; monotheism and the historical process*. Baltimore, Johns Hopkins Press.

Aldwinckle, Russel F.
    1982 *Jesus–A Savior or the Savior?* Macon, Georgia: Mercer University Press.

Allen, Roland
    1962 *Missionary Methods, St. Paul's or Ours?* Grand Rapids: Wm. B. Eerdmans Publishing Company.

Anderson, Bernhard
    1957 *Understanding the Old Testament*. Englewood Cliffs, NJ: Prentice-Hall.
    1977 "The Babel Story: Paradigm of Human Unity and Diversity," *Ethnicity*, Andrew M. Greeley and Gregory Baum (eds). New York: The Seabury Press, pp. 63-70.

Anderson, Gerald H.
    1974 "The Church and the Jewish People: Some Theological Issues and Missiological Concerns," *Missiology*, An International Review, Vol. II, No. 3, pp. 279-293.

Anderson, James Norman Dalrymple
    1970 *Christianity and Comparative Religion*. Downers Grove, IL: Inter-Varsity Press.

Archer, Gleason
    1964 *A Survey of Old Testament Introduction*. Chicago: Moody Press.

Arndt, William F., and F. Wilbur Gingrich
    1957 *A Greek-English Lexicon of the New Testament*. Cambridge: Cambridge University Press.

Atkinson, Basil F. C.
    1953 "The Gospel of Matthew," *The New Bible Commentary*, Ed. F. Davidson. Grand Rapids: Wm. B. Eerdmans Publishing Company, pp. 771-805.

Aulen, Gustaf Emanuel Hildebrand
    1951 *Christus Victor*. Trans. by A. G. Hebert. New York: The Macmillan Co.

Autrey, C. E.
    1960 *Revivals of the Old Testament*. Grand Rapids: Zondervan Publishing House.

Baago, Kaj
    1966 "The Post-Colonial Crisis of Missions," *International Review of Missions*, Vol. LV, No. 219, July, pp. 322-332.

Baeck, Leo
    1948 *The Essence of Judaism*. New York: Schocken Books.

Baird, J. Arthur
    1963 *The Justice of God in the Teaching of Jesus*. Philadelphia: Westminster Press.

Bamberger, Bernard J.
    1976 *Proselytism in the Talmudic Period*. New York: KTAV Pub. House.

Barclay, William
    1962 *Jesus as They Saw Him*. New York: Harper and Row, Publishers.
    1975a *The Gospel of Matthew*. Philadelphia: The Westminster Press.
    1975 *The Gospel of Luke* (revised edition). Philadelphia: The Westminster Press.

Barker, Glenn W. (and William L. Lane, J. Ramsey Michaels)
    1969 *The New Testament Speaks*. New York: Harper & Row.

Barrett, C. K.
    1974 "Paul's Speech on the Aeropagus" in Mark E. Glasswell and Edward W. Fashole-Luke, eds., *New Testament Christianity for Africa and the World*. London: S.P.C.K., pp. 69-77.

Barth, Christoph
    1991 *God with Us: A theological introduction to the Old Testament*. Grand Rapids: Wm. B. Eerdmans Publishing Co.

Barth, Karl
    1957 *Church Dogmatics*, Vol. II. *The Doctrine of God* (trans.). Edinburgh: T. & T. Clark.
    1961 "An Exegetical Study of Matthew 28:16-20," in *The Theology of the Christian Mission*. Gerald H. Anderson, (ed). New York: McGraw-Hill Book Company, Inc., pp. 55-71.
    1962 *Church Dogmatics*, Vol. IV, *The Doctrine of Reconciliation* (trans.). Edinburgh: T. & T. Clark.

Barth, Markus
    1959 *Broken Wall: A Study of the Epistle to the Ephesians*. Philadelphia: The Judson Press.

Bavinck, Johannes H.
    1960 *An Introduction to the Science of Missions*, trans. by David H. Freeman. Philadelphia: The Presbyterian and Reformed Publishing Company.
    1966 *The Church Between the Temple and Mosque*. Grand Rapids: Wm. B. Eerdmans Publishing Co.

Beals, Alan R.
    1977 *An Introduction to Anthropology*, 5th edition with Harry Hoijer and Ralph C. Beals. New York: Macmillan Publishing Company.

Ben-Sasson, H. H.
    1976 *A History of the Jewish People*. Cambridge, MA: Harvard University Press

Bennett, Charles T.
    1980 "Paul the Pragmatist: Another Look at His Missionary Methods," *Evangelical Missions Quarterly*, Vol. 16, No. 3, pp. 133-138.

Berkhof, Hendrikus
    1962 *Christ and the Powers*, trans. by John Howard Yoder. Scottdale, Pennsylvania: Herald Press.
    1964 *The Doctrine of the Holy Spirit*. Richmond: John Knox Press.

Berkhof, Louis
    1946 *Systematic Theology*, 3rd edition. Grand Rapids: Wm. B. Eerdmans Publishing Company.

Blauw, Johannes
    1962 *The Missionary Nature of the Church*. New York: McGraw-Hill Book Company.

Bocking, Ronald A. H.
    1961 *Has the Day of the Missionary Passed?* London: London Missionary Society.

Boer, Harry
    1961 *Pentecost and Mission*. Grand Rapids: Wm. B. Eerdmans Publishing Company.

Bonhoeffer, Dietrich
    1953 *The Cost of Discipleship*. New York: The Macmillan Company.

Bornkamm, Gunther
    1966 "The Missionary Stance of Paul in I Corinthians 9 and in Acts," *Studies in Luke-Acts*, Leander E. Keck and J. Louis Martyn (eds). Nashville: Abingdon Press, pp. 194-207.

Bosch, David J.
    1969 "Jesus and the Gentiles"–A Review After Thirty Years, pp. 3-19 in *The Church Crossing Frontiers*. Editors: Peter Beyerhaus and Carl F. Hallencreutz. Uppsala: Gleerup (Studia Missionalia Upsaliensia XI).

Bouyer, Louis
    1965 *Dictionary of Theology*. New York: Desclee Company.

Bowler, Maurice G.
    1973 "Do Jews Need Jesus?" *Christianity Today*, Vol. XVIII, No. 2, pp. 12-14.

Bowmer, John C.
    1951 *The Sacrament of the Lord's Supper in Early Methodism*. London: Daere Press.

Breslaner, S. Daniel
    1984 "Universalism–Jewish View," *A Dictionary of the Jewish-Christian Dialogue*. Editors: Leon Klenicki and Geoffrey Wigoder. New York: Paulist Press, pp. 198-201.

Bright, John
    1953 *The Kingdom of God*. Nashville: Abingdon Press.
    1967 *The Authority of the Old Testament*. Nashville: Abingdon Press.
    1972 *A History of Israel*. Philadelphia: Westminster Press.
    1976 *Covenant and Promise: the prophetic understanding of the future in pre-exilic Israel*. Philadelphia: Westminster Press.

Bromiley, Geoffrey W.
    1969 "Angel," *Baker's Dictionary of Theology*, Everett R. Harrison, ed. Grand Rapids: Baker Book House, pp. 41-43.

Bruce, Frederick F.
    1954 *Commentary on The Book of the Acts*. Grand Rapids: Wm. B. Eerdmans Publishing Co.
    1956 *Second Thoughts on the Dead Sea Scrolls*. Grand Rapids: Wm. B. Eerdmans Publishing Company.
    1968 *The New Testament Development of Old Testament Themes*. Grand Rapids: Wm. B. Eerdmans Publishing Co.
    1973 "Salvation History in the New Testament," *Man and His Salvation*. Memorial to S. G. F. Brandon, by Eric J. Sharpe and John R. Hinnells, eds. Manchester: University of Manchester, pp. 75-90.
    1978 *The Time is Fulfilled: five aspects of the fulfilment of the Old Testament in the New*. Grand Rapids: Wm. B. Eerdmans Publishing Co.

Brueggemann, Walter
    1977 *The Land*. Philadelphia: Fortress Press.

Brunner, H. Emil
    1946 *Revelation and Reason: The Christian Doctrine of Faith and Knowledge*. Trans. by Olive Wyon. Philadelphia: The Westminster Press.

Buckmaster, Henrietta
    1965 *Paul, a Man Who Changed the World*. New York: McGraw Hill.

Buttrick, George A.
    1951 "The Gospel According to Matthew," *The Interpreters Bible*, Vol. VII. Nashville: Abingdon Press, pp. 230- 625.

Cahill, John
    1969 "Salvation History: The Problem of Presence." *Seminario Biblico Español*, No. 26, pp. 35-40.

Caird, George Bradford
    1956 *Principalities and Powers: A Study in Pauline Theology*. Oxford: The Clarendon Press.

Calvin, John
    1960 *Institutes of the Christian Religion.* Ed., John T. McNeill. Philadelphia: Westminster Press.
Campbell, James C.
    1950 "God's People and the Remnant," *Scottish Journal of Theology*, Vol. III, No. 1, pp. 78-85.
Cantley, M. J.
    1967 "Kingdom of God," *New Catholic Encyclopedia.* New York: McGraw-Hill Book Co., Vol. 8, pp. 191-95.
Carson, D. A.
    1981 *Divine Sovereignty and Human Responsibility.* Atlanta: John Knox Press.
Carson, Herbert M.
    1962 "Stranger," *The New Bible Dictionary.* Grand Rapids: Wm. B. Eerdmans Publishing Company, p. 1219.
Childs, Brevard
    1970 *Biblical Theology in Crisis.* Philadelphia: The Westminster Press.
Clemens, Lois Gunden
    1971 *Woman Liberated.* Scottdale, PA: Herald Press.
Clemons, James T.
    1972 "Critics and Criticisms of Salvation History," *Religion in Life*, Vol. 41, No. 1, pp. 89-100.
Clines, David J. A.
    1976 *A Biblical Doctrine of Man.* London: The Christian Brethren Research Fellowship.
Cole, R. Allen
    1973 *Exodus: An Introduction and Commentary.* Downers Grove, Ill.: Intervarsity Press.
Conn, Harvie M.
    1982 *Evangelism: Doing Justice and Preaching Grace.* Grand Rapids: Zondervan Publishing House.
Conybeare, W. J. and J. S. Howson
    1920 *The Life and Epistles of St. Paul.* London: Longmans, Green and Co.
Conzelmann, Hans
    1973 *History of Primitive Christianity.* Trans. by John E. Steely. New York: Abingdon Press.
Cook, Harold R.
    1975 "Who Really Sent the First Missionaries?" *Evangelical Missions Quarterly*, Vol. 11, No. 4, pp. 233-239.
Copeland, E. Luther
    1976 "Church Growth in Acts," *Missiology, An International Review*, Vol. IV, No. 1, pp. 13-26.

Corell, Alf
    1958  *Consummatum Est*. London: S.P.C.K.
Costas, Orlando E.
    1982  *Christ Outside the Gate*. Maryknoll, NY: Orbis Books.
Cullmann, Oscar
    1950  *Christ and Time*. Trans. by Floyd V. Filson. Philadelphia: Westminster Press.
    1957  *The State in the New Testament*. London: SCM Press. New York: Harper and Row, Publishers.
    1961  "Eschatology and Missions in the New Testament." Trans. by Olive Wyon. Gerald Anderson (ed.), *The Theology of the Christian Mission*. New York: McGraw Hill Book Company.
    1970  *Jesus and the Revolutionaries*. Trans. by Gareth Putnam. New York: Harper & Row.
Cummings, Norman, and Edward Murphy
    1973  "The Ministry and Organizational Development of Overseas Crusades as an Apostolic Team," unpublished research paper: Fuller Theological Seminary.
Daane, James
    1973  *The Freedom of God*. Grand Rapids: William Eerdmans Publishing Co.
Dahl, Nils A.
    1970  "New Testament Eschatology and Christian Social Action," *Lutheran Quarterly*, Vol. XXII, No. 4, pp. 374-379.
Davies, William D.
    1962  *Christian Origins and Judaism*. Philadelphia: The Westminster Press.
    1974  *The Gospel and the Land*. Berkeley: University of California Press.
de Corneille, Roland
    1966  *Christians and Jews: the tragic past and the hopeful future*. Toronto: Longmans Canada.
de Dietrich, Suzanne
    1960  *God's Unfolding Purpose*. Philadelphia: The Westminster Press.
De Ridder, Richard R.
    1971  *Discipling the Nations*. Grand Rapids: Baker Book House.
    1971  *The Dispersion of the People of God*. Kampen: J. H. Kok. [Former title of *Discipling the Nations* but much harder to find. All De Ridder quotes were found in *Discipling the Nations*.]
de Santa Ana, Julio
    1977  *Good News to the Poor: the challenge of the poor in the history of the church*. Geneva: World Council of Churches, Commission on the Churches' Participation in Development.

Deissman, Adolf
    1927  *Light from the Ancient East*. New York: Doran.
    (referenced on p. 236 but no year is given.) (No source found in FTS lib, but OCLC WorldCat result in this source and another multi-authored book ©1930. "I would suggest we consider deleting this source. Cve" – "Agreed SBR")

Deist, Ferdinand
    1977  "The Exodus Motif in the Old Testament and the Theology of Liberation." *Missionalia*, Vol. 5, No. 2, August, pp. 58-69.

Derwacter, Frederick Milton
    1930  *Preparing the Way for Paul: the proselyte movement in later Judaism.* New York: The Macmillan Company.

Dewick, Edward Chisholm
    1953  *The Christian Attitude to Other Religions.* Cambridge: University Press.

Dodd, Charles H.
    1936  *The Apostolic Preaching and its Developments.* London: Hodder and Stoughton.
    1938  *History and Gospel.* New York: Charles Scribner's Sons.

Drenth, Cecelia
    1977  "The Central Theological Issues Related to Paul's Evangelism of Jews and Gentiles," unpublished M.A. thesis: Fuller Theological Seminary.

Dunn, James D. G.
    1970  *Baptism in the Holy Spirit.* London: SCM Press.
    1977  *Unity and Diversity in the New Testament.* Philadelphia: The Westminster Press.

Edersheim, Alfred
    1949  *The Bible History: Old Testament.* Grand Rapids: Eerdmans Publishing Co.

Eichrodt, Walter
    1951  *Man in the Old Testament.* London: SCM Press Ltd.
    1961  *Theology of the Old Testament*, Vol. 1, trans. by J. A. Baker. Philadelphia: The Westminster Press.

Eller, Vernard
    1973  *King Jesus' Manual of Arms for the 'armless; war and peace from Genesis to Revelation.* Nashville, Abingdon Press.

Ellison, Henry L.
    1976  *From Babylon to Bethlehem: the Jewish people from the exile to the Messiah.* Exeter: Paternoster Press.

Ellul, Jacques
    1948  *The Presence of the Kingdom.* New York: The Seabury Press.
    1969  *Violence: Reflections from a Christian Perspective.* New York: The Seabury Press.

Escobar, Samuel
    1970 "The Social Responsibility of the Church in Latin America," *Evangelical Missions Quarterly*, Vol. VI, No. 3, pp. 129-152.
Fannon, D.
    1973 "God's Kingdom in the World," *Clergy Review*, Vol. 58, No. 3, pp. 193-205.
Ferre, Nels Fredrick Solomon
    1951 *The Christian Understanding of God*. New York: Harper and Brothers.
Flew, Robert Newton
    1960 *Jesus and His Church: A Study of the Idea of the Ecclesia in the New Testament*. London: The Epworth Press.
Forell, George W.
    1954 *Faith Active in Love*. Minneapolis: Augsburg Publishing House.
Fuller, Daniel P.
    1969 *Hermeneutics*, Syllabus: Fuller Theological Seminary.
Fuller, Reginald H.
    1954 *The Mission and Achievement of Jesus; An Examination of the Presuppositions of New Testament Theology*. Chicago: A. R. Allenson.
    1960 *The Book of the Acts of God*. Garden City, NY: Anchor Books, Doubleday & Company.
Gehman, Henry S.
    1970 Book review of *Biblical Theology in Crisis* by Brevard S. Childs. Princeton Seminary Bulletin, Vol. LXIII, No. 2, pp. 62,63.
Gerstner, John H.
    1960 "Acts" in *The Bible Expositor*. Philadelphia: A. J. Holman Co., Vol. III.
Gibbon, Edward
    1952 *The Decline and Fall of the Roman Empire* (2 volumes). Chicago: Encyclopedia Brittanica.
Glasser, Arthur
    1974 "What is 'Mission' Today? Two Views" in *Mission Trends No. 1*, edited by Gerald H. Anderson and Thomas F. Stransky. Grand Rapids: Eerdmans.
    1984 "Missiology" in *Evangelical Dictionary of Theology* edited by Walter A. Elwell. Grand Rapids: Baker.
    1985 Foreword to the American edition of *The Mission of the Church in the World*, by Roger Hedlund. Grand Rapids: Baker.
    1992 *Kingdom and Mission*. Privately published.
Glover, Robert H.
    1946 *The Bible Basis of Missions*. Los Angeles: Bible House of Los Angeles.
Goldschmidt, Walter Rochs
    1966 *Comparative Functionalism*. Berkeley: University of California.

Goodall, Norman
    1953 *Missions Under The Cross*. London: Edinburgh House Press.
Goppelt, Leonhard
    1970 *Apostolic and Post-Apostolic Times*. Translated by Robert A. Guelich. New York: Harper and Row.
Gottwald, Norman K.
    1979 *The tribes of Yahweh: a sociology of the religion of liberated Israel, 1250-1050 B.C.E.* Maryknoll, NY: Orbis Books.
Grassi, Joseph A.
    1965 *A World to Win: The Missionary Methods of Paul the Apostle*. Maryknoll, NY: Maryknoll Publications.
Green, Michael
    1970 *Evangelism in the Early Church*. Grand Rapids: Wm. B. Eerdmans Publishing Company.
Griffiths, Michael
    1980 *The Church and World Mission*. Grand Rapids: Zondervan Publishing House.
Groh, John E.
    1971 "Kingdom of God in the History of Christianity," A Bibliographical Survey, *Church History*, Vol. 43, No. 2, pp. 257-67.
Gross, Heinrich
    1970 "Peace," *Encyclopedia of Biblical Theology*, J. B. Bauer (ed). London: Sheed and Ward, pp. 648-651.
Gutierrez, Gustavo
    1973 *A theology of Liberation: history, politics, and salvation*. Maryknoll, NY: Orbis Books.
Hahn, Ferdinand
    1965 *Mission in the New Testament*. London: SCM Press Ltd.
Hanks, Tom
    1973 "Would Jesus Stoop to Canned Evangelism?" *Eternity*, Vol. 24, No. 9, pp. 22-24.
Hare, Douglas R. A.
    1967 *The Theme of Jewish Persecution of Christians in the Gospel According to St. Matthew*. Cambridge: Cambridge University Press.
Hare, D. R. A. and Harrington
    1975 "Make Disciples of All the Gentiles." *Catholic Biblical Quarter*, Vol. 37, pp. 359-369.
Harkness, Georgia
    1974 *Understanding the Kingdom of God*. Nashville: Abingdon Press.
Harman, A. M.
    1969 "Missions in the Thought of Jesus," *The Evangelical Quarterly*, Vol. XLI, No. 3, pp. 131-142.

Harnack, Adolf
    1972 *The Mission and Expansion of Christianity in the First Three Centuries*, original edition 1902, trans. by James Moffatt. Freeport, NY: Books for Libraries Press.

Harrison, Everett F.
    1973 "Did Christ Command World Evangelism?" *Christianity Today*, Vol. XVIII, No. 4, pp. 210-214.
    1975 *Acts: The Expanding Church*. Chicago: Moody Press.

Harrison, Roland K.
    1969 *Introduction to the Old Testament*. Grand Rapids: Wm. B. Eerdmans Publishing Company.

Hartenstein, Karl
    1939 "The Biblical View of Religion," *The Authority of the Faith*, Vol. I, The Madras Series. New York: International Missionary Council, pp. 117-136.

Helberg, J. J.
    1976 "A Starting Point and Method for Old Testament Study," *Theological Bulletin*, The Reformed Ecumenical Synod, Vol. IV, No. 2, pp. 1-14.

Henderson, Robert T.
    1980 *Joy to the World, An Introduction to Kingdom Evangelism*. Richmond: John Knox Press.

Hendry, George S.
    1956 *The Holy Spirit in Christian Theology*. Philadelphia: The Westminster Press.

Hesselgrave, David J.
    1978 "Evangelicals and Interreligions Dialogue," *Theology and Mission*, David J. Hesselgrave (ed). Grand Rapids: Baker Book House, pp. 227-240.

Hiebert, Paul
    1983 "Missions and the Renewal of the Church," in Wilbert R. Shenk (Ed.), *Exploring Church Growth*. Grand Rapids: Wm. B. Eerdmans Publishing Company, pp. 157-167.

Hiers, R. H.
    1974 "Satan, Demons, and the Kingdom of God," *Scottish Journal of Theology*, Vol. 27, pp. 35-47.

Hort, Arthur Fenton
    1914 *The Gospel According to St. Mark*. Cambridge: University Press.

Hoskyns, Edwyn C. and Noel Davey
    1947 *The Riddle of the New Testament*. London: Faber and Faber.

Howell, Leon
    1983 "Conversion–For the Sake of the World," *International Review of Mission*, Vol. LXXII, No. 287, pp. 365-372.

Hubbard, David A.
    1983 "Hope in the Old Testament," *Tyndale Bulletin*, No. 34, pp. 33-59.

Hulburt, Terry
    1978 "Families Are Both the Means and Goal of Evangelism," *Evangelical Missions Quarterly*, Vol. 14, No. 3, pp. 171-177.

Ingram, T. Robert
    1975 "The Grace of Creation," *The Westminster Theological Journal*. Vol. XXXVII, No. 2, pp. 206-217.

Jacob, Edmond
    1958 *Theology of the Old Testament*. New York: Harper & Row.

Jeremias, Joachim
    1968 *Rediscovering the Parables*. New York: Charles Scribner's Sons.
    1982 *Jesus' Promise to the Nations*. Philadelphia, PA: Fortress Press.

Jewett, Paul K.
    1973 *ST32 FTS: Occasional Bulletins*, Theology III, *Doctrine of the Church*, unpublished syllabus: Fuller Theological Seminary.
    1975 *Man as male and female: a study in sexual relationships from a theological point of view*. Grand Rapids: Wm. B. Eerdmans Publishing Company.

Jocz, Jakob
    1961 *The spiritual history of Israel*. London : Eyre & Spottiswoode.
    1966 *Christians and Jews: Encounter and Mission*. London: S.P.C.K.
    1981 *The Jewish people and Jesus Christ after Auschwitz : a study in the controversy between church and synagogue*. Grand Rapids: Baker Book House.

Josephus, Flavius
    1957 *The Life and Works of Flavius Josephus*, trans. by W. Whiston. Philadelphia: John C. Winston Company (undated). (referenced on 219, 230, 231, 233, 234 (quote but no ref given), 239, 240).

Kaiser, Walter C.
    1981 *Toward an exegetical theology : Biblical exegesis for preaching and teaching*. Grand Rapids : Baker Book House.

Kallas, James G.
    1968 *Jesus and the Power of Satan*. Philadelphia: The Westminster Press.

Kaufmann, Yehezkal
    1960 *The Religion of Israel*. Trans. and abridged by Moshe Greenberg. Chicago: University of Chicago Press.

Kidner, Derek
    1967 *Genesis: An Introduction and Commentary*. Chicago: Inter-Varsity Press.
    1973 *Psalms 1-72: An introduction and commentary on Books I and II of the Psalms*. London : Inter-Varsity Press.

Klein, Gunter
    1972 "The Biblical Understanding of the Kingdom of God," *Interpretation*, Vol. XXVI, No. 4, pp. 387-418.

Knight, George Angus Fulton
    1959 *A Christian Theology of the Old Testament*. London: SCM Press Ltd.
    1973 *Antichrist*, Old Testament Materials. *Reformed Theological Review*, Vol. XXXII, No. 1 pp. 1-9.

Kraemer, Hendrik
    1969 *The Christian Message in a Non-Christian World*. Grand Rapids: Kregel Publications.

Kraus, Clyde Norman
    1974 *The Community of the Spirit*. Grand Rapids: Wm. B. Eerdmans Publishing Co.

Kraybill, Donald Brubaker
    1978 *The Upside Down Kingdom*. Scottdale, PA: Herald Press.

Kroeber, Alfred Louis
    1952 *The Nature of Culture*. Chicago: University of Chicago Press.

Kuhns, Dennis R.
    1978 *Women in the Church*. Scottdale, PA: Herald Press.

Kuitert, Harminus M.
    1972 *Signals from the Bible* (Key Expressions), trans. by Lewis B. Smedes. Grand Rapids: Wm. B. Eerdmans Publishing Company.

Kummel, Werner Georg
    1963 *Man in the New Testament*, trans. by J. J. Vincent. London: Epworth Press.

Kung, Hans
    1964 *The Council in Action*. Trans. by Salvator Attanasio. New York: Sheed and Ward.
    1967 *The Church*. New York: Sheed and Ward.

Kung, Hans, and Walter Kasper, editors
    1973 *Polarization in the Church*. New York: Herder and Herder.

Ladd, George E.
    1959 *New Testament Theology*. Grand Rapids: Wm. B. Eerdmans Publishing Company.
    1962 "Introduction to Matthew," *Holman Bible*. Philadelphia: A. J. Holman Company, pp. 911a, 911b.
    1964 *Jesus and the Kingdom*. New York: Harper & Row.
    1968 *The Young Church: Acts of the Apostles*. London: Lutterworth Press.
    1971 "The Search for Perspective," *Interpretation*, Vol. XXV, No. 1, pp. 41-62.
    1972 *A Commentary on The Revelation of John*. Grand Rapids: William B. Eerdmans Publishing Co.

1974 *A Theology of the New Testament.* Grand Rapids: William B. Eerdmans Publishing Company.
La Sor, William Sanford
1972 *Church Alive.* Glendale, California: Regal Books Division, G/L Publications.
Lausanne Committee for World Evangelization - World Evangelical Fellowship
1982 *Evangelism and Social Responsibility: an evangelical commitment.* Exeter: The Paternoster Press.
Lewis, Cline Staples
1945 *Mere Christianity.* New York: The Macmillan Company.
Lightfoot, Joseph Barber
1865 *The Epistle of St. Paul to the Galatians.* Grand Rapids: Zondervan Publishing House.
Loewen, Jacob
1975 "Response to Dr. Ralph D. Winter's Paper". *Let the Earth Hear His Voice*, J. D. Douglas (Ed.). Minneapolis: World Wide Publications, pp. 246-252.
Loffler, Paul
1965 "Conversion in an Ecumenical Context". *The Ecumenical Review*, Vol. XIX, No. 3, pp. 252-260.
MacGregor, G. H. C.
1954 "Principalities and Powers: The Cosmic Background of Paul's Thought", pp. 17-28, *New Testament Studies*, VOL. I., Summer 1954.
MacKinnon, Donald M.
1906 "Commission" in *Dictionary of Christ and the Gospels*, J. Hastings (ed). New York: Charles Scribner's Sons, pp. 347-349.
Maddox, Robert
1982 *The Purpose of Luke-Acts.* Edinburgh: T. & T. Clark.
Maly, Eugene H.
1975 "Creation in the New Testament", *Biblical Studies in Contemporary Thought*, ed. by Miriam Ward. Burlington, Vt.: The Institute, pp. 104-112.
Marsden, George M. and Roberts Frank (eds).
1975 *A Christian View of History.* Grand Rapids: Wm. B. Eerdmans Publishing Company.
Marshall, I. Howard
1971 *Luke: Historian and Theologian.* Grand Rapids: Zondervan Publishing House.
1977 "Preaching the Kingdom of God" (referenced on p. 364 – Glasser tells the name of the article, but not the periodical.)
Martens, Elmer A.
1981 *God's Design: A Focus on Old Testament Theology.* Grand Rapids: Baker Book House.

Martin-Archard, Robert
    1962  *A Light to the Nations*. Trans. by John Penny Smith. Edinburgh: Oliver and Boyd.

Matthey, Jacques
    1980  "The Great Commission According to Matthew," *International Review of Mission*, Vol. LXIX, No. 274 pp. 161-173.

Mattuck
    1933  *Jewish views on Jewish missions*. London: Jewish Religious Union for the Advancement of Liberal Judaism. (Referenced on p. 233. LET'S KEEP THIS SOURCE, SINCE GLASSER IS REFERENCING THE WHOLE BOOK.) (No source found in FTS library, but record above found in OCLC WorldCat).

Mavis, Walter C.
    1947  "Jesus' Influence on the Pastoral Ministry," *Theology Today*, Vol. IV, No. 3, pp. 357-367.

McGavran, Donald A.
    1955  *The Bridges of God*. New York: Friendship Press.
    1970  *Understanding Church Growth*. Grand Rapids: Wm. B. Eerdmans Publishing Company.
    1989  "Are Seminaries Shortchanging Evangelism?" *Missions Tomorrow* (spring/summer): 22-26. Excerpted from D. McGavran, *Effective Evangelism: A Theological Mandate* (Phillipsburgh, N.J.: Presbyterian and Reformed, 1988).
    1990  *Understanding Church Growth*. Grand Rapids: Wm. B. Eerdmans Publishing Company.

McCarthy, Dennis J.
    1968  *Kings and Prophets*. Milwaukee: Bruce Publishing Company.

McKenzie, John L.
    1956  *The Two-Edged Sword: An Interpretation of the Old Testament*. Milwaukee: Bruce Publishing Company.
    1974  *A Theology of the Old Testament*. Garden City, NY: Doubleday.

McLeish, Alexander
    1952  *Christ's Hope of the Kingdom*. London: World Dominion Press.

Meier
    1977  ??? – referenced on page 324 (No Source found in FTS lib or OCLC WorldCat which had 60 hits.)

Metzger, Bruce
    1965  *The New Testament: Its Background, Growth and Content*. Nashville: Abingdon Press.

Meyer, F.
    1897  *Paul: A Servant of Jesus Christ*. New York: Fleming H. Revell Company.

Michaels, J. Ramsey
    1965 "Apostolic Hardships and Righteous Gentiles: A Study of Matthew 25:31-46," *Journal of Biblical Literature*, Vol. 84, No. 1, pp. 27-37.
    1981 *Servant and Son: Jesus in Parable and Gospel*. Atlanta: John Knox Press.

Minear, Paul S.
    1976 *To Heal and to Reveal: The Prophetic Vocation According to Luke*. New York: The Seabury Press.
    1977 "The Vocation of the Church: Some Exegetical Clues," *Missiology, An International Review*, Vol. V., No. 1, pp. 13-37.

Miranda, Jose
    1974 *Marx and the Bible*, trans. by Jean Eagleson. Maryknoll: Orbis Books.

Morgan, G. Campbell
    1937 *The Great Physician*. New York: Fleming H. Revell Company.

Morris, Leon
    1960 "Church Government," *Baker's Dictionary of Theology*. Grand Rapids: Baker Book House, pp. 126-127.

Morrison, Clinton
    1960 *The powers that be : earthly rulers and demonic powers in Romans 13,1-7*. Naperville, IL: A. R. Allenson.

Muller, D.
    1975 Apostle" in *The New International Dictionary of the New Testament*, Ed. Colin Brown, Vol. 1. Grand Rapids: Zondervan Publishing House, pp. 126-135.

Muller, Karl
    1980 "Your Kingdom Come," (a Catholic Position) *Verbum SVD*, Vol. 21, pp. 42-57.

Murray, John
    1959 *The Epistle to the Romans*. Grand Rapids: Wm. B. Eerdmans Publishing Co., Vol. I.

Neill, Stephen
    1957 *The Unfinished Task*. London: Edinburgh House Press.
    1961 *Christian Faith and Other Faiths*. London: Oxford University Press.
    1964 *The Interpretation of the New Testament: 1861-1961*. London: Oxford University Press.

Newbigin, Lesslie
    1966 "Conversion," *Religion and Society*, Vol. XIII, No. 4, December 1966, pp. 30-42.
    1969 *The Finality of Christ*. Richmond: John Knox Press.
    1978 *The Open Secret*. Grand Rapids: Wm. B. Eerdmans Publishing Co.

Niebuhr, Reinhold
    1944 *The Children of Light and the Children of Darkness: A Vindication of Democracy and a Critique of its Traditional Defense*. New York: Charles Scribner's Sons.

Niles, Daniel T.
    1962 *Upon the Earth: the mission of God and the missionary enterprise of the churches*. New York: McGraw-Hill.

Nixon, R. E.
    1963 *The Exodus in the New Testament*. London: The Tyndale Press.

Nock, Arthur Darby
    1933 *Conversion: the Old and the New in Religion from Alexander the Great to Augustine of Hippo*. Oxford: Clarendon Press.

Osterhaven, M. Eugene
    1962 "Common Grace," *Christianity Today*, Vol. VI, No. 3, pp. 22-23.

Packer, James I.
    1961 "Christianity and Non-Christian Religions," *Christianity Today*, Vol. IV, No. 6, December 21, pp. 211-213.
    1973 "The Way of Salvation," Part III - The Problems of Universalism, *Bibliotheca Sacra*, Vol. 130, No. 1, pp. 3-11.

Padilla, C. Rene
    1982 "The Kingdom of God and the Church," *Theological Fraternity Bulletin*, No. 1, pp. 1-23.

Perrin, Norman
    1974 "Eschatology and Hermeneutics: Reflections on Method in the Interpretation of the New Testament," *Journal of Biblical Literature*, Vol. 93, No. 1, pp. 3-14.
    1975 "Eschatology and Hermeneutics," *Theology Digest*, Vol. 23, No. 2, pp. 149-155.

Peters, George W.
    1972 *A Biblical Theology of Missions*. Chicago: Moody Press.
    1981 *A Theology of Church Growth*. Grand Rapids: Wm. B. Eerdmans Publishing Co.

Pieters, Albertus
    1950 *Studies in the Revelation of St. John*. Grand Rapids: Wm. B. Eerdmans Publishing Co.

Pilgrim, Walter E.
    1981 *Good News to the Poor*. Minneapolis: Augsburg Publishing House.

Prager, Dennis and Joseph Telushkin
    1981 *The Nine Questions People Ask about Judaism*. New York: Simon and Schuster.

Ramm, Bernard L.
    1954 *The Christian View of Science and Scripture*. Grand Rapids: Wm. B. Eerdmans Publishing Company.

Raymond, Robert L.
    1968 "Editor's Preface," *Christ and the Jews*, Cornelius Van Til. Philadelphia: The Presbyterian and Reformed Publishing Co., pp. iii-v.

Rees, Paul S.
    1974 "More on the Muddle," *World Vision*, Vol. 18, No. 4, p. 23.

Richardson, Don
    1981 *Eternity in Their Hearts*. Ventura, CA: Regal Books/Gospel Light Publications.

Ridderbos, Herman N.
    1962 *The Coming of the Kingdom*, trans. H. de Jongste. Philadelphia: Presbyterian and Reformed Publishing Company.

Ringgren, Helmer
    1956 *The Messiah in the Old Testament*. London: SCM Press; Chicago: Alec R. Allenson.

Robinson, H. Wheeler
    1944 *Redemption and Revelation*. London: Nisbet & Co., Ltd.

Routley, Eric
    1978 *Conversion*. Philadelphia: Fortess Press.

Rosenberg, Stuart E.
    1986 *The Christian Problem: A Jewish View*. New York: Hippocrene Books.

Rosin, Hellmut H.
    1972 *Missio Dei*. Leiden: Interuniversity Institute for Missiological and Ecumenical Research.

Rowley, Harold H.
    1939 *Israel's Mission to the World*. London: SCM Press Ltd.
    1944 *The Missionary Message of the Old Testament*. London: The Carey Press.
    1956 *The Faith of Israel: Aspects of Old Testament Thought*. London: SCM Press Ltd.
    1967 *Worship in Ancient Israel: Its Forms and Meanings*. London: S.P.C.K.

Rushdoony, Rousas John
    1971 *Dialogue Between Men of Living Faiths*. Geneva: World Council of Churches.
    1978 *Thy Kingdom Come*. Fairfax, Virginia: Thoburn Press.Samartha, Stanley J., editor

Russell, David S.
    1978 *The Method & Message of Jewish Apocalyptic, 200 BC-AD 100*. Philadelphia, Westminster Press.

Sanders, James A.
    1971 Review of Childs' *Biblical Theology in Crisis*, Union Seminary Quarterly Review, Vol. 26, No. 3, pp. 299-304.
    1972 *Torah and Canon*. Philadelphia: Fortress Press.

1977 "Biblical Criticism and the Bible as Canon," *Union Seminary Quarterly Review*, Vol XXXII, Nos. 3-4, pp. 157-165.

Savage, Peter
 1979 "The Church as the Community of the Kingdom," *Theological Fraternity Bulletin*, No. 3-4, pp. 2-24.

Schattschneider, David Allen
 1975 "Souls for the lamb," A theology for the Christian mission according to Count Nicolaus Ludwig von Zinzendorf and Bishop Augustus Gottlieb Spangenberg (PhD thesis) Chicago: University of Chicago, pp. 75-78.

Schlette, Heinz Robert
 1966 *Towards a Theology of Religions*. New York: Herder and Herder.

Schlier, Heinrich
 1961 *Principalities and Powers in the New Testament*. New York: Herder and Herder.

Schmidt, Karl Ludwig
 1964 *Ethnos, ethnikos. Theological Dictionary of the New Testament*, Vol. II, Gerhard Kittel (ed), translated by Geoffrey W. Bromiley, pp. 364-372.

Schoeps, Hans Joachim
 1961 *Paul: The Theology of the Apostle in the Light of Jewish Religious History*. Trans. by Harold Knight. Philadelphia: The Westminster Press.

Schoonhoven, Calvin Robert
 1966 *The Wrath of Heaven*. Grand Rapids: Wm. B. Eerdmans Publishing Company.

Schweizer, Eduard
 1956 "Pneuma," *Theol. Worterbuch zum New Testament*, Vol. VI, pp. 394-447.

Scofield, C. I.
 1917 *The Scofield Reference Bible*. New York: Oxford University Press.

Scott, Waldron
 1978 *Karl Barth's Theology of Mission*. Downers Grove: Inter-Varsity Press.

Segundo, Juan Luis
 1976 *The Liberation of Theology*. Maryknoll, New York: Orbis Books.

Senior, Donald, and Carroll Stuhlmueller
 1983 *The Biblical Foundations for Mission*. Maryknoll, NY: Orbis Books.

Sharpe, Eric F.
 1959 "The Spirit and the Religions," *The Church Crossing Frontiers*, Peter Beyerhaus and Carl Hallencreutz (ed). Uppsala: Swedish Institute of Missionary Research, pp. 111-123.

Shorter, Aylwaard
　　1977 *African Christian Theology: Adaptation or Incarnation.* Maryknoll, NY: Orbis Books.
Sider, Ronald J.
　　1980 "Christ and Power," *International Review of Mission*, Vol. LXIX, No 273, January 1980, pp. 8-20.
Skysdsgaard, Kristen E.
　　1951 "Kingdom of God and Church," *Scottish Journal of Theology*, Vol. IV, No. 4, pp. 383-397.
　　1963 *The Church as the Body of Christ.* Notre Dame, IN: University of Notre Dame Press.
Smalley, Stephen
　　1964 "Conversion in the New Testament," *The Churchman*, Vol. 78, No. 3, Summer 1964, pp. 193-210.
Snaith, Norman H.
　　1944 *The Distinctive Ideas of the Old Testament.* London: Epworth Press.
Snyder, Howard A.
　　1977 *The Community of the King.* Downers Grove, IL: Inter-Varsity Press, pp. 108.
　　1983 *Liberating the Church: the ecology of church & Kingdom.* Downers Grove, Ill. : InterVarsity Press.
Stagg, Frank
　　1955 *The Book of Acts: The Early Struggle For an Unhindered Gospel.* Nashville: Broadman Press.
Stern, Menahem
　　1976 "The Period of the Second Temple," in *A History of the Jewish People.* Edited by H. H. Ben-Sasson. Cambridge: Harvard University Press, pp. 185-295.
Stevens, Bruce
　　1979 "The Kingdom of God, the Motive for Missions," *Southeast Asia Journal of Theology*, Vol. XX No. 2.
Steward, Julian Haynes
　　1955 *Theory of Culture Change: The Methodology of Multilinear Evolution.* Urbana: University of Illinois Press.
Stewart, James S.
　　1951 "On a Neglected Emphasis in New Testament Theology," *Scottish Journal of Theology*, Vol. 4, Fall 1951. pp. 292-301.
Stewart, R. A.
　　1962 "Proselyte," *The New Bible Dictionary*, Ed. J. D. Douglas. Grand Rapids: Wm. B. Eerdmans Publishing Co., pp. 1047-1048.
Stott, John R. W.
　　1968 *One People.* Downers Grove, IL: Inter-Varsity Press.
　　1975 *Christian Mission in the Modern World.* Downers Grove, IL: Inter-Varsity Press.

Stuhlmueller – see Senior and Stuhlmueller
Sundkler, Bengt
    1965  *The World of Mission*. London: Lutterworth Press.
Talmage, Frank Ephraim, Editor
    1975  *Disputation and Dialogue–Readings in the Jewish-Christian Encounter*. New York: KTAV Publishing House Inc.
Thayer, Joseph Henry
    1886  *A Greek-English Lexicon of the New Testament*. New York: American Book Company.
Thompson, Allen
    1971  "Mission/Church Structures." Paper read at Interdenominational Foreign Missions Association Board meeting.
Tippett, Alan R.
    1969  *Verdict Theology in Missionary Theory*. Lincoln, IL: Lincoln Christian College.
Toynbee, Arnold
    1957  *Christianity among the Religions of the World*. New York: Scribner.
Trepp, Leo
    1982  *Judaism, Development and Life*. Belmont, CA: Wadsworth Publishing Company.
Uppsala Report
    1968  Fourth Assembly July 4-20, 1968. Geneva: World Council of Churches.
Van Engen, Charles
    1981  *The Growth of the True Church*. Amsterdam: Rodophi.
Van Leeuwen, Arend Th.
    1964  *Christianity in World History*. London: Edinburgh House Press.
Van Ruler
    1971  *The Christian church and the Old Testament*. Grand Rapids: Wm. B. Eerdmans Publishing Company. [Translated by Geoffrey W. Bromiley.]
Van Til, Cornelius
    1962  *Christianity and Barthianism*. Grand Rapids: Baker Book House.
    1968  *Christ and the Jews*. Philadelphia: Presbyterian and Reformed Publishing Co.
Verghese, Paul
    1967  "Righteousness and the Coming Kingdom," *Ecumenical Review*, Vol. XIX, No. 4, pp. 417-427.
Verkuyl, Johannes
    1978  *Contemporary Missiology: An introduction*. Grand Rapids: Wm. B. Eerdmans Publishing Company.
Vicedom, Georg F.
    1965  *The Mission of God*. St. Louis: Concordia.

Visser 't Hooft, William Adolph
- 1959 *The Pressure of Our Common Calling.* Garden City, NY: Doubleday.

Von Rad, Gerhard
- 1961 *Genesis: A Commentary*: Philadelphia: The Westminster Press.
- 1966 "A Rest for the People of God." *The Problem of the Hexatench and Other Essays.* New York: McGraw-Hill, pp. 94-102.
- 1972 *Wisdom in Israel.* Nashville: Abingdon Press.

Vos, Geerhardus
- 1948 *Biblical Theology: Old and New Testaments.* Grand Rapids: Wm. B. Eerdmans Publishing Company.

Vriezen, Th. C.
- 1958 *An Outline of Old Testament Theology*, trans. by S. Neuijen. Wargeningen: H. Veenman.

Walhout, Edwin
- 1963 "The Liberal-Fundamentalist Debate," *Christianity Today*, Vol. VII, No. 2, pp. 3-4.

Wallace, Anthony F. C.
- 1956 "Revitalization Movements," *American Anthropologist*, Vol. LVIII, No. 2, April, pp. 264-281.

Wallis, Jim
- 1981 The Call to Conversion: Recovering the Gospel for These Times. New York: Harper and Row.

Walls, Andrew F.
- 1970 "The First Chapter of the Epistle to the Romans and the Modern Missionary Movement," *Apostolic History and the Gospel*, W. Ward Gasque and Ralph P. Martin (eds.). Grand Rapids: Wm. B. Eerdmans Publishing Company, pp. 346-357.

Warren, Max
- 1962 *The Sevenfold Secret.* London: SPCK.
- 1976 *I Believe in the Great Commission.* Grand Rapids: Wm. B. Eerdmans Publishing Co.
- 1978 "The Fusion of IMC and WCC at New Delhi: Retrospective Thoughts After a Decade and a Half," *Zending Op Weg Naar DeToekomst*, Essays Aangeboden aan Prof. J. Verkuyl. Kampen: J. H. Kok Uitgeversmaatschappij, pp. 190-202.

Webber, Robert E.
- 1978 *Common Roots.* Grand Rapids: Zondervan Publishing House.

Welch, Holmes
- 1979 "The Fate of Religion," *The China Difference*, Ross Terrill (ed). New York: Harper & Row Colophon Books, pp. 119-137.

Wesley, John
- 1872 *The Works of John Wesley* (in volumes). Grand Rapids: Zondervan Publishing House.

Westermann Claus
    1969  *Isaiah 40-66: A commentary*. London, S.C.M. Press.
Wieser, Thomas
    1975  "Notes on the Meaning of the Apostolate," *International Review of Mission*, Vol. LXIV, No. 254, pp. 129-136.
Wilson, G. Todd
    1978  "Conditions for Entering the Kingdom," *Perspectives in Religious Studies*, Vol. V, pp. 42-53.
Wilson, Marvin R.
    1989  *Our Father Abraham: Jewish roots of the Christian faith*. Grand Rapids: Wm. B. Eerdmans Publishing Co.
Winn, Albert Curry
    1981  A Sense of Mission: Guidance from the Gospel of John. Philadelphia: Westminster Press.
Winter, Ralph D.
    1974  "The Two Structures of God's Redemptive Mission," *Missiology, An International Review*, Vol. II, No. 1, pp. 121-139.
Wolff, Hans Walter
    1973  "Masters and Slaves" in *Interpretation*, A Journal of Bible and Theology, Vol. 27, No. 3, July, pp. 259-272.
World Council of Churches: Department on the Laity
    1964  "The Redemptive Work of Christ and the Ministry of His Church," "Christ's Ministry Through His Whole Church and Its Ministers, "*Encounter*, Vol. XXV, pp. 105-129.
World Council of Churches: Dialogue in Community
    1977  "Chiang Mai Statement," *Faith in the Midst of Faiths*, Ed. Stanley J. Samartha. Geneva: World Council of Churches, pp. 134-169.
    1980  *Your Kingdom Come: Mission Perspectives, Report on the World Conference on Mission and Evangelism, Melbourne, Australia, May 12-25, 1980*. Geneva: World Council of Churches,
World Council of Churches, Fourth Assembly
    1968  *Uppsala Report: Official Report of the Fourth Assembly of the World Council of Churches, Uppsala, July 4-20, 1968*. Edited by Normal Goodall. Geneva: World Council of Churches.
Wright, Christopher J. H.
    1984  "The Ethical Relevance of Israel as a Society" in *Transformation*, Vol. 1, No. 1, January-March, pp. 11-20.
Wright, G. Ernest, (ed).
    1952  *God Who Acts: Biblical Theology as Recital*. London: SCM Press Ltd.
    1961  *The Bible and the Ancient Near East*. Garden City: Doubleday and Company.

1961 "The Old Testament Basis for the Christian Mission," *The Theology of the Christian Mission*, Gerald H. Anderson (ed). New York: McGraw-Hill Book Company, pp. 17-30.
1962,1966 *Biblical Archeology*. Philadelphia, London: Westminster Press; Duckworth.
1969 *The Old Testament and Theology*. New York: Harper & Row.

Zwemer, Samuel M.
1943 *Into All the World*. Grand Rapids: Zondervan Publishing House.

www.ingramcontent.com/pod-product-compliance
Lightning Source LLC
Chambersburg PA
CBHW052045290426
44111CB00011B/1625